建筑工程资料管理实用手册

主编　王金哲

知识产权出版社
全国百佳图书出版单位

内容提要

本书以建筑工程资料综述为引，以资料类别为篇章，对工程准备阶段文件资料进行了定义与解析，用“连环画对话图框”与【表式图解】相结合的形式对监理资料和施工资料中的常用实用表式进行了直观解析，用【填写要点】【相关规定】和【填写示例】相结合的形式对实用表式进行了综合指导。使本书成为一本以资料形成单位和形成阶段为篇章、以实用应用相结合的指导性工具书。同时本书还介绍了工程竣工资料的形成与移交，汇总解析了工程资料管理技巧以及资料管理过程中易出现问题解析等内容。

本书适用于工程建设过程中建设单位、监理单位、施工单位以及与建设工程相关的责任单位中负责工程技术资料形成、填写与整理的项目负责人、施工员、技术负责人、质检员和资料员等工程管理人员。同时也适用于工程建设监督管理、城建档案管理等行政管理人员。

责任编辑：陆彩云　高志方　栾晓航　　　　**责任出版**：卢运霞

图书在版编目(CIP)数据

建筑工程资料管理实用手册/王金哲主编．—北京：知识产权出版社，2013.5
ISBN 978－7－5130－2046－6

Ⅰ.①建…　Ⅱ.①王…　Ⅲ.①建筑工程—技术档案—档案管理—手册　Ⅳ.①G275.3－62

中国版本图书馆 CIP 数据核字（2013）第 090062 号

建筑工程资料管理实用手册

主编　王金哲

出版发行：知识产权出版社

社　　址：	北京市海淀区马甸南村 1 号	**邮　　编**：	100088
网　　址：	http://www.ipph.cn	**邮　　箱**：	lcy@cnipr.com
发行电话：	010－82000893	**传　　真**：	010－82000860－8353
责编电话：	010－82000860 转 8110	**责编邮箱**：	gaozhifang@cnipr.com
印　　刷：	北京瑞象今日印刷服务有限公司	**经　　销**：	新华书店及相关销售网点
开　　本：	787mm×1092mm　1/16	**印　　张**：	34.75
版　　次：	2013 年 10 月第 1 版	**印　　次**：	2013 年 10 月第 1 次印刷
字　　数：	867 千字	**定　　价**：	165.00 元

ISBN 978－7－5130－2046－6

审核委员会

主　　任：梁　军

副 主 任：王增文　邵立淼　李熙宽

委　　员：（按姓氏笔画排序）

王贝锁　王啸天　王晨亮　齐炳辉　杨庆林　佟胜宝

宋玉峰　宋家和　张建明　李英军　杨宏伟　周　伟

孟志军　武　杰　郝克耕　温和民　焦晓辉　甄志禄

编写委员会

主　　编：王金哲

副 主 编：高小强　聂辉丽　张大伟　李建光　贾春利

李显辉　赵芸平　郭立英　吴志林　李春辉

编写人员：（按姓氏笔画排序）

么国强　马奎茹　王海涛　孙　涛　孙玉良　刘　淼

刘立春　刘海彬　朱志勇　任　晓　齐永波　林　珂

辛雪军　张文刚　张树贵　李凤坤　苏彦红　周　鹍

孟宪伟　孟宪君　侯立国　赵长江　赵丽芹　赵海洋

胡晓强　党希滨　唐宝军　高雅军　崔建新　程　刚

主要参编单位：

河北省建设工程质量研究会

唐山市城市建筑工程总公司

唐山市乾正建设工程材料检测有限公司

唐山理工建设工程项目管理有限公司

序

随着建筑业快速发展，许多新技术、新工艺不断涌现，许多规范、标准已不适用于当今建筑业实际要求，故此国家陆续发布了建筑节能、智能等新规范、新标准，对部分不适用的规范、标准进行了修订，如混凝土结构、地下防水工程、砌体工程、地面工程、木结构工程和屋面工程等施工质量验收规范，同时许多施工工艺、检验标准和评定办法也陆续更新。基于此河北省住房和城乡建设厅于 2011 年组织了专家、学者，历经两年对《建筑工程技术资料管理规程》DB13(J)35—2002 进行了修订。修订后规程名称及编号为《建筑工程资料管理规程》DB13(J)/T145—2012(以下简称《规程》)，自 2013 年 4 月 1 日起施行。

规程修订课题组主要起草人之一王金哲同志，深入领会《规程》内涵，解析规程规定，收集多方资料，探研课题难点问题，总结多年资料员培训授课经验，编写了《建筑工程资料管理实用手册》(以下简称《手册》)一书，并组织了《规程》修订课题组主要成员以及行业专家、学者对本书进行了补充、完善、校对，同时通过了各级领导和专家的审核。《手册》的编写旨在帮助广大建筑从业人员，尤其是施工技术资料管理人员全面理解建筑工程技术资料管理规定，快速提高工程技术资料编写水平，从而提高建筑业工程技术资料编写能力和管理水平，促进建筑施工企业的人才队伍培养，增强建筑企业竞争力。我个人认为，这的确是一项及时且不可或缺的重要工作。为此我欣然接受了编写组的诚挚邀请为本书作序。

通读全书 9 篇正文和 7 个附录，有这样几个词汇给我留下深刻印象：

第一篇对建筑工程资料管理进行了综合解析，提出了“四性三化”解析理念，让读者轻松的了解到规程的宏观框架。第三篇“工程准备阶段文件管理指南”中运用了【文件定义】、【申办指南】和【样本示例】的形式对工程准备阶段文件资料进行了定义与解析。第四篇至第八篇用“【表式图解】”、“【填写要点】”、“【相关规定】”、“【填写示例】”相结合的形式对各类资料实用表式进行了综合指导。同时《手册》巧妙的将“连环画对话图框”与【表式图解】相结合的形式对各类资料实用表式进行了直观解析，让读者对表格的填写一目了然，同时用【填写要点】、【相关规定】的形式将资料填写所需的常用知识点进行了摘录汇总并进行了简明扼要的概括，省去了大量人工查阅其他专业书籍的时间，提高了工作效率。最后一篇“技术资料管理技巧”提出了技术资料“四四一”管理模式，同时对资料管理易出现的问题进行了分类解析。

通读全书，《手册》不仅诠释了建筑工程资料管理的核心规定，而且还是一本以资料形成阶段和形成单位为篇章、以规范标准为依据、以填写示范为指导相结合的实用手册。该书确实是一本值得建筑管理人员学习借鉴的工具书，是一本值得在建筑行业内与《规程》同步推广学习的实用手册。

我衷心的希望广大建筑工程管理人员结合实际情况，学习《手册》对建筑工程资料管理的深度解析，借鉴《手册》中示范填写的方法，掌握《手册》中提出的管理技巧，认真总结经验，提高自身工作水平，丰富完善技术资料管理体系，以优质高效的业绩为建筑业的发展做出我们应有的贡献。

2015年4月24日

前　言

随着建筑科技水平的快速提高，建筑业也得到了飞速发展，许多新技术、新材料、新工艺不断涌现，建筑工程质量验收标准不断修订与更新，智能和节能等新技术也在建筑工程中得到了广泛的推广与应用，配套的新规范相继发布实施。在此背景下，河北省住建厅于 2010 年 3 月组织了业界的专家、学者对《建筑工程技术资料管理规程》DB13(J)35－2002 进行了修订，经过 2 年多的反复校核与修订，于 2012 年底定稿。修订后的《建筑工程资料管理规程》为河北省工程建设标准，编号为 DB13(J)/T145—2012，于 2012 年 10 月 15 日发布，自 2013 年 4 月 1 日起施行。原《建筑工程技术资料管理规程》DB13(J)35—2002 同时废止。编者有幸参与了新规程的修订，并负责主要起草与修订工作。为使广大建筑人更好地理解新规程的核心规定，掌握新规程的管理要点，编者依据国家和地方现行标准、规范和要求，结合河北省实际情况，总结多年资料员培训授课经验，编著了《建筑工程资料管理实用手册》(以下简称《手册》)，供广大读者学习借鉴。

《手册》全书由 9 篇正文和 7 个附录组成。9 篇正文为：第一篇建筑工程资料管理综合解析，第二篇管理规定核心解析，第三篇工程准备阶段文件(A 类)管理指南，第四篇监理资料(B 类)填写指南，第五篇施工资料(C 类)填写指南，第六篇工程竣工验收与归档资料的形成填写指南，第七篇检验批资料(G 类)填写指南，第八篇消防工程资料(H 类)验收指南，第九篇施工技术资料管理技巧；7 个附录包括：附录一工程资料类别、来源及保存要求，附录二分部、子分部工程代号索引及分项工程划分表，附录三常用原材料、构配件、设备进场必备质量证明文件，附录四见证取样和送样的规定，附录五常用材料、构配件及节能保温材料见证取样与检验项目表，附录六工程现场实体检测项目表，附录七创精品工程资料管理办法。

第一篇建筑工程资料管理综合解析，本篇简述了新规程的修订依据与背景；宏观的阐述了新规程修订范围、内容与规定总体修订情况；微观的总结了新规程“四性三化”的细节变化；同时规程明确指出了其适用范围与技术资料管理发展趋势。本篇仅是提纲挈领的概述解析，使读者对新规程有一个总体的认知。

第二篇管理规定核心解析，本篇用 3 个章节对规程第 3～5 章进行了解析。主要对规程的基本规定，工程资料管理，工程资料类别、来源、保存及代号索引等三个方面做了详细解读，并通过 13 个要点对 39 个条款进行了深度解析。

第三篇工程准备阶段文件(A 类)管理指南，本篇用三个章节对工程准备阶段文件的形成、分类与填写指南进行了解析。

第四篇和第五篇，主要介绍了监理、施工资料的形成与划分，对常用表格进行了【表式图解】,对表式的填写指出了【填写要点】,介绍了常用表式填写的【相关规定】,给出了【填写示例】,同时以附录的形式给出部分相关规定与要求。

第六篇工程竣工验收与归档资料管理指南,本篇对竣工图的绘制与折叠、工程竣工文件、建筑工程文件移交归档目录和工程备案目录等方面进行了详细规定。为了让读者更加容易理解,本篇结合当前工程竣工的实际验收程序,通过讲述资料的形成与资料分类的对应关系,使读者对资料形成与汇集有了更清晰的理解。同时本篇用【填(编)写要点】、【相关规定】和【编写示例】的形式按资料类别对主要文件逐一进行了解析。

第七篇检验批资料(G 类)填写指南,本篇分析了验收规范与分部工程和检验批对应关系,并用 15 个章节对 15 类检验批的分类划分原则、检验批报验程序及主要检验批报验必备资料进行了阐述。同时以【填写示例】的形式对新修订的检验批实用表式的填报进行了示范性介绍,以【填写要点】和【相关规定】的形式阐述了常用检验批实用表式的填写依据与标准。

第八篇消防工程资料(H 类)验收指南,本篇阐述了消防工程形成、工程资料的划分与界定、消防工程的验收,同时阐述了 H 类消防推荐用表的应用范围以及填写指南。

第九篇施工技术资料管理技巧,本篇分析了施工技术资料的形成,提出了"四四一"施工技术资料管理模式,介绍了施工技术资料日常管理技巧,提出了技术资料管理宗旨,同时总结了近年来技术资料管理易出现问题,并对其进行了详细解析。

《手册》首次将连环画的"对话图框"以【表式图解】的形式用于建筑科技图书中,对表式填写的解释起到了"直观、易懂、高效"的作用。同时使枯燥无味的科技图书变得生动、易学、更加贴近读者。

在《手册》编写过程中,为避讳名誉侵权,书中涉及名称的均用某某代替。示例中的人名、单位名、日期等均适用于该示例,示例间无任何工艺、时间等逻辑关系。

本书依据新规程的专业分类篇章内容,结合读者需求,介绍了从工程准备工作到工程竣工验收备案直至资料收集整理归档全过程,同时运用【表式图解】、【文件定义】、【填(编)写要点】、【相关规定】和【编写示例】的形式对资料实用表式进行了深度解析,同时将常用知识点汇总成 7 个附录,使得《手册》成为建筑工程资料管理知识点与实际应用横纵贯通的科技丛书。《手册》具有极强的可操作性和参考价值,对新规程的实施起到"画龙点睛、科学示范、直观指导、轻松借鉴"作用。

由于我们水平有限,加之成书仓促,书中不足或错误之处在所难免,望广大同行不吝指正,可将您的意见或建议发至 wangjinzhe1973@163.com,我们诚听建言!

编　者

2013 年 9 月

目 录

第一篇　建筑工程资料管理综合解析

本篇要点

本篇简述了河北省《建筑工程资料管理规程》的修订依据与背景；宏观的阐述了规程修订范围、内容与一般规定的总体修订情况；微观的总结了新旧规程“四性三化”的细节变化；同时明确指出了规程的适用范围与技术资料管理发展趋势。本篇仅是对新规程提纲挈领的概述解析，使读者对新规程有一个总体的认知。新规程的修订内容、表式变化、管理和填写指南在以后各篇章中详细解析。

1.1　规程修订背景与依据

河北省工程建设标准《建筑工程技术资料管理规程》DB13 (J)35-2002 自 2002 年 8 月 1 日发布，实施至今近 10 年的时间。这 10 年来，随着我国科技化进程的飞速发展，国家和地方也先后出台了许多新规范和新规定，同时建筑业也陆续出现了许多新产品、新工艺和新技术，部分原有工艺滞后的标准、规范也进行了改版或修订。在此现状下，我们仍然沿用 10 年前的规程显然是存在问题的，也是很滞后的。为此 2010 年 3 月河北省建设厅依据《关于印发〈2011 年度省工程建设标准和标准设计第一批编制计划〉的通知》(冀建质[2011]140 号)要求，组织行业专家学者对原规程进行了修订。

本规程修订过程中，规程修订组以《建筑工程技术资料管理规程》DB13(J)35—2002 为基础，结合建筑行业标准《建筑工程资料管理规程》JGJ/T185—2009 和新发布和修订的国家相关标准规范，面向全省广泛征求意见，认真总结了河北省的实际情况，历时两年多的时间，对原 2002 版规程进行了九次反复修订，最终于 2012 年 10 月定稿。批准后的《建筑工程资料管理规程》(本篇下文简称新规程)为河北省工程建设标准，编号为 DB/T145－2012。

1.2　规程修订范围、内容与新增规定

1.2.1　总体修订范围与内容

对于规程修订首要工作就是制定修订方案，而制定规程修订方案最重要的是分析影响修订质量的因素。论证分析其影响因素很多，如施工工艺的更新、旧标准的修订、新标准的发布实施等。其中最大因素应属国家对原有规范的修订和新规范的发行。因此在修订规程中，遵循了以下三个原则：第一，对 2002 年以前实施的国家规范和地方规定且至今仍沿用的部分，根据实际建筑业现状对不适用的部分以修订为主；第二，对 2002 年以前发布实施且 2002 年后进行过修订的国家规范和地方规定涉及的内容，在原规程的基础上进行全面复核性修订；第三，对于国家 2002 年以后发布实施的规范和规定涉及的内容，全部进行配套修订。具体复核性修订和全新增加的内容涉及的规范和标准如下：

1)进行复核性修订涉及的规范和标准有：

(1)《砌体结构工程施工质量验收规范》GB50203-2011；

(2)《混凝土结构工程施工质量验收规范》GB50204-2002(2011 年版)；

(3)《地下防水工程质量验收规范》GB50208-2011；

(4)《建筑地面工程施工质量验收规范》GB50209-2010；

(5)《木结构工程施工质量验收规范》GB50206-2012；

(6)《屋面工程质量验收规范》GB50207-2012

(7)《混凝土强度检验评定标准》GB/T50107-2010；

(8)其他现行有关检验检测规范和标准。

2)全新增加的内容涉及的规范与标准有(其中涉及 3～7 条增加的内容，在本规程中为附录 H 消防工程推荐用表)：

(1)《智能建筑工程质量验收规范》GB50339-2003；

(2)《建筑节能工程施工质量验收规范》GB50411-2007；

(3)《自动喷水灭火系统施工及验收规范》GB50261-2005；

(4)《气体灭火系统施工及验收规范》GB50263-2007；

(5)《泡沫灭火系统施工及验收规范》GB50281-2006；

(6)《固定消防炮灭火系统施工及验收规范》GB50498-2009；

(7)《建筑内部装修防火施工及验收规范》GB50354-2005。

除了以上两方面，新规程还增加了部分新工艺的验收表格，如地基处理和钢结构工程增加的新标准、新工法、新工艺等。

1.2.2 新增规定

新规程共 5 章及 9 个附录。其中 1～5 章为规程正文，9 个附录分别为：附录 A 工程准备阶段文件，附录 B 监理资料，附录 C 施工资料，附录 D 竣工图，附录 E 工程竣工文件，附录 F 工程档案，附录 G 检验批质量验收记录用表，附录 H 消防工程推荐用表和附录 J 创精品工程资料管理办法。解读新规程 1～5 章各章节，共增加以下 12 项新规定：

(1)隐蔽工程验收记录增加声像资料；

(2)工程资料载体及填写要求；

(3)工程资料结论栏的填写要求；

(4)资料修改的规定；

(5)档案移交与备案的规定；

(6)资料的重新分类；

(7)各类资料填写、编制、审核及审批的规定；

(8)竣工图的绘制要求；

(9)工程资料的编号；

(10)工程资料的收集、整理与组卷；

(11)工程档案的归档与移交；

(12)工程档案的备案。

通过以上 12 条新规定，可以反映出此次修订总结了《建筑工程技术资料管理规程》DB13(J)35—2002 实施以来的成功经验，引用了《建筑工程资料管理规程》JGJ/T185—2009、《建设工程文件归档整理规范》GB/T50328-2001 和河北省建设工程竣工验收及备案管理办法等相关规范、标准和地方要求中的部分内容，同时参考邻省相关规程的优点，才使修订后的规程更加规范、系统、完善。

1.3　新规程的“四性三化”

通过对新规程 9 个附录的解读，新旧规程间的变化可以总结为“四性三化”四个字。其中“四性”是指：实用性、全面性、综合性和统一性；“三化”是指：系统化、明确化 、规范化。

1.3.1　新规程的“四性”

1）实用性：在不违背国家规范和有关规定的前提下，调整表格格式使其发挥到最大实用价值。比如：原规程的表 C2-17-3 室内排水通球试验记录与修订后的表 C6-3-5 管道通球试验记录的比较。见实用性表式对比示例图（图 1-1）：

表 C2-17-3　室内排水管道通球试验记录

工程名称				管径、球径	管径：球径：
试验部位		管道编号		试验日期	年 月 日
试验要求：					
试验情况：					
评定意见：					年 月 日
参加人员	监理（建设）单位		施工单位		
			专业技术负责人	质检员	试验员

表 C6-3-5　管道通球试验记录 编号：

工程名称：　　　　　施工单位：

分项工程名称			试验部位	
试验依据			试验日期	
管线名称/编号	管道类型	管道规格	球径：检查情况	结论
签字栏	监理（建设）单位	施工单位		
		专业技术负责人	专业质检员	操作人

图 1-1　实用性表式对比示例图

图 1－1 中两个表格的比较与分析：通过表式名称就可看出，后者适用范围更广些，同时实用表式也有明显的区别，原规程每页表格只能填一个室内排水系统，而修订后的表式每页表格中每行就可以记录一个排水系统的通水试验情况。通过上面示例对比分析，实用性调整是非常必要的，规程中类似情况均作了调整，在此仅举一个示例，相同情况不再赘述。

2）全面性：完善与修订了新出版的和新修订的规范和标准涉及的内容，完善桩基等新工法要求的记录和检验表格，完善新增加的有关规定和要求。使得新规程涵盖面更加全面完善。

新出版和新修订的规范和标准已经在本篇 1.2.1 节中进行了全面的阐述，此处不再重述。

新增加的主要施工方法，如桩基工法增加了钻孔桩钻孔施工记录、钻孔灌注桩后压浆施工记录、长螺旋钻空泵压混凝土桩施工记录、旋喷桩施工记录、旋喷桩钻孔施工记录和 CFG 桩施工记录等记录表式。

完善与新增加了有关规定，如新增加了危险性较大分部分项工程施工方案专家论证表，钢材力学性能、重量偏差检测报告，后置埋件检测报告，结构实体混凝土强度检测报告，结构实体钢筋保护层厚度检测报告，节能构造钻芯检测报告，同条件养护混凝土试件测温记录，结构实体钢筋保护层厚度检测记录，漏电开关模拟试验记录，大容量电气线路结点测温记录，空间网格结构挠度值检查记录以及住宅工程质量分户验收汇总表等内容。除此之外，规程还增加了竣工图（附录 D）、工程竣工文件（附录 E）和工程档案（附录 F ）等相关规定。

3）综合性：对各类资料表式进行了综合考虑，对各类资料中通用性较强的表式设置了通用表格，对各专业各类资料设置了专用表格，并按类别排序汇总，使得新规程各类资料管理形成既有通用性又有针对性的综合管理结构体系。如：规程附录C中的C3～6类资料，均设置了通用表和专用表。

4）统一性：对规程实用表式的格式进行了统一，包括总体格式的统一和细节格式的统一，使表式填写更加规范统一。

（1）总体格式的统一。

新规程对表格做了基本的划分，新规程将表格分“信息栏”、“检验栏”和“结论与签字栏”为三部分，详见图1-2。其中：“信息栏”主要填写表格涉及的工程相关信息，如工程名称、施工单位、分项工程名称、施工班组等信息；“检验栏”主要记录试验或检验的实际情况，如系统严密性试验中的试验记录，检验批表格中的主控项目、一般项目检查情况等；“结论栏”是指验收单位或部门及相关人员对表格中的试验或检验项目做出结论的签字和盖章栏，如冲洗记录中的“检查结论”和“签章栏”，检验批中“监理（建设）单位验收结论”等。

（2）细部格式的统一。

表格中，表头的式样、表格的类别、表格的编号、工程名称、施工单位等主要子目的位置进行了较为规范合理的统一，详见图1-2建筑工程技术资料实用表式格式示意图。

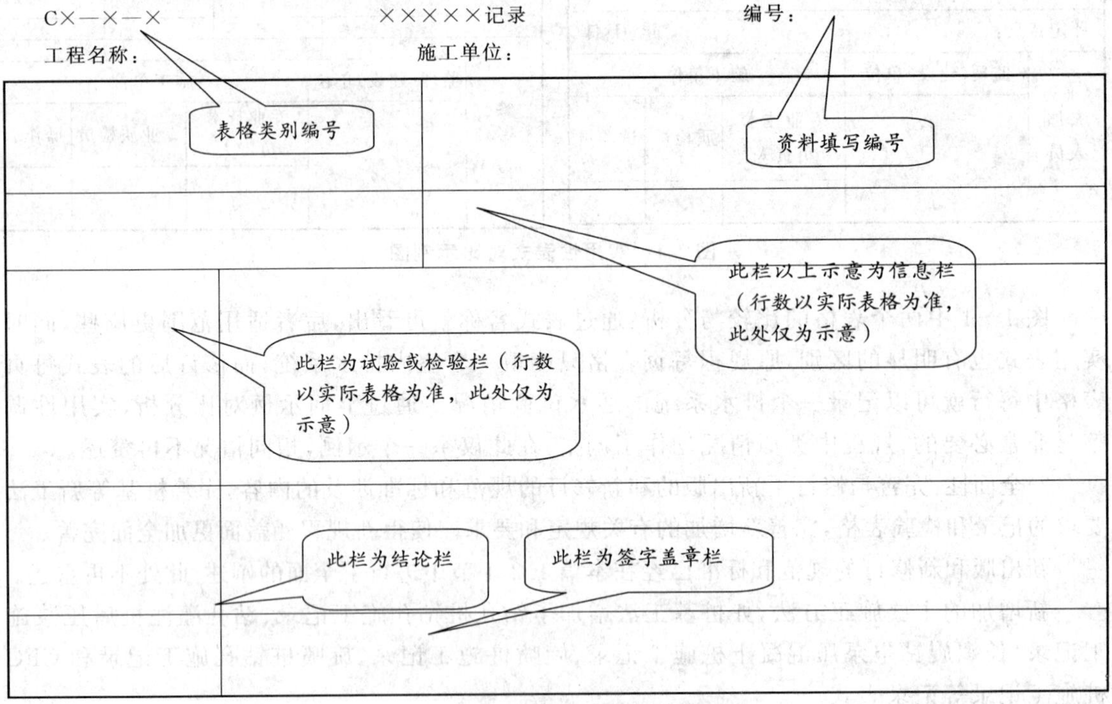

图1-2　建筑工程技术资料实用表式格式示意图

注：C7类的检验批实用表式因其特殊性，“工程名称”和“施工单位”未按上图设置在表格上方，而是设置在表格信息栏内。

1.3.2　新规程的“三化”

1）系统化：新规程将整个项目从筹建到竣工验收备案全过程，进行了详细的归类与完善。其中涵盖了建设单位资料、监理资料、施工资料所涉及的所有规范、规定以及各类工艺标准，使新规程更加全面、完整、详尽，使之成为一套以项目建设过程为主线，规范、标准、工艺和相关管理规定相融合的技术资料管理体系。为了使读者更加深入的理解，本节对新旧规程资料总体分类进行了对比，详见表1-3。

表1-3　新旧规程资料分类对照表

资料类别	新规程内容	旧规程内容	备注
A类	工程准备阶段文件	工程准备阶段和竣工验收资料	
A1类	决策立项文件	决策立项阶段文件	
A2类	建设用地文件	建设用地、征地、拆迁文件	
A3类	勘察设计文件	勘察、测绘、设计文件	
A4类	招投标及合同文件	招投标文件	
A5类	开工文件	开工审批文件	
A6类	商务文件	工程质量监督手续	注1
A7类		财务文件	
A8类		工程竣工验收文件	注2
A9类		其他文件	
B类	监理资料	监理资料	
B1类	监理管理资料	承包单位与项目监理机构工作联系用表	
B2类	质量控制资料	项目监理机构与建设单位、施工单位工作联系用表及文件	
B3类	进度控制资料	各方通用表	
B4类	造价控制资料		
B5类	合同管理资料		
B6类	竣工管理资料		
C类	施工资料	施工资料	注3
C1类	施工管理资料	工程管理资料	
C2类	施工技术资料	工程质量控制资料	
C3类	工程主要物资资料	工程安全和功能检验资料及主要抽查记录	
C4类	施工检测报告	单位(子单位)工程质量竣工验收记录	
C5类	施工记录	单位(子单位)工程质量控制资料核查记录	
C6类	施工试验及检查记录	单位(子单位)工程安全和功能检验资料核查及主要功能抽查记录	
C7类	施工质量验收记录	单位(子单位)工程观感质量检查记录	
C8类	竣工验收记录		
D类	竣工图	工程资料立卷与移交	
E类	工程竣工文件		
E1类	竣工验收文件		
E2类	竣工交档文件		
E3类	竣工总结文件		
E4类	竣工决算文件		
F类	工程档案		注4
F1类	建筑安装工程文件移交目录		

续表

资料类别	新规程内容	旧规程内容	备注
F2类	工程备案目录		
G类	检验批表式		注5
H类	消防资料		注6
J类	创精品工程资料管理办法		注7

注：

1."工程质量监督手续"属于开工审批手续中的一部分，新规程将其列入到开工审批文件中。

2."工程竣工验收文件"在新规程中，单独隶属一类。

3.新规程的"施工资料"按资料的形成划分为施工管理资料、施工技术资料、工程主要物资资料、施工检测报告、施工记录、施工试验及检查记录和施工质量验收记录等7类，使施工资料分类更加清晰。

4."工程档案"征求档案管理部门和各单位综合意见，对资料的归档重新进行了界定，并增加了"工程备案目录"。

5.由于检验批表式涉及专业和工艺较多，新规程将其从C7类划分出来，独立编为附录G类。

6."消防资料"为新增资料类，主要包括：《自动喷水灭火系统施工及验收规范》GB50261－2005、《气体灭火系统施工及验收规范》GB50263－2007、《泡沫灭火系统施工及验收规范》GB50281－2006、《固定消防炮灭火系统施工及验收规范》GB50498－2009和《建筑内部装修防火施工及验收规范》GB50354－2005五本规范所涉及的质量检验资料。

7.创精品工程资料管理办法是规程新增内容，主要介绍创建精品工程资料管理的实施办法，仅为推荐参考。

8.工程各类资料的详细划分，在以后相应的篇章中详述。

2）明确化：在2002版规程实施以来，部分表格的填写存在不同程度的争议。在此次规程修订时，在认真总结2002版规程实施经验的基础上，借鉴了其他兄弟省市的经验，求证了部分规范标准编制单位的专家，结合河北省近年来的解决方法。

为使每个表式在实施中正确应用，规程修订时遵循了"三做原则"，即表格是做什么的！谁来做！怎么做！从而使资料表格的填写更加明确化。

3）规范化：新规程在修订过程中，以2002版规程为基础，引用了《建筑工程资料管理规程》JGJ/T185—2009、《建设工程文件归档整理规范》GB/T50328－2001和河北省建设工程竣工验收及备案管理办法等相关规范、标准和地方要求中的部分内容，参考邻省相关规程的优点修订而成。其中增加了许多规范性管理规定，如规程总则中新增加了适用范围，资料载体的要求与发展趋势；基本规定中增加了重要隐蔽工程增加声像资料，资料填写要求，资料涂改的要求，资料移交套数，资料的存档、归档与备案等；工程资料管理中还增加了资料分类，资料填写、编制、审核及审批，资料的签字与盖章，竣工图的绘制，资料编号制度，资料收集整理与组卷要求，工程资料移交、归档与备案等要求。以上新增规定均与国家及行业标准相一致。使工程资料管理与国家、行业要求接轨，使新版规程更加规范化。

1.4 规程的适用范围与技术资料管理发展趋势

在新规程总则1.0.2条已经明确的指出了规程的适用范围："本规程适用于河北省行政区域内投资额在30万元或建筑面积在300m² 及其以上的新建、改建、扩建建筑工程的资料管理。抢险救灾工程、临时性建筑工程、农民自建两层以下住宅工程，不适用于本规程"。

在新规程总则1.0.5条已经明确的指出了技术资料管理的发展方向，即"建筑工程资料可采用纸质载体或光盘、缩微品载体汇整移交，并逐步过渡到全部采用光盘、缩微品载体。"资料载体从传统的纸质载体逐步过渡到光盘、缩微品等多载体形式，是必然的趋势。完全过度为光盘、缩微品载体存档需要专业技术、行政管理以及配套软件技术支持的过程，如光盘、缩微品载体的真实性确认，新载体的加密、新载体的报送、审批等均需要有非常完善、安全、准确的实施方案。所以说，建设工程资料载体完全过度为光盘、缩微品载体还需要一段很长时间的完善改进过程。

第二篇 管理规定核心解析

本篇要点

本篇用3个章节对《建筑工程资料管理规程》DB/T145－2012(下文简称规程)第3～5章进行了解析。主要对规程的基本规定,工程资料管理,工程资料类别、来源、保存及代号索引等三个方面做了详细解读,并通过11个要点对39个条款进行了深度解析。同时本篇依据相关内容索引出了三个附录,即附录一:工程资料类别、来源及保存明细表,附录二:分部(子分部)工程代号索引表和附录七:创精品工程资料管理办法。

2.1 “基本规定”解析

规程第三章为“基本规定”,共11个条款。主要对工程影像资料、资料填写质量、工程档案移交与存档、工程备案和资料管理人员资格等5个方面做了详细规定。

2.1.1 工程影像资料

规程规定了留置影像资料情况与质量:

(1)留置情况:施工过程中对影响结构和使用功能的重要隐蔽部位,验收时必须留存影像资料并存档。如钢筋安装、屋面、地下防水工程等隐蔽工程验收,均应留置影像资料。

(2)留置方法:在隐蔽工程验收或重要施工过程验收时,施工单位必须在监理单位见证下,拍摄不少于一张具有代表性照片留存于施工技术资料中。

(3)留置质量:拍摄的照片应标注拍摄时刻、拍摄人、拍摄地点、以及照片对应的工程部位等信息。

2.1.2 资料填写质量

规程对工程资料填写、资料载体、资料的涂改和资料质量做如下规定:

(1)工程资料填写应字迹清楚、内容完整、结论明确,签字盖章应齐全。

(2)工程资料应以打印文本为主,纸质载体为A4幅面。施工资料中涉及结论性文字的,除施工单位自检结论外,均应手工书写。手工书写部分应用蓝黑或黑色碳素墨水。

(3)工程资料不得随意修改。当需修改时,应实行划改,并由划改人签字盖章确认。

(4)工程资料应为原件。当为复印件时,提供单位应在复印件上加盖单位印章,多页复印件应骑页加盖提供单位公章。同时还应注明原件存放处、抄件人、经办人以及与被证明产品的其他相关信息。如钢材进场质量证明书为复印件时,除应满足上述条件外,还应注明此次销售数量、钢材炉批号等信息。

2.1.3 工程档案移交与存档

规程对工程档案移交、存档提出了一下要求:

(1)档案移交套数与约定:监理和施工单位在与建设单位签订合同时,应在合同中对工程档案资料的套数、费用、移交时间等内容做出明确要求。当合同无规定时,工程档案移交数量不少于2套。此外还应满足当地其他专项验收主管部门对资料套数的要求。

(2)工程档案移交程序:工程档案按单位工程汇总移交。工程存在分包的,各分包单位应将本单位形成的工程资料整理、立卷后及时移交总包单位,由总包单位负责收集、汇总各分包单位工程资料形成的工程档案,并应及时向建设单位移交。监理单位形成的工程资料由监理单位收集、汇总整理形成工程档案向建设单位移交。

(3)工程档案的验收:工程开工前建设单位应与当地城建档案管理机构签订城建档案移交责任书。在组织竣工验收前,提请城建档案管理机构对应移交的工程文件进行预验收。城建档案管理机构对验收合格的工程档案出具认可文件,对不合格的应指出不合格原因及验收意见。

(4)工程档案的存档:工程竣工验收合格之日起90日内,由建设单位向当地城建档案管理机构移交一套符合规定的原件工程档案。

2.1.4 工程备案

单位工程质量验收合格后,建设单位应在规定时间内将工程竣工验收报告和有关文件报建设工程所在地县级以上行政主管部门备案。主管部门对备案资料合格的,出具《建设工程竣工验收备案表》并签署备案意见。

2.1.5 资料管理人员资格

对工程资料管理人员提出了岗位培训和持证上岗的要求。

2.2 "工程资料管理"解析

规程第四章为"工程资料管理",共6节。主要对工程资料分类,工程资料填写、编制、审核及审批,工程资料编号,工程资料收集、整理与组卷,工程资料移交与归档,工程资料备案等几个方面做了详细规定。本章用6节进行了对应解析。

2.2.1 工程资料分类

工程资料按填写单位分为工程准备阶段文件(A类)、监理资料(B类)、施工资料(C类)以及多方形成的竣工图(D类)和工程竣工文件(E类)5类,同时新规程还增加了消防资料(F类)和创精品工程资料管理办法(J类)等推荐资料,另因C7类中检验批实用表式较多将其单独划分为G类。各类工程资料分类及编号见表2-1,各类工程资料表式名称、编号、来源及保存应符合本书附录一(即规程的表5.0.1)的规定。

表2-1 工程资料编号及分类划分表

资料类别		工程资料分类及编号			备注
类别编号	类别名称	类别编号	分类名称	表式、资料编号	
A类	工程准备阶段文件	A1类	决策立项文件	A1-1～9	
		A2类	建设用地文件	A2-1～6	
		A3类	勘察设计文件	A3-1～12	
		A4类	招投标及合同文件	A4-1～10	
		A5类	开工文件	A5-1～7	
		A6类	商务文件	A6-1～3	

续表

资料类别		工程资料分类及编号				备注
类别编号	类别名称	类别编号	分类名称		表式、资料编号	
B类	监理资料	B1类	监理管理资料		B1-1～12	
		B2类	质量控制资料		B2-1～13	
		B3类	进度控制资料		B3-1	
		B4类	造价控制资料		B4-1～3	
		B5类	合同管理资料		B5-1～12	
		B6类	竣工管理资料		B6-1～4	
C类	施工资料	C1类	施工管理资料		C1-1～5	
		C2类	施工技术资料		C2-1～6	
		C3类	工程主要物资资料	进场检验通用表格	C3-1-1～3	
				进厂检验专用表格	C3-2-1～2	
				进场复试报告通用表格	C3-3-1	
				进场复试报告	C3-4-1～5	
		C4类	施工检测报告	施工检测报告	C4-1～28	
		C5类	施工记录	通用表格	C5-1-1～3	
				建筑与结构	C5-2-1～21	
				桩基、基坑与地基处理	C5-3-1～24	
		C6类	施工试验及检查记录	通用表格	C6-1-1～2	
				建筑与结构工程	C6-2-1～3	
				给排水及采暖工程	C6-3-1～10	
				建筑电气工程	C6-4-1～9	
				智能建筑工程	C6-5-1～5	
				通风与空调工程	C6-6-1～16	
				电梯工程	C6-7-1～15	
		C7类	施工质量验收记录		C7-1～4	
		C8类	竣工验收记录		C8-1～4	
D类	竣工图		建筑与结构竣工图	建筑竣工图		
				结构竣工图		
				钢结构竣工图		
			建筑装饰与装修竣工图	幕墙竣工图		
				室内装饰竣工图		

续表

资料类别		工程资料分类及编号			备注
类别编号	类别名称	类别编号	分类名称	表式、资料编号	
D类	竣工图		建筑给水、排水与采暖竣工图		
			建筑电气竣工图		
			智能建筑竣工图		
			通风与空调竣工图		
			室外工程竣工图		
			室外给水、排水、供热、燃气、供电、照明管线等竣工图		
			室外道路、园林绿化、花坛、喷泉等竣工图		
E类	工程竣工文件	E1类	竣工验收文件	E1-1～16	
		E2类	竣工交档文件	E2-1～3	
		E3类	竣工总结文件	E3-1～2	
		E4类	竣工决算文件	E4-1～2	
F类	工程档案	F1类	建筑安装工程文件移交目录		
		F2类	工程备案目录		
G类	检验批表式	G1类	建筑地基基础工程施工质量验收规范(GB50202—2002)	G1-1～32	
		G2类	砌体结构工程施工质量验收规范(GB50203—2011)	G2-1～5	
		G3类	混凝土结构工程施工质量验收规范(GB50204—2002)(2011年版)	G3-1～18	
		G4类	钢结构工程施工质量验收规范(GB50205—2001)	G4-1～44	
		G5类	木结构工程施工质量验收规范(GB50206—2012)	G5-1～4	
		G6类	屋面工程质量验收规范(GB50207—2012)	G6-1～30	
		G7类	地下防水工程质量验收规范(GB50208—2011)	G7-1～26	
		G8类	建筑地面工程施工质量验收规范(GB50209—2010)	G8-1～32	
		G9类	建筑装饰装修工程质量验收规范(GB50210—2001)	G9-1～34	
		G10类	建筑给水排水及采暖工程施工质量验收规范(GB50242—2002)	G10-1～29	
		G11类	通风与空调工程施工质量验收规范(GB50243—2002)	G11-1～17	
		G12类	建筑电气工程施工质量验收规范(GB50303—2002)	G12-1～24	
		G13类	电梯工程施工质量验收规范(GB50310—2002)	G13-1～16	
		G14类	智能建筑工程质量验收规范(GB50339—2003)	G14-1～24	
		G15类	建筑节能施工质量验收规范(GB50411—2007)	G15-1～10	
H类	消防资料	H1类	自动喷水灭火系统(GB50261－2005)	H1-1～12	
		H2类	气体灭火系统(GB50263－2007)	H2-1～3	
		H3类	泡沫灭火系统(GB50281－2006)	H3-1～3	
		H4类	固定消防炮灭火系统(GB50498－2009)	H4-1～4	
		H5类	建筑内部装修(GB50354－2005)	H5-1～5	
J类	创精品工程资料管理办法				

2.2.2　工程资料填写、编制、审核及审批

规程 4.2 节为“工程资料填写、编制、审核及审批”，主要对规程附录 A～J 各类工程资料的填写、编制、审核及审批做了详细的规定。本节通过以下 7 个方面对规程 4.2 节的实施进行解析，各类工程资料实用表式的填写、编制、审核及审批在以后的篇章中详述。

1)工程准备阶段文件

工程准备阶段文件均为开工前审批文件，其文件来源多为主管部门批复，且文件份数量多为一份。故此类文件的填写、编制、审核及审批均应符合国家和地方主管部门的申报和审批要求。其文件的形成与申报示例见本书第三篇相关章节。

2)监理单位验收盖章的规定

规程第 4.2.2 条规定了监理单位验收签章的三种情况：

(1)需总监理工程师参加的验收资料，应加盖公司职能部门章。

(2)需监理单位法定代表人或其委托人参加的验收资料，应加盖公司公章。

(3)其他需盖章的工程资料，加盖项目监理机构章。

3)施工单位验收盖章的规定

规程第 4.2.3 条规定了施工单位验收签章的三种情况：

(1)需施工单位职能部门参加的验收，其相关记录应加盖公司职能部门章。

(2)需施工单位法人代表、单位技术负责人参加的验收，其相关记录应加盖公司公章。

(3)其他需施工单位盖章的施工资料加盖项目章。

4)检测报告签章的规定

规程第 4.2.4 条规定了检测单位出具的检测报告中检测、审核、批准签字应齐全，并加盖检测单位公章。同时规定了检测报告主要检验类别，即委托、抽样、监督和对比等四种检测类别。具体填写指南见本书五篇相关章节。

5)竣工图的编制

规程第 4.2.5 条规定了竣工图的 6 点编制要求，竣工图的绘制详见本书第六篇相关章节。以下对 6 点编制要求进行解析：

(1)竣工图编制范围为新建、改建、扩建的建筑工程。竣工图在编制过程中，应全面、真实的将工程实际情况反映在竣工图上。

(2)竣工图的专业类别应与施工图对应。

(3)编制竣工图的依据：施工图、图纸会审记录、设计变更通知单、工程洽商记录等。

(4)当利用施工图绘制竣工图时，应将工程变更标注在相应的位置，如一条变更涉及多页图纸时，各页均应标注。标注变更多采用在变更部位的空白处加盖变更图章的方法绘制。标注变更章时，应在章内空白处写清变更内容与变更来源。当施工图没有变更时，可直接在施工图上加盖竣工图章形成竣工图。

6)检验批的实用表式

检验批质量验收记录用表共有 15 个部分，属于施工资料 C7 类施工质量验收记录(表 C7-1)的内容，由于检验批质量验收记录实用表式数量较多，为了便于读者查阅，规程将检验批质量验收记录实用表式独立汇总成附录 G。检验批的划分、报验、填写示例与填写要点等在本书第七篇详述。

7)推荐表式的规定

规程给出了附录 H 消防工程推荐用表和创精品工程资料管理办法。

消防工程推荐用表(附录 H)主要给出《自动喷水灭火系统施工及验收规范》GB50261－2005、《气体灭火系统施工及验收规范》GB50263－2007、《泡沫灭火系统施工及验收规范》GB50281－2006、《固定消防炮灭火系统施工及验收规范》GB50498－2009 和《建筑内部装修防火施工及验收规范》GB50354－2005 等规范涉及的工程资料推荐实用表式。消防工程资料的填写、编制、审核及审批在本书第八篇详述。

创精品工程资料管理办法(附录 J)指创鲁班奖工程。主要讲述了精品工程评选范围及申报条件、精品工程策划形式、精品工程目标要明确、精品工程技术资料要求、精品工程的相关文件和精品工程网上申报等要求。本书摘录了 2012 版规程创精品工程资料管理办法全文,见本书附录七。

2.2.3 工程资料编号

为了便于施工资料的管理与查阅,规范工程技术资料的填写,新规程提出了工程资料编号的规定。

1)工程准备阶段资料和工程竣工文件编号的规定:

因工程准备阶段文件和工程竣工文件大多为行政主管部门审批文件,故规程 4.3.1 条对工程准备阶段文件和工程竣工文件规定按资料类别和形成时间顺序编号。

2)监理资料编号应符合下列规定:

(1)监理资料编号分为监理资料实用表式编号和监理资料填写编号,分别标注在表格名称左侧和右侧,详见图 2-1。

(2)监理资料实用表式编号可由监理资料类别号、顺序号两组代号组成,组与组之间应采用横线隔开,此编号规程中已进行了明确划分,可详见附录一中 B 类资料实用表式编号。

(3)监理资料顺序编号按同一类监理资料用表的完成时间先后顺序编号,详见图 2-1。

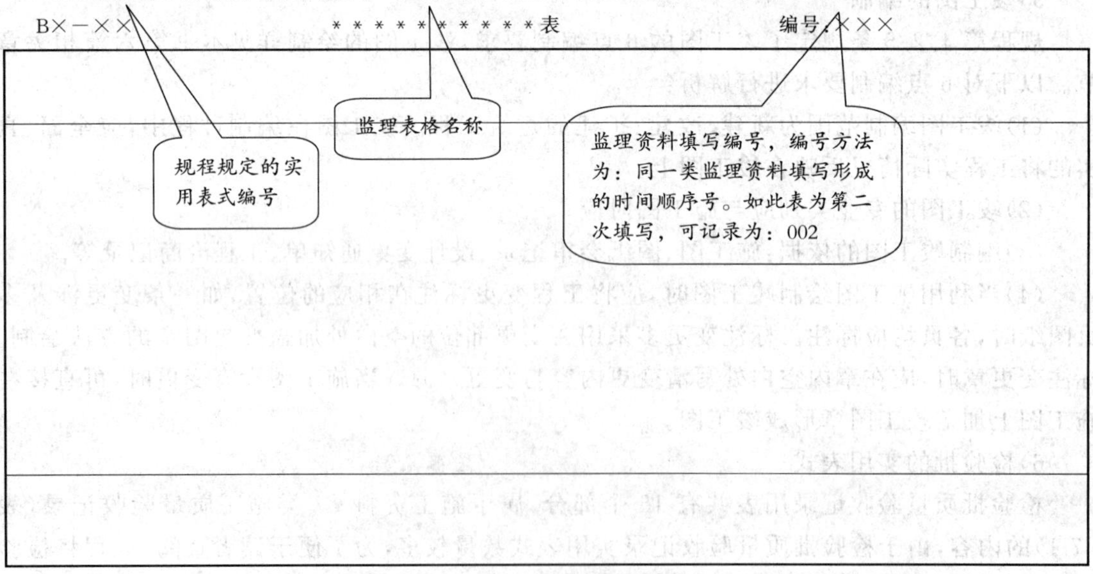

图 2-1 监理资料编号图解

3)施工资料编号应符合下列规定：

(1) 施工资料编号分为施工资料表式类别代号和施工资料填写编号，分别标注在表格名称左侧和右侧，详见图 2-2。

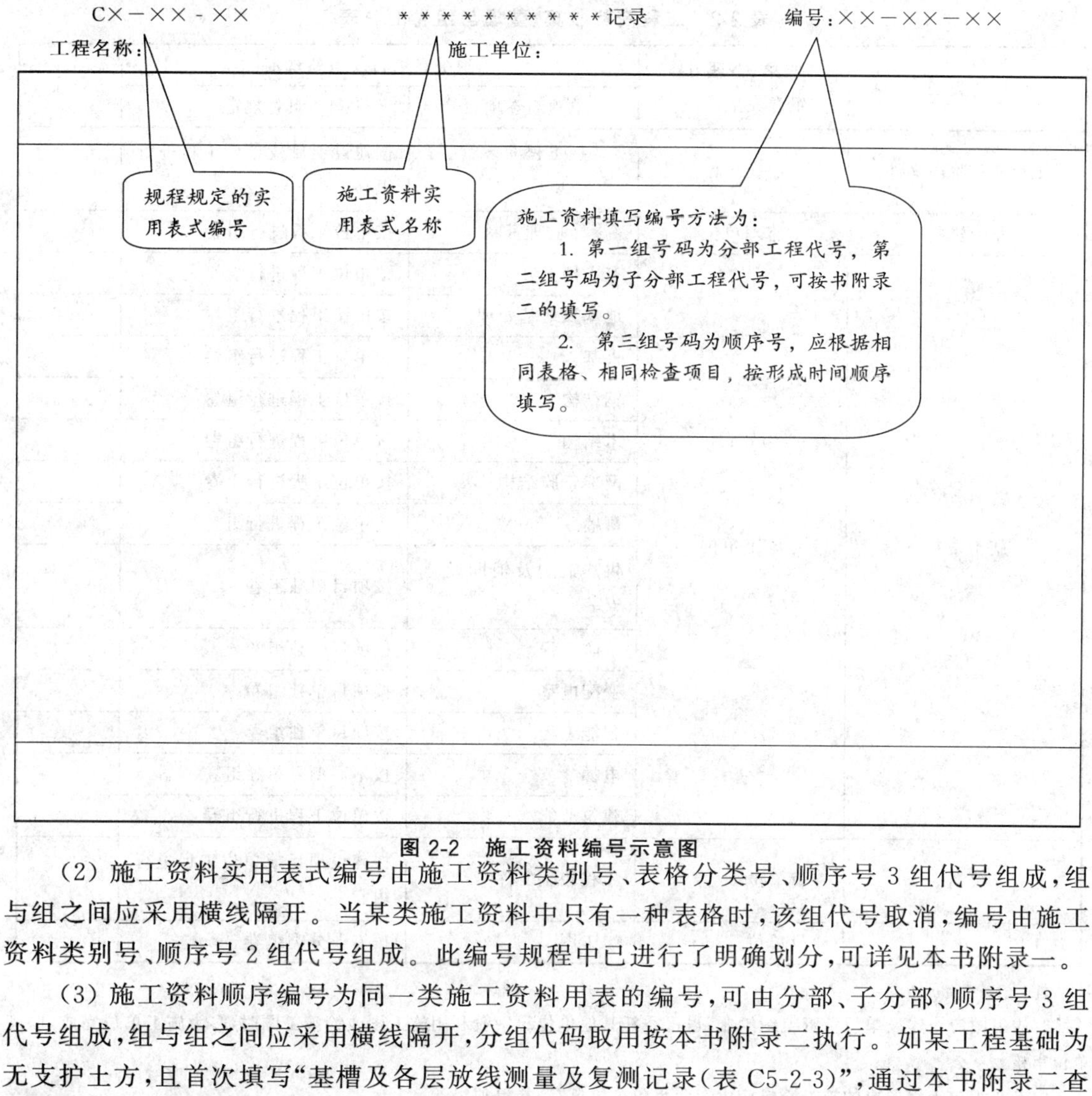

图 2-2　施工资料编号示意图

(2) 施工资料实用表式编号由施工资料类别号、表格分类号、顺序号 3 组代号组成，组与组之间应采用横线隔开。当某类施工资料中只有一种表格时，该组代号取消，编号由施工资料类别号、顺序号 2 组代号组成。此编号规程中已进行了明确划分，可详见本书附录一。

(3) 施工资料顺序编号为同一类施工资料用表的编号，可由分部、子分部、顺序号 3 组代号组成，组与组之间应采用横线隔开，分组代码取用按本书附录二执行。如某工程基础为无支护土方，且首次填写“基槽及各层放线测量及复测记录(表 C5-2-3)”，通过本书附录二查到分部、子分部代号，其编号应记作：01-01-001。

(4) 属于单位工程整体管理内容的资料，编号中的分部、子分部工程代号可用“00”代替。如施工组织设计(C2-2)的编号，应记作：00-00-001。

(5) 同一厂家、同一品种、同一批次的工程物资用在两个分部、子分部工程中时，资料编号中的分部、子分部工程代号可按主要使用部位填写。如某工程进场一批水泥同时用于主体结构和装饰装修两个分部，通过本书附录二查到分部、子分部代号，以主体结构分部的砌体结构为主其进场检验资料和进场复试报告的编号应记作：02-03-001。

(6)为控制资料的真实性、严谨性，工程资料的编号应及时同步编制、上报，不得后补。

2.2.4 工程资料收集、整理与组卷

规程第4.4.1、4.4.2条对工程资料收集、整理与组卷进行了明确的规定。本节将工程资料收集、整理与组卷的规定进行了整理汇总，见表2-2。

表2-2 工程资料收集、整理与组卷汇总表

资料类别	收集、整理与组卷完成单位	单独组卷项目及组卷规定		备注
		单独组卷项目	组卷规定	
工程准备阶段文件	建设单位	工程准备阶段文件	按建设项目或单位工程进行组卷	
监理资料	监理单位	监理资料	按单位工程进行组卷	
施工资料	施工单位	有支护土方	按单位工程进行组卷	
		地基及地基处理	按单位工程进行组卷	
		桩基	按单位工程进行组卷	
		钢结构	按单位工程进行组卷	
		木结构	按单位工程进行组卷	
		网架索膜结构	按单位工程进行组卷	
		幕墙	按单位工程进行组卷	
		供热锅炉及辅助设施安装	按项目单独组卷	
		消防工程	按项目单独组卷	
		变配电室	按项目单独组卷	
		智能工程	按项目单独组卷	
		电梯	按不同型号单独组卷	
		建筑节能	按单位工程进行组卷	
工程竣工文件	建设单位	工程竣工文件	按建设项目或单位工程进行组卷	
竣工图	建设单位	竣工图	按专业分类组卷	

注：

1. 竣工图应由建设单位负责组织绘制，也可委托其他单位。一般利用施工图改绘竣工图时，多为施工单位完成，监理单位审核。

2. 专业承包工程形成的施工资料应由专业承包单位负责，并单独组卷。

3. 分包单位形成的施工资料收集整理后，移交施工总包单位组卷。

4. 监理单位、施工总承包单位负责本类资料的收集、整理、组卷工作。

5. 除表格列举的单独组卷项目外，室外工程也应按室外建筑环境、室外安装工程单独组卷；

6. 工程资料组卷应按完成单位、单位工程资料类别分别组卷，并遵循自然形成规律，保存卷内文件、资料内在联系。工程资料可根据数量多少组成一卷或多卷。

7. 工程资料组卷应编制封面、卷内目录及备考表，其格式及填写要求按现行国家标准《建设工程文件归档整理规范》GB/T50328的有关规定执行。

2.2.5 工程资料移交与归档

规程第4.5.1条明确规定了工程资料移交与归档应符合国家现行有关法规和标准的规定，如无规定时应按合同约定移交归档。一般施工单位在工程竣工验收后，向建设单位移交

不少于 2 套完整的工程资料,监理资料不少于 1 套。

规程第 4.5.2 条和 4.5.3 条明确了工程资料移交的规定和工程资料归档的要求。

1)工程资料移交应符合下列规定:

(1)表 2.2.4 中各类资料完成单位(除建设单位外)均应将所负责收集、整理与组卷的工程资料向建设单位移交。分包单位向总承包单位移交。

(2)建设单位应按有关规定向城建档案管理部门移交合格工程档案原件一套,并办理相关手续。有条件时,可同时向城建档案管理部门移交工程电子文档。此规定是工程资料载体从传统的纸质载体向多媒体载体过度的必要环节。

(3) 工程资料移交时应及时办理相关移交手续,填写工程资料移交书、移交目录。

2)工程资料归档应符合下列规定:

(1)工程参建各方应按规程附录 F 的要求将工程资料归档保存。

(2)归档保存的工程资料,其保存期限应符合下列规定:

①工程资料归档保存期限应符合《建设工程文件归档整理规范》的规定;当无规定时,不应少于 5 年。

②建设单位工程资料归档保存期限应满足工程维护、修缮、改造、加固的需要。

③施工单位工程资料归档保存期限应满足工程质量保修及资料追溯的需要。

2.2.6　工程资料备案

本节规定了工程备案应提交的资料明细,工程竣工验收与备案程序详见本书第六篇相关章节。以下给出了建设单位申请备案时应提交的 10 项资料:

(1) 建设工程竣工验收备案表;

(2) 建设工程竣工验收报告;

(3) 规划部门出具的工程规划验收认可文件;

(4) 公安消防部门出具的《建设工程消防验收意见书》;

(5) 环保部门出具的建设工程环保验收认可文件;

(6) 建筑节能验收证明文件;

(7) 城建档案管理部门出具的建设工程档案验收认可文件;

(8) 施工单位签署的工程质量保修书;

(9) 商品住宅提交《住宅质量保证书》和《住宅使用说明书》;

(10) 法律、法规、规章规定的其他资料。

第三篇　工程准备阶段文件(A类)管理指南

本篇要点

本篇用三个章节对工程准备阶段文件的形成、分类与申办进行了解析。其中“工程准备阶段文件的形成”主要介绍了工程准备阶段文件形成的两种常见程序；“工程准备阶段文件的分类”给出了本类资料的划分明细表；“工程准备阶段文件申办指南”主要对工程准备阶段文件的关键环节和关键文件进行了解析并给出了示例。

3.1　工程准备阶段文件的形成

工程准备阶段文件的形成分为：先立项后征地和先取得土地后立项两种情况，两者最大的区别是取得土地的时间。先立项后征地的项目，资料的形成应符合图3-1的程序。

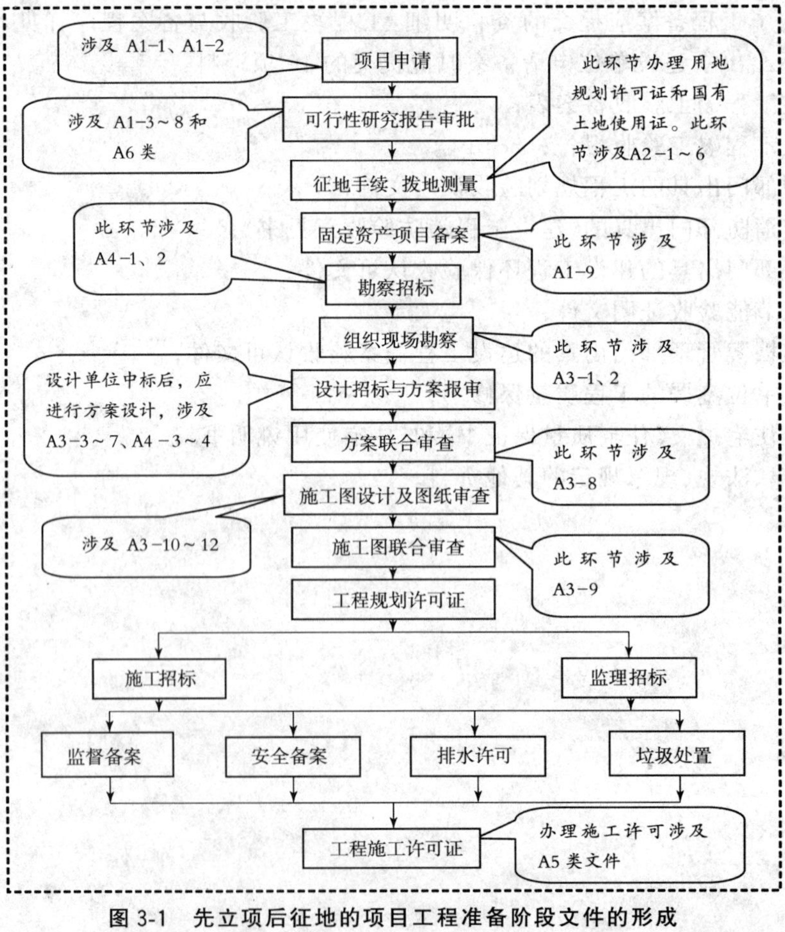

图3-1　先立项后征地的项目工程准备阶段文件的形成

先取得土地后立项的项目,即为根据取得土地的使用条件投资建设的项目。其工程资料准备阶段文件的形成程序与前者略有差异,详见图 3-2:

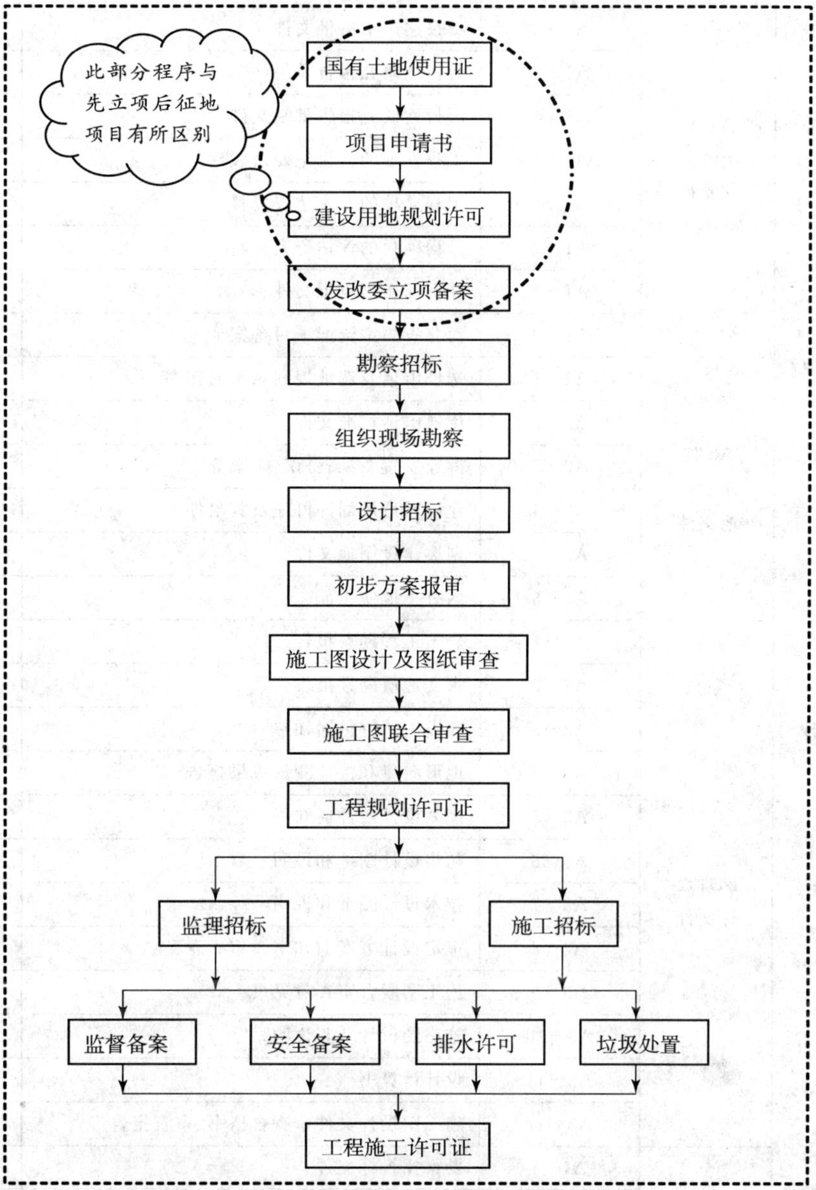

图 3-2　先取得土地后立项项目工程准备阶段文件的形成

3.2　工程准备阶段文件的分类

根据工程准备阶段文件的形成分析,工程准备阶段文件分为决策立项文件、建设用地文件、勘察设计文件、招投标及合同文件、开工文件和商务文件 6 类,各类文件划分见表 3-1。

表 3-1 工程准备阶段文件分类表

资料类别	分类名称	文件编号及名称		备注
A类 工程准备阶段 文件	A1类 决策立 项文件	A1—1	项目建议书	
		A1—2	项目建议书审批文件	
		A1—3	可行性研究报告及附件	
		A1—4	可行性研究报告批复文件	
		A1—5	工程立项的会议纪要及领导批示	
		A1—6	工程立项的专家建议资料	
		A1—7	工程项目的评估研究资料	
		A1—8	计划任务书审批文件	
		A1—9	河北省固定资产项目备案证	※
	A2类 建设用 地文件	A2—1	选址申请及选址规划意见通知书	
		A2—2	用地申请批准文件	
		A2—3	拆迁安置意见、协议、方案等	
		A2—4	建设用地规划许可证及其附件	※
		A2—5	划拨建设用地文件	
		A2—6	国有土地使用证	※
	A3类 勘察设 计文件	A3—1	岩土工程勘察报告	
		A3—2	水文地质勘察报告	
		A3—3	建设用地钉桩通知单	
		A3—4	地形测量和拨地测量成果报告	
		A3—5	规划设计条件通知书	
		A3—6	初步设计图纸和说明	
		A3—7	技术设计图纸和说明	
		A3—8	审定设计方案通知书及审查意见	
		A3—9	施工图联合审查意见书	※
		A3—10	施工图设计及其说明	
		A3—11	设计计算书	
		A3—12	施工图设计文件审查合格书、审查报告	
	A4类 招投标及 合同文件	A4—1	勘察招投标文件	
		A4—2	勘察承包合同 *	
		A4—3	设计招投标文件	
		A4—4	设计承包合同 *	
		A4—5	监理招投标文件	
		A4—6	委托监理合同 *	
		A4—7	施工招投标文件	
		A4—8	施工承包合同 *	

续表

资料类别	分类名称	文件编号及名称		备注
A类 工程准备阶段 文件	A4类 招投标及 合同文件	A4—9	其他委托协议、合同	
		A4—10	建设工程中标通知书	※
	A5类 开工文件	A5—1	建设项目年度计划申报文件	
		A5—2	建设项目年度计划批复文件或年度计划项目表	
		A5—3	规划审批申请表及报送的文件和图纸	
		A5—4	建设工程规划许可证及其附件	※
		A5—5	建筑工程施工许可申请表及其附件	
		A5—6	建设工程施工许可证	※
		A5—7	投资许可证、审查证明及缴纳各种建设费用证明	
	A6类 商务文件	A6—1	工程投资估算资料	
		A6—2	工程设计概算资料	
		A6—3	工程施工图预算资料	

注:表中备注一栏内带“※”为工程准备阶段关键程序,将在本篇3.3章中详细介绍。

3.3　工程准备阶段文件申办指南

工程准备阶段文件形成在本篇3.1章已进行了介绍,本章用【申办指南】的形式对国有土地使用证、建设用地规划许可证、固定资产项目备案、联合审查意见书、建设工程规划许可证、建筑工程招投标、建设工程质量、安全监督备案和建设工程施工许可证9个关键环节的申办程序和文件的形成进行了介绍,同时给出了文件【样本示例】。

3.3.1　国有土地使用证

【申办指南】

项目用地来源一般为国拨、征地、招标、拍卖和协议等几种方式。本节仅对协议方式取得土地时,申办国有土地使用证所需资料进行阐述,其他几种方式此处不作介绍。

1)协议出让取得的土地。

(1)土地利用政策审查需要的资料。

①用地申请书;②征地协议或国有土地权属证;③国有土地出让审批卡;④投资立项文件;⑤建设用地规划许可证和用地红线图;⑥平面布置图;⑦土地利用总体规划审查意见;⑧分幅现状图;⑨上级主管部门的批准文件;⑩专业部门的批准文件;⑪可行性研究报告批复意见;⑫国有土地使用权出让合同呈报表;⑬经土地管理部备案的地价评估报告;⑭新增建设用地有偿使用费收费凭证;⑯现场勘察卡片;⑯外商投资企业附合同章程、企业批准证书和营业执照附件;⑰地调表、宗地图及坐标;⑱其他所需资料。

(2)地籍审查所须资料:

①单位、法人代表人证明,个人身份证明或户籍证明;②委托他人办理登记时,应提出授权委托书及受委托人的资格证明;⑶土地登记申请书、审批表;④有批准权的人民政府的批

准用地文件;⑤地籍调查表,宗地测量坐标,宗地图;⑥应缴纳费用的凭证;⑦其他应提供的材料。

2)协议转让所得土地。

(1)土地利用政策审查所需资料:

①土地权属证明和宗地图;②企业关于土地使用权处置方案的申请;③地价评估备案文件;④企业改制实施方案;⑤企业资产评估报告;⑥国资部门对资产评估报告的备案文件;⑦企业改制的批准文件;⑧公司合同、章程;⑨国有土地使用权转让合同;⑩国有资产转让合同;⑪国有使用权转让审批书;⑫国有土地使用权转让补办出让合同;⑬国有土地转让审批卡片;14、地调表、房屋产权证明量;15、其他所需资料。

(2)地籍审查所须资料。

①土地登记申请书;②单位、法人代表人证明,个人身从证明或户籍证明;③委托他人办理登记时,应提出授权委托书及受委托人的资格证明;④原土地使用证;⑤地上附着物权属证明;⑥转让双方当事人的土地使用权转让合同书;⑦有批准权的人民政府的批准文件;⑧地籍调查表、宗地测量坐标、宗地图;⑨应缴纳的费用凭证;⑩其他应提供的材料。

【样本示例】

国有土地使用证样本见图3-3。

______国用(　　)第　　号

土地使用权人				
座　落				
地　号		图　号		
地类(用途)		取得价格		
使用权类型		终止日期		
使用全面积		其中	独用面积	
			分摊面积	

根据《中华人民共和国宪法》、《中华人民共和国土地管理法》和《中华人民共和国房地产管理法》等法律法规,为保护土地使用权人的合法权益,对土地使用权人申请登记的本证列土地权利,经审查核实准予登记,颁发此证。

______人民政府(章)

年　月　日

记　事

此证内容由发证机关填写。"记事"一栏内一般粘贴宗地图或记录宗地情况。

登记机关　　证件监制机关

(章)

年　月　日　　NO. * * * * * *

图3-3　国有土地使用证样本示例

3.3.2　建设用地规划许可证

【申办指南】

建设用地规划许可证是证明土地使用者(单位或个人)使用国有土地的法律凭证,受法律保护。申请建设用地规划许可证需提供以下资料:①签订的国有土地使用权出让合同;②建设项目备案文件;③征地测量成果。

【样本示例】

建设用地规划许可证样本示例图见图 3-4。

中华人民共和国

建设用地规划许可证

规地字第　　号

根据《中华人民共和国城乡规划法》第三十七、第三十八条规定，经审核，本用地项目符合城乡规划要求，颁发此证。

发证机关：

日　　期：

用地单位	
用地项目名称	
用地位置	
用地性质	
用地面积	
建设规模	

附图及附件名称

遵守事项

一、本征是经城乡规划主管部门依法审核，建设用地符合城乡规划要求的法律凭证。

二、未取得本证，而取得建设用地批准文件、专用土地的，均属违法行为。

三、未经发证机关审核同意，本证的各项规定不得随意变更。

四、本证所需附图与附件由发证机关依法确定，与本证具有同等法律效力。

图 3-4　建设用地规划许可证样本示例图

3.3.3　固定资产项目备案

【备案指南】

固定资产项目备案是指建设单位办理完建设用地规划许可证后，向发改部门办理的项目固定资产投资项目核准备案手续。根据项目投资来源的不同分自筹投资项目和经济适用房项目、政府出资的投资项目、《政府核准的投资项目目录》以外的企业投资项目和不需中央政府投资、限额(规模)以下或不涉及国家有特殊规定的高技术产业发展项目三种情况。其各自办理备案需提供的资料如下：

1)自筹投资项目和经济适用房项目固定资产投资项目：

(1)项目单位书面申请；

(2)项目申请报告；

(3)规划部门出具的建设项目选址意见；

(4)国土资源部门出具的项目用地预审意见；

(5)环保部门出具的环境影响评价文件的审批意见；

(6)项目建设资金证明；

(7)招投标方案审核意见；

(8)节能方案审核意见；

(9)发展改革部门认为必要的其他说明材料。

2) 政府出资的投资项目：

(1)项目单位书面申请；

(2)项目申请报告；

(3)规划部门出具的建设项目选址意见；

(4)国土资源部门出具的项目用地预审意见；

(5)环保部门出具的环境影响评价文件的审批意见；

(6)项目建设资金证明；

(7)招投标方案审核意见；

(8)节能方案审核意见；

(9)发展改革部门认为必要的其他说明材料。

3)《政府核准的投资项目目录》以外的企业投资项目和不需中央政府投资、限额(规模)以下或不涉及国家有特殊规定的高技术产业发展项目：

(1)项目单位书面申请；

(2)填写完整的《河北省固定资产投资项目备案申请表》；

(3)企业营业执照副本及复印件；

(4)组织机构代码证及复印件；

(5)项目简介；

(6)依法先行取得的有关许可文件；

(7)发展改革部门认为必要的其他说明材料。

以上三种情况除提供上述资料外，还应满足当地发改部门其他规定。资料份数依当地发改部门要求而定。

【样本示例】

发改部门收到建设单位提交的固定资产项目备案资料，按规定时限内进行核准，核准通过的应出具《固定资产投资项目核准证》，见图 3-5。

固 定 资 产 投 资 项 目

核 准 证

________：

你单位申请的________项目申请报告收悉。经审查，该项目符合《河北省固定资产投资项目核准实施办法》的有关规定，予以核准。请据此开展有关工作。

建设地点： 建设规模：

总 投 资： 建设起止年限：

主要建设内容：

制证机关 发证单位(盖章)

年 月 日

投资信息编号：

图 3-5 固定资产投资项目核准证样本示例图

3.3.4 施工图联合审查意见书

【申办指南】

建设单位在施工图设计完成且经具有相关资质的审查机构审核合格后，向行负责联合审查主管部门提出施工图联合审查申请并上报有关资料。一般主管部门为规划局，负责组织相关部门或单位进行施工图审查。参加施工图设计文件联合审查部门有：规划局、建设局、地震局、环保局、消防支队、教育局、气象局、人防办、水务局、文化局、城管局、国家安全局和地方规定的有关单位。参审部门或单位无异议的，在联合审查意见书上签署审查意见；如存有异议，须书面致函主管部门说明原因和处理意见。

建设单位申请施工图联合审查时，需提供以下资料：

(1) 施工图设计文件联合审查申请书；

(2) 经审图机构审查后的全套施工图设计文件(含绿化工程、管线综合及专业管线施工图)；

(3) 经规划部门批准的修建性详细规划、建设工程设计方案总平面图、建设工程设计方案。

3.3.5　建设工程规划许可证

【申办指南】

建设单位办结施工图设计文件联合审查意见书后，即可向规划部门申请办理建设工程规划许可证，同时提交以下资料：①国有土地使用权证；②建筑施工图(图纸套数根据各地要求而定)；③施工图设计文件联合审查意见书。

规划部门对建设单位提交的资料审查通过后，颁发建设单位《建设工程规划许可证》。建设工程规划许可证颁发分为代用证、正式证连个阶段，其中代用证(见图3-6)是在项目立项至工程竣工期间使用，也是工程建设期间的有效法律凭证；正式证(见图3-7)在工程项目具备竣工验收条件且经规划主管部门复验合格后颁发，颁发正式证同时收回代用证。

【样本示例】

建设工程规划许可证代用证与正式证示例：

建设工程规划许可证(代用证)

______申请建设下列工程，经审核符合城市规划要求，准予自　　年　月　日至年　月　日进行施工。此证施工期间有效。竣工后经规划局验收，换取建设工程规划许可证(正副本)。未经规划局验收按违法建设处理。

建设项目名称	建设位置	建设规模(m^2)	附图及附件名称

注意事项	1. 施工过程中，如拟变更位置、规模、平立面，外装修时，需申报我局同意。本工程施工期间未动工者，需申请延期。 2. 凭代用证，资金所在银行予以拨款，施工管理部门予以安排施工，经我局验线后开工。 3. 此证不得用于办理确权、交易等。

发证单位：　　经办人：　　领证人：　　发证日期：

图3-6　建设工程规划许可证代用证样本示例图

中华人民共和国

建设工程规划许可证

建字第　　号

根据《中华人民共和国城乡规划法》第四十八条规定，经审核，本用地项目符合城乡规划要求，颁发此证。

发证机关：
日　　期：

建设单位(个人)	
建设项目名称	
建设位置	
建设规模	

附图及附件名称

遵守事项

一、本征是经城乡规划主管部门依法审核，建设用地符合城乡规划要求的法律凭证。

二、未取得本证或不按本证进行建设的，均属违法行为。

三、未经发证机关许可，本证的各项规定不得随意变更。

四、本证所需附图与附件由发证机关依法确定，与本证具有同等法律效力。

图 3-7　建设工程规划许可证正式证样本示例图

3.3.6　建筑工程招投标

【申办指南】

建筑工程招标形式分为公开招标、邀请招标和议标三种。招投标程序为：网上公布招标信息→投标单位报名购买招标文件→招标人对投标人资格预审→投标与开标→宣布中标结果并按有关规定公示→招投标备案。

建设单位招投标备案需提供以下资料：①项目招标文件、招标投标情况书面报告和合同备案申请表；②招标文件、招标投标情况书面报告确认通知单(招投标管理部门出具)；③中标通知书；4、招标人与中标人订立的书面合同副本及招标文件。中标通知书样本见图 3-8。

【样本示例】

某某市建设工程中标通知书

________(中标人名称)：

________(建设单位名称)的________(工程名称)，于____年____月____日开标，并经公示，现确定你单位为中标人。中标工程内容建设规模____，中标价为人民币____万元，总工期为____日历天，工程质量____，项目经理____。

(一)分包工程：(1)专业分包________

(2)专业分包________

(二)该项目按招标文件要求提出的工程担保：________

请中标人收到中标通知书后，于____年____月____日前与招标人签订合同。

本工程招标代理机构为：________

招标人(盖章)：____　　　　法定代表人(签字或盖章)：____

____年____月____日

备案编号：

招标方式或法律依据：

中标通知书备案：____　　(盖章)

备案日期：____年____月____日

图 3-8　建设工程中标通知书样本示例图

3.3.7　建设工程质量、安全监督备案

【备案指南】

施工单位在办结工程招投标，签订施工、监理合同且经主管部门备案后，应及时向建设行政主管部门提交工程质量、安全监督备案申请表，办理工程质量、安全监督备案手续。办理建设工程质量、安全监督备案应提供以下资料(提交资料要求为复印件的均应携原件备查)：

(1)工程质量、安全监督备案申请表；

(2)质量监督提交的材料：

①建设工程规划许可证、中标通知书；

②施工图设计文件审查报告和合格书，完整的施工图和勘察报告；

③建设单位、施工单位和监理单位工程项目的负责人和机构组成人员资格证书复印件；监理单位相关人员资格证书原件；

④见证单位见证人员上岗证原件；

⑤施工合同、监理合同、检测合同；

⑥施工组织设计和监理规划(监理实施细则)；

⑦外阜进唐(施工单位、监理单位)提供进唐备案证明；

⑧监理单位资质复印件。

(3)安全监督提交的材料：

①监理人员安全生产知识培训合格证原件；

②特殊工种作业人员证件登记表及证件复印件；

③施工企业《安全生产许可证》、项目部安全管理人员的考核合格证原件。

3.3.8　建设工程施工许可证

【申办指南】

建设单位办结工程招投标备案，城市排水许可、建筑垃圾处置核准、建设工程质量和安全监督备案四项程序后，汇齐相关资料报住建局，申请办理建设工程施工许可证。房地产开发项目需提交以下资料：

(1)建设行政许可申请书和法定代表人身份证明及授权委托书；

(2)建筑工程施工许可申请表；

(3)土地使用权证、建设工程规划许可证；

(4)施工图设计文件审查合格书及备案证明、房地产开发项目施工图设计文件联合审查意见书；

(5)工程质量、安全监督备案受理文件；

(6)中标通知书复印件；

(7)建设资金到位证明(建设工期不足一年的，到位资金不得少于工程合同价的50%，建设工期超过一年的，到位资金不得少于工程合同价的35%)；

(8)有配套建设保障性住房的开发项目，《配套建设保障性住房确认合同书》；

(9)相关统一收缴费用证明。一般包括：农民工工资保证金、城市基础设施配套费、防空地下室易地建设费、散装水泥专项基金、新型墙体材料专项基金、城市道路占用挖掘费、工程建设单位无拖欠工程款证明、农民工工资保证金缴纳证明。各地具体情况不同，实际执行中

应以当地行政主管部门规定为准。

【样本示例】

住建局对建设单位提交的备案资料核查通过时，应颁发建设单位《建设工程施工许可证》，样本示例见图 3-9。

中华人民共和国

建设工程施工许可证

编号

根据《中华人民共和国建筑法》第八条规定，本建筑工程符合施工条件，准予施工。

发证机关：

日　　期：

建设单位			
工程名称			
建设地址			
建设规模		合同价格	
设计单位			
施工单位			
合同开工日期		合同竣工日期	
备注			

附图及附件名称

遵守事项

一、本征放置施工现场，作为准予施工凭证。

二、未经发证机关许可，本证的各项内容不得变更。

三、建设行政主管部门可以对本证进行查验。

四、本证自核发之日起三个月内应予施工，逾期应办理延期手续，不办理延期手续或延期次数、时间超过法定时间的，本证自行废止。

五、凡未取得本证擅自施工的属违法建设，将按《中华人民共和国建筑法》的规定予以处罚。

图 3-9　建设工程施工许可证样本示例图

第四篇　监理资料(B类)填写指南

本篇要点

本篇主要阐述了监理资料的形成与分类，同时对六类监理资料常用文件给出了【文件定义】；对常用表格进行了【表式图解】，对表式的填写指出了【填写要点】，介绍了【相关规定】，给出了【填写示例】，同时对即将发行实施的2013版《建设工程监理规范》进行了详细简析。

4.1　监理资料的形成与划分

4.1.1　监理资料的形成

监理资料的形成应符合图4-1的步骤：

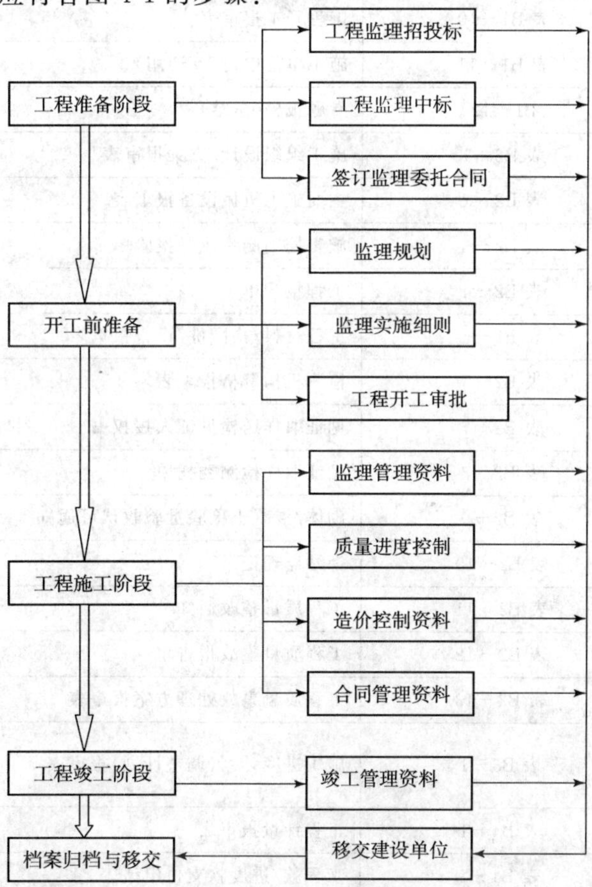

图4-1　监理资料的形成

4.1.2 监理资料的分类

监理资料分为监理管理资料、质量控制资料、进度控制资料、造价控制资料、合同管理资料和竣工管理资料六类，各类资料实用表式编号及名称见表4-1。

表4-1 监理资料分类表

资料类别	实用表式编号	实用表式名称	备　注
B1类 监理管理资料	表B1－1	法定代表人授权书	※
	B1－2	监理规划	※
	B1－3	监理实施细则	※
	表B1－4	监理会议纪要	※
	B1－5	监理日志	※
	B1－6	监理月报	※
	表B1－7	工作联系单	
	表B1－8	监理工程师通知	
	表B1－9	监理工程师通知回复单	※
	表B1－10	工程开工报审表	※
	表B1－11	施工单位申请表(通用)	
	B1－12	专题报告(总结)	
B2类 质量控制资料	表B2－1	施工组织设计/方案报审表	
	表B2－2	主要施工机械设备报审表	※
	表B2－3	施工控制测量成果报验单	※
	表B2－4	工程报验单	※
	表B2－5	工程材料/构配件/设备报审表	※
	表B2－6	检测机构资格报审表	
	表B2－7	见证取样送检见证人授权书	
	表B2－8	见证取样检测委托单	※
	表B2－9	砌体/混凝土检验批验收认可通知	※
	表B2－10	旁站监理记录	※
	表B2－11	工程质量整改通知	
	表B2－12	工程质量事故报告单	
	表B2－13	工程质量事故处理方案报审表	
B3类 进度控制资料	表B3－1	施工进度计划(调整计划)报审表	※
B4类 造价控制资料	表B4－1	工程计量报审表	※
	表B4－2	工程款/进度款支付申请表	※
	表B4－3	工程款/进度款支付证书	※

续表

资料类别	实用表式编号	实用表式名称	备　注
B5类 合同管理资料	表 B5－1	分包单位资质报审表	
	表 B5－2	工程临时/最终延期申请表	※
	表 B5－3	工程临时/最终延期审批表	※
	B5－4	合同争议处理意见	
	表 B5－5	合同变更资料	
	表 B5－6	工程暂停令	※
	表 B5－7	工程复工报审表	※
	表 B5－8	工程变更费用报审表	
	表 B5－9	索赔意向通知书	
	表 B5－10	费用索赔申请表	
	表 B5－11	费用索赔审批表	
	B5－12	工程竣工结算审核意见书	
B6类 竣工管理资料	表 B6－1	单位(子单位)工程竣工预验报验表	※
	B6－2	工程质量评估报告	
	B6－3	监理工作总结	
	表 B6－4	监理资料移交书	※

注：

1. 表中实用表式编号带“表”字的示意规程给出了具体的实用表式，反之则仅做了说明，未给出实用表式。
2. 备注一栏内“※”为监理常用表式，将在本篇4.2章中重点解析。

4.2　监理资料填写指南

本章要点

本章用6节，分别对监理管理资料(B1类)、质量控制资料(B2类)、进度控制资料(B3类)、造价控制资料(B4类)、合同管理资料(B5类)和竣工管理资料(B6类)6类资料中常用文件和常用实用表式进行了解析。其中对常用文件给出了【文件定义】，讲述了【编写要点】，介绍了【相关规定】；对常用实用表式进行了【表式图解】，讲述了【填写要点】，介绍【相关规定】，并对重点实用表式给出了【填写示例】。

4.2.1　监理管理资料(B1类)填写指南

本节要点

监理管理资料(B1类)共包含11项监理资料，其中文件类资料5项，实用表式6项。本节采用了【表式图解】、【文件定义】、【编(填)写要点】、【相关规定】和【填写示例】等形式对常用的4项文件资料和4项实用表式进行了深度解析。

表 B1-1　法定代表人授权书填写指南

【表式图解】

B1-1　法定代表人授权书　　　　　　　　　　　**编号：**

工程名称：

兹任命______同志为我公司驻________项目总监理工程师。授权代表我公司履行监理委托合同，并承担法律、法规规定的相应责任。

期限：自___年___月___日至___年___月___日

此处填写监理单位名称，本章内同略。

此处填写监理单位任命的总监理工程师名称，应与施工许可备案文件一致

此处填写工程项目名称。

期限一栏应填写建设工程监理合同开始和结束的时间。

被任命人简况：

姓名：　　　　　　　　　年龄：

职称：　　　　　　　　　专业：

注册号：

被任命人简况：按实际情况填写，其中“注册号”应填写总监理工程师的注册监理工程师执业注册资格证书上的注册号。

此处加盖监理公司公章。

此处法定代表人签字或加盖印章。

监理单位(章)：________

法定代表人：________

日　期：　　年　　月　　日

注：本表一式三份，由建设单位、监理单位、项目监理机构各一份。

【填写要点】

(1)法定代表人授权书应由监理单位法定代表人签发，并加盖监理单位公章。

(2)被任命人简况一栏应按实际情况填写，且应具备相应岗位资格。其中“注册号”应填写总监理工程师的注册监理工程师执业注册资格证书上的注册号。

(3)当监理单位需要对总监理工程师进行调整时，应征得建设单位同意，到建设行政主管部门办理相关等级手续后，及时重新签发法定代表人授权书。

【相关规定】

(1)总监理工程师应由具有三年以上同类工程监理工作经验的人员担任。

(2)监理单位应于委托监理合同签订后十天内将项目监理机构的组织形式、人员构成及对总监理工程师的任命书面通知建设单位。当总监理工程师需要调整时，监理单位应征得建设单位的同意，并重新签发法定代表人授权书，及时以书面形式通知建设单位和承包单位。

B1-2　监理规划编写指南

【文件定义】

监理规划是在项目监理机构充分分析和研究工程项目的目标、技术、管理、环境以及参与工程建设各方的情况后制定的指导工程项目监理工作的实施方案。

【编写要点】

编制监理规划前,应认真熟悉施工图,分析项目整体情况,理清监理思路,抓住监理关键点,制定详细的编制大纲,这样才能使监理规划真正能够起到指导项目监理机构进行该项目监理工作的作用。故监理规划中应有明确具体的、符合项目要求的工作内容、工作方法、控制措施、工作程序和工作制度等内容。

【相关规定】

1.监理规划编制的程序应符合下列规定

(1)监理规划应在签订委托监理合同及收到设计文件后开始编制,完成后必须经监理单位技术负责人审核批准,并应在召开第一次工地会议前报送建设单位;

(2)监理规划应由总监理工程师主持、专业监理工程师参加编制,共同分析项目特点、提出项目监理措施和方法,确定项目监理工作的程序和制度等。

2.编制监理规划应依据

(1)建设工程的相关法律、法规及项目审批文件;

(2)与建设工程项目有关的标准、设计文件、技术资料;

(3)监理大纲、委托监理合同以及建设工程项目相关的合同文件。

3.监理规划应包括以下主要内容

工程项目概况、监理工作范围、监理工作内容、监理工作目标、监理工作依据、项目监理机构的组织形成、项目监理机构的人员配置计划、项目监理机构的人员岗位责任、监理工作程序、监理工作方法及措施、监理工作制度和监理措施。

在监理工作实施过程中,如实际情况或条件发生重大变化而需要调整监理规划时,应由总监理工程师组织专业监理工程师研究修改,按原报审程序经过批准后报建设单位。

B1-3　监理实施细则编写指南

【文件定义】

监理实施细则是在监理规划指导下,由专业监理工程师针对工程具体情况制定的具有实施性和可操作性的业务文件;对于中型及以上或专业性较强的工程项目,项目监理机构应编制监理实施细则。

【相关规定】

1.监理实施细则的编制程序与依据应符合下列规定

(1)监理实施细则应在相应工程施工开始前编制完成,并必须经总监理工程师批准;

(2)监理实施细则应由专业监理工程师编制;

(3)编制监理实施细则的依据:已批准的监理规划;与专业工程相关的标准、设计文件和技术资料;施工组织设计。

2.监理实施细则应包括下列内容

(1)专业工程特点;

(2)监理工作的流程;

(3)监理工作的控制要点及目标值；

(4)监理工作的方法及措施。

3.其他要求

(1)对于项目规模较小、技术不复杂且管理有成熟经验和措施，并且监理规划可以起到监理实施细则的作用时，监理实施细则可不必另行编写；

(2)当发生工程变更、设计变更或原监理实施细则所确定的方法、措施、流程不能有效地发挥管理和控制作用等情况时，总监理工程师应及时根据实际情况安排专业监理工程师对监理实施细则进行补充、修改和完善。

B1-4　监理会议纪要填写指南

【表式图解】

表 B1-4　＿＿＿＿＿＿ 监理会议纪要　　　　编号：

工程名称：

时间： 地点： 主持人： 与会单位及人员： （此栏据实填写会议的时间地点、主持人、与会单位及人员等信息。）
主要议题： （此栏填写会议的主要议题，议题可以一个也可多个。如工地例会则主要填写会议主要内容。）
解决或议定事项： （此栏填写会议各议题最终解决方案或最终决议，未达成最终意见的应明确下一步如何安排或下次议定此议题的时间。与会各单位代表应签字。） 签字： 年　月　日

注：本表一式三份，建设单位、施工单位、项目监理机构各一份。

【填写要点】

(1)监理会议纪要根据会议形式的不同分为工地例会和专题例会。会议纪要应由项目监理机构负责起草,并经与会各方代表签字确认。

(2)工地例会是由总监理工程师主持召开的定期会议。专题例会为了解决施工过程中的专门问题或为专业问题而召开的会议,会议由总监理工程师或其授权的监理工程师主持。

(3)会议纪要应据实记录。

【相关规定】

(1)第一次工地会议应包括以下主要内容:

①建设单位、承包单位和监理单位分别介绍各自驻现场的组织机构、人员及其分工;

②建设单位根据委托监理合同宣布对总监理工程师的授权;

③建设单位介绍工程开工准备情况;

④承包单位介绍施工准备情况;

⑤建设单位和总监理工程师对施工准备情况提出意见和要求;

⑥总监理工程师介绍监理规划的主要内容;

⑦研究确定各方在施工过程中参加工地例会的主要人员,召开工地例会周期、地点及主要议题。

(2)工地日常例会主要包括以下内容:

①检查上次例会议定事项的落实情况,分析未完成事项原因;

②检查分析工程项目进度计划完成情况,提出下一阶段进度目标及其落实情况;

③检查分析工程项目质量状况,针对存在的质量问题提出改进措施;

④检查工程质量核定及工程款支付情况;

⑤解决需要协调的有关事项;

⑥其他有关事宜。

(3)专题例会纪要主要记录以下内容:

①主要议题;

②与会单位、参加人员及召开时间;

③议题的最终决议或解决方案。

B1-5 监理日志填写指南

【表式图解】

表 B1-5 监理日志　　编号：

工程名称：

气象		风力		温度	
施工记录： 施工记录主要记录：作业内容及部位、施工人数、以及主要施工设备、材料等情况，同时应对主要的分部、分项工程开工、完工做出标记。					
主要事项记载： 主要事项记载指记载当日的监理工作内容和有关事项，主要包括：(1) 施工过程巡视检查和旁站监理、见证取样情况；(2) 施工测量放线、工程报验情况及验收结果；(3) 材料、设备、构配件和主要施工机械设备进场情况及进场验收结果；(4) 施工单位资料报审及审查结果；(5) 施工图交接、工程变更的有关事项；(6) 所发监理通知(书面或口头) 的主要内容及签发、接收人；(7) 建设单位、施工单位提出的有关事宜及处理意见；(8) 工地会议议定的有关事项及协调确定的有关问题；(9) 工程质量事故(缺陷) 及处理方案；(10) 异常事件(可能引发索赔的事件) 及对施工的影响情况；(11) 设计人员到工地及处理、交待的有关事宜；(12) 质量监督人员、有关领导来工地检查、指导工作情况及有关指示；(13) 其他重要事项。 日　期：　年　月　日 (　页)					

【填写要点】

(1) 监理日志是项目监理机构监理人员对被监理项目的工作日记。

(2) 监理日志应使用统一制式的《监理日志》，每册封面应标明工程名称、册号、记录时间段及项目参建各方责任单位名称。

(3) 监理日志主要记录施工期间每日气象、施工情况、监理工作及有关事项的日记。监理人员应逐日及时填写并签字，理日志不得补记，不得隔页或扯页以保持其原始记录。总监理工程师应定期检查。

B1-6　监理月报编写指南

【文件定义】

监理月报是项目监理机构按月上报建设单位的月度监理工作总结。主要应包含项目质量、安全、造价、进度等方面的内容，同时也包括监理机构提出的建议和意见。

【编写要点】

(1)监理月报由总监理工程师组织各专业监理工程师编写，签认后报建设单位和本单位。

(2)监理月报封面应有总监理工程师签字，并加盖监理机构章。

【相关规定】

施工阶段的监理月报应包括以下内容：

(1)本月工程概况；

(2)本月工程形象进度；

(3)工程进度：

①本月工程质量情况分析；

②对进度完成情况及采取措施效果的分析。

(4)工程质量：

①本月工程质量情况分析；

②本月采取的工程质量措施及效果。

(5)工程计量与工程款支付：

①工程量审核情况；

②工程款审批情况及月支付情况；

③工程款支付情况分析；

④本月采取的措施及效果。

(6)合同其他事项的处理情况：

①工程变更；

②工程延期；

③费用索赔。

(7)本月监理工作小结：

①对本月进度、质量、工程款支付等方面情况的综合评价；

②本月监理工作情况；

③有关本工程的意见和建议；

④下月监理工作的重点。

B1-9 监理工程师通知回复单填写指南

【表式图解】

表B1-9 监理工程师通知回复单 **编号：**

工程名称：

致______________（监理单位）

我方接到编号为______________的监理工程师通知/工程质量整改通知后，已按要求完成了______________相关工作，请予以复查。

详细内容：

> 填写监理工程师通知要求整改的内容。

> 填写该回复单对应的监理通知的编号。

> 此栏内填写施工单位对监理单位提出需整改事项的整改过程。

施工单位（章）：__________

项目经理：__________

日 期：____年____月____日

复查意见：

> 此栏由监理机构填写对施工单位所报整改资料的检查和对整改结果复合后签署的最终意见。

项目监理机构（章）：__________

总/专业监理工程师：__________

日 期：____年____月____日

注：本表一式三份，施工单位一份，项目监理机构一份，报建设单位一份。

【填写要点】

（1）监理工程师通知是指在施工过程中，监理机构对未经监理签认的不合格原材料、设备、构配件，存在质量隐患的工序或存在施工安全隐患部位，签发的书面处理意见通知。

（2）监理工程师通知回复单是施工单位对《监理工程师通知》或《工程整改通知单》上报的书面回复文件。施工单位收到监理工程师通知应及时给予回复。

【填写示例】

表 B1-9　监理工程师通知回复单　　编号:002

工程名称:某某工程

致 某某监理工程有限公司 (监理单位) 我方接到编号为 002 的监理通知/~~工程质量整改通知~~后,已按要求完成了 基槽边安全防护 工作,现报上,请予以复查。 详细内容: 我项目部接到了编号×××的《监理工程师通知》后,停止了基槽内地基钎探作业。并立即组织人员沿基槽边设置安全防护栏杆,栏杆立柱间距2.00m,距离槽边1.50m。栏杆高度1.30m,下部栏杆距地0.20m。水平栏杆用红白相间颜色标识。符合安全操作规程。并将槽边3.00m以内堆放的物料搬走。同时对操作人员进行了安全教育。 请监理单位复查。 承包单位(章)某某建筑工程有限公司某某项目部 资料专用章 项目经理:赵某某　日期:2012年××月××日
复查意见: 经复查对编号002的《监理通知》提出的问题,项目部进行了停工整改处理,符合JGJ59-99的规定,达到了安全生产条件,准许继续施工。 监理机构(章)某某监理工程有限公司 某某监理部 总/专业监理工程师:贾某某　日期:2012年××月××日

注:本表一式三份,施工单位一份,项目监理机构一份,报建设单位一份。

表 B1-10　工程开工报审表填写指南

【表式图解】

表 B1-10　工程开工报审表

编号：

工程名称：

致＿＿＿＿＿＿＿＿＿＿＿＿＿＿（建设单位）

＿＿＿＿＿＿＿＿＿＿＿＿＿＿＿（监理单位）

我方承担的＿＿＿＿＿＿＿＿＿＿＿＿＿工程，已完成相关准备工作，具备了开工条件，特此申请于＿＿年＿＿月＿＿日开工，请审批。

> 工程开工报审应同时上报监理单位和建设单位审核批准。

附件：

一、施工许可证已获政府主管部门批准； □

二、征地拆迁工作满足工程进度需要； □

三、施工组织设计已获总监理工程师批准； □

四、现场管理人员、施工人员已进场，机具、主要工程材料已落实； □

五、进场道路及水、电、通信等已满足开工要求； □

六、质量管理、技术管理和质量保证的组织机构已建立； □

七、质量管理、技术管理制度已制定； □

八、专职管理人员和特种作业人员已取得资质证、上岗证。 □

> 以上八项为开工前必备条件，在已经完成或具备条件的工作项目后的“□”内打“√”。

> 施工单位项目经理签字，并加盖项目部章。

施工单位（章）：＿＿＿＿＿＿＿＿

项目经理：＿＿＿＿＿＿＿＿

日　期：＿＿年＿＿月＿＿日

审核意见：

> 此栏由监理机构总监签署审核意见后，签字并加盖监理机构章。

项目监理机构（章）：＿＿＿＿＿＿＿＿

总监理工程师：＿＿＿＿＿＿＿＿

日　期：＿＿年＿＿月＿＿日

审批意见：

> 此栏由建设单位项目负责人签署审批意见后，签字并加盖建设单位章。

建设单位（章）：＿＿＿＿＿＿＿＿

项目负责人：＿＿＿＿＿＿＿＿

日　期：＿＿年＿＿月＿＿日

注：本表一式四份，由建设单位审批后，施工单位、建设单位各执一份，监理单位二份（其中城建档案馆一份）。

【填写要点】

(1)该表格由施工单位在具备开工条件时(即:表附件所列八项工作全部完成)填写。开工报审应上报监理机构总监理工程师审核并报建设单位项目负责人审批。整个项目所有单位工程同时开工,只填一次,若不同时开工,则应逐项分别报审。

(2)工程开工报审附件:

①施工许可证,由建设单位负责办理,施工单位、监理单位协助办理;

②征地拆迁工作,由建设单位负责办理;

③施工组织设计审批文件由施工单位负责编写,报监理机构总监理工程师审批。涉及造价调整的还应报建设单位审批;

④质量管理体系,由施工单位负责建立;

⑤技术管理体系,由施工单位负责建立;

⑥质量、技术管理制度,由施工单位负责编制;

⑦专职管理人员资格证由施工单位自备,如:建造师证、施工员证、质检员证、安全员证、资料员证等。

⑧特种作业人员证书由施工单位自备。如:焊工、电工、架子工等有效证件。

(3)审查与审批。总监理工程师应指定专业监理工程师对承包单位的开工准备情况进行检查,除了检查所报内容外,还应对施工现场临时设施是否满足开工条件;地下障碍物是否清除或查明;定位测量控制桩、试验室资格报审情况是否通过项目监理机构审查确认等情况逐一落实记录,并报总监理工程师审核;总监理工程师确认具备开工条件时,签署同意开工时间并报建设单位审批,否则应简要说明不符合开工条件的原因。

4.2.2　质量控制资料(B2类)填写指南

本节要点

质量控制资料(B2类)共包含13项监理资料,本节采用了【表式图解】、【填写要点】、【相关规定】和【填写示例】等形式对常用的8项实用表式进行了深度解析。根据常用表式填写的相关规定,引出了本书附录三《常用原材料、构配件、设备进场必备质量证明文件》、附录四《见证取样和送样的规定》、附录五《常用材料、构配件进场见证取样与检验项目表》、附录六《工程现场实体检测项目表》4个附录,供读者借鉴引用。

表 B2-1　施工组织设计/方案报审表填写指南

【表式图解】

表 B2-1　施工组织设计/方案报审表　　　　编号：

工程名称：

<table>
<tr><td>致________________________(监理单位)
我方已完成了________________________工程施工组织设计/方案的编制，并按规定完成了相关审批手续，请予以审查

附件：施工组织设计/方案

施工单位(章)：____________
项目经理：____________
日　期：____年____月____日</td></tr>
<tr><td>专业监理工程师审查意见：

本栏由专业监理工程师签署对施工组织设计（方案）的审查意见，并签字。

专业监理工程师：____________
日　期：____年____月____日</td></tr>
<tr><td>总监理工程师审核意见：

本栏由总监理工程师签署对施工组织设计（方案）的审核意见，签字并加盖监理机构章。

项目监理机构(章)：____________
总监理工程师：____________
日　期：____年____月____日</td></tr>
</table>

注：本表一式三份，项目监理机构签署后自留一份，报建设单位一份，返施工单位一份。

【填写要点】

(1)此表是施工单位在编制完施工组织设计或专项施工方案后，报监理机构审核用表。

(2)施工单位按施工合同规定时间向项目监理机构报送自审手续完备的施工组织设计(方案)，总(专业)监理工程师在合同规定时间内完成审核工作。

(3)施工组织设计是开工报审必备条件之一，施工组织设计(方案)未经项目监理机构批准，该项工程不得施工。

表 B2-2　主要施工机械设备报审表填写指南

【表式图解】

表 B2-2　主要施工机械设备报审表

编号：

工程名称：

致____________________(监理单位)

下列施工设备已按施工组织设计(方案)要求进场，请核查并准予使用。

设备名称	规格型号	数量	进场日期	技术状况	备注
			年　月　日		
			年　月　日		
			年　月　日		
			年　月　日		
			年　月　日		
			年　月　日		
			年　月　日		
			年　月　日		

此表格内填写拟进场机械设备的基本信息。在相应附件的“□”打“√”，项目经理签字并加盖项目部章。

附件：

1. 有关技术说明、调试结果　□
2. 计量设备法定检测部门的鉴定证明　□
3. 设备状况证明文件　□

施工单位(章)：__________

项目经理：__________

日　期：___年___月___日

专业监理工程师审核意见：

专业监理工程师对拟进场的机械设备资料状况核查后填写核查意见，签字并加盖监理机构章。

项目监理机构(章)：__________

专业监理工程师：__________

日　期：___年___月___日

注：本表一式二份，项目监理机构签署后自留一份，返施工单位一份。

【填写要点】

(1) 凡影响工程质量、施工安全和有计量要求的机械设备进场时，施工单位应自检合格后，填报此表报监理机构审核。

(2) 随报审应附有关技术说明、调试结果和设备状况证明文件。

(3)对有计量要求的应有法定检测部门出具的鉴定证明文件，如经纬仪、水准仪等。

表 B2-3　施工控制测量成果报验单填写指南

【表式图解】

表 B2-3　施工控制测量成果报验单　　　　编号：

工程名称：

致＿＿＿＿＿＿＿＿＿＿＿＿＿＿(监理单位)

我方已完成＿＿＿＿＿＿＿＿＿＿＿＿的施工控制测量，经自检合格，请予查验。

专职测量人员岗位证书编号：

测量设备鉴定证书编号：

附件：1. 施工控制测量依据资料；

2. 施工控制测量记录。

此处填写施测部位。

测量设备鉴定证书编号：指测量设备有效鉴定证书的编号。

附件：
1. 测量依据多指工程定位测量。一般为工程总平面图，或建设单位提供的规划主管部门下发工程定位测量成果图和工程定位红线桩、高程点等。
2. 施工单位施测过程记录。
3. 在相应附件前打“√”。

测量成果报验，需施工单位项目经理签字并加盖施工单位项目部章。

施工单位(章)：＿＿＿＿＿＿

项目经理：＿＿＿＿＿＿

日　期：＿年＿月＿日

审查意见：

专业监理工程师签署审查意见，签字并加盖监理机构章。

项目监理机构(章)：＿＿＿＿＿＿

专业监理工程师：＿＿＿＿＿＿

日　期：＿年＿月＿日

注：本表一式三份，项目监理机构二份(其中城建档案馆一份)，返施工单位一份。

【填写要点】

(1)该表是施工单位对施工测量工作自检合格后，报监理机构申请复核验收用表。

(2)施工测量是施工过程中的关键工序，它不仅贯穿工程开工至竣工全过程，且涉及每个分部工程。测量工作分为工程定位测量、基槽及各层放线测量、沉降观测测量、建筑物外观质量检测测量等。测量工作完成后应进行施工测量放线报验。

(3)表式附件中，施工控制测量记录包括：工程定位测量记录(表 C5-2-2)，基槽及各层放线测量及复测记录(表 C5-2-3)，建筑物垂直度、标高、全高测量记录(表 C5-2-4)和沉降观测记录等实用表式。

【填写示例】

附件所包含的实用表式的填写示例详见本书第五篇相关章节。

表 B2-3　施工控制测量成果报验单　　　　**编号：**

工程名称：某某工程

致 某某监理工程有限公司 (监理单位) 我方已完成 工程定位测量 的施工控制测量，经自检合格，请予查验。 专职测量人员岗位证书编号：No. ×××××× 测量设备鉴定证书编号：×××××× 附件：√1. 施工控制测量依据资料； √2. 施工控制测量记录。 （印章：某某建筑工程有限公司某某项目部 资料专用章） 施工单位(章)： 项目经理：赵某某 日　期：2012 年 ××月 ××日
审查意见： 经复测此次测量结果符合规范规定，满足设计要求，可以进行下道工序施工。 （印章：某某监理工程有限公司 某某监理部） 项目监理机构(章)： 专业监理工程师：周某某 日　期：2012 年 ××月 ××日

注：本表一式三份，项目监理机构二份(其中城建档案馆一份)，返施工单位一份。

表 B2-4　工程报验单填写指南

【表式图解】

表 B2-4　________工程报验单　　　　　　**编号：**

工程名称：

致________________________(监理单位)

我方已完成______________________工程，按设计文件及有关规范进行了自检，质量合格，请予审查和验收。

附件：1. 工程质量控制资料 □

2. 安全和功能检验(检测)记录 □

3. 观感质量验收记录 □

4. 隐蔽工程验收记录 □

5. ____________质量验收记录 □

> 1. 附件中1～3项，包含资料内容分别详见本书第五篇相关章节。
> 2. 隐蔽工程验收记录填写指南见本书第五篇相关章节。
> 3. 第 5 条横线上填写质量验收记录名称，应与实用表式名称一致。
> 4. 在所含附件的“□”内打“√”。

施工单位(章)：________________

项目经理：________________

日　期：____年____月____日

审查/验收意见：

□所报隐蔽工程的技术资料齐全/不齐全，且符合/不符合要求，经现场检测、核查合格/不合格，同意/不同意隐蔽。

□所报检验批的技术资料齐全/不齐全，且符合/不符合要求，经现场检测、核查合格/不合格，

同意/不同意进行下道工序。

□所报检验批的技术资料基本齐全，且基本符合要求，因砂浆/混凝土试块强度检测报告未出具，暂同意进行下道工序施工，待砂浆/混凝土试块强度检测报告补报后，予以质量认定。

□所报分项工程的各验收批的验收资料完整/不完，且全部/未全部达到合格要求，所以核查为

合格/不合格。

□所报分部(子分部)工程的技术资料齐全/不齐全，且符合/不符合要求，经现场检测核查合格/不合格。

> 监理验收人在所选验收意见前的“□”内打“√”，并划掉非选择意见，如“符合~~/不符合~~要求”。验收人签字并盖监理机构章。

项目监理机构(章)：________________

总/专业监理工程师：________________

日　期：____年____月____日

注：本表一式二份，项目监理机构签署后自留一份，返施工单位一份。

【填写要点】

工程报验单适用于施工过程中隐蔽工程、检验批、分项工程、子分部工程、分部工程和专项工程的报验申请。

【相关规定】

表格填写与签认的要求：

(1) 根据报验项目的不同，表头“__________工程报验单”的填写也各有区别：

①检验批报验时，表头应填写检验批所对应分项工程名称。如报验部位为首层框架柱模板安装，表头应为“<u>模板</u>工程报验单”。

②分项、子分部、分部工程报验时，表头应填写报验工程名称。如报验部位为主体结构模板安装，表头应为“<u>模板分项</u>工程报验单”，同理子分部或分部工程报验时，表头应为“<u>某某子分部</u>工程报验单”或“<u>某某分部</u>工程报验单”。

③隐蔽工程报验可随检验批一同报验，也可单独报验。单独报验时，表头填写隐蔽验收部位名称。

(2)附件各项内容的确定：

①“工程质量控制资料”指所报验项目中在单位(子单位)工程质量控制资料核查记录(表 C8-2)中需核查的内容。

②“安全和功能检验(检测)记录”指所报验项目中在单位(子单位)工程安全和功能检验资料核查及主要功能抽查记录(表 C8-3)中需核查或抽查的内容。

③“观感质量验收记录”指所报验项目中在单位(子单位)工程观感质量检查记录(表 C8-4)中需检查的内容。

④“隐蔽工程验收记录”填写指南见本书第五篇相应章节。

⑤“__________质量验收记录”填写报验项目名称，且应与实用表式名称一致。

(3) 监理机构对报验工程验收审查的权限：

①专业监理工程师负责对施工单位上报的隐蔽工程、检验批和分项工程验收申请资料进行查验，并现场实地检查质量情况，依据检查情况签署结论并加盖监理机构章；

②总监理工程师负责对施工单位上报的分部工程、子分部工程和专项工程验收申请资料进行查验，并现场实地检查质量情况，依据检查情况签署结论并加盖监理机构章。

【填写示例】

此表填写较简单，在【相关规定】中已作详细讲述，此处不再给出示例。检验批的填写与报验见本书第七篇，各类施工报验资料附件的填写详见本书第五篇相应章节。

表 B2-5　工程材料/构配件/设备报审表填写指南

【表式图解】

表 B2-5　工程材料/构配件/设备报审表　　　　编号：

工程名称：

致______________________（监理单位）

我方于____年___月___日进场的工程材料/构配件/设备数量如下(或另附清单)。现将质量证明文件及自检结果报上，拟用于下述部位：________________，请予以审核。

> 填写拟进场材料、构配件或设备的基本情况，也可另附明细。

名　称	规　格	产　地	数　量	备　注

附件：1.材料/构配件/设备进场验收记录 □
2.材料/构配件/设备质量证明资料 □
3.复试报告等 □

> 在所含附件后面的“□”内打“√”。项目经理签字确认并加盖施工单位项目部章。

施工单位(章)：________
项目经理：________
日　期：___年___月___日

专业监理工程师审查意见：

经检查上述工程材料/构配件/设备，符合/不符合设计文件和规范的要求，准许/不准许进场，同意/不同意使用于拟定部位。

> 专业监理工程师确认审查意见划掉非选择项（如“符合/~~不符合~~要求”），签字并盖监理机构章。

项目监理机构(章)：________
专业监理工程师：________
日　期：___年___月___日

注：本表一式三份，项目监理机构二份(其中城建档案馆一份)，返施工单位一份。

【填写要点】

(1)此表为原材料、构配件及设备进场报验申请用表。

(2) 附件中各项要求：

①进场验收记录，实用表式编号为 C3-1-3 和 C3-2-1，其填写指南见本书第五篇 5.4 章。

②常用原材料、构配件及设备进场必备质量证明文件参见本书附录三。

③进场的原材料、构配件及设备有进场复试要求的，其取样方法和检测项目的要求见本篇本节“见证取样检测委托单(表 B2-8)”的填写指南。

【相关规定】

原材料、构配件及设备进场时，施工单位应填报“工程材料/构配件/设备报审表(表 B2-5)”，并附相关原材料、构配件及设备进场验收记录和必备的质量证明文件。影响工程安全、使用功能的材料/构配件/设备，还应附复试或见证检验(测)报告。即进场的原材料、构配件及设备应具备附件相应条件后，方可进行此报验。

【填写示例】

此处仅给出了表 B2-5 填写示例，其各附件的填写示例见本书第五篇相关章节。

表 B2-5　工程材料/构配件/设备报审表　　　　编号：001

工程名称：某某工程

致 某某监理工程有限公司 (监理单位)

我方于 2012 年 ×× 月 ×× 日进场的工程材料~~/构配件/设备~~数量如下(或另附清单)。现将质量证明文件及自检结果报上，拟用于下述部位： 基础分部工程 ，请予以审核。

名　称	规　格	产　地	数　量	备　注
普通硅酸盐水泥	P · O42.5	某某水泥厂	50t	

附件：1. 材料/构配件/设备进场验收记录 ☑

2. 材料/构配件/设备质量证明资料 ☑

3. 复试报告等 ☑

某某建筑工程有限公司某某项目部 资料专用章

施工单位(章)：

项目经理：赵某某

日　期：2012 年 ××月 ××日

专业监理工程师审查意见：

经检查上述工程材料~~/构配件/设备~~，符合~~/不符合~~设计文件和规范的要求，准许~~/不准许~~进场，同意~~/不同意~~使用于拟定部位。

某某监理工程有限公司 某某监理部

项目监理机构(章)：

专业监理工程师：周某某

日　期：2012 年 ××月 ××日

注：本表一式三份，项目监理机构二份(其中城建档案馆一份)，返施工单位一份。

表 B2-8　见证取样检测委托单填写指南

【表式图解】

表 B2-8　见证取样检测委托单　　　　编号：

工程名称：

样品名称		使用部位	
样品规格		取样部位	
产地(生产厂家)		样品数量	
合格证号		代表数量	
委托检测单位		委托日期	
检测报告统一编号			
检测内容及要求			
备　注			
见证取样和送检印章			
签字栏	取样人	见证人	收样人

适用于工程实体留置或抽样检测的试件。

适用于原材料、半成品和构配件。

检测单位出具检测报告后，填写其报告的统一编号。

此栏填写试件的检测项目、检测方法及有关要求。常用材料构配件的检测项目见本书附录五，工程实体检测项目的检测内容见本书附录六。

此栏一般填写见证单位联系人及其系方式。

此栏应由见证单位加盖见证取样和送检印章。

注：本表一式三份，检测单位、项目监理机构、施工单位各一份。

【填写要点】

(1) 此表为见证取样和送检委托用表，由施工单位填写。此表适用于进场原材料、半成品、构配件、设备以及现场留取的试件，同时也适用于工程实体检验检测的委托申请。

(2) 表中包括：

①样品名称：填写见证检测样品的名称；

②委托检测单位：应填写建设单位；

③产地(生产厂家)：进场原材料、半成品、构配件、设备的生产厂家或生产地；

④合格证号：合格证书的编号。钢材连接试件时，填写钢材母材见证检测报告的统一编号；

⑤样品数量：送检样品的实际取样送检数量，常用原材料、半成品、构配件设备的取用数量详见本书附件五；

⑥代表数量：送检样品代表的实际使用数量，常用原材料、半成品、构配件设备样品的代表数量详见本书附件五；

⑦样品规格：样品的规格，如标准混凝土试件应填写 150 mm×150 mm×150 mm；

⑧签字栏：施工单位的取样人、监理单位的见证人和检测机构的收样人均应具备相应资格，并在相应栏内签字。

【相关规定】

为了保证工程原材料试验工作的科学性、公正性和准确性，建设部根据国务院《建设工程质量管理条例》、国家强制性标准，颁发了《房屋建筑工程和市政基础设施工程实行见证取样和送样的管理规定》。本规定对见证取样和送样的意义、证取样和送样实施范围、见证取样和送样程序、见证取样范围和见证取样和送样的要求提出了具体的要求。需见证取样的范围如下：

(1)涉及结构安全、使用功能的试块、试件、材料及构配件必须实行见证取样和送检，其比例不少于有关技术标准中规定应取样数量的 30%。

(2)建筑给排水及采暖工程、建筑电气工程所用的材料、成品、半成品、配件。

(3)建筑工程装饰材料的见证取样的范围按《民用建筑工程室内污染控制规范》中的强制性条文有关规定执行。

注：《房屋建筑工程和市政基础设施工程实行见证取样和送样的管理规定》原文件见本书附录四。

【填写示例】

表 B2-8　见证取样检测委托单

编号：×××

工程名称：某某工程

样品名称	C30 混凝土标养试块	使用部位	/
样品规格	150 mm×150 mm×150 mm	取样部位	首层框架柱
产地(生产厂家)	施工现场	样品数量	1 组(3 块)
合格证号	/	代表数量	90m³
委托检测单位	某某房地产开发有限公司	委托日期	2012 年××月××日
检测报告统一编号			
检测内容及要求	配合比编号：××××× 成型日期：2012 年××月××日 检验项目：抗压强度 检测执行标准：GB/T50081-2002		
备　注	监理单位：某某监理工程有限公司 联系人：周某某　联系电话：×××××××		
见证取样和送检印章	某某监理工程有限公司 见证取样送检专用章		
签字栏	取样人：孟某某	见证人：周某某	收样人：李某某

注：本表一式三份，检测单位、项目监理机构、施工单位各一份。

表 B2-9　砌体/混凝土检验批验收认可通知填写指南

【表式图解】

表 B2-9 砌体/混凝土检验批验收认可通知　　　　编号:

工程名称:

致____________________(施工单位)

你方补报____________________(部位和强度等级)的砂浆/混凝强度检测报告(共___份)及其原验收资料已于____年___月___日收到,经审查,认为符合/不符合要求,该砂浆/混凝强度检测报告代表的检验批质量合格/不合格。

此处填写补报的砂浆/混凝土试块所代表部位和砂浆/混凝土试块的强度等级。

附件:1.砂浆/混凝土强度检测报告(共____份);

2.检验批原验收资料。

此文件由专业监理工程师签署,随认可通知单附"砂浆/混凝土强度检测报告"和"检验批原验收资料。"其附件示例见本书第五篇相关章节。

项目监理机构(章):________________

专业监理工程师:________________

日　期:____年____月____日

注:本表一式二份,项目监理机构一份,施工单位一份。

【相关规定】

施工单位将分部(子分部)内同一强度砂浆/混凝土试块检测报告结果汇总评定合格后,向监理机构提出填报砌体/混凝土检验批验收认可申请。专业监理工程师核实后填写此表,下发砌体/混凝土验批验收认可通知。专业监理工程师签字并加盖监理机构章。

表 B2-10　旁站监理记录填写指南

【表式图解】

表 B2-10　旁站监理记录　　　　**编号：**

工程名称：

日　期		气　候	
旁站监理的部位或工序：			
旁站监理开始时间：　　时　　分		旁站监理结束时间：　　时　　分	
施工情况： （记录施工过程中材料、设备、构件使用，人员安排，工序安排，试件留置，质量控制和施工安全等情况。）			
监理情况： （记录施工过程中监理旁站监督情况。）			
发现问题： （记录施工过程中发现的问题。）			
处理意见： （记录对施工过程中发现问题的处理意见。）			
备注：			
（施工单位质量检查员对旁站监理记录情况确认并签字。） 施工质检员（签字）： 年　月　日		（旁站监理人员记录并签字。） 旁站监理人员（签字）： 年　月　日	

【填写要点】

(1)旁站监理记录是项目监理机构在监理过程中，对关键部位、关键工序的施工质量实施全过程现场跟班监督活动的记录。

(2)旁站监理记录由旁站监理人员填写，施工单位质检员和旁站监理人员签字。

(3)监理单位应制定旁站监理方案，明确旁站监理的范围、内容、程序和旁站监理人员的职责。其方案应分别抄送建设单位和施工单位。

(4)旁站记录应主要记录施工关键工序或环节的施工进度、施工工艺、施工过程以及试件留置情况等内容,还应记录施工过程中发现的问题以及问题的处理方法及处理意见等内容。

【相关规定】

关键部位是指影响结构安全和使用功能的重要部位,以及下道工序施工完成后难以检查的重要隐蔽工程,主要包括:

(1)在基础工程方面包括:土方回填,混凝土灌注桩浇筑,地下连续墙、土钉墙、后浇带及其他结构混凝土、防水混凝土浇筑,卷材防水层细部构造处理,钢结构安装;

(2)在主体结构工程方面包括:梁柱节点钢筋隐蔽过程,混凝土浇筑,预应力张拉,装配式结构安装,钢结构安装,网架结构安装,索膜安装。

4.2.3　进度控制资料(B3类)填写指南

表B3-1　施工进度计划(调整计划)报审表填写指南

【表式图解】

表B3-1　施工进度计划(调整计划)报审表　　　　**编号:**

工程名称:

致＿＿＿＿＿＿＿＿＿＿＿＿＿＿＿＿(监理单位)

兹上报＿＿＿＿＿＿＿＿＿＿＿＿＿＿＿＿工程施工进度计划(调整计划),请审查批准。

> 填写编制或调整施工进度计划的工程名称或阶段名称。

附件:施工进度计划

> 附:编制或调整施工进度计划。

施工单位(章):＿＿＿＿＿＿＿＿

项目经理:＿＿＿＿＿＿＿＿

日　　期:＿＿年＿＿月＿＿日

审查意见:

□同意　　　　□不同意　　　　□建议按以下内容修改补充

> 总监理工程师审核后在选中意见前的"□"内打"√",签字并加盖监理机构章。

项目监理机构(章):＿＿＿＿＿＿＿＿

总监理工程师:＿＿＿＿＿＿＿＿

日　　期:＿＿年＿＿月＿＿日

注:本表一式三份,项目监理机构签署后自留一份,报建设单位一份,返施工单位一份。

【填写要点】

(1)此表是施工单位在编制完施工总进度计划、年进度计划、月进度计划以及阶段性进度计划后,向监理机构提出报验申请用表,同时也适用于调整后的进度计划的报验申请。

(2)总监理工程师负责对进度计划的审批,专业监理工程师负责对进度计划实施情况检查、分析。当实际进度滞后于计划进度时,专业监理工程师应书面通知承包单位采取纠偏措施并监督实施。

【相关规定】

(1)施工进度计划审核的主要内容有:

①进度计划是否符合施工合同中开竣工日期的规定;

②进度计划中的主要工程项目是否有遗漏,分期施工是否满足分批动用的需要和配套动用的要求,总承包、分包单位分别编制的各单项工程进度计划之间是否相协调;

③施工顺序的安排是否符合施工工艺的要求;

④工期是否进行了优化,进度安排是否合理;

⑤劳动力、材料、构配件、设备及施工工具、施工机械、水、电等生产要素供应计划是否能够保证施工进度计划的需要,供应是否均衡;

⑥对由建设单位提供的施工条件,承包单位在施工进度计划中所提出的供应时间和数量是否明确、合理,是否有造成因建设单位违约而导致工程延期和费用索赔的可能。

(2) 专业监理工程师应依据施工合同有关条款、施工图以及经过批准的施工组织设计制定进度控制方案,其主要内容包括:

①施工进度控制目标分解图;

②实现施工进度控制目标的风险分析;

③施工进度控制的主要工作内容和深度;

④监理人员对进度控制的职责分工;

⑤进度控制工作流程;

⑥进度控制的方法(包括进度检查周期、数据采集方式、进度报表格式和统计分析方法等);

⑦进度控制的具体措施(包括组织措施、技术措施、经济措施及合同措施);

⑧尚待解决的有关问题。

4.2.4 造价控制资料(B4 类)填写指南

规程对工程造价控制资料给出了工程计量报审表(表 B4-1)、工程款/进度款支付申请表(表 B4-2)和工程款/进度款支付证书(表 B4-3)三个实用表式。

表 B4-1　工程计量报审表填写指南

【表式图解】

表 B4-1　工程计量报审表　　　　**编号：**

工程名称：

致____________________(监理单位)

兹申报____年____月完成的工程量统计报表，请予核验审定，核定的结果将作为我方申请该工程付款的依据。

附件：1. 完成工程量统计报表；
2. 工程质量合格证明资料。

> 附件 1:施工单位按合同约定范围内完成工程量的统计报表。一般合同执行清单计价的应上报详细工程量；合同执行预决算或一次性包死的项目，应按合同约定上报约定拨款的形象进度。附件 2：完成工程量部分的质量验收合格证明资料。

> 项目经理审核确认，签字并加盖施工单位项目部章。

施工单位(章)：________
项目经理：________
日　期：____年____月____日

专业监理工程师审查意见：

> 专业监理工程师审查确认，签字并加盖监理机构章。

项目监理机构(章)：________
专业监理工程师：________
日　期：____年____月____日

注：本表一式三份，项目监理机构签署后自留一份，报建设单位一份，返施工单位一份。

【填写要点】

此表是施工单位向监理机构提出工程量确认申请用表。施工单位应随申请表附完成工程量情况及该部位工程质量合格证明资料。

【相关规定】

专业监理工程师对承包单位报送的工程量报审表进行审核时，应会同承包单位对现场进行计量，对验收手续、资料进行核查，并按合同规定的计量范围内的工程量予以核定。

表 B4-2　工程款/进度款支付申请表填写

【表式图解】

表 B4-2　工程款/进度款支付申请表　　　　编号：

工程名称：

致____________________(监理单位)

我方已完成__________________工作，按施工合同规定，建设单位应在____年____月____日前支付该项工程款/进度款共(大写)________________________(小写：__________)，现报上工程付款申请资料，请予以审查并开具工程款/进度款支付证书。

附件：1. 工程量清单(预算)报价

按合同约定的计费要求上报的工程量清单（预算）报价。

2. 计算方法

按合同约定，填写计算申请拨付款项数额的计算方法。

施工单位项目经理审核确认，签字并加施工单位项目部章。

施工单位(章)：____________

项目经理：____________

日　期：____年____月____日

注：本表一式三份，项目监理机构、施工单位一份，报建设单位一份。

【填写要点】

此表应在监理工程师确认工程计量清单后，按合同约定上报工程造价，计算申请拨款金额，填报此表申请工程款/进度款支付。

【相关规定】

工程款支付申请中一般包括合同内工程量、工程变更增减费用、经批准的索赔费用，应扣除的预付款、保留金及施工合同约定的其他支付费用。

表 B4-3 工程款/进度款支付证书填写指南

【表式图解】

表 B4-3　工程款/进度款支付证书　　　　编号：

工程名称：

致____________________(建设单位)

根据施工合同的约定，经审核施工单位的付款申请和报表，并扣除有关款项，同意本期支付工程款共(大写)____________________(小写：__________)。请按合同约定及时付款。

其中：

1. 施工单位申请款为：
2. 经审核施工单位应得款为：
3. 本期应扣款为：
4. 本期应付款为：

附件：

1. 施工单位的工程付款申请表及附件；
2. 项目监理机构审查记录。

> 监理工程师接到承包单位上报的工程款拨付申请后，应按施工合同约定审定拨款金额，标明 1～4 条款项金额，签字后报总监理工程师审核。

专业监理工程师：____________

日　期：____年____月____日

审核意见：

> 总监理工程师审核后签署审核意见，签字并加盖监理机构章。

项目监理机构(章)：____________

总监理工程师：____________

日　期：____年____月____日

注：本表一式三份，项目监理机构签署后自留一份，报建设单位一份，返施工单位一份。

【填写要点】

此表是监理机构对施工单位提出工程款/进度款支付申请出具的审核结论。此表应上报建设单位一份，并返施工单位一份。

4.2.5　合同管理资料(B5 类)填写指南

合同管理资料(B5 类)共包含 3 项文件性资料和 9 项实用表式资料。涉及分包单位报审、工程暂停与复工、合同变更索赔和竣工结算审核 4 个方面。竣工结算审核资料填写较为简单，故本节仅对其他三方面常用资料仅进行【表式图解】、【填写要点】和【相关规定】的阐述，不再给出填写示例。

表 B5-1 分包单位资格报审表填写指南

【表式图解】

表 B5-1 分包单位资格报审表

编号：

工程名称：

致＿＿＿＿＿＿＿＿＿＿（监理单位）

经考察，我方认为拟选择的＿＿＿＿＿＿＿＿＿＿（分包单位）具有承担下列工程的施工资质和施工能力，可以保证本工程项目按合同的规定进行施工。分包后，我方仍承担总包单位的全部责任。请予以审查和批准。

附件：1.分包单位资质材料；

2.分包单位业绩材料。

> 附件 1 包括：分包企业营业执照、资质等级证书、特殊行业的施工许可证、外阜进入本地的备案证明等；附件 2 指分包单位近三年与分包工程类似工程的业绩。

分包工程名称（部位）	工程数量	拟分包工程合同额	分包工程占全部工程
			%
			%
			%

> 以上表格中填写分包工程名称、工程数量、拟分包工程合同价款以及分包工程占总承包价款的比例等内容。

施工单位（章）：＿＿＿＿＿＿

项目经理：＿＿＿＿＿＿

日 期：＿＿年＿＿月＿＿日

> 总承包方项目经理审核后，签字并加盖施工单位项目部章。

专业监理工程师审查意见：

> 专业监理工程师签署审查意，签字并上报总监理工程师审核。

专业监理工程师：＿＿＿＿＿＿

日 期：＿＿年＿＿月＿＿日

总监理工程师审核意见：

> 总监理工程师签署审核意见，签字并加盖监理机构章。

项目监理机构（章）：＿＿＿＿＿＿

总监理工程师：＿＿＿＿＿＿

日 期：＿＿年＿＿月＿＿日

注：本表一式三份，项目监理机构签署后自留一份，报建设单位一份，返施工单位一份。

表 B5-2　工程临时/最终延期申请表填写指南

【表式图解】

表 B5-2 工程临时/最终延期申请表　　　　**编号：**

工程名称：

致＿＿＿＿＿＿＿＿＿＿＿＿(监理单位) 根据合同条款＿＿＿＿＿＿＿＿＿＿条的规定，由于＿＿＿＿＿＿＿＿＿＿原因，我方申请工程延期，请予以批准。 附件：1. 工程延期索赔的依据及工期计算 合同竣工日期： 申请延长竣工日期： 2. 证明材料 附件 1：合同竣工日期填写施工合同约定的竣工日期，申请竣工日期填写施工单位根据影响工程延期事件计算需延长的竣工日期； 附件 2：施工单位申请延期的证明材料。 总承包方项目经理审核后，签字并加盖施工单位项目部章。 施工单位(章)：＿＿＿＿＿＿ 项目经理：＿＿＿＿＿＿ 日　期：　年　月　日

注：本表一式三份，施工单位一份，项目监理机构二份(其中城建档案馆一份)，报建设单位一份。

【填写要点】

(1)工程临时延期报审表是发生了施工合同约定由建设单位承担延期工期事件后，承包单位提出的工期索赔，报项目监理机构审核确认的申请用表。

(2)工程最终延期报审是在影响工期事件结束，承包单位提出最后一个《工程临时延期报审表》批准后，经项目监理机构对影响工程总工期的事件研究评审后，批准承包单位有效延期时间。

(3)此表尚应根据工程的施工合同中工期的相关条款填写。

表 B5-3　工程临时/最终延期审批表填写指南

【表式图解】

表 B5-3　工程临时/最终延期审批表　　　　编号：

工程名称：

致________________________（施工单位）

根据施工合同条款__________条的规定，我方对你方提出的__________（第_____号）要求延长工期日历天的要求，经过审核评估：

□临时/最终同意工期延长_____日历天。使竣工日期（包括已指令延长的工期）从原来的_____年____月____日延迟到_____年____月____日。请你方执行。

□不同意延长工期，请按约定竣工日期组织施工。

说明：

> 1. 此表是监理机构对施工单位提出的《工程临时/最终延期申请表》的批复文件。由总监理工程师审批，并加盖项目监理机构章。
> 2. 在"□"内勾选后填写审批意见，并说明审批理由。
> 3. 简述审批依据或理由。

项目监理机构（章）：_______________

总监理工程师：_______________

日　期：____年____月____日

注：本表一式三份，施工单位一份，监理单位二份（其中城建档案馆一份），报建设单位一份。

【填写要点】

(1)当承包单位提出工程延期要求符合施工合同规定条件时，项目监理机构应予以受理。

(2)当影响工期事件具有持续性时，项目监理机构可在收到承包单位提交的阶段性工程延期申请表并经过审查后，先由总监理工程师签署工程临时延期报审表并报建设单位。当承包单位提交最终工程延期申请表后，项目监理机构应复查工程延期及临时延期情况，并由总监理工程师签署工程最终延期审批表，并报建设单位。

(3)总监理工程师在签署工程延期前应与建设单位、承包单位协商，宜与费用索赔一并考虑。

【相关规定】

项目监理机构在审查工程延期时，应依据下列情况确定批准工程延期的时间：

(1)施工合同中有关工程延期的约定；

(2)工程拖延和影响工期的事实和影响程度；

(3)影响工期事件对工期影响的量化程度。

表 B5-6　工程暂停令填写指南

【表式图解】

表 B5-6　工程暂停令　　　　**编号：**

工程名称：

致________________________(施工单位)

（填写下发工程暂停令的原因。）

由于：________________________________原因，现通知你方必须于____年___月___日___时___分起，对工程的____________________部位(工序)实施暂停施工，并按下述要求做好各项工作：

（填写工程暂停令的范围。）

（总监理工程师签字并加盖监理机构章。）

项目监理机构(章)：____________

总监理工程师：____________

日　期：____年____月____日

注：本表一式三份，项目监理机构二份(其中城建档案馆一份)，施工单位一份，报建设单位一份。

【填写要点】

(1)工程暂停令由总监理工程师签发，签发的工程暂停令应有总监理工程师签字并加盖项目监理机构章。

(2)总监理工程师在签发工程暂停令时，应根据暂停工程的影响范围和影响程度，按照施工合同和委托监理合同的约定签发。

【相关规定】

发生下列情况之一时，总监理工程师可签发工程暂停令：

(1)建设单位要求暂停施工、且工程需要暂停施工；

(2)为了保证工程质量而需要进行停工处理的；

(3)施工出现了安全隐患，总监理工程师认为有必要停工以消除隐患；

(4)发生了必须暂停施工的紧急事件；

(5)承包单位未经许可擅自施工，或拒绝监理机构管理。

表 B5-7 工程复工报审表填写指南

【表式图解】

表 B5-7 工程复工报审表

编号：

工程名称：

<table>
<tr><td>
致________________________（监理单位）
根据第______号工程暂停令，我方对承担的______________________________工程进行了检查，满足了复工条件，特申请于_____年____月____日复工，请审批。
附件：□ 复工报告
□ 证明文件
施工单位填报工程复工报审，项目经理签字并加盖项目部章。
施工单位（章）：________________
项目经理：________________
日　期：____年____月____日
</td></tr>
<tr><td>
审核意见：
专业监理工程师签署审核意见并签字。
专业监理工程师：________________
日　期：____年____月____日
</td></tr>
<tr><td>
审批意见：
□ 符合复工条件，同意复工。
□ 不符合复工条件，不同意复工。
总监理工程师审批后，签字并加盖监理机构章。
项目监理机构（章）：________________
总监理工程师：________________
日　期：____年____月____日
</td></tr>
</table>

注：本表一式四份，项目监理机构二份（其中城建档案馆一份），报建设单位一份，返施工单位一份。

【填写要点】

（1）复工报审表由施工单位填写，报监理机构总监理工程师审批。

（2）专业监理工程师审核后报总监理工程师审批。

【相关规定】

（1）由于建设单位原因或非承包单位原因导致工程暂停时，项目监理机构应如实记录所发生的实际情况。总监理工程师应在施工暂停原因消失具备复工条件时，及时签署“复工报审表”，指令施工单位继续施工。

（2）由于承包单位原因导致工程暂停时，在具备恢复施工条件时，施工单位应及时上报“复工报审表”，并经总监理工程师审查批准后，施工单位按复工指令继续施工。

（3）总监理工程师在签发工程停工令到签发工程复工报审表之间的时间内，宜会同有关方按照施工合同的约定，处理因工程暂停引起的与工期、费用有关问题。

表 B5-8　工程变更费用报审表填写指南

【表式图解】

表 B5-8　工程变更费用报审表

编号：

工程名称：

<table>
<tr><td colspan="2">致＿＿＿＿＿＿＿＿＿＿＿＿＿＿＿＿(监理单位)
由于＿＿＿＿＿＿＿＿＿＿＿＿＿＿原因，＿＿＿＿＿＿＿＿＿＿＿＿＿(单位)已提出工程变更，并经建设单位批准，工程变更编号为＿＿＿＿＿＿＿＿＿＿，我方定于＿＿年＿＿月＿＿日开始实施，请予以审批。
施工单位根据批准后的工程变更计算填写。</td></tr>
<tr><td>工程量增/减</td><td></td></tr>
<tr><td>费用增/减</td><td></td></tr>
<tr><td>工期变化</td><td></td></tr>
<tr><td colspan="2">附件：☐ 设计变更图/变更单
☐ 相关会议纪要
☐ 相关费用、工期计算和说明
应附变更关资料以及变更费用的计算依据和计算书。
施工单位项目经理签字并加盖项目部章。
施工单位(章)：＿＿＿＿＿＿＿＿
项目经理：＿＿＿＿＿＿＿＿
日　期：＿＿年＿＿月＿＿日</td></tr>
<tr><td colspan="2">审查意见：
总监理工程师签署审查意见，签字并加盖监理机构章。
项目监理机构(章)：＿＿＿＿＿＿＿＿
总监理工程师：＿＿＿＿＿＿＿＿
日　期：＿＿年＿＿月＿＿日</td></tr>
</table>

注：本表一式四份，项目监理机构一份(其中城建档案馆一份)，报建设单位一份，返施工单位一份。

4.2.6 竣工管理资料(B6类)填写指南

竣工管理资料包括单位(子单位)工程竣工预验报验单、工程质量评估报告、监理工作总结和监理资料移交书。其中工程质量评估报告和监理资料移交书在本书第六篇相关章节解析,本节仅对单位(子单位)工程竣工预验报验单的填写进行介绍。

表 B6-1 单位(子单位)工程竣工预验报验单填写指南

【表式图解】

表 B6-1 单位(子单位)工程竣工预验报验单 **编号:**

工程名称:

致____________________(监理单位) 我方已按合同要求完成了____________________工程项目的全部内容,经自检符合合同及设计要求,且技术资料齐全,现报请竣工预验,请予以检查和验收。 附件:1. 分部工程质量验收资料 2. 分部工程安全和功能检验资料 施工单位具备竣工条件时,填报此表,并附附件要求的相关资料提请监理机构对工程进行预验收,施工单位项目经理签字,并加盖项目部章。 施工单位(章):__________ 项目经理:__________ 日 期:____年____月____日
审查意见: 经初步验收,该工程: 1.构成单位工程的各分部工程全部/未全部验收合格; 2.文件资料完整/不完整,符合/不符合有关规定; 3.符合/不符合设计文件要求; 4.符合/不符合施工合同要求。 综上所述,该工程初步验收合格/不合格,可以/不可以组织正式验收。 总监理工程师签署审查意见,签字并加盖项目监理机构部章。预验合格后,监理机构应及时编写工程质量评估报告,报建设单位和施工单位各一份。 项目监理机构(章):__________ 总监理工程师:__________ 日 期:____年____月____日

注:本表一式三份,项目监理机构签署后自留一份,报建设单位一份,返施工单位一份。

4.3 解读2013版《建设工程监理规范》

住房和城乡建设部于2013年5月13日发布了《建设工程监理规范》GB/T50319－2013(以下简称2013版《监理规范》),并公布2014年3月1日起实施。本章将对2013版《监理规范》的变化进行解读,对2013版《监理规范》与《河北省资料管理规程》不同之处进行了对比解析。

4.3.1 2013版《监理规范》简析

1.分类变化

建设工程监理基本表式分为A类表(工程监理单位用表),B类表(施工单位报审/验表)和C类表(通用表)三类。其中A类表是工程监理对外签发的监理文件或监理工作控制记录表;B类表由施工单位填写后报工程监理单位或建设单位审批或验收用表;C类表是工程参建各方的通用表式。

2.表格细化

1)A类表中的工程开工令、工程款支付证书接收单位为施工单位,其余均为至施工项目经理部、主管单位或建设单位。

2)B类表中开工报审表和费用索赔报审表应致建设单位及项目监理机构,其余均致项目监理机构。

3.监理机构签章规定

对下列表式的审核,总监理工程师除签字外,还需加盖职业印章:工程开工令、工程暂停令、工程复工令、工程款支付证书、施工组织设计/(专项)施工方案报审表、开工报审表、单位工程竣工验收报审表、工程款支付报审表、费用索赔报审表和工程临时/最终延期报审表。

4.建设单位审批规定

施工组织设计/(专项)施工方案报审表、开工报审表、复工报审表、工程款支付报审表、费用索赔报审表、和工程临时/最终延期报审表均须由建设单位代表签字并加盖单位公章。

5.施工单位签章规定

1)分部工程报验表、施工控制测量成果报验表由项目技术负责人签字;

2)报审/验收表由项目经理或项目技术负责人签字;

3)其余均为项目经理 签字;

4)工程开工报审表和单位工程竣工验收报审表应加盖施工单位公章,其余为项目经理部公章。

4.3.2 《监理规范》2013 版与 2000 版对比

2013 版《监理规范》与 2000 版变化对比见下：

序号	内　容	原规范	新监理规范
1	表分类不同	B1 类监理管理资料，B2 类质量控制资，B3 类进度控制资料，B4 类造价控制资料，B5 类合同管理资料，B6 类竣工管理资料	表分为 A 类(工程监理单位用表)，B 类(施工单位报审/验用表)，C 类(通用表)
2	总监理工程师签字	均为签字	一般表格为签字，需总监审核的重要表格要求签字并加盖执业印章
3		法定代表人授权书	总监理工程师任命书
4	工程开工令	只有《工程开工报审表》	有《工程开工报审表》，又有《工程开工令》
5	复工报审表	由专业监理工程师审核，总监审批	由总监理工程师审查，建设单位代表审批
6	工程复工令	只有《工程复工报审表》	有《工程复工报审表》，又有《工程复工令》
7	监理报告	无此表	增加了向建设行政主管部门汇报用表《监理报告》
8	旁站监理记录	有施工单位质检员签字	取消了施工单位质检员签字栏
9	施工组织设计/方案报审表	仅对施工组织设计和方案	增加了超过一定规模的危险性较大分部分项工程专项方案，建设单位审批意见
10	单位工程竣工验收报审表	无	新增加
11	工程款支付申请表		增加了建设单位审批意见
12	费用索赔报审表	《费用索赔申请表》、《费用索赔审批表》两个表格	两个表合为一个《费用索赔报审表》，并且增加了建设单位审批意见
13	工程临时/最终延期报审表表	《工程临时/最终延期申请表》、《工程临时/最终延期审批表》两个表	两个表合为一个《费用索赔报审表》，并且增加了建设单位审批意见
14	工程变更单	《工程变更费用报审表》	《工程变更单》，增加设计单位和建设单位意见
15	签章	只签字不盖章	需总监审核的加盖执业印章
16	位往来文件	仅对企业	细化到施工项目经理部

第五篇　施工资料(C 类)填写指南

本篇要点

施工资料按资料形成分为施工管理资料、施工技术资料、工程主要物资资料、施工检测报告、施工记录、施工试验及检查记录、施工质量验收资料和竣工验收记录 8 类。本篇通过施工资料的形成对施工资料的分类进行了解析。本篇用【表式图解】、【填写要点】、【相关规定】和【填写示例】的形式对八类资料常用实用表式进行了详细解析。本篇还将涉及填写检验检测表式的相关规定汇总后，以附录的形式在本书引出。本篇引出的附录有附录四：房屋建筑工程和市政基础设施工程实行见证取样和送样的管理规定，附录五：常用材料、构配件及保温节能材料见证取样与检验项目表，附录六：工程现场实体检测项目表。

5.1　施工资料的形成与划分

本章要点

本章通过施工资料的形成阐述施工资料的总体分类与实用表式编号的划分，让读者从宏观的角度了解施工资料的形成与分类情况。各类资料实用表式的填写，在本篇 5.2 章作详细解析。

5.1.1　施工资料的形成

施工资料的形成参见施工资料形成流程图(图 5-1)的步骤：

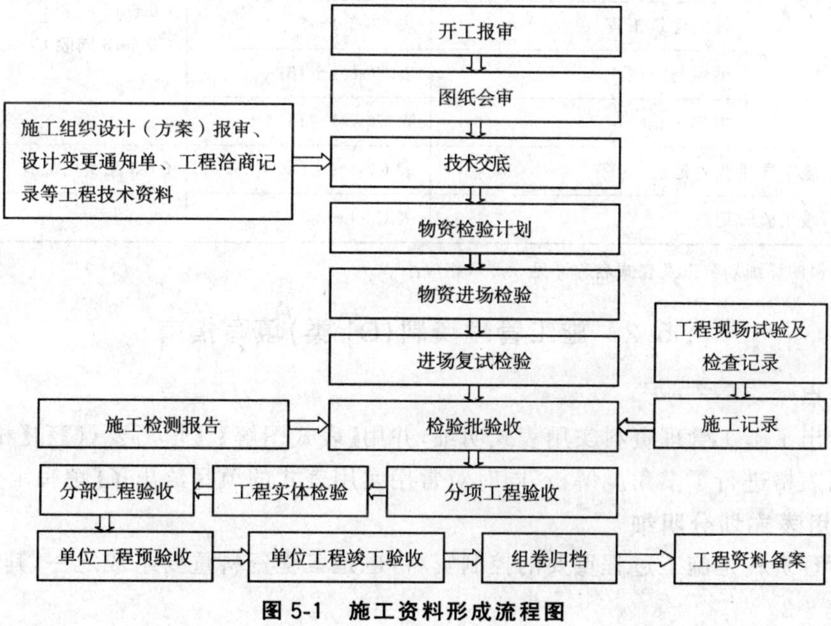

图 5-1　施工资料形成流程图

从施工资料的形成流程图(图 5-1)分析施工过程与施工资料的关系,归纳后可将施工资料分为施工管理资料、施工技术资料、工程主要物资资料、施工检测报告、施工记录、施工试验及检查记录、施工质量验收资料和竣工验收记录 8 类。

5.1.2 施工资料的总体划分

施工资料的总体分类与实用表式编号划分见表 5-1:

表 5-1 施工资料实用表式总体划分

<table>
<tr><th>资料类别编号</th><th colspan="2">资料类别名称</th><th>实用表式编号</th><th>备注</th></tr>
<tr><td>C1</td><td colspan="2">施工管理资料</td><td>表 C1-1～5</td><td></td></tr>
<tr><td>C2</td><td colspan="2">施工技术资料</td><td>表 C2-1～6</td><td>C2-2、C2-3 C2-5 无实用表式</td></tr>
<tr><td rowspan="4">C3</td><td rowspan="4">工程主要物资资料</td><td>进场检验通用表格</td><td>表 C3-1-1～3</td><td rowspan="4"></td></tr>
<tr><td>进场检验专用表格</td><td>表 C3-2-1～2</td></tr>
<tr><td>进场复试报告通用表格</td><td>表 C3-3-1</td></tr>
<tr><td>进场复试报告</td><td>表 C3-4-1～5</td></tr>
<tr><td>C4</td><td colspan="2">施工检测报告</td><td>表 C4-1～23</td><td></td></tr>
<tr><td rowspan="3">C5</td><td rowspan="3">施工记录</td><td>通用表格</td><td>表 C5-1-1～3</td><td rowspan="3"></td></tr>
<tr><td>建筑与结构</td><td>表 C5-2-1～21</td></tr>
<tr><td>桩基、基坑与地基处理</td><td>表 C5-3-1～34</td></tr>
<tr><td rowspan="7">C6</td><td rowspan="7">施工试验记录</td><td>通用表格</td><td>表 C6-1-1～2</td><td rowspan="7">C6-6-12 同表 C6-3-1,
C6-6-13 同表 C6-3-2
C6-6-14 同表 C6-3-3
C6-6-15 同表 C6-3-4
C6-6-16 同表 C6-3-6</td></tr>
<tr><td>建筑与结构工程</td><td>表 C6-2-1～3</td></tr>
<tr><td>给排水及采暖工程</td><td>表 C6-3-1～10</td></tr>
<tr><td>建筑电气工程</td><td>表 C6-4-1～9</td></tr>
<tr><td>智能建筑工程</td><td>表 C6-5-1～5</td></tr>
<tr><td>通风与空调工程</td><td>表 C6-6-1～16</td></tr>
<tr><td>电梯工程</td><td>表 C6-7-1～15</td></tr>
<tr><td>C7</td><td colspan="2">施工质量验收记录</td><td>表 C7-1～4</td><td>C7-5 无实用表式</td></tr>
<tr><td>C8</td><td colspan="2">竣工验收记录</td><td>表 C8-1～4</td><td></td></tr>
</table>

注:各类资料的详细划分以及表式名称详见 5.2 章相应小节。

5.2 施工管理资料(C1 类)填写指南

本章要点

本章给出了施工管理资料实用表式明细,并用【表式图解】、【填写要点】和【相关规定】等形式对常用表格进行了多角度解析,同时对常用实用表式的填写给出了【填写示例】。

5.2.1 实用表式划分明细

施工管理资料是施工过程重要的控制资料,也是工程资料重要组成之一,其资料实用表式分类见表 5-2。

表 5-2　施工管理资料实用表式划分明细

工程资料类别	实用表式编号	实用表式名称	备注
C1类 施工管理资料	表 C1-1	工程概况表	
	表 C1-2	施工现场质量管理检查记录	
	表 C1-3	建筑工程质量事故调(勘)查记录	
	表 C1-4	工程质量事故报告	
	表 C1-5	施工日志	※

注：备注一栏内“※”为施工管理资料类中常用表式，将在本章中重点解析。

5.2.2　实用表式填写指南

表 C1-5　施工日志填写指南

【表式图解】

表 C1-5　施工日志　　　　**编号：**

工程名称：

日期	年　月　日	气象		风力		最高温度	
						最低温度	
主要施工、生产、质量、安全、技术、管理活动：							
记录人(签字)							

【填写要点】

(1)施工日志由施工单位负责工程项目技术、质量、生产管理人员的工作记录

(2)记录时应逐日记录，不得隔页、扯页和补记。

(3) 施工日志记录内容：

①工程准备工作的记录，如人员、材料、机械等落实情况；

②班组抽检活动、组织互检和交接检、施工组织设计及技术交底的执行情况；

③主要原材料进场、进场检验、施工内容、施工检验结果的记录；

④质量、安全、机械事故的记录；

⑤有关变更、工程洽商情况的记录；

⑥有关档案资料整理、交接的记录；

⑦有关新工艺、新材料的推广使用情况；

⑧工程的开工、竣工日期以及分部、分项工程的施工起止日期；

⑨工程重要部分的特殊质量要求和施工方法；

⑩有关领导或部门对工程所做的生产、技术方面的决定或建议；

⑪气候、气温、地质以及其他特殊情况的记录；

⑫混凝土试块、砂浆试块留置的组数、时间以及强度试验报告结果等。

⑬其他要事项。

【填写示例】

表 C1-5　施工日志

工程名称：某某小区高层商住 1# 楼

日期	2005 年 3 月 15 日	气象	晴	风力	3 级	最高温度	15℃
						最低温度	8℃

主要施工、生产、质量、安全、技术、管理活动：

施工生产：

1. 上午 9 时，将施工组织设计方案报总监理工程师。

2. 下午，首批施工人员进场共 53 人，其中：管理人员 12 人，壮工 25 人，瓦工 6 人，钢筋工 10 人。

技术质量：

工程定位测量完成，均已做好工程定位测量记录。测量人周某某、复测人孙某某、监理总监张某某参加监测。测量结果合格。

安全与管理：

对新进场的 53 名职工，进行了进场教育。强调了劳动纪律和公司以及地市相关文明施工要求和标准。并填写教育记录和教育台账。

记录：钱某某

5.3　施工技术资料(C2类)填写指南

本章要点

本章给出了施工技术资料实用表式明细，并用【表式图解】、【填写要点】和【相关规定】等形式对常用表格进行了多角度解析，同时对常用实用表式的填写给出了【填写示例】。

5.3.1　实用表式划分明细

施工技术资料是施工过程重要的控制资料，也是工程资料重要组成之一，其资料实用表式分类见表5-3。

表5-3　施工技术资料实用表式划分明细

工程资料类别	实用表式编号	实用表式名称	备注
C2类 施工技术资料	表C2-1	图纸会审记录	※
	C2-2	施工组织设计及施工方案	※
	C2-3	危险性较大分部分项工程施工方案专家论证表	
	表C2-4	技术交底记录	※
	C2-5	设计变更通知单	
	表C2-6	工程洽商记录	※

注：备注一栏内“※”为施工技术资料类中常用表式，将在本章中重点解析。

5.3.2　实用表式填写指南

表C2-1　图纸会审记录填写指南

【表式图解】

表C2-1　图纸会审记录　　编号：

<table>
<tr><td>工程名称</td><td></td><td>会审日期及地点</td><td colspan="3"></td></tr>
<tr><td>专业名称</td><td></td><td>页　数</td><td colspan="3">共　页，第　页</td></tr>
<tr><td>参加人</td><td colspan="5"></td></tr>
<tr><td colspan="6">记录内容：
按图纸专业目次记录，与会各单位代表签字并加盖单位公章。
记录人：</td></tr>
<tr><td colspan="2">建设单位(章)
代表：</td><td>设计单位(章)
代表：</td><td colspan="2">施工单位(章)
代表：</td><td>监理单位(章)
代表：</td></tr>
</table>

【填写要点】

(1)图纸会审是施工单位开工后第一项技术活动，图纸会审主要解决施工图存在问题、矛盾和各单位提出的合理化建议。该记录一般为施工单位记录并整理。

(2)图纸会审由建设单位组织，设计单位、施工单位、监理单位参加。

(3)图纸会审一般与设计交底一并举行。

(4)图纸会审记录一般按专业会审，并按施工图目次记录。

(5)会审问题涉及多页图纸时，各页次均应记录，便于施工过程中查阅，也便于完工后竣工图的编制。

(6)与会各方代表应签字并加盖单位公章。

【填写示例】

表 C2-1　图纸会审记录　　　　编号：

<table>
<tr><td>工程名称</td><td>某某工程</td><td>会审日期及地点</td><td colspan="2">2012 年××月××日
某某设计院会议室</td></tr>
<tr><td>专业名称</td><td>建筑专业</td><td>页　　数</td><td colspan="2">共 3 页，第 1 页</td></tr>
<tr><td>参加人</td><td colspan="4">赵某某　钱某某　孙某某　李某某　周某某　吴某某</td></tr>
<tr><td colspan="5">记录内容：
建施-01 图：
1. ……
2. ……
建施-02 图：
1. ……
2. ……
建施-03 图：
1. ……
2. ……
建施……
记录人：孟某某</td></tr>
<tr><td>建设单位(章)
代表：赵某某</td><td>设计单位(章)
代表：钱某某</td><td>施工单位(章)
代表：孙某某</td><td colspan="2">监理单位(章)
代表：李某某</td></tr>
</table>

C2-2　施工组织设计及施工方案

【编写要点】

(1)施工组织设计是工程施工指导性文件，应在工程开工前编制完成。施工组织设计由施工单位项目技术负责人组织相关管理人员编制，项目经理审核，施工单位技术负责人(总工程师)审批并加盖公章。

(2)施工组织设计编制完成后应报监理机构审批认可后方可施工，施工组织设计中如涉及工程造价的还需建设单位认可。

【相关规定】

编制施工组织设计应包括以下内容：

(1)施工组织设计编制依据：

①项目招标文件及其解释资料；

②设计施工图纸及图纸会审内容；

③国家及地方现行相关规范和规定；

④企业决策层投标决策意见和企业管理规定；

(2)项目概况：

①项目建设概况：项目建设相关的建设、施工、监理、设计、勘察单位及施工图审查机构情况。

②项目工程概况：工程项目名称、性质和建造地点、占地面积和建设规模、结构类型、层高和层数以及各专业主要工艺和设计要求。

③建设地区自然条件：包括工程地形、工程水文地质和气象情况以及工程周边环境等。

④建设地区技术经济条件：地方建材生产企业及其产品供应状况，主要建材及其产品质量状况，地方供电、供水和电讯等服务能力状况。

(3)项目施工目标：根据发包单位要求的日标，经过综合工程信息和条件研究，确定施工目标。该目标必须满足或高于要求目标，并作为编制施工进度、质量和成本的相应控制目标。它包括施工总工期目标、成本目标、总体质量等级目标和安全目标。

(4)项目管理组织：

①确定管理目标。

②确定管理工作内容：它包括进度控制、质量管理、成本控制、安全管理、合同管理、信息管理和组织协调等七部分内容。

③确定管理组织机构：根据工程规模和特点组织确定管理机构形式和管理层次。

④明确管理职责与考核标准：各岗位责、权、利要与管理目标相一致，做到管理无空白，权力无重叠。

(5)项目施工部署：

①科学划分施工流水段。

②明确分部分项工程开工和完工时间。

③编制主要工序施工方案和新工艺、新材料和设备使用方案等。

(6)项目施工准备：现场供水、供电、通讯、施工道路情况，施工设备进场调试和安装情况，现场场地划分和利用情况等。

(7)项目施工进度计划、质量计划、成本计划、安全计划、环保计划以及相应控制措施。

(8)施工资源计划：

包括劳动力资源、主要材料、预制品需求、施工机具设备、施工设施计划等。

(9)项目施工风险防范：

包括风险(安全、质量、进度和财务风险)确定、风险管理重点和施工风险防范措施等。

(10)项目施工总平面布置：

施工总平面图主要确定以下内容：对外交通引入口、场内运输道路、仓库和堆放位置、搅拌站和加工场地位置、生活设施场地位置、水电管线位置等。

(11)附图：施工进度网络计划图和施工现场总平面布置图。

【封面示例】

某某工程施工组织设计

编制单位：某某建筑工程有限公司

编 制 人：杨某某

审 核 人：刘某某

审 批 人：王某某

日　　期：2012 年××月××日

表 C2-4　技术交底记录填写指南

【表式图解】

表 C2-4　技术交底记录　　　　**编号：**

工程名称		日　期	年　月　日
交底部位		页　数	共　　页,第　页
交底内容：			
签字栏	技术负责人：	交底人：	接交人：

填写技术交底基本信息，同一交底多页时应编制页次。

根据交底项目填写有针对性的交底内容。

技术交底应履行签字手续。

【填写要点】

(1)施工技术交底是指施工企业相应技术负责人以书面形式向施工操作人员贯彻设计要求、施工工艺、施工方案及施工措施的技术文件。

(2)技术交底的主要方面：设计图纸交底，施工组织设计交底，设计变更交底，洽商交底，新规范新要求交底，施工工艺交底和分项工程交底等。

(3)技术交底应全面介绍，且符合工程的实际情况，对“四新”(即新材料、新工艺、新技术、新设备)要有针对性。

(4)对节能、消防、幕墙等专项工程应做专项技术交底。

(5)在分项工程交底中应提出安全要求。

表 C2-6　工程洽商记录表填写指南

【表式图解】

表 C2-6　工程洽商记录　　　　编号：

工程名称		日　期	
洽商事项： 记录洽商原因、洽商事项、洽商结论等内容。 各单位代表签字，并加盖本单位技术部门章。			
建设单位(章) 代表：	设计单位(章) 代表：	施工单位(章) 代表：	监理单位(章) 代表：

【填写要点】

(1)工程洽商记录是施工过程中，由于设计图纸本身差错、设计图纸与实际情况不符、施工条件变化以及相关单位提出的施工合理化建议等原因，对设计文件部分内容进行修改而办理的洽商记载。

(2)工程洽商记录应按专业分别填写。

(3)洽商内容不得影响结构安全和使用功能。

(4)如洽商内容改变了规划审批指标的，应首先办理规划变更手续，获得批准方可施工。

(5)工程洽商记录应由设计、施工、建设和监理等单位的代表签认，并加盖各单位技术部门章。

(6)设计单位如委托建设(监理)单位办理签认，应办理委托手续。

(7)分包工程的有关工程洽商记录应通过工程总包单位办理。

5.4　工程主要物资资料(C3类)填写指南

本章要点

本章给出了工程主要物资资料的形成与实用表式明细，并用【表式图解】、【填写要点】和【相关规定】等形式对常用表格进行了多角度解析，同时对重要表式的填写给出了【填写示例】。本章还将见证取样、送样和检验的有关规定以附录的形式在本书中引出，见本书附录四、附录五。

5.4.1　工程主要物资资料的形成

工程主要物资资料的形成实际上就是物资进场报审的过程，见图5-2。主要物资进场后，施工单位填写“工程材料/构配件/设备进场报审表(表B2-5)”并附相关附件报监理机构审批。监理机构接到施工单位的进场报验后，应查验报审物资的质量证明文件并作外观检验(设备进场验收进行开箱检验)，对有复试要求的物资，还应按有关取样送样规定进行复试。复试结果合格准予进场，否则退场重新采购报审。

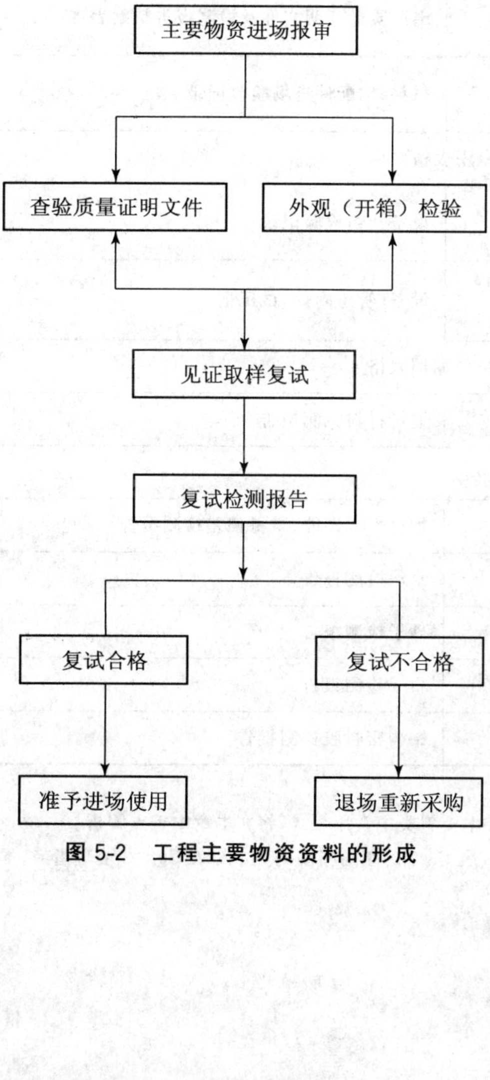

图5-2　工程主要物资资料的形成

5.4.2 实用表式划分明细

工程主要物资资料是对施工过程进场的原材料、半成品、构配件和设备进场检验和进场复试用表，是工程资料重要组成之一，其资料实用表式按资料的形成分为进场检验和进场复试两部分，每部分资料又分为通用表格和专用表格，即：进场检验通用表格、进场检验专用表格、进场复试报告通用表格和进场复试报告四类。工程主要物资资料实用表式划分明细见表5-4。

表5-4 工程主要物资资料实用表式划分明细

工程资料类别	实用表式编号	实用表式名称	备注
C3类 工程主要 物资资料	Ⅰ进场检验通用表格		
	表C3-1-1	质量证明文件、检测报告汇总表	※
	表C3-1-2	出厂质量证明文件及检测报告粘贴表	※
	表C3-1-3	材料、构配件进场验收记录	※
	Ⅱ进场检验专用表格		
	表C3-2-1	设备开箱检验记录	※
	表C3-2-2	设备(管道附件)试压记录	见本篇第七章表C6-3-2填写指南
	Ⅲ进场复试报告通用表格		
	表C3-3-1	进场材料检测报告	※
	Ⅳ进场复试报告		
	表C3-4-1	钢材力学性能、重量偏差检测报告	※
	表C3-4-2	水泥检测报告	※
	表C3-4-3	砂子检测报告	※
	表C3-4-4	石子检测报告	※
	表C3-4-5	结构密封胶检测报告	

注：

1. 备注一栏内"※"为施工技术资料类中常用表式，将在本章中重点解析。
2. 设备(管道附件)试压记录(表C3-2-2)填写指南同见本篇表C6-3-2填写指南，本章不再解析。

5.4.3　实用表式填写指南

表 C3-1-1　质量证明文件、检测报告汇总表填写指南

【表式图解】

表 C3-1-1　________质量证明文件、检测报告汇总表　　　　**编号：**

工程名称：　　　　　　　　　　　　　　　施工单位：

序号	名　称 规格品种	生产 厂家	进场		质量证明 文件编号	检测报 告编号	检测 结论	主要使用部位 及有关说明
			数量	时间				
签字栏	审核：　　　　　　汇总：　　　　　　年　　月　　日							

此栏填写质量证明文件在工程资料中的归类编号。质量证明文件的编号见本节表 C3-1-2 出厂质量证明文件及检测报告粘贴表填写指南的【填写要点】。

此栏填写进场物资复试检测报告的统一编号。

进场物资主要使用部位和有关的说明。

汇总后审核人与汇总人签字，一般审核人为项目技术负责人，汇总人为资料员。

【填写要点】

(1)对进场原材料、成品、半成品、构配件和设备的质量证明文件和检测报告等信息进行分类汇总用表。

(2)为便于查阅主要物资进场检验与复试情况，汇总表中除填写质量证明文件和检测报告内容外，还应填写物资名称、规格、进场数量、进场时间、使用部位和有关说明等信息。

表 C3-1-2　出厂质量证明文件及检测报告粘贴表填写指南

【表式图解】

表 C3-1-2　出厂质量证明文件及检测报告粘贴表　　　　**编号：**

（粘贴页） 质量证明文件小于A4幅面的均应粘贴于此表，并按工程资料编号规定编号。 审核人和整理人签字，一般审核人为项目技术负责人，整理人为工程资料员。	
签字栏	审核：　　　　整理：　　　　年　月　日

【填写要点】

(1)主要物资质量证明文件及检测报告幅面小于 A4 的均粘贴于此表。

(2)主要物资的质量证明文件是进场报验必备资料之一，其进场必备质量证明文件的要求见本书附录三。

(3)各类质量证明文件粘贴后按本规程资料划分归类并编号，每独立品种和规格且同一批次进场物资的质量证明文件划分为一个编号。如某工程首次进场用于屋面的卷材防水材料，其质量证明文件包括合格证、检测报告、地方进市备案证与登记证，四项质量证明文件编号应为 04-01-001。

表 C3-1-3　材料、构配件进场验收记录填写指南

【表式图解】

表 C3-1-3　材料、构配件进场验收记录　　　　**编号：**

工程名称					验收日期		
序号	名称	规格型号	进场数量	生产厂家 质量证明书编号	外观检验项目 检验结果	复试报告统一编号 复验结果	备注
1							
2							
3							
4							
5							
6							
7							
施工单位检查意见：							
监理/建设单位验收意见：							
签字栏	监理(建设)单位		施工单位				
			技术负责人		质检员	检验员	

检验同一天进场各项物资的进场数量、质量证明文件、外观质量以及复试检测结果等情况，并按此表逐项填写。

检测机构出具的复试报告的统一编号。

【填写要点】

(1)材料、构配件进场检验时应填报此表。

(2)此表是材料、构配件进场填报“工程材料/构配件/设备报审表(表 B2-5)”的附件之一。

(3)拟进场的材料、构配件应核查质量证明文件和复试报告并检查其外观质量。质量证明文件和复试报告是材料/构配件/设备报审表(表 B2-5)的附件之一。

表 C3-2-1 设备开箱检验记录填写指南

【表式图解】

表 C3-2-1 设备开箱检验记录 **编号：**

工程名称： 施工单位：

分部工程		安装部位	
设备名称		型号、规格	
生产厂家		装箱单号	
检验数量		日期	
设备检查情况	1.包装 2.设备外观 3.备件与附件 4.其他	检查结果	填写检查设备结果
随机文件情况	1.装箱单 2.合格证 3.说明书 4.设备图 5.其他	检查结果	填写检查随机文件的情况
存在问题	填写检查中存在的问题		
验收意见	三方达成一致的验收意见，各方相关人员签字。		
签字栏	监理(建设)单位	施工单位 专业技术负责人	供应单位负责人

【填写要点】

(1)设备进场应进行开箱检验，并填报此表。

(2)此表是设备进场填报“工程材料/构配件/设备报审表(表 B2-5)”的附件之一。

(3)拟进场的设备应开箱核查设备包装、外观、备件和附件等情况，同时检查随机质量证明文件、说明书和设备图等。其质量证明文件是设备进场填报“工程材料/构配件/设备报审表(表 B2-5)”的附件之一。

表 C3-3-1　进场材料检测报告填写指南

【表式图解】

表 C3-3-1　进场材料检测报告

编号：

委托单位：　　　　　　　　　　　　　　　　　　　　统一编号：

工程名称		委托日期	
使用部位		报告日期	
取样单位		取 样 人	
见证单位		见 证 人	
产品名称		批　　号	
生产厂家		代表批量	
规格型号		检测类别	
样品状态		样品数量	
检测项目	标准要求	检测结果	单项判定
依据标准			
检测结论			
备　　注			
检测单位(公章)：	批准：	审核：	检测：

此行以上为信息栏，填写进场材料的基本信息。

检测机构相关人员签字，并加盖检测机构公章。其他检测报告表式均同。

【填写要点】

(1)此表为检测报告通用表。相关标准要求需进行复试的材料，且规程中尚未给出具体实用表式的均使用此表，如防水材料、砌块、砖以及电气工程用开关、插座、电线、电线套管、配电箱等。

(2)检测报告是由检测单位按照有关检测标准对试件进行检测后，出具的书面检测文件。

(3)本规程给出了钢材(力学性能、重量偏差)、水泥、砂子、石子和结构密封胶等材料检验报告表式，除此以外需进行进场检测的，检测机构均使用本表出具报告。

(4)报告中不得加盖或描述“只对来样负责”字样。

(5)检测机构出具的见证检测报告应加盖见证取样检测专用章。

(6)检测机构出具检测报告时，除满足【表式图解】和上述要求外，相关人员签字并加盖资格章，还应加盖检测单位的检测资质专用章和质量技术监督部门的认证章。

表 C3-4-1　钢材力学性能、重量偏差检测报告填写指南

【表式图解】

表 C3-4-1　钢材力学性能、重量偏差检测报告　　编号：

委托单位：　　统一编号：

工程名称							委托日期			
使用部位							报告日期			
取样单位							取 样 人			
见证单位							见 证 人			
试样名称							炉批号			
产　　地							代表数量			
样品状态							检测类别			
加工情况										
规格（mm）	屈服点（MPa）		抗拉强度（MPa）		断后伸长率 A(%)		最大力下总伸长率(%)		弯曲条件	
	标准要求 R_{eL}	实测值 R_{eL}^0	标准要求 R_m	实测值 R_m^0	标准要求 A	实测值 A^0	标准要求	检测结果	弯曲角度 / 弯心直径	弯曲结果
	$\frac{R_m^0}{R_{eL}^0}$	标准要求≥1.25	实测值		$\frac{R_{eL}^0}{R_{eL}}$	标准要求≤1.30		实测值		
重量偏差	标准要求(%)			实测值(%)						
依据标准										
检测结论										
备　　注										

检测单位(公章)：　　批准：　　审核：　　检测：

检测类别分为：委托、抽样、监督和对比四种情况。

钢材质量证明文件标注的钢材炉批号。

钢筋调值加工方法分无延伸调直和有延伸调直两种方法。

重量偏差为《混凝土结构工程施工质量验收规范》2011 版新增加检测项目。

【填写要点】

(1)此报告主要检测型钢、钢筋的机械性能(屈服强度、抗拉强度、伸长率和冷弯)指标、钢筋的重量偏差等检测项目。各项检测取样方法和数量见本书附录五。

(2)采用有延伸功能的机械设备调直的钢筋,钢筋调直后应进行力学性能和重量偏差的检验。

(3)钢筋延伸率和重量偏差的检测要求见【相关规定】。

【相关规定】

1)建筑钢材的分类。

(1)按钢材的化学成分分为:碳素钢和合金钢两类。碳素钢按其含碳量的多少又分为高碳钢、中碳钢和低碳钢。碳素结构钢按屈服点分 195、215、235、255 和 275MPa 五级。各级又按其硫、磷含量由多到少分为 A、B、C、D(有些牌号不分等级或只有 AB 等级)四级。同时,又可按脱氧程度(即脱氧法)分为沸腾钢 F、半镇静钢 b、镇静钢 Z、特殊镇静钢 TZ 四级。

(2)按钢材供应的保证条件分为:甲类钢、乙类钢和特类钢。其中甲类钢按钢材的机械性能供应,乙类钢按钢材的化学成分供应,特类钢按钢材的机械性能和化学成分供应。

(3)按钢材机械性能分类。

常用热轧钢筋按屈服强度可分为四个等级,其牌号分别为 HPB300、HRB335、HRB400 和 HRB500。其中 H 表示热轧,R 表示带肋(P 表示光圆),B 表示钢筋,后面的数值表示钢筋屈服点最小值。

2)检验项目。

(1)钢筋的调整与重量偏差。

盘条钢筋和直条钢筋调直后的断后伸长率、重量偏差应符合表 5-5 的规定。

表 5-5　盘条钢筋和直条钢筋调直后的断后伸长率、重量偏差要求

钢筋牌号	断后伸长率 A(%)	重量负偏差		
		直径 6～12mm	直径 14～20mm	直径 22～50mm
HPB300	≥21	≤10	—	—
HRB335、HRBF335	≥16	≤8	≤6	≤5
HRB400、HRBF400	≥15			
RRB400	≥13			
HRB500、HRBF500	≥14			

注:a. 断后伸长率 A 的量测标距为 5 倍钢筋公称直径;

b. 重量负偏差(%)按公式(W_0-W_b)/ W_0×100%计算,其中 W_0为钢筋理论重量(kg/m),W_b为钢筋调制后的实际重量(kg/m);

c. 对直径为 28～40mm 的带肋钢筋,表中断后伸长率可降低 1%;对于直径大于 40 的带肋钢筋,表中断后伸长率可降低 2%;

d. 钢筋的最大力下总伸长率不应小于 9%。

(2)常用钢筋的机械性能要求应符合表 5-6 的规定。

表 5-6 常用钢筋的机械性能要求

钢材种类	牌号或级别	公称直径 mm	拉伸,不小于			冷弯 D:弯芯直径 d:钢筋直径
			屈服点(MPa)	抗拉强度(MPa)	伸长率(%)	
热轧钢筋	HPB300	8～20	300	420	10	180° $D=d$
	HRB335	6～25(28～40)	335	455	17	180° $D=3(4)d$
	HRB400	6～25(28～40)	400	540	16	180° $D=4(5)d$
	HRB500	6～25(28～40)	500	630	15	180° $D=6(7)d$
热轧盘条	建筑用 Q235	5.5～30	235	410	23	180° $D=0.5d$
	建筑用 Q215		215	375	27	180° $D=0$
冷轧带肋钢筋	LL550	4～12	/	550	8	180° $D=3d$
	LL650			650	4	180° $D=4d$
	LL800			800	4	180° $D=5d$
冷拔低碳钢丝	甲级(I 组)	5(4)		650(700)	3.0(2.5)	反复弯曲 180°不少于 4 次
	甲级(II 组)	5(4)		600(650)	3.0(2.5)	
	乙级	3～5		550	2.0	
碳素结构钢	Q215	≤16(16～40){40～60}	215(205){195}	335～450	31(30){29}	$D=0.5d$ 纵 $D=0.5d$ 横
	Q235		235(225){215}	375～500	26(25){24}	$D=d$ 纵 $D=1.5d$ 横
冷拉钢筋	Ⅰ	≤12	280	370	11	180° $D=3d$
	Ⅱ	≤25(28～40)	450(430)	520(500)	10	90° $D=3(4)d$
	Ⅲ	8～25(28～40)	500	580	8	90° $D=5(6)d$
	Ⅳ	10～25(28)	700	850	6	90° $D=5(6)d$

注:对有抗震设防要求的结构,其纵向受力钢筋的性能应满足设计要求;当设计无具体要求时,对按一二三级抗震等级设计的框架和斜撑构件中的纵向受力钢筋应采用 HRB335E、HRB400E、HRB500E、HRBF335E、HRBF400E 或 HRBF500E 钢筋,其强度和最大力下总伸长率的实测值应符合系列规定:

a. 钢筋的抗拉强度实测值与屈服强度实测值的比值不应小于 1.25;

b. 钢筋的屈服强度实测值与屈服强度标准值的比值不应小于 1.3;

c. 钢筋的最大力下总伸长率不应小于 9%。

【填写示例】

MA
2012量认(?)字U****号

见证取样检测
专 用 章

建设工程质量检测成果专用章
(有效期至:2013年×月×日)
单位:某市建筑材料检测公司
资质:建设工程材料检测资质一级
证号:※※※※※※
某某省建设厅监制

表C3-4-1 钢材力学性能、重量偏差检测报告 编号:01-06-×××

委托单位:某某房地产开发有限公司 统一编号:2012100001

工程名称	某某工程	委托日期	2012年××月××日
使用部位	基础	报告日期	2012年××月××日
取样单位	某某建筑公司	取 样 人	孟某某
见证单位	某某监理公司	见 证 人	杨某某
试样名称	热轧带肋钢筋 HRB400	炉批号	※※※※※
产 地	某市钢铁有限公司	代表数量	25t
样品状态	良好	检测类别	委托
加工情况	无延伸调直		

规格(mm)	屈服点(MPa)		抗拉强度(MPa)		断后伸长率 A(%)		最大力下总伸长率(%)		弯曲条件		弯曲结果
	标准要求 R_{eL}	实测值 R_{eL}^0	标准要求 R_m	实测值 R_m^0	标准要求 A	实测值 A^0	标准要求	检测结果	弯曲角度	弯芯直径	
25	≥400	420	≥570	610	≥14	25.0					
		420		610		24.0					

$\frac{R_m^0}{R_{eL}^0}$	标准要求≥1.25	实测值	1.45 1.45	$\frac{R_{eL}^0}{R_{eL}}$	标准要求≤1.30	实测值
						1.05 1.05

重量偏差	标准要求(%)	≤5	实测值(%)	4
依据标准	GB/T228.1—2010 GB/T232—2010			
检测结论	根据GB1499.2-2007标准,所检验项目符合热轧带肋钢筋HRB400要求,合格。			
备 注				

某市建筑材料检测公司
检验专用章

检测单位(公章): 批准:※检 ※※※※※※ 袁某某 审核:※检 ※※※※※ 闫某某 检测:※检 ※※※※※ 邵某某

表 C3-4-2 水泥检测报告填写指南

【表式图解】

表 C3-4-2 水泥检测报告

编号：

委托单位： 统一编号：

工程名称			委托日期	
使用部位		检测类别	报告日期	
取样单位			取 样 人	
见证单位			见 证 人	
生产厂家			批 号	
水泥品种			代表数量	
强度等级			样品状态	
检测项目	标准要求		实测结果	单项判定
细度，%				
初凝时间，min				
终凝时间，min				
安定性				
氯离子，%				
强度检测	抗折强度（MPa）		抗压强度（MPa）	
	（ ）d	28d	（ ）d	28d
标准要求				
测定值				
代表值				
依据标准				
检测结论				
备 注				
检测单位（公章）：	批准：	审核：	检测：	

填写建设单位名称

检测单位出具报告的统一编号。

填写检测项目的检测标准要求

实测检测结果

【填写要点】

（1）此报告是检测单位按有关检测标准对水泥试件相关检测项目检测后，出具的书面质量证明文件。

(2)水泥进场时，应查验厂家提供的水泥 3d 试验报告，水泥出厂满 28d 时，应索取补强报告。

(3)水泥进场检测的取样、检测项目可参本书附录五执行。

(4)水泥贮存超过 3 个月时，应重新检测，确定其强度及安定性。

【相关规定】

1)水泥种类

按水泥的矿物组成，可分为硅酸盐水泥、铝酸盐水泥、硫铝酸盐水泥、铁铝酸盐水泥、氟铝酸盐水泥等；按水泥的用途分为通用水泥、专用水泥、和特性水泥。目前建筑工程以硅酸盐水泥熟料和适量石膏及规定的混合材料制成的通用硅酸盐盐水泥较多。通用硅酸盐水泥按混合材料的品种和掺量分为硅酸盐水泥、普通硅酸盐水泥、矿渣硅酸盐水泥、火山灰质硅酸盐水泥、粉煤灰硅酸盐水泥和复合硅酸盐水泥。各品种的组分和代号应符合表 5-7 的规定。

表 5-7　通用硅酸盐水泥各品种的组分和代号　　%

品种	代号	组分(质量分数)				
		熟料＋石膏	粒化高炉矿渣	火山灰质混合材料	粉煤灰	石灰石
硅酸盐水泥	P·Ⅰ	100				
	P·Ⅱ	≥95	≤5			
		≥95				≤5
普通硅酸盐水泥	P·O	≥80 且＜95	＞5 且≤20[a]			
矿渣硅酸盐水泥	P·S·A	≥50 且＜80	＞20 且≤50[b]			
	P·S·B	≥30 且＜50	＞50 且≤70[b]			
火山灰质硅酸盐水泥	P·P	≥60 且＜80		＞20 且≤40[c]		
粉煤灰硅酸盐水泥	P·F	≥60 且＜80			＞20 且≤40[d]	
复合硅酸盐水泥	P·C	≥50 且＜80	＞20 且≤40[e]			

a 本组分材料为符合 GB175-2007 规范第 5.2.3 的活性混合材料，其中允许用不超过水泥质量 8%且符合 GB175-2007 规范 5.2.4 的非活性混合材料或不超过水泥质量 5%且符合 GB175-2007 规范 5.2.5 条的窑灰代替。

b 本组分材料为符合 GB/T230 或 GB/T18046 的活性混合材料，其中允许用不超过水泥质量 8%且符合 GB175-2007 规范第 5.2.3 活性混合材料或符合 GB175-2007 规范第 5.2.4 的非活性混合材料或符合 GB175-2007 规范第 5.2.5 条的窑灰中的任何一种材料代替。

c 本组分材料为符合 GB/T2847 的活性混合材料。

d 本组分材料为符合 GB/T1596 的活性混合材料。

e 本组分材料为两种(含)以上符合 GB175-2007 规范第 5.2.3 的活性混合材料，或符合 GB175-2007 规范第 5.2.4 的非活性混合材料组成，其中允许不超过水泥质量 8%且符合 GB175-2007 规范第 5.2.5 条的窑灰代替。掺矿渣时混合材料掺量不得与矿渣硅酸盐水泥重复。

2)通用硅酸盐水泥的主要检验指标

(1)化学指标:通用硅酸盐水泥化学指标应符合表 5-8 的规定。

表 5-8 通用硅酸盐水泥化学指标 %

品种	代号	不溶物(质量分数)	烧失量(质量分数)	三氧化硫(质量分数)	氧化镁(质量分数)	氯离子(质量分数)
硅酸盐水泥	P·Ⅰ	≤0.75	≤0.3	≤3.5	≤5.0[a]	≤6.0[c]
	P·Ⅱ	≤1.5	≤3.5			
普通硅酸盐水泥	P·O		≤5.0			
矿渣硅酸盐水泥	P·S·A			≤4.0	≤6.0[b]	
	P·S·B					
火山灰质硅酸盐水泥	P·P			≤3.5	≤6.0[b]	
粉煤灰硅酸盐水泥	P·F					
复合硅酸盐水泥	P·C					

a 如果水泥压蒸试验合格,则水泥中氧化镁的含量(质量分数)允许放宽 6.0%。

b 如果水泥中氧化镁的含量(质量分数)大于 6.0%时,需进行水泥压蒸安定性试验并合格。

c 当有更低要求时,该指标由买卖双方确定。

(2)物理指标:

①凝结时间

硅酸盐水泥初凝不得小于 45min,终凝不得迟于 390min。

普通硅酸盐水泥、矿渣硅酸盐水泥、火山灰质硅酸盐水泥、粉煤灰硅酸盐水泥、复合硅酸盐水泥初凝不得小于 45min,终凝不得大于 600min。

②安定性:采用沸煮法检测。

③细度(选择性指标)。

硅酸盐水泥和普通硅酸盐水泥的细度以比表面积表示,其比表面积不小于 $300m^2/kg$;矿渣硅酸盐水泥、火山灰质硅酸盐水泥、粉煤灰硅酸盐水泥和复合硅酸盐水泥的细度以筛余表示,其 $80\mu m$ 方孔筛筛余不大于 10 %或 $45\mu m$ 方孔筛筛余不大于 30%。

④碱含量(选择性指标)

水泥中碱含量按 $Na_2O+0.658K_2O$ 计算值表示,若使用活性骨料,用户要求提供低碱水泥时,水泥中碱含量不得大于 0.60% 或由买卖双方确定。

⑤强度

不同品种不同强度等级的通用硅酸盐水泥,其不同养护龄期的强度应符合表 5-9 的规定。

表 5-9　不同品种不同强度等级的通用硅酸盐水泥,其不同养护龄期的强度

单位:MPa

<table>
<tr><th rowspan="2">品　种</th><th rowspan="2">强度等级</th><th colspan="2">抗压强度≥</th><th colspan="2">抗折强度≥</th></tr>
<tr><th>3d</th><th>28d</th><th>3d</th><th>28d</th></tr>
<tr><td rowspan="6">硅酸盐水泥</td><td>42.5</td><td>17.0</td><td rowspan="2">42.5</td><td>3.5</td><td rowspan="2">6.5</td></tr>
<tr><td>42.5R</td><td>22.0</td><td>4.0</td></tr>
<tr><td>52.5</td><td>23.0</td><td rowspan="2">52.5</td><td>4.0</td><td rowspan="2">7.0</td></tr>
<tr><td>52.5R</td><td>27.0</td><td>5.0</td></tr>
<tr><td>62.5</td><td>28.0</td><td rowspan="2">62.5</td><td>5.0</td><td rowspan="2">8.0</td></tr>
<tr><td>62.5R</td><td>32.0</td><td>5.5</td></tr>
<tr><td rowspan="4">普通硅酸盐水泥</td><td>42.5</td><td>17.0</td><td rowspan="2">42.5</td><td>3.5</td><td rowspan="2">6.5</td></tr>
<tr><td>42.5R</td><td>22.0</td><td>4.0</td></tr>
<tr><td>52.5</td><td>23.0</td><td rowspan="2">52.5</td><td>4.0</td><td rowspan="2">7.0</td></tr>
<tr><td>52.5R</td><td>27.0</td><td>5.0</td></tr>
<tr><td rowspan="6">矿渣硅酸盐水泥
火山灰质硅酸盐水泥
粉煤灰硅酸盐水泥
复合硅酸盐水泥</td><td>32.5</td><td>10.0</td><td rowspan="2">32.5</td><td>2.5</td><td rowspan="2">5.5</td></tr>
<tr><td>32.5R</td><td>15.0</td><td>3.5</td></tr>
<tr><td>42.5</td><td>15.0</td><td rowspan="2">42.5</td><td>3.5</td><td rowspan="2">6.5</td></tr>
<tr><td>42.5R</td><td>19.0</td><td>4.0</td></tr>
<tr><td>52.5</td><td>21.0</td><td rowspan="2">52.5</td><td>4.0</td><td rowspan="2">7.0</td></tr>
<tr><td>52.5R</td><td>23.0</td><td>4.5</td></tr>
</table>

注:“R”表示早强型。

3)进厂检验结果判定

出厂检验项目化学指标、凝结时间、安定性、强度四项指标均合格,则判定此批水泥为合格品;若四项指标中任何一项不合格,则判定此批水泥为不合格品。

【填写示例】

MA
2012量认(*)字U****号

见证取样检测
专用章

建设工程质量检测成果专用章
（有效期至：2013年×月×日）
单位：某市建筑材料检测公司
资质：建设工程材料检测资质一级
证号：※※※※※※
某某省建设厅监制

表 C3-4-2 水泥检测报告

编号：01-06-001

委托单位：某某房地产开发有限公司

统一编号：2012×××××

工程名称	某某工程			委托日期	2012年×月×日
使用部位	基础混凝土	检测类别	委托	报告日期	2012年×月×日
取样单位	某某建筑公司			取样人	孟某某
见证单位	某某监理公司			见证人	杨某某
生产厂家	某市水泥厂			批号	※※※※※
水泥品种	普通硅酸盐水泥			代表数量	100 t
强度等级	P·O 42.5			样品状态	完好
检测项目	标准要求			实测结果	单项判定
细度，%	≤10.0%			8.8%	合格
初凝时间，min	≥45min			234min	合格
终凝时间，min	≤600min			292min	合格
安定性	≯5mm			3mm	合格
氯离子，%					

强度检测	抗折强度（MPa）		抗压强度（MPa）			
	（3）d	28d	（3）d		28d	
标准要求	≥3.5	≥6.5	≥17.0		≥42.5	
测定值	3.5	6.6	22.4	23.2	45.0	46.0
	3.6	6.7	22.8	22.9	46.0	45.0
	3.6	6.7	22.5	22.4	45.0	46.0
代表值	3.6	6.65	22.7		45.5	
依据标准	GB175－2007、GB/T17671－1999、GB/T1346－2011、GB/T1345－2005					
检测结论	依据 GB175－2007 标准，以上所检验项目符合 P·O 42.5 水泥要求					
备注						

某市建筑材料检测公司 检验专用章

检测单位（公章）： 批准：※检 ※※※※※ 龚某某 审核：※检 ※※※※※ 闫某某 检测：※检 ※※※※※ 邱某某

表C3-4-3　砂子检测报告填写指南

【表式图解】

表C3-4-3　砂子检测报告

编号：

委托单位：　　　　　　　　　　　　　　　　　　　　统一编号：

工程名称				委托日期	
使用部位				报告日期	
取样单位				取样人	
见证单位				见证人	
种　　类		产　　地		代表批量	
样品状态		检测类别			
检测项目	标准要求	实测结果	检验项目	标准要求	实测结果
表观密度(kg/m³)			石粉含量		
堆积密度(kg/m³)			氯盐含量		
紧密密度(kg/m³)			吸水率(%)		
含泥量(%)			云母含量(%)		
泥块含量(%)			空隙率(%)		
硫酸盐硫化物(%)			坚固性		
轻物质含量(%)			碱活性		

筛孔尺寸(mm)	9.50	4.75	2.36	1.18	0.600	0.300	0.150	筛分结果	细度模数
标准下限(%)									
标准上限(%)									级配区属
实测结果(%)									

依据标准	
检测结论	
备　　注	

检测单位(公章)：　　　　批准：　　　　审核：　　　　检测：

代表数量根据实际进场情况按本书附录五有关规定填写。

此栏以下记录检测砂子的筛分试验数据，确定砂子级配区属。此项目为砂子必检项目。

填写需特殊说明的信息。

相关人员签字，并加盖检测机构公章。

【填写要点】

(1)砂子进场时应按本书附录五相关规定取样复试，对其质量进行确定。

(2)混凝土用砂检验不合格时，应重新取样检验，对不合格项目进行加倍复验，如仍不合格，则该批砂应按不合格品处理。

【相关规定】

1)砂的分类。

砂按其形成可分为天然砂、人工砂和混合砂。

(1)天然砂。有自然条件作用而形成的,公称粒径小于5.00 mm的岩石颗粒。按其产源不同可分为河砂、海砂、山砂。

(2)人工砂。岩石经除土后开采、机械破碎、筛分而成的,公称粒径小于5.00 mm的岩石颗粒。

(3)混合砂。有天然砂与人工砂按一定比例组合而成的砂。

2)砂取样数量规定。

每组砂试验样品取样时,应保证每单项试验项目,不少于表5-10中的规定的最少取样数量;做多项试验项目时,如能保证样品做完一项试验项目而不影响另一项目试验结果,可以采用同一组样品进行不同项目试验。

表5-10　单项试验项目所需最少砂用量　(单位:g)

序号	试验项目	最少砂用量	序号	试验项目	最少砂用量
1	筛分析	4400	9	云母含量	600
2	表观密度	2600	10	轻物质含量	3200
3	吸水率	4000	11	坚固性	分成5.0~2.50mm、2.5~1.25 mm、1.25 mm~630μm、630~315μm、315~160μm每个粒级,各100g
4	紧密密度和堆积密度	5000			
5	含水率	1000	12	硫酸盐硫化物含量	50
6	含泥量	4400	13	氯离子含量	2000
7	泥块含量	20000	14	碱活性	20000
8	有机含量	2000	15	贝壳含量	10000

3)砂评定质量的基本要求。

(1)砂的颗粒级配区的划分。

砂按照630μm筛孔径的累计筛余量(以重量百分率计算),分成三个级配区,详见表5-11,筛余量、分计筛余百分率、累计筛余百分率的关系见表5-12。

表5-11　砂的颗粒级配区的划分

级配区 公称粒径	Ⅰ区	Ⅱ区	Ⅲ区
5.00mm	10~0	10~0	10~0
2.50mm	35~5	25~0	15~0
1.25mm	65~35	50~10	25~0
630μm	85~71	70~41	40~16
315μm	95~80	92~70	85~55
160μm	100~90	100~90	100~90

砂的粗细程度按细度模数表示,分为粗、中、细三级,其细度模数计算如式5.1:

$$\mu_f=(\beta_2+\beta_3+\beta_4+\beta_5+\beta_6-5\beta_1)/(100-\beta_1) \tag{5.1}$$

式中　μ_f—— 为砂的细度模数值；

β_1、β_2、β_3、β_4、β_5、β_6——分别为筛孔孔径 5.00mm、2.50mm、1.25mm、630μm、315μm、160μm 的累计筛余，各孔径的筛余见附表 1·3·8-2c；

粗砂：μ_f＝3.1～3.7；中砂：μ_f＝2.3～3.0；细砂：μ_f＝1.6～2.2；特细砂：μ_f＝1.5～0.7。

表 5-12　筛余量、分计筛余百分率、累计筛余百分率的关系

公称粒径(mm)	筛余量(g)	分计筛余(%)	累计筛余(%)
5.00mm	M_1	α_1	$\beta_1=\alpha_1$
2.50mm	M_2	α_2	$\beta_2=\alpha_1+\alpha_2$
1.25mm	M_3	α_3	$\beta_3=\alpha_1+\alpha_2+\alpha_3$
630μm	M_4	α_4	$\beta_4=\alpha_1+\alpha_2+\alpha_3+\alpha_4$
315μm	M_5	α_5	$\beta_5=\alpha_1+\alpha_2+\alpha_3+\alpha_4+\alpha_5$
160μm	M_6	α_6	$\beta_6=\alpha_1+\alpha_2+\alpha_3+\alpha_4+\alpha_5+\alpha_6$

(2) 混凝土用砂的其他试验项目指标规定(见表 5-13)。

表 5-13　混凝土用砂检测的其他项目指标

试验项目		混凝土强度等级			备　注
		≥C60	C55～C35	≤C25	
含泥量(按重量计%)		≤2.0	≤3.0	≤5.0	有抗冻、渗要求的≤3.0
泥块含量(按重量计%)		≤0.5	≤1.0	≤2.0	有抗冻、渗要求的≤1.0
石粉含量(%)	MB<1.4(合格)	≤5.0	≤7.0	≤10.0	人工砂或混合砂
	MB≥1.4(不合格)	≤2.0	≤3.0	≤5.0	
云母含量(按重量计%)		≤2.0			该三项指标不受混凝土强度等级约束
轻物质含量(按重量计%)		≤1.0			
硫化物及硫酸盐含量(按重量计%)		≤1.0			
有机物含量		颜色不应深于标准色，当颜色深于标准色时，应按水泥胶砂强度试验方法进行强度对比试验，抗压强度比不应低于 0.95			
坚固性		在严寒或寒冷地区室外使用并经常处于潮湿或干燥交替状态下的混凝土，对于有抗疲劳、耐磨、抗冲击要求的混凝土，有腐蚀介用或经常处于水位变化区的地下结构混凝土经 5 次循环后的重量损失≤8%			
		其他条件下使用的混凝土，经后的重量损失≤10%			
贝壳含量		≥C40	C35～C30	C25～C15	适用于海砂
		≤3	≤5	≤8	

(3)有关砂的强制性条文规定。

①对于长期处于潮湿环境的重要混凝土结构所用的砂应进行碱活性检验。

②砂中氯离子含量应符合下列规定：

a. 对于钢筋混凝土用砂，其氯离子含量不得大于 0.06％（以干砂的质量百分率计）；

b. 对于预应力混凝土用砂，其氯离子含量不得大于 0.02％（以干砂的质量百分率计）。

【填写示例】

MA
2012量认(冀)字U****号

见证取样检测
专 用 章

建设工程质量检测成果专用章
（有效期至：2013年×月×日）
单位：某市建筑材料检测公司
资质：建设工程材料检测资质一级
证号：※※※※※※
某某省建设厅监制

表 C3-4-3　砂子检测报告　　　　编号：01-06-×××

委托单位：某某房地产开发有限公司　　　　统一编号：2012×××××

工程名称	某某工程			委托日期	2012年×月×日
使用部位	地基与基础、主体结构			报告日期	2012年×月×日
取样单位	某某建筑公司			取样人	孟某某
见证单位	某某监理公司			见证人	杨某某
种　类	天然河砂	产　地	某某县	代表批量	200t
样品状态	完好	检测类别	委托		
检测项目	标准要求	实测结果	检验项目	标准要求	实测结果
表观密度（kg/m^3）	/	2630	石粉含量	/	/
堆积密度（kg/m^3）	/	1530	氯盐含量	/	/
紧密密度（kg/m^3）	/	/	吸水率（％）	/	/
含泥量（％）	≤5.0	2.1	云母含量（％）	≤1.0	/
泥块含量（％）	≤2.0	1.0	空隙率（％）	/	41.8
硫酸盐硫化物（％）	≤1.0	/	坚固性	≤10	/
轻物质含量（％）	≤1.0	/	碱活性	/	/

筛孔尺寸（mm）	9.50	4.75	2.36	1.18	0.600	0.300	0.150	筛分结果	细度模数
标准下限（％）	0	0	0	10	41	70	90		2.6
标准上限（％）	0	10	25	50	70	92	100		级配区属
实测结果（％）	0	10	29	37	52	74	94		Ⅱ
依据标准	JGJ52－2006								
检测结论	依据 JGJ52－2006 标准，以上所检验项目合格，属Ⅱ区中砂。								
备注									

某市建筑材料检测公司
检验专用章

检测单位（公章）：　　批准：※ 检 ※※※※※ 龚某某　　审核：※ 检 ※※※※※ 闫某某　　检测：※ 检 ※※※※※ 邱某某

表 C3-4-4　石子检测报告填写指南

【表式图解】

表 C3-4-4　石子检测报告　　　　编号：

委托单位：　　　　　　　　　　　　　　　　　　　　统一编号：

工程名称				委托日期	
使用部位				报告日期	
取样单位				取 样 人	
见证单位				见 证 人	
种　类		产　地		代表批量	
样品状态		检测类别			
检测项目	标准要求	实测结果	检验项目	标准要求	实测结果
表观密度,(kg/m^3)			有机物含量(%)		
堆积密度,(kg/m^3)			坚固性		
紧密密度,kg/m^3			岩石强度(MPa)		
含泥量(%)			压碎指标(%)		
泥块含量(%)			SO_3含量(%)		
吸水率(%)			碱活性		
针片状含量(%)			空隙率(%)		

筛孔尺寸(mm)	53.0	37.5	31.5	26.5	19.0	16.0	9.5	4.75	2.36
标准下限(%)									
标准上限(%)									
实测结果(%)									
依据标准									
检测结论									
备　注									

检测单位(公章)：　　　　批准：　　　　审核：　　　　检测：

（注：代表数量根据实际进场情况按本书附录五有关规定填写。）

（注：此栏以下记录检测石子的筛分试验数据，确定砂子级配区属。此项目为砂子必检项目。）

（注：相关人员签字，并加盖检测机构公章。）

（注：填写需特殊说明的信息。）

【填写要点】

(1)石子进场时应按本书附录五相关规定取样复试,对其质量进行确定。

(2)混凝土用石子检验不合格时,应重新取样检验,对不合格项目进行加倍复验,如仍不合格,则该批石子应按不合格品处理。

【相关规定】

1)石子取样数量规定(见表 5-14)。

表 5-14　单项试验项目所需碎石或卵石的最少取样数量

试验项目	最大粒径(mm)							
	10.0	16.0	20.0	25.0	31.5	40.0	63.0	80.0
筛分析	8	15	16	20	25	32	50	64
表观密度	8	8	8	8	12	16	24	24
含水率	2	2	2	2	3	3	4	6
吸水率	8	8	16	16	16	24	24	32
堆积密度、紧密密度	40	40	40	40	80	80	120	120
含泥量	8	8	24	24	40	40	80	80
泥块含量	8	8	24	24	40	40	80	80
针、片状含量	1.2	4	8	12	20	40	—	—
硫化物及硫酸盐	1.0							

2)石子评定质量的基本要求

(1)碎石、卵石的颗粒级配应符合表 5-15 的要求。

表 5-15　碎石、卵石的颗粒级配

级配情况	公称粒级(mm)	累计筛余　按重量计(%)											
		筛孔尺寸(圆孔筛)(mm)											
		2.36	4.75	9.5	16	19.0	26.5	31.5	37.5	53	63	75.0	90
连续粒级	5～10	95～100	80～100	0～15	0	——	——	——	——	——	——	——	——
	5～16	95～100	85～100	30～60	0～10	0	——	——	——	——	——	——	——
	5～20	95～100	90～100	40～80	——	0～10	0	——	——	——	——	——	——
	5～25	95～100	90～100	——	30～70	——	0～5	0	——	——	——	——	——
	5～31.5	95～100	90～100	70～90	——	15～45	——	0～5	0	——	——	——	——
	5～40	——	95～100	70～90	——	30～65	——	——	0～5	0	——	——	——
单粒级	10～20	——	95～100	85～100	——	0～15	0	——	——	——	——	——	——
	16～31.5	——	95～100	——	85～100	——	——	0～10	0	——	——	——	——
	20～40	——	——	95～100	——	80～100	——	——	0～10	0	——	——	——
	31.5～63	——	——	——	95～100	——	——	75～100	45～75	——	0～10	0	——
	40～80	——	——	——	——	95～100	——	——	70～100	——	30～60	0～10	0

注:单粒级宜用于组合成具有要求级配的连续粒级,也可与连续粒级混合使用,以改善级配或配成较大粒度的连续粒级。不宜用单一单粒级配制混凝土。如必须单独使用,则应作技术经济分析,并应通过试验证明不会发生离析或影响混凝土的质量。颗粒级配不符合表 5-15 要求时,应采取措施并经试验证实能确保工程质量,方允许使用。

(2)碎石、卵石各项试验项目指标规定,见表5-16。

表5-16　碎石、卵石各项试验项目

<table>
<tr><td colspan="2" rowspan="2">试验项目</td><td colspan="4">技术指标</td></tr>
<tr><td>≥C60</td><td colspan="2">C55～C35</td><td>≤C25</td></tr>
<tr><td colspan="2">针片状颗粒含量
(按重量计%)</td><td>≤8</td><td colspan="2">≤15</td><td>≤25</td></tr>
<tr><td colspan="2">含泥量
(按重量计%)</td><td>≤0.5</td><td colspan="2">≤1.0</td><td>≤2.0</td></tr>
<tr><td colspan="2">泥块含量
(按重量计%)</td><td>≤0.2</td><td colspan="2">≤0.5</td><td>≤0.7</td></tr>
<tr><td colspan="2">硫化物及硫酸盐含量
(折算成SO_3,按质量计,%)</td><td colspan="4">≤1.0</td></tr>
<tr><td colspan="2"></td><td colspan="2">C60～C40</td><td colspan="2">≤C35</td></tr>
<tr><td rowspan="3">碎石压碎指标(%)</td><td>沉积岩</td><td colspan="2">≤10</td><td colspan="2">≤16</td></tr>
<tr><td>变质岩或深成火成岩</td><td colspan="2">≤12</td><td colspan="2">≤20</td></tr>
<tr><td>喷出的火成岩</td><td colspan="2">≤13</td><td colspan="2">≤30</td></tr>
<tr><td colspan="2">卵石压碎指标(%)</td><td colspan="2">≤12</td><td colspan="2">≤16</td></tr>
<tr><td colspan="2">有机物含量</td><td colspan="4">颜色不应深于标准色。当颜色深于标准色,应配制成混凝土进行强度对比试验,抗压强度比不应低于0.95</td></tr>
<tr><td colspan="2" rowspan="2">坚固性</td><td colspan="4">在严寒或寒冷地区室外使用,并经常处于潮湿或干湿交替状态下的混凝土;有腐蚀介质或经常处于水位变化区的地下结构或有抗疲劳、耐磨、抗冲击要求的混凝土,经5次循环后的重量损失≤8%</td></tr>
<tr><td colspan="4">其他条件下使用的混凝土,经5次循环后的重量损失≤12%</td></tr>
</table>

【填写示例】

MA
2012量认（*）字U****号

见证取样检测
专 用 章

建设工程质量检测成果专用章
（有效期至：2013年×月×日）
单位：某市建筑材料检测公司
资质：建设工程材料检测资质一级
证号：※※※※※※
某某省建设厅监制

表 C3-4-4 石子检测报告　　编号：01-06-001

委托单位：某某房地产开发有限公司　　统一编号：2012×××××

工程名称	某某工程			委托日期	2012年×月×日
使用部位	基础与主体结构			报告日期	2012年×月×日
取样单位	某某建筑公司			取样人	孟某某
见证单位	某某监理公司			见证人	杨某某
石子种类	碎石	产地	某某县	代表批量	200t
样品状态	完好	检测类别	委托		
检测项目	标准要求	实测结果	检验项目	标准要求	实测结果
表观密度,(kg/m³)	/	2760	有机物含量(%)	/	/
堆积密度,(kg/m³)	/	1580	坚固性	≤12	/
紧密密度,kg/m³	/	/	岩石强度(MPa)	/	/
含泥量(%)	≤2.0	0.8	压碎指标(%)	≤16	
泥块含量(%)	≤0.7	0.4	SO_3含量(%)	≤1.0	/
吸水率(%)	/	/	碱活性	/	/
针片状含量(%)	≤25	0.8	空隙率(%)	/	43

筛孔尺寸(mm)	53.0	37.5	31.5	26.5	19.0	16.0	9.5	4.75	2.36
标准下限(%)	0	0	/	/	80	/	95	/	/
标准上限(%)		10			100		100		
实测结果(%)	0	5	5	5	90	90	100	100	100
依据标准	JGJ52—2006								
检测结论	依据JGJ52—2006标准，以上所检验项目合格，属20～40单粒级。								
检测单位(公章):	批准：龚某某		审核：闫某某			检测：邱某某			

某市建筑材料检测公司
备
检验专用章

5.5　施工检测报告(C4类)填写指南

本章要点

施工检测报告(C4类)是工程质量控制资料主要组成部分，是影响工程结构安全的关键资料，也是工程质量验收必查资料，同时也是竣工后存档资料的重要组成部分。本章给出了施工检测资料的实用表式明细，并用【表式图解】、【填写要点】和【相关规定】等形式对常用表格进行了多角度解析，同时对重要表式的填写给出了【填写示例】。本章还将工程施工检测项目的有关规定以附录的形式在本书中引出，见本书附录六《工程施工检测项目明细表》。

5.5.1　实用表式划分明细

施工检测报告(C4类)资料包括：检测单位出具的配合比通知单、检测机构对施工过程产生的试件出具的报告和检测机构在现场进行的检测而出具的报告等三类。施工检测报告(C4类)资料的实用表式划分详见表5-17。

表5 17　施工检测报告(C4类)资料实用表式划分明细

工程资料类别	实用表式编号	实用表式名称	备　注
C4类施工检测报告	表C4-1	钢材连接检测报告汇总表	※
	表C4-2	钢材连接检测报告	※
	表C4-3	高强度螺栓连接摩擦面抗滑移系数检测报告	※
	表C4-4	焊缝射线检测报告	
	表C4-5	焊缝磁粉检测报告	
	表C4-6	焊缝超声波检测报告	※
	表C4-7	混凝土抗压强度检测报告汇总表	※
	表C4-8	混凝土强度评定表	※
	表C4-9	混凝土配合比通知单	※
	表C4-10	混凝土试块抗压强度检测报告	※
	表C4-11	混凝土抗渗透检测报告	
	表C4-12	砂浆抗压强度检测报告汇总表	※
	表C4-13	砂浆强度评定表	※
	表C4-14	砂浆配合比通知单	※

续表

工程资料类别	实用表式编号	实用表式名称	备　注
	表 C4-15	砂浆试块抗压强度检测报告	※
	表 C4-16	土壤检测报告	※
	表 C4-17	土壤击实检测报告	※
	表 C4-18	建筑外门窗检测报告	※
	表 C4-19	幕墙检测报告	
	表 C4-20	后置埋件检测报告	
	表 C4-21	回弹法检测混凝土强度检测报告	※
	表 C4-22	结构实体钢筋保护层厚度检测报告	※
	表 C4-23	节能构造钻芯检测报告	※
	C4-24	节能、保温测试报告	
	C4-25	室内环境检测报告	
	C4-26	桩基及地基处理检测报告	
	C4-27	沉降观测记录	
	C4-28	检测报告(通用)	

注：1. 表中带“※”示意该实用表式或文件资料在本章第 5.5.2 节详细解析。

2. 表格中 C4-24～27 应由具备相应资质的检测机构在施工现场检测后出具，本书不再进行示例讲解。

5.5.2　实用表式填写指南

本节用【表式图解】、【填写要点】、【相关规定】和【填写指南】的形式对常用实用表式进行了解析，对以下实用表式并未给出填写指南：

(1)混凝土抗渗性能检测报告本节不再给出填写指南，仅将抗渗混凝土的【相关规定】归入“表 C4-10 混凝土试块检测报告填写指南”的【相关规定】中一并给出。

(2)本节仅给出了超声波探伤检测报告填写指南，其他两种探伤检测的相关规定归入“表 C4-6 焊缝超声波检测报告填写指南”的【相关规定】中一并给出。

(3)建筑外门窗检测报告的相关检测项目及要求相近，故此本节将两者【相关规定】归入“表 C4-18 建筑外门窗检测报告填写指南”的【相关规定】中一并给出。

表 C4-1　钢材连接检测报告汇总表填写指南

【表式图解】

表 C4-1　钢材连接检测报告汇总表　　　　**编号：**

工程名称：　　　　　　　　　　施工单位：

序号	试件品种规格	连接方式	试件代表数量	原材试验统一编号	连接试验统一编号	试验结论	主要使用部位及有关说明
	此栏填写钢材连接试件品种规格	钢筋连接方式，见表C4-2【相关规定】		钢材原材检测报告的统一编号。	钢材连接检测报告统一编号。	钢材连接检测结论。	填写使用部位及有关说明
签字栏	审核：			汇总：		年　月　日	

汇总完成后，审核与汇总人应签字，一般审核人为技术负责人，汇总人为资料员。

【填写要点】

此表是钢材连接检测报告汇总用表，一般按分部工程汇总。

【填写示例】

表 C4-1　钢材连接检测报告汇总表　　　　**编号:02-01-001**

工程名称：某某工程　　　　　　　　施工单位：某某建筑工程有限公司

序号	试件品种规格	连接方式	试件代表数量	原材试验统一编号	连接试验统一编号	试验结论	主要使用部位及有关说明
1	HRB335 16	电渣压力焊	240	※※※※※※	※※※※※※	合格	首层框架柱
2	HRB335 18	电渣压力焊	200	※※※※※※	※※※※※※	合格	首层框架柱
3	HRB335 20	电渣压力焊	245	※※※※※※	※※※※※※	合格	首层框架柱
4	HRB335 22	电渣压力焊	120	※※※※※※	※※※※※※	合格	首层框架柱
5	HRB400 18	直螺纹	440	※※※※※※	※※※※※※	合格	首层框架梁
6	HRB400 20	直螺纹	140	※※※※※※	※※※※※※	合格	首层框架梁
7	HRB400 22	直螺纹	420	※※※※※※	※※※※※※	合格	首层框架梁
……							
签字栏	审核：杨某某			汇总：孟某某		2012年5月16日	

表 C4-2　钢材连接检测报告填写指南

【表式图解】

表 C4-2　钢材连接检测报告　　　　**编号：**

委托单位：　　　　　　　　　　统一编号：

工程名称				委托日期	
使用部位				报告日期	
取样单位				取 样 人	
见证单位				见 证 人	
钢材类别		原材料检测统一编号		样品状态	
接头类型		接头级别		代表数量	
操 作 人		检测类别			
公称直径（mm）	标准要求（MPa）	抗拉强度（MPa）	断口特征及位置	弯曲条件 / 弯曲角度 / 弯曲直径	弯曲结果
依据标准					
检测结论					
备　注					
检测单位（公章）：	批准：		审核：	检测：	

填写试件的直径，变径的应标明两端直径，如 22 变 20。

填写每组试件（三根）实测抗拉强度值。

填写每组试件（三根）断开特征与断开的位置。

检测机构相关人员签字并加盖公章。

填写需特殊说明的信息。

【填写要点】

（1）此报告是检测机构对钢材连接试件进行检测后，出具的书面质量证明文件。

（2）钢材连接形式按连接工艺不同分为焊接和机械连接，详细分类见【相关规定】。

（3）钢材连接之前，其母材必须试验合格，焊材（焊条、焊剂）质量必须具备质量证明文件且符合设计和有关标准的规定。

（4）钢材连接前，应按工艺、规格、操作者的不同分别进行工艺试验（即班前焊），合格后方可进行实体作业。

【相关规定】

1)钢筋连接形式及适用范围见表5-18和表5-19。

表5-18　焊接接头形式及适用范围

焊接形式			接头形式	适用范围	
				钢筋牌号	钢筋直径(mm)
电阻点焊			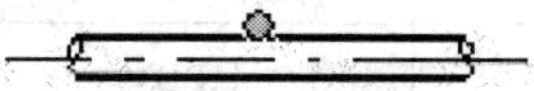	HPB300 HRB335 HRBF335 HRB400 HRBF400 HRB500 HRBF500 CRB550 CDW550	6～16 6～16 6～16 6～16 4～12 3～8
闪光对焊			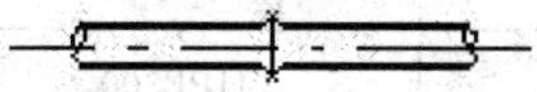	HPB300 HRB335 HRBF335 HRB400 HRBF400 HRB500 HRBF500 RRB400W	8～22 8～40 8～40 8～40 8～32
箍筋闪光对焊			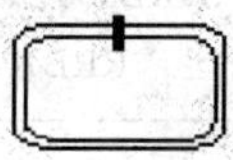	HPB300 HRB335 HRBF335 HRB400 HRBF400 HRB500 HRBF500 RRB400W	6～18 6～18 6～18 6～18 8～18
电弧焊	帮条焊	单面焊	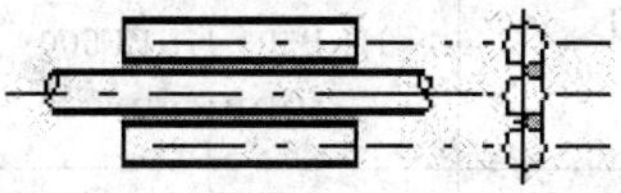	HPB300 HRB335 HRBF335 HRB400 HRBF400 HRB500 HRBF500 RRB400W	10～22 10～40 10～40 10～32 10～25
电弧焊	帮条焊	双面焊	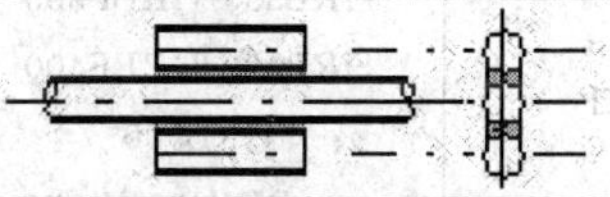	同上	同上
电弧焊	搭接焊	单面焊		同上	同上
电弧焊	搭接焊	双面焊		同上	同上
电弧焊	溶槽帮条焊			HPB300 HRB335 HRBF335 HRB400 HRBF400 HRB500 HRBF500 RRB400W	20～22 20～40 20～40 20～32 20～25
电弧焊	坡口焊	平焊		HPB300 HRB335 HRBF335 HRB400 HRBF400 HRB500 HRBF500 RRB400W	18～22 18～40 18～40 18～32 18～25

续表

焊接形式			接头形式	适用范围	
				钢筋牌号	钢筋直径(mm)
电弧焊	坡口焊	立焊		HPB300	18～22
				HRB335 HRBF335	18～40
				HRB400 HRBF400	18～40
				HRB500 HRBF500	18～32
				RRB400W	18～25
	钢筋与钢板搭接焊			HPB300	8～22
				HRB335 HRBF335	8～40
				HRB400 HRBF400	8～40
				HRB500 HRBF500	8～32
				RRB400W	8～25
	窄间隙焊			HPB300	16～22
				HRB335 HRBF335	16～40
				HRB400 HRBF400	16～40
				HRB500 HRBF500	16～32
				RRB400W	16～25
	预埋件电弧焊	角焊	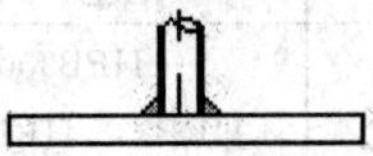	HPB300	6～22
				HRB335 HRBF335	6～25
				HRB400 HRBF400	6～25
				HRB500 HRBF500	10～20
				RRB400W	10～20
		穿孔塞罕	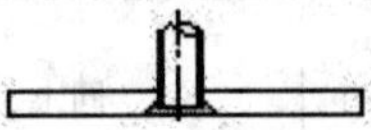	HPB300	20～22
				HRB335 HRBF335	20～32
				HRB400 HRBF400	20～32
				HRB500	20～28
				RRB400W	20～28
		埋弧压力焊	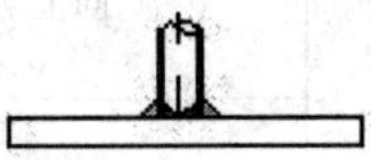	HPB300	6～22
		埋弧螺柱焊		HRB335 HRBF335	6～28
				HRB400 HRBF400	6～28
电渣压力焊				HPB300	12～22
				HRB335	12～32
				HRB400	12～32
				HRB500	12～32
气压焊	固态			HPB300	12～22
				HRB335	12～40
	熔态			HRB400	12～40
				HRB500	12～32

注：钢筋牌号符号 HPB 为热轧光圆钢筋，HRB 为热轧带肋钢筋，HRBF 细晶粒热轧带肋钢筋，CDW 为冷拔低碳钢丝，CRB 为冷轧带肋钢筋。

表 5-19　机械连接形式及适用范围

连接方法	连接形式		适用范围		
			接头形式	钢筋级别	直径(mm)
机械连接	挤压套筒	径向挤压	分 I、II、III 级三种接头	I、II、III、IV 级各种带肋钢筋	18～50(同直径或非同直径均可)
		轴向挤压	分 I、II、III 级三种接头	一、二级抗震设防要求的混凝土中 II、III 级热轧带肋钢筋	20～32
	锥螺纹套筒接头		分 I、II、III 级三种接头	II、III 级钢筋	16～40
	直螺纹套筒接头		分 I、II、III 级三种接头	II、III 级钢筋	16～40

2)钢筋连接接头取样

(1) 焊接拉伸试件取样尺寸见表 5-20。

表 5-20　焊接拉伸试件取样尺寸

焊接方式	接头形式	试件尺寸		焊接方式	接头形式	试件尺寸	
		l_s	$L\geqslant$			l_s	$L\geqslant$
电阻点焊		/	300 l_s+2l_j	溶槽帮条焊		$8d+l_h$	l_s+2l_j
闪光焊	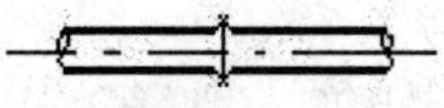	$8d$	l_s+2l_j	坡口焊		8d	l_s+2l_j
单面帮条焊	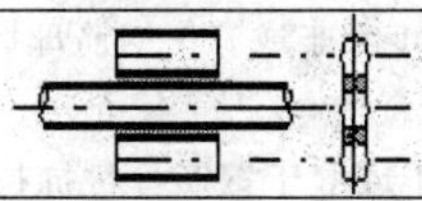	$5d+l_h$	l_s+2l_j	窄间隙焊		$8d$	l_s+2l_j
双面帮条焊	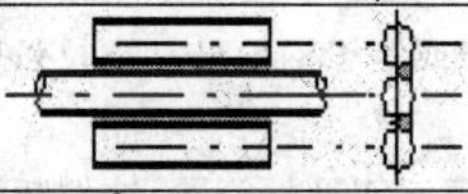	$8d+l_h$	l_s+2l_j	电渣压力焊		$8d$	l_s+2l_j
单　面搭接焊	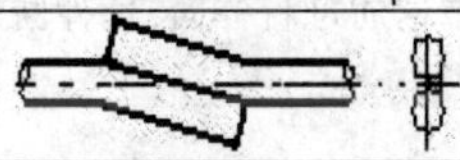	$5d+l_h$	l_s+2l_j	气压焊	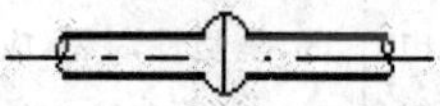	$8d$	l_s+2l_j
双　面搭接焊	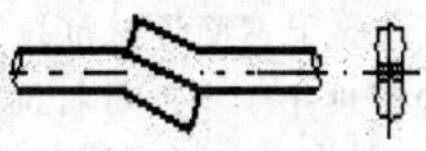	$5d+l_h$	l_s+2l_j	预埋件埋弧压力焊	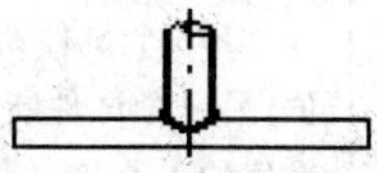	/	**200**

注:表中　l_s—表示受试长度；　l_j—试验夹持长度(100～200mm)；
　　　L—试样长度；　　l_h—焊缝(或镦粗)长度；　　d—钢筋直径.

(2)机械连接接头型式检验的变形测量标距应符合下列规定(参见图 5-3)：

即：$L_1=L+4d$

式中　L_1——变形测量标距；

　　　L——机械接头长度；

　　　d——钢筋公称直径。

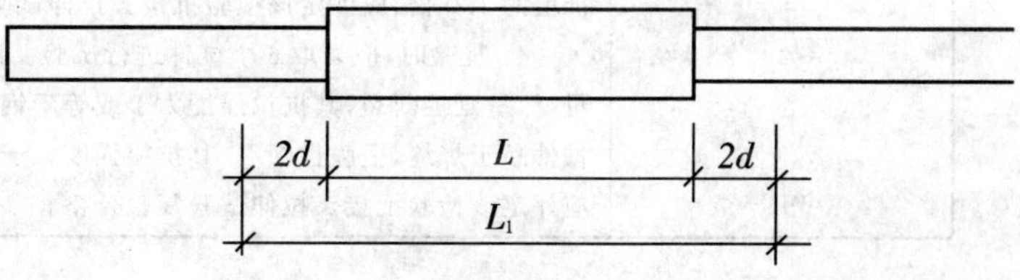

图5-3

3）结果评定

(1)接头的外观质量要求见表5-21。

表5-21　接头的外观质量要求

接头形式	外观质量要求
闪光对焊	1.表面应呈圆滑、带毛刺状,不得有肉眼可见的裂纹;2.与电极接触的钢筋表面不得有明显烧伤;3. 接头弯折角≤2°;4.轴向偏移≤0.1d,且≤1mm
电弧焊	1.焊缝表面平整,无凹陷或焊瘤；　2.接头区域不得有肉眼可见的裂纹；3.焊缝余高应为2～4mm;4.弯折角≤2°；5. 轴向偏移≤0.1d,且≤1mm;6.帮条焊轴向偏移≤0.3d;7.咬边深度、气孔夹渣缺陷符合JGJ18-2012的规定
电渣压力焊	1.钢筋与电极接触处无烧伤缺陷;2.当钢筋直径为25mm以下时四周焊包凸出钢筋表面高度≥4mm,钢筋直径在28mm及以上时,不得小于6mm;3. 弯折角≤2°；4.轴向偏移≤1mm
气压焊	1.轴线偏移≤0.1d,且≤1mm；2.不得有肉眼可见的裂纹；3.弯折角≤2°；4.固态气压焊接头镦粗直径 d_c≥1.4d，熔态气压焊接头镦粗直径 d_c≥1.2d；5.镦粗长度≥1.0d;且突起部分平缓圆滑

(2)常见接头机械性能检验的判定见表5-22。

表5-22　常见接头机械性能检验的判定

连接方法	判定方法
闪光对焊、电弧焊、电渣压力焊、气压焊、箍筋闪光对焊、预埋件钢筋T形接头	一、拉伸试验结果的判定 应从每一检验批接头中随机切取三个接头进行试验并应按下列规定对试验结果进行评定： 1.符合下列条件之一,应评定该检验批接头拉伸试验合格： 1)3个试件均断于钢筋母材,呈延性断裂,其抗拉强度大于或等于钢筋母材抗拉强度标准值。 2)2个试件断于母材,呈延性断裂,其抗拉强度大于或等于钢筋母材抗拉强度标准值;另一个试件断于焊缝,呈脆性断裂,其抗拉强度大于或等于钢筋母材抗拉强度标准值的1.0倍。 注:试件断于热影响区,呈延性断裂,应视作与断于钢筋母材等同;试件断于热影响区,呈脆性断裂,应视作与断于焊缝等同。 2.符合下列条件之一,应进行复验： 1)2个试件断于母材,呈延性断裂,其抗拉强度大于或等于钢筋母材抗拉强度标准值;另一个试件断于焊缝或热影响区,呈脆性断裂,其抗拉强度小于钢筋母材抗拉强度标准值的1.0倍。 2)1个试件断于母材,呈延性断裂,其抗拉强度大于或等于钢筋母材抗拉强度标准值;另2个试件断于焊缝或热影响区,呈脆性断裂。 3.3个试件均断于焊缝,呈脆性断裂,其抗拉强度大于或等于钢筋母材抗拉强度标准值的1.0倍,应进行复验。当3个试件中有1个试件抗拉强度小于钢筋母材抗拉强度标准值的1.0倍,应评定该检验批接头拉伸试验不合格。 4. 复验时,应切取6个试件进行试验。试验结果,若有4个或4个以上试件断于钢筋母材,呈延性断裂,其抗拉强度大于或等于钢筋母材抗拉强度标准值,另2个或2个以下试件断于焊缝,呈脆性断裂,其抗拉强度大于或等于钢筋母材抗拉强度标准值的1.0倍,应评定该检验批接头拉伸试验复验合格。

续表

连接方法	判 定 方 法
闪光对焊、电弧焊、电渣压力焊、气压焊、箍筋闪光对焊、预埋件钢筋T形接头	二、弯曲试件结果应按下列规定进行评定： 1.当试验结果，弯曲至90°，有2个和3个试件外侧(含焊缝和热影响区)未发生宽度达到0.5mm的裂纹，应评定该检验批接头弯曲试验合格。 2.当有2个试件发生宽度达到0.5mm的裂纹，应进行复验。 3. 当有3个试件发生宽度达到0.5mm的裂纹，应评定该检验批接头弯曲试验不合格。 4.复验时，应切取6个试件进行试验。复验结果，当不超过2个试件发生宽度达到0.5mm的裂纹时，应评定该检验批接头弯曲试验复验合格。
机械连接接头	对接头的每一验收批，必须在工程结构中随机截取3个接头试件作抗拉强度试验，按设计要求的接头等级进行评定。当3个接头试件的抗拉强度均符合《钢筋机械连接技术规程》JGJ107-2010表3.0.5中相应等级的强度要求时，该验收批应评为合格。如有1个试件的抗拉强度不符合要求时，应再取6个试件进行复检。复检中如仍有1个试件的抗拉强度不符合要求，则该验收批应评为不合格。 现场检验连续10个验收批抽样试件抗拉强度试验一次合格率为100%时，验收批接头数量可扩大1倍。

注：附《钢筋机械连接技术规程》JGJ107-2010表3.0.5接头的抗拉强度：

接头等级	I级	II级	III级
抗拉强度	$f^{o}_{mst} \geqslant f_{stk}$ 断于钢筋 或 $f^{o}_{mst} \geqslant 1.10 f_{stk}$ 断于接头	$f^{o}_{mst} \geqslant f_{stk}$	$f^{o}_{mst} \geqslant 1.25 f_{stk}$

【填写示例】

MA
2012量认(字)U****号

见证取样检测
专 用 章

建设工程质量检测成果专用章 （有效期至：2013年×月×日）
单位：某市建筑材料检测公司 资质：建设工程材料检测资质一级 证号：※※※※※※
某某省建设厅监制

表 C4-2 钢材连接检测报告 编号：02-01-001

委托单位：某某房地产开发有限公司 统一编号：2012×××××

工程名称	某某工程			委托日期	2012 年 8 月 12 日
使用部位	基础柱			报告日期	2012 年 8 月 13 日
取样单位	某某建筑公司			取 样 人	孟某某
见证单位	某某监理公司			见 证 人	杨某某
钢材类别	热轧带肋钢筋（HRB400）	原材料检测编号	2012-※※※	样品状态	完好
接头类型	电渣压力焊	接头级别		代表数量	245
操 作 人	田某某	检测类别	委托		
公称直径（mm）	标准要求（MPa）	抗拉强度（MPa）	断口特征及位置	弯曲条件 弯曲角度 / 弯曲直径	弯曲结果
25	570	595	母材延性断裂 距焊口 85		
		595	母材延性断裂 距焊口 77		
		600	母材延性断裂 距焊口 90		
依据标准	JGJ/[illegible]7—2001				
检测结论	依据 JGJ18-2003 标准，所检验电渣压力焊接头各项指标符合要求，检验结论：合格。				
备 注					

某某市建筑材料检测公司
检验专用章

检测单位（公章）： 批准：龚某某 审核：闫某某 检测：邱某某

表 C4-3　高强度螺栓连接摩擦面抗滑移系数检测报告填写指南

【表式图解】

表 C4-3　高强度螺栓连接摩擦面抗滑移系数检测报告　　编号：

委托单位：　　　　　　　　　　　　　　　　　　　　　统一编号：

工程名称		委托日期	
产品名称		报告日期	
取样单位		取 样 人	
见证单位		见 证 人	
使用部位		代表批量	
螺栓生产厂家		螺栓规格型号	
钢材生产厂家		钢材品种	
样品状态		检测类别	

试件编号	检验项目	设计要求	检测结果	结 论
1	抗滑移系数			
2	抗滑移系数			
3	抗滑移系数			

此行填写螺栓厂家、螺栓规格信息。

此行填写钢材厂家和钢材品种等信息。

抗滑移系数应由设计单位给出。

依据标准：

检验结论：

备　　注：

填写需特殊说明的信息。

检测机构相关人员签字并加盖检测机构章。

检测单位（公章）：　　　　批准：　　　　审核：　　　　检测：

【填写要点】

(1)采用高强螺栓连接的钢构件应按有关规定取样进行抗滑移检测。

(2)设计单位在施工图中应给出抗滑移系数要求。

【相关规定】

高强度螺栓连接摩擦面的抗滑移系数检验应符合下列规定：

(1) 基本要求。

制造厂和安装单位应分别以钢结构制造批为单位进行抗滑移系数试验。制造批可按分部(子分部)工程划分规定的工程量每 2000t 为一批，不足 2000t 可视为一批。选用两种及其两种以上表面处理工艺时，每种处理工艺应单独检验。每批三组试件。

(2)试验方法。

试验用的试验机误差应在 1%以内。试验用的贴有电阻片的高强度螺栓、压力传感器和电阻应变仪应在试验前用试验机进行标定，其误差应在 2%以内。

试件的组装顺序应符合下列规定：

先将冲钉打入试件孔定位，然后逐个换成装有压力传感器或贴有电阻片的高强度螺栓，或换成同批经预拉力复验的扭剪型高强度螺栓。紧固高强度螺栓应分初拧、终拧。初拧应达到螺栓预拉力标准值的 50%左右，终拧后，螺栓预拉力应符合规范要求。试件应在其侧面画出观察滑移直线。将组装好的试件置于拉力试验机上，试件的轴线应与试验机夹具中心严格对中。

加荷时，应先加 10%的抗滑移设计荷载值，停 1min 后，再平稳加荷，加荷速度为 3～5kN/s。一直拉至滑动破坏，测得滑移荷载。

抗滑移系数，应根据试验所测得的滑移荷载 N_v 和螺栓预拉力 P 的实测值，按式 5.2 计算，宜取小数点二位有效数字。

$$\mu=\frac{N_v}{n_f\cdot\sum_{i=1}^{m}P_i} \tag{5.2}$$

式中 N_v——试验测得的滑移荷载(kN)；

n_f——摩擦面面数，取 $n_f=2$；

$\sum_{i=1}^{m}P_i$——试件滑移一侧高强度螺栓预拉力实测值(或同批螺栓连接副的预拉力平均值)之各(取三位小数)(kN)；

m——试件一侧螺栓数量，取 $m=2$。

【填写示例】

MA
2012量认(*)字U****号

见证取样检测
专　用　章

建设工程质量检测成果专用章
(有效期至：2013年×月×日)
单位：某市建筑材料检测公司
资质：建设工程材料检测资质一级
证号：※※※※※※
某某省建设厅监制

表 C4-3　高强度螺栓连接摩擦面抗滑移系数检测报告

编号：02-04-001

委托单位：某某房地产开发有限公司　　　　统一编号：201208001

工程名称	某某工程		委托日期	2012 年 8 月 18 日
产品名称	大六角型高强度螺栓连接试件		报告日期	2012 年 8 月 18 日
取样单位	某某建筑公司		取 样 人	孟某某
见证单位	某某监理公司		见 证 人	杨某某
使用部位	钢结构		代表批量	3 组
螺栓生产厂家	某某螺栓厂		螺栓规格型号	M20×75
钢材生产厂家	某某钢厂		钢材品种	Q235B
样品状态	试件长 530mm，宽 103mm，盖板厚 14mm，芯板厚 14mm		检测类别	委托
试件编号	检验项目	设计要求	检测结果	结 论
1	抗滑移系数	0.35	0.54	合格
2	抗滑移系数	0.35	0.54	合格
3	抗滑移系数	0.35	0.53	合格
依据标准	钢结构工程施工质量验收规范 GB50205－2001			
检验结论	经检测抗滑移系数符合设计要求。			
备　注				

某市建筑材料检测公司 检验专用章

检测单位(公章)：　　批准：※检 ***** 龚某某　　审核：※检 ***** 闫某某　　检测：※检 ***** 郭某某

表 C4-6　焊缝超声波检测报告填写指南

【表式图解】

表 C4-6　焊缝超声波检测报告　　　　**编号：**

委托单位：　　　　　　　　　　　　　　　　　　统一编号：

工程名称			检验日期	
结构部位			报告日期	
取样单位			取 样 人	
见证单位			见 证 人	
焊接类型			材料牌号	
接头形式			焊接方法	
焊缝外观			检测类别	
仪器	仪器型号		探头型号	
	试块型号		入射点	
技术要求	检测标准		检测方法	
	检测面		检测灵敏度	
	检测比例		合格等级	
检测结果与说明				
备注				
检测单位(公章)：	批准：		审核：	检测：

此行以上依据实际检测情况填写。

简述检测经过结果，相关检测数据可另附页。

注：检测结果与说明一栏不能完全表述时，可另附页说明。

【相关规定】

磁粉探伤检测适用于压力管道元件产品的铁磁性材料磁粉探伤。

射线探伤检测适用于碳素钢、低合金钢、不锈钢、铝及铝合金、钛及钛合金材料制品、压力容器焊接及钢管对接环缝的射线透照检测。

超声波探伤检测适用于母材厚度不小于 8mm 的铁素体类钢全焊透熔化焊对接焊缝；内径小于等于 200mm 的管座角焊缝及外径小于 250mm 和内外径之比小于 80%的纵向焊缝。

【填写示例】

MA
2012量认(*)字U****号

见证取样检测
专　用　章

建设工程质量检测成果专用章
(有效期至：2013年×月×日)
单位：某市建筑材料检测公司
资质：建设工程材料检测资质一级
证号：※※※※※※
某某省建设厅监制

表 C4-6　焊缝超声波检测报告　　编号：01-09-001

委托单位：某某房地产开发有限公司　　统一编号：201208005

工程名称		某某工程	检验日期	2012.8.1
结构部位		钢柱腹板	报告日期	2012.8.6
取样单位		某某建筑公司	取样人	孟某某
见证单位		某某监理公司	见证人	杨某某
焊接类型		单面焊接	材料牌号	Q345B
接头形式		对接	焊接方法	手工电弧焊
焊缝外观		表面无缺陷	检测类别	委托
仪器	仪器型号	CTS-2000plus	探头型号	2.5P,K2.5
	试块型号	CSK-ZB　RB-III	入射点	10mm
技术要求	检测标准	JG/T203-2007	检测方法	接触法
	检测面	单面双侧	检测灵敏度	3-16dB
	检测比例	20%	合格等级	二级
检测结果与说明	1. 本次检验按 JG/T203-2007 标准进行检测与评定，所检钢柱腹板对接焊缝超声波无损探伤质量符合二级要求。 2. 检验数据间报告附页。			
备注				

某市建筑材料检测公司 检验专用章

检测单位(公章)：　批准：※检 ****** 龚某某　审核：※检 ****** 闫某某　检测：※检 ****** 邱某某

注：检测结果与说明一栏不能完全表述时，可另附页说明。

超声波无损探伤检验报告附页

共2　页　第2　页　　　　　　　　　　　　　　　　试验编号：

焊缝编号	焊缝规格 mm×mm	检验情况			一次返修检测		二级返修检测		三次检修检测		评定级别
A8	8×580	580	100	---	---	---	---	---	---	---	III
A10	8×580	580	100	---	---	---	---	---	---	---	III
E6	8×670	670	100	---	---	---	---	---	---	---	III
E8	8×580	580	100	---	---	---	---	---	---	---	III
E9	8×665	665	100	---	---	---	---	---	---	---	III
以下空白											

表 C4-7　混凝土抗压强度检测报告汇总表填写指南

【表式图解】

表 C4-7　混凝土抗压强度检测报告汇总表　　　　**编号：**

工程名称：

序号	检测统一编号	施工部位	留置组数	设计强度等级	试块成型日期	龄期	试块强度代表值	备注
签字栏	审核：		汇总：		年　月　日			

混凝土试块抗压强度检测报告的统一编号。

混凝土试块留置部位。

混凝土设计强度等级。

混凝土养护龄期。

混凝土抗压强度报告结果。

汇总后审核人和汇总人签字，一般审核人为技术负责人，汇总人为资料员

【填写要点】

(1)此表为混凝土抗压强度报告汇总用表。

(2)混凝土抗压强度报告应按分部、养护方法分别汇总。表头的“______”中应表述清楚，如基础标养混凝土试块汇总时，应填写“基础标养 混凝土抗压强度检测报告汇总表”。

【填写示例】

表 C4-7 基础标养混凝土抗压强度检测报告汇总表 编号:01-06-001

工程名称:某某工程

序号	检测统一编号	施工部位	留置组数	设计强度等级	试块成型日期	龄期	试块强度代表值	备注
1	2012※※※	基础垫层	1	C15	2012.5.5	28	17.0	
2	2012※※※	独立基础	1	C35	2012.5.10	28	40.2	
	2012※※※	独立基础	1	C35	2012.5.10	28	40.3	
3	2012※※※	基础柱	1	C35	2012.5.13	28	40.0	
4	2012※※※	基础梁	1	C35	2012.5.15	28	39.2	
签字栏	审核:杨某某	汇总:孟某某		2012 年 5 月 16 日				

表 C4-8　混凝土强度评定表填写指南

表式图解

表 C4-8　混凝土强度评定表　　　　　　　　**编号：**

工程名称：　　　　　　　　　　　　　　施工单位：

<table>
<tr><td colspan="2">混凝土强度等级</td><td colspan="2"></td><td colspan="2">结构部位</td><td colspan="2"></td></tr>
<tr><td colspan="2">配合比编号</td><td colspan="2"></td><td colspan="2">养护条件</td><td colspan="2"></td></tr>
<tr><td colspan="8">验收组数 n＝　　　合格判定系数 λ_1＝　　　λ_2＝　　　λ_3＝　　　λ_4＝</td></tr>
<tr><td colspan="8">同一检验批混凝土立方体抗压强度平均值 mf_{Cu}＝</td></tr>
<tr><td colspan="8">同一检验批混凝土立方体抗压强度最小值 $f_{Cu,min}$＝</td></tr>
<tr><td colspan="8">前一检验期强度标准差 σ_0＝</td></tr>
<tr><td colspan="8">同一检验批混凝土立方体抗压强度标准差 Sf_{Cu}＝</td></tr>
<tr><td colspan="8">验收批各组试件强度值(MPa)：</td></tr>
<tr><td colspan="8"></td></tr>
<tr><td colspan="8"></td></tr>
<tr><td colspan="6">统计方法</td><td colspan="2">非统计方法</td></tr>
<tr><td>标准差已知统计法</td><td colspan="2">$mf_{Cu}\geqslant f_{Cu,k}+0.7\sigma_0$
$f_{Cu,min}\geqslant f_{Cu,k}-0.7\sigma_0$
当强度等级≤表 C20 时
$f_{Cu,min}\geqslant 0.85f_{Cu,k}$
当强度等级＞C20 时
$f_{Cu,min}\geqslant 0.90f_{Cu,k}$</td><td>标准差未知统计法</td><td colspan="2">$mf_{Cu}\geqslant f_{Cu,k}+\lambda_1 Sf_{Cu}$
$f_{Cu,min}\geqslant \lambda_2 f_{Cu,k}$</td><td colspan="2">$mf_{Cu}\geqslant \lambda_3 f_{Cu,k}$
$f_{Cu,min}\geqslant \lambda_4 f_{Cu,k}$</td></tr>
<tr><td colspan="8">依据标准：</td></tr>
<tr><td colspan="4">计算：</td><td colspan="4">结论：

日期：　　年　　月　　日</td></tr>
<tr><td rowspan="3">签字栏</td><td colspan="2">监理(建设)单位</td><td colspan="5">施工单位</td></tr>
<tr><td colspan="2" rowspan="2"></td><td colspan="2">技术负责人</td><td colspan="2">质检员</td><td>统计</td></tr>
<tr><td colspan="2"></td><td colspan="2"></td><td></td></tr>
</table>

> 在适应的计算方法前打"√"。统计方法与非统计方法计算公式与原规程不同。公式释义见【相关规定】

> 应执行《混凝土强度检验评定标准》(GB/T50107-2010)

> 计算后签署结论，施工单位相关人员签字，专业监理工程师审核确认。

【填写要点】

(1)混凝土强度的评定方法有两种：统计方法和非统计方法。统计方法中有：标准差已知和标准差未知两种情况。

(2)混凝土强度评定应按地基基础、主体结构分部分别评定，并应按同一品种、同一强度等级、同一养护条件单独进行评定。

(3)600℃·d 混凝土强度评定时，应乘以折算系数 1.1，也可根据当地的试验统计结果做适当调整。

【相关规定】

1)统计方法。

(1)标准差已知统计法

当混凝土的生产条件在较长时间内能保持一致,且同一品种、同一强度等级混凝土的强度变异性能保持稳定时,应由持续的3组试件组成一个验收批,其强度应同时满足下列公式:

$$mf_{cu} \geqslant f_{cu,k} + 0.7\sigma_0 \tag{5.3}$$

$$f_{cu,min} \geqslant f_{cu,k} - 0.7\sigma_0 \tag{5.4}$$

当混凝土强度等级低于或等于C20时,强度最小值尚应满足下式:

$$f_{cu,min} \geqslant 0.85 f_{cu,k} \tag{5.5}$$

当混凝土强度等级高于C20时,强度最小值尚应满足下式:

$$f_{cu,min} \geqslant 0.90 f_{cu,k} \tag{5.6}$$

σ_0可按下式计算:

$$\sigma_0 = \sqrt{\frac{\sum_{i=1}^{n} f_{cu,i}^2 - n m_{fcu}^2}{n-1}}$$

式中 mf_{cu}——同一验收批混凝土强度的平均值(MPa);

$f_{cu,k}$——混凝土立方体标准抗压强度,即设计的混凝土强度标准值(MPa);

σ_0——统一验收批混凝土强度的标准差(MPa);

$f_{cu,I}$——第i组混凝土试件的立方体抗压强度代表值(MPa);

m——用以确定该验收批混凝土强度标准的数据的总批数;

$f_{cu,min}$——同一验收批混凝土强度的最小值(MPa)。

(2)标准差未知统计法

当混凝土的生产条件在较长时间内不能保持一致,且同一品种混凝土的强度变异性能不能保持稳定时,或不能确定验收批混凝土强度的标准差时,应由不少于10组试件组成一个验收批,其强度应同时满足下列公式:

$$mf_{cu} \geqslant f_{cu,k} + \lambda_1 S_{fcu} \tag{5.7}$$

$$f_{cu,min} \geqslant \lambda_2 \cdot f_{cu,k} \tag{5.8}$$

S_{fcu}取值可按下式计算:

$$Sf_{cu} = \sqrt{\frac{\sum_{i=1}^{n} f_{cu,i}^2 - n m_{fcu}^2}{n-1}} \tag{5.9}$$

式中 S_{fcu}——同一验收批混凝土强度的标准差(MPa),精确到0.01(MPa);当检验批混凝土强度标准差S_{fcu}计算值小于2.5 MPa时,则取$S_{fcu}=2.5$ MPa;

$f_{cu,i}$——第i组混凝土试件的立方体抗压强度(MPa);

n——个验收批混凝土试件的组数;

λ_1、λ_2——合格制定系数,按表5-23取值:

表5-23

试件组数	10~14	15~19	≥20
λ_1	1.15	1.05	0.95
λ_2	0.90	0.85	0.85

2)非统计方法

按非统计方法评定混凝土强度时,应同时满足下列公式:

$$f_{cu} \geqslant \lambda_3 f_{cu,k} \quad ; \quad f_{cu,min} \geqslant \lambda_4 f_{cu,k}$$

λ_3、λ_4——合格制定系数,按表5-24取值:

表5-24

混凝土强度等级	< C60	≥ C60
λ_3	1.15	1.10
λ_4	0.95	0.95

3)结果判定

(1)当检验结果能满足统计法或非统计法的规定时,则该批混凝土强度判定为合格;当不能满足上述规定时,该批混凝土强度判定为不合格。

(2)有不合格批混凝土制成的结构或构件,应进行鉴定。对不合格的结构或构件必须及时处理。

(3)当对混凝土试件强度的代表性有怀疑时,可采用从结构或构件中钻取试件的方法或采用非破损检验方法,按有关标准的规定对结构或构件中混凝土的强度进行推定。

【填写示例】　　**表C4-8　混凝土强度评定表**　　**编号:01-06-001**

工程名称:某某工程　　施工单位:某某建筑工程有限公司

<table>
<tr><td colspan="2">混凝土强度等级</td><td colspan="2">C35</td><td>结构部位</td><td>基础</td></tr>
<tr><td colspan="2">配合比编号</td><td colspan="2">2012-※※※※</td><td>养护条件</td><td>标准条件养护</td></tr>
<tr><td colspan="6">验收组数 n= 4　合格判定系数 λ_1=　λ_2=　λ_3= 1.15　λ_4=0.95</td></tr>
<tr><td colspan="6">同一检验批混凝土立方体抗压强度平均值 mf_{Cu}=40.75</td></tr>
<tr><td colspan="6">同一检验批混凝土立方体抗压强度最小值 $f_{Cu,min}$=38.0</td></tr>
<tr><td colspan="6">前一检验期强度标准差 σ_0=</td></tr>
<tr><td colspan="6">同一检验批混凝土立方体抗压强度标准差 Sf_{Cu}=</td></tr>
<tr><td colspan="6">验收批各组试件强度值(MPa):41.0;42.0;39.0;41.0</td></tr>
<tr><td colspan="5">统计方法</td><td>√非统计方法</td></tr>
<tr><td>标准差已知统计法</td><td>$mf_{Cu} \geqslant f_{Cu,k}+0.7\sigma_0$
$f_{Cu,min} \geqslant f_{Cu,k}-0.7\sigma_0$
当强度等级≤表C20时
$f_{Cu,min} \geqslant 0.85f_{Cu,k}$
当强度等级>C20时
$f_{Cu,min} \geqslant 0.90f_{Cu,k}$</td><td colspan="2">标准差未知统计法</td><td>$mf_{Cu} \geqslant f_{Cu,k}+\lambda_1 Sf_{Cu}$
$f_{Cu,min} \geqslant \lambda_2 f_{Cu,k}$</td><td>$mf_{Cu} \geqslant \lambda_3 f_{Cu,k}$
$f_{Cu,min} \geqslant \lambda_4 f_{Cu,k}$</td></tr>
<tr><td colspan="6">依据标准:《混凝土强度检验评定标准》GB/T20107—2010</td></tr>
<tr><td colspan="4">计算:　$mf_{Cu} \geqslant \lambda_3 f_{Cu,k}$代入数值计算:
40.75≥1.15×35=40.25;
$f_{Cu,min} \geqslant \lambda_4 f_{Cu,k}$代入数值计算:
38.0≥0.95×35=33.25</td><td colspan="2">结论:
该批混凝土强度按非统计法进行评定,结果合格。
日期:2012年××月××日</td></tr>
<tr><td rowspan="3">签字栏</td><td>监理(建设)单位</td><td colspan="4">施工单位</td></tr>
<tr><td rowspan="2">李某某</td><td colspan="2">技术负责人</td><td>质检员</td><td>统计</td></tr>
<tr><td colspan="2">杨某某</td><td>马某某</td><td>孟某某</td></tr>
</table>

表 C4-9 混凝土配合比通知单填写指南

【表式图解】

表 C4-9 混凝土配合比通知单

编号：

委托单位： 统一编号：

工程名称				委托日期	
使用部位				报告日期	
取样单位				取 样 人	
见证单位				见 证 人	
混凝土种类		设计等级		要求稠度	
水泥品种强度等级		生产厂家		统一编号	
砂产地、粗细				统一编号	
石子产地、品种、粒级				统一编号	
外加剂厂家、品种				统一编号	
				统一编号	
掺合料厂家、品种				统一编号	
				统一编号	

配 合 比

材料名称	水泥	砂子	石子	水	外加剂		掺合料	
用量(kg/m³)								
质量配合比								

搅拌方法		振捣方法		养护条件	
砂率(%)		水灰比		试配稠度	
依据标准					
备　　注					

检测单位(公章)： 批准： 审核： 试验：

- 施工单位申请配合比时提出的混凝土试配强度等级。
- 施工单位申请配合比时提出混凝土种类。混凝土分类见【相关规定】。
- 施工单位申请配合比时提出的坍落度指标要求。
- 原材料检测报告的统一编号。
- 检测机构适配后给出的混凝土配合比数据。
- 检测机构相关人员签字，并加盖检测机构公章。
- 填写需特殊说明的信息。

【填写要点】

(1)现场搅拌混凝土无论用量多少、强度等级高低均应进行混凝土配合比。

(2)施工单位提出试配申请时,应提出有关技术要求(如混凝土种类、强度等级、混凝土坍落度等),同时应在试配原材料检测合格后进行。

【相关规定】

1)混凝土的分类

混凝土不同因素分类见表 5-25。

表 5-25　混凝土不同因素分类表

分类因素	类别划分	
表观密度	特重混凝土(表观密度大于 2500kg/m³)	
	普通混凝土(表观密度在 1950～2500kg/m³)	
	轻质混凝土(表观密度小于 1950kg/m³)	
用途	水工混凝土、海工混凝土、防水混凝土、道路混凝土、耐热混凝土、耐酸混凝土、防辐射混凝土等	
配筋	素(无筋)混凝土、钢筋混凝土、钢丝网混凝土、纤维混凝土、预应力混凝土等	
工艺	现浇	普通混凝土、喷射混凝土、泵送混凝土、灌浆混凝土、真空混凝土等
	预制	普通混凝土、挤压混凝土、振压混凝土等
强度	低强度混凝土	强度等级≤C30
	一般混凝土	C30≤强度等级<C50
	高强混凝土	C50≤强度等级<C100
	超高强混凝土	强度等级≥C100
稠度	维勃稠度	超干硬性混凝土、特干硬性混凝土、干硬性混凝土、半干硬性混凝土
	坍落度	低塑性混凝土(10～30mm)、塑性混凝土(30～50mm)、流动性混凝土(90～1800mm)、大流动性混凝土(180mm 以上)

2)混凝土等级划分

混凝土等级划分见表 5-26。

表 5-26　混凝土等级划分表

等级划分性质	划分等级
立方体抗压强度等级	C10、C15、C20、C25、C30、C35、C40、C45、C50、C55、C60 、C70、C80、C90、C100
抗冻等级	F10、F15、F25、F50、F100、F150、F200、F250、F300
抗渗等级	P 4、P6、P8、P10、P12

3)混凝土拌合材料的要求

(1)水泥。

水泥强度等级的选择应根据混凝土的强度等级确定(一般为混凝土强度等级的 1.5～2.5 倍)。如选择水泥品种为六种常用水泥时,还应考虑表 5-27 的因素。

表 5-27　通用硅酸盐水泥的性质及应用的异同点

<table>
<tr><td colspan="2">项目</td><td>硅酸盐水泥</td><td>普通
硅酸盐水泥</td><td>矿渣
硅酸盐水泥</td><td>火山灰
硅酸盐水泥</td><td>粉煤灰
硅酸盐水泥</td><td>复合
硅酸盐水泥</td></tr>
<tr><td colspan="2" rowspan="3">性
质</td><td rowspan="3">早期强度高；
后期强度高；
耐腐蚀性差；
水化热大；
抗碳化性好；
抗冻性好；
耐磨性好；
耐热性差</td><td rowspan="3">早期强度稍低；
后期强度高；
耐腐蚀性稍好；
水化热稍小；
抗碳化性好；
抗冻性好；
耐磨性较好；
耐热性稍好；
抗渗性好</td><td colspan="4">对温度敏感,适合高温养护；耐腐蚀性好；
水化热小；抗冻性差；抗碳化性差。</td></tr>
<tr><td colspan="3">早期强度低,后期强度高</td><td>早期强度较高</td></tr>
<tr><td>泌水性大；
抗渗性差；
干缩较大；
耐热性较好</td><td>干缩大；
耐磨性差；
保水性好；
抗渗性好</td><td>泌水快；
抗渗性差；
耐磨性差；
干缩小</td><td>干缩较大</td></tr>
<tr><td rowspan="8">应
用
范
围</td><td rowspan="2">优先
使用</td><td colspan="2">有早期强度高要求的；有耐磨要求的；严寒地区反复冻融作用的；抗碳化性要求高的；掺混合材料的</td><td colspan="4">水下混凝土；海港混凝土；大体积混凝土；耐腐蚀性要求较高的混凝土；高温下养护的混凝土</td></tr>
<tr><td>高强度
混凝土</td><td>普通干燥气候中的；有抗渗要求的；干湿交替作用的混凝土</td><td>有耐热要求
的混凝土</td><td>有抗渗要求
的混凝</td><td>受载较晚
的混凝土</td><td>/</td></tr>
<tr><td rowspan="2">可
使
用</td><td rowspan="2">一般工程</td><td rowspan="2">高强混凝土；水下混凝土；高温养护混凝土；耐热混凝土</td><td colspan="4">普通气候环境中的混凝土</td></tr>
<tr><td>抗冻要求较高的混凝土；有耐磨性要求的混凝土</td><td>/</td><td>/</td><td>早期强度要求较高的混凝土</td></tr>
<tr><td rowspan="4">不宜
或不
得使
用</td><td colspan="2">大体积混凝土；
耐磨性要求高的混凝土</td><td colspan="4">抗冻性要求高的混凝土；掺混合材料的混凝土；低温或冬季施工混凝土；抗碳化要求高的混凝土</td></tr>
<tr><td rowspan="3">耐热混凝土；高温养护混凝土</td><td rowspan="3">/</td><td colspan="3">早期强度要求高的混凝土</td><td>/</td></tr>
<tr><td rowspan="2">抗渗要求高
的混凝土</td><td colspan="2">干燥环境中的混凝土；
有耐磨要求的混凝土</td><td>/</td></tr>
<tr><td>/</td><td>有抗渗性要求
的混凝土</td><td>/</td></tr>
</table>

(2)砂与砂率：混凝土用砂一般采用天然中砂，砂率应按表 5-28 取值。砂的其他指标见本篇 5.4.3 节“C3-4-3 砂子检测报告填写指南”中的【相关规定】。

表 5-28　混凝土砂率选用表(%)

水灰比 (W/C)	碎石最大粒径(mm)			卵石最大粒径(mm)		
	16	20	40	10	20	40
0.4	30～35	29～34	27～32	26～32	25～31	24～30
0.5	33～38	32～37	30～35	30～35	29～34	28～33
0.6	36～41	35～40	33～38	33～38	32～37	31～36
0.7	39～44	38～43	36～41	36～38	35～40	34～39

注:1. 本表数值系中砂的选用砂率,对细砂或粗砂应相应减少或增加砂率。一般细砂减少3%,粗砂增加3%。

2. 本表适用于坍落度在10～60mm的混凝土,坍落度如大于60mm或小于10mm时,应相应增加或减少砂率。

3. 只用一个单粒级粗骨料配制混凝土时,砂率值应适当增大。

4. 掺有各种外加剂或掺合料时,其合理砂率应经试验或参照其他有关规定选用。

(3)石子。

石子的最大粒径选择:最大粒径不得大于结构最小截面尺寸的1/4,且不得大于钢筋净距的3/4。对混凝土实心板,最大粒径不宜超过板厚的1/3,且不得超过40mm。

(4)混凝土用水。

混凝土拌合及养护用水分为饮用水、地表水、地下水、海水以及经适当处理或处置过的工业废水。海水可以用来拌制素混凝土,但不得用于拌制钢筋混凝土和预应力混凝土,也不得拌制有饰面要求的混凝土。其他水第一次使用时,或水质不明时需进行检验,合格后方可使用。混凝土拌合水的质量要求应符合表5-29。

表5-29　混凝土拌合用水的质量要求

项　　目	预应力混凝土	钢筋混凝土	素混凝土
pH值	≥4	≥4	≥4
不溶物(mg/L)	<2000	<2000	<5000
可溶物(mg/L)	<2000	<5000	<10000
氯化物(以Cl^-计,mg/L)	<500①	<1200	<3500
硫酸盐(以SO_4^{2-}计,mg/L)	<600	<2700	<2700
硫化物(以S^{2-}计,mg/L)	<100	/	/

注:使用钢丝或经热处理钢筋的预应力钢筋混凝土氯化物含量不得超过350 mg/L。

(5)非泵送混凝土坍落度的取值(见表5-30)

表5-30　非泵送混凝土坍落度的取值

结构情况	坍落度(mm)
基础或地面等垫层、无筋的大体积结构(挡土墙、基础等)或配筋稀疏的结构	10～30
梁、板、柱	35～50
配筋紧密的结构(薄壁、斗仓、筒仓、细柱等)	55～70
配筋特密的结构	75～90

【相关规定】

MA
2012量认(*)字U****号

见证取样检测
专 用 章

建设工程质量检测成果专用章
（有效期至：2013年×月×日）
单位：某市建筑材料检测公司
资质：建设工程材料检测资质一级
证号：※※※※※※
某某省建设厅监制

表 C4-9 混凝土配合比通知单

编号：01-06-001

委托单位：某某房地产开发有限公司　　　统一编号：2012×××××

工程名称	某某工程			委托日期	2012.8.17
使用部位	筏板基础及地下室外墙			报告日期	2012.9.18
取样单位	某某建筑公司			取样人	孟某某
见证单位	某某监理公司			见证人	杨某某
混凝土种类	抗渗混凝土	设计等级	C30P6	要求稠度	35～50 mm
水泥品种强度等级	P·O 42.5	生产厂家	某水泥厂	统一编号	2012-08006
砂产地、粗细	某县　中砂			统一编号	2012-08004
石子产地、品种、粒级	20～40 mm碎石			统一编号	2012-0005
外加剂厂家、品种				统一编号	
				统一编号	
掺合料厂家、品种				统一编号	
				统一编号	

配　合　比

材料名称	水泥	砂子	石子	水	外加剂		掺合料	
用量(kg/m^3)	337	682	1267	180				
质量配合比	1	2.02	3.76	0.53				

搅拌方法	机械	捣固方法	机械	养护条件	标准养护
砂率(%)	35	水灰比	0.53	试配稠度	40 mm
依据标准	JGJ 55—2011　GB/T50080—2002　GB/T50081—2002　GB/T50082—2009				
备　注					

某市建筑材料检测公司
检验专用章

检测单位(公章)：　　批准：龚某某　　审核：闫某某　　检测：邱某某

表 C4-10　混凝土试块检测报告填写指南

【表式图解】

表 C4-10　混凝土试块检测报告

编号：

委托单位：　　　　　　　　　　　　　　　　　　　　　　　　　　　　统一编号：

工程名称				委托日期		
结构部位				报告日期		
取样单位				取 样 人		
见证单位				见 证 人		
强度等级				试块规格		
配合比编号				养护方法		
样品状态				检测类别		
试样编号	成型日期	破型日期	龄期 (d)	强度值 (MPa)	强度代表值 (MPa)	达设计强度 (%)
依据标准						
备　　注						

检测单位(公章)：　　　　批准：　　　　审核：　　　　检测：

> 混凝土抗压强度试验标准规格为150mm×150mm×150mm。其他规格要求见【相关规定】。

> 混凝土试块外观状态

> 混凝土试块留置日期。

> 混凝土试块送检试压日期。

> 混凝土试块单块试压强度

> 根据三块单块试压强度值，依据有关规定确定的混凝土试块代表值。

> 填写需特殊说明的信息。

> 检测机构相关人员签字，并加盖检测机构公章。

【填写要点】

(1)混凝土工程施工过程中,施工单位应按有关规定留置标准养护、同条件养护和拆模用试块并进行强度检测。

(2)混凝土试块按养护条件分为标养试块和同条件养护试块。

(3)同条件试块的留置、强度值的确定见本书附录五和附录六。

(4)同条件养护方法见本篇“表 C5-2-13 同条件养护测温记录填写指南”。

【相关规定】

1)试块的留置与养护。

(1)试块制作规格与数量见表 5-31。

表 5-31 试块制作规格与数量表

序号	试验项目	骨料最大粒径(mm)	试件尺寸(mm)		每组块数	与标准试件比值
			形状	规格		
1	抗压强度试验	31.5 40 63	正立方体	100×100×100 150×150×150(标) 200×200×200	3	0.95 1 1.05
2	抗折强度试验		小梁	150×150×600(标) 100×100×400	3	1 0.85
3	轴心抗压	40	棱柱体	100×100×300 150×150×300(标) 200×200×400	3	1
4	抗渗		圆台体 圆柱体	底 185,顶 170,高 150 直径 150,高 150	6	1

2)试块制作方法。

(1)试模组装。组装后各相邻面夹角为 90°,其公差不应超过±0.5°。试件各边长、直径和高度的尺寸公差不得超过 1mm。试件承压面的平面度公差不得超过 0.0005d(d 为边长)。组装完成后,试模内表面涂刷脱模剂。

(2)成型方法。根据混凝土拌合物的稠度确定混凝土成型方法,坍落度不大于 70mm 的混凝土宜用振动振实;大于 70mm 的宜用捣棒人工捣实;检验现浇混凝土或预制构件的混凝土,试件成型方法宜与实际采用的方法相同。

(3)成型步骤。

取样或拌制好的混凝土拌合物应至少用铁锹再来回拌合三次。

①用人工插捣制作试件按下述方法进行:

a.混凝土拌合物应分两层装入模内,每层的装料厚度大致相等。

b.插捣应按螺旋方向从边缘向中心均匀进行。在插捣底层混凝土时,捣棒应达到试模底部;插捣上层时,捣棒应贯穿上层后插入下层 20～30mm;插捣时捣棒应保持垂直,不得倾斜。然后应用抹刀沿试模内壁插拔数次。

c.每次插捣次数按在 10000mm^2 截面积内不得少于 12 次。

d.插捣后应用橡皮锤轻轻敲击试模四周,直至插捣棒留下的空洞消失为止。

②用振动台振实制作试件应按下述方法进行：

a.将混凝土拌合物一次装入试模，装料时应用抹刀沿各试模壁插捣，并使混凝土拌合物高出试模口。

b.试模应附着或固定在振动台上，振动时试模不得有任何跳动，震动应持续到表面出浆为止，不得过振。

③试块的标识：应标明试件的混凝土等级、试件使用的工程名称、部位以及成型日期等内容。

3)试件的养护。

(1)试件成型后应立即用不透水的薄膜覆盖表面。

(2)采用标准养护的试件，应在温度为20±5℃的环境中静置一昼夜至两昼夜，然后编号、拆模。拆模后应立即放入温度为20±2℃，相对湿度为95%以上的标准养护室中养护。标准养护室内的试件应放在支架上，彼此间隔10～20mm，试件表面应保持潮湿，并不得被水直接冲淋。标准养护龄期为28d(从搅拌加水开始计时)。

(3)同条件养护试件的拆模时间可与实际构件的拆模试件相同，拆模后，试件仍需保持同条件养护。

2)混凝土试块抗压强度值的确定。

(1)单个试件的抗压强度取值的确定。

混凝土立方体抗压强度应按下式计算(精确到0.1 MPa)：

$$f_{cu}=P/A \tag{5.12}$$

式中　f_{cu}——混凝土立方体试件抗压强度(MPa)；

P——破坏荷载(N或kN)；

A——试件承压面积(mm^2)。

注：取150mm边长的立方体试件测得的抗压强度值为标准值，但采用其他尺寸的试件时，应将测得的强度值乘以尺寸换算系数，其值为：a.当混凝土强度等级低于C60时，边长100mm的立方体试件：0.95；边长200mm的立方体试件：1.05。b.当混凝土强度不低于C60时，宜采用标准试件，使用非标准试件时，尺寸折算系数应由试验确定。

(2)一组强度代表值的确定

每组3个试件，当分别在试验机试验计算取值后，对该组的强度代表值的确定，应符合下列规定：

①取3个试件强度的算术平均值作为每组试件的强度代表值(同条件养护试件乘以1.10系数计取)；

②当一组试件中强度的最大值或最小值之差超过中间值的15%时，取中间值作为该组试件的强度代表值；

③当一组试件中强度的最大值或最小值之差均超过中间值的15%时，该组试件的试验结果无效。

【填写示例】

MA
2012量认*字U****号

见证取样检测
专　用　章

建设工程质量检测成果专用章
（有效期至：2013年×月×日）
单位：某市建筑材料检测公司
资质：建设工程材料检测资质一级
证号：※※※※※※
某某省建设厅监制

表 C4-10　混凝土试块检测报告　　编号：01-06-001

委托单位：某某房地产开发有限公司　　统一编号：201208123

<table>
<tr><td>工程名称</td><td colspan="4">某某工程</td><td>委托日期</td><td>2012.8.29</td></tr>
<tr><td>结构部位</td><td colspan="4">基础 1～12 轴</td><td>报告日期</td><td>2012.8.29</td></tr>
<tr><td>取样单位</td><td colspan="4">某某建筑公司</td><td>取 样 人</td><td>孟某某</td></tr>
<tr><td>见证单位</td><td colspan="4">某某监理公司</td><td>见 证 人</td><td>杨某某</td></tr>
<tr><td>强度等级</td><td colspan="4">C30</td><td>试块规格</td><td>150 mm×150 mm×150 mm</td></tr>
<tr><td>配合比编号</td><td colspan="4">2012-0127</td><td>养护方法</td><td>标准养护</td></tr>
<tr><td>样品状态</td><td colspan="4">表面平整光滑，无缺棱掉角</td><td>检测类别</td><td>委托</td></tr>
<tr><td>试样编号</td><td>成型日期</td><td>破型日期</td><td>龄期(d)</td><td>强度值(MPa)</td><td>强度代表值(MPa)</td><td>达设计强度(%)</td></tr>
<tr><td rowspan="3">1</td><td rowspan="3">2012.8.1</td><td rowspan="3">2012.8.29</td><td rowspan="3">28</td><td>40.3</td><td rowspan="3">40.4</td><td rowspan="3">134</td></tr>
<tr><td>40.5</td></tr>
<tr><td>40.4</td></tr>
<tr><td>……</td><td></td><td></td><td></td><td></td><td></td><td></td></tr>
<tr><td colspan="7">依据标准：GB/T 50081—2002</td></tr>
<tr><td colspan="7">备注</td></tr>
<tr><td colspan="7">检测单位(公章)：　某市建筑材料检测公司 检验专用章　　批准：※ 检 ****** 聂某某　　审核：※ 检 ***** 闫某某　　检测：※ 检 ***** 邢某某</td></tr>
</table>

表 C4-12　砂浆抗压强度检测报告汇总表填写指南

【表式图解】

表 C4-12　砂浆抗压强度检测报告汇总表

编号：

工程名称：　　　　　　　　施工单位：

序号	检测统一编号	施工部位	设计强度等级	试块成型日期	龄期	砂浆试块强度代表值	备注
	砂浆试块抗压强度检测报告的统一编号。	砂浆使用留置部位。	砂浆设计强度等级。		砂浆试块养护龄期。	砂浆抗压强度代表值。	可填写砂浆种类。
签字栏	审核：			汇总：			

汇总后审核人和汇总人签字，一般审核人为技术负责人，汇总人为资料员

【填写要点】

(1)此表为砂浆抗压强度报告汇总用表。

(2)砂浆抗压强度报告应按分部分别汇总。

【填写示例】

表 C4-12　砂浆抗压强度检测报告汇总表　编号:02-01-001

工程名称:某某工程　　施工单位:某某建筑工程有限公司

序号	检测统一编号	施工部位	设计强度等级	试块成型日期	龄期	砂浆试块强度代表值	备注
1	2012×××	首层 1～5 轴砌体	M7.5	2012.8.1	28	8.5MPa	水泥砂浆
2	2012×××	首层 6～9 轴砌体	M7.5	2012.8.8	28	8.5MPa	水泥砂浆
3	2012×××	二层 1～5 轴砌体	M7.5	2012.8.15	28	8.4MPa	水泥砂浆
4	2012×××	二层 6～9 轴砌体	M7.5	2012.8.21	28	8.5MPa	水泥砂浆
5	2012×××	三层 1～5 轴砌体	M7.5	2012.8.27	28	8.6MPa	水泥砂浆
6	2012×××	三层 6～9 轴砌体	M7.5	2012.9.1	28	8.5MPa	水泥砂浆
……							
签字栏	审核:杨某某		汇总:孟某某		日期:2012 年 9 月 1 日		

表 C4-13　砂浆强度评定表填写指南

【表式图解】

表 C4-13　砂浆强度评定表

编号：

工程名称：　　　　　　　　　　　　　施工单位：

砂浆强度等级		结构部位	
配合比编号		养护条件	

验收批各组试件强度值(MPa)：

填写验收批各组试件强度值。

验收组数 (n)	砂浆设计强度 f_2 (MPa)	平均值 υ_{fm} (MPa)	最小值 $f_{m,min}$ (MPa)	$0.85f_2$

砂浆品种符合设计要求，强度必须符合下列规定：

1. 同一验收批砂浆试块强度平均值大于或等于设计强度等级值 f_2 的 1.10 倍；
2. 同一验收批砂浆试块抗压强度的最小一组平均值大于或等于设计强度等级值 f_2 的 85％；
3. 同一验收批砂浆只有 1 组或 2 组试块时，每组试块抗压强度平均值大于或等于设计强度等级值 f_2 的 1.10 倍

依据标准：

计算：	结论：
按此表三个条件计算并符合《砌体结构工程施工质量验收规范》GB50203-2003的有关规定。	计算后签署结论，施工单位相关人员签字，专业监理工程师审核确认。 日期：　　年　月　日

签字栏	监理(建设)单位	施工单位		
		技术负责人	质检员	统计

【填写要点】

(1)砂浆验收批按分部、同一类型、强度划分。每验收批各组砂浆强度汇总计算后应符合下列规定：

①同一验收批砂浆试块强度平均值大于或等于设计强度等级值 f_2的 1.10 倍；

②同一验收批砂浆试块抗压强度的最小一组平均值大于或等于设计强度等级值 f_2的 85%；

③同一验收批砂浆只有 1 组或 2 组试块时，每组试块抗压强度平均值大于或等于设计强度等级值 f_2的 1.10 倍。

(2)同一砌筑砂浆验收批应按本表中条件计算评定。砂浆试块的留置组数应满足下列要求：

①砌筑砂浆的验收批，同一类型、强度等级的砂浆试块不应少于 3 组；

②同一验收批砂浆只有 1 组或 2 组试块时，每组试块抗压强度平均值的 1.10 倍；

③对于建筑结构的安全等级为一级或设计使用年限为 50 年及以上建筑结构的安全等级为一级或设计使用年限为 50 年及以上的房屋，同一验收批砂浆试块的数量不得少于 3 组；

④砂浆强度应以标准养护 28d 龄期的试块抗压强度为准；

⑤制作砂浆试块的砂浆稠度应与配合比设计一致；

⑥每一检验批且不超过 250m^3 砌体的各类、各强度等级的普通砌筑砂浆，每台搅拌机应至少抽检一次，验收批的预拌砂浆、蒸压加气混凝土砌块专用砂浆，抽检可为 3 组。

检验方法：在砂浆搅拌机出料口或在湿拌砂浆的储存容器出料口随机取样制作砂浆试块（现场拌制的砂浆，同盘砂浆只应作 1 组试块），试块标养 28d 后作为强度试验。预拌砂浆中的湿拌砂浆稠度应在进场时取样检验。

【相关规定】

当施工中或验收时出现下列情况，可采用现场检验方法对砂浆或砌体强度进行实体检测，并判定其强度：

(1)砂浆试块缺乏代表性或试块数量不足；

(2)对砂浆试块的试验结果有怀疑或有争议；

(3)砂浆试块的试验结果，不能满足设计要求；

(4)发生工程事故，需要进一步分析事故原因。

【填写示例】

表 C4-13　砂浆强度评定表　　　编号:02-01-001

工程名称:某某工程　　　　施工单位:某某建筑工程有限公司

<table>
<tr><td>砂浆强度等级</td><td colspan="2">M7.5</td><td colspan="2">结构部位</td><td>主体结构砖砌体</td></tr>
<tr><td>配合比编号</td><td colspan="2">2012-※※※</td><td colspan="2">养护条件</td><td>标准条件养护</td></tr>
<tr><td colspan="6">验收批各组试件强度值(MPa):8.5,8.5,8.4,8.5,8.6,8.5</td></tr>
<tr><td colspan="6"></td></tr>
<tr><td>验收组数(n)</td><td>砂浆设计强度 f_2 (MPa)</td><td colspan="2">平均值 υf_m (MPa)</td><td>最小值 $f_{m,min}$ (MPa)</td><td>$0.85f_2$</td></tr>
<tr><td>6</td><td>7.5</td><td colspan="2">8.5</td><td>8.4</td><td>6.375</td></tr>
<tr><td colspan="6">砂浆品种符合设计要求,强度必须符合下列规定:
1.同一验收批砂浆试块强度平均值大于或等于设计强度等级值 f_2 的 1.10 倍;
2.同一验收批砂浆试块抗压强度的最小一组平均值大于或等于设计强度等级值 f_2 的 85%;
3.同一验收批砂浆只有 1 组或 2 组试块时,每组试块抗压强度平均值大于或等于设计强度等级值 f_2 的 1.10 倍。</td></tr>
<tr><td colspan="6">依据标准:《砌体结构工程施工质量验收规范》GB50203－2011</td></tr>
<tr><td colspan="3">计算:
υf_m =8.5 MPa>1.10×f_2=1.10×7.5=8.25 MPa;
$f_{m,min}$=8.4 MPa>0.85f_2=0.85×7.5=6.375 MPa;</td><td colspan="3">结论:
该验收批砂浆强度评定后,符合《砌体结构工程施工质量验收规范》GB50203－2011 的规定,结果合格。
日期:2012 年 8 月 18 日</td></tr>
<tr><td rowspan="3">签字栏</td><td rowspan="2">监理(建设)单位</td><td colspan="4">施工单位</td></tr>
<tr><td colspan="2">技术负责人</td><td>质检员</td><td>统计</td></tr>
<tr><td>李某某</td><td colspan="2">杨某某</td><td>于某某</td><td>孟某某</td></tr>
</table>

表 C4-14　砂浆配合比通知单填写指南

【表式图解】

表 C4-14　砂浆配合比通知单

编号：

委托单位：　　　　　　　　　　　　　　　　　　　　　　　　　　　　统一编号：

工程名称				委托日期	
使用部位				报告日期	
取样单位				取样人	
见证单位				见证人	
砂浆种类		设计等级		要求稠度	
水泥品种 强度等级		生产厂家		统一编号	
砂规格				统一编号	
掺合料产地、品种				统一编号	
外加剂产地、品种				统一编号	
配合比					
材料名称	水泥	砂子	掺合料	水	外加剂
用量(kg/m³)					
质量配合比					
试配稠度(mm)		养护方法		保水率	
依据标准					
备　注					
检测单位(公章)：	批准：		审核：	试验：	

施工单位申请配合比时提出的砂浆种类。砂浆分类见【相关规定】。

施工单位申请配合比时提出的砂浆试配强度等级。

施工单位申请配合比时提出的砂浆稠度要求。

原材料检测报告的统一编号。

检测机构适配后给出的砂浆配合比数据。

检测机构相关人员签字，并加盖检测机构公章。

填写需要特殊说明的信息。

【填写要点】

(1)现场搅拌的砌筑砂浆无论用量多少、强度等级高低均应进行混凝土配合比。

(2)施工单位提出试配申请时,应提出有关技术要求(如砂浆种类、强度等级、砂浆稠度等),同时应在试配原材料检测合格后进行。

(3)当砌筑砂浆的组成材料有变更时,其配合比应重新确定。

【相关规定】

1)砂浆的分类。

根据用途不同可分为砌筑砂浆和抹面砂浆。抹面砂浆包括普通抹面砂浆、装饰抹面砂浆和特种砂浆;根据胶凝材料可分为水泥砂浆、混合砂浆、石灰砂浆和石膏砂浆等;按表观密度分为重砂浆、轻砂浆。一般水泥砂浆拌合物密度不应小于 1900kg/m^3,水泥混合砂浆拌合物密度不应小于 1800kg/m^3,石灰砂浆拌合物密度小于 1650kg/m^3,保温砂浆拌合物密度应小于 700kg/m^3。砂浆按强度划分为:M5.0、M7.5、M10、M15 、M20。

2)砂浆的技术指标要求。

(1)流动性。

砂浆的流动性是指新拌砂浆在自重或外力作用下产生流动的性能。用稠度表示。

稠度用砂浆稠度仪测定稠度值,并以标准试锥在砂浆内自有下坠 10s 时的深度表示,也称沉入量。沉入量越大,砂浆流动性越大。建筑砂浆稠度可参考表 5-32 取用。

表 5-32　建筑砂浆的稠度参考值(mm)

砌体种类	常温情况
烧结普通砖砌体;蒸压粉煤灰砖砌体	70～90
混凝土实心砖、混凝土多孔砖砌体;普通混凝土小型空心砌块砌体;蒸压灰砂砖砌体	50～70
多孔砖、空心砖砌体;轻骨料小型空心砌块砌体;蒸压加气混凝土砌块砌体	60～80
石砌体	30～50

(2)保水性。

为判定砂浆拌合物在运输及停放时间内部组成的稳定性,对其进行保水性试验。用保水率表示。

保水率试验应按下列步骤进行:

①称量下不透水片与干燥试模质量 m_1 和 8 片中速定性滤纸质量 m_2。

②将砂浆拌合物一次性填入试模,并用抹刀插捣数次,当填充砂浆略高于试模边缘时,用抹刀以 45°角一次性将试模表面多余的砂浆刮去,然后再用抹刀以较平的角度在试模表面反方向将砂浆刮平。

③抹掉试模边的砂浆,称量试模、下不透水片与砂浆总质量 m_3。

④用两片医用棉纱覆盖在砂浆表面,再在棉纱表面放上 8 片滤纸,用不透水片盖在滤纸表面,以 2kg 的重物把不透水片压着。

⑤静止 2min 后移走重物及不透水片,取出滤纸(不包括棉纱),迅速称量滤纸质量 m_4。

⑥从砂浆的配比及加水量计算砂浆的含水率。

⑦计算砂浆保水性公式为:

$$W=[1-(m_4-m_2)/a\cdot(m_3-m_1)]\times 100\%$$

式中　W——保水性,%;

m_1——下不透水片与干燥试模质量(g);

m_2——8 片滤纸吸水前的质量(g);

m_3——试模、下不透水片与砂浆总质量(g);

m_4——8 片滤纸吸水后的质量(g);

a——砂浆含水率(%)。

【填写示例】

MA
2012量认字U****号

见证取样检测
专 用 章

建设工程质量检测成果专用章
（有效期至：2013年×月×日）
单位：某市建筑材料检测公司
资质：建设工程材料检测资质一级
证号：※※※※※※
某某省建设厅监制

表 C4-14 砂浆配合比通知单 编号：02-01-001

委托单位：某某房地产开发有限公司 统一编号：2012080001

工程名称	某某工程			委托日期	2012.7.30
使用部位	基础烧结普通砖砌体			报告日期	2005.8.29
取样单位	某某建筑公司			取 样 人	孟某某
见证单位	某某监理公司			见 证 人	杨某某
砂浆种类	水泥砂浆	设计等级	M5.0	要求稠度	70～90 mm
水泥品种强度等级	P·O 32.5	生产厂家	某市水泥厂	统一编号	2012082801
砂规格	中砂			统一编号	2012080201
掺合料产地、品种				统一编号	
外加剂产地、品种				统一编号	
配合比					
材料名称	水泥	砂子	水	掺合料	外加剂
用量（kg/m³）	231	1460	150		
质量配合比	1	6.32	0.65		
试配稠度（mm）	74 mm	养护方法	标养	保水率	85%
依据标准	JGJ/T 98—2010 JGJ/T 70—2009				
注					

某市建筑材料检测公司
检验专用章

检测单位（公章）： 批准：＊ ****** 龚某某 审核：＊ ***** 闫某某 检测：＊ ***** 邢某某

表 C4-15　砂浆试块检测报告填写指南

【表式图解】

表 C4-15　砂浆试块检测报告

编号：

委托单位：　　　　　　　　　　　　　　　　　　　　　　统一编号：

工程名称		委托日期	
结构部位		报告日期	
取样单位		取 样 人	
见证单位		见 证 人	
强度等级		砂浆种类	
配合比编号		养护方法	
样品状态		检测类别	

试件编号	成型日期	破型日期	龄期 (d)	强度值 (MPa)	强度代表值 (MPa)	达设计强度 (%)
依据标准						
备　　注						
检测单位(公章)：　批准：　审核：　检测：						

填写砂浆的种类，砂浆的分类见本节砂浆配合比通知单填写指南的【相关规定】。

砂浆试块外观状态

砂浆试块留置日期。

砂浆试块送检试压日期。

砂浆试块单块试压强度值。

根据三块单块试压强度值，依据有关规定确定的混凝土试块代表值详见，【相关规定】。

检测机构相关人员签字，并加盖检测机构公章。

填写需特殊说明的信息。

【填写要点】

(1)砌体工程施工过程中,施工单位应按有关规定留置试块并进行强度检测。

(2)试块的留置、养护与强度值的确定见【相关规定】。

【相关规定】

1)试模组装与试件制作。

(1)试模组装。

试模为 70.7mm×70.7mm×70.7mm 的带底试模,应具有足够的刚度并拆装方便。试模的内表面应机械加工,其不平度应为每 100mm 不超过 0.05mm,组装后各相邻面的不垂直度不应超过±0.5°。

(2)试件的制作步骤。

①采用立方体试件,每组 3 个。

②应用黄油等密封材料涂抹试模的外接缝,试模内涂刷薄层机油或脱模剂,将拌制好的砂浆一次性装满砂浆试模,成型方法根据稠度而定。当稠度≥50mm 时采用人工振捣成型,当稠度小于 50mm 时采用振动台振实成型。

a. 人工振捣:用捣棒均匀地由边缘向中心按螺旋方式插捣 25 次,插捣过程中如砂浆沉落低于试模口,应随时添加砂浆,可用油灰刀插捣数次,并用手将试模一边抬高 5mm～10mm 各振动 5 次,使砂浆高出试模顶面 6mm～8mm.

b. 机械振动:将砂浆一次性装满试模,放置在振动台上,振动时试模不得跳动,振动 5～10 秒或持续到表面出浆为止,不得过振。

c. 待表面水分稍干后,将高出试模部分的砂浆沿试模顶面刮去并抹平。

(3)试块标识

砂浆试块制作后应立即在 20±5℃温度环境下停置一昼夜(24±2h)。当气温较低时,可适当延长时间,但不应超过两昼夜,然后对试块进行标识、拆模。

2)试件养护

标准养护条件:砂浆试块拆模后应立即放入温度为 20±2℃,相对湿度 90%以上的标准养护环境中养护。养护期间试件彼此间隔不少于 10mm,混合砂浆试件上面应覆盖以防有水滴在试件上,标养龄期为 28d。

3)砂浆抗压强度试验与取值

(1)单块试件立方体抗压强度值按照公式 5.13 确定

$$f_{m,cu} = N_u / A \tag{5.13}$$

式中 $f_{m,cu}$—— 砂浆立方体抗压强度(MPa),强度计算值精确到 0.1MPa;

N_u——立方体破坏压力(N);

A——试件承压面积(mm^2);

(2)每组砂浆试件抗压强度取值

①以 3 个试件试验值的算术平均值的 1.35 倍作为该组试件的抗压强度值,平均值计算精确到 0.1MPa。

②当 3 个试件的最大值或最小值有一个与中间值的差值超过中间值的 15%时,则取中间值作为该组试件的抗压强度值。当两个测值与中间值的差值均超过中间值的 15%时,则该组试件的实验结果无效。

【填写示例】

MA
2012量认字(*)U****号

见证取样检测
专　用　章

建设工程质量检测成果专用章
（有效期至：2013年×月×日）
单位：某市建筑材料检测公司
资质：建设工程材料检测资质一级
证号：※※※※※※
某某省建设厅监制

表 C4-15　砂浆试块检测报告　　编号:02-01-001

委托单位:某某房地产开发有限公司　　统一编号:201209×××

工程名称	某某工程				委托日期	2012.9.15
结构部位	首层砌体				报告日期	2012.9.16
取样单位	某某建筑公司				取 样 人	孟某某
见证单位	某某监理公司				见 证 人	杨某某
强度等级	M7.5				砂浆种类	水泥砂浆
配合比编号	2012※※※				养护方法	标养
样品状态	表面平整无缺棱掉角				检测类别	委托
试件编号	成型日期	破型日期	龄期(d)	强度值(MPa)	强度代表值(MPa)	达设计强度(%)
1	2012.8.18	2012.9.15	28	7.5	7.5	130
				7.6		
				7.4		
依据标准	JGJ/T70—2009					
备　注						

某市建筑材料检测公司
★
检验专用章

检测单位(公章):　　批准:※检 ****** 龚某某　　审核:※检 ****** 闫某某　　检测:※检 ****** 邱某某

表 C4-16 土壤检测报告填写指南

【表式图解】

表 C4-16 土壤检测报告

编号：

委托单位：　　　　　　　　　　　　　　　　　　　　统一编号：

工程名称		委托日期	
取样部位		报告日期	
取样单位		取 样 人	
见证单位		见 证 人	
试样数量		试样种类	
最大干密度		样品状态	
控制压实系数		检测类别	

最大干密度应通过击实试验确定。

控制压实系数由设计单位在图纸中给出。

取样编号	取样步次	湿密度（g/cm³）	含水率（%）	干密度（g/cm³）	压实系数	单项判定

此栏以下填写每组实验数据，确定单组试件压实系数并给出单项检测结果。

取样位置示意图：	
依据标准	
检测结论	
备　注	
检测单位（公章）：　　批准：　　审核：　　检测：	

汇总取样位置示意图，如页面不足可另附图。

检测机构相关人员签字，并加盖检测机构公章。

填写需特殊说明的信息。

【填写要点】

（1）土壤检测报告是检测机构对土壤试件检测后出具的书面质量证明文件。

（2）土壤回填前，应进行击实试验确定最大干密度、最小干密度和最佳含水率。

（3）土壤试件的取样和检测项目见本书附录五相关规定。

（4）回填土应按层回填、试验，每层的厚度应符合《建筑地基基础工程施工质量验收规范》GB50202－2002 的相关规定，实际使用的压实设备应与规定相符。

（5）土样的编号一般标注方法为“m—n”，示意：“m”代表样品所在回填土的层数，“n”代表该层第 n 组，如：“1—2”表示第一步回填土的第二组土样。

【相关规定】

1)土壤的野外鉴别。

土壤的分类与鉴别见表5-33。

表5-33　常见土的野外鉴别方法

鉴别项目		常见土壤情况			
		黏　土	亚黏土	轻亚黏土	砂　土
湿润时用刀切		切面光滑、有粘刀阻力	稍有光滑面、切面平整	无光滑面、切面较粗糙	无光滑面、切面粗糙
湿土用手捻摸时的感觉		有湿腻感,感觉不到有砂粒,水份较大时很粘手	稍有湿腻感,有粘滞感,感觉有少量砂粒	有轻微湿腻感,或无粘滞感,感觉砂粒较多、粗糙	无粘滞感,感觉全是砂粒、粗糙
土的状态	干土	土块坚硬,用锤才能打开	土块用力可压碎	土块用手捏或抛扔时易碎	松　散
	湿土	易粘着物体,干燥后不易剥去	能粘着物体,干燥后较易剥去	不易粘着物体,干燥后一碰就碎	不能粘着物体
湿土搓条情况		塑性大,能搓成直径小于0.5mm的长条(长度不短于手掌),手持一端不易断裂。	有塑性,能搓成直径为0.5～2mm的土条	塑性小,能搓成直径为2～3mm的短土条	无塑性,不能搓成土条

2)土的名词对照表。

表5-34　土的名词对照表

序号	规范名词	曾用名词
1	漂石、块石	孤石、漂石、蛮石、过几石、石块
2	卵石、碎石	大小卵石、拳石
3	砾石、角砾	大小砾石
4	砂　土	砂土、砂类土
5	轻亚黏土	重亚黏土、砂壤土、砂质垆坶、杂砂土、亚砂土、黏质砂土、黏砂土、粉质亚砂土、粉土、粗亚砂土、细亚砂土
6	亚黏土	壤土(垆坶)、砂黏土、砂质黏土、杂黏土、砂土垆坶、轻粉质粉土、重粉质黏土、轻(中、重)粉质壤土、亚黏土
7	黏土	轻、重黏土
8	膨胀土	胀缩(性)土、裂隙土、裂隙黏土
9	淤泥或淤泥质土	淤泥土、有机质土

3)样品取样方法。

常用的取样方法有:环刀法、灌砂法、灌水法、蜡封法。环刀法最为常用(见图5—4)。用环刀法取样时,应在压实土层的下半部分取样。取样前,应事先在环刀内壁涂一薄层凡士林,刃口向下放在土样上,将环刀垂直下压,直至土样高出环刀。将环刀整个挖出,用切土刀将环刀外侧土样削掉,再用刮刀整平环刀两端土样。取出土样,编号后装入密封袋内。

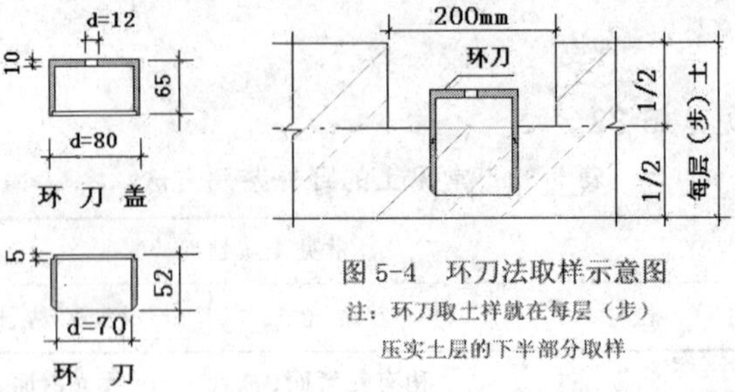

图 5-4　环刀法取样示意图

注：环刀取土样就在每层（步）压实土层的下半部分取样

【填写示例】

MA
2012量认字U****号

见证取样检测
专　用　章

建设工程质量检测成果专用章
（有效期至：2013年×月×日）
单位：某市建筑材料检测公司
资质：建设工程材料检测资质一级
证号：※※※※※※
某某省建设厅监制

表 C4-16　土壤检测报告　　　　编号:01-01-001

委托单位：某某房地产开发有限公司　　　　统一编号：201207×××

工程名称	某某工程				委托日期	2012.7.30
取样部位	槽边回填土第1层				报告日期	2012.7.30
取样单位	某某建筑公司				取样人	孟某某
见证单位	某某监理公司				见证人	杨某某
试样数量	3组				试样种类	2:8灰土
最大干密度	1.61 g/cm³				样品状态	土样完整
控制压实系数	0.94				检测类别	委托
取样编号	取样步次	湿密度（g/cm³）	含水率（%）	干密度（g/cm³）	压实系数	单项判定
1-1	1	1.68	10.0	1.53	0.95	合格
1-2	1	1.69	9.6	1.54	0.96	合格
1-3	1	1.68	10.0	1.53	0.95	合格

取样位置示意图：

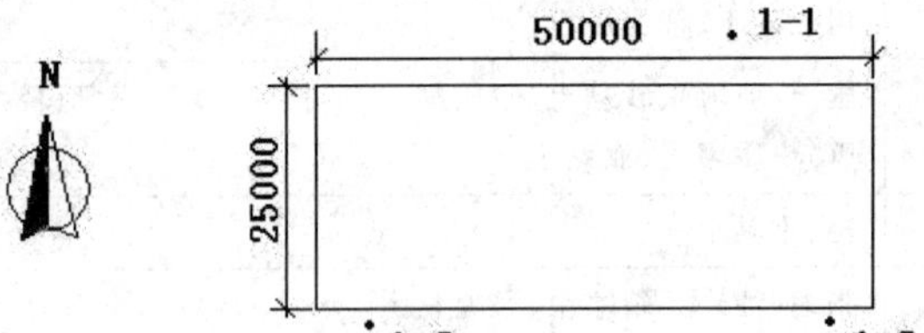

检验标准　GB 50123-1999

检测结论

备　注

某市建筑材料检测公司
检验专用章

检测单位（公章）：　　批准：龚某某　　审核：闫某某　　检测：邱某某

表 C4-17　土壤击实检测报告填写指南

【表式图解】

表 C4-17　土壤击实检测报告

编号：

委托单位：　　　　　　　　　　　　　　　　　　　　　　　　　　　　统一编号：

工程名称				委托日期	
使用部位				报告日期	
取样单位				取 样 人	
见证单位				见 证 人	
试样种类		击实类型		压实系数	
样品状态：				试验类别	
（附：干密度、含水率关系曲线图）					
试验结果	最佳含水率（%）				
	最大干密度（g/cm^3）				
依据标准					
备　　注					
检测单位（公章）：	批准：	审核：	试验：		

压实系数由设计单位给定。

此栏内绘制压实试验的关系曲线图

击实试验实验结果：确定最佳含水率和最大干密度。

【填写要点】

（1）设计对回填土有压实系数要求的，则必须委托击实试验，依据有关规定试验确定最大干密度和最佳含水率。委托击实试验应在回填土开始前进行。

（2）击实试验所取土样应与实际使用一致。

【填写示例】

MA
2012量认字U****号

见证取样检测
专 用 章

建设工程质量检测成果专用章
（有效期至：2013年×月×日）
单位：某市建筑材料检测公司
资质：建设工程材料检测资质一级
证号：※※※※※※
某某省建设厅监制

表 C4-17 土壤击实检测报告

编号:20120022

委托单位：某某房地产开发有限公司

统一编号：2012O7×××

工程名称	某某工程			委托日期	2012.07.22
使用部位	槽边回填			报告日期	2012.7.24
取样单位	某某建筑公司			取 样 人	孟某某
见证单位	某某监理公司			见 证 人	杨某某
试样种类	素亚黏土	击实类型		压实系数	0.95
样品状态	无杂质			试验类别	委托

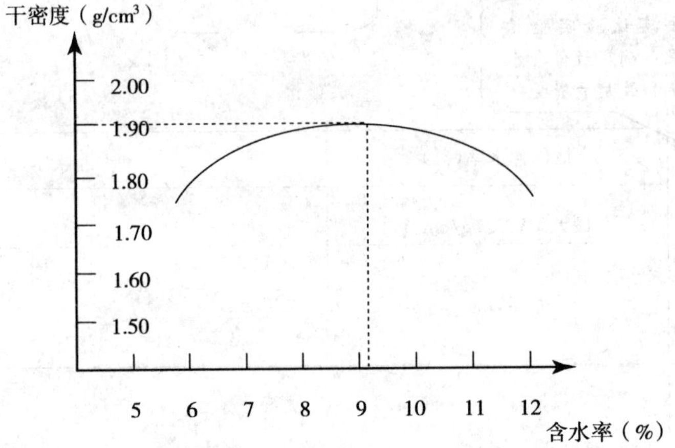

试验结果	最佳含水率(%)	9.2
	最大干密度(g/cm³)	1.90
依据标准	GB/T50123-1999	
备注		

某市建筑材料检测公司
检验专用章

检测单位(公章)：　批准：※检 ****** 聂某某　审核：※检 ****** 闫某某　检测：※检 ****** 邱某某

表 C4-20　后置埋件检测报告填写指南

【填写示例】

MA
2012量认(*)字 U**** 号

见证取样检测
专　用　章

建设工程质量检测成果专用章
（有效期至：2013年×月×日）
单位：某市建筑材料检测公司
资质：建设工程材料检测资质一级
证号：※※※※※※
某某省建设厅监制

表 C4-20　后置埋件检测报告　　　　编号：02-01-001

委托单位：某某房地产开发有限公司　　　　统一编号：201208001

工程名称	某某工程			委托日期	2012-10-19
使用部位	1-6 层二次机构			报告日期	2012-10-20
取样单位	某某建筑公司			取 样 人	孟某某
见证单位	某某监理公司			见 证 人	杨某某
样品名称	构造柱植筋			规格型号	6.5
样品状态	符合要求			代表批量	3000 根
样品数量	3 根			检测类别	委托检验
基体强度	C30			加荷强度	7.0kN
试件编号	取样部位	检测项目	标准(设计)要求	检测结果	单项判定
1	1 层柱	实测荷载检验值(kN)	7.0kN	7.0kN	符合
		检验荷载下锚固端状态	混凝土基材无裂缝、植筋无滑移等宏观裂损现象	符合	
		2min 持荷期间荷载降低(%)	≤5	符合	
2	3 层柱	实测荷载检验值(kN)	7.0kN	7.0kN	符合
		检验荷载下锚固端状态	混凝土基材无裂缝、植筋无滑移等宏观裂损现象	符合	
		2min 持荷期间荷载降低(%)	≤5		
3	5 层柱	实测荷载检验值(kN)	7.0kN	7.0kN	符合
		检验荷载下锚固端状态	混凝土基材无裂缝、植筋无滑移等宏观裂损现象	符合	
		2min 持荷期间荷载降低(%)	≤5	符合	
依据标准	JGJ145—2004 附录 A《锚固承载力现场检验方法》				
检测结论	依据 JGJ145—2004 附录 A《锚固承载力现场检验方法》，所检后置 6.5 化学植筋埋件样品抗拔承载力符合要求方荷载检验值要求。				
检测单位(盖章)	批准：龚某某		审核：闫某某	检测：邱某某	

某市建筑材料检测公司
检验专用章

表 C4-21　结构实体混凝土强度检测报告填写指南

【填写示例】

MA
2012量认(冀)字U****号

见证取样检测
专　用　章

建设工程质量检测成果专用章
(有效期至：2013年×月×日)
单位：某市建筑材料检测公司 资质：建设工程材料检测资质一级 证号：※※※※※※
某某省建设厅监制

表 C4-21　结构实体混凝土强度检测报告　编号：02-01-001

委托单位：某某房地产开发有限公司　　　　统一编号：20120723001

工程名称	某某工程			检测日期	2012.7.21
混凝土生产单位	某某混凝土公司			报告日期	2012.7.23
取样单位	某某建筑公司			取 样 人	孟某某
见证单位	某某监理公司			见 证 人	杨某某
混凝土种类	普通混凝土	强度等级	C30	检测类别	委托

检测结果

构件名称	位置	混凝土抗压强度换算值(MPa)			现龄期混凝土强度推定值(MPa)	备注
		平均值	标准差	最小值		
一层梁	1/M-N	36.1	0.54	35.5	35.5	
一层梁	3-4/A	31.7	0.80	30.2	30.4	
一层梁	5-4/C	39.3	067	38.1	38.2	
以下空白						

依据标准：《回弹法检测混凝土抗压强度技术规程》JGJ/T23－2011

结论：依据JGJ/T23－2011标准，所检测混凝土强度满足要求。

某市建筑材料检测公司　检验专用章

检测单位(公章)：　　批准：※ 检 ****** 龚某某　　审核：※ 检 ****** 闫某某　　检测：※ 检 ****** 邱某某

【填写要点】

混凝土实体结构检测方法包括回弹法检测、超声回弹综合法检测、钻芯法检测等。目前常用的检测方法为回弹法检测。

【相关规定】摘自《回弹法检测混凝土抗压强度技术规程》JGJ/T23－2011

一般规定

4.1.2 结构或构件混凝土强度检测可采用下列两种方式，其适用范围及结构或构件数量应符合下列规定：

1 单个检测：适用于单个结构或构件的检测；

2 批量检测：适用于在相同的生产工艺条件下，混凝土强度等级相同，原材料、配合比、成型工艺、养护条件基本一致且龄期相近的同类结构或构件。按批进行检测的构件，抽检数量不得少于同批构件总数的30%且构件数量不得少于10件。抽检构件时，应随机抽取并使所选构件具有代表性。

4.1.3 每一结构或构件的测区应符合下列规定：

1 每一结构或构件测区数不应少于10个，对某一方向尺寸小于4.5m且另一方向尺寸小于0.3m的构件，其测区数量可适当减少，但不应少于5个；

2 相邻两测区的间距应控制在2m以内，测区离构件端部或施工缝边缘的距离不宜大于0.5m，且不宜小于0.2m；

3 测区应选在使回弹仪处于水平方向检测混凝土浇筑侧面。当不能满足这一要求时，可使回弹仪处于非水平方向检测混凝土浇筑侧面，表面或底部；

4 测区宜选在构件的两个对称可测面上，也可选在一个可测面上，且应均匀分布。在构件的重要部位及薄弱部位必须布置测区，并应避开预埋件；

5 测区的面积不宜大于0.04m^2；

6 检测面应为混凝土表面，并应净洁、平整，不应有疏松层、浮浆、油垢、涂层以及蜂窝、麻面，必要时可采用砂轮清除疏松层和杂物，且不应留有残留的粉末或碎屑；

7 对弹击时产生颤动的薄壁、小型构件应进行固定。

4.1.4 结构或构件的测区应标有清晰的编号，必要时应在记录纸上描述测区布置示意图和外观质量情况。

4.1.6 泵送混凝土制作的结构或构件的混凝土强度的检测应符合下列规定：

1 当碳化深度值不大于2.0mm时，每一测区混凝土强度换算值应按本规程附录B修正。

2 当碳化深度值大于2.0mm时，可按本规程第4.1.5条的规定进行检测。

回弹值测量

4.2.1 检测时，回弹仪的轴线应始终垂直于结构或构件的混凝土检测面，缓慢施压，准确读数，快速复位。

4.2.2 测点宜在测区范围内均匀分布，相邻两侧点的净距不宜小于20mm；测点距外露钢筋、预埋件的距离不宜小于30mm。测点不应在气孔或外露石子上，同一测点只应弹击一次。每一测区应记取16个回弹值，每一测点的回弹值读数估读至1。

碳化深度值测量

4.3.1 回弹值测量完毕后，应在有代表性的位置上测量碳化深度值，测点表不应少于构件测区数的30%，取其平均值为该构件每测区的碳化深度值。当碳化深度值极差大于2.0mm时，应在每一测区测量碳化深度值。

4.3.2 碳化深度值测量，可采用适当的工具在测区表面形成直径约15mm的孔洞，其深度应大于混凝土的碳化深度。孔洞中的粉末和碎屑应除净，并不得用水擦洗。同时，应采用浓度为 1% 的酚酞酒精溶液滴在空洞内壁的边缘处，当已碳化与未碳化界线清楚时，再用深度测量工具测量已碳化与未碳化混凝土交界面到混凝土表面的垂直距离，测量不应少于 3 次，取其平均值。每次读数精确至 0.5mm。

混凝土强度的计算

7.0.3 结构或构件的混凝土强度推定值（$f_{cu,e}$）应按下列公式确定：

1 当该结构或构件测区数少于 10 个时：$f_{cu,e}= f^{c}_{cu,min}$

式中 $f^{c}_{cu,min}$——构建中最小的测区混凝土强度换算值。

2 当该结构或构件的测区强度值中出现小于 10.0MPa 时：$f_{cu,e}<10.0$Mpa

3 当该结构或构件测区数不少于 10 个或按批量检测时，应按下列公式计算：

$$f_{cu,e}=mf^{c}_{cu}-1.645sf^{c}_{cu}$$

式中 mf^{c}_{cu}——结构或构件测区混凝土强度换算值的平均值（MPa），精确至 0.1Mpa。

sf^{c}_{cu}——结构或构件测区混凝土强度换算值的标准差（MPa），精确至 0.1Mpa。

表 C4-22 结构实体钢筋保护层厚度检测报告填写指南

【表式图解】

表 C4-22 结构实体钢筋保护层厚度检测报告 编号：

委托单位： 统一编号：

工程名称					检测日期		
取样单位					取样人		
见证单位					见证人		
构件					保护层厚度		
允许偏差					检测类别		
检测结果							
检测点（钢筋根数）	1	2	3	4	5	6	备注
检测位置	检测结果						
超差点数				合格点数所占百分数			
超差大于规定值 1.5 倍点数							
依据标准							
结论							
备注							
检测单位（公章）：		批准：		审核：		检测：	

纵向受力钢筋保护层厚度允许偏差：梁类构件为+10 mm，-7mm；板类构件为+8mm，-5mm

保护层设计厚度

按梁、板分别分别检测，并填写实测值。对超出允许偏差的点进行标记。

超差点总数

合格点数与总点数的百分比值。

超差值大于允许偏差的 1.5 倍，即为不合格。

【填写要点】

(1)在混凝土结构完工后,子分部验收前且在自检合格的基础上,应由具有相应检测资质的检测机构对涉及结构安全的构件(梁、板、)的重要部位,进行混凝土钢筋保护层和混凝土强度的实体检验。

(2)检验方法:除满足规范规定外,实际应用时可根据各地方规定决定。现行有关标准采用回弹法、超声综合回弹法、钻芯法等检测混凝土强度方法。可优先采用非破损法,必要时采用破损法。采用破损法时,检测完成后应及时修补,以免影响结构性能和使用功能。

(3)检测单位出具的检测报告作为重要质量控制资料存档。

【相关规定】

对结构实体进行检验,并不是在子分部工程验收前的重新检验,而是在相应分项工程验收合格、过程控制使质量得到保证的基础上,对重要项目进行的验证性检查,其目的是为了加强混凝土结构的施工质量验收,真实地反映混凝土强度及受力钢筋位置等质量指标,确保结构安全。结构实体检验采用由各方参与的见证抽样形式,以保证检验结果的公正性。具体的检测要求如下:

结构实体钢筋保护层厚度检验的规定

(1) 钢筋保护层厚度检验的结构部位和构件数量,应符合下列要求:

①钢筋保护层厚度检验的结构部位,应由监理(建设)、施工等各方根据结构构件的重要性共同选定。

②对梁类、板类构件,应各抽取构件数量的2%且不少于5个构件进行检验;当有悬挑构件时,抽取的构件中悬挑梁类、板类构件所占比例均不宜小于50%。

(2)对选定的梁类构件,应对全部纵向受力钢筋的保护层厚度进行检验;对选定的板类构件,应抽取不少于6根纵向受力钢筋的保护层厚度进行检验。对每根钢筋,应在有代表性的部位测量1点。

(3)钢筋保护层厚度的检验,可采用非破损或局部破损的方法,也可采用非破损方法并用局部破损方法进行校准。当采用非破损方法检验时,所使用的检测仪器应经过计量检验,检测操作应符合相应的规程的规定。钢筋保护层厚度检验的检测误差不应大于1mm。

(4)钢筋保护层厚度检验时,纵向受力钢筋保护层厚度的允许偏差,对梁类构件为+10mm,−7mm;对板类构件为+8mm,−5mm。

(5)对梁类、板类构件纵向受力钢筋的保护层厚度应分别进行验收。结构实体钢筋保护层厚度验收合格应符合下列规定:

①当全部钢筋保护层厚度检验的合格点率为90%及以上时,钢筋保护层厚度的检验结果应判为合格。

②当全部钢筋保护层厚度检验的合格点率小于90%但不小于80%,可再抽取相同数量的构件进行检验;当按两次抽样总和计算的合格点率为90%及以上时,钢筋保护层厚度的检验结果仍应判为合格。

③每次抽样检验结果中不合格点的最大偏差均不应大于《混凝土结构工程施工质量验收规范》条规定允许偏差的1.5倍。

【填写示例】

MA
2012量认字U****号

见证取样检测
专 用 章

建设工程质量检测成果专用章
（有效期至：2013年×月×日）
单位：某市建筑材料检测公司
资质：建设工程材料检测资质一级
证号：※※※※※※
某某省建设厅监制

表C4-22 结构实体钢筋保护层厚度检测报告

编号：02-01-001

委托单位：某某房地产开发有限公司　　　　统一编号：201208※※※

工程名称	某某工程	检测日期	2012.8.18
取样单位	某某建筑公司	取样人	孟某某
见证单位	某某监理公司	见证人	杨某某
构　件	板	保护层厚度	25mm
允许偏差	+8㎜，-5mm	检测类别	委托

检测结果

检测点（钢筋根数）	1	2	3	4	5	6	备注
检测位置	检测结果						
首层①-②/Ⓐ-Ⓑ	-1	+2	0	+1	+2	0	
二层Ⓐ-Ⓑ/⑤-⑥	0	+1	+2	0	+1	+2	
三层⑤-⑥/Ⓑ-Ⓒ	+2	0	-6	0	0	+1	
四层Ⓓ-Ⓔ/⑧-⑨	+1	+2	+1	+2	+2	0	
超差点数	1	合格点数所占百分数			95.8%		
超差大于规定值1.5倍点数	0						

依据标准	《混凝土结构工程施工质量验收规范》GB50204—2002（2011版）
结　论	经过对该工程框架梁钢筋保护层检测，结果符合《混凝土结构工程施工质量验收规范》GB50204—2002（2011版）的有关规定，结果合格。
备　注	

某市建筑材料检测公司
检验专用章

检测单位（公章）：　　批准：袁某某　　审核：闫某某　　检测：邱某某

表C4-23　节能构造钻芯检测报告填写指南

【表式图解】

表C4-23　节能构造钻芯检测报告　　　　编号：

工程名称：　　　　　　　　　　　　施工单位：

检测部位		设计保温材料		设计厚度
检验结果	检验项目	芯样1	芯样2	芯样3
	取样部位			
	芯样外观	完整/基本完整/破碎	完整/基本完整/破碎	完整/基本完整/破碎
	保温材料种类			
	保温层厚度	mm	mm	mm
	平均厚度	mm		
	围护结构分层做法	1.基层 2. 3. 4. 5.	1.基层 2. 3. 4. 5.	1.基层 2. 3. 4. 5.
	照片编号			
检测依据				
结论： 日期：　年　月　日			见证意见： 1.抽样方法符合规定； 2.现场钻芯真实； 3.芯样照片真实； 4.其他	
签字栏	监理(建设)单位	施工单位(盖章)		
		批准	审核	检验

芯样取样的具体位置。

三个芯样保温层的平均厚度

填写芯样各层做法

填写芯样照片编号

施工单位相关人员签字并盖施工单位公章或技术专用章。专业监理工程师见证检测确定结论并签字。

【填写要点】

(1)本检测报告适用于建筑外墙、屋面、地面的节能构造检测。本表适用于由施工单位自行检测情况，如委托检测时，检测单位可采用自制表格。

(2)外墙节能构造钻芯检测应在外墙施工完成后，节能分部工程验收前进行。

【相关规定】

外墙节能构造钻芯检测的取样、检测及结果判定应符合以下规定：

(1)钻芯检验外墙节能构造的取样部位和数量，应遵守下列规定：

①取样部位应由监理(建设)与施工单位双方共同确定，不得在外墙施工前预先确定；

②取样部位应选取节能构造有代表性的外墙上相对隐蔽的部位，并宜兼顾不同朝向和楼层；取样部位必须确保钻芯操作安全，且应方便操作；

③外墙取样数量应为一个单位工程每种节能保温做法至少取 3 个芯样。取样部位宜均匀分布，不宜在同一个房间外墙上取 2 个或 2 个以上芯样。

(2)钻芯检验外墙节能构造应在监理(建设)人员见证下实施。

(3)钻芯检验外墙节能构造可采用空芯钻头，从保温层一侧钻取直径 70mm 的芯样。钻取芯样深度为钻透保温层到达结构层或基层表面，必要时也可钻透墙体。当外墙表层坚硬不易钻透时，也可局部剔除坚硬的面层后钻取芯样。但钻取芯样后应恢复原有外墙的表面装饰层。

(4)钻取芯样时应尽量避免冷却水流入墙体内及污染墙面。从空芯钻头中取出芯样时应谨慎操作，以保持芯样完整。当芯样严重破损难以准确判断节能构造或保温层厚度时，应重新取样检验。

(5)对钻取的芯样，应按照下列规定进行检查：

①对照设计图纸观察、判断保温材料种类是否符合设计要求，必要时也可采用其他方法加以判断；

②用分度值为 1mm 的钢尺，在垂直于芯样表面(外墙面)的方向上量取保温层厚度，精确到 1mm；

③观察或剖开检查保温层构造做法是否符合设计和施工方案要求。

(6)在垂直于芯样表面(外墙面)的方向上实测芯样保温厚度，当实测芯样厚度的平均值达到设计厚度的 95%时，应判定保温层厚度符合设计要求；否则，应判定保温层厚度不符合设计要求。

(7)实施钻芯检验外墙节能构造的机构应出具检验报告。检验报告应包括下列内容：

①抽样方法、抽样数量与抽样部位；

②芯样状态的描述；

③实测保温层厚度，设计要求厚度；

④检验墙体保温材料的种类、保温层厚度、构造做法是否符合设计要求的结论；

⑤附有带标尺的芯样照片并在照片上注明每个芯样的取样部位；

⑥监理(建设)单位取样见证人的见证意见；

⑦参加现场检验的人员及现场检验时间；

⑧检测发现的其他情况和相关信息。

(8)当取样检验结果不符合设计要求时，应委托具备检测资质的见证检测机构增加一倍数量再次取样检验。仍不符合设计要求时应判断维护结构节能构造不符合设计要求。此时应根据检验结果委托原设计单位或其他有资质的单位重新验算房屋的热工性能，提出技术处理方案。

(9)外墙取样部位的修补,可采用聚苯板或其他保温材料制成的圆柱形塞填充并用建筑密封胶密封。修补后宜在取样部位挂贴注有“外墙节能构造检验点”的标志牌。

【填写示例】

表 C4-23　外墙　节能构造钻芯检测报告　编号:10-0-001

工程名称:某某工程　　　　施工单位:某某建筑工程有限公司

<table>
<tr><td colspan="2">检测部位</td><td>外墙</td><td>设计保温材料</td><td>聚苯板</td><td>设计厚度</td><td>60mm</td></tr>
<tr><td rowspan="9">检验结果</td><td>检验项目</td><td colspan="2">芯样 1</td><td colspan="2">芯样 2</td><td>芯样 3</td></tr>
<tr><td>取样部位</td><td colspan="2">南立面①～②轴 12 层</td><td colspan="2">北立面⑧～⑨轴 2 层</td><td>东立面Ⓐ～Ⓑ轴 5 层</td></tr>
<tr><td>芯样外观</td><td colspan="2">完整/基本完整/破碎</td><td colspan="2">完整/基本完整/破碎</td><td>完整/基本完整/破碎</td></tr>
<tr><td>保温材料种类</td><td colspan="2">符合设计要求</td><td colspan="2">符合设计要求</td><td>符合设计要求</td></tr>
<tr><td>保温层厚度</td><td colspan="2">60　mm</td><td colspan="2">60　mm</td><td>60　mm</td></tr>
<tr><td>平均厚度</td><td colspan="5">60mm</td></tr>
<tr><td>围护结构分层做法</td><td colspan="2">1. 基层
2. 聚苯板(点粘)
3. 聚合物砂浆(压入耐碱玻纤网)抗裂层
4. 饰面基层
5. 涂饰面层</td><td colspan="2">1. 基层
2. 聚苯板(点粘)
3. 聚合物砂浆(压入耐碱玻纤网)抗裂层
4. 饰面基层
5. 涂饰面层</td><td>1. 基层
2. 聚苯板(点粘)
3. 聚合物砂浆(压入耐碱玻纤网)抗裂层
4. 饰面基层
5. 涂饰面层</td></tr>
<tr><td>照片编号</td><td colspan="2">JN-001</td><td colspan="2">JN-002</td><td>JN-003</td></tr>
<tr><td colspan="2">检测依据</td><td colspan="5">《建筑节能工程施工质量验收规范》(GB50411—2007)</td></tr>
<tr><td colspan="5">结论:
1. 墙体保温材料的种类符合设计要求。
2. 保温层厚度符合设计要求。
3. 构造层做法符合设计和施工方案要求。
日期:2012 年 月 日</td><td colspan="2">见证意见:
1. 抽样方法符合规定;
2. 现场钻芯真实;
3. 芯样照片真实;
4. 其他</td></tr>
<tr><td rowspan="3">签字栏</td><td rowspan="2">监理(建设)单位</td><td colspan="5">施工单位(盖章)
某某建筑工程有限公司
技术专用章</td></tr>
<tr><td colspan="2">批准</td><td colspan="2">审核</td><td>检验</td></tr>
<tr><td>宣某某</td><td colspan="2">刘某某</td><td colspan="2">杨某某</td><td>于某某</td></tr>
</table>

5.6　施工记录(C5类)填写指南

本章要点

施工记录是施工单位对施工过程中重要施工活动进行的记录，同时也是工程质量控制资料的重要组成部分。施工记录的主要范围包括：施工测量、施工工艺以及施工过程检查等重要施工记录。本章给出了施工记录资料的划分与实用表式明细，并用【表式图解】、【填写要点】和【相关规定】等形式对常用表格进行了多角度解析，同时对重要表式的填写给出了【填写示例】。施工资料中“Ⅲ 桩基、基坑与地基处理”较原规程变化不大，本章仅对此类新增加的表式进行了解析。

5.6.1　实用表式划分明细

施工记录(C5类)资料包括：通用表格、建筑与结构专用表和桩基、基坑与地基处理专用表等三类。施工记录(C5类)资料的实用表式划分详见表5-35。

表5-35　施工记录(C5类)资料实用表式划分明细

工程资料类别	实用表式编号	实用表式名称	备注
C5类 施工记录	**Ⅰ 通用表格**		
	表C5-1-1	隐蔽工程验收记录	※
	表C5-1-2	施工记录(通用)	
	表C5-1-3	专项工程中间交接验收检查记录	※
	Ⅱ 建筑与结构		
	表C5-2-1	工程预检记录	
	表C5-2-2	工程定位测量记录	※
	表C5-2-3	基槽及各层放线测量及复测记录	※
	表C5-2-4	建筑物垂直度、标高、全高测量记录	※
	表C5-2-5	地基验槽记录	※
	表C5-2-6	地基钎探记录	※
	表C5-2-7	混凝土浇灌申请书	※
	表C5-2-8	混凝土开盘鉴定	※
	表C5-2-9	混凝土工程施工记录	※
	表C5-2-10	混凝土坍落度检查记录	※
	表C5-2-11	冬期混凝土搅拌及浇灌测温记录	※

续表

工程资料类别	实用表式编号	实用表式名称	备注
	表 C5-2-12	混凝土养护测温记录	※
	表 C5-2-13	同条件养护混凝土试件测温记录	※
	表 C5-2-14	结构实体钢筋保护层厚度检测记录	※
	表 C5-2-15	大型构件吊装记录	※
	表 C5-2-16	焊接材料烘焙记录	※
	表 C5-2-17	大六角高强度螺栓初拧(终拧)施工检查记录	※
	表 C5-2-18	空间网格结构挠度值检查记录	※
	表 C5-2-19	现场施加预应力筋张拉记录	
	表 C5-2-20	预应力灌浆记录	
	表 C5-2-21	钢筋冷拉记录	
	Ⅲ　桩基、基坑与地基处理		
	表 C5-3-1	钢筋混凝土预制桩施工记录	表 C5-3-1～6 均为桩基础工程工法施工记录用表。其中钻孔灌注桩后压浆施工记录和长螺旋钻孔泵压混凝土桩施工记录为本次修订新增表式。
	表 C5-3-2	钢管桩施工记录	
	表 C5-3-3	钻孔桩钻孔施工记录	
	表 C5-3-4	钻孔灌注桩后压浆施工记录	
	表 C5-3-5	长螺旋钻孔泵压混凝土桩施工记录	
	表 C5-3-6	套管成孔灌注桩施工记录	
	表 C5-3-7	井点施工记录(通用)	表 C5-3-7～12 均为降水工程常用降水工法的施工记录用表。
	表 C5-3-8	轻型井点降水记录	
	表 C5-3-9	喷射井点降水记录	
	表 C5-3-10	电渗井点降水记录	
	表 C5-3-11	管井井点降水记录	
	表 C5-3-12	深井井点降水记录	
	表 C5-3-13	地下连续墙挖槽施工记录	
	表 C5-3-14	地下连续墙护壁泥浆施工记录	

续表

工程资料类别	实用表式编号	实用表式名称	备注
	表 C5-3-15	地下连续墙混凝土浇筑记录	
	表 C5-3-16	锚杆成孔记录	表 C5-3-16～21 均为基坑边坡支护记录用表。
	表 C5-3-17	锚杆安装记录	
	表 C5-3-18	预应力锚杆张拉与锁定施工记录	
	表 C5-3-19	注浆及护坡混凝土施工记录	
	表 C5-3-20	土钉墙土钉成孔施工记录	
	表 C5-3-21	土钉墙土钉钢筋安装记录	
	表 C5-3-22	沉井下沉施工记录	
	表 C5-3-23	沉井、沉箱下沉完毕检查记录	
	表 C5-3-24	试打桩记录	
	表 C5-3-25	土桩与灰土挤密桩桩孔施工记录	表 C5-3-25～34 均为地基加固施工记录用表。其中振冲处理施工记录、旋喷桩施工记录、高压旋喷钻孔记录和 CFG 桩施工记录是本次修订新增表式。
	表 C5-3-26	土桩与灰土挤密桩桩孔分填施工记录	
	表 C5-3-27	重锤夯实施工记录	
	表 C5-3-28	强夯施工记录	
	表 C5-3-29	强夯施工记录汇总表	
	表 C5-3-30	深层搅拌桩施工记录	
	表 C5-3-31	振冲处理施工记录	
	表 C5-3-32	旋喷桩施工记录	
	表 C5-3-33	高压旋喷钻孔记录	
	表 C5-3-34	CFG 桩施工记录	

注：1. 备注一栏内“※”为施工技术资料类中常用表式，将在本章中重点解析。

2. 本章 5.6.2 中对备注中新增表式进行详细解析。

5.6.2　实用表式填写指南

表 C5-1-1　隐蔽工程验收记录填写指南

【表式图解】

表 C5-1-1　隐蔽工程验收记录　　　　**编号：**

工程名称：　　　　　　　　　　　　　　施工单位：

隐检项目		隐检部位	
图纸、变更编号		隐检日期	
施工标准名称		照片编号	

隐蔽内容	质量要求	施工单位自查情况	监理(建设)单位检验情况

填写隐蔽具体内容，见相关规定。

填写隐蔽内容对应的验收标准的要求或条款。

说明(图示、照片可另附页)：
验收结论：

填写隐蔽工程必要的文字说明、图示和照片。页面不足时，图示、照片可另附页。照片数量不得少于一张。

施工单位技术负责人、质检员签字，专业监理工程师验收后填写验收结论并签字。

签字栏	监理(建设)单位	施工单位	
		技术负责人	质检员

【填写要点】

(1)当该工序被下一工序所掩盖或包裹，很难用简单直观的方法检验的重要部位或检验项目验收时，应进行隐蔽工程验收。

(2)施工单位对隐蔽项目自检合格后填写“隐蔽工程验收记录”(有关监理验收情况和验收结论栏不填)，报监理机构申请隐蔽工程验收。专业监理工程师查验合格后，填写验收情况签署验收结论并签字后，方可进入下道工序施工。

(3)隐蔽工程验收也可随相应检验批一同进行，但不可后补。

(4)当验收结论不合格时，监理工程师应指出不合格原因及需处理的部位，施工单位进行处理且自检合格后，重新申请隐蔽工程验收。

(5)隐蔽工程均应留有影像资料，照片数量不少于一张，且照片位置应具有针对性和代表性。拍摄的照片应注明拍摄时刻、拍摄人、拍摄地点、拍摄部位以及照片编号等。

(6)照片可插在说明一栏，数量较多时，可另附页。照片的编号可自行编制，建议按"YB(隐蔽)＋ 分部代码 ＋ 子分部代码 ＋ 顺序号"编排(分部、子分部代码见本书附录二)。

【相关规定】

隐蔽工程主要隐蔽项目及隐蔽验收内容：

(1)土方工程：土方(基槽或基坑)开挖的尺寸位置、标高；地基土质情况；排水暗沟设置情况，土方回填情况。

(2)地基处理：地基处理所用原材；地基处理的部位、尺寸；地基承载力等情况。该部位隐蔽工程验收记录检验内容主要有桩的轴线、桩长、桩径、桩位、桩间距及桩数等。

(3) 混凝土工程：混凝土的几何尺寸，混凝土外观质量。

(4) 钢筋工程：纵向受力钢筋的品种、规格、外形尺寸、数量及位置等；钢筋连接方式、数量、位置以及接头百分率；箍筋、横向钢筋的品种、规格、数量及位置等；预埋件的规格、数量、位置等。

(5)砌体基础：砌块、砖和砂浆的强度，砌体的组砌方法，墙体加固钢筋，砌体砂浆、饱满度，构造柱、芯柱、组合砌体构件的混凝土或砂浆强度，砌块的排砖，砌体中的预埋件等。

(6)地面：基层、基土、混凝土基层(或构造层)的材料品种、规格以及对有强度要求的混凝土；各种防护层以及经过防腐处理的结构、构件、连接件或预埋件等。

(7) 抹灰工程：应对下列隐蔽工程项目进行验收：抹灰总厚度大于或等于 35mm 时的加强措施；不同材料基体交接处的加强措施。

(8)门窗工程：预埋件和锚固件，隐蔽部位的防腐，填嵌处理。

(9)吊顶及轻质隔墙工程：吊顶内管道、设备的安装及水管试压；木龙骨防火、防腐处理；预埋件或拉结筋；吊杆安装；龙骨安装；填充材料的设置。

(10)饰面砖(板)粘贴工程：预埋件(或后置埋件)；连接节点；防水层。

(11)幕墙工程：预埋件(或后置埋件)；构件的连接节点；变形缝及墙面转角处的构造节点；幕墙防雷装置；幕墙防火构造。

(12) 屋面及防水工程：自基层至防水层各层屋面做法均须隐蔽。具体隐蔽内容有：卷材、涂膜防水层的基层；密封防水处理部位；天沟、檐沟、泛水和变形缝等细部做法；卷材、涂膜防水层的搭接宽度和附加层；刚性保护层与卷材、涂膜防水层之间设置的隔离层。

(13)给排水及采暖工程：预埋套管；地下部分管道的材质、位置、标高、坡度走向、接口、支墩、保温、防腐等；地上部分管道，被吊顶或其他装饰工艺所覆盖的部分均应作隐蔽工程验收记录。

(14)电气工程

①电气暗配线须隐蔽内容：线管(线槽)的规格、位置、走向、连接以及弯头做法；管内穿线的规格、数量、接线做法等；金属管的接地、防腐，与线盒的固定以及管口处理等；

②防雷接地与等电位工程隐蔽内容：接地用材料规格、数量、位置以及焊接点质量；接地电阻测试以及配电盘的接地。

【填写示例】

表C5-1-1　隐蔽工程验收记录　　　编号:02-01-001

工程名称:某某工程　　　施工单位:某某建筑工程有限公司

隐检项目	钢筋工程	隐检部位	首层柱、墙
图纸、变更编号	结施－04	隐检日期	2005年05月17日
施工标准名称	混凝土结构工程质量验收规范 GB50204－2002(2011年版)	照片编号	YB02—01－001 YB02—01－002

隐蔽内容	质量要求	施工单位自查情况	监理(建设)单位检验情况
受力钢筋的品种、级别、规格、数量	5.5.1条	经全数检查,受力钢筋的品种、级别、规格和数量均符合设计要求	符合设计及规范要求
受力钢筋的连接	5.4.2条	全数检查,并按规定抽取见证试件复试合格,符合JGJ107规程规定	符合JGJ107规程规定
钢筋的间距、排距	5.5.2条	经查合格点率92%,最大超差值小于允许偏差值的1.5倍	经检查,满足设计及规范要求
受力钢筋保护层厚度	5.5.2条	对各构件抽查10%具有代表性的部位,合格点率达到90%以上,且检测的偏差值没有超过允许偏差值的1.5倍	符合设计要求及规范规定
箍筋间距	5.5.2条	经检查,符合设计及规范要求	符合设计要求及规范规定

说明(图示、照片可另附页):

在首层Ⓐ/⑤KZ-1钢筋加密区拍摄了照片,照片编号为YB02—01－001;在首层Ⓒ/⑧KZ-5纵向受力钢筋连接节点拍摄了照片,照片编号为YB02—01－002。照片见附件

验收结论:

经检查,隐蔽项目各项指标均符合有关标准要求,达到隐蔽条件,可以进行下道工序施工

签字栏	监理(建设)单位	施工单位	
		技术负责人	质检员
	宣某某	杨某某	于明明

表 C5-2-1 工程预检记录填写指南

【表式图解】

表 C5-2-1 工程预检记录

编号：

工程名称：

分部分项工程名称及部位		
预检内容	根据预检项目填写具体检查内容，详见【相关规定】。 预检日期： 年 月 日	
预检意见	参加预检人员签署对预检内容的检查意见。	
要求复查时间： 年 月 日		
复查结论	如预检一次通过无整改或返修时，复查结论和要求复查时间不用填写。 相关检查人员签署预检意见、复查意见并签字。	
签字栏	技术负责人：	质检员： 施工员：

【填写要点】

(1)工程预检记录(亦称技术复核)是在施工前对某些重要分项准备工作或前道工序进行的预先检查。

(2)工程预检记录的主要项目：

①建(构)筑物位置线、现场控制水准点；

②基础尺寸线，包括基础轴线、断面尺寸、标高；

③桩基定位的控制点；

④模板；

⑤墙体包括墙体轴线、门窗洞口的位置；

⑥预制构件吊装的定位；

⑦设备基础的位置、标高、几何尺寸、预留孔洞、预埋件等；

⑧主要管道、沟的标高和坡度。

【填写示例】

表 C5-2-1　工程预检记录　　编号:

工程名称:某某工程

分部分项工程名称及部位	屋面1:6水泥焦渣找坡
预检内容	焦渣坡度线,坡向,雨水口处厚度,坡度最高点标记以及坡度等。 预检日期: 2012年8月18日
检查意见	经查在女儿墙上放焦渣坡度线,坡向雨水口,雨水口处最薄厚度35mm,在坡度最高点作出标记,坡度符合设计要求,可以进行水泥焦渣找坡施工。
要求复查时间:　　年　　月　　日	
复查结论	
签字栏	技术负责人:杨某某　　质检员:马某某　　施工员:孟某某

表 C5-2-2　工程定位测量记录填写指南

【表式图解】

表 C5-2-2　工程定位测量记录　　　　　编号：

工程名称：　　　　　　　　　　施测单位：

施测部位		此处填写施测部位	施测日期	
使用仪器		填写测量设备名称，测量设备应经技术监督部门鉴定合格方可使用。	大气温度	
测量依据	坐标		实测结果	坐标
	高程			高程

据实填写坐标、高程实测结果。

定位测量示意图及说明：

测量依据一般为工程总平面图，或建设单位提供的规划主管部门下发工程定位测量成果图和工程定位红线桩、高程点等。

绘制定位测量示意图，并简要说明工程定位坐标测量和高程测量过程。

复测结果：

施工单位相关人员签字，专业监理工程师签署复测结果并签字。

签字栏	监理（建设）单位	施工单位			
		技术负责人	质检员	施测人	复测人

【填写要点】

(1)在单位工程开工前,施工单位依据施工平面图和建设单位提供的已知坐标、高程点或测量成果,对建筑物进行工程定位(坐标、高程)测量。

(2)工程定位测量完成后,施工单位应填写"表B2-3 施工控制测量成果报验单"附本表及其相关附件报监理机构审核,监理机构接到施工单位报验申请后,查验相关资料复核其测量成果并签署复测意见。

(3)工程定位测量未经监理机构确认通过的,施工单位不得开工。

(4)工程定位测量示意图的说明应简明讲述工程定位坐标和高程控制测量过程。

①坐标测量应讲述已知高程和控制高程的相对位置,并应给出测量高程与工程定位的关系;

②高程测量应简述已知坐标位置、控制轴线、引桩定位的施测过程。

(5)复测结果应由专业监理工程师复测后填写。

(6)签字栏中施测人和复测人不能为同一个人。

【相关规定】

(1)工程定位测量主要对单位工程的坐标和高程进行控制测量。根据工程性质的不同其测量依据也有所差异,一般测量依据包括以下几种情况:

①建设单位提供的施工总平面图;

②建设单位给定的由规划部门提供的工程定位测量成果;

③建设单位提供新建工程附近原有工程坐标和高程;

④建设单位提出的依据附近建筑物拟定的相对高程和坐标。

(2)定位测量示意图应绘制以下内容:

①单位工程轮廓;

②外墙勒脚以上外围尺寸;

③横纵轴控制轴线及边轴轴线尺寸;

④沉降缝、变形缝和伸缩缝两边的轴线尺寸;

⑤控制轴线引桩位置;

⑥工程角点坐标;

⑦已知坐标和高程点位置;

⑧工程附近已建工程位置;

⑨工程控制水准点位置;

⑩指北针。

3. 每单位工程仅填报一次工程定位测量记录。

【填写示例】

表 C5-2-2 工程定位测量记录 编号:00-00-001

工程名称:某某工程　　　　施测单位:某某建筑工程有限公司

施测部位	工程定位		施测日期	2012 年 08 月 15 日
使用仪器	经纬仪、水准仪、钢尺等		大气温度	15℃

<table>
<tr><td rowspan="2">测量依据</td><td>坐标</td><td>建设单位提供的规划部门给定的工程定位测量成果及总平面图。</td><td rowspan="2">实测结果</td><td>坐标</td><td>实测坐标见附图</td></tr>
<tr><td>高程</td><td>建设单位提供的 a 点(20.00m)高程</td><td>高程</td><td>实测高程点为 20.5m</td></tr>
</table>

定位测量示意图及说明:

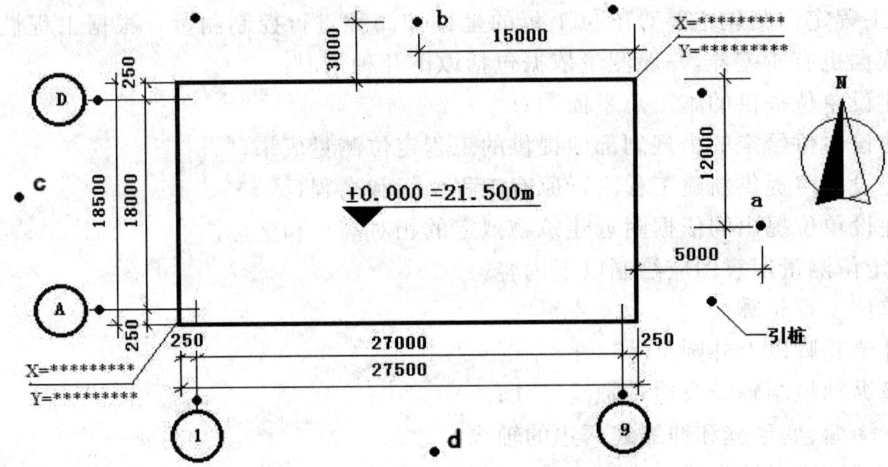

测量说明:

1. 坐标测量:依据建设单位给定的测量成果图和施工总平面图,用经纬仪测得控制轴线①轴、⑨轴、Ⓐ轴、Ⓓ轴闭合无误后,在距槽边 3.50m 处设置引桩。

2. 高程测量:用水准仪将建设单位给定的已知高程 a 点=20.00m 引测至 b 点=20.50m(相对高程为-1.00m),复测无误,设置 b 点为工程控制高程点,并设置 c、d 闭合控制高程点。

复测结果:

经复测坐标闭合偏差 1″,高程偏差-2mm,符合《工程测量规范》GB50026-2007 的要求,工程定位满足设计要求,同意进入下道工序施工。

<table>
<tr><td rowspan="3">签字栏</td><td rowspan="2">监理(建设)单位</td><td colspan="4">施工单位</td></tr>
<tr><td>项目技术负责人</td><td>质检员</td><td>施测人</td><td>复测人</td></tr>
<tr><td>张某某</td><td>钱某某</td><td>孙某某</td><td>周某某</td><td>钱某某</td></tr>
</table>

表 C5-2-3　基槽及各层放线测量及复测记录填写指南

【表式图解】

表 C5-2-3　基槽及各层放线测量及复测记录　　　　**编号：**

工程名称：　　　　　　　　　　　　　　日期：　　年　　月　　日

工程部位					
轴线定位方法说明	主要描述控制轴线的确定和其他轴线尺寸线的施测过程。				
标高确定方法说明	主要描述实测部位控制标高的引测方法与过程。				
测量仪器名称及编号	填写施测设备名称、规格及测量仪器出厂编号。				
测量示意图及说明	绘制施测部位的轴线、标高测量示意图，并简要说明测量过程。				
放线依据					
复测结果	施工单位相关人员签字，专业监理工程师签署复测结果并签字。				
备注					
签字栏	监理(建设)单位	施工单位			
		技术负责人	质检员	施测人	复测人

【填写要点】

基槽及各层放线测量及复测记录适用于自工程定位测量后至工程竣工期间，工程基槽和各层的测量过程的记录。主要用于以下测量工作：土方开挖测量及复测；基槽放线测量及复测；垫层放线测量及复测；基础测量及复测；基础柱、墙(或基础顶面)测量及复测；地下层各层放线测量及复测等工作。

【相关规定】

绘制测量示意图应绘制以下内容：①实测部位轮廓；②外墙勒脚以上外围尺寸；③横纵轴控制轴线及边轴轴线尺寸；④沉降缝、变形缝和伸缩缝两边的轴线尺寸；⑤控制轴线引桩位置；⑥工程控制水准点位置；⑦指北针。

【填写示例】

表 C5-2-3　基槽及各层放线测量及复测记录　编号：02-01-001

工程名称：某某工程　　　　　　　　　　　　　　日期：2012 年 9 月 15 日

工程部位	首层(－0.090m)测量
轴线定位方法说明	依据控制轴线引桩，用经纬仪测得控制轴线①轴＋1m 引线、Ⓐ轴＋1m 引线，量测出①轴、⑨轴、Ⓐ轴、Ⓓ轴控制线，闭合无误后测得其他轴线。
标高确定方法说明	依据预设控制水准点 b 点＝20.500m(相对高程为－1.00m)，用水准仪测得 22.000m 水准点标记于首层框架柱钢筋上，作为首层＋0.500m 控制标高。
测量仪器名称及编号	TDJ2E 经纬仪(编号 430136)，DS3 水准仪(编号 000136)，钢尺等
测量示意图及说明	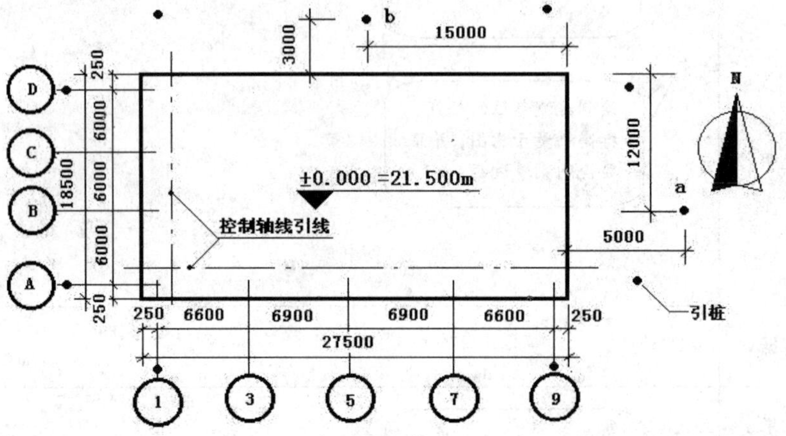 说明： 1. 用经纬仪将①轴＋1m 引线、Ⓐ轴＋1m 引线施测于结构层上，按首层平面图量测出①轴、⑨轴、Ⓐ轴、Ⓓ轴，闭合无误后测得其他轴线和尺寸线。 2. 用水准仪通过 b 点，测得 22.000m 水准点标记于首层框架柱钢筋上，作为首层＋0.500m 控制标高。
放线依据	工程测量规范 GB50026－93
复测结果	经复测，此次测量误差符合有关标准的规定，实测尺寸符合设计要求，同意进入下道工序施工。
备注	

签字栏	监理(建设)单位	施工单位			
		项目技术负责人	质检员	施测人	复测人
	张某某	钱某某	孙某某	周某某	钱某某

表 C5-2-4　建筑物垂直度、标高、全高测量记录填写指南

【表式图解】

表 C5-2-4　建筑物垂直度、标高、全高测量记录　　编号：

工程名称：　　　　　　　　　　　　施工单位：

检测部位				施工阶段			检测日期			年　月　日		
垂直度测量	检测点部位编号											累计偏差
	允许偏差(mm)											
	实测值(mm)											
	说明											
标高测量	允许偏差(mm)											
	实测值(mm)											
	说明											
全高测量	允许偏差(mm)											
	实测值(mm)											
	说明											
检测点布置示意图												
结论												
签字栏	监理(建设)单位		施工单位									
			项目技术负责人				质检员			记录人		

填写检测点位置及编号，检测点布置图标明详细位置的，可仅写编号。

允许偏差根据检测部位所对应的规范规定填写。

此栏填写对该项目检测过程的必要说明。

依据相关验收规范、标准规定，绘制检测项目检测点位置示意图。必要时可加以文字说明，页面不足的可另附页。

监理机构签署验收结论，专业监理工程师签字。

注：允许偏差根据检测部位所对应的规范规定填写。

【填写要点】

（1）建筑物垂直度、标高、全高测量应在结构完工后及工程竣工后由施工单位测量、填写并报监理机构审核。

（2）建筑物垂直度、标高、全高测量选点应选择建筑物四角、转角、变形缝以及具有代表性的工程部位。

（3）四角或转角垂直度应对两个方向测量，“实测值”填其较大值；标高测量中“实测值”应填写从首层到顶层各层标高的平均值（测量值中有超出规范要求时，应在说明栏中说明）。

【相关规定】

主要结构建筑物垂直度、标高、全高测量允许偏差或限值应符合下列规定：

（1）建筑物垂直度允许偏差及检测方法应符合表 5-36 的规定：

表 5-36　建筑物垂直度允许偏差及检测方法

<table>
<tr><th colspan="3">项目名称</th><th>允许偏差值(mm)</th><th>检查方法</th></tr>
<tr><td rowspan="3">混凝土结构</td><td colspan="2">层高≤5m</td><td>8</td><td rowspan="3">用经纬仪测量</td></tr>
<tr><td colspan="2">层高>5m</td><td>8</td></tr>
<tr><td colspan="2">全高</td><td>$H/1000$ 且≤30mm</td></tr>
<tr><td rowspan="3">砌体结构</td><td colspan="2">每层</td><td>5</td><td>用吊线或吊线检测尺</td></tr>
<tr><td rowspan="2">全高</td><td>≤10m</td><td>10</td><td rowspan="2">用经纬仪测量</td></tr>
<tr><td>>10m</td><td>20</td></tr>
<tr><td rowspan="2">钢结构</td><td colspan="2">单层结构跨中</td><td>$H/1000$ 且≯25mm</td><td rowspan="2">用经纬仪测量</td></tr>
<tr><td colspan="2">多层、高层</td><td>$H/2500+10$ 且≯50mm</td></tr>
</table>

（2）建筑物标高、全高允许偏差及检测方法应符合表 5-37 的规定：

表 5-37　建筑物标高、全高允许偏差及检测方法

<table>
<tr><th colspan="2">项目名称</th><th>允许偏差值(mm)</th><th>检查方法</th></tr>
<tr><td rowspan="2">混凝土结构</td><td>层高</td><td>±10</td><td rowspan="2">用水准仪尺检查</td></tr>
<tr><td>全高</td><td>±30</td></tr>
<tr><td>砖砌体结构</td><td>基础、墙、柱</td><td>±15</td><td>用水准仪和尺检查</td></tr>
<tr><td rowspan="3">钢结构</td><td>用相对标高控制</td><td>$\pm\Sigma\triangle_h+\triangle_2+\triangle_w$</td><td rowspan="2">用水准仪尺检查</td></tr>
<tr><td>用设计标高控制</td><td>$\pm H/1000$，±30mm</td></tr>
<tr><td colspan="3">注：1. $\triangle_h$ 为每节柱子长度的制造允许偏差；
2. $\triangle_2$ 为每节柱子长度受荷载后的压缩值；
3. $\triangle_w$ 为每节柱子接头焊缝的收缩值。</td></tr>
</table>

【填写示例】

表 C5-2-4　建筑物垂直度、标高、全高测量记录

编号:02-01-001

工程名称:某某工程　　　　　　　　施工单位:某某建筑工程有限公司

检测部位	1～9层混凝土结构	施工阶段	主体结构	检测日期	2012年8月18日

垂直度测量	检测点部位编号	1	2	3	4	5	6	7	8	9	10	累计偏差
	允许偏差(mm)	8	8	8	8	8	8	8	8	8	8	—
	实测值(mm)	7	4	2	5	3	0	5	3	6	5	—
	说明	四角测量值均进行了两个方向测量,实测值为较大值。										
标高测量	允许偏差(mm)	±10	±10	±10	±10	±10	±10	±10	±10	±10	±10	—
	实测值(mm)	0	5	3	6	8	−5	4	2	−5	3	—
	说明	实测值为各检测点1～9层各层标高的平均值,最大偏差值为9mm。										
全高测量	允许偏差(mm)	±30	±30	±30	±30	±30	±30	±30	±30	±30	±30	—
	实测值(mm)	5	−9	12	−8	0	20	20	15	10	−9	—
	说明	最大偏差值为20mm。										

检测点布置示意图

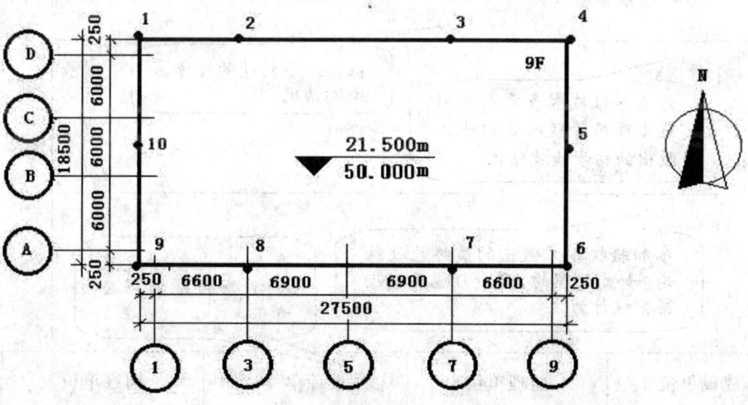

结论	经检查本工程主体结构垂直度、标高、全高符合要求,结果合格。		
签字栏	监理(建设)单位	施工单位	
		项目技术负责人	质检员	记录人
	张某某	杨某某	于某某	孟某某

注:允许偏差根据检测部位所对应的规范规定填写。

表 C5-2-5　地基验槽记录填写指南

【表式图解】

表 C5-2-5　地基验槽记录

编号：

工程名称：　　　　　　　　　　施工单位：

验槽部位		项目经理	
开挖时间		项目技术负责人	
完成时间		质　检　员	
验收时间		记　录　人	

项次	项　　目	查验情况	附图或说明
1	基底土壤类别	填写土壤类别及其与勘察报告对比情况	填写需要附图和必要说明的内容。如地基须处理的位置和处理意见等。若页面不足可另附页。
2	基底是否为老土层	基地均应挖至老土	
3	地基土的均匀、密实程度	依据钎探结果填写	
4	地下水情况	地下水位及降水情况	
5	有无坑、穴、洞、窑、墓	是否有坑、穴、洞、窑、墓情况及处理情况	
6	定位检查	对基底高程、断面、轴线及坡度的检查情况	
7	桩、地基处理	桩、地基处理的检查、检测情况	
初验结论	施工单位技术负责人会同施工现场管理人员对地基做出的初步验收结论。		
复验结论	参加验收各方做出的最终验收结论。如需处理的，其处理意见以勘察、设计为主。		

签字盖章栏	建设单位（公章）	监理单位（公章）	设计单位（公章）	勘察单位（公章）	施工单位（公章）

参加验收各方代表签字并加盖单位公章。

【填写要点】

(1)此记录是指工程地基具备验收条件时,施工单位向监理、建设单位提出验槽申请,建设单位组织监理、设计、勘察及施工单位,对地基进行验收时所作的记录。

(2)工程监督部门对地基验槽有现场监督要求的,建设单位应在地基验槽前,应以书面形式通知监督部门派员参加。

(3)天然地基应进行地基钎探并记录,其记录是作为地基验槽的主要验收资料之一。地基钎探记录的填写要求见“表C5-2-6 地基钎探记录填写指南”。

(4)桩基或整体进行地基处理的,可不必进行地基钎探,但地基处理须对地基承载力进行相应的检验检测,桩基还应对桩的完整性进行检测,其结果必须符合设计要求。

【填写示例】

表C5-2-5　地基验槽记录　　　　编号:

工程名称:某某工程　　　　施工单位:某某建筑工程有限公司

验槽部位	某某工程地基	项目经理	刘某某
开挖时间	2012年8月6日	项目技术负责人	杨某某
完成时间	2012年8月8日	质　检　员	马某某
验收时间	2012年8月8日	记　录　人	孟某某

项次	项　　目	查验情况	附图或说明
1	基底土壤类别	二类黏土	
2	基底是否为老土层	基底均到老土层	
3	地基土的均匀、密实程度	地基土均匀	
4	地下水情况	无地下水	
5	有无坑、穴、洞、窑、墓	无坑、穴、洞、窑、墓等	
6	定位检查	符合设计要求	
7	桩、地基处理	——	
初验结论	地基土质均匀无异常,与勘察报告相符。		
复验结论	经查验该地基土质均匀无异常,抽样检查结果与地基勘察报告相符。同意进入下道工序施工。		

签字盖章栏	建设单位(公章)	监理单位(公章)	设计单位(公章)	勘察单位(公章)	施工单位(公章)
	王某某	贾某某	姜某某	闫某某	刘某某

表 C5-2-6　地基钎探记录填写指南

【表式图解】

表 C5-2-6　地基钎探记录

编号：

工程名称：　　　　　　　　　　　　施工单位：

钎探方式		直径		锤重		钎探日期	

探点编号	钎探深度及锤击数								探点布置及处理部位示意图
	合计	0～30 (cm)	30～60 (cm)	60～90 (cm)	90～120 (cm)	120～150 (cm)	150～180 (cm)	180～210 (cm)	
									结　论
签字栏	技术负责人：			质检员：			钎探人：		

每点钎探锤击数的总和。

每击入 300mm 时的锤击数。

填写摊点布置说明和需处理部位的示意图及其说明。

填写本页钎探结论。一般填写“土质均匀无异常”，不应填写“合格”或“不合格”

相关人员签字。其中钎探人指实际钎探时的操作人员，一般为两个人。

【填写要点】

(1)地基钎探记录:是用钎探的方法对一定深度的地基土层进行勘察结果的记录。

(2)地基钎探前应按有关规定绘制探点布置图。布置图应绘制基础轮廓线、轴线、探点位置、探点间距和指北针等。

(3)钎探方式:在工程施工中,一般常采用人工钎探或轻便触探两种方式。

(4)钢钎直径:人工钎探时,钢钎直径为 22～25 mm;轻便触探时,钢钎直径为 25 mm,钢钎头直径为 40 mm,呈 60°锥体。

(5)表格中“探点布置及处理部位示意图”一栏由于表格限制,一般探点布置和处理部位应另附图;如处理部位较小且能在本页说明的,也可在此栏中注明需处理的部位、深度和处理方法。

(6)工程规模或工程实际地质情况较复杂时,可由勘察、设计、建设、监理和施工单位共同商定。

【相关规定】

(1)人工钎探探测深度和探点间距见表 5-38。

表 5-38　人工钎探探测深度和探点间距表

排列方式	布点示意图	基槽宽度 (单位:m)	探测深度 (单位:m)	探点间距 (单位:m)
中心一排	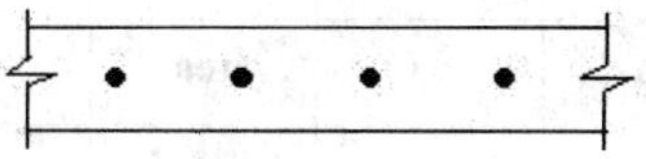	小于 0.8	1.2	
两排错开	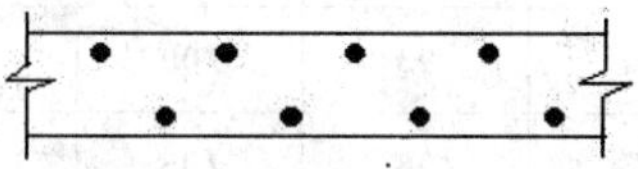	0.8～2.0	1.5	1.2～1.5m 视地基复杂程度定
梅花形	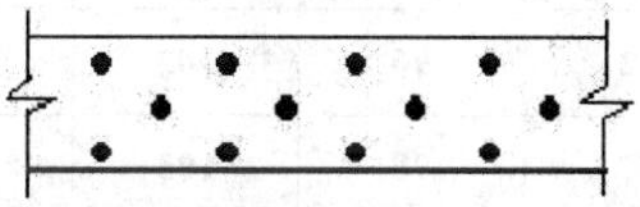	大于 2.0	2.1	
独立柱 基础地基	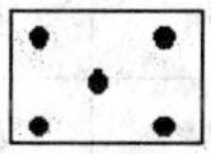		≥1.5 且不小于短边长度	至少 5 点

(2) 钎探方法:按照设计要求将基槽清至设计标高时,按照表 5-38 的规定进行布置钎探点,并按顺序编号。将 10kg 钎探锤抬起 500～700mm(指锤底与钢钎焊接板之间的距离)自由下落,将钢钎打入地基土中,记录每打入 300mm 深锤击数并计算各点锤击数总和,根据每段锤击数和锤击数总和来判断地基土质情况。钎探钢钎示意图见图 5-5。

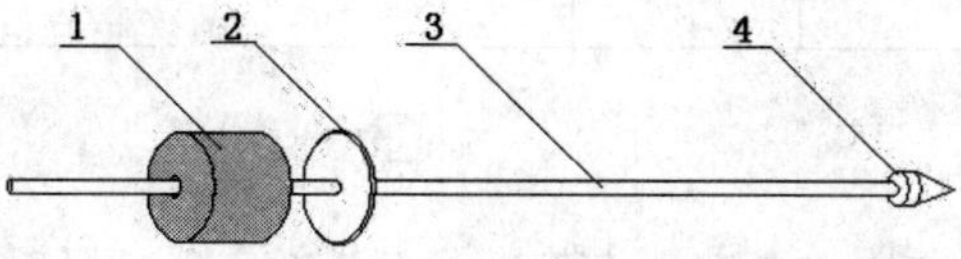

图 5-5　钎探钢钎示意图

近几年来,人工钎探也随之改进,部分地区采用电机变速轮带动链条,拖动钎探锤自由下落击打探钎的方法,解决了人工打钎的人为加力和下落高度不一的问题。此方法虽未列入国家标准,但许多地区已经使用,并得到行业认可。

【填写示例】

表 C5-2-6 地基钎探记录 编号:01-01-001

工程名称:某某工程 施工单位:某某建筑工程有限公司

钎探方式	人工钎探	直径	25mm	锤重	10kg	钎探日期	2012.8.18	
探点编号	钎探深度及锤击数							探点布置及处理部位示意图
	合计	0～30(cm)	30～60(cm)	60～90(cm)	90～120(cm)	120～150(cm)	150～180(cm)	180～210(cm)	
1	495	15	30	45	60	90	105	150	钎探点为梅花状布置，探点间距1.5m，钎探深度2.1m。探点位置详见某某工程地基探点布置图
2	489	14	33	40	55	94	101	152	
3	489	15	30	42	56	95	102	149	
4	500	16	31	45	57	98	105	148	
5	488	17	30	40	52	96	102	151	
6	489	15	32	47	50	93	100	152	
7	500	16	31	45	57	98	105	148	
8	488	17	30	40	52	96	102	151	
9	489	15	32	47	50	93	100	152	
10	488	17	30	40	52	96	102	151	
11	489	15	32	47	50	93	100	152	
12	500	16	31	45	57	98	105	148	
13	488	17	30	40	52	96	102	151	
14	500	16	31	45	57	98	105	148	
15	488	17	30	40	52	96	102	151	
16	489	15	32	47	50	93	100	152	
17	488	17	30	40	52	96	102	151	结论
18	489	15	32	47	50	93	100	152	土质均匀无异常
19	500	16	31	45	57	98	105	148	
…									
签字栏	项目技术负责人:刘某某 质检员: 马某某 钎探人:周某某、黄某某								

表 C5-2-7　混凝土浇灌申请书填写指南

【表式图解】

表 C5-2-7　混凝土浇灌申请书　　　　**编号：**

工程名称：　　　　　　　　施工单位：

申请浇灌时间：				申请浇灌混凝土的部位：（混凝土配合比通知单统一编号）				
混凝土强度等级：				混凝土配比单编号：				
材料用量	水泥	水	砂	石	外加剂		掺合料	
用量/m³	kg	kg	kg	kg	kg	kg	kg	kg
每盘用量	kg	kg	kg	kg	kg	kg	kg	kg
准备工作情况	以上两行依据混凝土配合比填写，如商品混凝土按商品混凝土厂家提供的开盘鉴定填写。 简要描述拟浇筑混凝土的准备工作情况。一般填写上道工序验收情况、隐蔽工程验收情况、施工人员、材料到位情况和机械设备运转情况等。							
施工单位意见	施工单位项目经理审查后签署意见并签字。 项目经理： 年　月　日							
监理(建设)单位意见	专业监理工程师审查后签署意见并签字。 总监/专业监理工程师： 年　月　日							

【填写要点】

(1)混凝土浇灌申请应在上一道工序及隐蔽工程验收合格且浇灌混凝土准备工作自检就绪后提出。

(2)根据混凝土的来源(自拌混凝土或商品混凝土)不同，配合比数据应与配合比通知单或商品混凝土开盘鉴定数据一致。

【填写示例】

表 C5-2-7　混凝土浇灌申请书　　编号：01-06-002

工程名称：某某工程　　施工单位：某某建筑工程有限公司

<table>
<tr><td colspan="3">申请浇灌时间：　2012 年 7 月 1 日</td><td colspan="6">申请浇灌混凝土的部位：阀板基础</td></tr>
<tr><td colspan="3">混凝土强度等级：C30P6</td><td colspan="6">混凝土配比单编号：201207001</td></tr>
<tr><td rowspan="2">材料用量</td><td rowspan="2">水泥</td><td rowspan="2">水</td><td rowspan="2">砂</td><td rowspan="2">石</td><td colspan="2">外加剂</td><td colspan="2">掺合料</td></tr>
<tr><td>UEA</td><td></td><td></td><td></td></tr>
<tr><td>用量/m^3</td><td>337 kg</td><td>178 kg</td><td>682 kg</td><td>1267 kg</td><td>36 kg</td><td>kg</td><td></td><td>kg</td></tr>
<tr><td>每盘用量</td><td>50kg</td><td>27kg</td><td>104.5kg</td><td>193.5kg</td><td>5.5 kg</td><td>kg</td><td></td><td>kg</td></tr>
<tr><td>准备工作情况</td><td colspan="8">钢筋、模板工程已验收合格；施工人员就位；机械设备运转正常；隐蔽工作已完成；开盘鉴定结果合格具备浇筑混凝土条件。</td></tr>
<tr><td>施工单位意见</td><td colspan="8">同意浇筑混凝土。
项目经理：刘某某
2012 年 7 月 1 日</td></tr>
<tr><td>监理（建设）单位意见</td><td colspan="8">同意浇筑。
总监/专业监理工程师：张某某
2012 年 7 月 1 日</td></tr>
</table>

表 C5-2-8 混凝土开盘鉴定填写指南

【表式图解】

表 C5-2-8 混凝土开盘鉴定 **编号：**

工程名称： 施工单位：

混凝土施工部位			混凝土配合比编号	
混凝土设计强度		水灰比		砂率

材料		水泥 kg	水 kg	砂 kg	石 kg				要求坍落度
试验室配合比	(kg/m³)								
	(kg/盘)								
施工配合比	(kg/盘)								
	砂子含水率： % 石子含水率： %								

> 按检测机构出具的配合比混凝土配合比通知单填写。

鉴定项目	混凝土拌和物			原材料品种、规格、型号是否与通知相符				
	坍落度	保水性		水泥	砂	石	掺和料	外加剂
设计								
实际								

> 鉴定原材料实际使用是否与设计相符。

> 鉴定实测结果

鉴定意见：

> 监理机构签署鉴定意见并签字。

签字栏	监理(建设)单位代表	施工单位技术负责人

【填写要点】

(1)混凝土浇灌申请前应进行混凝土开盘鉴定。开盘鉴定主要鉴定配合比用量、配合比用原材料、施工配合比以及混凝土坍落度、保水性等参数。

(2)此表适用于现场搅拌混凝土工程。如施工采用商品混凝土时，开盘鉴定由商品混凝土厂家提供。

(3)现场搅拌混凝土用砂石含水率发生变化时，应进行施工配合比调整，调整方法如下：

假设设计配合比中每盘混凝土的水用量为 W；每盘混凝土砂用量为 Q_S；每盘混凝土石子用量为 Q_h。所测现场砂的含水率为 3%；石子的含水率为 1%。求施工配合比？

解：设施工配合比每盘砂用量为 Q_1，石子用量为 Q_2，水用量为 W_1，应按以下公式计算：

水泥用量不变；

计算每盘砂用量：$Q_1 = Q_S \cdot (1+3\%)$

计算每盘石子用量：$Q_2 = Q_h \cdot (1+1\%)$

计算每盘水用量：$W_1 = W - 3\% \cdot Q_S - 1\% \cdot Q_h$

外加剂和掺和料用量不变。

所得数值即为调整后的施工配合比。

【填写示例】

表 C5-2-8　混凝土开盘鉴定　　　　编号：01-06-002

工程名称：某某工程　　　　施工单位：某某建筑工程有限公司

混凝土施工部位		筏板基础			混凝土配合比编号				201207001
混凝土设计强度		C30P6			水灰比	0.53		砂率	35%
材料		水泥 kg	水 kg	砂 kg	石 kg	UEA 外加剂			要求坍落度
试验室配合比	(kg/m³)	337	178	682	1267	36			30～50 mm
	(kg/盘)	50	27	104.5	193.5	5.5			
施工配合比	(kg/盘)	50	22	107.6	195.4	5.5			
	砂子含水率：3 %				石子含水率： 1 %				

鉴定项目	混凝土拌和物			原材料品种、规格、型号是否与通知相符				
	坍落度	保水性		水泥	砂	石	掺和料	外加剂
设计	30～50			P·O42.5	中砂	15～31.5		UEA 外加剂
实际	40			P·O42.5	中砂	15～31.5		UEA 外加剂

鉴定意见：

各种原材料与试验室配合比相符，按要求测得砂、石含水率，并调整了材料用量，出具了施工配合比。同意施工配合比结果，计量准确，可以进行下道工序。

2012 年 7 月 1 日

签字栏	监理(建设)单位 代表	施工单位 技术负责人
	张某某	杨某某

表 C5-2-9　混凝土工程施工记录填写指南

【表式图解】

表 C5-2-9　混凝土工程施工记录　　　　编号:

工程名称:　　　　　　　　　　施工单位:

<table>
<tr><td colspan="2">浇筑部位</td><td colspan="2"></td><td>设计强度等级</td><td></td><td>浇筑日期</td><td colspan="2"></td></tr>
<tr><td colspan="2" rowspan="2">操作班组</td><td colspan="2" rowspan="2"></td><td rowspan="2">天气情况</td><td rowspan="2"></td><td rowspan="2">温度℃</td><td>最高</td><td></td></tr>
<tr><td>最低</td><td></td></tr>
<tr><td rowspan="13">混凝土搅拌类别</td><td rowspan="2">商品混凝土</td><td colspan="2">供货厂名</td><td colspan="2"></td><td>合同号</td><td colspan="2"></td></tr>
<tr><td colspan="2">供货强度等级</td><td colspan="2"></td><td>配比单编号</td><td colspan="2"></td></tr>
<tr><td rowspan="11">现场拌制</td><td colspan="2">配合比通知单编号</td><td colspan="5"></td></tr>
<tr><td rowspan="10">混凝土配合比</td><td>材料名称</td><td>规格产地</td><td>每立方米用量(kg)</td><td>每盘用量(kg)</td><td colspan="2">实际每盘用量(kg)</td></tr>
<tr><td>水泥</td><td></td><td></td><td></td><td colspan="2"></td></tr>
<tr><td>石子</td><td></td><td></td><td></td><td colspan="2"></td></tr>
<tr><td>砂子</td><td></td><td></td><td></td><td colspan="2"></td></tr>
<tr><td>水</td><td></td><td></td><td></td><td colspan="2"></td></tr>
<tr><td rowspan="3">掺合料</td><td></td><td></td><td></td><td colspan="2"></td></tr>
<tr><td></td><td></td><td></td><td colspan="2"></td></tr>
<tr><td></td><td></td><td></td><td colspan="2"></td></tr>
<tr><td rowspan="2">外加剂</td><td></td><td></td><td></td><td colspan="2"></td></tr>
<tr><td></td><td></td><td></td><td colspan="2"></td></tr>
<tr><td colspan="2">开始时间</td><td colspan="3">年　月　日　时</td><td>完成时间</td><td colspan="3">年　月　日　时</td></tr>
<tr><td colspan="2">本次浇筑数量(m³)</td><td colspan="2"></td><td>试块留置情况</td><td colspan="4"></td></tr>
<tr><td colspan="2">备注</td><td colspan="7"></td></tr>
<tr><td rowspan="3">签字栏</td><td colspan="3">监理(建设单位)</td><td colspan="5">施工单位</td></tr>
<tr><td colspan="3" rowspan="2"></td><td colspan="2">技术负责人</td><td colspan="2">施工员</td><td>试验员</td></tr>
<tr><td colspan="2"></td><td colspan="2"></td><td></td></tr>
</table>

据实填写商品混凝土信息栏

现场拌制混凝土原材料配比信息:
1. 规格产地、每立方米用量应与配合比通知单一致;
2. 每盘用量应按施工配合比填写;
实际每盘用量应填写施工过程中混凝土配比用原材料用量抽查的最大偏差值。

填写试块(标养、同条件、拆模措施等试块)留置情况

【填写要点】

(1)混凝土施工记录是对混凝土浇筑工程的全过程记录文件,是混凝土检验批报验必备资料之一。主要记录内容包括:混凝土来源、混凝土配比、浇筑量、试块留置以及施工中发生的特殊情况的处理等。

(2)无论混凝土用量多少均应填写混凝土施工记录。依据混凝土来源(商品混凝土或现场拌制混凝土)不同应选择本表相应内容填写。

【填写示例】

表 C5-2-9 混凝土工程施工记录　　编号:01-06-002

工程名称:某某工程　　施工单位:某某建筑工程有限公司

浇筑部位	筏板基础	设计强度等级	C30P6	浇筑日期	2012 年 7 月 1 日	
操作班组	石某某	天气情况	晴	温度℃	最高	15℃
					最低	30℃

混凝土搅拌类别	商品混凝土	供货厂名			合同号		
		供货强度等级			配比单编号		
	现场拌制	配合比通知单编号	201207001				
		混凝土配合比	材料名称	规格产地	每立方米用量(kg)	每盘用量(kg)	实际每盘用量(kg)
			水泥	某某水泥厂	337	50	50
			石子	某某县	1267	195.4	195
			砂子	某某县	682	107.6	107
			水	城市自来水	178	22	22
			掺合料				
			掺合料				
			外加剂 UEA 外加剂	某某外加剂厂		5.5	
			外加剂				

开始时间	2012 年 7 月 1 日 8:20 时	完成时间	2012 年 7 月 1 日 12:15 时
本次浇筑数量(m^3)	190	试块留置情况	留置标养混凝土试块 2 组,同条件养护试块 1 组。
备注	"每盘用量"一栏填写的数值为施工配合比用量,施工配合比的调整见开盘鉴定。		

签字栏	监理(建设单位)	施工单位		
		技术负责人	施工员	试验员
	张某某	杨某某	王某某	孟某某

注:本示例为现场搅拌混凝土时填写范例,如施工选用商品混凝土时应依据实际情况选择本表相应填写。

表 C5-2-10　混凝土坍落度检查记录填写指南

【表式图解】

表 C5-2-10　混凝土坍落度检查记录　　　　编号：

工程名称：　　　　　　　　　　　施工单位：

混凝土强度等级			搅拌方式	
时间 年　月　日　时	施工部位	要求坍落度	实测坍落度	备注
签字栏	技术负责人：		试验员：	

施工部位：检测时正在浇筑的部位。

要求坍落度：施工单位申请配合比时提出的混凝土坍落度要求。

实测坍落度：实测坍落度值。

【填写要点】混凝土坍落度在混凝土浇筑现场检查，每班至少检查两次。

【相关规定】

坍落度检测应按以下要求进行：

(1)检测工具。

坍落度筒：要求筒内壁光滑，上下口平行且相对垂直。尺寸见图 5-6。

钢钎：ϕ16mm，长 600mm。

(2)操作步骤。

①湿润坍落度筒及底板，在坍落度内壁和地板上应无明水。底板应放在坚实的水平面上，并把筒放在底板中心，然后用脚踩住两边的脚踏板，坍落度筒在装料时应保持固定的位置。

②把按要求取得的混凝土试样用小铲分三层均匀的装入筒内，使捣实后每层高度为筒高的三分之一左右。每层用捣棒插捣 25 次。插捣应沿螺旋方向由外向中心进行，各次插捣应在截面上均匀分布。插捣筒边混凝土时，插捣可稍稍倾斜。插捣底层时，捣棒应贯穿整个深度，插捣第二层和顶层时，捣棒应插透本层至下一层表面；浇灌顶层时，混凝土应灌到高出筒口。插捣过程中，如混凝土沉落到低于筒，则应随时添加。顶层插捣完后，刮去多余的混凝土，并用抹刀抹平。

③清除筒边底板上的混凝土后，垂直平稳地提起坍落度筒。坍落度筒的提离过程应在

5～10s 内完成；从开始装料到提坍落度筒的整个过程应不间断地进行，并应在 150s 内完成。

④提起坍落度筒后，测量筒高与坍落后的混凝土试体最高点之间的高度差，即为该混凝土拌合物的坍落度值(见图 5-6)；坍落度筒提离后，如混凝土发生崩坍或一边剪坏现象，则应重新取样另行测定；如第二次试验仍出现上述情况，则表示该混凝土和易性不好，应予记录备查。

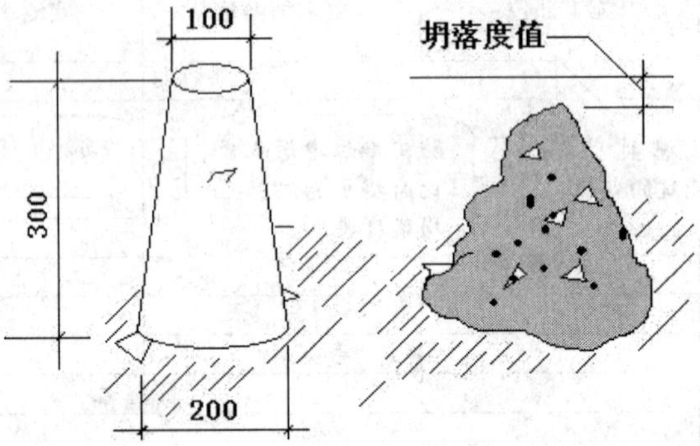

图 5-6　混凝土坍落度检测示意图

【填写示例】

表 C5-2-10　混凝土坍落度检查记录　　编号：01-06-002

工程名称：某某工程　　　　施工单位：某某建筑工程有限公司

混凝土强度等级	C30P6		搅拌方式	机械
时间 年　月　日　时	施工部位	要求坍落度	实测坍落度	备注
2012 年 7 月 1 日 8:20 时	①～②轴筏板基础	30～50mm	40mm	
2012 年 7 月 1 日 9:10 时	②～④轴筏板基础	30～50mm	45mm	
2012 年 7 月 1 日 9:50 时	④～⑤轴筏板基础	30～50mm	43mm	
2012 年 7 月 1 日 10:20 时	⑤～⑥轴筏板基础	30～50mm	35mm	
2012 年 7 月 1 日 11:05 时	⑥～⑧轴筏板基础	30～50mm	40mm	
2012 年 7 月 1 日 12:15 时	⑧～⑨轴筏板基础	30～50mm	41mm	
签字栏	技术负责人：杨某某		试验员：孟某某	

表 C5-2-11 冬期混凝土搅拌及浇灌测温记录填写指南

【表式图解】

表 C5-2-11 冬期混凝土搅拌及浇灌测温记录 编号：

工程名称： 施工单位：

施工部位							天气			风力	
年 月 日	时 分	原材料温度(℃)				大气温度	混凝土温度(℃)、养护条件				
		水泥	水	砂	石		浇灌部位	出罐	入模	养护方法	备注
签字栏	技术负责人：			质检员：				记录人：			

现场拌制时测量原材料温度并记录各原材料温度值。商品混凝土时不填写此类各项。

【填写要点】

(1)混凝土冬期施工时，均应对混凝土原材料和混凝土浇筑过程进行必要的测温并记录。

(2)商品混凝土仅对大气温度、出罐温度、入模温度三项进行测温。

【相关规定】

混凝土冬期施工测温项目和次数应符合表 5-39 的规定：

表 5-39 混凝土冬期施工测温项目和次数

测温项目	测温次数
室外气温及环境温度	每昼夜不少于 4 次，此外还需测最高、最低气温
搅拌机棚温度	每工作班不少于 4 次
水、水泥、砂、石及外加剂熔液温度	每工作班不少于 4 次
混凝土出机、浇筑、入模温度	每工作班不少于 4 次

【填写示例】

表 C5-2-11　冬期混凝土搅拌及浇灌测温记录

编号：01-06-001

工程名称：某某工程　　　　施工单位：某某建筑工程有限公司

施工部位		筏板基础					天气	晴		风力	3级
年月日	时分	原材料温度(℃)				大气温度	混凝土温度(℃)、养护条件				
		水泥	水	砂	石		浇灌部位	出罐	入模	养护方法	备注
2012.7.1	8:20	10	60	30	10	-10	①～②轴	15	10	蓄热法	自拌
2012.7.1	9:10	11	63	35	12	-11	②～④轴	17	12	蓄热法	自拌
2012.7.1	9:50	10	65	37	13	-8	④～⑤轴	15	10	蓄热法	自拌
2012.7.1	10:20	11	64	38	12	-7	⑤～⑥轴	17	12	蓄热法	自拌
2012.7.1	11:05	11	63	35	12	-11	⑥～⑧轴	16	13	蓄热法	自拌
2012.7.1	12:15	12	63	35	13	-11	⑧～⑨轴	17	15	蓄热法	自拌
……											
签字栏	技术负责人：杨某某				质检员：于某某				记录人：孟某某		

表 C5-2-12　混凝土养护测温记录填写指南

【表式图解】

表 C5-2-12　混凝土养护测温记录　　　　**编号：**

工程名称：

部位			养护方法												测试方式	
测温时间 年 月 日 时	大气温度	浇筑温度	各测孔内部温度(℃)/混凝土表面温度(℃) 测孔编号												平均温度(℃)	间隔时间(h)
测温孔布置简　图																
签字栏	技术负责人：						质检员：						记录人：			

填写各测温孔孔内、混凝土表面温度实测值。

填写每次测得各测温孔孔内、混凝土表面温度平均值。

填写测温间隔时间。

绘制测温孔布置图，页面不足可另附图。测温孔设置要求见【相关规定】。

施工单位相关人员签字。

【填写要点】

(1)该记录是指为保证冬施条件下混凝土质量而对混凝土温度测量记录。本记录适用于冬期施工混凝土和大体积混凝土工程。

(2)冬期施工混凝土工程施工过程中，应根据有关标准规定设置测温孔。测温应编号并绘制测温孔布置图。大体积混凝土的测温孔应在内外分别设置。

(3)浇筑大体积混凝土应测试混凝土内部与表面的温差，如设计无要求时，混凝土内外温差不得超过25℃。

【相关规定】

1)冬期施工混凝土养护期间的测温次数见表5-40。

表5-40 冬期施工混凝土养护期间的测温次数

养护方法或测温环境		测温频率
蓄热法养护混凝土		养护期每昼夜4次
负温混凝土	达到抗冻临界之前	每隔2h测1次
	达到抗冻临界之后	每昼夜2次
加热法养护混凝土		升降温期每1h测1次；恒温期每2h测1次
综合法养护的混凝土		养护期每昼夜4次
室外空气和周围环境		每昼夜4次，且应测最高、最低温度

2)测温孔的设置原则。

(1)测温孔布置及深度要绘制平面和立面图，各孔按顺序编号，经监理机构审批后实施。

(2)各类建筑测温孔设置要求：

①测温孔的布置一般选在温度变化较大、容易散失热量、构件易遭冻结的部位设置。

②现浇混凝土梁、板、圈梁的测温孔应垂直插入留置。梁侧孔每3m设置1个，且每跨至少2个，孔深1/3～1/2梁高。圈梁每4m长设置1个，每跨至少设置1个，孔深1/2梁高。

③现浇混凝土柱在柱头和柱脚各设1个测孔，且设在迎风面，与柱面成90°角，孔深1/2～1/3柱断面边长。

④预制框架现浇梁柱接头，每个柱上端接头设测孔1个，孔深为1/2混凝土接头高度。

每个柱下端设1对(2个)测温孔，孔深为1/3柱断面边长，测孔与柱面成90°角。

⑤现浇钢筋混凝土构造柱，每根柱上、下端接各设1个测温孔，孔深10cm，测孔与柱面成90°倾斜角。

⑥大模板工艺的剪力墙，横墙每条轴线测一块模板，纵墙轴线之间采取梅花形布置。每块板单面设测温孔3个，对角线布置，上、下测孔距大模板上、下边缘30～50cm，孔深10cm。

⑦预制大梁的叠合层，每根梁设测孔1个，孔深10cm。

⑧楼梯间休息平台及踏步板，每层设测孔不少于3个。

⑨现浇阳台挑檐、雨罩及室外楼梯休息平台等零星构件每个设测温孔2个。

⑩钢筋独立柱基，每个设测孔2个，孔深15cm；条形基础，每5m长设测孔1个，孔深15cm；箱型基础底板，每20m^{2}设测孔1个，孔深15cm；厚大的底板应在底板的中、下部增设2层或3层测温点，以掌握混凝土的内部温度。

3)测温方法。

(1)测温时，应将温度计与外界气温作妥善隔离，可在孔口四周围用保温材料塞住，温度计在测温孔内留置3min以上，方可读数。

(2)测量读数时，应使视线和温度计的水银柱顶点在同一水平面上，以避免视差。

【填写示例】

表 C5-2-12　混凝土养护测温记录　　编号:01-06-001

工程名称:某某工程

部位	筏板基础		养护方法				蓄热法								测试方式	人工测温
测温时间 年 月 日 时	大气温度	浇筑温度	各测孔内部温度(℃)/混凝土表面温度(℃) 测孔编号												平均温度(℃)	间隔时间(h)
			1	2	3	4	5	6	7	8	9					
2012.12.1,18:13	-2	12	8/2	9/1	8/1	9/1	8/0	9/2	9/1	9/2	9/0				4.89	/
2012.12.1,23:10	-2	12	9/3	9/1	8/0	9/1	8/0	9/2	9/1	9/2	9/1				5	6
2012.12.2,6:11	-2	12	8/2	9/1	8/1	9/1	8/0	9/2	9/1	9/2	9/0				4.89	6
2012.12.2,12:15	-2	12	9/3	9/1	8/0	9/1	8/0	9/2	9/1	9/2	9/1				5	6
......																
测温孔布置简　图	测温孔布置图见附页															
签字栏	技术负责人:杨某某　　质检员:马某某　　记录人:孟某某															

注:测温孔布置图不再给出示例。

表 C5-2-13　同条件养护混凝土试件测温记录填写指南

【表式图解】

表 C5-2-13　同条件养护混凝土试件测温记录　　　　编号：

工程名称：　　　　　　　　　　　　　　　　混凝土强度等级：

部位			养护方式		测温方法	
测温日期	测温时间				日平均温度（℃）	累计温度（℃）
	2 时	8 时	14 时	20 时		
累积温度·天数						
签字栏	技术负责人：			记录人：		

按每天 2 时、8 时、14 时和 20 时四个时间测得试件养护温度值。

日平均温度值。

累计等效龄期的温度温度·天数。

【填写要点】

(1)同条件养护试件均应进行等效龄期测温记录。

(2)等效龄期可按日平均温度逐日累计达到 600℃·d 时所对应的龄期，0℃及以下的龄期不计入；等效龄期不应小于 14d；也不宜大于 60d。

(3)日平均温度按每天 2 时、8 时、14 时和 20 时四个时间测得试件养护温度的平均值计取。同条件试件测温记录自试块留置之日起开始，至满足等效龄期要求止。

(4)同条件养护试件应在达到等效龄期时进行强度检测。

【填写示例】

表 C5-2-13　同条件养护混凝土试件测温记录　　编号：02-01-001

工程名称：某某工程　　　　混凝土强度等级：C30

部　位	首层框架柱		养护方式	同条件	测温方法	人工测温
测温日期	测 温 时 间				日平均温度(℃)	累计温度(℃)
	2 时	8 时	14 时	20 时		
2012.6.20	10	18	30	25	20.75	20.75
2012.6.21	12	18	29	22	20.25	41
2012.6.22	10	18	31	25	21	62
2012.6.23	11	19	30	25	21.25	83.25
2012.6.24	9	18	30	23	20	103.25
2012.6.25	14	19	30	25	22	125.25
2012.6.26	15	18	30	25	22	147.25
2012.6.27	13	18	30	25	21.5	168.75
2012.6.28	10	15	30	26	20.25	189
2012.6.29	12	18	30	25	21.25	210.25
2012.6.30	14	16	30	25	21.25	231.5
2012.7.1	10	18	30	27	21.25	252.75
2012.7.2	16	19	30	25	22.5	275.25
2012.7.3	16	18	30	28	23	298.25
2012.7.4	15	17	30	25	21.75	320
2012.7.5	15	18	30	25	22	342
2012.7.6	15	17	30	25	21.75	363.75
2012.7.7	13	18	30	25	21.5	385.25
2012.7.8	10	15	30	26	20.25	405.5
2012.7.9	12	18	30	25	21.25	426.75
2012.7.10	14	16	30	25	21.25	448
2012.7.11	10	18	30	27	21.25	469.25
2012.7.12	16	19	30	25	22.5	491.75
2012.7.13	16	18	28	28	22.5	514.25
2012.7.14	15	17	30	25	21.75	536
2012.7.15	15	18	30	25	22	558
2012.7.16	15	18	30	25	22	580
2012.7.17	14	17	29	20	20	600
累积温度·天数	600℃·28d					
签字栏	技术负责人：杨某某				记录人：孟某某	

表 C5-2-14　结构实体钢筋保护层厚度检测记录填写指南

【表式图解】

表 C5-2-14　结构实体钢筋保护层厚度检测记录编号：

工程名称：　　　　　　　　　　　　　　施工单位：

构件名称		填写检测构件名称		检测方法	
非悬挑构件数量	总数量		悬挑构件数量	总数量	
	检测数量			检测数量	
编号	构件位置	检测位置	设计厚度(mm)	允许偏差(mm)	实测值(mm)
	被检构件具体位置	检测点在构件的具体位置	设计保护层厚度值	规范规定的允许偏差值	实际检测保护层厚度值
施工单位检测结论：					
监理(建设)单位验收结论：					
签字栏	监理(建设)单位	施工单位			
		技术负责人	质检员	记录人	

保护层检查合格的判定：

1）当全部钢筋保护层厚度检验的合格点率为 90%及以上时，钢筋保护层厚度的检验结果应判为合格。

2）当全部钢筋保护层厚度检验的合格点率小于 90%但不小于 80%，可再抽取相同数量的构件进行检验；当按两次抽样总和计算的合格点率为 90%及以上时，钢筋保护层厚度的检验结果仍应判为合格。

3）每次抽样检验结果中不合格点的最大偏差均不应大于《混凝土结构工程施工质量验收规范》条规定允许偏差的 1.5 倍。

【填写要点】

(1)在混凝土结构完工后，子分部验收前施工单位应对涉及结构安全的构件(梁、板)的重要部位进行混凝土保护层厚度检查。自检合格后还应由具有相应检测资质的检测机构对其进行复核性检测。

(2)检验方法：现行有关标准多采用破损法和非破损法。可优先采用非破损法，必要时采用破损法。采用破损法时，检测完成后应及时修补，以免影响结构性能和使用功能。

【相关规定】

结构实体钢筋保护层厚度检验的规定参见本书 5.5.2 节“表 C4-22 结构实体钢筋保护层厚度检测报告填写指南”的【相关规定】。

【填写示例】

表 C5-2-14　结构实体钢筋保护层厚度检测记录　　编号:02-01-001

工程名称:某某工程　　　　施工单位:某某建筑工程有限公司

构件名称		主体结构框架梁		检测方法	超声波扫描
非悬挑构件数量	总数量	10	悬挑构件数量	总数量	120
	检测数量	3		检测数量	3

编号	构件位置	检测位置	设计厚度 mm)	允许偏差(mm)	实测值(mm)
1	首层③轴 KL-1	跨中 1/3 范围内	25	+10,-7	+5
2	首层Ⓐ轴 KL-3A	跨端 1/3 范围内	25	+10,-7	+8
3	二层⑥轴 KL-2	跨中 1/3 范围内	25	+10,-7	-5
4	二层Ⓓ轴 KL-5A	跨端 1/3 范围内	25	+10,-7	+4
5	三层⑧轴 KL-6	跨中 1/3 范围内	25	+10,-7	+5
6	三层Ⓒ轴 KL-3A	跨端 1/3 范围内	25	+10,-7	-6
	……				

施工单位检测结论:经查主体结构框架梁钢筋保护层结果符合《混凝土结构工程施工质量验收规范》GB503204-2002(2011 版)的有关规定,结果合格。

监理(建设)单位验收结论:　经查结果合格。

签字栏	监理(建设)单位	施工单位		
		技术负责人	质检员	记录人
	宣某某	杨某某	马某某	孟某某

表 C5-2-15　大型构件吊装记录填写指南

【表式图解】

表 C5-2-15　大型构件吊装记录　　　　**编号：**

工程名称：

构件名称								
使用部位					吊装日期			
位　置			安装检查				焊、卯、栓接检查	
跨	轴线	柱号	搁置与搭接尺寸	接头(点)处理	固定方法	标高复测	尺寸检查	外观检查
结论								
签字栏	技术负责人：			质检员：		记录人：		

构件深入支撑点实际尺寸

构件接头的处理方法

构件安装的固定方法，如焊接、卯接、栓接等

指实际复测的标高

指安装构件的实际尺寸

指安装构件的外观质量

依据相关标准要求，对构件安装质量作出的结论。

施工单位相关人员签字

【填写要点】

(1)利用起重设备或人工吊装大型构件时，均应填写此记录。

(2)记录内容包括各类构件的类型、型号、位置、接头长度、标高、连接固定方式以及吊装偏差情况等。

(3)构件吊装记录应分层记录，并应对照分层吊装平面图执行。

(4)当吊装工程有分包单位承包时，应由分包单位记录，工程完工后应将构件吊装记录报总承包单位整理归档。

【填写示例】

表 C5-2-15 大型构件吊装记录

编号：

工程名称：某某工程

构件名称			预应力空心板					
使用部位			屋面		吊装日期		2012年6月14日	
位　置			安装检查				焊、卯、栓接检查	
跨	轴线	柱号	搁置与搭接尺寸	接头(点)处理	固定方法	标高复测	尺寸检查	外观检查
第1跨	①～②/Ⓐ～Ⓑ	—	72mm	钢筋绑扎后混凝土灌缝	焊接	10.21m	合格	合格
第1跨	①～②/Ⓑ～Ⓒ	—	70mm	钢筋绑扎后混凝土灌缝	焊接	10.20m	合格	合格
第1跨	①～②/Ⓒ～Ⓓ	—	70mm	钢筋绑扎后混凝土灌缝	焊接	10.21m	合格	合格
……								
结论	经查预应力空心板安装质量符合有关标准的规定，结果合格。							
签字栏	技术负责人：杨某某			质检员：马某某		记录人：孟某某		

表 C5-2-16　焊接材料烘焙记录填写指南

【表式图解】

表 C5-2-16　焊接材料烘焙记录　　编号：

工程名称：

焊材牌号				规格(mm)			
烘焙方法与要求：							
序号	施焊部位	烘焙数量(kg)	烘干温度(℃)	烘干时间(h)	保温温度(℃)	保温时间(h)	烘焙时间
签字栏	专业技术负责人：			质检员：	记录人：		

【填写要点】

(1)焊接材料贮存场所应干燥、通风良好，应由专业人保管、烘干、发放和回收，并应填写详细烘焙记录。

(2)焊接材料熔敷金属的力学性能不得低于母材标准的下限值或满足设计文件要求。

【相关规定】摘自《钢结构焊接规范》GB50661-2011

7.2.3　焊条的保存、烘干应符合下列要求：

1 酸性焊条保存时应有防潮措施，受潮的焊条使用前应在 100～150℃ 范围内烘焙 1～2h；

2.低氢型焊条应符合下列要求：

1)焊条使用前应在300～430℃范围内烘焙1～2h,或按厂家提供的焊条使用说明书进行烘干。焊条放入时烘箱的温度不应超过规定的最高烘焙温度的一半,烘焙时间以烘箱达到规定最高烘焙温度后开始计算;

2)烘干后的低氢型焊条应放置于温度不低于120℃的保温箱中存放、待用;使用时应置于保温筒中,随用随取;

3)焊条烘干后在大气中放置时间不应超过4h,用于焊接Ⅲ、Ⅳ类钢材的焊条,烘干后在大气中放置时间不应超过2h。重新烘干次数不应超过1次。

7.2.4　焊剂的烘干应符合下列要求:

1 使用前应按制造厂家推荐的温度进行烘焙,已受潮或结块的焊剂严禁使用;

2 用于焊接Ⅲ、Ⅳ类钢材的焊剂,烘干后在大气中放置时间不应超过4h。

7.2.5 焊丝和电渣焊的熔化或非熔化导管表面以及栓钉焊接端面应无油污、锈蚀。

7.2.6 栓钉焊瓷环保存时应有防潮措施,受潮的焊接瓷环使用前应在120～150℃范围内烘焙1～2h。

7.2.7 常用钢材的焊接材料可按表7.2.7的规定选用,屈服强度在460Mpa以上的钢材,其焊接材料的选用应符合本规范第7.2.1条的规定。

表C5-2-17　大六角高强度螺栓初拧(终拧)施工检查记录填写指南

【表式图解】

表C5-2-17　大六角高强度螺栓初拧(终拧)施工检查记录　　编号:

工程名称:

检查部位										
节点编号	螺栓个数	性能等级	螺栓规格	施工扭矩值(N·m)	初拧(终拧)扭矩检查(N·m)					
					1	2	3	4	5	6
检查结论: 日期:　　年　月　日										

签字栏	监理(建设)单位	施工单位		
		技术负责人	质检员	记录人

应填写按【相关规定】6.4.13条中公式计算出的TC值。(一般设计给定会PC值,如设计未规定时应按【相关规定】6.4.13条中公式附表选取。)

填写初拧(终拧)扭矩实抽查值

监理机构监理工程师签署检查结论,施工单位相关人员签字

【相关规定】摘自《钢结构高强度螺栓连接技术规程》JGJ82-2011

(1)大六角头高强度螺栓的施工终拧扭矩可由下式计算确定：

$$T_C = kP_Cd$$

式中 T_C——施工终拧扭矩(N·m)；

d——高强度螺栓公称直径(mm)；

k——高强度螺栓连接副的扭矩系数平均值；

P_C——高强度螺栓施工预拉力(kN)，可按下表取值：

螺栓性能等级	螺栓公称直径						
	M12	M16	M20	M22	M24	M27	M30
8.8s	50	90	140	165	195	255	310
10.9s	60	110	170	210	250	320	390

(2)高强度大六角头螺栓连接副的拧紧应分为初拧、终拧。对于大型节点应分为初拧、复拧、终拧。初拧扭矩和复拧后的高强度螺栓应用颜色在螺母上标记，按6.4.13条规定的终拧扭矩值进行终拧。终拧后的高强度连接副的初拧、复拧、终拧宜在一天内完成。

表C5-2-18 空间网格结构挠度值检查记录填写指南

【表式图解】

表C5-2-18 空间网格结构挠度值检查记录 **编号：**

工程名称： 施工单位：

检查部位		分包单位	
测量说明、测点示意图及挠度值： 绘制挠度实测示意图，测点选择应遵循【相关规定】的要求，并应简述测量说明。			
结论： 监理机构监理工程师签署检查结论，施工单位相关人员签字。 日期： 年 月 日			
施工单位检查评定结果	质检员： 年 月 日		
监理(建设)单位验收结论	监理工程师： (建设单位专业技术负责人) 年 月 日		

【相关规定】

空间网格结构安装完成后，应对挠度进行测量。测量点的位置可有设计单位确定。当设计无要求时，对跨度为 24m 以上的情况，应测量跨中及跨度方向四等分点的挠度。所测得的挠度值不应超过现荷载条件下挠度计算的 1.15 倍。

表 C5-3-4　钻孔灌注桩后压浆施工记录填写指南

【填写示例】

表 C5-3-4　钻孔灌注桩后压浆施工记录　　编号：01-03-001

工程名称	某某工程					桩号	1#桩	
成桩日期	2012年4月5日		灌浆泵型号	NJB-001		注浆时间	2012年5月5日	
注浆管号	注浆泵泵压(MPa)						压浆时间(min)	水泥用量(kg)
		开环	最大	最小	正常	终止	10	200
1	桩端注浆	0.25	0.27	0.24	0.25	0.27	15	212
2		0.25	0.28	0.25	0.25	0.26	18	220
1	桩侧注浆	0.25	0.28	0.26	0.26	0.27	14	208
2		0.25	0.27	0.25	0.26	0.26	16	220
浆液配比	水灰比	0.8	0.8	0.8	0.8	0.8		
	水泥强度等级	42.5	42.5	42.5	42.5	42.5		
备注								
签字栏	监理(建设)单位	施工单位						
		专业技术负责人		质检员		记录人		
	张某某	杨某某		马某某		孟某某		

表 C5-3-5　长螺旋钻孔泵压混凝土桩施工记录填写指南

【填写示例】

表 C5-3-5　长螺旋钻孔泵压混凝土桩施工记录

编号：01-03-001

工程名称：某某工程　　　　施工单位：某某建筑工程有限公司

设计桩径	500mm	混凝土强度等级	C30	混凝土坍落度	16mm

施工日期	序号桩号	设计桩长(m)	实际桩长(m)	开钻时间	成桩时间	桩顶设计标高(m)	场地标高(m)	混凝土灌注量(m^3)	机号	备注
2012.4.5	1#	25.5	26.00	8:05	9:05	−2.50	−2.60	5.1	1#	
2012.4.5	2#	25.5	26.10	9:15	10:05	−2.50	−2.60	5.1	1#	
2012.4.5	3#	25.5	26.20	10:15	11:05	−2.50	−2.60	5.1	1#	
2012.4.5	3#	25.5	26.20	11:09	12:00	−2.50	−2.60	5.1	1#	
……										

签字栏	监理(建设)单位	施工单位		
		专业技术负责人	质检员	记录人
	张某某	杨某某	马某某	孟某某

表 C5-3-31 振冲处理施工记录填写指南

【填写示例】

表 C5-3-31 振冲处理施工记录 编号:01-03-001

工程名称:某某工程 日期:2012 年 04 月 05 日

序号	孔深(m)	工作内容	时间(min)			电流(A)	水压(MPa)	填料量(m^3)	备注
			起	止	小计				
1	15.50	成孔	8:10	8:15	5	15	0.15	0	
1	15.50	制桩	8:12	8:20	8	65	0.2	1.10	
2	15.50	成孔	8:22	8:26	4	15	0.15	0	
2	15.50	制桩	8:28	8:38	10	65	0.2	1.10	
……									
工号:11# 振冲器型号: 天气:晴									
签字栏	专业技术负责人:杨某某 质检员:马某某 记录人:孟某某								

表 C5-3-32　旋喷桩施工记录填写指南

【填写示例】

表 C5-3-32　旋喷桩施工记录　　　　编号:01-03-001

工程名称:某某工程　　　　　　施工单位:某某建筑工程有限公司

序号	注浆孔号	旋喷深度（m）	实际有效长度（m）	旋喷时间		转速（n/min）	提升速度（cm/min）	喷嘴压力 MPa	水灰比	置浆残液状态	旋喷日期
				开始	结束						
1	001	15	14.5	8:02	8:20	15	25	0.7	0.9	未离析	4.5
2	002	15	14.6	8:22	8:40	15	25	0.7	0.9	未离析	4.5
……											

钻 孔 机 具:旋喷机　　　　高压泵型号:　　　　注浆管直径:400mm

喷 嘴 直 径:3.0mm　　　　喷嘴个数:　2　　　　水泥强度等级:42.5

设计旋喷速度:15 n/min　　　　设计提升速度:20～25m/min

签字栏	监理(建设)单位	施工单位		
		专业技术负责人	质检员	记录人
	张某某	杨某某	马某某	孟某某

表 C5-3-34　CFG 桩施工记录填写指南

【填写示例】

表 C5-3-34　CFG 桩施工记录　　编号:01-03-001

工程名称:某某工程　　施工单位:某某建筑工程有限公司

施工日期	序号	桩号	成孔深度(m)	成孔时间(h:min)		成桩时间(h:min)		混凝土灌注量(m^3)	备注
				起	止	起	止		
7月1日	1	1	22.50	8:05	8:16	8:26	8:36	2.95	
7月1日	2	2	22.50	8:45	8:56	9:06	9:15	2.94	
7月1日	3	3	22.50	9:25	9:35	9:37	9:47	2.96	
……									

成孔方式:长螺旋成孔　　设计桩径:400mm　　设计桩长:22.50m

桩顶标高:−6.50m　　地面标高:−1.20m　　混凝土强度等级:C25

签字栏	监理(建设)单位	施工单位		
		专业技术负责人	质检员	记录人
	张某某	杨某某	马某某	孟某某

5.7 施工试验及检查记录(C6类)填写指南

本章要点

施工试验及检查记录包含施工过程中，利用一定检测设备或检测手段对影响结构安全和使用功能的部位进行试验、检查的记录。同时也是工程质量控制资料的重要组成部分。本章给出了施工试验及检查记录资料的划分与实用表式明细，并用【表式图解】、【填写要点】和【相关规定】等形式对常用表格进行了多角度解析，同时对重要表式的填写给出了【填写示例】，但“电梯工程”较原规程没有变化，故本章对此类表式未作解析。

5.7.1 实用表式划分明细

施工试验及检查记录主要包括：通用表格、建筑与结构工程专用表、给排水及采暖工程专用表、建筑电气工程专用表、智能建筑工程专用表、通风与空调工程专用表和电梯工程专用表等7类。施工试验及检查记录(C6类)资料的实用表式划分详见表5-41。

表5-41 施工试验及检查记录(C6类)资料实用表式划分明细

工程资料类别	实用表式编号	实用表式名称	备注
C6类施工试验及检查记录	**Ⅰ 通用表格**		
	表C6-1-1	设备单机试运转记录	※
	表C6-1-2	系统试运转(调试)记录	※
	Ⅱ 建筑与结构工程		
	表C6-2-1	淋(蓄)水试验记录(通用)	※
	表C6-2-2	地下工程渗漏水检测记录	※
	表C6-2-3	通风(烟)道检查记录	※
	Ⅲ 给排水及采暖工程		
	表C6-3-1	灌水(满水)试验记录	※
	表C6-3-2	系统(分段)强度、严密性试验记录	※
	表C6-3-3	管道通水试验记录	※
	表C6-3-4	冲洗(吹扫/擦洗/脱脂)记录	※
	表C6-3-5	管道通球试验记录	※
	表C6-3-6	补偿器预拉伸记录	※
	表C6-3-7	室内消火栓试射记录	※
	表C6-3-8	整装锅炉烘炉检查记录	※
	表C6-3-9	锅炉煮炉检查记录	※

续表

工程资料类别	实用表式编号	实用表式名称	备注
C6类施工试验及检查记录	表C6-3-10	整装锅炉48小时试运行记录	※
	Ⅳ　建筑电气工程		
	表C6-4-1	接地电阻测试记录	※
	表C6-4-2	绝缘电阻测试记录	※
	表C6-4-3	避雷接地电阻测试记录	※
	表C6-4-4	电气器具通电安全检查记录	※
	表C6-4-5	电气设备调试记录	※
	表C6-4-6	照明全负荷试验记录	※
	表C6-4-7	大型灯具牢固性试验记录	※
	表C6-4-8	漏电开关模拟试验记录	※
	表C6-4-9	大容量电气线路结点测温记录	※
	Ⅴ　智能建筑工程		
	表C6-5-1	综合布线测试记录	
	表C6-5-2	光纤损耗测试记录	
	表C6-5-3	视频系统末端测试记录	
	表C6-5-4	智能建筑工程子系统检测记录	
	表C6-5-5	智能建筑系统试运行记录	
	Ⅵ　通风与空调工程		
	表C6-6-1	系统无生产负荷联合试运转与调试记录	※
	表C6-6-2	室内温度、湿度测试记录	※
	表C6-6-3	净化空调系统检测记录	※
	表C6-6-4	风口(吸风罩)风量测试记录	※
	表C6-6-5	排烟系统联合试运转与调试记录	※
	表C6-6-6	制冷系统气密性试验记录	※
	表C6-6-7	现场组装除尘器(空调机组)漏风检测记录	※
	表C6-6-8	风管漏风检测记录	※
	表C6-6-9	风管漏光检测记录	※
	表C6-6-10	风管强度检测记录	※

续表

工程资料类别	实用表式编号	实用表式名称	备注
C6类施工试验及检查记录	表 C6-6-11	通风空调设备、管道接地及防静电连接检查记录	※
	表 C6-6-12	灌水(满水)试验记录(同表 C6-3-1)	
	表 C6-6-13	系统(分段)强度、严密性试验记录(同表 C6-3-2)	
	表 C6-6-14	管道通水试验记录(同表 C6-3-3)	
	表 C6-6-15	冲洗(吹扫/擦洗/脱脂)记录(同表 C6-3-4)	
	表 C6-6-16	补偿器预拉伸记录(同表 C6-3-6)	
	Ⅶ　电梯工程		电梯专用表式与修订前并未改变,故在本章中不再解析
	表 C6-7-1	电梯安全装置检查记录.	
	表 C6-7-2	电梯负荷运行试验记录	
	表 C6-7-3	电梯负荷运行试验曲线图(确定平衡系数)	
	表 C6-7-4	电梯噪声测试记录	
	表 C6-7-5	电梯加减速和轿厢运行的垂直、水平振动速度试验记录	
	表 C6-7-6	曳引机检查与试验记录	
	表 C6-7-7	限速器试验记录	
	表 C6-7-8	安全钳试验记录	
	表 C6-7-9	缓冲器试验记录	
	表 C6-7-10	层门和开门机械试验记录	
	表 C6-7-11	门锁试验记录	
	表 C6-7-12	绳头组合拉力试验记录	
	表 C6-7-13	选层器钢带试验记录	
	表 C6-7-14	轿厢试验记录	
	表 C6-7-15	控制屏试验记录	

注:1. 备注一栏内“※”为施工技术资料类中常用表式,将在本章中重点解析。

2. 本章 5.7.2 中对备注中新增表式进行详细解析。

5.7.2　实用表式填写指南

表 C6-1-1　设备单机试运转记录填写指南

【表式图解】

表 C6-1-1　设备单机试运转记录　　　　**编号：**

工程名称：　　　　　　　　施工单位：

设备名称		所属系统、位置	
规格型号		安装位号	
设备编号		试运转时间	年　月　日　时　分至 年　月　日　时　分
生产厂家			

序号	检查项目	检查记录	备注
1			
2			
3			
4			
5			
6			
7			
8			
9			
试运转结论： 年　月　日			

签字栏	监理（建设）单位	施工单位		
		专业技术负责人	专业质检员	操作人

填写检查项目名称

简要记录各项检查项目的检查经过、结果

设备安装的位置或位置编号

监理机构代表确认试运转结论，参加验收的相关人员签字。

【填写要点】

(1)此表为设备单机试运转通用记录表式。设备在安装完毕后系统试运行前，均应按设备随机文件、设计要求和规范规定进行单机试运转。

(2)此表适用于给排水、采暖、通风与空调、电气工程中设备单机运转记录。

【填写示例】

表 C6-1-1　设备单机试运转记录　　编号:05-10-001

工程名称:某某工程　　施工单位:某某建筑工程有限公司

<table>
<tr><td>设备名称</td><td>多级管道离心泵</td><td>所属系统、位置</td><td>1#锅炉房采暖供水系统</td></tr>
<tr><td>规格型号</td><td>50GDL18-15x2</td><td>安装位号</td><td>1#</td></tr>
<tr><td>设备编号</td><td>20111012538</td><td rowspan="2">试运转时间</td><td rowspan="2">2012 年 7 月 2 日 8 时 5 分至
2012 年 7 月 2 日 10 时 8 分</td></tr>
<tr><td>生产厂家</td><td>某某泵业有限公司</td></tr>
</table>

序号	检查项目	检查记录	备注
1	轴承温度	最高温度 61℃	产品说明书要求不大于 70℃
2	震动和严密性	壳体密封处无渗漏,紧固件连接部位无松动,无异常震动与声响	
3	额定流量下出水压力	$18m^3/h$ 时出水压力 0.31MPa	
4			
5			
6			
7			
8			
9			

试运转结论:

试运转过程按设计及规范要求进行,各项指标符合规范和产品说明书要求,试运转合格。

2012 年 7 月 2 日

<table>
<tr><td rowspan="3">签字栏</td><td>监理(建设)单位</td><td colspan="3">施工单位</td></tr>
<tr><td rowspan="2">张某某</td><td>项目技术负责人</td><td>专业质检员</td><td>操作人</td></tr>
<tr><td>赵某某</td><td>李某某</td><td>王某某</td></tr>
</table>

表 C6-1-2　系统试运转(调试)记录填写指南

【表式图解】

表 C6-1-2　系统试运转(调试)记录　　　编号：

工程名称：　　　　　　　　　　　　施工单位：

<table>
<tr><td colspan="2">分部(单位)工程名称</td><td></td><td>系统名称</td><td colspan="2"></td></tr>
<tr><td colspan="2">主要运转(调试)项目</td><td></td><td>试验日期</td><td colspan="2">年　月　日时　分至
年　月　日　时　分</td></tr>
<tr><td colspan="6">试运转(调试)情况：
（填写系统试运转（调试）准备、经过/达到的指标、效果等基本情况。）</td></tr>
<tr><td colspan="6">试运转(调试)结论：
（监理机构代表确认试运转（调试）结论，参加验收的相关人员签字。）
年　月　日</td></tr>
<tr><td rowspan="3">签字栏</td><td colspan="2" rowspan="1">监理(建设)单位</td><td colspan="3">施工单位</td></tr>
<tr><td colspan="2" rowspan="2"></td><td>项目技术负责人</td><td>专业质检员</td><td>操作人</td></tr>
<tr><td></td><td></td><td></td></tr>
</table>

【填写要点】

(1)此表为各系统试运转、调试记录用表。系统试运转、调试应于单机试运转合格后系统安装完成时，按设计要求和规范规定进行。

(2)此表适用于给排水、采暖、通风与空调、电气工程中设备单机运转记录。

【填写示例】

表 C6-1-2　系统试运转(调试)记录　　编号：05-05-001

工程名称：某某住宅楼工程　　　　施工单位：某某建筑工程有限公司

<table>
<tr><td colspan="2">分部(单位)工程名称</td><td>采暖工程</td><td>系统名称</td><td colspan="2">N-1采暖系统</td></tr>
<tr><td colspan="2">主要运转(调试)项目</td><td>室内温度</td><td>试验日期</td><td colspan="2">2012年12月2日8时10分至
2012年12月6日18时10分</td></tr>
<tr><td colspan="6">试运转(调试)情况：
2日8时10分对N-1采暖系统充满水后打开各分户阀门并逐渐开启系统入户供回水阀门，对管路缓慢加温，10时起供回水管调至设计压力，3日12时起根据室温调整各分户阀门，4日12时起对分户阀门和系统入户供回水阀门进行微调，6日待各室内温度稳定后测得厨卫间温度为18～19.5℃、卧室等房间22～24.6℃，符合图纸中不低于18℃和22℃的要求。</td></tr>
<tr><td colspan="6">试运转(调试)结论：
采暖系统经调试，各房间温度均达到了设计要求，调试合格。
2012年12月7日</td></tr>
<tr><td rowspan="3">签字栏</td><td colspan="2">监理(建设)单位</td><td colspan="3">施工单位</td></tr>
<tr><td colspan="2" rowspan="2">张某某</td><td>项目技术负责人</td><td>专业质检员</td><td>操作人</td></tr>
<tr><td>赵某某</td><td>李某某</td><td>王某某</td></tr>
</table>

表 C6-2-1　淋(蓄)水试验记录(通用) 填写指南

【表式图解】

表 C6-2-1　淋(蓄)水试验记录(通用)

编号：

工程名称：　　　　　　　　　　　　施工单位：

<table>
<tr><td>试水部位</td><td colspan="2"></td><td>防水做法</td><td></td></tr>
<tr><td>试水日期</td><td colspan="4">年　月　日　时起
年　月　日　时止</td></tr>
<tr><td>试水简况</td><td colspan="4">简要填写淋（蓄）水试验过程。</td></tr>
<tr><td>检查结果</td><td colspan="4">填写淋（蓄）水试验检查结果，如存在问题的应详述清楚。</td></tr>
<tr><td>复查结果</td><td colspan="4">对首次试验检查存在问题部位处理后的复查结果。</td></tr>
<tr><td>评定意见</td><td colspan="4">专业监理工程师和施工单位相关人员签字。
监理机构审核后签署的填写淋（蓄）水试验评定结果。
年　月　日</td></tr>
<tr><td rowspan="3">签字栏</td><td rowspan="2">监理(建设)单位</td><td colspan="3">施工单位</td></tr>
<tr><td>技术负责人</td><td>质检员</td><td>试验员</td></tr>
<tr><td></td><td></td><td></td><td></td></tr>
</table>

【填写要点】

屋面工程和有防水要求的建筑地面完工后均应进行淋(蓄)水试验并记录。

【相关规定】

(1)屋面进行淋(蓄)水试验主要检查屋面有无渗漏、积水和排水系统是否畅通。其试验可在雨后或持续淋水 2h 后进行，具备蓄水条件的屋面，其蓄水时间不应小于 24h。

(2)建筑地面淋(蓄)水试验蓄水深度应为高于最高点 20～30mm，24h 内无渗漏为合格。

【填写示例】

表 C6-2-1　淋(蓄)水试验记录~~(通用)~~　　编号:04-01-001

工程名称:某某工程　　　　施工单位:某某建筑工程有限公司

试水部位	屋　面		防水做法	SBS改性沥青卷材防水
试水日期	2012年8月1日8时起 2012年8月2日8时止			
试水简况	用水泥砂浆将雨水口堵严后,对屋面进行蓄水,蓄水深度为高于最高点30mm,蓄水时间24h			
检查结果	对顶层进行观察,未发现渗漏现象			
复查结果				
评定意见	经检查未发现渗漏现象,实验结果合格。 2012年8月2日			
签字栏	监理(建设)单位	施工单位		
		技术负责人	质检员	试验员
	宣某某	杨某某	马某某	孟某某

表 C6-2-2　地下工程渗漏水检测记录填写指南

【表式图解】

表 C6-2-2　地下工程渗漏水检测记录　　　　**编号：**

工程名称：　　　　　　　　施工单位：

结构类型		检测部位		
防水等级		防水面积		
渗漏水量检测	湿渍点数：处；漏水点数：　处			
	1.单个湿渍的最大面积　　m^2；总湿渍面积　　m^2			
	2.每 100 m^2 的渗水量　　$L/(m^2 \cdot d)$；整个工程平均渗水量　　$L/(m^2 \cdot d)$			
	3.单个漏水点的最大漏水量　　L/d；整个工程平均漏水量　　$L/(m^2 \cdot d)$			
结构内表面的渗漏水展开图				
存在问题与处理意见				
结论	年　月　日			
签字栏	监理(建设)单位	施工单位		
		技术负责人	质检员	施工员

渗漏水量检测方法见本表式的【相关规定】

结构内表面的渗漏水展开图绘制要求及渗漏现象标识符号要求见本表式的【相关规定】。页面不足可另附页。

按地下工程防水等级标准填写此次检测达到的等级。地下工程防水等级划分见本表式的【相关规定】。

【填写要点】

地下工程渗漏水检测应由施工单位项目技术负责人组织质检员、施工员实施。监理单位或建设单位应在记录上填写处理意见与结论，参加验收的相关人员在签字栏内签字。

【相关规定】

1)地下工程的防水等级标准见表5-42的规定。

表5-42　地下工程防水等级标准

防水等级	防　水　标　准
一级	不允许渗水，结构表面无湿渍
二级	不允许漏水，结构表面可有少量湿渍； 房屋建筑地下工程：总湿渍面积不应大于总防水面积(包括顶板、墙面、地面)的1/1000；任意100m^2防水面积上的湿渍不超过2处，单个湿渍的最大面积不大于0.1m^2； 其他地下工程：总湿渍面积不应大于总防水面积的2/1000；任意100m^2防水面积上的湿渍不超过3处，单个湿渍的最大面积不大于0.2m^2；其中，隧道工程平均渗水量不大于0.05L/(m^2·d)，任意100m^2防水面积上的渗水量不大于0.15L/(m^2·d)
三级	有少量漏水点，不得有线流和漏泥沙； 任意100m^2防水面积上的渗水或湿渍点数不超过7处，单个漏水点最大漏水量不大于2.5L/d，单点湿渍的最大面积不大于0.3m^2
四级	有漏水点，不得有线流和漏泥沙； 整个工程平均漏水量不大于2L/(m^2·d)；任意100m^2防水面积上的平均渗水量不大于4L/(m^2·d)

2)渗漏水调查

(1)明挖法地下工程应在混凝土结构和防水层验收合格以及回填土完成后，即可停止降水；待地下水位恢复至自然水位且趋向稳定时，方可进行地下工程渗漏水调查。

(2)地下防水工程质量验收时，施工单位必须提供"结构内表面的渗漏水展开图"。

(3)房屋建筑地下工程应调查混凝土结构内表面的侧墙和底板。地下商场、地铁车站、军事地下库等单建式地下工程，应调查混凝土结构内表面的侧墙、底板和顶板。

(4)施工单位应在"结构内表面的渗漏水展开图"上标示下列内容：

①发现的裂缝位置、宽度、长度和渗漏水现象；

②经堵漏及补强的原渗漏水部位；

③符合防水等级标准的渗漏水位置。

(5)渗漏水现象的定义和标识符号，可按表5-43选用。

表5-43　渗漏水现象的定义和标识符号

渗漏水现象	定　　义	标识符号
湿渍	地下混凝土结构背水面，呈现明显色泽变化的潮湿斑	#
渗水	地下混凝土结构背水面有水渗出，墙壁上可观察到明显流挂水迹	○
水珠	地下混凝土结构背水面的顶板或拱顶，可观察到悬垂的水珠，其滴落间隔时间超过1min	◇
滴漏	地下混凝土结构背水面的顶板或拱顶，渗漏水滴落速度至少为1滴/min	▽
线漏	地下混凝土结构背水面，呈渗漏呈线或喷水状态	↓

(6)"结构内表面的渗漏水展开图"应经检查、核对后，施工单位归入竣工验收资料中。

3)渗漏水检测。

(1)当被验收的地下工程有结露现象时,不宜进行渗漏检测。

(2)渗漏水检测工具宜按表5-44使用:

表5-44　渗漏水检测工具

名　称	用　途
0.5～1m钢直尺	量测混凝土湿渍、渗水范围
精度为0.1m的钢尺	量测混凝土裂缝宽度
放大镜	观测混凝土裂缝
有刻度的塑料量筒	量测滴水量
秒表	量测渗漏水滴落速度
吸墨纸或报纸	检验湿渍与渗水
粉笔	在混凝土上用粉笔勾画湿渍、渗水范围
工作登高扶梯	顶板渗漏水、混凝土裂缝检验
带有密封缘口的规定尺寸方框	量测明显滴漏和连续渗流,根据工程需要可自行设计

(3)房屋建筑地下工程渗漏水检测应符合下列要求:

①湿渍检测时,检查人员用干手触摸湿斑,无水分浸润感觉。用吸墨纸或报纸贴附,纸不变色;要用粉笔勾画出湿渍范围,然后用钢尺测量并计算面积,标示在“结构内表面的渗漏水展开图”上。

②渗水检测时,检查人员用干手触摸可感觉到水分浸润,手上会沾有水分。用吸墨纸或报纸贴附,纸会浸润变色;要用粉笔勾画出渗水范围,然后用钢尺测量并计算面积,标示在“结构内表面的渗漏水展开图”上。

③通过集水井积水,检测在设定时间内的水位上升数值,计算渗漏水量。

【填写示例】

表C6-2-2　地下工程渗漏水检测记录　　编号:01-05-001

工程名称:某某工程　　施工单位:某某建筑工程有限公司

<table>
<tr><td>结构类型</td><td colspan="2">钢筋混凝土</td><td>检测部位</td><td>地下车库</td></tr>
<tr><td>防水等级</td><td colspan="2">二级</td><td>防水面积</td><td>1500m²</td></tr>
<tr><td rowspan="4">渗漏水
量检测</td><td colspan="4">湿渍点数:2　处;漏水点数:0 处</td></tr>
<tr><td colspan="4">1 单个湿渍的最大面积 0.05m²;总湿渍面积 0.10 m²</td></tr>
<tr><td colspan="4">2 每100 m²的渗水量 0 L/(m²·d);整个工程平均渗水量 0 L/(m²·d)</td></tr>
<tr><td colspan="4">3 单个漏水点的最大漏水量 0 L/d;整个工程平均漏水量 0 L/(m²·d)</td></tr>
<tr><td>结构内表面的
渗漏水展开图</td><td colspan="4">另见附图(附图示例略)</td></tr>
<tr><td>存在问题
与处理意见</td><td colspan="4"></td></tr>
<tr><td>结论</td><td colspan="4">经检测,该地下工程防水等级符合地下工程防水二级标准。　　2012年8月1日</td></tr>
<tr><td rowspan="3">签
字
栏</td><td rowspan="2">监理(建设)单位</td><td colspan="3">施工单位</td></tr>
<tr><td>技术负责人</td><td>质检员</td><td>施工员</td></tr>
<tr><td>宣某某</td><td>杨某某</td><td>马某某</td><td>王某某</td></tr>
</table>

表 C6-3-1　灌水（满水）试验记录填写指南

【表式图解】

表 C6-3-1　灌水（满水）试验记录　　　编号：

工程名称：　　　　　　　　　　　　施工单位：

分项工程名称			试验日期		
试验依据：					
试验部位（设备、器具）	灌（满）水情况	灌（满）水后持续试验时间（min）	液面检查情况	渗漏检查情况	结论
签字栏		施工单位			
		专业技术负责人	专业质检员	操作人	

填写试验依据来源与主要内容

填写试验结论，是否合格。

填写试验系统、部位或试验设备器具等。局部试验应加注具体部位。

填写试验时灌（满）水情况。其要求见本表式的【相关规定】。

填写试验时灌（满）水持续时间。其要求见本表式的【相关规定】。

填写液面下降情况。其要求见本表式的【相关规定】。

填写是否存在渗漏情况。

施工单位相关人员签字，专业监理工程师确认试验结果并签字。

【填写要点】

（1）非承压管道系统、设备和卫生洁具在安装完毕后或在隐蔽前，应按现行相应国家标准进行灌水、满水试验。

（2）房屋建筑工程需进行灌水试验的管道系统有：需隐蔽或埋地的室内、外排水管道，雨水管道等。

（3）卫生洁具安装完毕后应进行满水和通水试验。

（4）局部管道进行试验时，应标明详细部位。如排水系统-1 地下部分进行灌水试验时，表中“试验部位”一栏应填写“排水系统-1 地下主管道”或“排水系统-1±0.000 以下主管道”。

（5）卫生洁具满水试验时，“试验部位”一栏可按单个卫生洁具填写，数量较多的也可按系统填写，填写时应满足第 4 条的要求。

（6）此表是将原规程的灌水试验记录与卫生器具满水试验合并而成。

（7）本表式【填写示例】仅给出了灌水试验记录示例。

【相关规定】

1)灌水试验规定。

(1) 室内排水管道隐蔽或埋地前必须做灌水试验,其灌水高度应不低于底层卫生器具的上边缘或底层地面高度。

检查方法:满水 15min 水面下降后再灌满 5min,液面不降,管道及接口无渗漏为合格。

(2) 室外排水管道在埋设前必须做灌水试验和通水试验。

试验方法:按排水检查井分段试验,试验水头应以试验段上游管顶加 1m,时间不少于 30min,逐段观察,不渗不漏为合格。

(3)雨水管道安装在室内的,安装完成后应做灌水试验,灌水高度必须达到每根管上部的雨水斗。检查方法:灌水试验持续 1h,不渗不漏。

2)满水试验规定。

卫生器具交工前应做满水和通水试验。检验方法:满水后各连接件不渗不漏;通水试验给、排水畅通。

【填写示例】

表 C6-3-1　灌水(满水)试验记录　　编号:05-02-001

工程名称:某某工程　　施工单位:某某建筑工程有限公司

分项工程名称	室内排水管道及配件安装		试验日期	2012 年 6 月 16 日	
试验依据:《建筑给水排水及采暖工程施工质量验收规范》GB50242-2002 第 5.2.1 条。					
试验部位(设备、器具)	灌(满)水情况	灌(满)水后持续试验时间(min)	液面检查情况	渗漏检查情况	结论
P-1 排水系统地下部分	底层卫生器具的上边缘	满水 15min,水面下降后再灌满 5min	液面不降	无渗漏现象	合格
P-2 排水系统地下部分	底层卫生器具的上边缘	满水 15min,水面下降后再灌满 5min	液面不降	无渗漏现象	合格
P-3 排水系统地下部分	底层卫生器具的上边缘	满水 15min,水面下降后再灌满 5min	液面不降	无渗漏现象	合格

签字栏	监理(建设)单位	施工单位		
		技术负责人	质检员	施工员
	宣某某	杨某某	马某某	王某某

表 C6-3-2　系统(分段)强度、严密性试验记录填写指南

【表式图解】

表 C6-3-2　系统(分段)强度、严密性试验记录　　　　**编号：**

工程名称：　　　　　　　　　　　施工单位：

分项工程名称			试验系统(部位)	
工作压力(设计压力)			压力表编号	
管道材质			连接方式	
试验依据：				
试验记录	试验介质			
	环境温度(℃)			
	试验压力表设置位置			
	强度试验	试验压力(MPa)		
		持续时间(min)		
		压力降(MPa)		
		渗漏情况		
		破裂及塑性变形情况		
	严密性试验	试验压力(MPa)		
		持续时间(min)		
		压力降(MPa)		
		渗漏情况		
试验结论： 年　月　日				
签字栏	监理(建设)单位	施工单位		
		专业技术负责人	专业质检员	操作人

填写实验依据标准的条款号或内容。

填写管材连接方式，各管材连接方式见【填写要点】。

一般设置在系统首端，如设置在顶端试验结果应考虑压差。

填写强度试验主要数据，各类管道系统试验要求见本表式的【相关规定】。

填写严密性试验主要数据，各类管道系统试验要求见本表式的【相关规定】。

施工单位相关人员签字，专业监理工程师确认试验结果并签字。

【填写要点】

(1)各种承压管道系统和设备(如室内给水系统、室内采暖系统、室外给水管网、室外供热管网、供热锅炉以及辅助设备等)安装完毕后或隐蔽前均应做水压试验(即强度试验、严密性试验)。

(2)接口连接方式：常见的接口做法有螺纹连接、法兰连接、焊接、热熔连接以及捻口连接等；根据管道系统、使用材料和管道规格的不同，通常应按表 5-45 执行：

表 5-45　压力管道常见的接口连接方式

管道系统	管道材料	管道规格	接口做法
给水系统	镀锌钢管	≤100mm	螺纹连接
		>100mm	法兰连接或卡套式专用管件连接
	塑料管和复合管		橡胶圈接口、粘结接口、热熔连接、专用管件连接和法兰连接
	铸铁管		水泥捻口或橡胶圈接口连接
	铜管	<22mm	承插或套管焊接或卡套式专用管件连接
		≥22mm	对口焊接
采暖系统	焊接钢管	≤32mm	螺纹连接
		>32mm	焊接
	镀锌钢管		同给水系统

【相关规定】

该试验记录适用范围：各种承压管道系统和设备应做水压试验，具体要求如下。

1)室内给水系统。

室内给水管道的水压试验必须符合设计要求。当设计未注明时，各种材质的给水管道系统试验压力均为工作压力的 1.5 倍，但不得小于 0.6MPa。

检验方法：金属及复合管给水管道系统在试验压力下观测 10min，压力降不大于 0.02 MPa，然后降到工作压力进行检查，应不渗不漏；塑料管给水系统应在试验压力下稳压 1h，压力降不得超过 0.05 MPa，然后在工作压力 1.15 倍状态下稳压 2h，压力降不得超过 0.03 MPa，同时检查各连接处不得渗漏。

2)室内采暖系统。

(1)散热器组对后，以及整组出厂的散热器在安装之前应做水压试验。试验压力如设计无要求时应为工作压力的 1.5 倍，但不小于 0.6MPa。

检查方法：试验时间 2～3min，压力不降且不渗不漏。

(2)辐射板在安装前应作水压试验，如设计无要求时，试验压力应为工作压力的 1.5 倍，但不得小于 0.6 MPa。

检查方法：试验时间 2～3min，压力不降且不渗不漏。

(3)盘管隐蔽前必须进行水压试验，试验压力为工作压力的 1.5 倍，但不得小于 0.6MPa。

检查方法：稳压 1h 内压力降不大于 0.05 MPa 且不渗不漏。

(4)采暖系统安装完毕，管道保温之前应进行水压试验。试验压力应符合设计要求。当设计未注明时，应符合下列规定：

①蒸汽、热水采暖系统，应以系统顶点工作压力加 0.1MPa 作水压试验，同时在系统顶点的试验压力不小于 0.3MPa。

②高温热水采暖系统，试验压力应为系统顶点工作压力加 0.4MPa。

③使用塑料管及复合管的热水采暖系统，应以系统顶点工作压力加 0.2MPa 作为水压试验，同时在系统顶点的试验压力不小于 0.4MPa。

检验方法：使用钢管及复合管的采暖系统应在试验压力下 10min 内压力降不大于

0.02MPa,降至工作压力后检查,不渗、不漏;使用塑料管的采暖系统应在试验压力下1h内压力降不大于0.05MPa,然后降至工作压力的1.15倍,稳压2h,压力降不大于0.03MPa,同时各连接处不渗、不漏。

3)室外供热管网。

室外供热管道的水压试验压力应为工作压力的1.5倍,但不得小于0.6 MPa。

检验方法:在试验压力下10min内压力降不大于0.05MPa,然后降至工作压力下检查,不渗不漏。

4)室外给水管网。

管网必须进行水压试验,试验压力为工作压力的1.5倍,但不得小于0.6 MPa。

检验方法:管材为钢管、铸铁管时,试验压力下10min内压力降不应大于0.05MPa,然后降至工作压力进行检查,压力应保持不变,不渗不漏;管材为塑料管材时,试验压力下,稳压1h压力降不大于0.05MPa,然后降至工作压力进行检查,压力应保持不变,不渗不漏。

5)供热锅炉及辅助设备。

(1)锅炉的汽、水系统安装完毕后,必须进行水压试验。水压试验的压力应符合表5-46规定:

表5-46　供热锅炉及辅助设备水压试验压力要求

项次	设备名称	工作压力 P(MPa)	试验压力(MPa)
1	锅炉本体	$P<0.59$	1.5P但不小于0.2
		$0.59\leq P\leq 1.18$	$P+0.3$
		$P>1.18$	$1.25P$
2	可分式省煤器	P	$1.25P+0.5$
3	非承压锅炉	大气压力	0.2

注:1. 工作压力 P 对蒸汽锅炉指锅筒工作压力,对热水锅炉指锅炉额定出水压力;

2. 铸铁锅炉水压试验同热水锅炉;

3. 非承压锅炉水压试验压力为0.2MPa,试验期间压力应保持不变;

检查方法:

①在试验压力下10min内压力降不超过0.02MPa;然后降至工作压力进行检查,压力不降,不渗、不漏;

②观察检查,不得有残余变形,受压元件金属壁和焊缝上不得有水珠和水雾。

6)换热站。

热交换器应以最大工作压力的1.5倍作水压试验,蒸汽部分应不低于蒸汽供汽压力加0.3 MPa;热水部分应不低于0.4MPa。

检查方法:在试验压力下,保持10min压力不降。

7)阀门(所有承压管道适用的阀门)。

阀门安装前,应作强度和严密性试验。试验应在每批(同牌号、同型号、同规格)数量中抽查10%,且不少于一个。对于安装在主干管上起切断作用的闭路阀门,应逐个作强度和严密性试验。

阀门的强度和严密性试验,应符合以下规定:阀门的强度试验压力为公称压力的1.5倍;严密性试验压力为公称压力的1.1倍;试验压力在试验持续时间内保持不变,且壳体填料及阀瓣密封面无渗漏。阀门试压的试验持续时间符合表 5-47 的规定。

表 5-47　阀门试验持续时间

公称直径 *DN*(mm)	最短试验持续时间(s)		
	严密性试验		强度试验
	金属密封	非金属密封	
≤50	15	15	15
65～200	30	15	60
250～450	60	30	180
注:相关数值参考《通用阀门压力试验》GBJ/T13927 的有关规定			

【填写示例】

表 C6-3-2　系统(分段)强度、严密性试验记录 编号:05-01-001

工程名称:某某工程　　　　施工单位:某某建筑工程有限公司

分项工程名称	给水管道及配件安装	试验系统(部位)	给水系统 G-1
工作压力 (设计压力)	0.6MPa	压力表编号	YQ-1
管道材质	PPR 塑料管	连接方式	热熔连接
试验依据:《建筑给水排水及采暖工程施工质量验收规范》GB50242-2002 第 4.2.1 条			

试验记录	试验介质		水
	环境温度(℃)		30
	试验压力表设置位置		系统进户入口
	强度试验	试验压力(MPa)	0.9
		持续时间(min)	60
		压力降(MPa)	0.03
		渗漏情况	无渗漏情况
		破裂及塑性变形情况	无破裂及塑性变形情况
	严密性试验	试验压力(MPa)	0.69
		持续时间(min)	120
		压力降(MPa)	0.01
		渗漏情况	无渗漏情况

试验结论:

该系统管道强度、严密性试验均符合设计要求和规范规定,结果合格。

2012 年 8 月 1 日

签字栏	监理(建设)单位	施工单位		
		专业技术负责人	专业质检员	操作人
	宣某某	杨某某	马某某	刘某某

表 C6-3-3　管道通水试验记录填写指南

【表式图解】

表 C6-3-3　管道通水试验记录　　　　　　**编号：**

工程名称：　　　　　　　　施工单位：

分项工程名称			试验部位	
试验依据			试验日期	
管线名称/编号	通水起止时间	给水(排水)通畅情况	渗漏情况	试验结论
签字栏	监理(建设)单位	施工单位		
		专业技术负责人	专业质检员	操作人

填写通水试验起止时间。

填写通水试验管道畅通情况

填写通水试验管道渗漏情况

填写通水试验被测管道试验结论

施工单位相关人员签字，专业监理工程师确认试验结果并签字。

【填写要点】

室内外给排水系统、中水及游泳池系统、空调冷凝水系统安装完成后，均应进行通水试验并记录。

【相关规定】

(1)室内给排水系统、中水及游泳池系统、空调冷凝水系统通水试验方法：通水试验时，给水系统按设计要求同时开放最大数量配水点且达到额定流量以及消防栓组数的最大消防能力。室内排水系统应满水排放。

(2) 室外排水管道在埋设前必须做灌水试验和通水试验。

试验方法：按排水检查井分段试验，试验水头应以试验段上游管顶加 1m，时间不少于30min，逐段观察，不渗不漏为合格。

【填写示例】

表 C6-3-3 管道通水试验记录 编号:05-02-001

工程名称:某某工程 施工单位:某某建筑工程有限公司

分项工程名称	室内排水管道及配件安装		试验部位	室内排水系统
试验依据	《建筑给水排水及采暖工程施工质量验收规范》GB50242-2002 第 3.3.6 条		试验日期	2012.8.8
管线名称/编号	通水起止时间	给水(排水)通畅情况	渗漏情况	试验结论
排水系统 P-1	2012.8.8,8:10 2012.8.8,8:45	畅通且满水排放	无渗漏	合格
排水系统 P-2	2012.8.8,9:00 2012.8.8,9:35	畅通且满水排放	无渗漏	合格
排水系统 P-3	2012.8.8,9:45 2012.8.8,10:20	畅通且满水排放	无渗漏	合格

签字栏	监理(建设)单位	施工单位		
		专业技术负责人	专业质检员	操作人
	宣某某	杨某某	马某某	刘某某

表 C6-3-4　冲洗(吹扫/擦洗/脱脂)记录填写指南

【表式图解】

表 C6-3-4　冲洗(吹扫/擦洗/脱脂)记录　　　　编号：

工程名称：　　　　　　　　施工单位：

<table>
<tr><td>分项工程名称</td><td colspan="3"></td><td>部位</td><td></td></tr>
<tr><td>试验介质</td><td colspan="3"></td><td>日期</td><td></td></tr>
<tr><td colspan="6">冲洗(吹扫/擦洗/脱脂)要求：
填写相关标准对冲洗（吹扫/擦洗/脱脂）试验的要求。具体要求见本表式的【相关规定】。</td></tr>
<tr><td colspan="6">冲洗(吹扫/擦洗/脱脂)记录：
记录系统冲洗（吹扫/擦洗/脱脂）试验的过程。</td></tr>
<tr><td colspan="6">检查结论：
监理机构签署关于系统冲洗（吹扫/擦洗/脱脂）试验结果的验收结论。
施工单位相关人员签字，专业监理工程师确认试验结果并签字。</td></tr>
<tr><td rowspan="3">签字栏</td><td rowspan="2">监理(建设)单位</td><td colspan="4">施工单位</td></tr>
<tr><td>专业技术负责人</td><td colspan="2">专业质检员</td><td>操作人</td></tr>
<tr><td></td><td></td><td colspan="2"></td><td></td></tr>
</table>

【填写要点】

室内外给水、采暖系统完工后，应按相关规定进行冲洗、消毒（脱脂）试验，并应达到设计或有关标准的规定。当设计无要求时，各类管道进行冲洗、消毒（脱脂）试验的方法和范围见本表式的【相关规定】。

【相关规定】

1)管道冲洗和消毒（脱脂）方法。

(1)给水管道冲洗和消毒方法

①给水管道系统（生活给水、消防给水及热水管道）在交付使用前须进行冲洗。冲洗应以系统最大设计流量或不小于1.5m/s的速度进行，直到各出水口的水色透明度与进水目测一致为合格。

②生活饮用水给水管道在交付使用前应用每升水中含20～30mg的游离氯灌满管道进行消毒。含氯水在管道中应留置24h以上。消毒完后，再用饮用水冲洗，并经有关部门取样检验，应符合《生活饮用水标准》方可使用。

(2) 采暖系统的冲洗

①系统冲洗应按设计系统最大流量或不小于水流速1.5m/s的速度进行。

②系统冲洗的排水管断面积不应小于冲洗管断面积的60%。排水管应排入可靠的排水系统中。

③管道冲洗无特殊要求时，以排出口的水质不含泥沙、铁屑等杂物，且水色透明不浑浊为合格。

④系统冲洗合格后，应对系统内的过滤器和除污器进行清扫。

2)管道系统吹洗（脱脂）检验记录适用范围。

(1) 室内生活给水系统

在交付使用前必须冲洗和消毒，并经有关部门取样检验，应符合《生活饮用水标准》方可使用。

(2)采暖系统

采暖管道系统冲洗完毕应冲水、加热，进行试运行和调试。若加热条件暂不具备，应延期进行该项工作。检验方法：测量各建筑物热力口处供回水温度及压力。

(3)室外给水系统

给水管道在竣工后，必须对管道进行冲洗，饮用水管道还要在冲洗后进行消毒，满足饮用水卫生要求。检验方法：观察冲洗水的浊度，查看有关部门提供的检验报告。

(4)供热管网

管道试压合格后，应进行冲洗。检验方法：现场观察，以水色不浑浊为合格。

【填写示例】

表 C6-3-4　冲洗(吹扫/擦洗/脱脂)记录　　编号:05-01-001

工程名称：某某工程　　　　施工单位：某某建筑工程有限公司

<table>
<tr><td>分项工程名称</td><td>给水管道及配件安装</td><td>部位</td><td>室内给水系统 G-1</td></tr>
<tr><td>试验介质</td><td>脱脂介质每升水中含 20～30mg 的游离氯；冲洗介质为水。</td><td>日期</td><td>2012 年 8 月 2 日</td></tr>
<tr><td colspan="4">冲洗(吹扫/擦洗/脱脂)要求：
《建筑给水排水及采暖工程施工质量验收规范》GB50242-2002 规定给水管道冲洗和消毒方法：
1. 给水管道系统(生活给水、消防给水及热水管道)在交付使用前须进行冲洗。冲洗应以系统最大设计流量或不小于 1.5m/s 的速度进行，直到各出水口的水色透明度与进水目测一致为合格。
2. 生活饮用水给水管道在交付使用前应用每升水中含 20～30mg 的游离氯灌满管道进行消毒。含氯水在管道中应留置 24h 以上。消毒完后，再用饮用水冲洗，并经有关部门取样检验，应符合《生活饮用水标准》方可使用。</td></tr>
<tr><td colspan="4">冲洗(吹扫/擦洗/脱脂)记录：
脱脂与冲洗试验：2012 年 8 月 1 日 4:00 时将每升水中含 20～30mg 的游离氯灌满管道进行消毒并在在管道中应留置 24h。2012 年 8 月 2 日 4:20 起将系统出水口开到最大设计流量，且流速大于 1.5m/s 的速度进行，直到各出水口的水色透明度与进水目测一致停止。此次冲洗至 2012 年 8 月 2 日 19:20 完成，共冲洗了 15h。脱脂冲洗完后，经市自来水水质监测中心取样检验，结果符合《生活饮用水标准》。</td></tr>
<tr><td colspan="4">检查结论：
该系统冲洗、脱脂试验结果满足设计要求，符合国家有关标准的规定，结果合格。</td></tr>
</table>

<table>
<tr><td rowspan="3">签字栏</td><td rowspan="2">监理(建设)单位</td><td colspan="3">施工单位</td></tr>
<tr><td>专业技术负责人</td><td>专业质检员</td><td>操作人</td></tr>
<tr><td>宣某某</td><td>杨某某</td><td>马某某</td><td>刘某某</td></tr>
</table>

表 C6-3-5　管道通球试验记录填写指南

【表式图解】

表 C6-3-5　管道通球试验记录

编号：

工程名称：　　　　施工单位：

分项工程名称			试验部位		
试验依据			试验日期		
管线名称/编号	管道类型	管道规格	球径	检查情况	结论
填写试验管道系统名称及编号	填写管道主材类型	填写管道主干管规格	填写试验用球直径	填写管道渗漏畅通情况及通球率	填写通球试验结果，合格与否。

施工单位相关人员签字，专业监理工程师确认试验结果并签字。

签字栏	监理（建设）单位	施工单位		
		专业技术负责人	专业质检员	操　作　人

【填写要点】

(1)该试验表格适用于室内排水系统的通球试验记录。

(2)室内排水系统管道安装完毕后，均应进行管道通球试验。

【相关规定】

排水管道通球试验要求：排水主立管及水平干管管道均应做通球试验，通球的球径不小于排水管道管径的 2/3，通球率必须达到 100%。

检查方法：从管道上端口，先投入不小于管道直径 2/3 的木球或皮球后，注入适量水，检查通球率达到 100%为合格。

【填写示例】

表 C6-3-5　管道通球试验记录

编号：

工程名称：某某工程　　施工单位：某某建筑工程有限公司

分项工程名称	排水管道及配件安装			试验部位	室内排水系统
试验依据	《建筑给水排水及采暖工程施工质量验收规范》GB50242-2002 第 5.2.5 条			试验日期	2012 年 8 月 1 日
管线名称/编号	管道类型	管道规格	球径	检查情况	结论
排水系统 P-1	UPVC	DN100	70mm	畅通无渗漏，通球率 100%	合格
排水系统 P-1	UPVC	DN150	100mm	畅通无渗漏，通球率 100%	合格
排水系统 P-1	UPVC	DN150	100mm	畅通无渗漏，通球率 100%	合格

签字栏	监理(建设)单位	施工单位		
		专业技术负责人	专业质检员	操作人
	宣某某	杨某某	马某某	刘某某

表 C6-3-6　补偿器预拉伸记录填写指南

【表式图解】

表 C6-3-6　补偿器预拉伸记录

编号：

工程名称：　　　　　　　　施工单位：

分项工程名称						系统(部位)			
补偿器编号(位置)	类型	规格	环境温度(℃)	介质温度(℃)	固定支架间距(m)	设计(或计算)预拉值(mm)	实际拉伸值(mm)	日期	结论

填写补偿器编号或位置

此两栏填写补偿器类型、规格

此两栏填写环境和介质温度

固定补偿器的支架间距

实测补偿器拉伸值

参与补偿器拉伸试验的相关人员对拉伸结果确认后签字。

签字栏	监理(建设)单位	施工单位		
		专业技术负责人	专业质检员	操　作　人

注：当伸缩器在图纸中无明确编号且其位置用文字描述困难时，可另附简图示意。

【填写要点】

所有输送冷热介质管道的补偿器在安装时，均应进行预拉伸试验并用此表进行记录。

【相关规定】

(1)热水供应管道应尽量利用自然弯补偿热伸缩，直线段过长则应设置补偿器。补偿器型式、规格、位置应符合设计要求，并按有关规定进行预拉伸。

(2)补偿器的型号、安装位置及预拉伸和固定支架的构造及安装位置应符合要求。

(3)补偿器的位置必须符合设计要求，并应按设计要求或产品说明书进行预拉伸。

【填写示例】

表C6-3-6　补偿器预拉伸记录　　　编号:05-05-001

工程名称:某某住宅楼工程　　　　施工单位:某某建筑工程有限公司

分项工程名称	室内采暖管道及配件安装					系统(部位)		采暖N-1系统	
补偿器编号(位置)	类型	规格	环境温度(℃)	介质温度(℃)	固定支架间距(m)	设计(或计算)预拉值(mm)	实际拉伸值(mm)	日期	结论
001#(顶层供水干管)	方形补偿器	DN 50	20	95	45	21	21	2011.9.6	合格
002#(一层回水干管)	方形补偿器	DN 50	20	70	45	15	15	2011.9.7	合格
……									

签字栏	监理(建设)单位	施工单位		
		专业技术负责人	专业质检员	操　作　人
	张某某	赵某某	李某某	王某某

注:当伸缩器在图纸中无明确编号且其位置用文字描述困难时,可另附简图示意。

表 C6-3-7　室内消火栓试射记录填写指南

【表式图解】

表 C6-3-7　室内消火栓试射记录

编号：

工程名称：　　　　　　施工单位：

分项工程名称		系统(编号)	
首层	消火栓位置或编号		
	消火栓规格		
	设计要求充实水柱达到能力		
	实际充实水柱达到能力		
顶层(或水箱间)	消火栓位置或编号		
	消火栓规格		
	设计流量 L/s		
	实际流量 L/s		
	设计压力 MPa(或充实水柱达到能力)		
	实际压力 MPa (或充实水柱达到能力)		
结论：年　月　日			
签字栏	监理(建设)单位	施工单位	
		专业技术负责人 / 专业质检员 / 操　作　人	

> 此栏以下 4 栏填写首层消火栓试射情况

> 此栏以下填写顶层(或水箱间)消火栓试射情况

> 监理机构监理工程师确认试验结论，并签字，参与试验的施工单位相关人员签字。

【相关规定】

室内消火栓系统安装完成后应取屋顶层(或水箱间内)试验消火栓和首层取二处消火栓做试射试验，达到设计要求为合格。

【填写示例】

表C6-3-7　室内消火栓试射记录　　编号:05-06-001

工程名称:某某工程　　施工单位:某某建筑工程有限公司

分项工程名称	室内消火栓系统安装	系统(编号)	室内消防给水 X-1系统
首层	消火栓位置或编号	一层楼梯间G轴北1000mm处	
	消火栓规格	SN65	
	设计要求充实水柱达到能力	11m	
	实际充实水柱达到能力	11m	
顶层(或水箱间)	消火栓位置或编号	楼顶水箱间	
	消火栓规格	SN65	
	设计流量 L/S	6	
	实际流量 L/S	6	
	设计压力 MPa(或充实水柱达到能力)	11m	
	实际压力 MPa(或充实水柱达到能力)	11m	

结论:

满足设计要求和规范规定,合格。

2012年7月5日

签字栏	监理(建设)单位	施工单位		
		专业技术负责人	专业质检员	操作人
	张某某	赵某某	李某某	王某某

表 C6-3-8　整装锅炉烘炉检查记录填写指南

【表式图解】

表 C6-3-8　整装锅炉烘炉检查记录　　　　编号：

工程名称：　　　　　　　　　　施工单位：

分项工程名称		安装位置		
锅炉型号		烘炉起止时间	自　　年　月　日至　月　日	
烘炉方法及燃料种类		测温点位置		
烘炉检查项目	规范要求(或说明书要求)			检查结果
填写烘炉检查项目	填写各检查项目要求			

烘炉曲线：

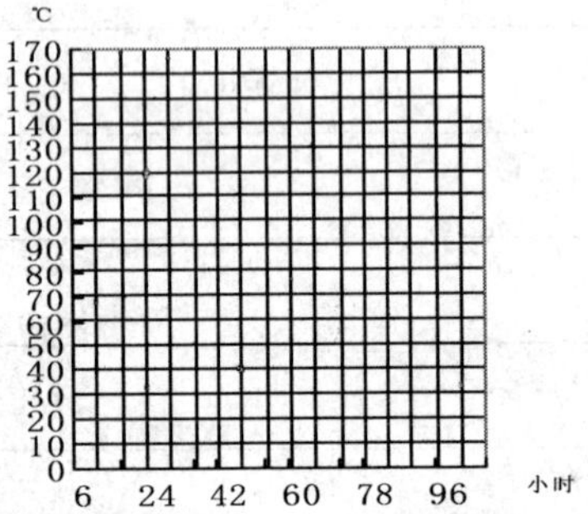

时 分	温度℃	时 分	温度℃	时 分	温度℃	时 分	温度℃
填写烘炉时间、温度的实测记录							

结论：

监理机构监理工程师确认烘炉检查结论，并签字，参与试验的施工单位相关人员签字

签字栏	监理(建设)单位	施工单位		
		专业技术负责人	专业质检员	操　作　人

【相关规定】

1)锅炉火焰烘炉应符合下列规定。

(1)火焰应在炉膛中央燃烧，不应直接烧烤炉墙及炉拱。

(2)烘炉时间一般不少于 4d，升温应缓慢，后期烟温不应高于 160℃，且持续时间不应少于 24h。

(3)链条炉排在烘炉过程中应定期转动。

(4)烘炉的中、后期应根据锅炉水水质情况排污。

检验方法：计时测温、操作观察检查。

2) 烘炉结束后应符合下列规定。

(1)炉墙经烘烤后没有变形、裂纹及塌落现象。

(2)炉墙砌筑砂浆后含水率达到 7%以下。

检验方法：测试及观察检查。

【填写示例】

表C6-3-8 整装锅炉烘炉检查记录 编号:05-10-001

工程名称:某某锅炉房工程　　施工单位:某某建筑工程有限公司

分项工程名称	烘炉、煮炉和试运行	安装位置	锅炉房1#炉位
锅炉型号	DZL4-13AII	烘炉起止时间	自2011年7月4日至7月8日
烘炉方法及燃料种类	火焰烘炉　木柴	测温点位置	尾部烟道

烘炉检查项目	规范要求(或说明书要求)	检查结果
烘炉天数	不少于4天	4天
后期烟温	不应高于160℃,且持续时间不应少于24小时	150℃ 30小时
烘炉后期砌筑砂浆含水率	炉墙砌筑砂浆含水率达到7%以下	6%
炉墙外观	炉墙经烘烤后没有变形、裂纹及塌落现象	无变形、裂纹及塌落

烘炉曲线:

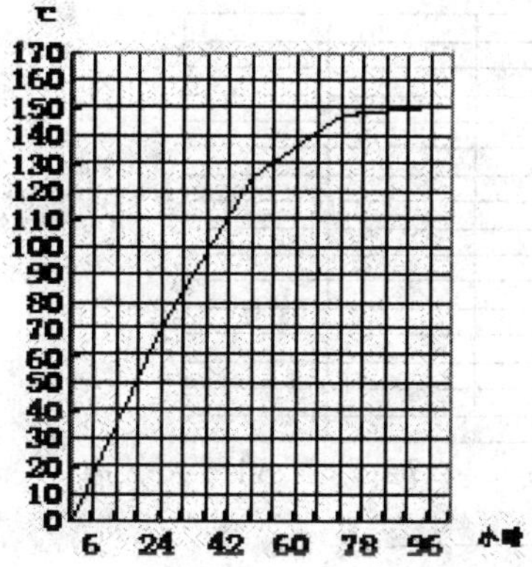

时 分	温度℃	时 分	温度℃	时 分	温度℃	时 分	温度℃
8:30	25	9:30	75	10:30	131	11:30	150
11:00	28	12:00	81	13:00	136	14:00	150
13:30	33	14:30	82	15:30	140	16:30	150
16:00	39	17:00	86	18:00	144	19:00	148
18:30	44	19:30	91	20:30	149	21:30	149
21:00	48	22:00	97	23:00	150	0:00	150
23:30	53	00:30	103	1:30	149	2:30	150
2:00	60	3:00	110	4:00	149	5:00	149
4:30	64	5:30	117	6:30	150	7:30	151
7:00	70	8:00	125	9:00	148	8:00	150

结论:

合格

签字栏	监理(建设)单位	施工单位		
		专业技术负责人	专业质检员	操作人
	张某某	赵某某	李某某	王某某

表 C6-3-9 锅炉煮炉检查记录填写指南

【表式图解】

表 C6-3-9 锅炉煮炉检查记录 编号：

工程名称： 施工单位：

分项工程名称		安装位置		
锅炉型号		煮炉起止时间	自 年 月 日 时至 月 日 时	
煮炉用药量	药品名称	单位用药量(kg/m^3水)		总用药量(kg)

> 填写煮炉用药名称

> 填写单位用药量

> 填写总用药量

煮炉检查项目	规范要求(或说明书要求)	检查结果

煮炉曲线：

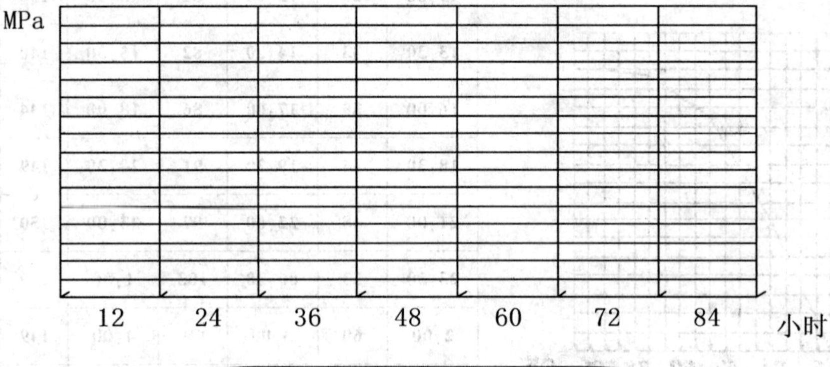

> 监理机构监理工程师确认烘炉检查结论，并签字，参与试验的施工单位相关人员签字。

结论：

签字栏	监理(建设)单位	施工单位		
		专业技术负责人	专业质检员	操 作 人

【相关规定】

煮炉时间一般应为 2～3d，如蒸汽压力较低，可适当延长煮炉时间。非砌筑或浇注保温材料保温的锅炉，安装后可直接进行煮炉。煮炉结束后，锅筒和集箱内壁应无油垢，擦去附着物后金属表面应无锈斑。检验方法：找开锅筒和集箱检查孔检查。

【填写示例】

表C6-3-9　锅炉煮炉检查记录　　编号:05-10-001

工程名称:某某锅炉房工程　　　　施工单位:某某建筑工程有限公司

分项工程名称	烘炉、煮炉和试运行	安装位置	锅炉房1#炉位
锅炉型号	DZL4-13AII	煮炉起止时间	自2011年7月7日10时 至7月9日10时

	药品名称	单位用药量(kg/m³水)	总用药量(kg)
煮炉用药量	氢氧化钠(NaOH)	3(1:1)	14
	磷酸三纳($Na^3PO_4 \cdot 12H_2O$)	2.0(20%的溶液)	12

煮炉检查项目	规范要求(或说明书要求)	检查结果
锅筒和集箱内壁	锅筒和集箱内壁应无油垢,擦去附着物后金属表面应无锈斑	无油垢、无锈斑

煮炉曲线:

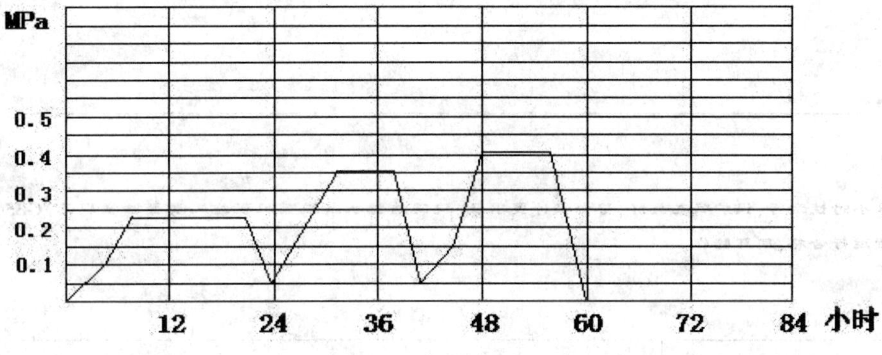

结论:　　　　合　格

签字栏	监理(建设)单位	施工单位		
		专业技术负责人	专业质检员	操作人
	张某某	赵某某	李某某	王某某

表 C6-3-10 整装锅炉 48 小时试运行记录填写指南

【填写示例】

表 C6-3-10 整装锅炉 48 小时试运行记录 编号:05-10-001

工程名称:某某锅炉房工程　　　　施工单位:某某建筑工程有限公司

<table>
<tr><td colspan="2">分项工程名称</td><td>烘炉、煮炉和试运行</td><td>安装位置</td><td>1#</td></tr>
<tr><td colspan="2">锅炉型号</td><td>DZL2.8-0.7/95/70-AII</td><td>试运起止时间</td><td>自 2012 年 7 月 13 日 10 时 0 分
至 2012 年 7 月 15 日 10 时 0 分</td></tr>
<tr><td rowspan="3">运行记录</td><td>蒸汽压力</td><td>MPa</td><td>蒸汽温度</td><td>℃</td></tr>
<tr><td>供水压力</td><td>0.7MPa</td><td>供水温度</td><td>93℃</td></tr>
<tr><td>回水压力</td><td>0.5MPa</td><td>回水温度</td><td>72℃</td></tr>
<tr><td colspan="5">运行情况:
锅炉注满水后关闭进出水阀门,点火缓慢升压到 0.1MPa 时冲洗水位计、压力表导压管,检查两只压力表读数一致;压力升至 0.3MPa 时,对锅炉范围内阀门、法兰、人孔、手孔的连接螺栓进行热态紧固;打开阀门,同时开启循环水泵,对系统逐渐升温升压至锅炉额定工作参数连续运转,锅炉出口处压力表读数为 0.7MPa。由建设单位组织,经监理、施工单位共同检查,锅炉及辅机运转平稳,各种表计显示正常,联锁保护装置动作灵活,无其他异常情况出现。</td></tr>
<tr><td colspan="5">结论:
经 48 小时试运行,锅炉状态良好,符合设计要求及《建筑给排水及采暖工程施工质量验收规范》GB50242-2002 的规定,试运行合格,同意验收。</td></tr>
<tr><td rowspan="3">签字栏</td><td>监理(建设)单位</td><td colspan="3">施工单位</td></tr>
<tr><td rowspan="2">张强</td><td>项目技术负责人</td><td>专业质检员</td><td>操　作　人</td></tr>
<tr><td>赵刚</td><td>李明</td><td>王军</td></tr>
</table>

【相关规定】

锅炉在烘炉、煮炉合格后,应进行 48h 的带负荷连续试运行,同时应进行安全阀的热状态定压检验和调整。

检验方法:检查烘炉、煮炉及试运行全过程。

表 C6-4-1　接地电阻测试记录填写指南

【表式图解】

表 C6-4-1　接地电阻测试记录　　　　编号：

工程名称：　　　　　　　　施工单位：

分部名称					测试日期		
仪表型号				天气情况		气温	℃
接地类型		防雷接地	保护接地	重复接地	工作接地	(　)接地	(　)接地
组别及实测数据	1						
	2						
	3						
	4						
	5						
	6						
	7						
设计要求		≤　Ω	≤　Ω	≤　Ω	≤　Ω	≤　Ω	≤　Ω
测试结论		年　月　日				季节系数	

签字栏	监理(建设)单位	施工单位		
		专业技术负责人	专业质检员	测　试　人

被测接地形式，如设计另有接地要求的其他接地可在（　）填写。

填写各接地组别实测电阻数值。

设计要求的接地电阻限值要求。

监理机构确认的接地电阻测试结论。

依据测试季节选取的测试结果修订系数。季节系数可参【填写要点】第3条选用。

【填写要点】

(1)接地电阻测试时电气安装工程完工后,必须进行测试的项目,也是单位工程质量控制资料之一。

(2)此表适用于设备或系统的防雷接地、保护接地、工作接地、重复接地以及设计有要求的接地电阻测试。

(3)季节系数:因全国各地的土壤条件不同和季节的影响,所以所测接地电阻乘以季节系数(见表 5-48),所得结果即为实测接地电阻值;

表 5-48 接地电阻的季节系数

月份	1	2	3	4	5	6	7	8	9	10	11	12
季节系数	1.05	1.05	1.0	1.6	1.9	2.0	2.2	2.55	1.6	1.55	1.55	1.35

注:此表数据仅供参考

【相关规定】

1)接地分类:主要包括建筑物防雷系统接地,电力系统和用电设备的工作接地、保护接地、重复接地和接零等;其中保护接地又分为接地和接零两种形式;

2)接地形式:电力装置线路,应根据负荷性质、工程特点和地区供电条件分为:TN、TT、IT 接地系统。

(1)TN 系统:即电源端直接接地,电气设备外壳与中性连接,即接零制。根据电气设备外壳与中性线连接的不同方式,又分为:TN－S 系统、TN－C－S 系统、TN－C 系统。

①TN－S 系统:在整个系统中保护导线(PE)和中性线是分开的。见图 5-7。

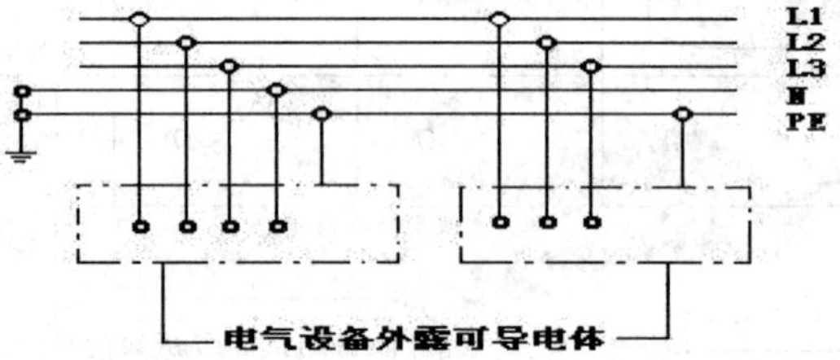

图 5-7 TN－S 系统

②TN－C－S 系统:在整个系统中保护导线(PE)和中性线部分是合用的,PE 线和 N 线在进线箱入口处连接在一起,返出时 PE 线与 N 线绝缘应分开。见图 5-8。

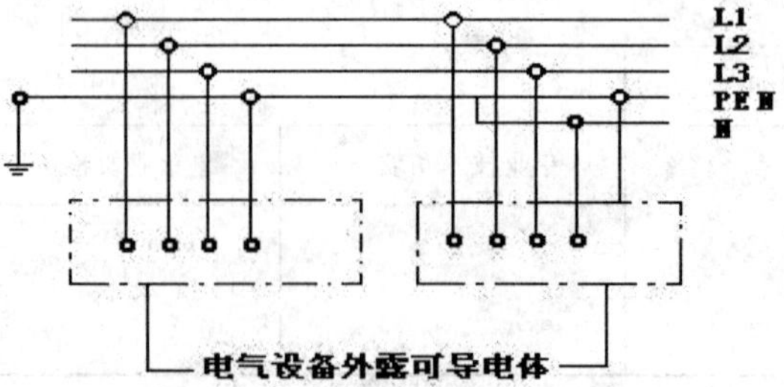

图 5-8 TN－C－S 系统

③TN－C 系统:在整个系统中保护导线(PE)和中性线是合用的。见图 5-9。

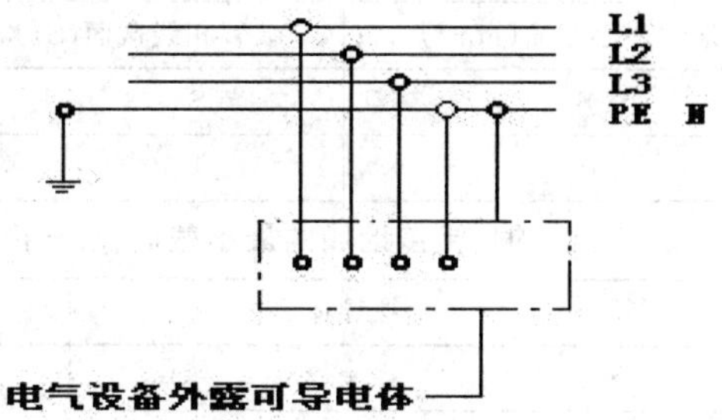

图 5-9　　TN－C 系统

(2)TT 接地系统:电源直接接地,电气设备金属外壳则接至与电力系统接地点无关的接地体,即接地制。见图 5-10。

(3)IT 接地系统:电源端不接地或接入阻抗接地,电气设备金属外壳直接与接地体相连接的不接地系统或阻抗接地系统。见图 5-11。

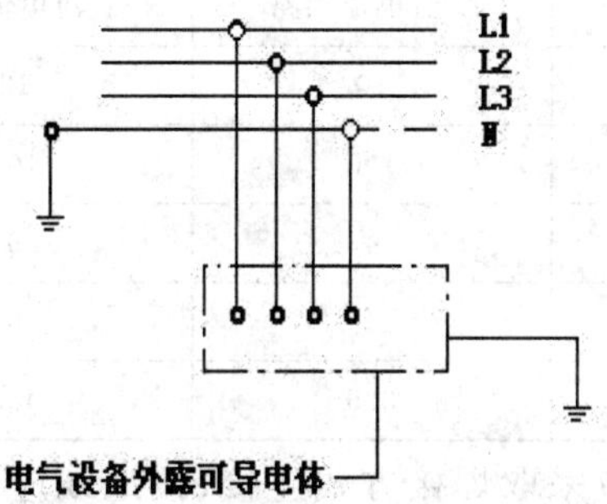

图 5-10　　TT 接地系统

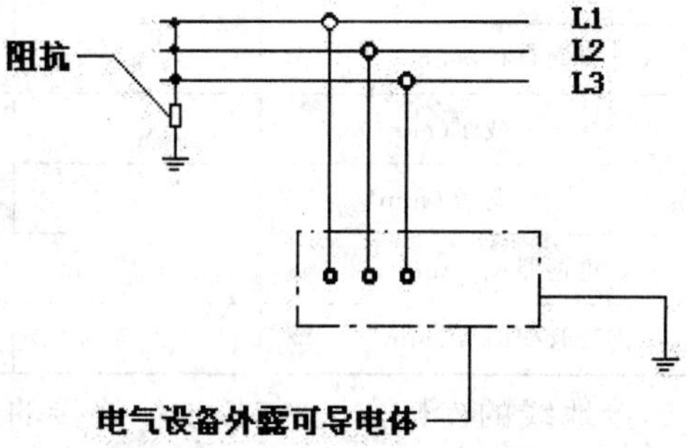

图 5-11　IT 接地系统

综合上述,几种接地连接方式中,IT 系统的保护接地,除了煤矿等矿区普遍采用外,工业与民用建筑的配电与电气装置中很少采用。目前,我国一些自用配电变压器独立电网,常规均采用 TN－C－S 系统。在科研、教学、医疗等工作场所因使用移动或携带式单相用电设备较多,宜提倡 TN－S 系统。在这种通常称为三相五线制的配电系统中,它的中性线(N)和保护线(PE)分开,不会因中性线断开而失去保护作用。

3)电气设备不需要接地或接零的情况。

(1)在以塑料、木质、沥青等不良导电材质作地面的干燥房间内,交流额定电压为 380V 及以下和直流额定电压在 400V 及以下电器设备外壳。

(2)在干燥房间内,交流电压为 50V 及以下和直流电压在 110V 及以下的电器设备外壳。

(3)安装在配电柜、控制盘已接地的金属框架上的电器测量仪表、继电器和其他低压电器外壳。

(4)安装在已接地的金属结构框架上的电气设备。

(5)与已接地的机座、设备之间有可靠电气接触的电动机和电气设备外壳。

(6)起重机具设备的滑触线支架(高出 3.5m)。

4)接地材料要求。

(1)低压电气装置电气设备接地线最小截面积,应符合表 5-49、表 5-51 规定:

表 5-49 接地线最小截面面积（mm^2）

装置相线截面(S)	接地线最小截面(mm^2)	装置相线截面(S)	接地线最小截面(mm^2)
S≤16	S	S > 35	S/2
16<S≤35	16		

表 5-50 铜、铝接地线的最小截面(mm^2)

材料种类	裸导体	绝缘导体
铜	4	1.5
铝	6	2.5

(2)人工接地体及钢质接地线除了符合设计要求外，还应满足表 5-51 的要求：

表 5-51 最小允许规格、尺寸

种类、规格及单位		敷设位置及使用类别			
		地上		地下	
		室内	室外	交流电流回路	直流电流回路
圆钢直径(mm)		6	8	10	12
扁钢	截面(mm^2)	60	100	100	100
	厚度(mm)	3	4	4	6
角钢厚度(mm)		2	2.5	4	6
钢管管壁厚度(mm)		2.5	2.5	3.5	4.5

5)接地线的连接方法：与接地体连接的接地线应采取焊接方式连接；接地线应与设备内的接地螺栓连接；钢带及金属外壳应与设备外的接地螺栓连接。

6)接地电阻的测试

(1)接地电阻测试仪，常用的有 ZC—8 型和 ZC—29 型。

常用的 ZC—8 型测量仪，主要由手摇发电机、电流互感器、滑线电阻及检流计等组成，其全部机构组装在铝合金铸造的携带式表壳内。外形与普通摇表相似，故也称接地摇表。

ZC—8 型测量仪的附件有：接地探测针两支，导线三条：5m 长一条用于接地极，20m 一条用于电位探测针，40m 一条用于电流探测针。

(2)对于防雷装置进行接地电阻测试时，先将需要测试的接地连接线与引下线连接卡紧固螺栓拧开，然后进行测试。

(3)接地电阻测试线路的连接应符合以下要求：

沿被测接地极 E′将电位探测针和电流探测针依直线彼此间距 20m 插入地下，电位探测针 P′应插于接地极 E′和电流探测针 C′之间，用专用导线将 E′、P′和 C′联于仪表相应的端钮上，见图 5-12 所示。

将仪表放置在水平位置上，首先检查检流计的指针是否指向中心线上，如果不指向中心线可用零位调整器将其调整至指于中心线上。

然后，将“倍率标度”置于最大倍数。慢慢地转动发电机的摇把，同时旋动“测量标度盘”使检流计的指针指于中心线。当检流计的指针接近平衡时加快发电机摇把的摇转速度，使其达到每分钟 120 转以上，调整“测量标度盘”使其指针指于中心线上。

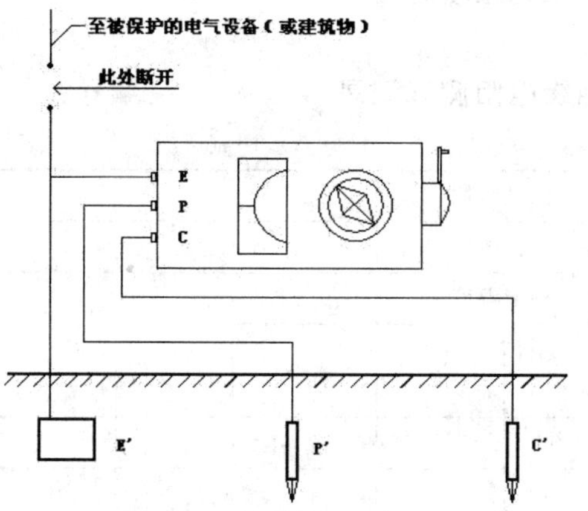

图 5-12　　接地摇表接线示意图

如“测量标度盘”的读数小于 1 时，应将倍率标度置于较小的倍数，再重新调整“测量标度盘”以便得到正确读数。用“测量标度盘”的读数乘以倍率标度的倍数，即为所测的接地电阻值。接地电阻值的计算，是用所测的接地电阻值，乘以季节系数，所得结果即为实测接地电阻值。

7）等电位

（1）等电位是将建筑钢结构和混凝土结构中的钢筋互相连接作为防雷装置。等电位联结是将整体建筑金属管道、金属构件、金属线槽、铠装电缆、金属网架等全部焊成一个整体，可以防止雷击，是一个完整的等电位体。

（2）等电位联结导通性的测试

等电位联结完毕后应进行导通性测试，测试用电源可采用空载电压为 4～24V 的直流或交流电源，测试电流不应小于 0.2A。当测得等电位联结端子板与等电位联结范围内的金属管道等金属体末端之间的电阻不超过 3Ω 时，可以认为等电位联结是有效的。如超过 3Ω 时，则等电位联结无效。

【填写示例】

表 C6-4-1　接地电阻测试记录　　　　**编号：**

工程名称：某某工程　　　　施工单位：某某建筑工程有限公司

分部名称		建筑电气			测试日期	2012 年 8 月 1 日	
仪表型号		ZC－8 型		天气情况	晴	气温	30 ℃
接地类型		防雷接地	保护接地	重复接地	工作接地	（　　）接地	（　　）接地
组别及实测数据	1			1.1			
	2			1.2			
	3			0.8			
	4			0.9			
	5			1.3			
	6			1.0			
	7						
设计要求		≤　　Ω	≤　　Ω	≤ 4 Ω	≤　　Ω	≤　　Ω	≤　　Ω
测试结论		经测试测得最大电阻值乘以季节系数后，满足设计要求，结果合格。 2012 年 8 月 1 日				季节系数	2.55
签字栏		监理（建设）单位		施工单位			
				专业技术负责人		专业质检员	测试人
		宣某某		杨某某		马某某	刘某某

表 C6-4-2 绝缘电阻测试记录填写指南

【表式图解】

表 C6-4-2 ________绝缘电阻测试记录　　　　编号：

工程名称：　　　　施工单位：

分部(分项)名称					测试日期				
仪表型号					工作电压				
天气情况					环境温度				
层段、设备、线路、名称									
绝缘电阻(MΩ)	A—B								
	B—C								
	C—A								
	A—N								
	B—N								
	C—N								
	A—E								
	B—E								
	C—E								
	N—E								
测试结论	年　月　日								
签字栏	监理(建设)单位	施工单位							
		专业技术负责人		专业质检员			测　试　人		

填写被测试层段、设备、线路等名称

填写实测各相线见绝缘电阻值。

监理机构确认的绝缘电阻测试结论。

【填写要点】

绝缘电阻测试应在电气设备、系统安装完成后进行，是工程结构安全和使用功能的重要资料之一。主要包括电气设备绝缘电阻测试、系统绝缘电阻测试、线路导线间绝缘电阻测试以及设计要求的其他绝缘电阻测试。

【相关规定】

(1)配电箱(盘)全部电器安装完毕后，用500V 兆欧表对线路进行绝缘测试，测试项目符合以下要求(测试的绝缘电阻值必须大于 0.5MΩ)：

①相线与相线之间的绝缘电阻值；

②相线与中性线之间的绝缘电阻值；

③相线与保护地线之间的绝缘电阻值；

④中性线与保护地线之间的绝缘电阻值。

(2)绝缘电阻测试方法：拆下所有用电设备，接通所有开关，选择适当的摇表，检查摇表正常后，连接线路进行测量。匀速加快摇表至 120r/min 以上，达到 1min 以上，读取度数，为所测绝缘电阻值。

【填写示例】

表C6-4-2　电气照明线路　绝缘电阻测试记录

编号:06-05-001

工程名称:某某工程　　　施工单位:某某建筑工程有限公司

分部(分项)名称	电气照明安装	测试日期	2012年8月21日
仪表型号	ZC-7	工作电压	220V
天气情况	晴	环境温度	30℃

层段、设备、线路、名称		101进线	102进线	……					
绝缘电阻(MΩ)	A—B								
	B—C								
	C—A								
	A—N	430	340						
	B—N								
	C—N								
	A—E	390	490						
	B—E								
	C—E								
	N—E	390	410						

测试结论	所测试线路绝缘电阻满足设计要求且符合有关标准规定,结果合格。 2012年8月21日		
签字栏	监理(建设)单位	施工单位	
		专业技术负责人	专业质检员	测试人
	宣某某	杨某某	马某某	刘某某

表 C6-4-3　避雷接地电阻测试记录填写指南

【表式图解】

表 C6-4-3　避雷接地电阻测试记录

编号：

工程名称：　　　　　　施工单位：

施工图号				测试日期			
项目	编号(部位)	材质	规格	长度(m)	埋深(m)	连接方式	防腐处理
避雷装置							
接地及引线							
接地干线							
简图		设计电阻：　Ω 测试电阻：　Ω 仪表编号：		评定意见： 年　月　日			
签字栏	监理(建设)单位	施工单位					
		专业技术负责人		专业质检员		测　试　人	

由接闪器、引下线和接地装置组成。接闪器是用来接受雷电放电的金属导体，由避雷针、避雷线、避雷带、避雷网等组成。

填写接地干线设计埋深。若设计无要求时，一般埋深不小于600mm。接地干线距离建筑物出入口小于3m时，局部埋深应不小于1000mm。

一般使用镀锌材料，防腐指地下部分及焊接部位；但是利用建筑物主体钢筋作为引下线的不需防腐。

接地是指埋入土壤中或混凝土基础中作散流作用的导体；引线是连接接闪器和接地体的金属导线。

从引下线断接卡或换线处至接地体的连接导体。

测试结果应考虑季节系数。

防雷接地系统示意图，页面不足可另附页。

【填写要点】

(1)避雷接地安装完成后必须进行避雷接地电阻测试并记录,如测试结果未达到设计要求时,应增设人工接地体,增设后再测试直至满足设计要求位置。

(2)指接地装置平面示意图,绘制比例要适当,注明各组别编号。编号要与项目栏编号(部位)对应。

【相关规定】

1)防雷装置的组成与要求。

防雷装置由接闪器、引下线和接地装置组成。其各自要求如下:

(1)接闪器:避雷针、避雷带及避雷网等直接接受雷击部分,以及用作接闪器的金属屋面和金属构件等。其材质设计无要求时,应符合下列规定:

①避雷针:采用圆钢或焊接钢管制成(优先采用圆钢),其直径不应小于下列数值:

针长 1m 以下	圆钢为 12mm,钢管为 20mm;
针长 1～2m	圆钢为 16mm,钢管为 25mm。
烟囱顶上的针	圆钢为 20mm。

②避雷网和避雷带采用热镀锌圆钢或扁钢(优先采用圆钢),其尺寸不应小于下列数值:圆钢直径为 8mm,扁钢为 $48mm^2 \times 4mm$ 厚;

③烟囱顶上的避雷环采用热镀锌圆钢或扁钢,其尺寸不应小于下列数值:圆钢直径为 12mm,扁钢为 $100mm^2 \times 4mm$ 厚;

④当需要防金属板雷击穿孔时,其厚度不应小于下列数值:铁板 4mm,铜板 5mm,铝板 7mm。

2.引下线:是连接接闪器和接地体的金属导线。

。①其材质设计无要求时,应符合下列规定:

圆钢直径 8mm;扁钢截面 48 mm^2;扁钢厚度 4mm;

②装置在烟囱上的引下线,其尺寸不应小于下列规定:

圆钢直径 12mm;扁钢截面 100 mm^2;扁钢厚度 4mm。

③利用建筑物、构筑物钢筋混凝土中钢筋作为防雷引下线时,其上部应与接闪器焊接,下部接接地装置。一般在同一柱内引下线不宜少于 2 根。

(4)接地装置:接地体和接地线的总称。

(5)垂直埋设的接地体,宜采用圆钢、钢管、角钢等;水平埋设的接地体,宜采用扁钢、圆钢等人工接地体。

2)防雷接地电阻的测试(见“表 C6-4-1 接地电阻测试记录填写指南”的【相关规定】)

【填写示例】

表C6-4-3　避雷接地电阻测试记录　　编号:06-07-001

工程名称:某某工程　　施工单位:某某建筑工程有限公司

施工图号	电施—8图			测试日期		2012年8月10日	
项目	编号(部位)	材质	规格	长度(m)	埋深(m)	连接方式	防腐处理
避雷装置	接闪器	镀锌圆钢	$\phi10$	110m		焊接	良好
接地及引线	1～16层	钢筋	2Φ20	15.4m		焊接	良好
接地干线	接地干线	扁钢	40×4	150m	1.2m	焊接	良好
简图	略		设计电阻:≤4 Ω 测验电阻:3.5 Ω 仪表编号:ZC—29		评定意见: 合　格 2012年8月10日		
签字栏	监理(建设)单位	施工单位					
		专业技术负责人		专业质检员		测试人	
	宣某某	杨某某		马某某		刘某某	

表 C6-4-4　电气器具通电安全检查记录填写指南

【表式图解】

表 C6-4-4　电气器具通电安全检查记录　　　　编号：

工程名称：　　　　　　　　　　　　施工单位：

楼门单元或区域场所		检查日期	

层数或房间	开关								灯具								插座							
	1	2	3	4	5	6	7	8	1	2	3	4	5	6	7	8	1	2	3	4	5	6	7	8

检查结论	年　月　日		
签字栏	监理(建设)单位	施工单位	
		专业技术负责人	专业质检员	操　作　人

填写所检电气器具结果，合格的在相应单元格内打“√”。检查标准见本表式的【相关规定】。

填写所检电气器具所在层次或房间。

监理机构确认的检查结果，相关人员应签字。

【填写要点】

(1)电气器具安装完成后，应对插座、开关、灯具等进行通电安全检查并进行记录。电气器具通电安全检查记录是单位工程安全和功能检验资料核查及主要功能抽查资料必备资料之一。

(2)检查记录内容包括接线情况、电气器具开关情况等。

(3)电气器具应全数进行通电安全检查，合格后在记录表中打“√”。

【相关规定】

1)插座接线应符合下列规定。

(1)单相两孔插座,面对插座的右孔或上孔与相线连接,左孔或下孔与零线连接;单相三孔插座,面对插座的右孔与相线连接,左孔与零线连接。

(2)单相三孔、三相四孔及三相五孔插座的接地(PE)或接零(PEN)线接在上孔。插座的接地端子不与零线端子连接。同一场所的三相插座,接线的相序一致。

(3)接地(PE)或接零(PEN)线在插座间不串联连接。

2)开关安装应符合下列规定。

同一建筑物、构筑物的开关采用同一系列的产品,开关的通断位置一致,操作灵活、接触可靠。

3)线路接地规定。

灯具灯口中心为相线;电度表相线:1 进 2 出,零线:3 进 4 出;保险:左相,右零。

【填写示例】

表 C6-4-4　电气器具通电安全检查记录　　编号:06-05-001

工程名称:某某工程　　　　施工单位:某某建筑工程有限公司

楼门单元或区域场所	东一单元													检查日期				2012 年 8 月 21 日						
层数或房间	开关								灯具								插座							
	1	2	3	4	5	6	7	8	1	2	3	4	5	6	7	8	1	2	3	4	5	6	7	8
101户	√	√	√	√	√	√	√	√	√	√	√	√	√	√	√	√	√	√	√	√	√	√	√	√
102户	√	√	√	√	√	√	√	√	√	√	√	√	√	√	√	√	√	√	√	√	√	√	√	√
103户	√	√	√	√	√	√	√	√	√	√	√	√	√	√	√	√	√	√	√	√	√	√	√	√
201户	√	√	√	√	√	√	√	√	√	√	√	√	√	√	√	√	√	√	√	√	√	√	√	√
202户	√	√	√	√	√	√	√	√	√	√	√	√	√	√	√	√	√	√	√	√	√	√	√	√
203户	√	√	√	√	√	√	√	√	√	√	√	√	√	√	√	√	√	√	√	√	√	√	√	√
……																								
检查结论	经全数检查,所查部位所有电气器具均符合规范规定,结果合格 2012 年 8 月 21 日																							
签字栏	监理(建设)单位							施工单位																
								专业技术负责人							专业质检员						操作人			
	宣某某							杨某某							马某某						刘某某			

表C6-4-6　照明全负荷试验记录填写指南

【表式图解】

表C6-4-6　照明全负荷试验记录　　　　**编号：**

工程名称：　　　　　　　　　　　　施工单位：

<table>
<tr><td colspan="2">被测系统</td><td colspan="2"></td><td>采用标准</td><td></td></tr>
<tr><td colspan="2">试验要求</td><td colspan="2"></td><td>试验日期</td><td></td></tr>
<tr><td>测试、检验情况</td><td colspan="5">填写照明全负荷试验过程，并记录检查频率和检验情况。</td></tr>
<tr><td>测试结论</td><td colspan="5">监理机构确认的检查结果，相关人员应签字。
年　月　日</td></tr>
<tr><td rowspan="3">签字栏</td><td rowspan="3">监理(建设)单位</td><td colspan="4">施工单位</td></tr>
<tr><td colspan="2">专业技术负责人</td><td>专业质检员</td><td>操作人</td></tr>
<tr><td colspan="2"></td><td></td><td></td></tr>
</table>

【填写要点】

(1)照明全负荷试验记录应在电气分部验收前进行的测试项目。

(2)灯具、吊扇、配电箱(盘)安装完毕，且各支路的绝缘电阻测试合格后，方可进行通电全负荷试验。

【相关规定】

照明全负荷试验方法：

(1)照明系统通电后，应仔细检查巡视，灯具回路控制应与照明配电箱及回路的标识一致；开关与灯具控制顺序相对应，风扇的转向及调速开关应正常。

(2)公用建筑照明系统通电连续试运行时间应为24h，民用建筑照明系统通电连续试运行时间为8h。所有照明灯具均须开启，并每2h记录运行状态一次，连续试运行时间内无故障为合格。

【填写示例】

表 C6-4-6　照明全负荷试验记录　　　　编号:06-05-001

工程名称:某某工程　　　　施工单位:某某建筑工程有限公司

<table>
<tr><td colspan="2">被测系统</td><td colspan="2">照明系统</td><td>采用标准</td><td>GB50303—2002</td></tr>
<tr><td colspan="2">试验要求</td><td colspan="2">执行 GB50303—2002 规范第 23.1.1 条和第 23.1.2 条的规定。</td><td>试验日期</td><td>2012 年 8 月 21 日</td></tr>
<tr><td>测试、检验情况</td><td colspan="5">所有线路绝缘电阻测试完毕且合格,开启所有照明用电设备,通电运行。通电运行自 2012 年 8 月 21 日 8:10 时开始至 16:10 时结束,每两小时检查巡视灯具、配电箱、电扇的运行情况,并对运行做了记录。试验过程检查灯具回路与照明配电箱标识一致,开关与灯具控制顺序相对应,期间未出现任何故障。</td></tr>
<tr><td>测试结论</td><td colspan="5">经测试,该工程照明系统全负荷试验结果满足设计要求,符合验收规范规定,试验结果合格。
2012 年 8 月 21 日</td></tr>
<tr><td rowspan="3">签字栏</td><td rowspan="3" colspan="2">监理(建设)单位
宣某某</td><td colspan="3">施工单位</td></tr>
<tr><td>专业技术负责人</td><td>专业质检员</td><td>操作人</td></tr>
<tr><td>杨某某</td><td>马某某</td><td>刘某某</td></tr>
</table>

表C6-4-7　大型灯具牢固性试验记录填写指南

【表式图解】

表C6-4-7　大型灯具牢固性试验记录　　　　编号：

工程名称：　　　　　　　　　　　　　　施工单位：

楼层部位			试验日期	
灯具名称	安装部位	数量	灯具自重(kg)	试验载重(kg)
试验结论	年　月　日			
签字栏	监理(建设)单位	施工单位		
		专业技术负责人	专业质检员	操　作　人

【填写要点】

每盏大型灯具的固定及悬挂装置，必须进行牢固性试验。

【相关规定】

花灯吊钩圆钢直径不应小于灯具挂销直径，且不应小于6mm。大型花灯的固定及悬吊装置，应按灯具重量的2倍做过载试验。

【填写示例】

表 C6-4-7　大型灯具牢固性试验记录　　编号:06-05-001

工程名称:某某工程　　　　施工单位:某某建筑工程有限公司

楼层部位	首层		试验日期	2012 年 8 月 10 日
灯具名称	安装部位	数量	灯具自重(kg)	试验载重(kg)
水晶花灯	门厅	1	25	50
水晶花灯	会客一厅	1	15	30
水晶花灯	会客二厅	1	15	30
试验结论	合格 2012 年 8 月 10 日			
签字栏	监理(建设)单位	施工单位		
		专业技术负责人	专业质检员	操作人
	宣某某	杨某某	马某某	刘某某

表 C6-4-8　漏电开关模拟试验记录填写指南

【填写示例】

表 C6-4-8　漏电开关模拟试验记录　　编号:06-05-001

工程名称:某某工程　　施工单位:某某建筑工程有限公司

试验器具	漏电保护器测试仪		试验日期	2011 年 10 月 18 日	
安装部位	型号	设计要求		实测值	
		动作电流(mA)	动作时间(ms)	动作电流(mA)	动作时间(ms)
首层照明配电箱 AL1-1	DZ47LE-63	30	≤100	21	50
首层照明配电箱 AL1-1	DZ47LE-63	30	≤100	21	60
首层照明配电箱 AL1-1	DZ47LE-40	30	≤100	17	30
首层照明配电箱 AL1-1	DZ47LE-40	30	≤100	19	20
首层照明配电箱 AL1-1	DZ47LE-40	30	≤100	20	40
首层照明配电箱 AL1-1	DZ47LE-20	30	≤100	16	40
首层照明配电箱 AL1-1	DZ47LE-20	30	≤100	17	20
首层照明配电箱 AL1-1	DZ47LE-20	30	≤100	17	30
首层照明配电箱 AL1-1	DZ47LE-20	30	≤100	18	40
首层照明配电箱 AL1-1	DZ47LE-20	30	≤100	17	30
测试结论	符合设计要求和《建筑电气工程施工质量验收规范》GB50303-2002 规定,合格 2011 年 10 月 18 日				
签字栏	监理(建设)单位	施工单位			
		专业技术负责人	专业质检员	操作人	
	赵某某	杨某某	李某某	方某某	

【填写要点】

漏电开关应有模拟试验记录,动力和照明工程的漏电保护装置应全数做模拟动作试验,并符合设计要求的额定值。

表 C6-4-9　大容量电气线路结点测温记录填写指南

【填写示例】

表 C6-4-9　大容量电气线路结点测温记录　编号:05-06-001

工程名称:某某工程　　　　施工单位:某某建筑工程有限公司

测试工具	红外线遥测温度仪		测试日期	2011 年 10 月 22 日
测试地点	配电室	测试品种	导线√ / 母线□ / 开关□	
测试回路(部位)	测试时间(s)	电流(A)	设计温度(℃)	测试温度(℃)
WPM1	10	630	90	35
WPM2	10	800	90	37
WPM3	10	800	90	42
WPM4	10	1200	90	51
WPM5	10	630	90	36
WPM6	10	950	90	43
测试结论	符合设计要求和《建筑电气工程施工质量验收规范》GB50303-2002 规定,合格 2011 年 10 月 26 日			
签字栏	监理(建设)单位	施工单位		
		专业技术负责人	专业质检员	操　作　人
	赵某某	杨某某	李某某	方某某

【填写要点】

大容量(630 安培及以上)导线、母线连接处或开关,在设计负荷运行情况下应做温度抽测记录,温升值稳定且不大于设计值。测量采用红外线遥测温度仪。

表 C6-5-1 综合布线测试记录填写指南

【填写示例】

表 C6-5-1 综合布线测试记录 编号:07—06—001

工程名称:某某工程 施工单位:某某建筑工程有限公司

仪表型号	FCUKEdsP-100			测试日期		2012年10月20日	
序号	点编号	房间号	设备房号	长度(m)	接线正确	衰减(dB)	近端串扰
1	东-1-1	东104	东-2电#	35	√	9.6	12.0
2	东-1-2	东103	东-2电#	26	√	10.3	11.2
3	东-1-3	东102	东-2电#	47	√	8.9	12.3
4	东-1-4	东101	东-2电#	36	√	11.2	11.8
……							
测试结论	经测试符合设计及施工规范要求,结果合格。 2012年10月20日						
签字栏	监理(建设)单位	施工单位					
		专业技术负责人		专业质检员		测试人	
	霍某某	蒋某某		郜某某		王某某	

【填写要点】

(1)可根据工程的具体情况和用户的要求及现场测试仪表的功能,施工现场所具备的条件选项进行测试,并做好记录。

(2)表列子项:

①仪表型号:综合布线测试所用仪表型号。

②点编号:综合布线很多,每条布线为一个点,应逐一填写其编号。

③房间号:综合布线点编号所在的房间号。

④设备房号:设置综合布线设备房间的编号。

⑤长度:测试的某一布线的实际长度。

⑥接线正确:测试某一布线时拟查接线是否正确,如正确打√或填写接线正确,接线不正确应进行返修。正确后再填写。

⑦衰减:衰减是信号能量沿基本链路或通道损耗的量度,它取决于双链线的分布电阻、分布电容、分布电感、分布参数的信号频率,并随频率和线缆长度的增加而增大。

⑧近端串扰:是发送与接收信号同时进行的,在这根电缆所产生的电磁干扰。

⑨测试结果:应写明是否符合设计和规范要求。

【相关规定】摘自《智能建筑工程质量验收规范》GB 50339－2003

主　控　项　目

9.2.1 缆线敷设和终接的检测应符合 GB/T50312 中第 5.1.1、6.0.2、6.0.3 条规定,应对以下项目进行检测:

1.缆线的弯曲半径;

2.预埋线槽和暗管的敷设;

3.电源线与综合布线系统缆线应分隔布放,缆线间的最小净距应符合设计要求,

4.建筑物内电、光缆暗管敷设及与其他管线之间最小净距;

5.对绞电缆芯线终接;

6.光纤连接损耗值。

表C6-5-5　智能建筑系统试运行记录填写指南

【填写示例】

表C6-5-5　智能建筑系统试运行记录　　编号:06-05-001

工程名称:某某工程　　　　施工单位:某某建筑工程有限公司

<table>
<tr><td>系统名称</td><td colspan="2">停车场视频安防监控等系统</td><td>检查日期</td><td>2012年10月1日</td></tr>
<tr><td>试运行内容</td><td colspan="4">停车场视频安防监控等系统运转情况，车辆识别器、挡杆器制动及图像对比等情况。</td></tr>
<tr><td>试运行结论</td><td colspan="4">本系统运转正常，图像清晰稳定，动作灵活，车辆刷卡起落杆时，稳定可靠，均符合设计及规范要求，合格。
2012年10月1日</td></tr>
<tr><td rowspan="3">签字栏</td><td>监理(建设)单位</td><td colspan="3">施工单位</td></tr>
<tr><td rowspan="2">霍某某</td><td>专业技术负责人</td><td>专业质检员</td><td>操作人</td></tr>
<tr><td>蒋某某</td><td>郜某某</td><td>王某某</td></tr>
</table>

【相关规定】摘自《智能建筑工程质量验收规范》GB 50339-2003

8.3.4 安全防范系统综合防范功能检测应包括：

1. 防范范围、重点防范部位和要害部门的设防情况、防范功能、以及安防设备的运行是否达到设计要求，有无防范盲区；

2. 各种防范子系统之间的联动是否达到设计要求；

3. 监控中心系统记录(包括监控的图像记录和报警记录)的质量和保存时间是否达到设计要求；

4. 安全防范系统与其他系统进行系统集成时，应按本规范第3.2.7条检查系统的接口通信功能和传输的信息是否达到设计要求。

表 C6-6-1 系统无生产负荷联合试运转与调试记录填写指南

【填写示例】

表 C6-6-1 系统无生产负荷联合试运转与调试记录 编号:08-04-001

工程名称:某某办公楼工程　　　　施工单位:某某建筑工程有限公司

<table>
<tr><td colspan="2">分项(分部)工程名称</td><td colspan="2">系统调试</td><td>试运时间</td><td colspan="2">2012 年 7 月 20 日 8 时 10 分
至 7 月 20 日 19 时 10 分</td></tr>
<tr><td colspan="2">主要项目</td><td colspan="2">设计值</td><td>实测值</td><td colspan="2">偏差</td></tr>
<tr><td colspan="2">系统总风量 m³/h</td><td colspan="2">1500</td><td>1592</td><td colspan="2">6%</td></tr>
<tr><td colspan="2">冷/热水总流量 m³/h</td><td colspan="2">130</td><td>135</td><td colspan="2">3.8%</td></tr>
<tr><td colspan="2">冷却水总流量 m³/h</td><td colspan="2">147</td><td>144</td><td colspan="2">2%</td></tr>
<tr><td colspan="7">试运转(调试)情况(其他说明):

系统在 11 小时试运转过程中,各种设备(制冷机、水泵、风机盘管、冷却塔等)运行正常、联动正确,系统各部分运转时均无异常现象出现。运行中随时对温度、压力、流量、噪声等观察、测量,各种参数符合设计和施工规范的要求。</td></tr>
<tr><td colspan="7">试运转(调试)结论:

系统联动试运转符合规范要求,所测试的参数值均达到了设计和使用功能要求,系统试运转合格。

2012 年 7 月 20 日</td></tr>
<tr><td rowspan="3">签字栏</td><td rowspan="1">监理(建设)单位</td><td>设计单位</td><td colspan="4">施工单位</td></tr>
<tr><td rowspan="2">张某某</td><td rowspan="2">刘某某</td><td colspan="2">项目技术负责人</td><td>专业质检员</td><td>操 作 人</td></tr>
<tr><td colspan="2">赵某某</td><td>李某某</td><td>王某某</td></tr>
</table>

【相关规定】

1)系统无生产负荷的联合试运转及调试应符合下列规定。

(1)系统总风量调试结果与设计风量的偏差不应大于 10%;

(2)空调冷热水、冷却水总流量测试结果与设计流量的偏差不应大于 10%;

(3)舒适空调温度、相对湿度应符合设计的要求。恒温、恒湿房间室内空气温度、相对湿度及波动范围应符合设计规定。检查数量:按风管系统数量抽查 10%,且不得少于 1 个系统。

表C6-6-2　室内温度、湿度测试记录填写指南

【填写示例】

表C6-6-2　室内温度、湿度测试记录　　编号:08-04-001

工程名称:某某办公楼工程　　施工单位:某某建筑工程有限公司

分项工程名称	系统调试	测试时间	2012年7月20日13时 至2012年7月20日14时	
室外空气温湿度	32℃,72%	设计要求温湿度波动范围	8%	
测试部位	温度(℃)		湿度(%)	
	设计值	实测值	设计值	实测值
一层102	25	25.5	60	60
二层202	25	26	60	58
结论: 合　格				

签字栏	监理(建设)单位	施工单位		
		项目技术负责人	专业质检员	操　作　人
	张某某	赵某某	李某某	王某某

【相关规定】

舒适空调温度、相对湿度应符合设计的要求。恒温、恒湿房间室内空气温度、相对湿度及波动范围应符合设计规定。

表 C6-6-3　净化空调系统检测记录填写指南

【填写示例】

表 C6-6-3　净化空调系统检测记录　　　编号:08-05-001

工程名称:某某精密仪表厂二期工程　　　施工单位:某某建筑工程有限公司

<table>
<tr><td>分项工程名称</td><td colspan="2">系统调试</td><td>净化室级别</td><td>5</td></tr>
<tr><td>仪器名称编号</td><td colspan="4">电子风量仪 VF01(SB-10)　气溶胶光度计 TDA-2H(SB-11)
激光尘埃粒子计数器 BCJ-1(SB-15)　温湿度测试棒 605－H1(SB-22)</td></tr>
<tr><td colspan="5">室内洁净度及其他设计指标测试情况:
室内洁净度:5 级。
高效过滤器:在高效过滤器出风口 0.3 米处测量风速和出风量符合设计要求。用扫描法在过滤器下风侧以光学粒子计数器动力采样头,对高效过滤器表面、边框、封头胶处移动扫描测得泄露未超出设计参数。
测试日期:2012 年 3 月 16 日</td></tr>
<tr><td colspan="5">结论:
以上测试结果,符合设计和规范要求。检测结果合格。</td></tr>
<tr><td rowspan="3">签字栏</td><td>监理(建设)单位</td><td colspan="3">施工单位</td></tr>
<tr><td rowspan="2">张某某</td><td>项目技术负责人</td><td>专业质检员</td><td>操　作　人</td></tr>
<tr><td>赵某某</td><td>李某某</td><td>王某某</td></tr>
</table>

【相关规定】

1)净化空调系统还应符合下列规定。

(1)单向流洁净室系统的系统总风量调试结果与设计风量的允许偏差为 0～20%,室内各风口风量与设计风量的允许偏差为 15%。新风量与设计新风量的允许偏差为 10%。

(2)单向流洁净室系统的室内截面平均风速的允许偏差为 0～20%,且截面风速不均匀度不应大于 0.25;

(3)相邻不同级别洁净室之间和洁净室与非洁净室之间的静压差不应小于 5Pa,洁净与室外的静压差不应小于 10Pa;

(4)室内空气洁净度等级必须符合设计规定的等级或在商定验收状态下的等级要求。高于等于 5 级的单向流洁净室,在开门启的状态下,测定距离门 0.6m 室内侧工作高度处空气的含尘浓度,亦不应超过室内洁净度等级上限的规定。检查数量:调试记录全数检查,测点抽查 5%,且不得少于 1 点。检查方法:检查、验证调试记录,按《通风与空调工程施工质量验收规范》GB50243－2002 附录 B 进行测试校核。

表C6-6-4　风口(吸风罩)风量测试记录填写指南

【填写示例】

表C6-6-4 风口(吸风罩)风量测试记录　　编号:08-04-001

工程名称:某某办公楼工程　　　　施工单位:某某建筑工程有限公司

分项工程名称		系统调试						试验时间		2012年6月5日		
风口位置	设计风量(m^3/h)	风口面积(m^2)	测点风速(m/s)							实际风量(m^3/h)	偏差(%)	结论
			1	2	3	4	5	6	平均			
二层1#风口	75	0.11	0.15	0.17	0.19	0.17	0.15		0.19	75.24	0.3%	合格
二层2#风口	80	0.11	0.17	0.19	0.21	0.19	0.17		0.21	83.16	4%	合格

签字栏	监理(建设)单位	施工单位		
		项目技术负责人	专业质检员	操作人
	张某某	赵某某	李某某	王某某

【相关规定】

1)通风工程系统无生产负荷联动试运转及调试应符合下列规定。

(1)系统联动试运转中,设备及主要部件的联动必须符合设计要求,动作协调、正确、无异常现象;

(2)系统经过平衡调整,各风口或吸风罩的风量与设计风量的允许偏差差不应大于15%;

(3)湿式除尘器的供水排水系统运行应正常。

表 C6-6-5　防排烟系统联合试运转及调试记录填写指南

【填写示例】

表 C6-6-5　防排烟系统联合试运转及调试记录

编号:08-02-001

工程名称:某某办公楼工程　　　　施工单位:某某建筑工程有限公司

分项工程名称	系统调试	试运时间	2012 年 5 月 1 日 9 时 5 分至 5 月 1 日 9 时 35 分
风管类别	镀锌薄钢板风管系统	风机型号规格	高温排烟风机 HTF-2 No. 6

风口风量及风压							
序号	测试位置	风口尺寸(mm)	风速(m/s)	实测风量(m^3/h)	设计风量(m^3/h)	风量偏差	风压情况
1	1#风口	800*400	6.1	7020	7100	—1%	负压
2	3#风口	800*400	5.9	7012	7100	—1%	负压
3	6#风口	800*400	5.92	7000	7100	—1%	负压

防火(风)阀			
类别	70℃防火调节阀	启闭及联动情况	防火阀启闭灵活,与风机、控制室联动正常

结论:

经过联合试运行,实测风口风量值与设计值基本一致,相对偏差不超过 1%,防火阀启闭灵活,与风机、控制室联动正常,符合设计和规范要求,运转合格。

签字栏	监理(建设)单位	施工单位		
		项目技术负责人	专业质检员	操作人
	张某某	赵某某	李某某	王某某

【相关规定】

防排烟系统联合试运行与调试的结果(风量及正压),必须符合设计与消防的规定。

检查方法:按总数抽查 10%,且不得少于 2 个楼层。检查方法:观察、旁站、查阅调试记录。

表C6-6-6　制冷系统气密性试验记录填写指南

【填写示例】

表C6-6-6　制冷系统气密性试验记录　　编号:08-06-001

工程名称:某某办公楼工程　　　　施工单位:某某建筑工程有限公司

分项工程名称	空调制冷系统安装		试验日期	2012年7月1日
试验部位、管道编号	气密性试验			
	试验介质	试验压力(MPa)	定压时间(h)	试验结果
ZL-1	氮气	1.6	24	合格
试验部位、管道编号	真空试验			
	要求真空度(kPa)	试验真空度(kPa)	稳压时间(h)	试验结果
ZL-1	95	95	2	合格
试验部位、管道编号	充制冷剂试验			
	充制冷剂压力(kPa)	检漏仪器	渗漏位置与处理情况	试验结果
ZL-1	1200	卤素检测仪	无渗漏	合格
签字栏	监理(建设)单位	施工单位		
		项目技术负责人	专业质检员	操作人
	张某某	赵某某	李某某	王某某

【相关规定】

1)制冷设备的各项严密性试验和试运行的技术数据,均应符合设备技术文件的规定。对组装式的制冷机组和现场充注制冷剂的机组,必须进行吹污、气密性试验、真空试验和充注制冷剂检漏试验,其相应的技术数据必须符合产品技术文件和有关现行国家标准、规范的规定。

检查数量:全数检查。检查方法:旁站观察、检查和查阅试运行记录。

2)制冷管道系统应进行强度、气密性试验及真空试验,且必须合格。

检查数量:系统全数检查。检查方法:旁站、观察检查和查阅试验记录。

表 C6-6-7 现场组装除尘器(空调机组)漏风检测记录填写指南

【填写示例】

表 C6-6-7 现场组装除尘器(空调机组)漏风检测记录

编号:08-03-001

工程名称:某某棉纺厂工程　　施工单位:某建筑工程有限公司

分项工程名称	除尘设备安装	检测日期	2012 年 5 月 2 日
设备名称	组合脉冲布袋除尘器	型号规格	ZH-4/32
额定风量(m^3/h)	7000	工作压力(Pa)	800
测试压力(Pa)	920	允许漏风率(%)	5%
允许漏风量(m^3/h)	＜350	实测漏风量(m^3/h)	240
检测过程: 除尘器组装后,采用 Q80 漏风检测设备测试,按设备说明书要求先打至工作压力,漏风量在允许范围内,然后打至超出工作压力值,读数依然在允许范围内,证明安装严密。			
结论: 以上测试结果,符合设计和规范及设备技术文件要求,合格。			

<table>
<tr><td rowspan="3">签字栏</td><td rowspan="3">监理(建设)单位

张某某</td><td colspan="3">施工单位</td></tr>
<tr><td>项目技术负责人</td><td>专业质检员</td><td>操　作　人</td></tr>
<tr><td>赵某某</td><td>李某某</td><td>王某某</td></tr>
</table>

【相关规定】

1)空调机组的安装应符合下列规定。

(1)型号、规格、方向和技术参数应符合设计要求;

(2)现场组装的组合式空气调节机组应做漏风量的检测,其漏风量必须符合现行国家标准《组合式空调机组》GB/T14294 的规定。

检查数量:按总数抽检 20%,不得少于 1 台。净化空调系统的机组,1~5 级全数检查,6~9 级抽查 50%。检查方法:依据设计图核对,检查测试记录。

2)除尘器的安装应符合下列规定。

(1)型号、规格、进出口方向必须符合设计要求;

(2)现场组装的除尘器壳体应做漏风量检测,在设计工作压力下允许漏风率为 5%,其中离心式除尘器为 3%;

(3)布袋除尘器、电除尘器的壳体及辅助设备接地应可靠。

检查数量:按总数抽查 20%,不得少于 1 台;接地全数检查。检查方法:按图核对、检查测试记录和观察检查。

表 C6-6-8　风管漏风检测记录填写指南

【填写示例】

表 C6-6-8　风管漏风检测记录　　编号:08-01-001

工程名称:某某棉纺厂工程　　施工单位:某某建筑工程有限公司

<table>
<tr><td>分项工程</td><td>风管系统安装</td><td colspan="2">系统名称</td><td colspan="3">一车间送风</td></tr>
<tr><td>风管级别</td><td>低压</td><td colspan="2">试验压力(Pa)</td><td colspan="3">800</td></tr>
<tr><td>系统总面积(m^2)</td><td>270</td><td colspan="2">试验总面积(m^2)</td><td colspan="3">205</td></tr>
<tr><td>系统测定分段数</td><td>5</td><td colspan="2">试验日期</td><td colspan="3">2012年6月1日</td></tr>
<tr><td colspan="2" rowspan="9">检测区段图示:
附图(略)</td><td colspan="5">分段实测数值</td></tr>
<tr><td colspan="2">序号</td><td>分段表面积(m^2)</td><td>试验压力(Pa)</td><td>实际漏风量(m^3/h)</td></tr>
<tr><td colspan="2">1</td><td>35</td><td>800</td><td>130.5</td></tr>
<tr><td colspan="2">2</td><td>25</td><td>800</td><td>110.2</td></tr>
<tr><td colspan="2">3</td><td>45</td><td>800</td><td>230.5</td></tr>
<tr><td colspan="2">4</td><td>50</td><td>800</td><td>192</td></tr>
<tr><td colspan="2">5</td><td>60</td><td>800</td><td>250</td></tr>
<tr><td colspan="2">6</td><td></td><td></td><td></td></tr>
<tr><td colspan="2">7</td><td></td><td></td><td></td></tr>
<tr><td>系统允许漏风量($m^3/h\cdot m^2$)</td><td>6.0</td><td colspan="3">实测漏风量($m^3/h\cdot m^2$)</td><td colspan="2">4.25(各段平均值)</td></tr>
<tr><td colspan="7">结论:合格</td></tr>
<tr><td rowspan="3">签字栏</td><td>监理(建设)单位</td><td colspan="5">施工单位</td></tr>
<tr><td rowspan="2">张某某</td><td colspan="2">项目技术负责人</td><td colspan="2">专业质检员</td><td>操作人</td></tr>
<tr><td colspan="2">赵某某</td><td colspan="2">李某某</td><td>王某某</td></tr>
</table>

【填写要点】

本表不适用风管制作质量的验收。

【相关规定】

(1)风管系统安装后,必须进行严密性检验,合格后方能交付下道工序。风管系统严密性检验为主、干管为主。在加工工艺得到保证的前提下,低压风管系统可采用漏光法检测。

本条仅对风管系统安装通用的施工内容作出了相应的规定。如风管系统严密性的检验和测试,风管吊、支架膨胀螺栓锚固的规定等。工程中风管系统的严密性检验,是一桩比较困难的工作。如一个风管系统常可能跨越多个楼层和房间,支管口的封堵比较困难,以及工程的交叉施工影响等。另外,从风管系统漏风的机理来分析,系统末端的静压小,相对的漏风量亦小。只要按工艺要求对支管的安装质量进行严格的监督管理,就能比较有效地控制它的漏风量。因此,在第(1)条中明确规定风管系统的严密性检验为主、干管为主。

(2)风管安装必须符合下列规定。

①风管内严禁其他管线穿越;

②输送含有易燃、易爆气体或安装的在易燃、易爆环境的风管系统在有良好的接地,通过生活区或其他辅助生产房间时必须严密,并不得设置接口;

③室外立管的固定拉索严禁拉在避雷针或避雷网上。

检查数量:按数量抽查20%,不得少于1个系统。

检查方法:手扳、尺量、观察检查。

(3)风管系统安装完毕后,应按系统类别进行严密性检验,漏风量应符合设计与本规范第4.2.5条的规定。风管系统的严密性检验,应符合下列规定:

① 低压系统风管的严密性检验应采用抽检,抽检率为5%,且不得少于1个系统。在加工工艺得到保证的前提下,采用漏光法检测。检测不合格时,应按规定的抽检率做漏风量测试。风管的严密性检验,应在漏光法检测合格后,对系统漏风量测试进行抽检,抽检率为20%,且不得少于1个系统。

高压系统风管的严密性检验,为全数进行漏风量测试。系统风管严密性检验的被抽检系统,应全数合格,则视为通过;如有不合格时,则应再加倍抽检,直至全数合格。

②净化空调系统风管的严密性检验,1～5级的系统按高压系统风管的规定执行;6～9级的系统按《通风与空调工程施工质量验收规范》GB50243－2002第4.2.5条的规定执行。

检查数量:按条文中的规定。检查方法:按《通风与空调工程施工质量验收规范》GB50243－2002附录A的规定进行严密性测试。

表 C6-6-9 风管漏光检测记录填写指南

【填写示例】

表 C6-6-9 风管漏光检测记录 编号:08-04-001

工程名称:某某棉纺厂工程 施工单位:某某建筑工程有限公司

分项工程	风管系统安装		系统名称	二车间送风	
风管级别	低压		工作压力(Pa)	400	
风管接逢总长(m)	58	按每 10m 接缝划分检测段数(段)	6	检测日期	2012 年 5 月 31 日
检测序号	检测段位置		检测段实测漏光点数(个)	检测段允许漏光点数(个)	
1	800x400-1		1	2	
2	800×400-2		1	2	
3	400×400-1		0	2	
4	400×400-2		1	2	
5	400×400-2		0	2	
6	400×400-2		1	2	
7					
合计	实测平均 100m 接缝漏光点数		规范允许 100m 接缝漏光点数		
	8.6		16		
结论:	符合规范要求、合格				
签字栏	监理(建设)单位	施工单位			
		项目技术负责人	专业质检员	操 作 人	
	张某某	赵某某	李某某	王某某	

【相关规定】

(1)对风管制作质量的验收,应按其材料、系统类别和使用场所的不同分别进行,主要包括风管的材质、规格、强度、严密性与成器外观质量等项内容。

(2)风管必须通过工艺性的检测或验证,其强度和严密性要求应符合设计或下列规定:

①风管的强度应能满足在 1.5 倍工作压力下接缝处无开裂;

②矩形风管的允许漏风量应符合以下规定:

低压系统风管 $Q_L \leqslant 0.1056P^{0.65}$;

中压系统风管 $Q_M \leqslant 0.0352P^{0.65}$;

高压系统风管 $Q_H \leqslant 0.0117P^{0.65}$;

式中 Q_L、Q_M、Q_H——系统风管在相应工作压力下,单位面积风管单位时间内的允许漏风量[$m^3/(h \cdot m^2)$];

P——指风管系统的工作压力(Pa)。

③低压、中压圆形金属风管、复合材料风管以及采用非法兰形式的非金属风管的允许漏风量,应为矩形风管规定值的 50%;

④砖、混凝土风道的允许漏风量不应大于矩形低压系统风管规定值的 1.5 倍;

⑤排烟、除尘、低温送风系统按中压系统风管的规定,1~5 级净化空调系统按高压系统风管的规定。检查数量:按风管系统的类别和材质分别抽查,不得少于 3 件及 $15m^2$。

检查方法:检查产品合格证明文件和测试报告,或进行风管强度和漏风量测试。

(3)风管安装必须符合下列规定:

①风管内严禁其他管线穿越;

②输送含有易燃、易爆气体或安装的在易燃、易爆环境的风管系统在有良好的接地,通过生活区或其他辅助生产房间时必须严密,并不得设置接口;

③室外立管的固定拉索严禁拉在避雷针或避雷网上。

检查数量:按数量抽查 20%,不得少于 1 个系统。检查方法:手扳、尺量、观察检查。

(4)风管系统安装完毕后,应按系统类别进行严密性检验,漏风量应符合设计与本规范第 4.2.5 条的规定。风管系统的严密性检验,应符合下列规定:

①低压系统风管的严密性检验应采用抽检,抽检率为 5%,且不得少于 1 个系统。在加工工艺得到保证的前提下,采用漏光法检测。检测不合格时,应按规定的抽检率做漏风量测试。

中压系统风管的严密性检验,应在漏光法检测合格后,对系统漏风量测试进行抽检,抽检率为 20%,且不得少于 1 个系统。

高压系统风管的严密性检验,为全数进行漏风量测试。系统风管严密性检验的被抽检系统,应全数合格,则视为通过;如有不合格时,则应再加倍抽检,直至全数合格。

②净化空调系统风管的严密性检验,1~5 级的系统按高压系统风管的规定执行;6~9 级的系统按《通风与空调工程施工质量验收规范》GB50243-2002 第 4.2.5 条的规定执行。

检查数量:按条文中的规定。

检查方法:按《通风与空调工程施工质量验收规范》GB50243-2002 附录 A 的规定进行严密性测试。

表 C6-6-10 风管强度检测记录填写指南

【填写示例】

表 C6-6-10 风管强度检测记录 编号:08-01-001

工程名称:某某棉纺厂工程 施工单位:某某建筑工程有限公司

分项工程名称	风管制作		检测日期		2012 年 4 月 20 日	
风管材质、规格	风管级别	工作压力(Pa)	试验压力(Pa)	持续时间(min)	规范规定(或设计要求)	检查结果
玻璃钢风管 φ500	中压	800	1200	4	接缝处无开裂	合格
签字栏	监理(建设)单位		施工单位			
			项目技术负责人		专业质检员	操作人
	张某某		赵某某		李某某	王某某

【相关规定】

(1)对风管制作质量的验收,应按其材料、系统类别和使用场所的不同分别进行,主要包括风管的材质、规格、强度、严密性与成器外观质量等项内容。

(2)风管必须通过工艺性的检测或验证,其强度和严密性要求应符合设计或下列规定:

①风管的强度应能满足在 1.5 倍工作压力下接缝处无开裂;

②矩形风管的允许漏风量应符合以下规定:低压系统风管 $Q_L \leqslant 0.1056P^{0.65}$,中压系统风管 $Q_M \leqslant 0.0352P^{0.65}$,高压系统风管 $Q_H \leqslant 0.0117P^{0.65}$

其中:Q_L、Q_M、Q_H——系统风管在相应工作压力下,单位面积风管单位时间内的允许漏风量[$m^3/(h \cdot m^2)$];

P——指风管系统的工作压力(Pa)。

③低压、中压圆形金属风管、复合材料风管以及采用非法兰形式的非金属风管的允许漏风量,应为矩形风管规定值的 50%;

④砖、混凝土风道的允许漏风量不应大于矩形低压系统风管规定值的 1.5 倍;

⑤排烟、除尘、低温送风系统按中压系统风管的规定,1～5 级净化空调系统按高压系统风管的规定。检查数量:按风管系统的类别和材质分别抽查,不得少于 3 件及 15m^2。检查方法:检查产品合格证明文件和测试报告,或进行风管强度和漏风量测试。

表 C6-6-11 通风空调设备、管道接地及防静电连接检查记录填写指南

【填写示例】

表 C6-6-11 通风空调设备、管道接地及防静电连接检查记录

编号:08-06-001

工程名称:某某棉纺厂工程　　　　施工单位:某某建筑工程有限公司

<table>
<tr><td>分项工程</td><td colspan="3">设备管道安装</td><td>系统名称</td><td>一车间空调系统</td></tr>
<tr><td>仪表型号</td><td>接地电阻测试仪 MI2125</td><td>季节系数</td><td>1.05</td><td>日　期</td><td>2012 年 1 月 26 日</td></tr>
<tr><td>设备、管道名称</td><td colspan="2">编号(或位置)</td><td>设计要求值
(≤ Ω)</td><td>仪表测量值(Ω)</td><td>换算值(Ω)</td></tr>
<tr><td rowspan="4">空气过滤器金属外壳防静电接地</td><td colspan="2">1</td><td>4</td><td>3</td><td>3.15</td></tr>
<tr><td colspan="2"></td><td></td><td></td><td></td></tr>
<tr><td colspan="2"></td><td></td><td></td><td></td></tr>
<tr><td colspan="2"></td><td></td><td></td><td></td></tr>
<tr><td rowspan="4">电加热器金属外壳接地</td><td colspan="2">1</td><td>4</td><td>2.6</td><td>2.73</td></tr>
<tr><td colspan="2"></td><td></td><td></td><td></td></tr>
<tr><td colspan="2"></td><td></td><td></td><td></td></tr>
<tr><td colspan="2"></td><td></td><td></td><td></td></tr>
<tr><td rowspan="3">燃油(气)设备、管道系统防静电接地</td><td colspan="2">1</td><td>4</td><td>2.4</td><td>2.6</td></tr>
<tr><td colspan="2"></td><td></td><td></td><td></td></tr>
<tr><td colspan="2"></td><td></td><td></td><td></td></tr>
<tr><td>燃油(气)管道法兰间跨接情况</td><td colspan="5">用 6mm² 软铜导线挂锡后进行跨接,并加防松垫圈,用螺丝帽固定牢固。</td></tr>
<tr><td colspan="6">结论:
经检查接地做法符合设计和规范要求,质量合格。</td></tr>
<tr><td rowspan="3">签字栏</td><td rowspan="2">监理(建设)单位</td><td colspan="4">施工单位</td></tr>
<tr><td colspan="2">专业技术负责人</td><td>专业质检员</td><td>检　测　人</td></tr>
<tr><td>张某某</td><td colspan="2">赵某某</td><td>李某某</td><td>王某某</td></tr>
</table>

【相关规定】

(1)静电空气过滤金属外壳接地必须良好。

检查数量:按总数抽查 20%,不得少于 1 台。

检查方法:核对材料、观察检查或电阻测定。

(2)电加热器的安装必须符合下列规定:

①电加热器与钢构架间的绝热层必须为不燃材料;接线柱外露的应加设安全防护罩;

②电加热器的金属外壳接地必须良好;

③连接电加热器的风管的法兰垫片,应采用耐热不燃材料。

检查数量:按总数抽查20%,不得少于1台。检查方法:核对材料、观察检查或电阻测定。

(3)燃油系统的设备与管道,以及储油罐及日用油箱的安装,位置和连接方法应符合设计与消防要求。燃气系统设备的安装应符合设计和消防要求。调压装置、过滤器的安装和调节应符合设备技术文件的规定,且应可靠接地。

检查数量:全数检查。检查方法:按图纸核对、观察、查阅接地测试记录。

(4)燃油管道系统必须设置可靠的防静电地装置,其管道法兰应采镀锌螺栓连接或在法兰处用铜导线进行跨接,且接合良好。

检查数量:系统全数检查。

检查方法:观察检查、查阅试验记录。

5.8　施工质量验收记录(C7类)填写指南

本章要点

施工质量验收记录是指施工过程按一定验收单元组织质量验收的记录资料,其资料按验收单元主要包括:检验批质量验收记录、分项工程质量验收记录、分部(子分部)工程质量验收记录、专项工程竣工验收记录和分户验收汇总表等。

本章给出了施工质量验收记录资料的划分与实用表式明细,并用【表式图解】、【填写要点】和【相关规定】等形式对常用表格进行了多角度解析,同时对重要表式的填写给出了【填写示例】,但"检验批质量验收记录"实用表式较多,本章仅对检验批合格的判定与报验程序进行解析,检验批的划分、检验批的报验以及检验批质量验收记录的填写指南均在本书第七篇进行解析。

5.8.1　实用表式划分明细

施工质量验收记录(C7类)资料的实用表式划分详见表5-52。

表5-52　施工质量验收记录(C7类)资料实用表式划分明细

工程资料类别	实用表式编号	实用表式名称	备注
C7类 施工质量验收记录	表C7-1	检验批质量验收记录	※
	表C7-2	分项工程质量验收记录	※
	表C7-3	分部(子分部)工程质量验收记录	※
	表C7-4	专项工程竣工验收记录(通用)	※
	C7-5	住宅工程质量分户验收汇总表	

注:1. 备注一栏内"※"为施工技术资料类中常用表式,将在本章中重点解析。

2. 本章5.8.2中对备注中新增表式进行详细解析。

3. 检验批的划分、检验批的报验以及检验批质量验收记录的填写指南均在本书第七篇进行解析。

4. 住宅工程质量分户验收应按照河北省住宅工程质量分户验收有关规定执行。

5.8.2 实用表式填写指南

表 C7-1 检验批质量验收记录填写指南

【表式图解】

表 C7-1 检验批质量验收记录　　　　编号：

工程名称		分项工程名称		验收部位	
施工单位				项目经理	
施工执行标准名称及编号				专业工长	
分包单位		分包项目经理		施工班组长	
	质量验收规范的规定		施工单位检查评定记录		监理（建设）单位验收记录
主控项目	1				
	2				
	3				
	4				
	5				
	6				
	7				
	8				
	9				
一般项目	1				
	2				
	3				
	4				
施工单位检查评定结果	项目专业质量检查员：			年　月　日	
监理（建设）单位验收结论	监理工程师（建设单位项目专业技术负责人）：			年　月　日	

此栏以上为信息栏，填写与检验批相关的工程信息。施工执行标准名称一栏应填写企业标准，无企业标准的填写国家标准。

此栏以上为主控项目，主控项目经抽样检验必须全部合格。非计数检验的施工单位应简要填写检查记录，计数检验应满足全数合格。

此栏由监理（建设）单位填写检验批主控项目和一般项目的验收检查情况。

此栏以上为一般项目，计数检验时对于超差超过企业标准但未超过国家标准的点应用“○”对其标记，超过国家标准的点应用“△”将其标记。

有关监理（建设）单位验收结论与验收记录均应手填。

【填写要点】

(1)检验批是工程质量验收的最小单位。检验批由同一工艺或同一生产条件的分项工程按施工段、层次、工程量或有关标准规定的方式将其划分而成。

(2)各专业分项工程检验批的划分按各专业工程质量验收规范中的相应规定执行，详细划分见本书第七篇。

(3)“施工执行标准名称及编号”一栏的填写：企业有企业标准的应填写企业标准名称及编号，无企业标准的应填写施工执行的标准名称及编号。

【相关规定】

1)检验批的报验程序。

检验批验收前，施工单位自检合格并填写“工程报验单和检验批质量验收记录”报专业监理工程师。由专业监理工程师(或建设单位项目技术负责人)组织相关人员，严格按规定程序进行验收，并填写“监理单位验收记录”和“监理单位验收结论”。

2)检验批质量验收合格应符合下列规定。

(1)质量控制资料必须完整、齐全有效；

(2)主控项目的质量经抽样检验合格；

(3)一般项目的质量经抽样检验合格。当采用计数检验时，一般项目的合格点率达到80％及其以上(混凝土结构中的梁类、板类构件上部纵向受力钢筋保护层厚度的合格点率应达到90％及其以上；建筑节能工程合格点率应在90％以上)，最大超差值不得超过允许偏差的1.5倍(钢结构工程中为1.2倍)，且其余检查点不得有严重缺陷。

【填写示例】

检验批实用表式填写示例见本书第七篇相关章节。

表C7-2　分项工程质量验收记录填写指南

【表式图解】

表C7-2　＿＿＿分项工程质量验收记录　　　　编号：

工程名称		结构类型		检验批数	
施工单位		项目经理		项目技术负责人	
分包单位		分包单位负责人		分包项目经理	
序号	检验批部位、区段		施工单位检查评定结果	监理(建设)单位验收结论	
1					
2					
3					
4					
5					
6					
7					
8					
9					
10					
11					
签字栏	监理工程师： (建设单位项目专业技术负责人) 年　月　日		项目专业技术负责人： 年　月　日		

填写分项工程名称

填写检验批的部位或区段名称，且应与检验批质量验收记录中的验收部位”相同。

由施工单位填写检验批的结果。

此栏由监理(建设)单位签署分项工程验收结论。

项目专业技术负责人和监理工程师应签字。

【填写要点】

分项工程的划分应执行本书附录二的规定。

【相关规定】

1)分项工程报验程序。

分项工程验收前,施工单位自检合格并填写“工程报验单”和“分项工程质量验收记录”报专业监理工程师审查。专业监理工程师组织有关人员验收合格后,签署“验收结论”。

2)分项工程质量验收合格应符合下列规定。

(1)分项工程所含的检验批均应符合质量合格规定;

(2)分项工程所含的检验批的质量验收记录应完整。

【填写示例】

表 C7-2　主体结构混凝土分项工程质量验收记录

编号:02-01-001

工程名称	某某工程	结构类型	框架结构	检验批数	12
施工单位	某某建筑工程有限公司	项目经理	刘某某	项目技术负责人	杨某某
分包单位	—	分包单位负责人	—	分包项目经理	—

序号	检验批部位、区段	施工单位检查评定结果	监理(建设)单位验收结论
1	首层框架柱	合格	该分项所含检验批均合格,质量验收记录完整,该分项质量评定为合格
2	首层框架梁、板及楼梯	合格	
3	二层框架柱	合格	
4	二层框架梁、板及楼梯	合格	
5	三层框架柱	合格	
6	三层框架梁、板及楼梯	合格	
7	四层框架柱	合格	
8	四层框架梁、板及楼梯	合格	
9	五层框架柱	合格	
10	五层框架梁、板及楼梯	合格	
11	六层框架柱	合格	
12	六层框架梁、板及楼梯	合格	
13			
14			
签字栏	监理工程师:(建设单位项目专业技术负责人) 宣某某 2012年8月10日	项目专业技术负责人: 杨某某 2012年8月10日	

注:本示例以六层框架混凝土结构为例。

表 C7-3　分部(子分部)工程质量验收记录填写指南

【表式图解】

表 C7-3 ________分部(子分部)工程质量验收记录　　　编号：

工程名称		结构类型		层数	
施工单位		技术部门负责人		质量部门负责人	
分包单位		分包单位负责人		分包技术负责人	
序号	子分部(分项)工程名称	分项(检验批)数	施工单位检查评定	验收意见	
1					
2					
3					
4					
5					
6					
7					
8					
质量控制资料		项			
安全和功能检验(检测)报告		项			
观感质量验收					
验收单位	分包单位	项目经理　　年　月　日			
	施工单位	项目经理　　年　月　日			
	勘察单位	项目负责人　　年　月　日			
	设计单位	项目负责人　　年　月　日			
	监理(建设)单位	总监理工程师 (建设单位项目专业负责人)：　　年　月　日			

验收意见由验收各方共同确认填写，签署意见应文字简练，结论明确。

该分部(子分部)工程所含质量控制资料项目数量。项目数量依据表 C8-2对应填写。

该分部(子分部)工程所含安全和功能检验(检测)报告项目数量。项目数量依据表 C8-3对应填写。

【填写要点】

1)分部(子分部)工程的划分应执行本书附录二的规定。

2)分部(子分部)工程质量验收由总监理工程师(建设单位项目专业负责人)组织施工单位项目经理和有关勘察、设计单位项目负责人进行验收。

3)表中:

(1)技术部门负责人、质量部门负责人:指总承包单位技术、质量部门负责人;

(2)分包单位负责人:指分包单位法人代表;

(3)分包技术负责人:指分包单位的企业技术负责人;

(4)子分部(分项)工程名称:指该分部(子分部)所含的所有子分部(分项)工程,每一分项工程填写一栏;

(5)分项(检验批)数:指各子分部(分项)工程所含的分项(检验批)总数;

(6)施工单位检查评定:与相应的分项(检验批)工程质量验收记录中"检验结论"栏的结论一致;

(7)观感质量验收:由参加验收的各方人员对分部(子分部)工程,从观感方面给出质量评价(好、一般、差);

【相关规定】

1)分部(子分部)工程报验程序。

分部工程验收应在施工单位自检合格的基础上,向监理单位提出分部工程验收申请。地基基础和主体结构分部应由总监理工程师(或建设单位项目负责人)组织工程的勘察、设计单位和施工单位专业质量、技术负责人参加。如地方监督部门将该分部列入监督计划的,应由监理机构(或建设单位)填报验收监督通知书,通知建设工程监督部门。其他分部可由监理机构验收审批。

验收各方对工程技术资料的完整、有效性作出结论,对工程实体观感作出评价。最终作出统一的验收结论,监督部门对验收过程作执法性结论。参加验收方(不包括监督单位)在分部工程质量验收记录上签字,并加盖单位公章(是否加盖公章根据当地建设行政部门要求而定)。

2)分部(子分部)工程质量验收合格应符合下列规定。

(1)分部(子分部)工程含分项工程的质量均应验收合格;

(2)质量控制资料应完整;

(3)涉及有关安全及功能的检验和抽样检测结果应符合有关规定;

(4)观感质量验收应符合要求。

【填写示例】

表 C7-3　主体结构 分部(子分部)工程质量验收记录 编号:02-01-001

工程名称	某某工程	结构类型	框架结构	层数	6
施工单位	某某建筑工程有限公司	技术部门负责人	崔某某	质量部门负责人	朱某某
分包单位	—	分包单位负责人	—	分包技术负责人	—

序号	子分部(分项)工程名称	分项(检验批)数	施工单位检查评定	验收意见
1	混凝土	4	合格	资料齐全、完整有效，质量等级评定为合格，观感质量评价为好
2	砌体结构	1	合格	
3				
4				
5				
6				
7				
8				
质量控制资料		9 项	齐全、完整有效	
安全和功能检验(检测)报告		4 项	齐全、完整有效	
观感质量验收			好	

验收单位			
验收单位	分包单位	项目经理	年　月　日
	施工单位	项目经理　刘某某	2012 年 8 月 10 日
	勘察单位	项目负责人　王某某	2012 年 8 月 10 日
	设计单位	项目负责人　曹某某	2012 年 8 月 10 日
	监理(建设)单位	总监理工程师（建设单位项目专业负责人）：宣某某	2012 年 8 月 10 日

表 C7-4 专项工程竣工验收记录(通用) 填写指南

【表式图解】

表 C7-4 专项工程竣工验收记录(通用)

编号：

工程名称：　　　　　　　　施工单位：

专项名称				
分部(单位)工程		开工日期		
完成日期		交验日期		
工程内容	简述专项工程所包含的工程内容。			
验收资料	简述专项工程资料的验收情况。			
验收意见	签署验收各方认可的专项工程验收结论，以及尚存问题或验收意见。			
签字盖章栏（参与验收各方代表签字并加盖单位公章。）	建设单位(章) 代表：	监理单位(章) 代表：	设计单位(章) 代表：	施工单位(章) 代表：

【填写要点】

(1)专项工程竣工验收记录(通用)是指施工单位对已施工完的而又无专项表式的专项工程进行检查和验收记录。

(2)专项工程竣工验收项目如幕墙、消防、桩基等专项工程验收可用此表。

(3)专项工程竣工验收时，保证资料和管理资料必须齐全，工程质量合格。

(4)参见验收的各方代表应签字并加盖单位公章。

5.9　竣工验收记录(C8类)填写指南

本章要点

竣工验收记录共包含四个表式，是施工单位在单位工程竣工验收前必备资料。即：工程各分部工程验收合格且具备验收条件时，施工单位应填报此类资料并获监理机构确认通过后，方可进行工程竣工验收申请。本章给出了竣工验收记录资料的划分与实用表式明细，并用【表式图解】、【填写要点】和【相关规定】等形式对所有表格进行了多角度解析，同时对各表式的填写给出了【填写示例】。

5.9.1　实用表式划分明细

竣工验收记录(C8类)资料的实用表式划分详见表5-53。

表5-53　竣工验收记录(C8类)资料实用表式划分明细

工程资料类别	实用表式编号	实用表式名称	备注
C8类竣工验收记录	表C8-1	单位(子单位)工程质量竣工验收记录	※
	表C8-2	单位(子单位)工程质量控制资料核查记录	※
	表C8-3	单位(子单位)工程安全和功能检验资料核查及主要功能抽查记录 *	※
	表C8-4	单位(子单位)工程观感质量检查记录 *	※

注：1. 备注一栏内“※”为施工技术资料类中常用表式，将在本章中重点解析。

2. 本章5.9.2中对备注中新增表式进行详细解析。

5.9.2　实用表式填写指南

竣工验收是工程建设过程最后一个环节，其验收程序和必备资料见本书第六篇相关章节。本章仅对施工单位在单位工程竣工验收前需填报的工程竣工类资料进行了解析。单位工程质量验收合格应符合下列规定：

(1)单位(子单位)工程所含分部(子分部)工程的质量均应验收合格。

(2)质量控制资料应完整。

(3)单位(子单位)工程所含分部工程有关安全和功能的检测资料应完整。

(4)主要功能项目的抽查结果应符合相关专业质量验收规范的规定。

(5)观感质量验收应符合要求。

表 C8-1　单位(子单位)工程质量竣工验收记录填写指南

【表式图解】

表 C8-1　单位(子单位)工程质量竣工验收记录　　　　编号：

<table>
<tr><td colspan="2">工程名称</td><td></td><td>结构类型</td><td></td><td>层数/建筑面积</td><td colspan="3"></td></tr>
<tr><td colspan="2">施工单位</td><td></td><td>技术负责人</td><td></td><td>开工日期</td><td colspan="3"></td></tr>
<tr><td colspan="2">项目经理</td><td></td><td>项目技术
负责人</td><td></td><td>竣工日期</td><td colspan="3"></td></tr>
<tr><td>序号</td><td>项目</td><td colspan="3">验收记录</td><td colspan="4">验收结论</td></tr>
<tr><td>1</td><td>分部工程</td><td colspan="3">共　　分部，经查　　　分部
符合标准及设计要求　　分部</td><td colspan="4"></td></tr>
<tr><td>2</td><td>质量控制
资料核查</td><td colspan="3">共　项，经审查符合要求　　项，
经核定符合规范要求　　　项</td><td colspan="4"></td></tr>
<tr><td>3</td><td>安全和主要使用功能核查及抽查结果</td><td colspan="3">共核查　　项，符合要求　　项，
共抽查　　项，符合要求　　项，
经返工处理符合要求　　　项</td><td colspan="4"></td></tr>
<tr><td>4</td><td>观感质量验收</td><td colspan="3">共抽查　项，符合要求　　项，
不符合要求　　项</td><td colspan="4"></td></tr>
<tr><td>5</td><td>综合验收结论</td><td colspan="7"></td></tr>
<tr><td rowspan="2">参加验收单位</td><td colspan="2">建设单位</td><td colspan="2">监理单位</td><td colspan="2">施工单位</td><td colspan="2">设计单位</td></tr>
<tr><td colspan="2">(公章)
单位(项目)负责人：
年　月　日</td><td colspan="2">(公章)
总监理工程师：
年　月　日</td><td colspan="2">(公章)
单位负责人：
年　月　日</td><td colspan="2">(公章)
单位(项目)负责人：
年　月　日</td></tr>
</table>

> 表中第 1～5 项应按表 C8-2、表C8-3、表C8-4核查和抽查结果对应填写。
>
> 验收组对个单项作出验收结论，并形成综合验收结论。

【填写要点】

(1)单位(子单位)工程质量竣工验收记录是对具备工程竣工验收条件的单位工程的分部工程验收结论、质量控制资料核查、安全和主要使用功能核查及抽查结果、观感质量验收等方面验收情况的综合记录。参加验收各方形成统一验收结论，各单位代表签字并加盖单位公章。

(2)单位(子单位)工程质量竣工验收记录结论合格后，建设单位方可按本书第六篇的工程竣工验收程序组织工程竣工验收及备案手续。

【填写示例】 表 C8-1 单位(子单位)工程质量竣工验收记录 编号:00-00-001

工程名称	某某工程	结构类型	框架结构	层数/建筑面积	6层/$2000m^2$
施工单位	某某建筑工程有限公司	技术负责人	王某某	开工日期	2012.1.1
项目经理	刘某某	项目技术负责人	杨某某	竣工日期	2012.9.1

序号	项目	验收记录	验收结论
1	分部工程	共9分部,经查9分部 符合标准及设计要求9分部	资料齐全有效,满足设计要求,符合质量验收规范规定
2	质量控制资料核查	共47项,经审查符合要求47项, 经核定符合规范要求0项	资料齐全有效,满足设计要求,符合质量验收规范规定
3	安全和主要使用功能核查及抽查结果	共核查24项,符合要求24项, 共抽查10项,符合要求10项, 经返工处理符合要求0项	资料齐全有效,满足设计要求,符合质量验收规范规定
4	观感质量验收	共抽查25项,符合要求25项, 不符合要求0项	观感质量评价为:好
5	综合验收结论	质量等级:合格 观感评价为:好	

参加验收单位	建设单位	监理单位	施工单位	设计单位
	(公章) 单位(项目)负责人: 李某某 2012年9月1日	(公章) 总监理工程师: 宣某某 2012年9月1日	(公章) 单位负责人: 曹某某 2012年9月1日	(公章) 单位(项目)负责人: 吴某某 2012年9月1日

表 C8-2　单位(子单位)工程质量控制资料核查记录填写示例

【填写示例】

表 C8-2　单位(子单位)工程质量控制资料核查记录　编号:00-00-001

<table>
<tr><td colspan="2">工程名称</td><td>某某工程</td><td colspan="2">施工单位</td><td>某某建筑工程有限公司</td></tr>
<tr><td>序号</td><td>项目</td><td>资料名称</td><td>份数</td><td>检查意见</td><td>核查人</td></tr>
<tr><td>1</td><td rowspan="12">建筑与结构</td><td>图纸会审、设计变更、洽商记录</td><td>6</td><td>齐全有效</td><td rowspan="12">张某某</td></tr>
<tr><td>2</td><td>工程定位测量、放线记录</td><td>8</td><td>齐全有效</td></tr>
<tr><td>3</td><td>出厂质量证明文件及进场材料检测报告</td><td>25</td><td>齐全有效</td></tr>
<tr><td>4</td><td>施工检测报告</td><td>15</td><td>齐全有效</td></tr>
<tr><td>5</td><td>隐蔽工程验收记录</td><td>24</td><td>齐全有效</td></tr>
<tr><td>6</td><td>施工记录</td><td>35</td><td>齐全有效</td></tr>
<tr><td>7</td><td>施工试验及检查记录</td><td>3</td><td>齐全有效</td></tr>
<tr><td>8</td><td>地基基础、主体结构检验及抽样检测资料</td><td>3</td><td>齐全有效</td></tr>
<tr><td>9</td><td>分项、分部工程质量验收记录</td><td>12</td><td>齐全有效</td></tr>
<tr><td>10</td><td>工程质量事故及事故调查处理资料</td><td>——</td><td>——</td></tr>
<tr><td>11</td><td>新材料、新工艺施工记录</td><td>——</td><td>——</td></tr>
<tr><td>12</td><td></td><td></td><td></td></tr>
</table>

续表

工程名称		某某工程	施工单位	某某建筑工程有限公司	
1	给排水与采暖	图纸会审、设计变更、洽商记录	3	齐全有效	胡某某
2		材料、配件、设备出厂出厂质量证明文件及进场检测报告	13	齐全有效	
3		管道、设备强度试验、严密性试验记录	20	齐全有效	
4		隐蔽工程验收记录	6	齐全有效	
5		系统清洗、灌水、通水、通球试验记录	12	齐全有效	
6		施工记录	——	——	
7		分项、分部工程质量验收记录	18	齐全有效	
8					
1	建筑电气	图纸会审、设计变更、洽商记录	2	齐全有效	单某某
2		材料、配件、设备出厂出厂质量证明文件及进场检测报告	15	齐全有效	
3		设备调试记录	1	齐全有效	
4		接地、绝缘电阻测试记录	5	齐全有效	
5		隐蔽工程验收记录	3	齐全有效	
6		施工记录	——	——	
7		分项、分部工程质量验收记录	12	齐全有效	
8					
1	通风与空调	图纸会审、设计变更、洽商记录	1	齐全有效	高某某
2		材料、配件、设备出厂出厂质量证明文件及进场检测报告	13	齐全有效	
3		制冷、空调、水管道强度试验、严密性试验记录	6	齐全有效	
4		隐蔽工程验收记录	2	齐全有效	
5		制冷设备运行调试记录	1	齐全有效	
6		通风、空调系统调试记录	1	齐全有效	
7		施工记录	——	——	
8		分项、分部工程质量验收记录	12	齐全有效	

续表

工程名称		某某工程	施工单位	某某建筑工程有限公司	
1	电梯	土建布置图纸会审、设计变更、洽商记录	2	齐全有效	梁某某
2		设备出厂质量证明文件及开箱检验记录	2	齐全有效	
3		隐蔽工程验收记录	5	齐全有效	
4		施工记录	——	——	
5		接地、绝缘电阻测试记录	1	齐全有效	
6		负荷试验、安全装置检查记录	1	齐全有效	
7		分项、分部工程质量验收记录	13	齐全有效	
1	智能建筑	图纸会审、设计变更、洽商记录、竣工图及设计说明	1	齐全有效	霍某某
2		材料、设备出厂质量证明文件及进场检测报告	12	齐全有效	
3		隐蔽工程验收记录	6	齐全有效	
4		系统功能测定及设备调试记录	1	齐全有效	
5		系统技术、操作和维护手册	1	齐全有效	
6		系统管理、操作人员培训记录	1	齐全有效	
7		系统检测报告	1	齐全有效	
8		分项、分部工程质量验收记录	13	齐全有效	
1	建筑节能	材料、设备出厂质量证明文件及进场检测报告	1	齐全有效	金某某
2		隐蔽工程验收记录	12	齐全有效	
3		施工检测报告	6	齐全有效	
4		施工记录	——	——	
5		设备系统试运行和调试记录	3	齐全有效	
6		分项、分部工程质量验收记录	11	齐全有效	
7					

结论：

施工单位项目经理： 刘某某　　总监理工程师（建设单位项目负责人）： 宣某某

2012 年 9 月 1 日　　2012 年 9 月 1 日

表 C8-3 单位(子单位)工程安全和功能检验资料核查及主要功能抽查记录填写示例

【填写示例】

表 C8-3 单位(子单位)工程安全和功能检验资料核查及主要功能抽查记录 编号:00-00-001

工程名称		某某工程		施工单位	某某建筑工程有限公司	
序号	项目	安全和功能检查项目	份数	核查意见	抽查结果	核查(抽查)人
1	建筑与结构	屋面淋水试验记录	1	齐全有效	无渗漏	张某某
2		地下工程渗漏水检测记录	1	齐全有效	无渗漏	
3		有防水要求的地面蓄水试验记录	6	齐全有效	无渗漏	
4		建筑物垂直度、标高、全高测量记录	1	齐全有效		
5		通风(烟)道检查记录	1	齐全有效		
6		幕墙及外窗性能检测报告	1	齐全有效	合格	
7		节能构造钻芯检测报告	1	齐全有效		
8		沉降观测测量记录	1	齐全有效		
9		节能、保温测试记录	1	齐全有效		
10		室内环境检测报告	1	齐全有效	合格	
1	给排水与采暖	给水管道通水试验记录	5	齐全有效		胡某某
2		暖气管道、散热器压力试验记录	12	齐全有效		
3		满水试验记录	5	齐全有效	无渗漏	
4		消防管道、燃气管道压力试验记录	1	齐全有效		
5		排水干管通球试验记录	5	齐全有效	排水畅通	
1	电气	照明全负荷试验记录	1	齐全有效		单某某
2		大型灯具牢固性试验记录	1	齐全有效	牢固可靠	
3		避雷接地电阻测试记录	1	齐全有效	$<4\Omega$,合格	
4		电气器具通电安全检查记录	1	齐全有效		
1	通风与空调	通风、空调系统试运行记录	1	齐全有效		高某某
2		风量、温度测试记录	1	齐全有效		
3		洁净室洁净度测试记录	—	—	洁净度合格	
4		制冷机组试运行调试记录	1	齐全有效		
1	电梯	电梯运行记录	1	齐全有效		梁某某
2		电梯安全装置检测报告	1	齐全有效	合格	
1	智能建筑	系统试运行记录	1	齐全有效		霍某某
2		系统电源及接地检测报告	1	齐全有效	合格	

结论:

对工程安全和功能检验资料进行了核查,资料完整齐全有效,满足要求;对主要使用功能项目进行了抽查,结果均满足使用功能,同意验收。

施工单位项目经理:刘某某

总监理工程师
(建设单位项目负责人): 宣某某

2012年9月1日　　　　2012年9月1日

注:抽查项目由验收组协商确定。

表 C8-4　单位(子单位)工程观感质量检查记录填写示例

【填写示例】

表 C8-4　单位(子单位)工程观感质量检查记录　　编号:00-00-001

工程名称		某某工程							施工单位				某某建筑工程有限公司		
序号	项目		抽查质量状况										质量评价		
													好	一般	差
1	建筑与结构	室外墙面	√	√	√	√	○	√	√	√	√	√	√		
2		变形缝	√	√	√	√	√	√	○	√	√	√	√		
3		水落管、屋面	√	√	√	√	√	√	√	√	√	√	√		
4		室内墙面	√	√	√	√	√	√	√	√	√	√	√		
5		室内顶棚	√	√	√	√	○	√	√	○	√	√		○	
6		室内地面	√	√	√	√	√	√	√	√	√	√	√		
7		楼梯、踏步、护栏	√	√	√	√	√	√	√	√	√	√	√		
8		门窗	√	√	√	○	√	√	○	√	√	√		○	
1	给排水与采暖	管道接口、坡度、支架	√	√	√	√	√	√	√	√	√	√	√		
2		卫生器具、支架、阀门	√	√	√	√	√	√	√	√	√	√	√		
3		检查口、扫除口、地漏	√	√	√	√	√	√	√	√	√	√	√		
4		散热器、支架	√	√	√	√	√	√	√	√	√	√	√		
1	建筑电气	配电箱、盘、板、接线盒	√	√	√	√	√	√	√	√	√	√	√		
2		设备器具、开关、插座	√	√	√	√	√	√	√	√	√	√	√		
3		防雷、接地	√	√	√	√	√	√	√	√	√	√	√		
1	通风与空调	风管、支架	√	√	√	√	√	√	√	√	√	√	√		
2		风口、风阀	√	√	√	√	√	√	√	√	√	√	√		
3		风机、空调设备	√	√	√	√	○	√	√	√	√	√	√		
4		阀门、支架	√	√	√	√	√	√	√	√	√	√	√		
5		水泵、冷却塔											√		
6		绝热	√	√	√	√	√	√	√	√	√	√	√		
1	电梯	运行、平层、开关门	√	√	√	√	√	√	○	√	√	√	√		
2		层门、信号系统	√	√	√	√	√	√	√	√	√	√	√		
3		机房	√	√	√	○	√	√	√	√	√	√	√		
1	智能建筑	机房设备安装及布局	√	√	√	√	√	√	√	√	√	√	√		
2		现场设备安装	√	√	√	√	√	√	√	√	√	√	√		
观感质量综合评价			好												
检查结论	施工单位项目经理:刘某某 2012 年 9 月 1 日							总监理工程师 (建设单位项目负责人):宣某某 2012 年 9 月 1 日							

注:填写方法:每一检查项目以不少于 10 点为宜,符合要求的(在允许偏差内)为好(划“√”),规范能接受的(超出允许偏差,但在规范可接受限度内)为一般(划“○”),不符合要求的为差(划“×”)。质量评价为差的项目,应进行返修。

第六篇　竣工验收文件与资料归档管理指南

本篇要点

规程附录D、E、F分别对竣工图的绘制与折叠、工程竣工文件、建筑工程文件移交归档目录和工程备案目录等方面进行了详细规定。为了让读者更加容易理解，本篇结合当前工程竣工的实际验收程序，通过讲述资料的形成与资料分类的对应关系，使读者对资料形成与汇集有了更清晰的理解。同时本篇用【填（编）写要点】、【相关规定】和【编写示例】的形式按资料类别对主要文件逐一进行了解析。

6.1　单位工程竣工验收程序与资料的形成

6.1.1　单位工程质量验收合格应符合下列规定

（1）单位（子单位）工程所含分部（子分部）工程的质量均应验收合格。

（2）质量控制资料应完整。

（3）单位（子单位）工程所含分部工程有关安全和功能的检测资料应完整。

（4）主要功能项目的抽查结果应符合相关专业质量验收规范的规定。

（5）观感质量验收应符合要求。

6.1.2　单位工程验收的规定

单位工程完工后，施工单位应自行组织有关人员进行检查评定，并向建设单位提交工程竣工报告。建设单位收到工程竣工报告后，应由建设单位（项目）负责人组织施工（含分包单位）、设计、监理等单位（项目）负责人进行单位（子单位）工程验收。

（1）在一个单位工程中，对满足生产要求或具备使用条件，施工单位已预验，监理工程师已初验通过的子单位工程，建设单位可组织进行验收，由几个施工单位负责施工的单位工程，当其中的施工单位所负责的子单位工程已按设计完成，并经过自行检验，也可按规定的程序组织正式验收，办理交工手续。

（2）单位工程有分包单位施工时，分包单位对所承包的工程项目应按《建筑工程施工质量验收统一标准》GB50300—2001规定的程序检查评定，总包单位派人参加。分包工程完成后，应将工程有关资料交总包单位。

（3）当参加验收各方对工程质量意见不一致时，可请当地建设行政主管部门或质量监督机构协调处理。

（4）单位工程质量验收合格后，建设单位应在规定时间内将工程竣工验收报告和有关文件，报建设行政管理部门备案。

6.1.3 工程竣工验收程序

根据工程性质不同，竣工验收程序分为住宅项目验收程序和非住宅项目验收程序两种情况。其中住宅项目包括房地产开发项目、经济适用房项目和住宅性质的项目；非住宅项目包括非居住用工业与民用建筑工程。两者在工程竣工验收程序方面最大的区别是：住宅项目竣工验收执行联合验收程序，非住宅项目执行《房屋建筑工程和市政基础设施工程竣工验收备案管理暂行办法》的验收程序。两者具体验收程序见图 6-1 和图 6-2。

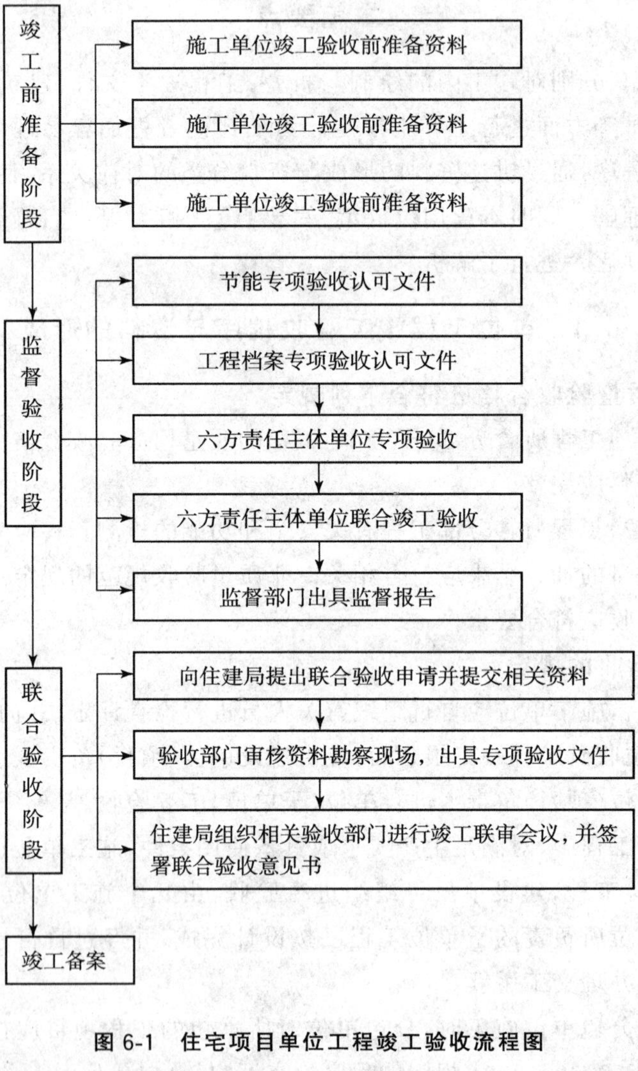

图 6-1 住宅项目单位工程竣工验收流程图

注：六方责任主体单位指建设单位、勘察单位、设计单位、施工图审查机构、施工单位和监理单位。

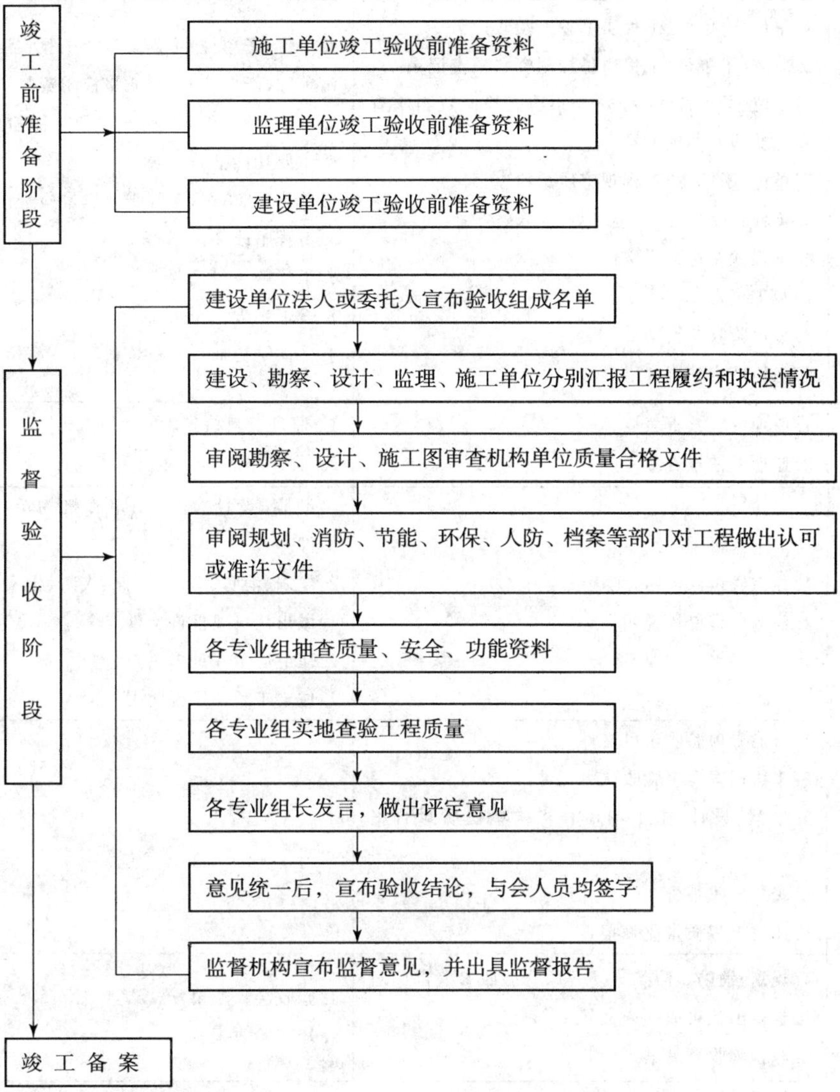

图 6-2　非住宅项目单位工程竣工验收流程图

6.1.4　竣工资料的形成

通过图 6-1 和图 6-2 的对比可以看出两者在验收程序上有很大的不同，为了使读者更加清晰的了解各阶段文件的形成，现将两种验收程序下的各阶段需提供或形成的文件进行了汇总，见表 6-1。

表 6-1　竣工验收各阶段资料的形成

验收阶段		住宅项目竣工验收形成的文件	非住宅项目竣工验收形成的文件
竣工前准备阶段	施工单位	1.单位(子单位)工程质量竣工验收记录 2.单位(子单位)工程质量控制资料核查记录 3.单位(子单位)工程安全和功能检验资料核查及主要功能抽查记录 4.单位(子单位)工程观感质量检查记录 5.工程整改文件 6.工程款拨付证明文件 7.竣工报告 8.分户验收合格文件 9.主体结构抽查合格资料	1.单位(子单位)工程质量竣工验收记录 2.单位(子单位)工程质量控制资料核查记录 3.单位(子单位)工程安全和功能检验资料核查及主要功能抽查记录 4.单位(子单位)工程观感质量检查记录 5.工程整改文件 6.工程款拨付证明文件 7.竣工报告 8.主体结构抽查合格资料
	监理单位	1.监理资料核查表 2.监理评估报告	1. 监理资料核查表 2. 监理评估报告
	建设单位	1.住宅质量保证书 2.住宅工程使用说明书	1.勘察、设计、施工图审查机构单位质量合格文件 2.规划、消防、节能、环保、人防、档案等部门对工程做出认可或准许文件 3.住宅质量保证书 4.住宅工程使用说明书
监督验收阶段		1.节能专项验收认可文件 2.工程档案专项验收认可文件 3.勘察、设计、施工图审查机构单位质量合格文件 4.竣工验收报告 5.建设工程质量监督报告	
联合验收阶段		1.规划、消防、环保、人防等联合验收参验部门对工程做出认可或准许文件 2.联合验收意见书	1.验收会议纪要 2.竣工验收报告
竣工备案		1.竣工报告 2.竣工验收报告 3.监理评估报告 4.施工图审查机构、勘察、设计单位质量合格文件 5.规划、消防、节能、环保、人防、档案等部门验收认可、准许文件 6.工程质量保修书 7.住宅质量保证书、住宅使用说明书 8.各地建设主管部门规定的文件 9.监督报告 10.竣工验收备案表	

注:建设单位竣工验收合格后,向住建局提出备案申请并提供"竣工备案"栏内 1～10 项。备案通过后,主管部门签发《竣工验收备案证明书》,建设单位持此证明方可办理房屋产权手续。

6.2　工程竣工文件

6.2.1　工程竣工文件分类

工程竣工文件主要包括：竣工验收文件、竣工交档文件、竣工总结文件和竣工结算文件 4 类。其各类文件划分详见表 6-2。

表 6-2　工程竣工文件划分明细

工程资料类别	实用表式编号	实用表式名称	备注
E1 类竣工验收文件	E1-1	勘察单位工程质量检查报告	※
	E1-2	设计单位工程质量检查报告	※
	E1-3	施工图审查机构工程质量检查报告	※
	E1-4	监理单位工程评估报告	※
	E1-5	建筑节能验收报告	※
	E1-6	建设工程质量监督报告	※
	E1-7	规划部门出具的工程规划验收认可文件	※
	E1-8	公安消防部门出具的《建设工程消防验收意见书》	※
	E1-9	环保部门出具的建设工程环保验收认可文件	※
	E1-10	其他专项验收认可文件	
	E1-11	建设工程竣工报告	※
	E1-12	建筑工程竣工验收报告	※
	E1-13	房屋建筑工程质量保修书	※
	E1-14	住宅质量保证书、住宅使用说明书	※
	E1-15	建设工程竣工验收备案表及备案证明书	※
	E1-16	建设工程档案验收认可书	※
E2 类竣工交档文件	E2-1	施工资料移交书 *	※
	E2-2	监理资料移交书 *	※
	E2-3	城市建设档案移交书	※
E3 类竣工总结文件	E3-1	工程竣工总结	※
	E3-2	工程照片、录音、录像材料	
E4 类竣工结算文件	E4-1	施工结算资料 *	
	E4-2	监理费用结算资料 *	

注：表中带“※”的资料将在 6.2.2 节中详细解析。

6.2.2 工程竣工文件填写指南

E1-1 勘察单位工程质量检查报告填写指南

【编写要点】

1)地质勘察质量检查报告的定义。

地质勘察质量检查报告是地质勘察单位收到建设单位的工程竣工验收通知后,依据地质勘察的法律、法规、工程建设强制性标准,对工程项目进行质量验收的书面意见书。

2)填写主要内容。

(1)工程概况。写明建设单位、工程名称、工程地址、基础结构形式、地基承载力标准值。

(2)验收意见。

① 基础岩土与《岩土工程勘察报告》是否相符。

② 对验槽采用的手段及有关数据进行评价。

③ 对地基处理的有关检测数据进行评价。

④ 地基持力层选择与《岩土工程勘察报告》是否相符。

⑤ 是否认可勘察单位签署的与地质勘察有关的工程建设全部过程文件。

(3)存在问题及处理意见:应明确具体提出问题,并明确处理意见。

【编写示例】

地质勘察单位工程验收质量检查报告

工程名称	某某工程	工程地址	建设路888号
建设单位	某某房地产开发有限公司		
勘察单位	某某岩土工程有限公司	地基承载力标准值	180 kPa
该工程为CFG桩复合地基,基槽岩土均匀,持力层的选择与《岩土工程勘察报告》相符。未发现质量问题,同意验收。 项目负责人(签字):闫某某　　法定代表人(签字):江某某 技术负责人(签字):勘某某　　地质勘察单位(章) 2012年9月1日 (印章:某某岩土工程有限公司)			

E1-2　设计单位工程质量检查报告填写指南

【编写要点】

1)设计单位工程质量检查报告的定义。

设计单位工程质量检查报告是设计单位收到建设单位的工程竣工验收通知后，按照国家建设工程的法律、法规、工程建设强制性标准，对设计文件进行质量验收的书面意见书。

2)填写主要内容。

(1)工程概况。写明建设单位、工程名称、设计单位名称、工程地址、设计合理使用年限。

(2)应从建筑、结构、防火、给排水、采暖、电气设备、抗震设防等方面评价工程质量是否符合设计及国家强制性标准要求。

(3)说明工程建设过程中的图纸会审记录、设计变更文件是否通过了施工图审查机构的审查。

(4)说明是否出现因设计原因而造成的工程质量问题。

(5)验收结论。

(6)存在问题及处理意见：应明确具体存在的问题，并明确解决方案。

【编写示例】

设计单位工程验收质量检查报告

工程名称	某某工程	工程地址	建设路888号
建设单位	某某房地产开发有限公司		
设计单位	某市工程设计院	设计合理 使用年限	50年
经过现场检查，该工程符合设计施工图要求，同意验收。 项目负责人(签字)：姜某某 技术负责人(签字)：设某某 法定代表人(签字)：孔某某 设计单位(章) 2012年9月1日			

E1-3　施工图审查机构工程质量检查报告填写指南

【编写要点】

1)施工图审查机构工程质量检查报告的定义。

施工图审查机构工程质量检查报告是施工图审查机构收到建设单位的工程竣工验收通知后，依据建设工程设计、施工图审查的法律、法规、工程建设强制性标准，对施工图审查机构的审查结果落实情况，进行质量验收的书面意见书。

2)填写主要内容

(1)工程概况。写明工程名称、工程地址、建设单位、勘察单位、设计单位名称、地基承载力标准值和设计合理使用年限。

(2)应从建筑、结构、防火、给排水、采暖、电气设备、抗震设防等方面评价，是否执行施工图审查结果。

(3)说明工程建设过程中审查图纸会审记录、设计变更情况。

(4)说明是否出现因施工图审查原因而造成工程质量问题。

(5)验收结论。

(6)存在问题及处理意见：应明确具体存在的问题，并明确处理措施。

【编写示例】

施工图审查机构工程质量检查报告

工程名称	某某工程	工程地址	建设路888号
建设单位	某某房地产开发有限公司		
勘察单位	某某岩土工程有限公司	地基承载力标准值	180 kPa
设计单位	某市工程设计院	设计合理使用年限	50年
经检查，该工程的设计文件(施工图、会审记录、设计变更)符合国家设计规范。工程实体与设计文件相符，同意验收。 项目负责人(签字)：刘某某　　法定代表人(签字)：苏某某 技术负责人(签字)：审某某　　审查机构(章)：某市施工图审查事务所 2012年9月1日			

E1-4　监理单位工程评估报告填写指南

【编写要点】

1)工程质量评估报告的定义。

监理评估报告是监理公司对施工全过程质量分析、评价的综合结论意见书,是监理单位对工程质量评价的合格文件。

2)评估报告的内容。

(1)工程概况。

(2)在工程建设各环节中执行法律、法规及强制性标准情况。

(3)实体质量评价。

(4)观感和使用功能评价。

(5)室内环境质量评价。

(6)工程质量缺陷及重大质量事故的处理情况。

(7)工程技术资料。

(8)质量评价结论意见。

(9)存在问题及处理意见。

3)评估报告编写方法及要求。

(1)工程概况。写明工程名称、建设单位、设计单位、施工单位、监理单位、工程地址、建设工期、建筑面积、结构类型、层数、工程投资等。

(2)明确工程建设各环节中执行法律、法规及强制性标准情况。

(3)实体质量评价。

① 工程材料、构配件、设备检验、试验(调试)及进场验收和见证取样执行情况。

② 工程实体检验抽测情况。

③ 地基与基础、主体结构质量情况。

④ 防水质量情况。

(4)观感和使用功能评价。

① 装饰工程观感评价情况。

② 观感质量:外观、形状、色泽等是否达到设计和质量验评标准的规定。

③ 是否满足使用功能。

(5)室内环境质量评价。说明工程选用的建筑材料和装饰、装修材料是否选用了《民用建筑工程室内环境污染控制规范》中规定“不得使用的材料”,对室内环境质量进行评价。

(6)工程质量缺陷及重大质量事故的处理情况。

(7)应说明工程质量控制资料,安全、功能检验资料和主要功能抽查记录情况。

(8)质量评价结论意见。质量评价结论意见中应写明,工程建设中各环节执行强制性条文的情况。地基与基础、主体结构、建筑屋面等分部工程质量是否达到了设计要求,应说明工程质量控制资料,安全、功能检验资料和主要功能抽查记录情况。观感质量是否达到了统一验收标准的规定,室内环境质量是否符合要求,使用功能是否达到设计要求。给出工程质量评价结果,是否同意竣工验收。

(9)存在问题及处理意见:实事求是提出问题,并明确处理意见。

(10)总监理工程师、监理公司法人必须签字,且加盖监理公司公章。

【编写示例】

某某工程监理单位工程质量评估报告

一、工程概况(略)

二、工程实体质量评价

(一)主要建筑材料

该工程基础与主体的钢筋,全部使用的某某钢铁公司的钢材;基础与主体的水泥全部采用某某水泥,结构混凝土用砂为某市中砂。

钢材、水泥按种类、批量进场时均有合格证,且在我公司监理人员的监督指导下进行现场取样,复试结果合格。

水暖、电气材料(各种管材、电气开关、插座等)均有合格证、准用证、检测报告等质量合格证明。

(二)地基验槽

基槽挖完后,建设、勘察、设计、施工、监理的有关技术负责人进行了地基验槽,各方一致认为:

(1)基槽岩土与《岩土工程勘察报告》相符,土质均匀。

(2)钎探布点合理,钎探深度符合要求,钎探使用的工具符合规定。

(3)地基钎探记录的锤击数与现场抽测的锤击数基本相符,钎探记录真实。

(4)CFG桩检测合格,符合设计要求。

(三)基础工程

在基础施工过程中,我们重点控制了搅拌混凝土各种用料计量,经常进行砂、石料的外观和混凝土坍落度的检查,保证了混凝土强度。混凝土分项实测实量抽查96点,合格85点,合格率88.54%,无严重超差点。一般项目检查,混凝土蜂窝、麻面、露筋等程度不同的存在,但是均在合格标准范围内。蜂窝、麻面是模板缝隙处理不严密造成,经修补后对结构受力无影响。钢筋的种类、直径、间距、排距、绑扎等均符合设计及施工规范要求。

(四)主体结构部分

由于结构为框架剪力墙、柱断面为异型柱,几何尺寸相对较小,钢筋较密,特别是梁、柱节点处,易出现各种质量问题。我们采用了以下控制手段:

(1)钢筋工程:施工过程中对钢筋焊结,严格检查各焊结接头外观质量,对外观质量有怀疑的进行抽样作物理性能试验检验。对梁、柱节点部位的钢筋作为重点严格把关,对不符合设计施工图和抗震节点构造要求的部位进行整改,符合要求后方可进行下道工序施工。

(2)混凝土工程:对原材料质量控制严格把关。施工过程将模板作为关键工序控制,保证模板位置正确、牢固且不漏浆。混凝土浇筑过程中,施工人员严格按操作规程作业,根据结构特点,对易发生质量问题的部位和环节进行了严格管理和旁站,并作了详细记录。混凝土梁、板、柱观感质量较好。对每批混凝土试块试验报告结果进行了汇总与评定,强度均达到设计要求,抽样回探检测混凝土强度结果均达到设计强度要求。

(3)砌体工程:内、外墙均为加气混凝土砌块,在施工中为保证质量,砌筑前砌块适量浇水,防止砂浆失水过快影响砂浆强度。为保证砌体观感质量要求,按皮数杆砌筑,保证了灰缝厚度要求。砌体质量检查垂直度、平整度符合要求。

三、工程技术资料核查情况

工程质量控制资料：建筑与结构应××项，实际××项；给排水与采暖××项，实际××项；建筑电气××项，实际××项；通风与空调应××项，实际××项；电梯应××项，实际××项；建筑智能化应××项，实际××项。

工程安全和功能检验资料及主要功能抽查记录：建筑与结构××项，实际××项，给排水与采暖应××项，实际××项；建筑电气××项，实际××项；通风与空调应××项，实际××项；电梯应××项，实际××项；建筑智能化应××项，实际××项。

四、观感和使用功能质量评价

（一）观感质量

（1）外墙饰面砖施工前进行排砖、弹线，砖的排放合理，保证了水平缝和竖向缝横平竖直。二层以下外观观感较好，二层以上观感一般。外墙阳角均作了割角。外墙砖色泽均匀。

（2）内装为初装修，墙面顶棚平整，基本顺直方正，观感质量“好”。

（3）地面为初装修，用30mm厚水泥砂浆找平搓毛。地面平整度、强度符合规范和设计要求。

（4）给排水、暖气安装及管道转弯半径符合要求，细部质量一般。

（二）使用功能

（1）门窗几何尺寸和外观检查符合要求，门窗开启灵活，不走扇。

（2）厨、卫间地面砖、坡向地漏、淋水试验地面无积水。

（3）卫生洁具排水通畅，接口部位不渗漏。

（4）室内设备管道、电气开关位置安装合理，使用方便，符合设计要求。

五、室内环境质量评价

工程中使用的建筑材料经检测对室内环境没有污染。

六、建筑节能：外墙保温系统、外窗、屋面和封闭阳台等分项资料齐全，符合设计要求。

七、工程质量问题的处理情况：无质量问题。

八、质量综合评价意见

该工程在施工的各环节中，认真执行法律、法规和规范强制性条文的规定。地基与基础、主体结构、建筑屋面及其他分部均达到了设计要求。工程质量控制资料，工程安全和功能检验资料及主要功能抽查资料真实、完整。室内环境无污染。

该工程质量等级达到了合格的标准，观感质量评价为好。

监理单位：某某监理工程有限公司

总监理工程师：宣某某

监理公司法人：于某某

2012年9月1日

E1-5 建筑节能验收报告填写指南

【编写要点】

1)建筑节能专项验收报告的定义。

建筑节能专项验收报告是建筑节能办公室收到建设单位的工程竣工验收申请后,按照国家建设工程的法律、法规、工程建设强制性标准和建筑节能技术要求,查验技术资料并对实体质量进行现场抽验合格后,出具的书面认可文件。

2)建筑节能专项验收报告的主要内容。

(1)工程概况。写明建设单位、施工单位、工程名称、工程地址。

(2)对工程中使用节能建筑材料及新型建筑材料是否符合节能要求。

(3)工程所用节能材料是否具有建筑节能检测机构出据的检测(试验)报告。

(4)结论意见:对工程节能作出综合评价。

(5)存在问题及处理意见:对不符合节能要求的项目,提出违反了国家及有关部门规定的具体条款,并明确处理意见。

【编写示例】

建筑节能专项验收报告

工程名称	某某工程	工程地址	建设路888号
建设单位	某某房地产开发有限公司	施工单位	某某建筑工程有限公司
该工程所有的节能建材产品及新型建筑材料,经检测符合建筑节能专项验收要求,同意验收。 验收人(签字):节某某　　　　单位(盖章): 2012年9月1日			

E1-6　建设工程质量监督报告填写指南

【填写示例】

监督编号：※※※

工程质量监督报告

工程名称：某某工程

监督机构：00066

报告日期：2012年09月01日

基本情况

单位工程名称	某某工程	工程性质	住宅
建设地点	建设路888号	工程类别	二类
工程描述	19880m^2;3400万元	工程等级	一级
工程施工许可证号	2011015	竣工验收合格时间	2012年9月1日

工程质量责任主体及主要责任人

单位名称		资质等级	法定代表人	工程项目负责人		
				姓名	注册执业资格	资格证书编号
建设单位	某市房地产开发有限公司	一级	韩某某	杨某某	一级建造师	0002
勘察单位	某某岩土工程有限公司	岩土二级	王某某	姜某某	一级岩土工程师	0003
设计单位	某某工程设计院	甲级	孔某某	赵某某	一级结构设计师	0004
施工单位	某某建筑工程有限公司	一级	于某某	于某某	一级建造师	0005
监理单位	某某监理工程有限公司	甲级	艾某某	杨某某	一级监理工程师	0006
检测单位	某某建筑材料检测有限公司	一级	苏某某	苏某某	检测员	0007

建设工程质量监督情况

报告项目	报告内容				
工程监督抽查情况	已按监督工作计划实施监督，在监督抽查中发现的工程质量问题已经处理完毕。				
工程竣工验收监督情况	经监督，由建设单位组织的工程竣工验收的组织形式、程序等符合有关规定。				
工程情况备注					
工程质量监督人员					
姓　名	岗位类别	等级	监督员岗位证证件号码	监督员行政执法证证件号码	签字
王某某	监督员	一级	※※※※	※※※※	王某某
刘某某	监督员	一级	※※※※	※※※※	劉某某
崔某某	监督员	一级	※※※※	※※※※	崔某某
张某某	监督员	一级	※※※※	※※※※	張某某
监督工作起止日期	2011年03月15日至2012年9月1日				
监督机构审核意见	日				
监督机构审批意见	同意报备案机关备案。 （公章） 2012年9月1日				

注：住宅项目时，“监督审批意见”一栏应填写“同意申请联合验收”。

E1-7 规划部门出具的工程规划验收认可文件填写指南

【编写要点】

1)建设工程规划验收合格证的定义。

建设工程规划验收合格证是规划管理部门接到建设单位的工程竣工验收申请后，根据《城市规划法》及规划设计审批文件和有关政策规定，对工程进行现场验收合格后，出具的书面认可文件。

2)建设工程规划验收合格证的主要内容。

(1)工程概况。写明建设单位、建设项目名称、建设位置、建设规模。

(2)应写明该工程的位置、建筑造型、几何尺寸、建筑面积、层数、建筑高度、住宅小区日照间距等项内容，是否符合规划审批意见。

(3)验收结论意见：应写明是否符合《中华人民共和国城市规划法》第三十二条的规定和规划审批意见。

(4)存在问题及处理意见：写明存在问题及处理意见。

【编写示例】

中华人民共和国

建设工程规划验收合格证

编号：※※※

根据《中华人民共和国城市规划法》第三十二条规定，经审定，该建设工程符合城市规划要求。

特发此证

发证机关

日期：2012年9月日

建设单位	某某房地产开发有限公司
建设项目名称	某某工程
建设位置	建设路888号(东临※※路;南临※※路;西临※※厂;北临※※厂)
建设规模	共计建筑面积19880m^2,其中地下10000m^2,地上9880m^2。
附图及附件名称: 附件:某某工程竣工验收测绘成果图　一份。	

E1-8　公安消防部门出具的《建设工程消防验收意见书》填写指南

【编写要点】

1)建设工程消防验收意见书的定义。

建设工程消防验收意见书是公安消防机构接到建设单位的工程竣工验收申请后，按国家消防技术标准及工程立项时签发的审批意见，查验工程技术资料并现场进行消防验收合格后出具的书面认可文件。

2)建设工程消防验收意见书的主要内容。

(1)工程概况：写明建设、设计、施工单位名称。

(2)验收的依据：写明依据国家消防法、有关政策规定、设计文件和设计文件审查意见。

(3)验收结论意见：明确是否符合消防设计要求，能否满足消防使用功能要求。

(4)注意事项：明确该工程的消防设备应定期维护、保养，保证完整有效；该工程如有改建、内部装修、用途变更等，应报公安消防机构审批。

(5)消防验收不合格的要明确指出存在问题和所依据的技术规范，并提出复验要求。

【编写示例】

建设工程消防验收意见书

<table>
<tr><td>工 程 名 称</td><td>某某工程</td><td>工程地址</td><td>建设路888号</td></tr>
<tr><td>建 设 单 位</td><td colspan="3">某某房地产开发有限公司</td></tr>
<tr><td>设 计 单 位</td><td colspan="3">某某工程设计院</td></tr>
<tr><td>施 工 单 位</td><td colspan="3">某某建筑工程有限公司</td></tr>
<tr><td colspan="4">关于某某工程消防验收合格的意见
我队消防监督员于2012年9月1日对某某工程进行了消防验收，认为该工程基本达到了原消防设计要求，符合国家消防技术标准规定，在消防方面具备使用条件，同意投入使用，但应满足下列要求：
1.对消防设施应当定期维修保养，保证完整有效。
2.经此次消防验收的工程如有改建、内部装修、用途变更等，应当报公安消防机构审批。
验　收　人(签字)：肖某某　　法定代表人(签字)：水某某
技术负责人(签字)：防某某　　单　　位(章)：
日期：2012年9月1</td></tr>
</table>

E1-9　环保部门出具的建设工程环保验收认可文件填写指南

【编写要点】

1)环保验收合格证的定义。

环保验收合格证是环保监督管理部门收到建设单位的工程竣工验收申请后,依据《中华人民共和国环境保护法》的要求,对建设项目环境质量评价的书面意见。

2)环保验收合格证的主要内容。

(1)工程概况:写明建设项目、建设单位、建设地点、总投资、占地面积、施工单位、环保分类、项目性质等。

(2)工程情况概述:写明建设项目与环境有关的内容。

(3)存在问题及整改措施:写明存在问题及整改措施。

(4)验收意见应写明:

① 工程项目对大气环境、水环境影响情况。

② 工程项目对水土流失、生态环境影响情况。

③ 工程项目所产生的噪音对声环境影响情况。

④ 工程项目使用后产生的固体垃圾对周围环境影响情况。

【编写示例】(仅对内容示例,页面以实际文件为准,该文件共3页。)

环保验收合格证

某市环境保护局 **小型(非生产性)建设项目验收意见书**

(第1页)

编号:123

项目名称	某某工程			联系人	景某某
建设单位	某某房地产开发有限公司			电 话	1234567
建设地点	建设路 888 号			项目性质	新☑改□扩□
项目投资 (万元)	3400.00	建筑面积 (m^2)	19880	占地面积 (m^2)	1500
环评分类	报告书☑ 报告表□ 登记表□			审批时间	2012. 8 . 30
施工单位	某某建筑工程有限公司			申请验收时间	2012. 9 . 1

工程概况:

该工程坐落在建设路 888 号,建筑面积 19880m^2。一层为商业用房,二层以上为居民住宅,属于非生产性项目,是小区住宅的一部分。生活热源为煤气和暖气(市区统一热网、煤气网供给),小区内建有符合要求的垃圾转运站。

存在问题及整改措施:

(第 2 页)

验收意见

该建设项目为非生产性建筑,对大气环境、声环境的影响,在环保标准规定范围内,生活垃圾的处理符合要求,同意验收。

某市环境保护局(章)

2012 年 9 月 1 日

经办人(签字):境某某　　　　负责人(签字):环某某

备注

(第 3 页)

E1-11　建设工程竣工报告填写指南

【填写要点】

（1）单位工程具备竣工验收条件时，施工单位填报竣工报告，向建设单位提出竣工验收申请。竣工报告是施工企业完成甲、乙双方合同约定的全部内容后，对竣工工程项目施工全过程的总结和成果评价，是施工单位报请建设单位组织竣工验收的书面文件，是施工单位对工程项目质量综合评价的质量合格文件。

（2）竣工验收报告填报说明。

① 竣工报告由施工单位填写。

② 竣工报告一式三份，一律用钢笔（碳素笔）书写，字迹要清晰工整。建设单位、监理单位、施工单位参加，参验代表签字并加盖单位公章，各单位留存一份。

③ 竣工报告填全后报建设单位申请竣工验收。

【填写示例】

某某省 **建设工程竣工报告** **某　某　省　建　设　厅　制**

（封面）

竣工项目核查

工程名称	某某工程	工程地址	建设路888号
		结构类型	框架剪力墙结构
建设单位	某某房地产开发有限公司	层数	16层
勘察单位	某某岩土工程有限公司	工程规模	$19880m^2$,3400.00万元
设计单位	某某工程设计院	建筑面积	$19880m^2$
监理单位	某某监理工程有限公司	总造价	3400.00万元
施工单位	某某建筑工程有限公司	施工许可证号	2011008
开工日期	2011年03月15日	竣工日期	2012年9月1日

核查项目及内容	核查情况
一、按设计图已完工程项目情况 1.地基与基础 2.主体结构 3.建筑装饰、装修 4.建筑屋面 5.建筑给水、排水及采暖 6.建筑电气 7.智能建筑 8.通风与空调 9.电梯 10.建筑节能	已经按合同约定工期内完成了设计文件规定的内容,即地基与基础、主体结构;建筑装饰、装修;建筑屋面、建筑给水、排水及采暖;建筑电气;智能建筑;通风与空调;电梯和建筑节能
二、完成合同约定情况 1.总包合同约定 2.分包合同约定 3.专业承包合同约定	已按合同的约定,完成了工程项目的内容和约定的工期。该项目桩基础、玻璃幕墙、智能建筑工程为分包,已按合同约定完成了工程项目的内容和约定的工期
三、工程质量控制资料情况 1.建筑与结构 2.给排水与采暖 3.建筑电气 4.通风与空调 5.电梯 6.建筑智能化	建筑与结构应10项,实际10项;给排水与采暖应7项,实际7项;建筑电气应7项,实际7项;通风与空调应8项,实际8项;电梯应7项,实际7项;建筑智能化应8项,实际8项。上述资料真实、完整,符合《建筑工程施工质量验收统一标准》GB50300的要求
四、工程安全和功能检验资料及主要功能抽查情况。 1.建筑与结构 2.给排水与采暖 3.建筑电气 4.通风与空调 5.电梯 6.建筑智能化	建筑与结构应9项,实际9项;给排水与采暖应4项,实际4项;建筑电气应4项,实际4项;通风与空调应3项,实际3项;电梯应2项,实际2项;建筑智能化应2项,实际2项。上述资料真实、完整,符合《建筑工程施工质量验收统一标准》的要求
五、工程质量保修书 1.总包单位 2.专业承包单位	1.《工程质量保修书》符合建设部《房屋建筑工程质量保修管理办法》规定,保修范围,保修期限符合要求。2.桩基础、玻璃幕墙、智能建筑工程为分包

单位工程质量评定表

分部工程	共 10 个分部，经查 10 个分部，符合标准及设计要求 10 个分部
质量控制资料	共 47 项经审查符合要求 47 项，经核定符合规范要求 0 项
安全和主要功能核查及抽查结果	共核查 24 项，符合要求 24 项；共抽查 6 项，符合要求 6 项；无返工处理项。
观感质量评价（好、一般、差）	好

施工单位评定：

地基与基础、主体结构、建筑屋面、装饰装修、给排水与采暖、建筑电气、通风与空调、电梯、建筑智能化分部质量合格；观感质量评定为好。

技术负责人(签字)李某某

法定代表人(签字)王某某

（公章）

2012 年 9 月 1 日

监理单位质量评定：

经检查该工程质量达到合格标准，同意施工单位申请竣工验收。

总监理工程师(签字)贾某某

法定代表人(签字)于某某

（公章）

2012 年 9 月 1 日

E1-12 建筑工程竣工验收报告填写指南

【填写要点】

1)实用表式填报要求。

(1)竣工验收报告由建设单位负责填写。

(2)竣工验收报告一式五份,一律用钢笔书写,字迹要清晰工整。建设单位、施工单位、城建档案管理部门、质量监督机构、建设行政主管部门或其他有关专业工程主管部门各存一份。

(3)报告内容必须真实可靠,如发现虚假情况,不予备案。

(4)报告须经建设、设计、施工图审查机构、施工、工程监理单位法定代表人或其委托代理人签字,并加盖单位公章后方为有效。

2)"竣工项目审查"填写内容与方法。

(1)完成设计项目情况:说明各分部工程完成情况,未完成的说明原因。

(2)完成合同约定情况:说明工程内容、质量、工期是否完成合同约定,有无分包、专业承包,若有说明分包、专业承包完成合同约定情况。

(3)技术档案和施工管理资料。

① 建设前期、施工图设计审查等技术档案是否完整、齐全、有效。建设前期资料包括:立项审批文件,建设工程选址意见书,建设用地规划许可证,用地批准文件,建设工程规划许可证,合同、协议、招投标文件,施工许可证,施工图设计文件审查结论意见,监督注册登记表以及各地要求的其他资料。

② 监理、施工技术档案和管理资料核查情况。

(4)试验报告:填写建筑材料、构配件和设备试验报告是否齐全、完整、有效。

(5)质量合格文件:表中填写勘察、设计、施工图审查机构已签署了质量合格文件。施工单位填写了竣工报告,并说明工程质量等级。

(6)工程质量保修书:填写工程质量保修书符合《房屋建筑工程质量保修办法》的有关规定。若有专业承包,须说明专业承包的内容是否有符合要求的工程质量保修书。

(7)审查结论:施工单位已完成了设计项目情况和合同履约情况;技术档案和施工管理资料、试验报告、质量合格文件是否齐全、完整、有效;工程质量保修书及其他文件等资料的综合审查结论。

3)"单位工程质量评定(一)"填写内容与方法

(1)分部工程评定:工程共分多少分部,其中符合要求多少分部。

(2)质量保证资料:共核查多少项,其中符合要求多少项,经鉴定符合要求多少项。

(3)观感质量评价:填写观感质量评价"好"、"一般"、"差"。

(4)单位工程评定:通过对工程地基与基础、主体结构、建筑屋面等主要分部的质量评定;对工程质量控制资料、工程安全和功能检验资料及主要功能抽查资料审查;对观感质量评价;由建设单位负责人对单位工程质量做出综合评定结论。明确评定结论为"合格"或"不合格"。

(5)存在问题:实际存在什么问题,逐项写清。

4)"竣工验收情况" 填写内容与方法。

(1)竣工验收结论:填写工程质量等级,同意交付使用。

(2)参与验收各方法定代表人签字,并加盖单位公章。

【填写示例】

竣工验收报告

某 某 省

建设工程竣工验收报告

某 某 省 建 设 厅 制

竣工项目审查

<table>
<tr><td>工程名称</td><td>某某工程</td><td>工程地址</td><td colspan="3">建设路888号</td></tr>
<tr><td>建设单位</td><td>某某房地产开发有限公司</td><td>结构形式</td><td>框剪结构</td><td>建筑面积</td><td>19880m²</td></tr>
<tr><td>勘察单位</td><td>某某岩土工程有限公司</td><td>层　　数</td><td>16层</td><td>栋　　数</td><td>1</td></tr>
<tr><td>设计单位</td><td>某某工程设计院</td><td>工程规模</td><td>/</td><td>总 造 价</td><td>3400万元</td></tr>
<tr><td>施工图审查机构</td><td>某市施工图审查事务所</td><td>开工日期</td><td colspan="3">2011年03月15日</td></tr>
<tr><td>监理单位</td><td>某某监理工程有限公司</td><td>竣工日期</td><td colspan="3">2012年9月1日</td></tr>
<tr><td>施工单位</td><td>某某建筑工程有限公司</td><td>施工图审查批准号</td><td>2011008</td><td>施工许可证　　号</td><td>2011012</td></tr>
<tr><td colspan="3">审查项目及内容</td><td colspan="3">审　查　情　况</td></tr>
<tr><td colspan="3">一、设计图已完工项目情况
1.地基与基础
2.主体结构
3.建筑装饰、装修
4.建筑屋面
5.建筑给水、排水及采暖
6.建筑电气
7.智能建筑
8.通风与空调
9.电梯
10.建筑节能</td><td colspan="3">已经按合同约定工期内完成了设计文件规定的内容，即地基与基础、主体结构；建筑装设、装修；建筑屋面、建筑给水、排水及采暖；建筑电气、智能建筑、通风与空调、电梯和建筑节能</td></tr>
<tr><td colspan="3">二、完成合同约定情况
1.总包合同约定
2.分包合同约定
3.专业承包合同约定</td><td colspan="3">已按合同的约定，完成了工程项目的内容和约定的工期。
该项目桩基础、玻璃幕墙、智能建筑工程为分包，已按合同约定完成了工程项目的内容和约定的工期</td></tr>
<tr><td colspan="3">三、技术档案
1.建设前期、施工图设计审查等技术档案
2.监理技术档案和管理资料</td><td colspan="3">前期报建资料9项，符合要求9项；
监理资料应35项，符合要求35项</td></tr>
<tr><td colspan="3">四、工程质量控制资料情况
1.建筑与结构
2.给排水与采暖
3.建筑电气
4.通风与空调
5.电梯
6.建筑智能化</td><td colspan="3">建筑与结构应10项，实际10项；给排水与采暖应7项，实际7项；建筑电气应7项，实际7项；通风与空调应8项，实际8项；电梯应7项，实际7项；建筑智能化应8项，实际8项。上述资料真实、完整，符合《建筑工程施工质量验收统一标准》GB50300—2001的要求</td></tr>
</table>

续表

审查项目及内容	审　查　情　况
五、工程安全和功能检验资料、主要功能抽查情况 1.建筑与结构 2.给排水与采暖 3.建筑电气 4.通风与空调 5. 电梯 6. 建筑智能化	建筑与结构应9项，实际9项；给排水与采暖应4项，实际4项；建筑电气应4项，实际4项；通风与空调应3项，实际3项；电梯应2项，实际2项；建筑智能化应2项，实际2项。上述资料真实、完整，符合《建筑工程施工质量验收统一标准》GB50300—2001的要求
六、质量合格文件 1.勘察单位 2.设计单位 3.施工图审查单位 4.施工单位 5.监理单位	勘察、设计、施工图审查均已出具了质量检查合格报告。 施工单位出具了竣工报告，自评质量等级为合格。 监理公司出具了质量评估报告，该工程质量等级为合格
七、工程质量保修书 1.总包单位 2.专业承包单位	《工程质量保修书》符合建设部《房屋建筑工程质量保修管理办法》规定，保修范围，保修期限符合要求
审查结论 施工单位已按设计文件和合同约定的内容完成了该项目的施工；建设前期报建各项手续齐全，监理技术档案、施工技术档案等项资料真实、齐全。勘察、设计、施工图审查机构、监理单位出具了质量合格文件；施工单位已按规定承诺了工程质量保修范围和保修期限。 建设单位项目负责人：杨某某 2012年9月1日	

单位工程质量评定表

分部工程	共9个分部，经查9个分部，符合标准及设计要求9个 分部
质量控制资料	共47项经审查符合要求47项，经核定符合规范要求0项
安全和主要功能核查及抽查结构	共核查24项，符合要求24项；共抽查6项，符合要求6项；无返工处理项。
观感质量评价（好、一般、差）	好
质　量　评　定	
单位工程评定： 该工程地基与基础、主体结构、建筑屋面分部工程质量等级为合格，工程质量控制资料，工程安全和功能检验资料及主要功能抽查资料基本齐全，符合要求；观感质量评定为：好。施工单位自评和监理公司核定的工程质量等级均为合格，符合工程实际，观感质量评定为好。 （公章） 建设单位负责人：杨某某 2012年9月1日	
存在问题	

竣工验收情况

1)验收机构。

(1)领导层。

主　　任	韩某某
副主任	孔某某
成　　员	于某某　　苏某某　　杨某某

(2)各专业组。

验收专业组	组　　长	组　　　员
建筑工程	贾某某	赵某某　杨某某　孙某某
给排水、燃气工程	姜某某	钱某某　胡某某　陈某某
建筑电气安装工程	于某某	单某某　楚某某　刘某某
通风与空调工程	苏某某	孔某某　高某某　魏某某
室外工程		

注:建设、监理、设计、施工及施工图审查机构等单位的专业人员均必须参加相应的验收专业组。

2)验收组织程序。

(1)建设单位主持验收会议。

(2)施工单位介绍施工情况。

(3)监理单位介绍监理情况。

(4)各验收专业组核查工程质量控制资料,安全、功能检验资料及主要功能抽查资料,并到现场检查。

(5)各验收专业组总结发言,建设单位作好记录。

竣工验收结论：

工程质量等级合格，观感质量评价为好。

勘察单位 法定代表人：江某某 项目负责人：闫某某 （章） 2012年9月1日	设计单位 法定代表人：孔某某 项目负责人：姜某某 （章） 2012年9月1日	施工单位 法定代表人：王某某 项目负责人：赵某某 （章） 2012年9月1日
施工图审查机构 法定代表人：周某某 刘某某 （章） 2012年9月1日	监理单位 法定代表人：某某某 项目负责人：贾某某 （章） 2012年9月1日	建设单位 法定代表人：韩某某 项目负责人：杨某某 （章） 2012年9月1日

E1-13　房屋建筑工程质量保修书填写指南

【填写要点】

1)保修书的定义。

工程质量保修书是发包方和承包方,为维护各自的合法权益,依据建设部第80号令《房屋建设工程质量保修办法》及有关法律、法规的规定,签定的具有法律效力的保修合同。

2)保修书应包括的主要内容。

(1)工程质量保修范围,保修期限。

(2)明确甲、乙双方质量保修责任。

(3)保修费用及支付方法。

(4)双方约定的其他工程质量保修事项。

(5)建设单位和施工单位法定代表人签字、盖章。

【填写示例】

工程质量保修书

工程名称:**某某工程**

发包方(全称):**某市房地产开发有限公司**

承包方(全称):**某市建筑工程有限公司**

为保护建设单位、施工单位房屋建筑所有人和使用人的合法权益,维护公共安全和公众利益,根据《中华人民共和国建筑法》、《建设工程质量管理条例》、《房屋建筑工程质量保修办法》及其他有关法律、行政法规,遵循平等、自愿、公平的原则,签订工程质量保修书。承包方在质量保修期内按照有关管理规定及双方约定承担工程质量保修责任。

一、工程质量保修范围、保修期限。

在正常使用条件下,房屋建筑工程质量保修期限承诺如下:

(一)地基基础工程和主体结构工程,为设计文件规定的该工程合理使用年限;

(二)屋面防水工程、有防水要求的卫生间、房间和外墙面的防渗漏,为**5**年;

(三)供热与供冷系统,为**2**个采暖期、供冷期;

(四)电气管线、给排水管道、设备安装为**2**年;

(五)装修工程为**2**年;

(六)其他项目保修期限双方约定如下:

无其他保修项目。

二、质量保修责任。

(一)施工单位承诺和双方约定保修的项目和内容,应在接到发包方保修通知后7日内派人保修。承包人不在约定期限内派人保修的,发包人可委托其他人员维修,保修费用由施工单位承担。

(二)发生须紧急抢修事故(如上水跑水、暖气漏水漏气、煤气泄漏、电气设备故障造成停电等),承包方接到事故通知后,应立即到达事故现场抢修。非施工质量引起的事故,抢修费用由发包方或造成事故者承担。

(三)在国家规定的工程合理使用期限内或保修期内,确保地基基础和主体结构工程的质量,因承包方原因致使工程在合理使用期限内造成人身和财产损害的,承包方应承担损害赔偿责任。

(四)因保修不及时,造成新的人身、财产损害,由造成拖延的责任方承担赔偿责任。

(五)房地产开发企业售出的商品房保修,还应当执行《城市房地产开发经营管理条例》和其他有关规定。

(六)下列情况不属于质量保修范围:

1.因使用不当或者第三方造成的质量缺陷;

2.不可抗力造成的质量缺陷;

3.用户自行添置、改动的结构、设施、管道、线路、设备及其他装饰装修项目。

三、保修费用由质量缺陷责任方承担。

四、双方约定的其他工程质量保修事项。

五、本保修书未尽事项,执行国家的法律、法规规定。

保修书一式五份。

发包方(公章)　　　　　　　　　　承包方(公章)

法定代表人(签字):韩某某　　　　法定代表人(签字):王某某

2006年11月15日　　　　　　　　2006年11月15日

工程质量保修记录卡

工程名称	某某工程	地　址	某市建设路888号
建设单位	某某房地产开发有限公司	电　话	※※※※※※※
施工单位	某某建筑工程有限公司	维修部电话	※※※※※※※
开工日期	2011年03月15日	竣工日期	2012年9月1日
用户发现问题及要求			
原因分析			
处理意见及结果			
用户意见			

E1-14 住宅质量保证书、住宅使用说明书填写指南

【填写要点】

住宅质量保证书、住宅使用说明书是建设单位对住宅质量和住宅使用出具的书面文件。两文件均应由建设单位填写,法定代表人签字并加盖建设单位公章。两证应在交房时提给交业主。

【填写示例】

住宅质量保证书填写示例

住 宅 质 量 保 证 书   **某 省 建 设 厅 制**

(封面)

住宅质量保证书

为维护住房消费者的权益，加强商品住宅质量管理，确保商品住宅售后服务质量和水平，某市房地产开发公司，对我公司开发建设的某某工程承诺如下：

一、工程等级合格。

二、工程质量保修范围、保修期限。

在正常使用条件下，房屋建筑工程的保修期限为：

（一）地基基础和主体结构工程，为设计文件规定该工程的合理使用年限；

（二）屋面防水工程、有防水要求的卫生间、房间和外墙面的防渗漏，为5年；

（三）供热与供冷系统，为2个采暖期、供冷期；

（四）电气管线、给排水管道、设备安装为2年；

（五）装修工程为2年；

（六）其他部位、部件的保修期限，由房地产开发企业与用户自行约定。

无其他保修项目。

三、质量保修责任。

（一）施工单位承诺和双方约定保修的项目和内容，应在接到发包方保修通知后7日内派人保修。承包人不在约定期限内派人保修的，发包人可委托其他人员维修，保修费用由施工单位承担。

（二）发生须紧急抢修事故（如上水泡水、暖气漏水漏气、煤气泄漏、电气设备故障造成停电等），承包方接到事故通知后，应立即到达事故现场抢修。非施工质量引起的事故，抢修费用由发包方或造成事故者承担。

（三）在国家规定的工程合理使用年限内或保修期内，确保地基基础和主体结构工程的质量，因承包方原因致使工程在合理使用期限内造成人身和财产损害的，承包方应承担损害赔偿责任。

（四）因保修不及时，造成新的人身、财产损害，由造成拖延的责任方承担赔偿责任。

（五）房地产开发企业售出的商品房保修，还应当执行《城市房地产开发经营管理条例》和其他有关规定。

（六）下列情况不属于质量保修范围：

1.因使用不当或者第三方造成的质量缺陷；

2.不可抗力造成的质量缺陷；

3.用户自行添置、改动的结构、设施、管道、线路、设备及其他装饰装修项目。

住宅质量保证书每户（套）一份。

公司或物业维修负责人赵某某，维修电话：×××××××

建设（开发）单位（章）：某房地产开发有限公司　　　法定代表人（签字）：韩某某

2012年9月1日

住宅工程使用说明书填写示例

住宅工程使用说明书

某省建设厅制

（封面）

住宅使用说明书

依据《商品住宅实行住宅质量保证书和住宅使用说明书制定的规定》，为维护住房消费者的权益，加强商品住宅售后服务管理，现将工程使用要求及注意事项说明如下：

请认真阅读说明书

严格按说明书要求使用您的建筑产品

建筑产品名称：某某工程

建设（开发）单位：某市房地产开发有限公司

施工单位：某某建筑工程有限公司

竣工日期：2012 年 9 月 1 日

《住宅使用说明书》以下简称《说明书》，在住宅交付用户的同时提供给用户，即交钥匙的同时领取使用说明书，每套住宅均附有各种《说明书》，以确保用户正确使用购买的建筑产品。

二. 建筑结构说明

本建筑产品为框架剪力墙结构 16 层，按8 度抗震设防；基础为钢筋混凝土筏板基础，楼层结构现浇钢筋混凝土楼板，使用荷载标准值2.0 千牛/平方米，墙体材料为加气混凝土砌块，屋面为不上人屋面，防水材料为SBS 改性沥青防水卷材，阳台使用荷载标准值2.5 千牛/平方米，厨房、卫生间防水为一布两涂。

三. 供电负荷

电表额定电流20(40)安培，总负荷4 千瓦；

进户线10 mm^2，保护零线10 mm^2；

照明回路2.5 mm^2，负荷1 千瓦；

插座回路2.5 mm^2，负荷 1.5 千瓦；

空调回路4mm^2，负荷1.5 千瓦；

四. 使用说明

1. 装饰装修改造时，应征得房产管理部门或物业管理部门同意，向原设计、施工单位咨询，不得拆除和破坏梁、板、柱及承重墙的任何部位。

2. 使用电器设备请提前核对电表、线路负荷、避免超负荷用电造成电路烧毁和引起火灾，造成损失。

3. 阳台存放物品时不得发生剧烈振动，以防阳台断裂。

4. 厨房、卫生间装修地面改造时，不得破坏防水层。在使用过程中，勿乱抛杂物，以免造成堵塞。

5. 非上人屋面严禁上人和堆放杂物，以免造成屋面损坏漏雨。

6. 用户对电器设备应按设备使用说明书的要求进行使用、维护保养。

7. 暖气、管道改造方案必须书面报物业管理部门批准，并经物业验收以免影响其他用户采暖。

五. 保修说明

1. 用户对本产品需保修或维修，应向开发公司或物业管理部门提出申请，以便及时安排维修。

2. 用户因使用不当造成的缺陷和破坏不属于保修范围。

3. 解决工程质量纠纷和损坏赔偿，按国家有关法律法规的规定执行。

4. 在保修期内，因房屋建筑工程质量缺陷造成房屋所有人、使用人或者第三方人身、财产损害的，房屋所有人、使用人或者第三方可以向建设单位提出赔偿要求。

六. 保修范围及期限

详见《工程质量保证书》。保证书中开发商应承诺自房屋竣工验收合格之日起计算保修期。

七. 其他事项

1. 本公司向所有用户承诺，自产品竣工交付之日起，按保修范围及期限及时保修。

2. 非施工质量原因造成缺陷及维修项目，我公司将根据用户要求和实际情况进行维修，合理收费。

3. 我公司的维修人员在维修施工中，保证做到服务态度好、维修质量好、现场清理好，对用户意见和工程质量缺陷及时反馈，让用户满意。

4. 本公司接到报修电话后，保证 48 小时内到达用户现场。

5. 诚恳接受用户监督。公司设用户投诉电话为××××××××

使用说明书每户(套)一份

东某房地产开发有限公司

法定代表人(签字)：韩某某　　　　单位(章)

2012 年 9 月 1 日

(注：附单元平面图。附图说明：必须说明图中的承重构件，并加盖建设单位公章)

E1-15　建设工程竣工验收备案表及备案证明书填写指南

【填写要点】

建设工程竣工验收后，且未收到验收单位签发的责令整改通知书，即可进入验收备案程序。建设单位应汇齐竣工验收备案所需的各种材料，及时报送备案机关，经备案机关审查合格后，给予办理建设工程竣工验收备案证明书。

建设单位竣工验收备案所需的材料有：竣工验收报告，竣工报告，监理质量评估报告；勘察、设计、施工图审查机构工程质量检查合格报告；规划、公安消防、环保、节能、人防、档案、电梯等部门出具的验收认可文件；工程质量保修书、住宅质量保证书、住宅使用说明书；各地市建设行政主管部门规定的其他要求，工程质量监督报告。

【填写示例】

建设工程竣工验收备案表

编号：

工程名称	某某工程		
建设单位	某某房地产开发有限公司	申报人	王某某
施工单位	某某建筑工程有限公司		
设计单位	某某工程设计院		
施工图审查单位	某市施工图审查事务所		
监理单位	某某监理工程有限公司		
规划许可证号	0015	施工许可证	2005012
所需文件审核情况 （并将资料原件附后）	资料齐全，有关资料原件附后。		
文件名称	编　　号	核发机关、日期	
竣工验收报告	※※※	建设单位 2012 年 9 月 1 日	
规划验收合格证	※※※	规划局 2012 年 9 月 1 日	
消防验收意见书	※※※	消防大队 2012 年 9 月 1 日	
环保验收合格证	※※※	环保局 2012 年 9 月 1 日	
工程档案验收认可书	※※※	档案馆 2012 年 9 月 1 日	
工程质量保修书	※※※	甲乙双方 2012 年 8 月 20 日	
住宅质量保证书 住宅使用说明书	※※※ ※※※	建设单位 2012 年 8 月 20 日	
以下由建设行政主管部门填写			
质量监督报告	同意报备案机关备案		
备案情况	已备案：文件收讫 经办人(签字)：备某某　　负责人(盖章) 案某某 2012 年 10 月 10 日		

建设工程竣工验收备案证明书

某某省建设工程竣工验收备案证明书

（正本）

根据国务院《建设工程质量管理条例》和建设部《房屋建筑工程和市政基础设施工程竣工验收备案管理暂行办法》，某　　某　工程，经建设单位 某某房地产开发有限公司，于2012年9月1日组织设计、施工、工程监理和有关专业工程主管部门验收，并于2012年10月10日备案。

特此证明。

某市备案办公室

备案机关（公章）

2012年10月10日

E1-16　建设工程档案验收认可书填写指南

【填写要点】

1)建设工程档案专项验收。

档案管理部门接到建设单位提交的建设工程档案专项验收申请表后,依据国家、省有关建设工程档案管理规定,对建设工程档案资料审查,并填写专项验收意见。建设单位在工程竣工验收合格后3个月内,向城建档案馆(室)提交一套完整的工程档案,城建建档案馆(室)验收合格后,出具建设工程档案专项验收认可书。

2)建设工程档案专项验收申请表填报说明。

(1) 建设工程档案专项验收申请表由建设单位负责填写,一式四份,建设单位、城建档案管理机构、建设工程竣工备案部门及有关部门各存一份。一律用钢笔书写,字迹要清晰工整。

(2)建设工程档案专项验收合格后,方可进行竣工验收。

(3)建设单位在工程竣工验收合格后,应在三个月内向城建档案管理机构移交一套完整、准确、齐全的建设工程档案。

【填写示例】

建设工程档案专项验收申请表的编写示例

某某省建设工程档案专项验收申请表   **某 某 省 建 设 厅 制**

(封　面)

申报单位(盖章)

项目名称	某某住宅小区	工程地址	建设路888号
单位工程名称	某某工程	工程规模	19880m²
勘察单位	某某岩土工程有限公司	规划许可证号	※※※※
设计单位	某某工程设计院	施工许可证号	※※※※
施工单位	某某建筑工程有限公司	施工合同	2011.3.15
		监理合同	2011.3.5
监理单位	某某监理工程有限公司	合同类别	总承包合同
开工日期	2011.03.15	竣工日期	2012.9.1
建设单位建设工程档案自检情况	建设工程报建各项手续、工程质量控制资料、工程安全和功能检验资料及主要功能抽查资料、设计文件及工程竣工图、监理档案资料、竣工验收文件等项资料齐全、真实。		
某市 城建档案管理机构： 本建设工程档案经我单位自行验收，认为符合有关规定，报请工程档案专项验收。 建设单位档案员：建某某 工程技术负责人：杨某某 工程总监理师：贾某某			

填报日期：2012年9月1日

档案总计数量	总数量 14 卷;其中:文字 7 卷,图纸 7 卷 磁盘　　张;照片 30 张;　录像　　盒
综合文件 材料情况	手续完备资料齐全有效,符合要求。
施工类文件 材料情况	各专业资料齐全有效,符合要求。
监理类文件 材料情况	监理资料齐全完备,符合要求。
竣工图	各专业竣工图齐全,竣工图的折叠、绘制符合要求

建设工程档案专项验收意见书

工程项目名称	某某小区
单位名称	某某工程
验收意见	经审查综合文件、施工类文件、监理类文件、竣工图，各项资料合格。同意验收。
备注	

验收单位：某市城建档案馆

验 收 人：档某某

验收组长：某某某

验收日期：2012 年 9 月 1 日

建设工程档案专项验收认可书示例

某某省建设工程档案专项验收认可书

某(※※※※)城档认字第※※※号

某市房地产开发有限公司：

你单位某某小区某某工程建设工程档案经审查验收，符合国家、省有关工程档案规定，现予认可。

某　市　城建档案馆(处)

经办人：档某某

核准人：案某某

签发日期：2012年9月1日

6.3 竣工图

6.3.1 竣工图的绘制

1)竣工图绘制形式。

竣工图绘制方法可分为以下几种形式:利用电子版施工图改绘的竣工图、利用施工蓝图改绘的竣工图和重新绘制的竣工图等三种形式。三者方式选择因素在于图纸中变更量的多少。在实际工程中,多采用施工图改绘竣工图的方式。

2)竣工图绘制方法与要求。

(1)竣工图图纸质量要求。

① 竣工图宜采用国家标准图幅,图幅尺寸标准见本篇 6.3.2 相关规定。

② 图纸纸张应采用能够长期保存的韧力大、耐久性强的纸张。

③ 绘制竣工图的图纸应为新蓝晒图,且计算机出图必须清晰,不得用复印件。

(2)重新绘制竣工图的要求。

凡施工图结构、工艺、平面布置等有重大改变或变更部分超过图面的 1/3 的,应当选择重新绘制竣工图方式。

(3)利用电子版改绘竣工图的要求。

① 将图纸变更结果直接改绘到电子版施工图中,用云线圈出修改部位,按表 6-3 的形式做修改内容备注表:

表 6-3 修改内容备注表

设计变更、洽商编号	简要变更内容

②竣工图的比例应与原施工图一致;

③设计图签中应有原设计单位人员签字;

④委托本工程设计单位编制竣工图时,应直接在设计图签中注明“竣工阶段”,并应有绘图人、审核人的签字;

⑤竣工图章可直接绘制成电子版竣工图签,出图后应有相关责任人的签字。

(4)利用施工图改绘竣工图的要求。

①应采用杠(划)改或叉改法进行绘制;

②对于图纸会审、工程洽商记录、设计变更涉及原施工图纸变化不大且图幅变化小于 1/3的,可在变更处加盖“变更图章”予以说明。变更图章样式见图 6-3。如图纸会审记录了“建施-1 图　第 1 条. 地面工程做法取消面层。”时,绘制“建施-1 图”竣工图应在建施-1 图的地面工程做法空白部位处加盖“变更图章”,并在章内注明“此处详见**建筑专业图纸会审记录:建施-1 图的第 1 条**”字样。

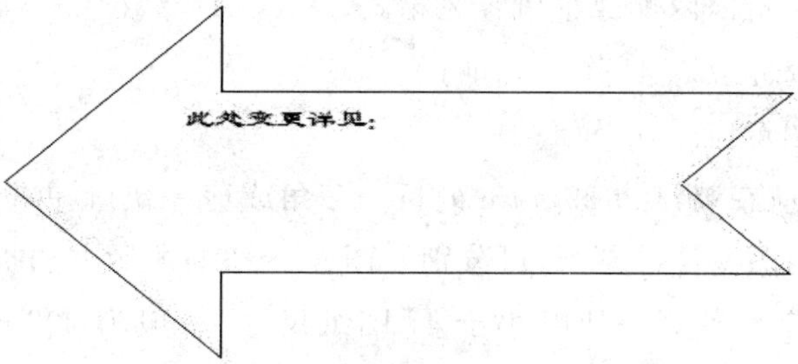

图 6-3　变更图章示意图

③竣工图应在图签上方空白处加盖竣工图章，施工单位和监理单位相关责任人签字。竣工图章样式见图 6-4：

竣　工　图			
施工单位			
编 制 人		审 核 人	
技术负责人		编制日期	
监理单位			
总　　监		现场监理	

图 6-4　竣工图章示意图

注：竣工图章尺寸为 50mm×80mm。行高："竣工图"一行行高 15mm，其他行高 7mm；单元格列宽为 20mm。

6.3.2　竣工图的折叠

1)图纸折叠应符合下列规定：

(1)图纸折叠前应按图 6-5 所示的裁图线裁剪整齐，图纸幅面应符合表 6-4 的规定：

表 6-4　图幅代号及图幅尺寸

基本图幅代号	0#	1#	2#	3#	4#
B(mm)×A(mm)	841×1189	594×841	420×594	297×420	297×210
c(mm)	10			5	
d(mm)	25				

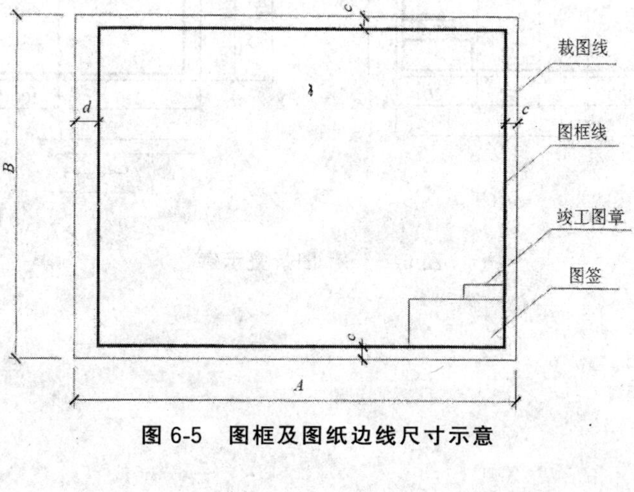

图 6-5　图框及图纸边线尺寸示意

(2)折叠时图面应折向内侧成手风琴风箱式；

(3)折叠后幅面尺寸应以 4# 图为标准；

(4)图签及竣工图章应露在外面；

(5)3# ～0# 图纸应在装订边 297mm 处折一三角或剪一缺口，并折进装订边。

2)3# ～0# 图不同图签位的图纸，可分别按图 6-6～6-9 所示方法折叠。

3)图纸折叠前，应准备好一块略小于 4# 图纸尺寸(一般为 292mm×205mm)的模板。折叠时，应先把图纸放在规定位置，然后按照折叠方法的编号顺序依次折叠。

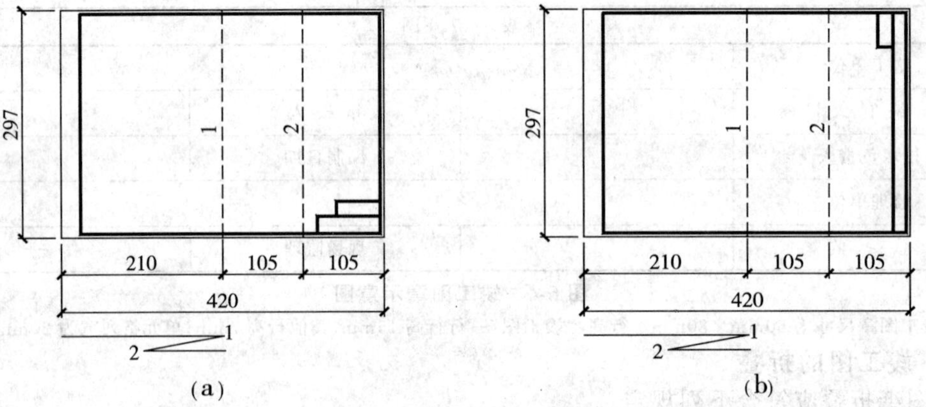

图 6-6　3# 图折叠示意

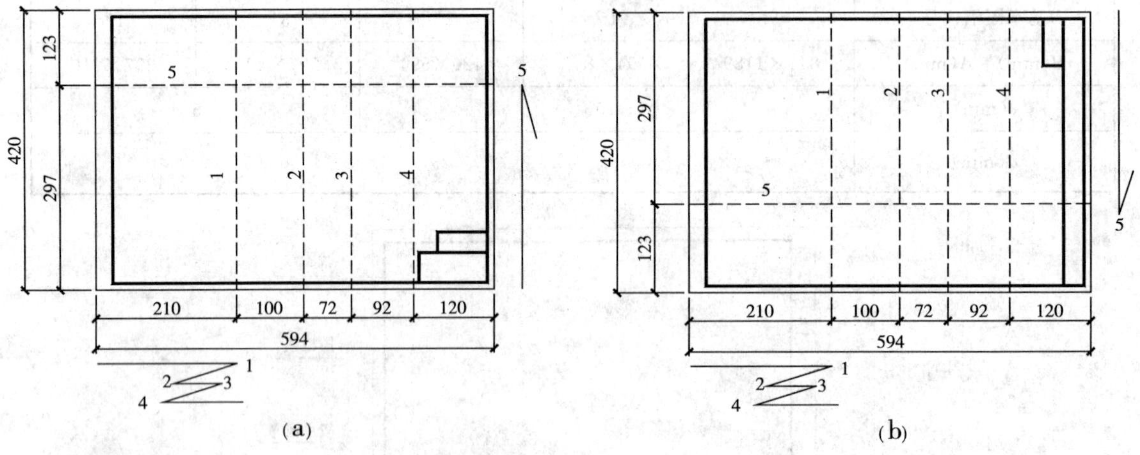

图 6-7　2# 图折叠示意

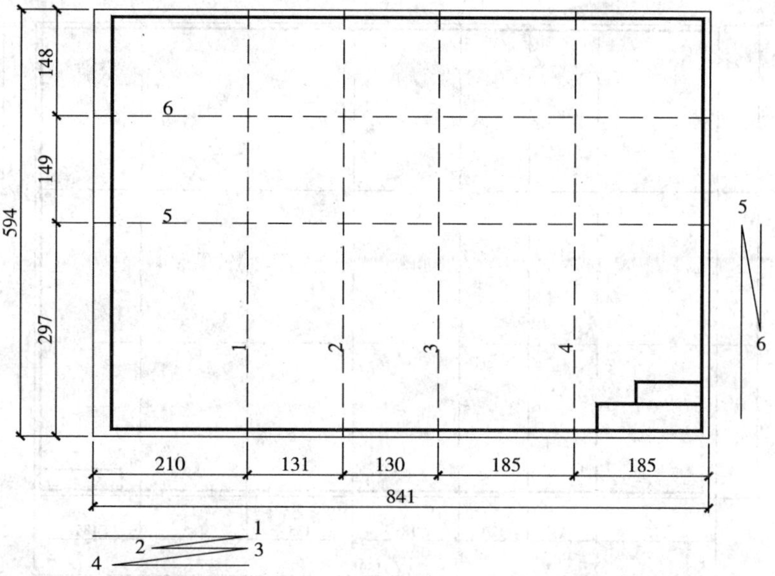

(a)

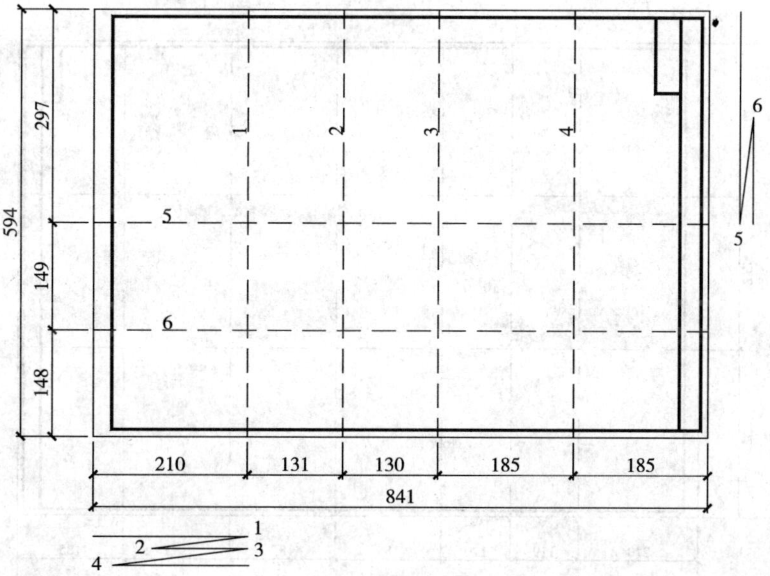

(b)

图 6-8　1# 图折叠示意

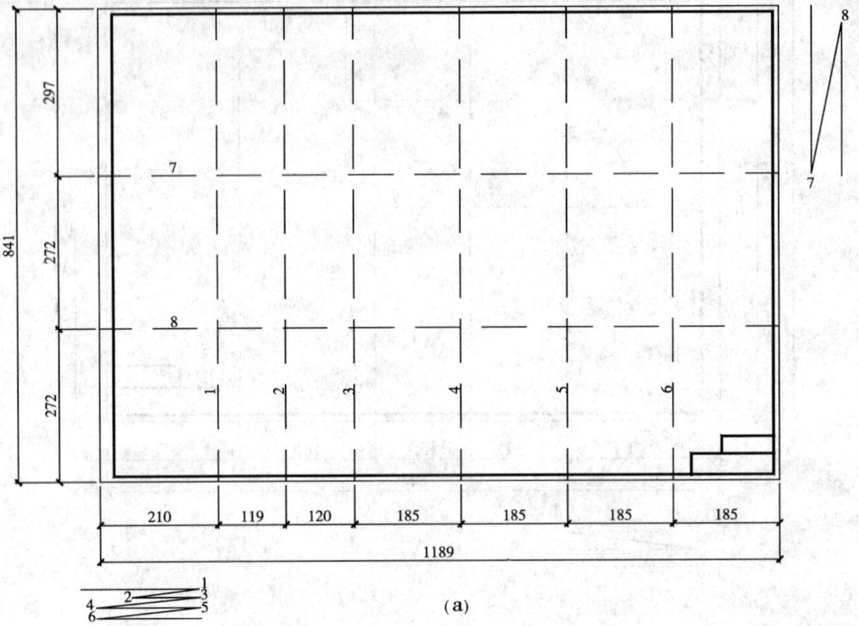

(a)

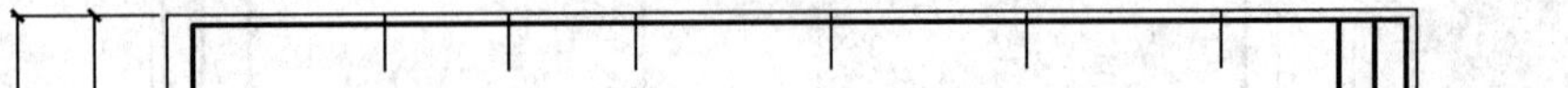

(b)

图 6-9　0# 图折叠示意

6.4 工程档案

6.4.1 工程文件归档与移交

工程竣工验收合格后，施工单位、监理单位应按下列规定汇齐相关资料并向建设单位工程移交，并签署移交记录。建设单位汇齐“工程准备阶段文件”和“工程竣工文件”与施工资料和监理资料一并归档组卷，并移交给当地工程档案管理部门，经档案管理机构验收合格双方签署档案移交书。工程建设过程各阶段文件汇总归档分类应按表 6-5 执行，文件移交归档目录格式见表 6-6。

表 6-5　工程建设过程各阶段文件汇总归档分类表

工程文件	案卷类别	资料编号
工程准备阶段文件	第一类 决策立项文件	A1-1～9
	第二类 建设用地文件	A2-1～6
	第三类 勘察设计文件	A3-1～13
	第四类 合同文件	A4-2、A4-4、A4-6、A4-8、A4-9
	第五类 开工文件	A5-1、A5-2、A5-4、A5-6、A5-7
监理资料	第一类 监理管理资料	B1-2、B1-3、B1-10
	第二类 质量控制资料	B2-2、B2-3、B2-6、B2-8、B2-12、B2-13、B2-14
	第三类 合同管理资料	B5-2～6、B5-11
	第四类 竣工管理资料	B6-2、B6-3
施工资料	第一类 施工管理资料	C1-1、C1-3、C1-4
	第二类 施工技术资料	C2-1、C2-5、C2-6
	第三类 土建资料	C3-1-1、C3-1-2、C3-3-1、C3－4－1～5、C4-1～28、C5-1-1～6、C5-2-8、C5-2-9、C5-2-15、C5-2-17、C5-2-18、C5-2-19、C5-2-20、C5-2-21、C6-2-1、C6-2-2
	第四类 给排水与采暖资料	C3-1-1、C3-1-2、C3-2-2、C3-3-1、C4-4～6、C5-1-1、C6-1-1、C6-1-2、C6-3-1～5、C6-3-7
	第五类 电气资料	C3-1-1、C3-1-2、C3-3-1、C5-1-1、C6-4-1～3、C6-4-5、C6-4-6
	第六类 通风与空调资料	C3-1-1、C3-1-2、C3-2-2、C3-3-1、C4-4、C4-5、C4-6、C5-1-1、C6-1-1、C6-1-2、C6-6-1、C6-6-3、C6-6-5、C6-6-6、C6-6-11、C6-6-12、C6-6-13、C6-6-14、C6-6-15
	第七类 电梯资料	C3-1-2、C5-1-1、C6-7-1～15
	第八类 智能建筑资料	C3-1-2、C5-1-1、C6-5-1～5
	第九类 建筑节能资料	C3-1-1、C3-1-2、C3-3-1、C4-20、C4-23、C4-24、C5-1-1
	第十类 桩与复合地基资料	C3-1-1、C3-1-2、C3-3-1、C4-1、C4-2、C4-4、C4-6～10、C4-16、C4-17、C4-26、C5-1-1、C5-2-8、C5-2-9、C5-2-21、C5-3-1～6、C5-3-22～34

续表

工程文件	案卷类别	资料编号
施工资料	第十一类 施工质量验收记录	C7-3、C7-4、C7-5
	第十二类 竣工验收记录	C8-1
竣工验收资料	第一类 竣工验收文件	E1-1～14
	第一类 竣工验收文件	E1-15、E1-16
	第二类 竣工交档文件	E2-3
	第三类 竣工总结文件	E3-1、E3-2
	第四类 竣工决算文件	E4-1、E4-2
竣工图	第一类 专业卷	建筑竣工图、结构竣工图、钢结构竣工图、幕墙竣工图、室内装饰竣工图、建筑给水、排水与采暖竣工图、建筑电气竣工图、智能建筑竣工图、通风与空调竣工图
	第二类 室外工程	1. 室外工程竣工图；2. 室外给水、排水、供热、供电、煤气、照明管线等竣工图；3. 室外道路、园林绿化、花坛、喷泉等竣工图

注：工程资料组卷应编制封面、卷内目录及备考表，其格式及填写要求按 现行国家标准《建设工程文件归档整理规范》GB/T50328 的有关规定执行。

表 6-6　建筑安装工程文件移交归档目录(格式)

工程文件	案卷类别	资料编号	工程资料名称	页数	备注

6.4.2　工程备案

建设单位竣工验收合格后，向住建局提出备案申请，需提供以下 10 项文件：

①竣工报告；②竣工验收报告；③监理评估报告；④施工图审查机构、勘察、设计单位质量合格文件；⑤规划、消防、节能、环保、人防、档案等部门验收认可、准许文件；⑥工程质量保修书；⑦住宅质量保证书、住宅使用说明书；⑧监督报告；⑨竣工验收备案表；⑩各地建设主管部门规定的其他文件。

第七篇　检验批资料(G类)填写指南

本篇要点

检验批质量验收记录属施工资料C7类施工质量验收记录(C7-1)的内容。本篇分析了验收规范与分部工程和检验批对应关系(见表7-1),并用15个章节对15类检验批的分类划分原则、检验批报验程序及主要检验批报验必备资料进行了阐述。同时以【填写示例】的形式对新修订的检验批实用表式的填报进行了示范性介绍,以【填写要点】和【相关规定】的形式阐述了常用检验批实用表式的填写依据与标准。

表7-1　验收规范与分部工程对应关系

分部工程名　称	验收规范名称	类别编号	检验批实用表式编号	备注
地基与基础	建筑地基基础工程施工质量验收规范 GB50202－2002	G1	表1-1～32	
	砌体结构工程施工质量验收规范 GB50203—2011	G2	表2-1～5	*
	混凝土结构工程施工质量验收规范 GB50204-2002(2011年版)	G3	表3-1～18	*
	钢结构工程施工质量验收规范 GB50205—2001	G4	表4-1～44	
	地下防水工程质量验收规范 GB50208—2011	G7	表7-1～26	*
主体结构	砌体结构工程施工质量验收规范 GB50203—2011	G2	表2-1～5	
	混凝土结构工程施工质量验收规范 GB50204—2002(2011年版)	G3	表3-1～18	
	钢结构工程施工质量验收规范 GB50205—2001	G4	表4-1～44	
	木结构工程施工质量验收规范 GB50206—2012	G5	表5-1～4	*
建筑装饰装修	建筑地面工程施工质量验收规范 GB50209—2010	G8	表8-1～32	*
	建筑装饰装修工程质量验收规范 GB50210—2001	G9	表9-1～34	
建筑屋面	屋面工程质量验收规范 GB50207—2012	G6	表6-1～30	*
建筑给水排水及采暖	建筑给水排水及采暖工程施工质量验收规范 GB50242—2002	G10	表10-1～29	
通风与空调	通风与空调工程施工质量验收规范 GB50243—2002	G11	表11-1～17	
建筑电气	建筑电气工程施工质量验收规范 GB50303—2002	G12	表12-1～23	
电梯	电梯工程施工质量验收规范 GB50310—2002	G13	表13-1～16	
智能建筑	智能建筑工程质量验收规范 GB50339—2003	G14	表14-1～24	*
建筑节能	建筑节能施工质量验收规范 GB50411—2007	G15	表15-1～10	*

注:备注带“*”的为原规程发布实施后,国家发布实施或进行修订过的验收规范。

7.1 G1类检验批记录填写指南

7.1.1 检验批的划分

G1类检验批验收执行《建筑地基基础工程施工质量验收规范》GB50202—2002，属地基与基础分部。该验收规范共包含无支护土方、有支护土方、地基及基础处理、桩基等4个子分部。检验批划分原则：各分项工程所含检验批一般只划分一个。

在《建筑工程施工质量验收统一标准》(GB50300－2001)中表B.0.1的基础上，遵循检验批划分原则，将该规范各分项工程细化到检验批详见表7-2。

表7-2 G1类检验批质量验收记录实用表式划分明细

资料类别	子分部	分项工程	检验批	
			表式编号	检验批实用表式名称
建筑地基基础工程施工质量验收规范(G1类)	地基处理	灰土地基	表G1-1	灰土地基检验批质量验收记录
		砂和砂石地基	表G1-2	砂和砂石地基检验批质量验收记录
		土工合成材料地基	表G1-3	土工合成材料地基检验批质量验收记录
		粉煤灰地基	表G1-4	粉煤灰地基检验批质量验收记录
		强夯地基	表G1-5	强夯地基检验批质量验收记录
		注浆地基	表G1-6	注浆地基检验批质量验收记录
		预压地基	表G1-7	预压地基和塑料排水带检验批质量验收记录
		振冲地基	表G1-8	振冲地基检验批质量验收记录
		高压喷射注浆地基	表G1-9	高压喷射注浆地基检验批质量验收记录
		夯实水泥土桩地基	表G1-10	水泥土搅拌桩地基检验批质量验收记录
		土和灰土挤密桩地基	表G1-11	土和灰土挤密桩复合地基检验批质量验收记录
		水泥粉煤灰碎石桩地基	表G1-12	水泥粉煤灰碎石桩复合地基检验批质量验收记录
		夯实水泥土桩地基	表G1-13	夯实水泥土桩复合地基检验批质量验收记录
		砂桩地基	表G1-14	砂桩地基检验批质量验收记录
	桩基	锚杆静力压桩及静力压桩	表G1-15	静力压桩检验批质量验收记录
		预应力离心管桩	表G1-16	先张法预应力管桩检验批质量验收记录
		钢筋混凝土预制桩	表G1-17	预制桩钢筋骨架检验批质量验收记录
			表G1-18	钢筋混凝土预制桩检验批质量验收记录
		钢桩混凝土灌注桩	表G1-19	成品钢桩检验批质量验收记录
			表G1-20	钢桩施工检验批质量验收记录
			表G1-21	混凝土灌注桩钢筋笼检验批质量验收记录
			表G1-22	混凝土灌注桩检验批质量验收记录
	无支护土方	土方开挖	表G1-23	土方开挖工程检验批质量验收记录
		土方回填	表G1-24	填土工程检验批质量验收记录

续表

资料类别	子分部	分项工程	检验批	
			表式编号	检验批实用表式名称
建筑地基基础工程施工质量验收规范(G1类)	有支护土方	排　桩	表 G1-25	基坑工程排桩墙支护重复使用的钢板桩检验批质量验收记录
			表 G1-26	基坑工程排桩墙支护混凝土板桩制作检验批质量验收记录
		水泥土桩	表 G1-27	基坑工程水泥土桩墙支护加筋水泥土桩检验批质量验收记录
		土钉墙	表 G1-28	基坑工程锚杆及土钉墙支护检验批质量验收记录
		锚　杆	表 G1-28	基坑工程锚杆及土钉墙支护检验批质量验收记录
		钢及混凝土支撑	表 G1-29	基坑工程钢及混凝土支撑系统工程检验批质量验收记录
		地下连续墙	表 G1-30	基坑工程地下连续墙检验批质量验收记录
		沉井与沉箱	表 G1-31	基坑工程沉井(箱)检验批质量验收记录
		降　水	表 G1-32	基坑工程降水与排水施工检验批质量验收记录
		排　水	表 G1-32	基坑工程降水与排水施工检验批质量验收记录

7.1.2　检验批报验

1)检验批的报验程序

施工单位自检合格后，填报“工程报验单和相关附件资料”报监理工程师。由监理工程师(或建设单位项目技术负责人)组织相关人员，严格按规定程序进行验收，并填写验收记录和验收结论。

2)检验批报验资料，见表 7-3

表 7-3　常用检验批报验必备资料

子分部工程	分项工程	检验批工程	报验用表	必备资料	备注
地基处理	桩基	混凝土※	工程报验单	同混凝土检验批填写指南	※桩身材料为混凝土的，应按照G3类混凝土结构工程施工质量验收规范增加相应检验批资料
		桩地基	工程报验单	桩地基成孔记录，灌注(或打桩)记录，隐蔽工程验收记录，桩身检测报告，地基承载力检测报告，检验批质量验收记录	
	地基处理	地基处理	工程报验单	检验批质量验收记录，隐蔽工程验收记录，地基材料试验报告， 地基承载力检测报告	
无支护土方	土方开挖	土方开挖	工程报验单	检验批质量验收记录 隐蔽工程验收记录	
	土方回填	土方回填	工程报验单	检验批质量验收记录，隐蔽工程验收记录，土壤试验报告	

3)检验批质量合格条件

(1)资料检查主要是指质量控制资料。对其完整性的检查,实际是对过程控制的确认,这是检验批合格的前提。

(2)检验批合格质量应符合下列规定:①主控项目必须符合验收标准的规定;②一般项目的质量经抽样检验合格;当采用计数检验时,除有专门要求外,一般项目的合格点率达到80%及其以上,且最大超差值不得超过允许偏差的1.5倍。

7.1.3 检验批填写指南

本节以【填写示例】、【填写要点】和【相关规定】的形式,对G1类中表G1-12、表G1-23和表G1-24常用检验批实用表式进行了示范填写,但对检验批报验相关的实用表式(如工程报验单、隐蔽工程验收记录及其他施工记录等)已在相应章节中进行了讲解,本节不再重述。

表G1-12 水泥粉煤灰碎石桩复合地基质量验收记录填写指南

【填写示例】

表G1-12 水泥粉煤灰碎石桩复合地基质量验收记录

<table>
<tr><td colspan="2">工程名称</td><td colspan="2">某某工程</td><td colspan="2">分项工程名称</td><td colspan="3">水泥粉煤灰碎石桩复合地基</td><td colspan="5">验收部位</td><td>地　基</td></tr>
<tr><td colspan="2">施工单位</td><td colspan="7">某市大厦建筑公司</td><td colspan="5">项目经理</td><td>赵某某</td></tr>
<tr><td colspan="2">施工执行标准名称及编号</td><td colspan="7">建筑地基基础工程施工质量验收规范
GB50202—2002</td><td colspan="5">专业工长</td><td>冯某某</td></tr>
<tr><td colspan="2">分包单位</td><td colspan="2">某某桩基工程公司</td><td colspan="3">分包项目经理</td><td colspan="2">某某某</td><td colspan="5">施工班组长</td><td>桩某某</td></tr>
<tr><td>检控项目</td><td>序号</td><td colspan="2">质量验收规范的规定</td><td colspan="10">施工单位检查评定记录</td><td>监理(建设)单位验收记录</td></tr>
<tr><td rowspan="5">主控项目</td><td>1</td><td>原材料</td><td>符合设计要求</td><td colspan="10">进场原材料经检验合格,符合设计要求。</td><td rowspan="5">共抽查了4项目,全部合格</td></tr>
<tr><td></td><td>项目</td><td>允许偏差</td><td colspan="10">量测值</td></tr>
<tr><td>2</td><td>桩径</td><td>−20mm</td><td>2</td><td>1</td><td>1</td><td>0</td><td>5</td><td>5</td><td>9</td><td>8</td><td>8</td><td>7</td></tr>
<tr><td>3</td><td>桩身强度</td><td>符合设计要求</td><td colspan="10">符合设计要求</td></tr>
<tr><td>4</td><td>地基承载力</td><td>符合设计要求</td><td colspan="10">符合设计要求</td></tr>
<tr><td rowspan="5">一般项目</td><td>1</td><td>桩身完整性</td><td>按桩基检测技术规范</td><td colspan="10">符合《建筑工程桩基检测技术规范》JGJ106的规定</td><td rowspan="5">共检查了5项目,其中3个项允许偏差项目,抽查30点合格点率100%;其他2个项目满足规范和设计要求</td></tr>
<tr><td>2</td><td>桩位偏差</td><td>满堂布桩≤0.4D
条基布桩≤0.25D</td><td colspan="10">满堂桩,桩位偏差最大0.3</td></tr>
<tr><td>3</td><td>桩垂直度</td><td>≤1.5%</td><td>5</td><td>5</td><td>4</td><td>5</td><td>4</td><td>0</td><td>5</td><td>6</td><td>4</td><td>7</td></tr>
<tr><td>4</td><td>桩长</td><td>+100mm</td><td>50</td><td>40</td><td>30</td><td>0</td><td>50</td><td>25</td><td>5</td><td>0</td><td>10</td><td>9</td></tr>
<tr><td>5</td><td>褥垫层夯填度</td><td>≤0.9</td><td>0.5</td><td>0.7</td><td>0.8</td><td>0.7</td><td>0.6</td><td>0.7</td><td>0.8</td><td>0.7</td><td>0.6</td><td>0.7</td></tr>
<tr><td colspan="2">施工单位检查评定结果</td><td colspan="13">主控项目合格,一般项目符合规范要求,该检验批合格。
项目专业质量检查员:王某某　　2012年06月14日</td></tr>
<tr><td colspan="2">监理(建设)单位验收结论</td><td colspan="13">该检验批合格。
监理工程师　张某某
(建设单位项目专业技术负责人):　　2012年06月14日</td></tr>
</table>

【相关规定】 摘自《建筑地基基础工程施工质量验收规范》GB50202－2002

4.1.6 对水泥土搅拌桩复合地基、高压喷射注浆桩复合地基、砂桩地基、振冲桩复合地基、土和灰土挤密桩复合地基、水泥粉煤灰碎石桩复合地基及夯实水泥土桩复合地基，其承载力检验，数量为总数的0.5%—1%，但不应少于3处。

4.13.1 水泥、粉煤灰、砂及碎石等原材料应符合设计要求。

4.13.2 施工中应检查桩身混合料的配合比、坍落度和提拔钻杆速度（或提拔套管速度）、成孔深度、混合料灌入量等。

4.13.3 施工结束后，应对桩顶标高、桩位、桩体质量、地基承载力以及褥垫层的质量做检查。

4.13.3 水泥粉煤灰碎石桩复合地基的质量检验标准应符合表4.13.3的规定。

注：表4.13.3与检验批质量验收记录中“一般项目”内容一致，故略。

表G1-23　土方开挖工程检验批质量验收记录填写指南

【填写示例】

表G1-23　土方开挖工程检验批质量验收记录

工程名称	某某工程	分项工程名称	土方开挖	验收部位	地基													
施工单位	某市大厦建筑公司	项目经理	赵某某															
施工执行标准名称及编号	建筑地基基础工程施工质量验收规范 GB50202—2002	专业工长	冯某某															
分包单位	/	分包项目经理	/	施工班组长	桩某某													
检控项目	序号	质量验收规范的规定						施工单位检查评定记录										监理（建设）单位验收记录
		项目	允许偏差(mm)					测量值(mm)										
			柱基基坑基槽	挖方场地平整		管沟	地（路）面基层											
				人工	√机械													
主控项目	1	标高	−50	±30	±50	−50	−50	−30	−40	−45	−30	−45	−40	0	−30	−30	35	共抽查4项目，全部合格
	2	长度、宽度（由设计中心线向两边量）	+200 −50	+300 −100	+500 −150	+100		-100	+400	150	-100	-150	+300	+350	-100	+300	+450	
	3	边坡	符合设计要求					符合设计和质量验收规范要求										
一般项目	1	表面平整度	20	20	50	20	20	11	20	45	50	50	35	30	45	40	50	共检查了2项目，其中项允许偏差项目，抽查10点合格点率100%；其他1个项目符合设计要求
	2	基底土性	符合设计要求					基底为粉质黏土，符合设计要求										
施工单位检查评定结果	主控项目全部合格，一般项目符合设计和规范要求，该检验批合格。 项目专业质量检查员：孙某某　　2012年06月10日																	
监理（建设）单位验收结论	该检验批合格。 监理工程师 （建设单位项目专业技术负责人）：张某某　　2012年06月10日																	

注：在允许偏差栏中所测项目名称一栏打“√”。

表 G1-24　填土工程检验批质量验收记录填写指南

【填写示例】

表 G1-24　填土工程检验批质量验收记录

工程名称	某某工程	分项工程名称	土方回填	验收部位	槽边
施工单位	某市大厦建筑公司			项目经理	赵某某
施工执行标准名称及编号	建筑地基基础工程施工质量验收规范 GB50202-2002			专业工长	冯某某
分包单位	/	分包项目经理	/	施工班组长	桩某某

<table>
<tr><td>检控项目</td><td>序号</td><td colspan="6">质量验收规范的规定</td><td colspan="10">施工单位检查评定记录</td><td>监理(建设)单位验收记录</td></tr>
<tr><td rowspan="7">主控项目</td><td rowspan="3"></td><td rowspan="3">项目</td><td colspan="5">允许偏差(mm)</td><td colspan="10" rowspan="3">量测值(mm)</td><td rowspan="7">共抽查2个项目，全部合格</td></tr>
<tr><td rowspan="2">√柱基基坑基槽</td><td colspan="2">场地平整</td><td rowspan="2"></td><td rowspan="2">地(路)面基础层</td></tr>
<tr><td>人工</td><td></td></tr>
<tr><td>1</td><td>标高</td><td>-50</td><td>±30</td><td></td><td>-50</td><td>-50</td><td>5</td><td>0</td><td>5</td><td>6</td><td>3</td><td>2</td><td>8</td><td>9</td><td>7</td><td>0</td></tr>
<tr><td>2</td><td>分层压实系数</td><td colspan="5">符合设计要求</td><td colspan="10">已进行了土工试验，最低压实系数为0.94.</td></tr>
<tr><td></td><td></td><td colspan="5"></td><td colspan="10"></td></tr>
<tr><td></td><td></td><td colspan="5"></td><td colspan="10"></td></tr>
<tr><td rowspan="6">一般项目</td><td>1</td><td>回填土料</td><td colspan="5">符合设计要求</td><td colspan="10">土料质量符合设计要求</td><td rowspan="6">共检查了3个项目，其中项允许偏差项目，抽查10点合格点率100%；其他2个项目符合设计要求。</td></tr>
<tr><td>2</td><td>分层厚度及含水量</td><td colspan="5">符合设计要求</td><td colspan="10">每250mm一层，每层均按规定取样检测结果合格。</td></tr>
<tr><td></td><td>项目</td><td colspan="5">允许偏差(mm)</td><td colspan="10">量测值(mm)</td></tr>
<tr><td>3</td><td>表面平整度</td><td>20</td><td>20</td><td></td><td>20</td><td>20</td><td>5</td><td>6</td><td>9</td><td>0</td><td>4</td><td>8</td><td>2</td><td>8</td><td>7</td><td>0</td></tr>
<tr><td></td><td></td><td colspan="5"></td><td colspan="10"></td></tr>
<tr><td></td><td></td><td colspan="5"></td><td colspan="10"></td></tr>
</table>

施工单位检查评定结果	主控项目全部合格，一般项目符合设计和规范要求，该检验批合格。 项目专业质量检查员：孙某某　　2012年06月10日
监理(建设)单位验收结论	该检验批合格。 监理工程师 (建设单位项目专业技术负责人)：张某某　　2012年06月10日

【填写要点】

设计对回填土有压实系数要求的，应在回填土前委托击实试验。击实试验提供给施工单位该地基土最佳含水率状态下的最大干密度。

7.2 G2类检验批记录填写指南

7.2.1 检验批的划分

G2类检验批验收执行《砌体结构工程施工质量验收规范》GB50203—2011，属地基与基础分部中的砌体基础子分部和主体结构分部工程中的砌体结构子分部，其检验批划分应符合以下原则：同类型材料、同强度等级不超过250m³划分为一个检验批；主体结构砌体一个楼层（基础砌体可按一个楼层计）；填充墙砌体量少时可多个楼层合并。

在《建筑工程施工质量验收统一标准》GB50300—2001中表B.0.1的基础上，遵循检验批划分原则，将该规范各分项工程细化到检验批详见表7-3。

表7-3 G2类检验批质量验收记录实用表式划分明细

资料类别	分项工程	检验批	
		表格编号	检验批表格名称
砌体结构工程施工质量验收规范（G2类）	砖砌体	表G2-1	砖砌体工程检验批质量验收记录
	混凝土小型空心砌块砌体	表G2-2	混凝土小型空心砌块砌体工程检验批质量验收记录
	石砌体	表G2-3	石砌体工程检验批质量验收记录
	配筋砌体	表G2-4	配筋砌体工程检验批质量验收记录
	填充墙砌体	表G2-5	填充墙砌体工程检验批质量验收记录

7.2.2 检验批报验

1）检验批的报验程序

施工单位自检合格后，填报"工程报验单和相关附件资料"报监理工程师。由监理工程师（或建设单位项目技术负责人）组织相关人员，严格按规定程序进行验收，并填写验收记录和验收结论。

2）检验批报验资料（见表7-4）

表7-4 常用检验批报验必备资料

子分部工程	分项工程	检验批名称	报验用表	必备资料	备注
砌体结构	砖砌体	砖砌体	工程报验单	检验批质量验收记录 砂浆试块试验报告	1. 砂浆试块试验报告结果评定合格后，应申请监理机构对相应检验批质量验收再次确认。 2. 各检验批除必备资料要求外，均应提供原材料质量证明文件，对有复试要求的原材料还应提供复试检测报告
	混凝土小型空心砌块砌体	混凝土小型空心砌块砌体	工程报验单	检验批质量验收记录 砂浆试块试验报告	
	石砌体	石砌体	工程报验单	检验批质量验收记录 砂浆试块试验报告	
	填充墙砌体	填充墙砌体	工程报验单	检验批质量验收记录 砂浆试块试验报告	
	配筋砌体	配筋砌体	工程报验单	检验批质量验收记录 砂浆试块试验报告 隐蔽工程验收记录	

3）检验批质量合格条件

(1)资料检查主要是指质量控制资料。对其完整性的检查,实际是对过程控制的确认,这是检验批合格的前提。

(2)检验批合格质量应符合下列规定:

①主控项目必须符合验收标准的规定;

②一般项目的质量经抽样检验合格;当采用计数检验时,一般项目的合格点率达到80%及其以上,且最大超差值不得允许偏差值的1.5倍。

7.2.3　检验批填写指南

G2类检验批验收执行《砌体结构工程施工质量验收规范》GB50203—2011,该规范为2002年后修订版本。2011版《砌体结构工程施工质量验收规范》修订了以下内容:

①增加砌体结构工程检验批的划分规定;

②增加"一般项目"检测值的最大超差值不得超过允许偏差值的1.5倍的规定;

③修改砌体砂浆的合格验收条件;

④修改砌体轴线位移、墙面垂直度及构造柱尺寸验收的规定;

⑤增加填充墙与框架柱、梁之间的连接构造按照设计规定进行脱开连接或不脱开连接施工;

⑥增加填充墙与主体结构间连接钢筋采用植筋方法时的锚固拉拔力检测及验收规定;

⑦修改轻骨料混凝土小型空心砌块、蒸压加气块混凝土砌块墙体墙底部砌筑其他砌块或现浇混凝土砍台的规定;

⑧修改冬期施工中同条件养护砂浆试块的留置数量及试压龄期的规定;将氯盐砂浆法划入掺外加剂法;删除冻结法施工;

⑨附录中增加填充墙砌体植筋锚固力检验抽样判定;填充墙砌体植筋锚固力检测记录。

本节以【填写示例】、【填写要点】和【相关规定】的形式,对表G2－5检验批实用表式进行了示范填写,但对检验批报验相关的其他实用表式(如工程报验单、隐蔽工程验收记录等)已在相应章节中进行了讲解,本节不再重述。

表 G2-5　填充墙砌体工程检验批质量验收记录填写指南

【填写示例】

表 G2-5　填充墙砌体工程检验批质量验收记录

<table>
<tr><td colspan="2">工程名称</td><td colspan="2">某某工程</td><td>分项工程名称</td><td colspan="5">填充墙砌体</td><td colspan="4">验收部位</td><td colspan="2">首层</td></tr>
<tr><td colspan="2">施工单位</td><td colspan="8">某市大厦建筑公司</td><td colspan="4">项目经理</td><td colspan="2">赵某某</td></tr>
<tr><td colspan="2">施工执行标准名称及编号</td><td colspan="8">《砌体结构工程施工质量验收规范》GB50203—2011</td><td colspan="4">专业工长</td><td colspan="2">冯某某</td></tr>
<tr><td colspan="2">分包单位</td><td colspan="2">/</td><td>分包项目经理</td><td colspan="5">/</td><td colspan="4">施工班组长</td><td colspan="2">桩某某</td></tr>
<tr><td>检控项目</td><td>序号</td><td colspan="3">质量验收规范的规定</td><td colspan="10">施工单位检查评定记录</td><td>监理（建设）单位验收记录</td></tr>
<tr><td rowspan="4">主控项目</td><td>1</td><td colspan="2">块材强度等级</td><td>设计要求 MU</td><td colspan="10">已进行进场复试结果满足设计要求</td><td rowspan="4">共抽查 4 个项目，全部合格</td></tr>
<tr><td>2</td><td colspan="2">砂浆强度等级</td><td>设计要求 M</td><td colspan="10">砂浆试块检测结果符合实际要求</td></tr>
<tr><td>3</td><td colspan="2">与主体结构连接</td><td>9.2.2 条</td><td colspan="10">每两皮砖设墙体拉接筋一道，做法均符合设计要求</td></tr>
<tr><td>4</td><td colspan="2">植筋实体检测</td><td>9.2.3 条</td><td colspan="10">化学植筋连接，抽测结果均合格</td></tr>
<tr><td rowspan="15">一般项目</td><td>1</td><td colspan="2">项　目</td><td>允许偏差（mm）</td><td colspan="10">量测值（mm）</td><td rowspan="15">共检查了 7 个项目，其中项允许偏差项目，抽查 50 点，均满足规范规定；其他 2 个项目符合规范规定</td></tr>
<tr><td>1）</td><td colspan="2">轴线位移</td><td>≤10</td><td>4</td><td>5</td><td>8</td><td>7</td><td>2</td><td>1</td><td>6</td><td>5</td><td>4</td><td>2</td></tr>
<tr><td rowspan="2">2）</td><td rowspan="2">墙面垂直度</td><td>≤3m</td><td>5</td><td>4</td><td>5</td><td>2</td><td>4</td><td>2</td><td>1</td><td>△6</td><td>5</td><td>4</td><td>2</td></tr>
<tr><td>>3m</td><td>10</td><td></td><td></td><td></td><td></td><td></td><td></td><td></td><td></td><td></td><td></td></tr>
<tr><td>3）</td><td colspan="2">表面平整度</td><td>≤8</td><td>6</td><td>8</td><td>7</td><td>2</td><td>1</td><td>6</td><td>5</td><td>2</td><td>△9</td><td>0</td></tr>
<tr><td>4）</td><td colspan="2">门窗洞口高、宽（后塞口）</td><td>±10</td><td>1</td><td>6</td><td>5</td><td>4</td><td>2</td><td>4</td><td>5</td><td>8</td><td>7</td><td>2</td></tr>
<tr><td>5）</td><td colspan="2">外墙上、下窗口偏移</td><td>≤20</td><td>4</td><td>5</td><td>8</td><td>7</td><td>2</td><td>1</td><td>6</td><td>5</td><td>4</td><td>2</td></tr>
<tr><td>2</td><td colspan="2">水平缝砂浆饱满度</td><td>9.3.2 条</td><td colspan="10">水平砂浆饱满度均大于 80%</td></tr>
<tr><td>3</td><td colspan="2">竖缝砂浆饱满度</td><td>9.3.2 条</td><td colspan="10">竖向砂浆饱满度均大于 80%</td></tr>
<tr><td>4</td><td colspan="2">拉结钢筋或网片的位置</td><td>9.3.3 条</td><td colspan="10">每两皮砖设墙体拉接筋一道，埋设长度均符合设计要求</td></tr>
<tr><td>5</td><td colspan="2">搭砌长度</td><td>9.3.4 条</td><td colspan="10">搭砌长度均大于 1/3 砌块长度</td></tr>
<tr><td>6</td><td colspan="2">灰缝厚度</td><td>9.3.5 条</td><td colspan="10">灰缝厚度均在 8～12mm 之间</td></tr>
<tr><td>7</td><td colspan="2">灰缝宽度</td><td>9.3.5 条</td><td colspan="10">竖向灰缝宽度均不超过 15mm</td></tr>
<tr><td></td><td colspan="2"></td><td></td><td colspan="10"></td></tr>
<tr><td></td><td colspan="2"></td><td></td><td colspan="10"></td></tr>
<tr><td colspan="2">施工单位检查评定结果</td><td colspan="14">主控项目全部合格，一般项目符合设计和规范要求，该检验批合格。
项目专业质量检查员：孙某某　　　　2012 年 06 月 10 日</td></tr>
<tr><td colspan="2">监理（建设）单位验收结论</td><td colspan="14">该检验批合格。
监理工程师
（建设单位项目专业技术负责人）：张某某　　　　2012 年 06 月 10 日</td></tr>
</table>

7.3　G3类检验批记录填写指南

7.3.1　检验批的划分

G3类检验批验收执行《混凝土结构工程施工质量验收规范》GB50204—2002(2011年版),属地基与基础、主体结构分部工程的混凝土子分部。该检验批划分应符合以下原则:多层及高层建筑工程中主体分部的分项工程可按楼层或施工段来划分检验批,单层建筑工程中的分项工程可按变形缝划分检验批,对于工程量较少的分项工程可统一划分为一个检验批。

在《建筑工程施工质量验收统一标准》GB50300—2001中表B.0.1的基础上,遵循检验批划分原则,将该规范各分项工程细化到检验批详见表7-5。

表7-5　G3类检验批质量验收记录实用表式划分明细

资料类别	分项工程	检验批	
		表格编号	检验批表格名称
混凝土结构工程施工质量验收规范(G3类)	模板	表G3-1	现浇结构模板安装检验批质量验收记录
		表G3-2	预制构件模板安装工程检验批质量验收记录
		表G3-3	模板拆除检验批质量验收记录
	钢筋	表G3-4	钢筋原材料检验批质量验收记录
		表G3-5	钢筋加工检验批质量验收记录
		表G3-6	钢筋连接检验批质量验收记录
		表G3-7	钢筋安装检验批质量验收记
	预应力	表G3-8	预应力工程原材料检验批质量验收记录
		表G3-9	预应力筋的制作与安装检验批质量验收记录
		表G3-10	预应力筋张拉和放张检验批质量验收记录
		表G3-11	预应力灌浆及封锚检验批质量验收记录
	混凝土	表G3-12	混凝土原材料检验批质量验收记录
		表G3-13	混凝土配合比设计检验批质量验收记录
		表G3-14	混凝土施工检验批质量验收记录
	现浇结构	表G3-15	现浇结构外观质量与尺寸允许偏差检验批质量验收记录
		表G3-16	混凝土设备基础尺寸允许偏差检验批质量验收记录
	装配式结构	表G3-17	装配式结构预制构件检验批质量验收记录
		表G3-18	装配式结构施工检验批质量验收记录

7.3.2　检验批报验

1)检验批的报验程序。

施工单位自检合格后,填报“工程报验单和相关附件资料”报监理工程师。由监理工程师(或建设单位项目技术负责人)组织相关人员,严格按规定程序进行验收,并填写验收记录和验收结论。

2)检验批报验资料，见表7—6。

表7-6　常用检验批报验必备资料

子分部工程	分项工程	检验批名称	报验用表	必备资料	备注
混凝土	钢筋	钢筋原材料	工程报验单	检验批质量验收记录	按进场批次报验、且在原材料复试合格后进行
		钢筋加工	工程报验单	检验批质量验收记录	
		钢筋连接	工程报验单	检验批质量验收记录 钢筋接头测试报告	钢筋接头试验结果合格后
		钢筋安装	工程报验单	检验批质量验收记录 隐蔽工程验收记录	
	模板	模板安装	工程报验单	检验批质量验收记录	
		模板拆除	工程报验单	检验批质量验收记录 （拆模用同条件养护）混凝土试验报告①	①适用于现浇混凝土底模
	混凝土	混凝土原材料	工程报验单	检验批质量验收记录	适用于现场搅拌混凝土
		混凝土配合比设计	工程报验单	混凝土配合比通知单 检验批质量验收记录	
		混凝土施工	工程报验单	混凝土浇灌申请书 混凝土开盘鉴定② 混凝土施工记录 混凝土坍落度检查记录 混凝土试块试验报告③ 混凝土质量证明书② 检验批质量验收记录	②商品混凝土厂家提供 ③混凝土试块试验报告结果评定合格后，应申请监理机构对相应检验批质量验收再次确认
	现浇结构	外观质量	工程报验单	检验批质量验收记录	
		尺寸允许偏差	工程报验单	检验批质量验收记录	

3)检验批质量合格条件。

(1)质量控制资料必须完整、齐全有效；

(2)主控项目的质量经抽样检验合格；

(3)一般项目的质量经抽样检验合格；当采用计数检验时，一般项目的合格点率达到80％及以上（梁类、板类构件上部纵向受力钢筋保护层厚度的合格点率应达到90％及以上），且不得超过允许偏差数值1.5倍为合格。

(4)具有完整的施工操作依据和质量验收记录。对验收合格的检验批，宜作出合格标志。

7.3.3　检验批填写指南

G3类检验批验收执行《混凝土结构工程施工质量验收规范》GB50204—2002(2011年

版)。2011版《混凝土结构工程施工质量验收规范》共修订了3个条文,增加了1个条文,均与钢筋相关,其内容如下:

一、钢筋原材料的强制性规定修改2条,修订后条文内容如下:

5.2.1　钢筋进场时,应按国家现行相关标准的规定抽取试件作力学性能和重量偏差检验,检验结果必须符合有关标准的规定。

5.2.2　对有抗震设防要求的结构,其纵向受力钢筋的性能应满足设计要求;当设计无具体要求时,对按一、二、三级抗震等级设计的框架和斜撑构件(含梯段)中的纵向受力钢筋应采用HRB335E、HRB400E、HRB500E、HRBF335E、HRBF400E或HRBF500E钢筋,其强度和最大力下总伸长率的实测值应符合下列规定:

1 钢筋的抗拉强度实测值与屈服强度实测值的比值不应小于1.25;

2 钢筋的屈服强度实测值与屈服强度标准值的比值不应大于1.30;

3 钢筋的最大力下总伸长率不应小于9%。

检查数量:按进场的批次和产品的抽样检验方案确定。

检验方法:检查进场复验报告。

二、钢筋调直加工的一般性规定修改一条,修订后条文内容如下:

5.3.3　钢筋宜采用无延伸功能的机械设备进行调直,也可采用冷拉方法调直。当采用冷拉方法调直时,HPB235、HPB300光圆钢筋的冷拉率不宜大于4%;HRB335、HRB400、HRB500、HRBF335、HRBF400、HRBF500及RRB400带肋钢筋的冷拉率不宜大于1%。

三、对调直钢筋的性能质量规定增加1条,增加的条文内容如下:

5.3.2A　钢筋调直后应进行力学性能和重量偏差的检验,其强度应符合有关标准的规定。

盘卷钢筋和直条钢筋调制后的断后伸长率、重量偏差应符合5.3.2A的规定。

采用无延伸功能的机械设备调直的钢筋,可不进行本条规定的检验。

检查数量:同一厂家、同一牌号、同一规格调直钢筋,重量不大于30t为一批;每批见证取3件试件。

检验方法:3个试件先进行重量偏差检验,再取其中2个试件经时效处理后进行力学性能检验。检验重量偏差时,试件切口应平滑且与长度方向垂直,且长度不应小于500mm;长度和重量的量测精度分别不应低于1mm和1g。

本节以【填写示例】和【填写要点】的形式,对G3类中表G3-4～7等4个检验批实用表式进行了示范填写,但对检验批报验相关的其他实用表式(如工程报验单、隐蔽工程验收记录等)已在相应章节中进行了讲解,本节不再重述。

表 G3-4　钢筋原材料检验批质量验收记录填写指南

【填写示例】

表 G3-4　钢筋原材料检验批质量验收记录

<table>
<tr><td colspan="2">工程名称</td><td colspan="2">某某工程</td><td>分项工程名称</td><td>钢筋</td><td>验收部位</td><td>基础</td></tr>
<tr><td colspan="2">施工单位</td><td colspan="4">某某建筑工程有限公司</td><td>项目经理</td><td>刘某某</td></tr>
<tr><td colspan="2">施工执行标准名称及编号</td><td colspan="4">《混凝土结构工程施工质量验收规范》
GB50204—2002(2011 年版)</td><td>专业工长</td><td>张某某</td></tr>
<tr><td colspan="2">分包单位</td><td colspan="2">/</td><td>分包项目经理</td><td>/</td><td>施工班组长</td><td>田某某</td></tr>
<tr><td>检控项目</td><td>序号</td><td colspan="2">质量验收规范的规定</td><td colspan="3">施工单位检查评定记录</td><td>监理(建设)单位验收记录</td></tr>
<tr><td rowspan="7">主控项目</td><td>1</td><td>钢筋进场检验</td><td>5.2.1 条</td><td colspan="3">按国家现行相关标准规定取样复试,力学性能和重量偏差指标均符合要求</td><td rowspan="7">共检查 3 项,结果合格</td></tr>
<tr><td>2</td><td>抗震框架结构用钢筋</td><td>5.2.2 条</td><td colspan="3"></td></tr>
<tr><td>1)</td><td>抗拉强度与屈服强度比值</td><td>≥1.25</td><td colspan="3">实测抗拉强度与屈服强度比值为 1.26</td></tr>
<tr><td>2)</td><td>屈服强度与强度标准值比值</td><td>≤1.30</td><td colspan="3">实测屈服强度与强度标准值比值 1.25</td></tr>
<tr><td>3)</td><td>钢筋的最大力下总伸长率</td><td>不应小于 9%</td><td colspan="3">最大拉力下总伸长率为 10%</td></tr>
<tr><td>3</td><td>钢筋脆断、性能不良等的检验</td><td>5.2.3 条</td><td colspan="3">未发现脆断和性能不良现象</td></tr>
<tr><td></td><td></td><td></td><td colspan="3"></td></tr>
<tr><td rowspan="4">一般项目</td><td>1</td><td>钢筋外观质量</td><td>5.2.4 条</td><td colspan="3">平直、无损伤,表面光滑无污渍和老锈等质量问题</td><td rowspan="4">共检查 1 项,结果满足规范规定和设计要求</td></tr>
<tr><td></td><td></td><td></td><td colspan="3"></td></tr>
<tr><td></td><td></td><td></td><td colspan="3"></td></tr>
<tr><td></td><td></td><td></td><td colspan="3"></td></tr>
<tr><td colspan="2">施工单位检查评定结果</td><td colspan="6">主控项目全部合格,一般项目符合设计和规范要求,该检验批合格。
项目专业质量检查员:孙某某　　2012 年 06 月 10 日</td></tr>
<tr><td colspan="2">监理(建设)单位验收结论</td><td colspan="6">该检验批合格。
监理工程师
(建设单位项目专业技术负责人):张某某　　2012 年 06 月 10 日</td></tr>
</table>

表 G3-5　钢筋加工检验批质量验收记录填写指南

【填写示例】

表 G3-5　钢筋加工检验批质量验收记录

<table>
<tr><td colspan="2">工程名称</td><td colspan="2">某某工程</td><td colspan="4">分项工程名称</td><td colspan="4">钢筋</td><td colspan="2">验收部位</td><td>独立基础</td></tr>
<tr><td colspan="2">施工单位</td><td colspan="10">某某建筑工程有限公司</td><td colspan="2">项目经理</td><td>刘某某</td></tr>
<tr><td colspan="2">施工执行标准名称及编号</td><td colspan="10">《混凝土结构工程施工质量验收规范》
GB50204—2002(2011年版)</td><td colspan="2">专业工长</td><td>张某某</td></tr>
<tr><td colspan="2">分包单位</td><td colspan="2">/</td><td colspan="4">分包项目经理</td><td colspan="4">/</td><td colspan="2">施工班组长</td><td>田某某</td></tr>
<tr><td>检控项目</td><td>序号</td><td colspan="2">质量验收规范的规定</td><td colspan="10">施工单位检查评定记录</td><td>监理(建设)单位验收记录</td></tr>
<tr><td rowspan="6">主控项目</td><td>1</td><td>钢筋的弯钩和弯折</td><td>5.3.1条</td><td colspan="10">受力钢筋的弯钩和弯折符合规范规定</td><td rowspan="6">共检查3项，结果合格</td></tr>
<tr><td>2</td><td>箍筋弯钩形式</td><td>5.3.2条</td><td colspan="10">箍筋弯钩形式均为135°</td></tr>
<tr><td>3</td><td>钢筋调直后的检验</td><td>5.3.2A条</td><td colspan="10">钢筋调直后对其力学性能和重量偏差进行检验，结果合格</td></tr>
<tr><td></td><td></td><td></td><td colspan="10"></td></tr>
<tr><td></td><td></td><td></td><td colspan="10"></td></tr>
<tr><td></td><td></td><td></td><td colspan="10"></td></tr>
<tr><td rowspan="8">一般项目</td><td>1</td><td>钢筋的无延伸功能的机械调直与冷拉调直</td><td>5.3.3条</td><td colspan="10">冷拉调直，冷拉率最大为4%</td><td rowspan="8">共检查了4个项目，其中项允许偏差项目，抽查30点，均满足规范规定；其他1个项目符合规范规定</td></tr>
<tr><td></td><td>项　目</td><td>允许偏差(mm)</td><td colspan="10">量测值(mm)</td></tr>
<tr><td>2</td><td>受力钢筋顺长度方向全长的净尺寸</td><td>±10</td><td>6</td><td>5</td><td>5</td><td>8</td><td>4</td><td>8</td><td>9</td><td>7</td><td>8</td><td>5</td></tr>
<tr><td>3</td><td>弯起钢筋的弯折位置</td><td>±20</td><td>8</td><td>9</td><td>7</td><td>8</td><td>5</td><td>6</td><td>5</td><td>5</td><td>8</td><td>4</td></tr>
<tr><td>4</td><td>箍筋内净尺寸</td><td>±5</td><td>2</td><td>0</td><td>2</td><td>1</td><td>4</td><td>5</td><td>6△</td><td>0</td><td>2</td><td>0</td></tr>
<tr><td></td><td></td><td></td><td colspan="10"></td></tr>
<tr><td></td><td></td><td></td><td colspan="10"></td></tr>
<tr><td></td><td></td><td></td><td colspan="10"></td></tr>
<tr><td colspan="2">施工单位检查评定结果</td><td colspan="13">主控项目全部合格，一般项目符合设计和规范要求，该检验批合格。
项目专业质量检查员：孙某某　　2012年06月10日</td></tr>
<tr><td colspan="2">监理(建设)单位验收结论</td><td colspan="13">该检验批合格。
监理工程师
(建设单位项目专业技术负责人)：张某某　　2012年06月10日</td></tr>
</table>

表 G3-6　钢筋连接检验批质量验收记录填写指南

【填写示例】

表 G3-6　钢筋连接检验批质量验收记录

工程名称	某某工程	分项工程名称	钢筋	验收部位	独立基础
施工单位	某某建筑工程有限公司			项目经理	刘某某
施工执行标准名称及编号	《混凝土结构工程施工质量验收规范》GB50204—2002(2011 年版)			专业工长	张某某
分包单位	/	分包项目经理	/	施工班组长	田某某

检控项目	序号	质量验收规范的规定		施工单位检查评定记录	监理(建设)单位验收记录
主控项目	1	纵向受力钢筋连接	5.4.1 条	钢筋连接方式符合设计要求	共检查 2 项，结果合格
	2	接头的试件检验	5.4.2 条	符合 JGJ18 规程相关规定	
一般项目	1	钢筋接头位置的设置	5.4.3 条	用钢尺全数检查，符合要求	共检查了 5 个项目，符合规范规定
	2	接头的外观检查	5.4.4 条	符合 JGJ18 规程相关规定	
	3	钢筋连接头的设置规定	5.4.5 条	同一连接区段内，接头百分率小于 50%，符合验收规范要求	
	4	钢筋绑扎接头	5.4.6 条	基础梁接头率为 25%	
	5	梁、柱类构件的箍筋配置	5.4.7 条	箍筋直径与配置符合规范和设计要求	
施工单位检查评定结果	主控项目全部合格，一般项目符合设计和规范要求，该检验批合格。 项目专业质量检查员：孙某某　　2012 年 06 月 11 日				
监理(建设)单位验收结论	该检验批合格。 监理工程师 (建设单位项目专业技术负责人)：张某某　　2012 年 06 月 11 日				

表 G3-7　钢筋安装检验批质量验收记录填写指南

【填写示例】

表 G3-7　钢筋安装检验批质量验收记录

工程名称	某某工程	分项工程名称	钢筋	验收部位	首层柱、墙
施工单位	某某建筑工程有限公司			项目经理	刘某某
施工执行标准名称及编号	《混凝土结构工程施工质量验收规范》GB50204—2002(2011 年版)			专业工长	张某某
分包单位	/	分包项目经理	/	施工班组长	田某某

检控项目	序号	质量验收规范的规定			允许偏差(mm)	施工单位检查评定记录										监理(建设)单位验收记录
主控项目	1	受力钢筋的品种、级别、规格与数量			5.5.1条	经全数检查,受力钢筋的品种、级别、规格和数量均符合设计要求。										共检查1项,符合设计要求。
一般项目		项目			允许偏差(mm)	量测值(mm)										共检查了4个项目,受力钢筋保护层合格点率90%以上,其他项目合格点率均在80%以上,最大超差点未超过允许偏差的1.5倍
	1	绑扎钢筋网		长、宽	±10	8	7	8	2	0	7	8	2	0	6	
				网眼尺寸	±20	7	8	2	0	9	2	0	7	8	2	
	2	绑扎钢筋骨架		长	±10	2	0	5	6	4	5	3	2	0	6	
				宽、高	±5	5	3	2	0	△6	2	0	5	0	4	
	3	受力钢筋	间距		±10	5	6	4	9	1	2	3	5	4	2	
			排距		±5	3	4	5	1	5	1	5	3	4	5	
			保护层厚度	基础	±10											
				柱、梁	±5	5	3	4	5	3	4	5	1	5	2	
				板、墙、壳	±3	2	3	0	1	1	2	1	2	1	3	
	4	绑扎箍筋、横向钢筋间距			±20	6	8	2	0	5	6	4	0	5	6	
	5	钢筋弯起点位置			20											
	6	预埋件		中心线位置	5											
				水平高差	+3,0											
	注:检查预埋件中心线位置时,应沿纵、横两个方向量测、并取其中的较大值;表中梁类、板类构件上部纵向受力钢筋保护层厚度的合格点率应达到90%及以上,且不得有超过表中数值1.5倍的尺寸偏差。															
施工单位检查评定结果	主控项目全部合格,一般项目符合设计和规范要求,该检验批合格。 项目专业质量检查员:孙某某　　2012年06月13日															
监理(建设)单位验收结论	该检验批合格。 监理工程师 (建设单位项目专业技术负责人):张某某　　2012年06月13日															

注:该检验批填写时应考虑梁类、板类构件上部纵向受力钢筋保护层厚度的合格点率应达到90%及以上,且不得有超过表中数值1.5倍的尺寸偏差。

7.4 G4类检验批记录填写指南

7.4.1 检验批的划分

G4类检验批验收执行《钢结构工程施工质量验收规范》GB50205—2001，属地基与基础、主体结构分部工程的混凝土子分部。该检验批划分应符合以下原则：单层钢结构按变形缝或空间刚度单元等划分；地下钢结构可按不同地下层划分检验批；多层及高层钢结构按楼层或施工段划分；压型金属板工程可按屋面、墙板、楼面等划分；对于原材料及成品进场时的验收，可以根据工程规模及进料实际情况合并或分解检验批；钢结构涂装工程可按钢结构制作或钢结构安装工程检验批的划分原则划分成一个或若干个检验批。

在《建筑工程施工质量验收统一标准》GB50300—2001中表B.0.1的基础上，遵循检验批划分原则，将混凝土结构子分部的各分项工程细化到检验批。各分项工程的检验批质量验收记录见表7-7。

表7-7 G4类检验批质量验收记录实用表式划分明细

资料类别	分项工程	检验批	
		表格编号	检验批表格名称
钢结构工程施工质量验收规范(G4类)	钢结构焊接	表G4-1	钢材、钢铸件质量验收记录
		表G4-2	焊接材料质量验收记录
		表G4-10	其他材料检验批质量验收记录
		表G4-11	钢结构焊接检验批质量验收记录
		表G4-12	钢结构焊钉(栓钉)焊接检验批质量验收记录
	紧固件连接	表G4-3	连接用紧固标准件质量验收记录
		表G4-13	普通紧固件连接检验批质量验收记录
		表G4-14	高强度螺栓连接检验批质量验收记录
	钢零部件加工	表G4-4	焊接球及加工质量验收记录
		表G4-5	螺栓球及加工检验批质量验收记录
		表G4-6	封板、锥头和套筒检验批质量验收记录
		表G4-15	钢零件及部件切割质量验收记录
		表G4-16	钢零件及部件矫正成型与边缘加工检验批质量验收记录
		表G4-17	钢网架用钢管杆件加工检验批质量验收记录
		表G4-18	钢(零件及部件)制孔质量验收记录
	钢构件组装	表G4-19	钢构件组装焊接H型钢质量验收记录
		表G4-20	钢构件组装质量验收记录
		表G4-21	钢构件组装端部铣平及安装焊缝坡口检验批质量验收记录
		表G4-22	单层钢柱外形尺寸检验批质量验收记录
		表G4-23	多节钢柱外形尺寸检验批质量验收记录
		表G4-24	焊接实腹钢梁外形尺寸检验批质量验收记录
		表G4-25	钢桁架外形尺寸检验批质量验收记录
		表G4-26	钢管构件外形尺寸检验批质量验收记录

续表

资料类别	分项工程	检验批	
		表格编号	检验批表格名称
钢结构工程施工质量验收规范(G4类)	钢构件组装	表 G4-27	墙架、檩条、支撑系统钢构件外形尺寸检验批质量验收记录
		表 G4-28	钢平台、钢梯和防护栏杆外形尺寸检验批质量验收记录
	钢构件预拼装	表 G4-29	钢构件预拼装检验批质量验收记录
	单层钢结构安装	表 G4-30	单层钢结构基础和支承面安装检验批质量验收记录
		表 G4-31	单层钢结构钢屋架、桁架、梁、钢柱等安装和校正检验批质量验收记录
		表 G4-32	单层钢结构钢吊车梁安装和校正检验批质量验收记录
		表 G4-33	单层钢结构墙架、檩条等次要构件安装和校正检验批质量验收记录
		表 G4-34	单层钢结构钢平台、钢梯和防护栏杆安装和校正检验批质量验收记录
	多层及高层钢结构安装	表 G4-35	多层及高层钢结构基础和支承面安装检验批质量验收记录
		表 G4-36	多层及高层钢结构钢构件安装和校正检验批质量验收记录
		表 G4-37	多层及高层钢结构正钢柱、主次梁安装和校正检验批质量验收记录
		表 G4-38	多层及高层钢结构钢吊车梁安装和校正检验批质量验收记录
		表 G4-39	多层及高层钢结构檩条、墙架等次要构件安装和校正检验批质量验收记录
		表 G4-40	多层及高层钢结构钢平台、钢梯和防护栏杆安装校正检验批质量验收记录
	钢网架结构安装	表 G4-41	钢网架结构安装支承面顶板和支承垫块检验批质量验收记录
		表 G4-42	钢网架结构安装总拼与安装(小拼单元)检验批质量验收记录
		表 G4-43	钢网架结构安装总拼与安装(中拼单元)检验批质量验收记录
	压型金属板	表 G4-7	金属压型板制作检验批质量验收记录
		表 G4-8	钢结构(压型金属板安装)检验批质量验收记录
	钢结构涂装	表 G4-9	钢结构防腐涂料涂装检验批质量验收记录
		表 G4-44	钢结构防火涂料涂装检验批质量验收记录

7.4.2 检验批报验

1)检验批报验程序。

检验批验收前,施工单位自检合格并填写“工程报验单和检验批质量验收记录”报专业监理工程师。由专业监理工程师(或建设单位项目技术负责人)组织相关人员,严格按规定程序进行验收,并填写“监理单位验收记录”和“监理单位验收结论”。

2)检验批报验资料，见表 7-8。

表 7-8　主要检验批报验必备资料

子分部工程	分项工程	检验批名称	报验用表	必备资料	备注
钢结构	钢结构焊接	钢材质量	工程报验单	检验批质量验收记录	1. 根据设计要求或结构重要性而定。 2. 各检验批除必备资料要求外，均应提供原材料质量证明文件，对有复试要求的原材料还应提供复试检测报告
		焊接材料		检验批质量验收记录 焊接材料复验报告(备注1)	
		钢结构焊接		检验批质量验收记录 探伤试验报告	
	紧固件连接	普通紧固件连接	工程报验单	检验批质量验收记录	
		高强度螺栓连接		检验批质量验收记录， 高强螺栓连接检测报告， 高强螺栓连接摩擦面抗滑移检测报告	
	钢零部件加工	焊接球及加工	工程报验单	检验批质量验收记录 焊接球母材质量证明资料 超声波探伤或检验报告	
		钢零件及部件切割		检验批质量验收记录	
		钢零件及部件矫正成型与边缘加工		检验批质量验收记录	
		钢网架用钢管杆件加工		检验批质量验收记录 抽样复验报告	
		钢(零件、部件)制孔		检验批质量验收记录	
	钢构件组装	钢构件组装端部铣平及安装焊缝坡口	工程报验单	检验批质量验收记录	
		单层钢柱外形尺寸		检验批质量验收记录	
	钢网架结构安装	钢网架结构安装支承面顶板和支承垫块	工程报验单	检验批质量验收记录	
		钢网架结构安装总拼与安装(小拼单元)		检验批质量验收记录 吊装记录	
	压型金属板	压型金属板制作	工程报验单	检验批质量验收记录 金属板质量证明资料	
		压型金属板安装		检验批质量验收记录	
	钢结构涂装	防腐涂料涂装	工程报验单	检验批质量验收记录 隐蔽工程验收记录	
		防火涂料涂装			

3)检验批质量合格的条件。

(1) 主控项目必须符合现行质量验收规范合格质量标准的要求。

(2)一般项目其检验结果应有 80％及其以上的检查点(值)符合规范合格质量标准的要求，且最大值超差值不应超过允许偏差值的 1.2 倍。

(3) 质量检查记录、质量证明文件等资料应完整。

7.4.3　检验批填写指南

G4类检验批验收执行《钢结构工程施工质量验收规范》GB50205—2001。所包含的分项工程适用范围如下：

(1)钢结构焊接工程适用于钢结构制作和安装中的钢构件焊接和焊钉焊接的工程。

(2)紧固件连接工程适用于钢结构制作和安装中的普通螺栓、扭剪型高强度螺栓、高强度大六角头螺栓、钢网架螺栓球节点用高强度螺栓及射击钉、自攻钉、拉铆钉等连接工程

(3)钢零件及钢部件加工工程适用于钢结构制作及安装中钢零件及钢部件加工。

(4)钢构件组装工程适用于钢结构制作中心构件组装。

(5)钢构件预拼装工程用于钢构件预拼装工程的质量验收。

(6)单层钢结构安装工程适用于单层钢结构的主体结构、地下钢结构、檩条及墙架等次要构件、钢平台钢梯、防护栏杆等安装工程。

(7)多层及高层钢结构安装工程适用于多层及高层钢结构的主体结构、地下钢结构、檩条及墙架等次要构件、钢平台、钢梯、防护栏杆等安装工程。

(8)钢网架结构安装工程适用于建筑工程中的平板型钢网格结构(简称钢网架结构)安装工程。

(9)压型金属板工程适用于压型金属板的施工现场制作和安装工程。

(10)钢结构涂装工程适用于钢结构的防腐涂料(油漆类)涂装和防火涂料涂装工程。

本节除了给上述钢结构分项工程适用范围外，还以【填写示例】、【填写要点】和【相关规定】的形式，对G4类中表G4-2、G4-4、G4-14、G4-42和G4-44等5个常用检验批实用表式进行了示范填写，但对检验批报验相关的其他实用表式(如工程报验单、隐蔽工程验收记录和抗滑移、探伤检测等资料)已在第五篇相关章节中进行了讲解，本节不再重述。

表 G4-2 焊接材料检验批质量验收记录填写指南

【填写示例】

表 G4-2 焊接材料质量验收记录

工程名称	某某工程	分项工程名称	钢结构焊接	验收部位	屋架焊接用焊条
施工单位	某某建筑工程有限公司			项目经理	赵某某
施工执行标准名称及编号	钢结构工程施工质量验收规范 GB50205—2001			专业工长	冯某某
分包单位		分包项目经理		施工班组长	钢某某

检控项目	序号	质量验收规范的规定		施工单位检查评定记录	监理（建设）单位验收记录
主控项目	1	焊接材料的品种、规格、性能	符合现行国家产品标准和设计要求	有合格证和质量证明文件符合要求	共检查 2 项，结果合格
	2	焊接材料的抽样复验	4.3.2 条	进行了抽样复验，复验结果符合设计要求和现行国家产品标准	
一般项目	1	焊钉及焊接瓷环规格、尺寸偏差	符合 GB10433 规定	符合 GB10433 规定	共检查了 2 个项目均满足设计要求和规范规定
	2	焊条外观质量	4.3.4 条	无药皮脱落、焊芯生锈等缺陷	
施工单位检查评定结果	主控项目全部合格，一般项目符合设计和规范要求，该检验批合格。 项目专业质量检查员：孙某某　　2012 年 09 月 13 日				
监理（建设）单位验收结论	该检验批合格。 监理工程师 （建设单位项目专业技术负责人）：张某某　　2012 年 09 月 13 日				

【填写要点】

此示例为建筑结构安全等级为二级的一级焊缝。实际工程按设计要求填写。

【相关规定】摘自《钢结构工程施工质量验收规范》GB50205—2001

主　控　项　目

4.3.1 焊接材料的品种、规格、性能等应符合现行国家产品标准和设计要求。

检查数量:全数检查。

检验方法:检查焊接材料的质量合格证明文件、中文标志及检验报告等。

4.3.1 说明:焊接材料对焊接质量的影响重大,因此,钢结构工程中所采用的焊接材料应按设计要求选用,同时产品应符合相应的国家现行标准要求。本条为强制性条文。

4.3.2 重要钢结构采用的焊接材料应进行抽样复验,复验结果应符合现行国家产品标准和设计要求。

检查数量:全数检查。

检验方法:检查复验报告。

4.3.2 说明:由于不同的生产批号质量往往存在一定的差异,本条对用于重要的钢结构工程的焊接材料的复验作出了明确规定。该复验应为见证取样、送样检验项目。本条中"重要"是指:

1 建筑结构安全等级为一级的一、二级焊缝。2 建筑结构安全等级为二级的一级焊缝。3 大跨度结构中一级焊缝。4 重级工作制吊车梁结构中一级焊缝。5 设计要求。

一　般　项　目

4.3.3 焊钉及焊接瓷环的规格、尺寸及偏差应符合现行国家标准《圆柱头焊钉》GB10433中的规定。

检查数量:按量抽查1%,且不应少于10套。检验方法:用钢尺和游标卡尺量测。

4.3.4 焊条外观不应有药皮脱落、焊芯生锈等缺陷;焊剂不应受潮结块。

检查数量:按量抽查1%,且不应少于10包。检验方法:观察检查。

4.3.4 说明:焊条、焊剂保管不当,容易受潮,不仅影响操作的工艺性能,而且会对接头的理化性能造成不利影响。对于外观不符合要求的焊接材料,不应在工程中采用。

表 G4-14　高强度螺栓连接检验批质量验收记录填写指南

【填写示例】

表 G4-14　高强度螺栓连接检验批质量验收记录

<table>
<tr><td colspan="2">工程名称</td><td>某某工程</td><td colspan="2">分项工程名称</td><td>紧固件连接</td><td>验收部位</td><td>钢　柱</td></tr>
<tr><td colspan="2">施工单位</td><td colspan="4">某某建筑工程有限公司</td><td>项目经理</td><td>赵某某</td></tr>
<tr><td colspan="2">施工执行标准名称及编号</td><td colspan="4">钢结构工程施工质量验收规范 GB50205—2001</td><td>专业工长</td><td>冯某某</td></tr>
<tr><td colspan="2">分包单位</td><td>/</td><td colspan="2">分包项目经理</td><td>/</td><td>施工班组长</td><td>钢某某</td></tr>
<tr><td>检控项目</td><td>序号</td><td colspan="3">质量验收规范的规定</td><td colspan="2">施工单位检查评定记录</td><td>监理(建设)单位验收记录</td></tr>
<tr><td rowspan="5">主控项目</td><td>1</td><td>螺栓强度试验</td><td colspan="2">B.0.1 条</td><td colspan="2">进行了复试，结果合格</td><td rowspan="5">共检查 4 项，结果合格</td></tr>
<tr><td>2</td><td>预拉力复验</td><td colspan="2">B.0.2 条</td><td colspan="2">有扭矩系数的见证复试报告，符合要求</td></tr>
<tr><td>3</td><td>抗滑移系数检验</td><td colspan="2">B.0.5 条</td><td colspan="2">经检验符合要求</td></tr>
<tr><td>4</td><td>终拧扭矩</td><td colspan="2">B.0.3 条 2 款</td><td colspan="2">符合要求</td></tr>
<tr><td></td><td></td><td colspan="2"></td><td colspan="2"></td></tr>
<tr><td rowspan="6">一般项目</td><td>1</td><td>初拧、复拧扭矩</td><td colspan="2">符合设计要求</td><td colspan="2">符合设计要求</td><td rowspan="6">共检查了 5 个项目均满足设计要求和规范规定</td></tr>
<tr><td>2</td><td>螺丝扣外露</td><td colspan="2">应为 2～3 扣，允许有 10%外露 1 扣或 4 扣</td><td colspan="2">外露 2 扣，符合要求</td></tr>
<tr><td>3</td><td>摩擦面外观</td><td colspan="2">6.3.6 条</td><td colspan="2">无飞边，毛刺等缺陷</td></tr>
<tr><td>4</td><td>扩孔</td><td colspan="2">设计同意，扩孔后孔径不超过 1.2d</td><td colspan="2">无扩孔</td></tr>
<tr><td>5</td><td>网架螺栓紧固</td><td colspan="2">入球内长度不小于 1.0d 并拧紧</td><td colspan="2">合格</td></tr>
<tr><td></td><td></td><td colspan="2"></td><td colspan="2"></td></tr>
<tr><td>施工单位检查评定结果</td><td colspan="7">主控项目全部合格，一般项目符合设计和规范要求，该检验批合格。
项目专业质量检查员：孙某某　　　　2012 年 09 月 13 日</td></tr>
<tr><td>监理(建设)单位验收结论</td><td colspan="7">该检验批合格。
监理工程师
(建设单位项目专业技术负责人)：张某某　　　　2012 年 09 月 13 日</td></tr>
</table>

【填写要点】

该检验批报验时，除了填报“工程报验单”和“检验批质量验收记录外”，应附复试报告和高强螺栓连接摩擦面抗滑移系数检验报告，且结果必须合格。

【相关规定】摘自《钢结构工程施工质量验收规范》GB50205—2001

6.3.6 高强度螺栓连接摩擦面应保持干燥、整洁，不应有飞边、毛刺、焊接飞溅物、焊疤、氧化铁皮、污垢等，除设计要求外摩擦面不应涂漆。

附录B　紧固件连接工程检验项目

B.0.1 螺栓实物最小载荷检验。

目的：测定螺栓实物的抗拉强度是否满足现行国家标准《紧固件机械性能螺栓、螺钉和螺柱》GB3098.1 的要求。

检验方法：用专用卡具将螺栓实物置于拉力试验机上进行拉力试验，为避免试件承受横向载荷，试验机的夹具应能自动调正中心，试验时夹头张拉的移动速度不超过 25mm/min。

螺栓实物和抗拉强度应根据螺纹应力截面积(As)计算确定，其取值应按现行国家标准《紧固件机械性能螺栓、螺钉和螺柱》GB3098.1 的规定取值。

进行试验时，承受拉力载荷的末旋合的螺纹长度应为 6 倍以上螺距；当试验拉力达到现行国家标准《紧固件机械性能螺栓、螺钉和螺柱》GB3098.1 中规定的最小拉力载荷($A_S \cdot \sigma_b$)时不得断裂。当超过最小拉力载荷直至拉断时，断裂应发生在杆部或螺纹部分，而不应发生在螺头与杆部的交接处。

B.0.2 扭剪型高强度螺栓连接副预拉力复验。

复验用的螺栓应在施工现场待安装的螺栓批中随机抽取，每批应抽取 8 套连接副进行复验。连接副预拉力可采用经计量检定、校准合格的轴力计进行测试。试验用的电测轴力计、油压轴力计、电阻应变仪、扭矩板手等计量器具，应在试验前进行标定，其误差不得超过 2%。

采用轴力计方法复验连接副预拉力时，应将螺栓直接插入轴力计。紧固螺栓分初拧、终拧两次进行，初拧应采用手动扭矩板手或专用定扭电动板手；初拧值应为预拉力标准值 50%左右。终拧应采用专用电动板手，至尾部梅花头拧掉，读出预拉力值。

每套连接副只应做一次试验，不得重复使用。在紧固中垫圈发生转动时，应更换连接副，重新试验。

复验螺栓连接副的预拉力平均值和标准偏差应符合表 B.0.2 的规定。

表 B.0.2　扭剪型高强度螺栓紧固预拉力和标准偏差(kN)

螺栓直径(mm)	16	20	(22)	24
紧固预拉力的平均值	99—120	154—186	191—231	222—270
标准偏差	10.1	15.7	19.5	22.7

B.0.3 高强度螺栓连接副施工扭矩检验。

高强度螺栓连接副扭矩检验含初拧、复拧、终拧扭矩的现场无损检验。检验所用的扭矩扳手其扭矩精度误差应不大于 3%。

高强度螺栓连接副扭矩检验分扭矩法检验和转角法检验两种，原则上检验法与施工法应相同。扭矩检验应在施拧 1h 后，48h 内完成。

1 扭矩法检验

检验方法：在螺尾端头和螺母相对位置划线，将螺母退回 60°左右，用扭矩扳手测定拧回至原来位置时的扭矩值。该扭矩值与施工扭矩值的偏差在 10%以内为合格。

高强度螺栓连接副终拧扭矩值按下式计算：

$$T_c = K \cdot P_c \cdot d$$

式中 T_c——终拧扭矩值(N·m)；

P_c——施工预拉力值标准值(kN)，见表 B.0.3；；

d——螺栓公称直径(m m)；

K——扭矩系数，按附录 B.0.4 的规定试验确定。

高强度大六角头螺栓连接副初拧扭矩值 T_o可按 0.5T_c取值。

扭剪型高强度螺栓连接副初拧扭矩值 T_o可按下式计算：

$$T_o = 0.065P_c \cdot d$$

式中 T_o——初拧扭矩值(N·m)；

P_c——施工预拉力标准值(kN)，见表 B.0.3；

d——螺栓公称直径(m m)。

2 转角法检验

检验方法：1)检查初拧后在螺母与相对位置所画的终拧起始线和终止线所夹的角度是否达到规定值。2)在螺尾端头和螺母相对位置画线，然后全部卸松螺母，在按规定的初拧扭矩和终拧角度重新拧紧螺栓，观察与原画线是否重合。终拧转角偏差在 10°以内为合格。终拧转角与螺栓的直径、长度等因素有关，应由试验确定。

3 扭剪型高强度螺栓施工扭矩检验

检验方法：观察尾部梅花头拧掉情况。尾部梅花头被拧掉者视同其终拧扭矩达到合格质量标准；尾部梅花头未被拧掉者应按上述扭矩法或转角法检验。

表 B.0.3 高强度螺栓连接副施工预拉力标准值(kN)

螺栓的性能等级	螺栓公称直径(mm)					
	M16	M20	M22	M24	M27	M30
8.8s	75	120	150	170	225	275
10.9s	110	170	210	250	320	390

表G4-4 焊接球及加工检验批质量验收记录填写指南

【填写示例】

表G4-4 焊接球及加工检验批质量验收记录

工程名称	某某工程	分项工程名称	钢零部件加工	验收部位	屋架钢球
施工单位	某某建筑工程有限公司			项目经理	赵某某
施工执行标准名称及编号	钢结构工程施工质量验收规范 GB50205—2001			专业工长	冯某某
分包单位	/	分包项目经理	/	施工班组长	钢某某

检控项目	序号	质量验收规范的规定		施工单位检查评定记录										监理(建设)单位验收记录
主控项目	1	焊接球用原材料的品种、规格、性能	符合现行国家产品标准和设计要求	符合现行国家产品标准和设计要求										共检查3项，结果合格。
	2	焊接球焊缝的无损检验	4.5.2条	进行了超声波探伤试验，结果合格										
	3	成型与对接	7.5.2条	无裂纹，表面平整										
一般项目		项目	允许偏差(mm)	量测值(mm)										共检查了5个项目，合格点率均在80%以上，最大超差点未超过允许偏差的1.2倍。
	1	焊接球直径、圆度、壁厚减薄量及允许偏差												
	1)	直径	$\pm0.005d\pm2.5$	1	1	1	1	1	1	1	1	1	1	
	2)	圆度	2.5	2	0	2	1	1	2	1	1	2	1	
	3)	壁厚减薄量	0.13t，且不应大于1.5	1	1	1	1	1	1	1	1	1	1	
	4)	两半球对口错边	1	1	0	0	1	1	0	1	0	0	1	
	2	焊接球表面应无明显波纹及局部凹凸	不大于1.5	1	1	0	1	0	1	1	0	0	1	
施工单位检查评定结果	主控项目全部合格，一般项目符合设计和规范要求，该检验批合格。 项目专业质量检查员：孙某某 2012年06月13日													
监理(建设)单位验收结论	该检验批合格。 监理工程师 (建设单位项目专业技术负责人)：张某某 2012年06月13日													

【相关规定】摘自《钢结构工程施工质量验收规范》GB50205—2001

主 控 项 目

4.5.1 焊接球及制造焊接球所采用的原材料，其品种、规格、性能等应符合现行国家产品标准和设计要求。

检查数量：全数检查。

检验方法：检查产品的质量合格证明文件、中文标志及检验报告等。

4.5.2 焊接球焊缝应进行无损检验，其质量应符合设计要求，当设计无要求时应符合本规范中规定的二级质量标准。

检查数量：每一规格按数量抽查5%，且不应少于3个。

检验方法：超声波探伤或检查检验报告。

一 般 项 目

4.5.3 焊接球直径、圆度、壁厚减薄量等尺寸及允许偏差应符合本规范的规定。

检查数量：每一规格按数量抽查 5%，且不应少于 3 个。

检验方法：用卡尺和测厚仪检查。

4.5.4 焊接球表面应无明显波纹及局部凹凸不平不大于 1.5mm。

检查数量：每一规格按数量抽查 5%，且不应少于 3 个。检验方法：用弧形套模、卡尺和观察检查。

7. 5. 2 钢板压成半圆球后，表面不应有裂纹、褶皱；焊接球其对接坡口应采用机械加工，对接焊缝表面应打磨平整。

检查数量：每种规格抽查 10%，且不少于 5 个。

检验方法：10 倍放大镜观察检查或表面探伤。

表 G4-42　钢网架结构安装总拼与安装(小拼单元)检验批质量验收记录填写指南

【填写示例】

表 G4-42　钢网架结构安装总拼与安装(小拼单元)检验批质量验收记录

<table>
<tr><td colspan="2">工程名称</td><td colspan="3">某某工程</td><td colspan="3">分项工程名称</td><td colspan="5">钢网架结构安装</td><td colspan="3">验收部位</td><td>钢屋架</td></tr>
<tr><td colspan="2">施工单位</td><td colspan="11">某某建筑工程有限公司</td><td colspan="3">项目经理</td><td>赵某某</td></tr>
<tr><td colspan="2">施工执行标准名称及编号</td><td colspan="11">钢结构工程施工质量验收规范 GB50205—2001</td><td colspan="3">专业工长</td><td>冯某某</td></tr>
<tr><td colspan="2">分包单位</td><td colspan="3">/</td><td colspan="3">分包项目经理</td><td colspan="5">/</td><td colspan="3">施工班组长</td><td>钢某某</td></tr>
<tr><td>检控项目</td><td>序号</td><td colspan="4">质量验收规范的规定</td><td colspan="10">施工单位检查评定记录</td><td>监理(建设)单位验收记录</td></tr>
<tr><td rowspan="15">主控项目</td><td>1</td><td colspan="3">小拼单元</td><td>允许偏差(mm)</td><td colspan="10">量测值(mm)</td><td rowspan="15">共检查 3 项，结果合格</td></tr>
<tr><td>1)</td><td colspan="3">节点中心偏移</td><td>2</td><td>1</td><td>0</td><td>2</td><td>1</td><td>1</td><td>2</td><td>2</td><td>1</td><td>1</td><td>1</td></tr>
<tr><td>2)</td><td colspan="3">焊接球节点与钢管中心偏移</td><td>1</td><td>1</td><td>1</td><td>1</td><td>1</td><td>1</td><td>1</td><td>1</td><td>1</td><td>1</td><td>1</td></tr>
<tr><td>3)</td><td colspan="3">杆件轴线的弯曲矢高</td><td>$L_1/1000$，且不应大于 5.0</td><td>3</td><td>3</td><td>3</td><td>5</td><td>2</td><td>4</td><td>3</td><td>1</td><td>3</td><td>2</td></tr>
<tr><td rowspan="3">4)</td><td rowspan="3">锥体型小拼单元</td><td colspan="2">弦杆长度</td><td>±2.0</td><td>2</td><td>1</td><td>2</td><td>1</td><td></td><td></td><td></td><td></td><td></td><td></td></tr>
<tr><td colspan="2">锥体高度</td><td>±2.0</td><td>2</td><td>-1</td><td>2</td><td>0</td><td>1</td><td>-2</td><td>0</td><td>1</td><td>1</td><td>0</td></tr>
<tr><td colspan="2">上弦杆对角线长度</td><td>±3.0</td><td>3</td><td>1</td><td>2</td><td>1</td><td>2</td><td>3</td><td>-2</td><td>1</td><td>2</td><td>0</td></tr>
<tr><td rowspan="5">5)</td><td rowspan="5">平面桁架型小拼单元</td><td rowspan="2">跨长</td><td>≤24m</td><td>+3.0，-7.0</td><td></td><td></td><td></td><td></td><td></td><td></td><td></td><td></td><td></td><td></td></tr>
<tr><td>>24m</td><td>+5.0，-10.0</td><td></td><td></td><td></td><td></td><td></td><td></td><td></td><td></td><td></td><td></td></tr>
<tr><td colspan="2">跨中高度</td><td>±3.0</td><td></td><td></td><td></td><td></td><td></td><td></td><td></td><td></td><td></td><td></td></tr>
<tr><td rowspan="2">跨中拱度</td><td>设计要求起拱</td><td>$\pm L/5000$</td><td></td><td></td><td></td><td></td><td></td><td></td><td></td><td></td><td></td><td></td></tr>
<tr><td>设计未要求起拱</td><td>+10.0</td><td></td><td></td><td></td><td></td><td></td><td></td><td></td><td></td><td></td><td></td></tr>
<tr><td></td><td colspan="14">注：L_1-为杆件长度；L-为跨长</td></tr>
<tr><td>2</td><td colspan="3">节点承载力试验</td><td>12.3.3 条</td><td colspan="10">经试验，符合要求</td></tr>
<tr><td>3</td><td colspan="3">钢网架挠度测量</td><td>12.3.4 条</td><td colspan="10">经测量，符合要求</td></tr>
</table>

续表

一般项目	1	节点及杆件表面	12.3.5条	表面干净，无疤痕，污垢										共检查了6个项目，合格点率均在80%以上，最大超差点未超过允许偏差的1.2倍。
	2	网架安装	允许偏差(mm)	量测值(mm)										
	1)	纵向、横向长度	$L/2000$，且不应大于30.0，$-L/2000$，且不应小于-30.0	8	5	7	5							
	2)	支座中心偏移	$L/3000$，且不应大于30.0	5	8	5	4							
	3)	周边支承网架相邻支座高差	$L/400$，且不应大于15.0	2	5	6	8							
	4)	多点支承网架相邻支座高差	$L_1/800$，且不应大于30.0	2	3	5	8							
	5)	支座最大高差	30	2	8	4	5							
施工单位检查评定结果	主控项目全部合格，一般项目符合设计和规范要求，该检验批合格。 项目专业质量检查员：孙某某　　2012年06月13日													
监理(建设)单位验收结论	该检验批合格。 监理工程师 (建设单位项目专业技术负责人)：张某某　　2012年06月13日													

注：L为纵向、横向长度；L_1为相邻支座间距。

【相关规定】摘自《钢结构工程施工质量验收规范》GB50205—2001

主 控 项 目

12.3.1 小拼单元的允许偏差应符合表12.3.1的规定。

检查数量：按单元数抽查5%，且不应少于5个。

表12.3.1 小拼单元的允许偏差(mm)

项目			允许偏差
节点中心偏移			2.0
焊接球节点与钢管中心的偏移			1.0
杆件轴线的弯曲矢高			L_1/1000，且不应大于5.0
锥体型小拼单元	弦杆长度		±2.0
	锥体高度		±2.0
	上弦杆对角线长度		±3.0
平面桁架型小拼单元	跨长	≤24mm	+3.0，−7.0
		>24mm	+5.0，−10.0
	跨中高度		±3.0
	跨中拱度	设计要求起拱	±L/5000
		设计未要求起拱	+10.0

注：1. L_1 为杆件长度；2. L 为跨长。

12.3.3 对建筑结构安全等级为一级，跨度40m及以上的公共建筑钢网架结构，且设计有要求时，应按下列项目进行节点承载力试验，其结果应符合以下规定：

1 焊接球节点应按设计指定规格的球及其匹配的钢管焊接成试件，进行轴心拉、压承载力试验，其试验破坏荷载值大于或等于1.6倍设计承载力为合格。

2 螺栓球节点应按设计指定规格的球最大螺栓孔螺纹进行抗拉强度保证荷载试验，当达到螺栓的设计承载力时，螺孔、螺纹及封板仍完好无损为合格。

检查数量：每项试验做3个试件。检验方法：在万能试验机上进行检验，检查试验报告。

12.3.4 钢网架结构总拼完成后及屋面工程完成后应分别测量其挠度值，且所测的挠度值不应超过相应设计值的1.15倍。

检查数量：跨度24m及以下钢网架结构测量下弦中央一点；跨度24m以上钢网架结构测量下弦中央一点及各向下弦跨度的四等分点。检验方法：用钢尺和水准仪实测。

一 般 项 目

12.3.5 钢网架结构安装完成后，其节点及杆件表面应干净，不应有明显的疤痕、泥沙和污垢。螺栓球节点应将所有接缝用油膨子填嵌严密，并应将多余螺孔封口。

12.3.6 钢网架结构安装完成后，其安装的允许偏差应符合一般项目的规定。

表G4-44　钢结构防火涂料涂装检验批质量验收记录填写指南

【填写示例】

表G4-44　钢结构防火涂料涂装检验批质量验收记录

工程名称		某某工程	分项工程名称	钢结构涂装	验收部位	钢　柱
施工单位		某某建筑工程有限公司			项目经理	刘某某
施工执行标准名称及编号		钢结构工程施工质量验收规范 GB50205—2001			专业工长	张某某
分包单位		/	分包项目经理	/	施工班组长	田某某
检控项目	序号	质量验收规范的规定		施工单位检查评定记录	监理(建设)单位验收记录	
主控项目	1	材料质量	4.9.2条	符合设计要求	共检查3项，结果合格	
	2	除锈及底漆	符合国家现行标准和设计要求	符合国家现行标准规定和设计要求		
	3	强度检验	14.3.2条	强度试验合格		
	4	涂层厚度	14.3.3条			
	1)	符合设计要求厚度面积	≥80%	实测为90%		
	2)	最薄处	不低于设计值85%	实测为95%		
	5	表面裂纹宽度(mm)				
	1)	一般	不应大于0.5	0.2		
	2)	厚涂型	不应大于1.0	实测为0.5		
一般项目	1	涂装基层	不应有油污，灰尘和泥沙等	无油污，灰尘，泥沙等	共检查了2个项目，满足规范规定和设计要求	
	2	涂装表面质量	14.3.6条	无漏涂，误涂，空鼓等		
施工单位检查评定结果		主控项目全部合格，一般项目符合设计和规范要求，该检验批合格。 项目专业质量检查员：孙某某　　2012年06月13日				
监理(建设)单位验收结论		该检验批合格。 监理工程师 (建设单位项目专业技术负责人)：张某某　　2012年06月13日				

【填写要点】

钢结构防火涂料施工前，应对所涂装的钢结构构件的材料品种、规格以及焊缝质量进行隐蔽验收。隐蔽工程验收记录示例略。

【相关规定】摘自《钢结构工程施工质量验收规范》GB50205—2001

主　控　项　目

14.3.1 防火漆料涂装前钢材表面除锈及防锈底漆涂装应符合设计要求和国家现行有关标准的规定。

检查数量：按构件数抽查10%，且同类构件不应少于3件。

检验方法：表面除锈用铲刀检查和用现行国家标准《涂装前钢材表面锈蚀等级和除锈等级》GB8923规定的图片对照观察检查。底漆涂装用干漆膜测厚仪检查，每个构件检测5处，每处的数值为3个相距50mm测点涂层干漆膜厚度的平均值。

14.3.2 钢结构防火漆料的粘结强度、抗压强度应符合国家现行标准《钢结构防火漆料应用技术规程》CECS24：90规定。检验方法应符合现行国家标准《建筑构件防火喷涂材料性能试验方法》GB9978的规定。

检查数量:每使用 100t 或不足 100t 薄涂型防火涂料应抽检一次粘结强度;每使用 500t 或不足 500t 厚涂型防火涂料应抽检一次粘结强度和抗压强度。

检验方法:检查复检报告。

14.3.3 薄涂型防火涂料的涂层厚度应符合有关耐火极限的设计要求。厚漆型防火涂料涂层的厚度,80%及以上面积应符合有关耐火极限的设计要求,且最薄处厚度不应低于设计要求的 85%。

检查数量:按同类构件数抽查 10%,且均不应少于 3 件。

检验方法:用涂层厚度测量仪、测针和钢尺检查。测量方法应符合国家现行标准《钢结构防火漆料应用技术规程》CECS24:90 的规定及本规范附录 F。

14.3.4 薄涂型防火漆料漆层表面裂纹宽度不应大于 0.5mm;厚涂型防火漆料涂层表面裂纹宽度不应大于 1mm。

检查数量:按同类构件数量抽查 10%,且均不应少于 3 件。检验方法:观察和用尺量检查。

一　般　项　目

14.3.5 防火漆料漆装基层不应有油污、灰尘和泥砂等污垢。

检查数量:全数检查。检验方法:观察检查。

14.3.6 防火漆料不应有误涂、漏涂、涂层应闭合无脱层、空鼓、明显凹陷、粉化松散和浮浆等外观缺陷,乳突已剔除。检查数量:全数检查。检验方法:观察检查。

7.5 G5类检验批记录填写指南

7.5.1 检验批的划分

G5类检验批验收执行《木结构工程施工质量验收规范》GB50206—2012,属主体结构分部。其检验批划分应符合以下原则:建筑屋面分部工程中的分项工程可按不同材料、不同楼层的屋面划分不同的检验批。

在《建筑工程施工质量验收统一标准》GB50300—2001中表B.0.1的基础上,遵循检验批划分原则,将混凝土结构子分部的各分项工程细化到检验批。各分项工程的检验批质量验收记录见表7-9。

表7-9 G5类检验批质量验收记录实用表式划分明细

资料类别	分项工程	检验批	
		表格编号	检验批表格名称
木结构工程施工质量验收规范(G5类)	方木和原木结构	表G5-1	方木和原木结构制作与安装检验批质量验收记录
	胶合木结构	表G5-2	胶合木结构检验批质量验收记录
	轻型木结构	表G5-3	轻型木结构检验批质量验收记录
	木结构防护	表G5-4	木结构防护检验批质量验收记录

7.5.2 检验批报验

1)检验批的报验程序。

检验批验收前,施工单位自检合格并填写"工程报验单和检验批质量验收记录"报专业监理工程师。由专业监理工程师(或建设单位项目技术负责人)组织相关人员,严格按规定程序进行验收,并填写"监理单位验收记录"和"监理单位验收结论"。

2)检验批报验资料,见表7-10。

表7-10 常用检验批报验必备资料

子分部工程	分项工程	检验批工程	报验用表	必备资料	备注
木结构子分部	方木和原木结构	方木和原木结构	工程报验单	检验批质量验收记录 主要材料质量证明文件 木材弦向静曲强度检测报告	
	胶合木结构	胶合木结构	工程报验单	检验批质量验收记录 主要材料质量证明文件	
	轻型木结构	轻型木结构	工程报验单	检验批质量验收记录 主要材料质量证明文件	
	木结构防护	木结构防护		检验批质量验收记录 主要材料质量证明文件	

3)检验批质量合格条件。

(1) 检查主要质量控制资料。对其完整性的检查,实际是对过程控制的确认,这是检验批合格的前提。

(2)检验批合格质量应符合下列规定:

①主控项目必须符合验收标准的规定；

②一般项目的质量经抽样检验合格；当采用计数检验时，除有专门要求外，一般项目的合格点率达到80％及其以上，最大超差值为允许偏差值的1.5倍。

7.5.3 检验批填写指南

G5类检验批验收执行《木结构工程施工质量验收规范》GB50206—2012。2012版《木结构工程施工质量验收规范》并未改变分项工程的划分和检验批验收标准。其主要修订了以下内容：

(1)原规范侧重规定了木结构工程所用材料和产品的质量控制标准，缺乏关于木结构工程施工过程中的质量控制标准，较为突出的是胶合木结构和轻型木结构两类结构构件的制作、安装质量标准。

(2)厘清木结构产品，尤其是层板胶合木、结构复合木材、木基结构板材等生产过程中的质量控制标准与产品进场验收的关系，符合木结构工程施工质量验收的需要。

(3)制定恰当的材料进场质量检验(见证检验)方法和判定标准，做到既保证质量又切实可行。规格材进场验收的问题尤为突出。

(4)随着材料科学和木结构防护技术的发展，原规范规定的某些木材防护材料需要更新。

7.6 G6类检验批记录填写指南

7.6.1 检验批的划分

G6类检验批验收执行《屋面工程质量验收规范》GB50205—2012，属建筑屋面分部。其检验批划分应符合以下原则：建筑屋面分部工程中的分项工程可按不同材料、不同楼层的屋面划分不同的检验批。

在《建筑工程施工质量验收统一标准》GB50300—2001中表B.0.1的基础上，遵循检验批划分原则，将混凝土结构子分部的各分项工程细化到检验批。各分项工程的检验批质量验收记录见表7-11。

表7-11 G6类检验批质量验收记录实用表式划分明细

资料类别	分项工程	检验批	
		表格编号	检验批表格名称
屋面工程质量验收规范(G6类)	基层与保护	表G6-1	屋面找坡层、找平层检验批质量验收记录
		表G6-2	屋面隔汽层检验批质量验收记录
		表G6-3	屋面隔离层检验批质量验收记录
		表G6-4	屋面保护层检验批质量验收记录
	保温与隔热	表G6-5	屋面板状材料保温层检验批质量验收记录
		表G6-6	屋面纤维材料保温层检验批质量验收记录
		表G6-7	屋面喷涂硬泡聚氨酯保温层检验批质量验收记录
		表G6-8	屋面现浇泡沫混凝土保温层检验批质量验收记录
		表G6-9	屋面种植隔热层检验批质量验收记录
		表G6-10	屋面架空隔热层检验批质量验收记录
		表G6-11	屋面蓄水隔热层检验批质量验收记录

续表

资料类别	分项工程	检验批	
		表格编号	检验批表格名称
屋面工程质量验收规范（G6类）	防水与密封	表 G6-12	卷材防水层检验批质量验收记录
		表 G6-13	涂膜防水层检验批质量验收记录
		表 G6-14	复合防水层检验批质量验收记录
		表 G6-15	接缝密封防水检验批质量验收记录
	瓦面与板面	表 G6-16	烧结瓦和混凝土瓦屋面检验批质量验收记录
		表 G6-17	沥青瓦屋面检验批质量验收记录
		表 G6-18	金属板材屋面检验批质量验收记录
		表 G6-19	玻璃采光顶屋面铺装检验批质量验收记录
	细部构造	表 G6-20	屋面檐口细部构造检验批质量验收记录
		表 G6-21	屋面檐沟和天沟细部构造检验批质量验收记录
		表 G6-22	屋面女儿墙和山墙细部构造检验批质量验收记录
		表 G6-23	屋面水落口细部构造检验批质量验收记录
		表 G6-24	屋面变形缝细部构造检验批质量验收记录
		表 G6-25	伸出屋面管道细部构造检验批质量验收记录
		表 G6-26	屋面出入口细部构造检验批质量验收记录
		表 G6-27	屋面反梁过水孔细部构造检验批质量验收记录
		表 G6-28	屋面设施基座细部构造检验批质量验收记录
		表 G6-29	屋面屋脊细部构造检验批质量验收记录
		表 G6-29	屋面屋脊细部构造检验批质量验收记录
		表 G6-30	屋面屋顶窗细部构造检验批质量验收记录

7.6.2　检验批报验

1)检验批的报验程序。

检验批验收前,施工单位自检合格并填写“工程报验单和检验批质量验收记录”报专业监理工程师。由专业监理工程师(或建设单位项目技术负责人)组织相关人员,严格按规定程序进行验收,并填写“监理单位验收记录”和“监理单位验收结论”。

2)检验批报验资料(见表7-12)。

3)检验批质量合格条件。

(1)检查主要质量控制资料。对其完整性的检查,实际是对过程控制的确认,这是检验批合格的前提。

(2)检验批合格质量应符合下列规定:

①主控项目必须符合验收标准的规定;

②一般项目的质量经抽样检验合格;当采用计数检验时,除有专门要求外,一般项目的合格点率达到80%及其以上,最大超差值为允许偏差值的1.5倍。

表 7-12　常用检验批报验必备资料

<table>
<tr><th>分部工程</th><th>分项工程</th><th>检验批工程</th><th>报验用表</th><th>必备资料</th><th>备注</th></tr>
<tr><td rowspan="5">建筑屋面</td><td>基层与保护</td><td>基层与保护</td><td>工程报验单</td><td>检验批质量验收记录
隐蔽工程验收记录</td><td rowspan="5">各检验批除必备资料要求外，均应提供原材料质量证明文件，对有复试要求的原材料还应提供复试检测报告</td></tr>
<tr><td>保温与隔热</td><td>保温与隔热</td><td>工程报验单</td><td>检验批质量验收记录
隐蔽工程验收记录</td></tr>
<tr><td>防水与密封</td><td>防水与密封</td><td>工程报验单</td><td>检验批质量验收记录
隐蔽工程验收记录
淋(蓄)水试验</td></tr>
<tr><td>屋面与板面</td><td>屋面与板面</td><td>工程报验单</td><td>检验批质量验收记录
隐蔽工程验收记录
淋(蓄)水试验</td></tr>
<tr><td>细部构造</td><td>细部构造</td><td>工程报验单</td><td>检验批质量验收记录
隐蔽工程验收记录</td></tr>
</table>

7.6.3　检验批填写指南

G6 类检验批验收执行《屋面工程质量验收规范》GB50205—2012(2012 版)《屋面工程质量验收规范》修订了以下内容：

(1)屋面工程各子分部工程和分项工程，是按屋面的使用功能和构造层次进行划分；

(2)执行新修订《屋面工程技术规范》GB50345 有关屋面防水等级和设防要求的规定；

(3)取消了细石混凝土防水层，把细石混凝土作为卷材、涂膜防水层上面的保护层；

(4)增加了纤维材料保温层和现浇泡沫混凝土保温层；

(5)明确了在块瓦或沥青瓦下面应铺设防水层或防水垫层；

(6)增加了金属板屋面铺装和玻璃采光顶铺装。

此次修订共增加了 17 个检验批，本节以【填写示例】、【填写要点】和【相关规定】的形式，对表 G6-1、表 G6-4、表 G6-5、表 G6-12 和表 G6-21 等 5 个常用检验批实用表式进行了示范填写，但对检验批报验相关的其他实用表式(如工程报验单、隐蔽工程验收记录和淋蓄水试验等)已在相应章节中进行了讲解，本节不再重述。

表 G6-1　屋面找坡层、找平层检验批质量验收记录填写指南

【填写示例】

表 G6-1　屋面找坡层、找平层检验批质量验收记录

工程名称	某某工程	分项工程名称	基层与保护	验收部位	屋面
施工单位	某某建筑工程有限公司			项目经理	刘某某
施工执行标准名称及编号	《屋面工程质量验收规范》GB50207—2012			专业工长	张某某
分包单位	/	分包项目经理	/	施工班组长	田某某

检控项目	序号	质量验收规范的规定		施工单位检查评定记录										监理(建设)单位验收记录
主控项目	1	找坡层、找平层材料质量及配合比	4.2.5条	所用材料均进行了复试结果合格，配合比满足设计要求										共检查2项，结果合格
	2	找平层排水坡度	4.2.6条	坡度满足设计要求										
一般项目	1	找平层抹平、压光	4.2.7条	无酥松、起砂、起皮现象										共检查了4个项目，允许偏差项目合格点率100%，其他项目满足规范规定和设计要求
	2	交接处、转角处要求	4.2.8条	转角处均做圆弧形，且整齐平顺										
	3	找平层分格缝要求	4.2.9条	分格缝宽度和间距均满足设计要求										
	4	项目	允许偏差(mm)	量测值										
	1)	找坡层表面平整度	7	2	3	6	0	5	4	3	7	6	4	
	2)	找平层表面平整度	5	4	3	2	3	4	2	3	6	0	5	

施工单位检查评定结果	主控项目全部合格，一般项目符合设计和规范要求，该检验批合格。 项目专业质量检查员：孙某某　　2012年06月13日
监理(建设)单位验收结论	该检验批合格。 监理工程师 (建设单位项目专业技术负责人)：张某某　　2012年06月13日

表 G6-4　屋面保护层检验批质量验收记录填写指南

【填写示例】

表 G6-4　屋面保护层检验批质量验收记录

<table>
<tr><td colspan="2">工程名称</td><td>某某工程</td><td colspan="3">分项工程名称</td><td colspan="5">基层与保护</td><td colspan="5">验收部位</td><td>屋面</td></tr>
<tr><td colspan="2">施工单位</td><td colspan="9">某某建筑工程有限公司</td><td colspan="5">项目经理</td><td>刘某某</td></tr>
<tr><td colspan="2">施工执行标准名称及编号</td><td colspan="9">《屋面工程质量验收规范》GB50207—2012</td><td colspan="5">专业工长</td><td>张某某</td></tr>
<tr><td colspan="2">分包单位</td><td>/</td><td colspan="3">分包项目经理</td><td colspan="5">/</td><td colspan="5">施工班组长</td><td>田某某</td></tr>
<tr><td>检控项目</td><td>序号</td><td colspan="4">质量验收规范的规定</td><td colspan="10">施工单位检查评定记录</td><td>监理（建设）单位验收记录</td></tr>
<tr><td rowspan="4">主控项目</td><td>1</td><td>保护层材料质量及配合比</td><td colspan="3">4.5.6 条</td><td colspan="10">所用材料均进行了复试结果合格，配合比满足设计要求</td><td rowspan="4">共检查 3 项，结果合格</td></tr>
<tr><td>2</td><td>块体材料、水泥砂浆或细石混凝土保护层的强度等级</td><td colspan="3">4.5.7 条</td><td colspan="10">保护层细石混凝土强度等级为 C25，试验结果合格</td></tr>
<tr><td>3</td><td>保护层的排水坡度</td><td colspan="3">4.5.8 条</td><td colspan="10">排水坡度满足设计要求</td></tr>
<tr><td></td><td colspan="4"></td><td colspan="10"></td></tr>
<tr><td rowspan="11">一般项目</td><td>1</td><td>块体材料保护层表面质量</td><td colspan="3">4.5.9 条</td><td colspan="10">表面干净，接缝平整，周边顺直，镶嵌正确，无空鼓现象</td><td rowspan="11">共检查了 4 个项目，允许偏差项目合格点率 80% 以上，最大超差点未超过允许偏差的 1.5 倍，其他项目满足规范规定和设计要求</td></tr>
<tr><td>2</td><td>水泥砂浆、细石混凝土保护层质量</td><td colspan="3">4.5.10 条</td><td colspan="10">无裂纹、脱皮、麻面和起砂等现象</td></tr>
<tr><td>3</td><td>浅色涂料与防水层粘接</td><td colspan="3">4.5.11 条</td><td colspan="10">粘结牢固、厚度均匀无漏涂料现象</td></tr>
<tr><td rowspan="2">4</td><td rowspan="2">保护层质量</td><td colspan="3">允许偏差（mm）</td><td colspan="10" rowspan="2">量测值</td></tr>
<tr><td>块体材料</td><td>水泥砂浆</td><td>√细石混凝土</td></tr>
<tr><td>1）</td><td>表面平整度</td><td>4.0</td><td>4.0</td><td>5.0</td><td>1</td><td>3</td><td>2</td><td>3</td><td>1</td><td>0</td><td>4</td><td>5</td><td>△6</td><td>0</td></tr>
<tr><td>2）</td><td>缝格平直</td><td>3.0</td><td>3.0</td><td>3.0</td><td>1</td><td>0</td><td>4</td><td>5</td><td>6</td><td>0</td><td>1</td><td>3</td><td>2</td><td>3</td></tr>
<tr><td>3）</td><td>接缝高低差</td><td>1.5</td><td>—</td><td>—</td><td></td><td></td><td></td><td></td><td></td><td></td><td></td><td></td><td></td><td></td></tr>
<tr><td>4）</td><td>板块间隙宽度</td><td>2.0</td><td>—</td><td>—</td><td></td><td></td><td></td><td></td><td></td><td></td><td></td><td></td><td></td><td></td></tr>
<tr><td>5）</td><td>保护层厚度</td><td colspan="3">设计厚度的 10%，且不得大于 5mm</td><td></td><td></td><td></td><td></td><td></td><td></td><td></td><td></td><td></td><td></td></tr>
<tr><td></td><td colspan="4"></td><td colspan="10"></td></tr>
<tr><td colspan="2">施工单位检查评定结果</td><td colspan="15">主控项目全部合格，一般项目符合设计和规范要求，该检验批合格。
项目专业质量检查员：孙某某　　2012 年 06 月 13 日</td></tr>
<tr><td colspan="2">监理（建设）单位验收结论</td><td colspan="15">该检验批合格。
监理工程师
（建设单位项目专业技术负责人）：张某某　　2012 年 06 月 13 日</td></tr>
</table>

表 G6-5　屋面板状材料保温层检验批质量验收记录填写指南

【填写示例】

表 G6-5　屋面板状材料保温层检验批质量验收记录

<table>
<tr><td colspan="2">工程名称</td><td colspan="2">某某工程</td><td colspan="4">分项工程名称</td><td colspan="3">保温与隔热</td><td colspan="3">验收部位</td><td>屋面</td></tr>
<tr><td colspan="2">施工单位</td><td colspan="9">某某建筑工程有限公司</td><td colspan="3">项目经理</td><td>刘某某</td></tr>
<tr><td colspan="2">施工执行标准名称及编号</td><td colspan="9">《屋面工程质量验收规范》GB50207—2012</td><td colspan="3">专业工长</td><td>张某某</td></tr>
<tr><td colspan="2">分包单位</td><td colspan="2">/</td><td colspan="4">分包项目经理</td><td colspan="3">/</td><td colspan="3">施工班组长</td><td>田某某</td></tr>
<tr><td>检控项目</td><td>序号</td><td colspan="2">质量验收规范的规定</td><td colspan="10">施工单位检查评定记录</td><td>监理(建设)单位验收记录</td></tr>
<tr><td rowspan="5">主控项目</td><td>1</td><td>板状材料保温材料质量</td><td>5.2.4条</td><td colspan="10">质量证明文件齐全，复试结果合格</td><td rowspan="5">共检查3项，结果合格</td></tr>
<tr><td>2</td><td>板状材料保温层的厚度</td><td>5.2.5条</td><td colspan="10">厚度满足设计要求</td></tr>
<tr><td>3</td><td>屋面热桥部位处理</td><td>5.2.6条</td><td colspan="10">热桥部位满足设计要求</td></tr>
<tr><td></td><td></td><td></td><td colspan="10"></td></tr>
<tr><td></td><td></td><td></td><td colspan="10"></td></tr>
<tr><td rowspan="7">一般项目</td><td>1</td><td>保温层的铺设要求</td><td>5.2.7条</td><td colspan="10">铺设紧贴基层、铺平垫稳、拼缝严密、粘贴牢固</td><td rowspan="7">共检查了3个项目，允许偏差项目合格点率为90%以上，最大超差点未超过允许偏差的1.5倍，其他2项满足规范规定和设计要求</td></tr>
<tr><td>2</td><td>固定件与垫片要求</td><td>5.2.8条</td><td colspan="10">固定件满足设计要求，垫片平齐</td></tr>
<tr><td>3</td><td>项　目</td><td>允许偏差(mm)</td><td colspan="10">量测值</td></tr>
<tr><td>1)</td><td>保温层表面平整度</td><td>5</td><td>1</td><td>3</td><td>2</td><td>3</td><td>1</td><td>0</td><td>4</td><td>5</td><td>△6</td><td>0</td></tr>
<tr><td>3)</td><td>保温层接缝高低差</td><td>2</td><td>1</td><td>0</td><td>1</td><td>2</td><td>2</td><td>0</td><td>1</td><td>△3</td><td>2</td><td>3</td></tr>
<tr><td></td><td></td><td></td><td colspan="10"></td></tr>
<tr><td></td><td></td><td></td><td colspan="10"></td></tr>
<tr><td colspan="2">施工单位检查评定结果</td><td colspan="13">主控项目全部合格，一般项目符合设计和规范要求，该检验批合格。
项目专业质量检查员：孙某某　　　　2012年06月13日</td></tr>
<tr><td colspan="2">监理(建设)单位验收结论</td><td colspan="13">该检验批合格。
监理工程师
(建设单位项目专业技术负责人)：张某某　　　　2012年06月13日</td></tr>
</table>

表 G6-12 卷材防水层检验批质量验收记录填写指南

【填写示例】

表 G6-12 SBS 改性沥青卷材防水层检验批质量验收记录

工程名称	某某工程	分项工程名称	防水与密封	验收部位	屋面
施工单位	某某建筑工程有限公司			项目经理	刘某某
施工执行标准名称及编号	《屋面工程质量验收规范》GB50207—2012			专业工长	张某某
分包单位	/	分包项目经理	/	施工班组长	田某某

检控项目	序号	质量验收规范的规定		施工单位检查评定记录	监理(建设)单位验收记录
主控项目	1	卷材防水层所用材料质量	6.2.10 条	材料均进行了复试，结果合格	共检查 3 项，结果合格
	2	卷材防水层质量	6.2.11 条	进行了蓄水试验，无渗漏和积水现象	
	3	卷材防水层在天沟等处的防水构造	6.2.12 条	防水构造均符合设计要求	
一般项目	1	卷材的搭接缝的粘结、焊接与密封	6.2.13 条	粘接牢固，密封严密，无扭曲、皱折和翘边现象	共检查了 5 个项目，允许偏差项目合格点率为 100%，其他 4 项满足规范规定和设计要求
	2	卷材防水层的收头与密封	6.2.14 条	定压牢固，密封严密	
	3	排汽屋面排汽道要求	6.2.16 条	排汽道纵横贯通、无堵塞，排气管安装牢固、位置正确、密封严密	
	4	卷材铺贴方向	6.2.15 条	铺贴方向正确	
	5	卷材搭接宽度允许偏差	－10mm	2　3　4　6　2　0　8　9　3	

施工单位检查评定结果	主控项目全部合格，一般项目符合设计和规范要求，该检验批合格。 项目专业质量检查员：孙某某	2012 年 06 月 13 日
监理(建设)单位验收结论	该检验批合格。 监理工程师 (建设单位项目专业技术负责人)：张某某	2012 年 06 月 13 日

表 G6-21　屋面檐沟和天沟细部构造检验批质量验收记录填写指南

【填写示例】

表 G6-21　屋面檐沟和天沟细部构造检验批质量验收记录

<table>
<tr><td>工程名称</td><td colspan="3">某某工程</td><td>分项工程名称</td><td>细部构造</td><td>验收部位</td><td>屋面</td></tr>
<tr><td>施工单位</td><td colspan="5">某某建筑工程有限公司</td><td>项目经理</td><td>刘某某</td></tr>
<tr><td>施工执行标准名称及编号</td><td colspan="5">《屋面工程质量验收规范》GB50207—2012</td><td>专业工长</td><td>张某某</td></tr>
<tr><td>分包单位</td><td colspan="3">/</td><td>分包项目经理</td><td>/</td><td>施工班组长</td><td>田某某</td></tr>
<tr><td>检控项目</td><td>序号</td><td colspan="2">质量验收规范的规定</td><td colspan="3">施工单位检查评定记录</td><td>监理(建设)单位验收记录</td></tr>
<tr><td rowspan="3">主控项目</td><td>1</td><td>檐沟、天沟的防水构造</td><td>8.3.1 条</td><td colspan="3">檐沟、天沟均符合设计要求</td><td rowspan="3">共检查 2 项，结果合格</td></tr>
<tr><td>2</td><td>檐沟、天沟的排水</td><td>8.3.2 条</td><td colspan="3">排水坡度符合实际要求，无渗漏和积水现象</td></tr>
<tr><td></td><td></td><td></td><td colspan="3"></td></tr>
<tr><td rowspan="9">一般项目</td><td>1</td><td>附加层铺设</td><td>8.3.3 条</td><td colspan="3">均按设计要求铺设了附加层</td><td rowspan="9">共检查 3 项，均满足规范规定和设计要求</td></tr>
<tr><td>2</td><td>檐沟防水层收头的固定与密封</td><td>8.3.4 条</td><td colspan="3">檐沟防水层收口位置符合要求，金属压条固定、密封严密</td></tr>
<tr><td>3</td><td>檐沟外侧顶部、侧面及下部的质量</td><td>8.3.5 条</td><td colspan="3">侧面均抹聚合物水泥砂浆，下端均做鹰嘴和滴水槽</td></tr>
<tr><td></td><td></td><td></td><td colspan="3"></td></tr>
<tr><td></td><td></td><td></td><td colspan="3"></td></tr>
<tr><td></td><td></td><td></td><td colspan="3"></td></tr>
<tr><td></td><td></td><td></td><td colspan="3"></td></tr>
<tr><td></td><td></td><td></td><td colspan="3"></td></tr>
<tr><td></td><td></td><td></td><td colspan="3"></td></tr>
<tr><td>施工单位检查评定结果</td><td colspan="7">主控项目全部合格，一般项目符合设计和规范要求，该检验批合格。
项目专业质量检查员：孙某某　　2012 年 06 月 13 日</td></tr>
<tr><td>监理(建设)单位验收结论</td><td colspan="7">该检验批合格。
监理工程师
(建设单位项目专业技术负责人)：张某某　　2012 年 06 月 13 日</td></tr>
</table>

7.7 G7类检验批记录填写指南

7.7.1 检验批的划分

G7类检验批验收执行《地下防水工程质量验收规范》GB50208—2011，属地基与基础分部中地下防水子分部。其检验批划分应符合以下原则：主体结构防水工程和细部构造防水工程应按结构层、变形缝或后浇带等施工段划分检验批；特殊施工法结构防水工程应按隧道区间、变形缝等施工段划分检验批；排水工程和注浆工程应各为一个检验批。

在《建筑工程施工质量验收统一标准》GB50300—2001中表B.0.1的基础上，遵循检验批划分原则，将混凝土结构子分部的各分项工程细化到检验批。各分项工程的检验批质量验收记录见表7-13。

表7-13 G7类检验批质量验收记录实用表式划分明细

资料类别	分项工程		检验批 表格编号	检验批表格名称
地下防水工程质量验收规范（G7类）	主体结构防水	防水混凝土	表G7-1	防水混凝土检验批质量验收记录
		水泥砂浆防水层	表G7-2	水泥砂浆防水层检验批质量验收记录
		卷材防水层	表G7-3	卷材防水层检验批质量验收记录
		涂料防水层	表G7-4	涂料防水层检验批质量验收记录
		塑料防水板防水层	表G7-5	塑料防水板防水层检验批质量验收记录
		金属板防水层	表G7-6	金属板防水层检验批质量验收记录
		膨润土防水材料防水层	表G7-7	膨润土防水层检验批质量验收记录
	细部构造防水	施工缝	表G7-8	施工缝细部构造检验批质量验收记录
		变形缝	表G7-9	变形缝细部构造检验批质量验收记录
		后浇带	表G7-10	后浇带细部构造检验批质量验收记录
		穿墙管	表G7-11	穿墙管细部构造检验批质量验收记录
		埋设件	表G7-12	埋设件细部构造检验批质量验收记录
		预留通道接头	表G7-13	预留通道细部构造检验批质量验收记录
		桩头	表G7-14	桩头细部构造检验批质量验收记录
		孔口、	表G7-15	孔口细部构造检验批质量验收记录
		坑、池	表G7-16	坑、池细部构造检验批质量验收记录
	特殊施工法结构防水	锚喷支护	表G7-17	锚喷支护结构检验批质量验收记录
		地下连续墙	表G7-18	地下连续墙结构检验批质量验收记录
		盾构隧道	表G7-19	盾构法隧道结构防水检验批质量验收记录
		沉井	表G7-20	沉井结构防水检验批质量验收记录
		逆筑结构	表G7-21	逆筑结构防水检验批质量验收记录
	排水	渗排水、盲沟排水	表G7-22	渗排水、盲沟排水检验批质量验收记录
		隧道排水、坑道排水	表G7-23	隧道排水、坑道排水检验批质量验收记录
		塑料排水板排水	表G7-24	塑料排水板排水检验批质量验收记录
	注浆	预注浆、后注浆	表G7-25	预注浆、后注浆检验批质量验收记录
		结构裂缝注浆	表G7-26	结构裂缝注浆检验批质量验收记录

7.7.2　检验批报验

1)检验批的报验程序。

检验批验收前,施工单位自检合格并填写“工程报验单和检验批质量验收记录”报专业监理工程师。由专业监理工程师(或建设单位项目技术负责人)组织相关人员,严格按规定程序进行验收,并填写“监理单位验收记录”和“监理单位验收结论”。

2)常用工程检验批报验资料,见表表7-14。

表7-14　常用检验批报验必备资料

<table>
<tr><th>子分部工程</th><th>分项工程</th><th>检验批工程</th><th>报验用表</th><th>必备资料</th><th>共性资料</th></tr>
<tr><td rowspan="14">地下防水工程</td><td rowspan="7">主体结构防水</td><td>防水混凝土</td><td rowspan="7">工程报验单</td><td>检验批质量验收记录
G3类混凝土检验批报验资料</td><td rowspan="14">1. 原材料质量证明文件
2. 隐蔽工程验收记录
3. 地下工程有防水等级标准规定的均应进行地下工程渗漏水调查与检测</td></tr>
<tr><td>水泥砂浆防水层</td><td>检验批质量验收记录
原材料复试报告</td></tr>
<tr><td>卷材防水层</td><td rowspan="5">检验批质量验收记录</td></tr>
<tr><td>涂料防水层</td></tr>
<tr><td>塑料防水板防水层</td></tr>
<tr><td>金属板防水层</td></tr>
<tr><td>膨润土防水材料防水层</td></tr>
<tr><td>细部构造防水</td><td>施工缝、变形缝、后浇带、穿墙管、埋设件、预留通道接头、桩头、孔口、坑、池</td><td>工程报验单</td><td>检验批质量验收记录</td></tr>
<tr><td>特殊施工法结构防水</td><td>锚喷支护、地下连续墙、盾构隧道、沉井、逆筑结构</td><td>工程报验单</td><td>检验批质量验收记录
G1类对应检验批验收资料</td></tr>
<tr><td rowspan="3">排水</td><td>渗排水、盲沟排水</td><td rowspan="3">工程报验单</td><td rowspan="3">检验批质量验收记录
G1类对应检验批验收资料</td></tr>
<tr><td>隧道排水、坑道排水</td></tr>
<tr><td>塑料排水板排水</td></tr>
<tr><td rowspan="2">注浆</td><td>预注浆、后注浆</td><td rowspan="2">工程报验单</td><td rowspan="2">检验批质量验收记录
G1类对应检验批验收资料</td></tr>
<tr><td>结构裂缝注浆</td></tr>
</table>

3)检验批质量合格条件。

(1)检查主要质量控制资料。对其完整性的检查,实际是对过程控制的确认,这是检验批合格的前提。

(2)检验批合格质量应符合下列规定:

①主控项目必须符合验收标准的规定;

②一般项目的质量经抽样检验合格;当采用计数检验时,除有专门要求外,一般项目的合格点率达到80%及其以上,最大超差值为允许偏差值的1.5倍。

7.7.3　检验批填写指南

G7类检验批验收执行《地下防水工程质量验收规范》GB50208—2011(2011版),《地下防水工程质量验收规范》GB50208—2011修订后主要包括总则、术语、基本规定、主体结构防水工程、细部构造防水工程、特殊施工法结构防水工程、排水工程、珠江工程和子分部工程质量验收等内容，各部分具体修订内容如下：

(1)总则中明确了本规范适用于房屋建筑、市政隧道、防护工程、地下铁道等地下防水工程质量验收；增加了推广应用新技术的有关要求；增加了地下防水工程施工应符合国家有关安全与劳动防护和环境保护的规定。

(2)术语中列出了现行标准中尚无统一规定且需要本规范给出确切定义的术语。

(3)基本规定强调了：①地下工程不同防水等级相应的防水标准；②主体结构和细部构造的防水设防要求；③地下防水工程施工应具备相应的资质和持证上岗的规定；④防水材料产品性能检测报告必须由具备相应资质的检测单位出具；⑤把好材料进场验收关；⑥分项工程和检验批的划分和抽样检验数量。

(4)主体结构防水工程强调了：①防水混凝土的耐久性；②防水砂浆的粘结性和抗渗性；③防水卷材接缝的粘结质量；④涂料防水层的厚度。

(5)细部构造防水工程适用于施工缝、变形缝、后浇带、穿墙管、埋设件、预留通道接头、桩头、孔口、坑、池等分项工程的施工质量验收。

(6)特殊施工法结构防水工程适用于锚喷支护、地下连续墙、盾构隧道、沉井和逆筑结构等分项工程的施工质量验收。

(7)排水工程适用于渗排水及盲沟排水、隧道排水及坑道排水、塑料排水板排水等分项工程的施工质量验收。

(8)珠江工程适用于预注浆及后注浆、结构裂缝注浆分项工程的施工质量验收。

(9)子分部工程质量验收强调了：①施工质量验收的程序和组织；②检验批及分项、子分部工程质量验收的合格判定；③地下防水工程竣工和记录资料；④隐蔽工程验收；⑤观感质量检查；⑥地下工程渗漏水检测。

新规程依据《地下防水工程质量验收规范》GB50208—2011 修订了原有检验批，共增加了 11 个检验批，本节以【填写示例】、【填写要点】和【相关规定】的形式，对表 G7-1～3 3 个常用检验批实用表式进行了示范填写，但对检验批报验相关的其他实用表式（如工程报验单、隐蔽工程验收记录和渗漏水检查等）已在相应章节中进行了讲解，本节不再重述。

表G7-1　防水混凝土检验批质量验收记录填写指南

【填写示例】

表G7-1　防水混凝土检验批质量验收记录

工程名称	某某工程	分项工程名称	防水混凝土	验收部位	地下室外墙
施工单位	某某建筑工程有限公司			项目经理	刘某某
施工执行标准名称及编号	《地下防水工程质量验收规范》GB50208—2011			专业工长	张某某
分包单位	/	分包项目经理	/	施工班组长	田某某

检控项目	序号	质量验收规范的规定		施工单位检查评定记录										监理(建设)单位验收记录
主控项目	1	防水混凝土原材料	4.1.14条	原材料质量证明文件齐全,复试合格										共检查5项,结果合格
	2	防水混凝土配合比	4.1.14条	配合比符合设计要求										
	3	防水混凝土坍落度	4.1.14条	坍落度满足设计要求										
	4	防水混凝土的抗压强度和抗渗性	4.1.15条	按要求留置了试块,且试验结果合格										
	5	施工缝、变形缝、后浇带、穿墙管、埋设件设置和构造	4.1.16条	施工缝、变形缝、后浇带、穿墙管、埋设件设置和构造均符合设计要求										
一般项目	1	防水混凝土结构表面	4.1.17条	表面坚实、平整,无露筋、蜂窝等缺陷,埋件位置准确										共检查了4个项目,允许偏差项目2项,其合格点率均大于80%,最大超差值均小于允许偏差值的1.5倍,其他2项满足规范规定和设计要求
	2	结构表面裂缝宽度	≤0.2mm并不得贯通	结构表面裂缝最大0.1mm,且不贯通										
	3	厚度	允许偏差(mm)	量测值(mm)										
	1)	结构厚度不应小于250mm	+8-5	5	5	8	4	5	△9	5	0	5	4	
	2)	迎水面钢筋保护层厚度不应小于50mm	±5	1	2	3	3	0	2	5	6	5	4	

施工单位检查评定结果	主控项目全部合格,一般项目符合设计和规范要求,该检验批合格。 项目专业质量检查员:孙某某　　2012年06月13日
监理(建设)单位验收结论	该检验批合格。 监理工程师 (建设单位项目专业技术负责人):张某某　　2012年06月13日

表 G7-2 水泥砂浆防水层检验批质量验收记录填写指南

【填写示例】

表 G7-2 水泥砂浆防水层检验批质量验收记录

工程名称	某某工程	分项工程名称	防水混凝土	验收部位	地下室外墙
施工单位	某某建筑工程有限公司			项目经理	刘某某
施工执行标准名称及编号	《地下防水工程质量验收规范》GB50208—2011			专业工长	张某某
分包单位	/	分包项目经理	/	施工班组长	田某某
检控项目	序号	质量验收规范的规定		施工单位检查评定记录	监理(建设)单位验收记录
主控项目	1	原材料及配合比	4.2.7 条	原材料质量证明文件齐全,复试合格,配合比符合设计要求	共检查 3 项,结果合格
	2	防水砂浆的粘结强度和抗渗性能	4.2.8 条	进行了抗渗性能检测结果合格	
	3	防水层各层之间	4.2.9 条	结合牢固,无空鼓现象	
一般项目	1	水泥砂浆防水层表面	4.2.10 条	表面密实、平整,无裂纹、起砂、麻面等缺陷	共检查了 4 个项目,允许偏差项目 1 项,其合格点率为 100%,其他 3 项满足规范规定和设计要求
	2	防水层施工缝留槎与接槎	4.2.11 条	施工留槎位置正确,接槎顺序操作,层层搭接紧密	
	3	水泥砂浆防水层平均厚度	符合设计要求最小厚度不得小于设计值的 85%	水泥砂浆平均厚度为设计厚度的 95%	
		项目	允许偏差(mm)	量测值(mm)	
	4	表面平整度	5	5 0 2 1 2 0 5 2 0 5	
施工单位检查评定结果	主控项目全部合格,一般项目符合设计和规范要求,该检验批合格。 项目专业质量检查员:孙某某 2012 年 06 月 13 日				
监理(建设)单位验收结论	该检验批合格。 监理工程师 (建设单位项目专业技术负责人):张某某 2012 年 06 月 13 日				

表 G7-3　卷材防水层检验批质量验收记录填写指南

【填写示例】

表 G7-3　卷材防水层检验批质量验收记录

工程名称	某某工程	分项工程名称	防水混凝土	验收部位	地下室外墙
施工单位	某某建筑工程有限公司			项目经理	刘某某
施工执行标准名称及编号	《地下防水工程质量验收规范》GB50208－2011			专业工长	张某某
分包单位	/	分包项目经理	/	施工班组长	田某某

检控项目	序号	质量验收规范的规定		施工单位检查评定记录	监理(建设)单位验收记录
主控项目	1	卷材防水层所用卷材及主要配套材料	4.3.15 条	所用原材料质量证明文件齐全，复试合格	共检查 2 项，均符合规范规定和设计要求
	2	卷材防水层在转角处、变形缝、施工缝、穿墙管道等细部做法	4.3.16 条	卷材防水层细部做法符合设计要求	
一般项目	1	卷材防水层的搭接缝应粘(焊)结牢固，密封严密，不得有扭曲、皱折、翘边和起泡等缺陷	4.3.17 条	卷材防水层的搭接缝粘结牢固，密封严密，无扭曲、皱折、翘边和起泡等缺陷	共检查了 4 个项目，允许偏差项目 1 项，其合格点率为 100%，其他 3 项满足规范规定和设计要求
	2	外防外贴法铺贴卷材防水层质量立面卷材的搭接宽度	4.3.18 条	立面卷材搭接宽度均大于 150mm，且上层盖过下层	
	3	侧墙卷材防水层的保护层与防水层	4.3.19 条	保护层与防水层结合紧密，保护层厚度满足设计要求	
		项　目	允许偏差(mm)	量测值	
	4	卷材搭接宽度	－10	2 | 5 | 8 | 0 | 5 | 6 | 4 | 5 | 5 | 7	

施工单位检查评定结果	主控项目全部合格，一般项目符合设计和规范要求，该检验批合格。 项目专业质量检查员：孙某某　　　　2012 年 06 月 13 日
监理(建设)单位验收结论	该检验批合格 监理工程师 (建设单位项目专业技术负责人)：张某某　　　　2012 年 06 月 13 日

7.8 G8类检验批记录填写指南

7.8.1 检验批的划分

G8类检验批验收执行《建筑地面工程施工质量验收规范》GB50209—2010，属装饰装修分部中子分部之一。其检验批划分应符合以下原则：基层（各构造层）和各类面层的分项工程的施工质量验收应按每一层次或每层施工段（或变形缝）划分检验批，高层建筑的标准层可按每三层（不足三层按三层计）划分检验批。

在《建筑工程施工质量验收统一标准》GB50300—2001中表B.0.1的基础上，遵循检验批划分原则，将混凝土结构子分部的各分项工程细化到检验批。各分项工程的检验批质量验收记录见表7-15。

表7-15 G8类检验批质量验收记录实用表式划分明细

资料类别	分项工程			检验批	
				表格编号	检验批表格名称
建筑地面工程施工质量验收规范（G8类）	整体面层	基层	基土	表G8-1	基土检验批质量验收记录
			灰土垫层	表G8-2	灰土垫层检验批质量验收记录
			砂垫层和砂石垫层	表G8-3	砂垫层和砂石垫层检验批质量验收记录
			碎石垫层和碎砖垫层	表G8-4	碎石垫层和碎砖垫层检验批质量验收记录
			三合土垫层及四合土垫层	表G8-5	三合土垫层和四合土垫层检验批质量验收记录
			炉渣垫层	表G8-6	炉渣垫层检验批质量验收记录
			水泥混凝土垫层和陶粒混凝土垫层	表G8-7	混凝土垫层和陶粒混凝土垫层检验批质量验收记录
			找平层	表G8-8	找平层检验批质量验收记录
			隔离层	表G8-9	隔离层检验批质量验收记录
			填充层	表G8-10	填充层检验批质量验收记录
			绝热层	表G8-11	绝热层检验批质量验收记录
		面层	水泥混凝土面层、地面辐射供暖的整体面层	表G8-12	水泥混凝土（地面辐射供暖）面层检验批质量验收记录
			水泥砂浆面层	表G8-13	水泥砂浆（地面辐射供暖）面层检验批质量验收记录
			水磨石面层	表G8-14	水磨石面层检验批质量验收记录
			硬化耐磨面层	表G8-15	硬化耐磨面层检验批质量验收记录
			防油渗面层	表G8-16	防油渗面层检验批质量验收记录
			不发火（防爆的）面层	表G8-17	不发火（防爆）面层检验批质量验收记录
			自流平面层	表G8-18	自流平面层检验批质量验收记录
			涂料面层	表G8-19	涂料面层检验批质量验收记录
			塑胶面层	表G8-20	塑胶面层检验批质量验收记录

续表

资料类别	分项工程			检验批	
				表格编号	检验批表格名称
建筑地面工程施工质量验收规范(G8类)	板块面层	基层	同整体面层基层		
		面层	砖(地面辐射供暖)面层,包含:陶瓷锦砖、缸砖、陶瓷地砖、水泥花砖面层。	表 G8-21	砖(地面辐射供暖)面层检验批质量验收记录
			大理石面层和花岗岩(地面辐射供暖)面层	表 G8-22	大理石和花岗石(地面辐射供暖)面层检验批质量验收记录
			预制板块(地面辐射供暖)面层,包含:水泥混凝土板块、水磨石板面层、人造石板块面层。	表 G8-23	预制板块(地面辐射供暖)面层检验批质量验收记录
			料石面层(条石、块石面层)	表 G8-24	料(块)石面层检验批质量验收记录
			塑料板(地面辐射供暖)面层	表 G8-25	塑料板(地面辐射供暖)面层检验批质量验收记录
			活动地板面层	表 G8-26	活动地板面层检验批质量验收记录
			金属板面层	表 G8-27	金属板面层检验批质量验收记录
			地毯面层	表 G8-28	地毯面层检验批质量验收记录
	木、竹面层	基层	同整体面层基层		
		面层	实木地板、实木集成地板、竹地板面层(条材、块材面层)、地面辐射供暖的木板面层	表 G8-29	实木、实木集成、竹地板面层检验批质量验收记录
			实木复合地板面层(条材、块材面层)	表 G8-30	实木复合地板(地面辐射供暖)面层检验批质量验收记录
			浸渍纸层压木质地板面层(条材、块材面层)、地面辐射供暖的木板面层	表 G8-31	浸渍纸层压木质地板(地面辐射供暖)面层检验批质量验收记录
			软木类地板面层(条材、块材面层)	表 G8-32	软木类地板面层检验批质量验收记录

注:

1. 地面辐射供暖涉及多种面层的地面,规程将地面辐射供暖的主控项目和一般项目与对应面层检验批合并给出,故地面辐射供暖分项未单独给出检验批实用表式。

2. 砖面层包含:陶瓷锦砖、缸砖、陶瓷地砖、水泥花砖面层。

3. 预制板块面层包含:水泥混凝土板块、水磨石板面层、人造石板块面层。

7.8.2 检验批报验

1)检验批的报验程序。

检验批验收前,施工单位自检合格并填写“工程报验单和检验批质量验收记录”报专业监理工程师。由专业监理工程师(或建设单位项目技术负责人)组织相关人员,严格按规定程序进行验收,并填写“监理单位验收记录”和“监理单位验收结论”。

2)地面工程常用检验批报验资料,见表 7-16。

表 7-16 常用检验批报验必备资料

子分部工程	分项工程	检验批	报验用表	必备资料	备注
地面	基层	混凝土基层	工程报验单	隐蔽工程验收记录 混凝土试块强度报告 检验批质量验收记录	各检验批除必备资料要求外,均应提供原材料质量证明文件,对有复试要求的原材料还应提供复试检测报告
		土基层	工程报验单	检验批质量验收记录 土壤试验报告 隐蔽工程验收记录	
		其他基层	工程报验单	检验批质量验收记录 隐蔽工程验收记录	
		隔离层	工程报验单	检验批质量验收记录 淋(蓄)水试验 隐蔽工程验收记录	
	面层		工程报验单	检验批质量验收记录	
	地面辐射供暖地面		工程报验单	检验批质量验收记录 隐蔽工程验收记录 采暖系统水压试验记录	

3)检验批质量合格的条件。

检验批质量合格的条件:资料检查、主控项目和一般项目的检验。

(1)资料检查主要是指质量控制资料。对其完整性的检查,实际是对过程控制的确认,这是检验批合格的前提。

(2)检验批合格质量应符合下列规定:

主控项目的质量经抽样检验合格;一般项目应有 80%及以上的抽查点(处)符合规范规定,超差点不能有明显影响使用,并不得大于允许偏差值的 50%为合格。

7.8.3 检验批填写指南

G8 类检验批验收执行《建筑地面工程施工质量验收规范》GB50209—2010(2010 版),《建筑地面工程施工质量验收规范》修订了以下内容:修订后实现了与近年来颁布实施的国家现行标准《建筑节能工程施工质量验收规范》GB50411、《民用建筑工程室内环境污染控制规范》GB50325、《地面辐射供暖技术规程》JGJ142、《种植屋面工程技术规程》JGJ155 等标准的衔接;增加了辐射供暖、硬化耐磨、自流平、塑胶、金属板面层等新型地面的施工质量验收要求;明确了重要材料的现场复验、环保检测等要求;对原规范条文中的不完善之处亦进行了修订和补充。

新规程依据 2010 版《建筑地面工程施工质量验收规范》修订了原有检验批,共增加了 5 个检验批,本节以【填写示例】、【填写要点】和【相关规定】的形式,对表 G8-9、G8-12、表 G8-18 这 3 个常用检验批实用表式进行了示范填写,但对检验批报验相关的其他实用表式(如工程报验单、隐蔽工程验收记录和淋蓄水试验等)已在相应章节中进行了讲解,本节不再重述。

表 G8-9　隔离层检验批质量验收记录填写指南

【填写示例】　　　　表 G8-9　隔离层检验批质量验收记录

<table>
<tr><td>工程名称</td><td>某某工程</td><td>分项工程名称</td><td colspan="2">隔离层</td><td>验收部位</td><td>首层卫生间</td></tr>
<tr><td>施工单位</td><td colspan="4">某某建筑工程有限公司</td><td>项目经理</td><td>刘某某</td></tr>
<tr><td>施工执行标准名称及编号</td><td colspan="4">《建筑地面工程施工质量验收规范》GB50209—2010</td><td>专业工长</td><td>张某某</td></tr>
<tr><td>分包单位</td><td>/</td><td>分包项目经理</td><td colspan="2">/</td><td>施工班组长</td><td>田某某</td></tr>
</table>

<table>
<tr><td>检控项目</td><td>序号</td><td colspan="3">质量验收规范的规定</td><td colspan="10">施工单位检查评定记录</td><td>监理(建设)单位验收记录</td></tr>
<tr><td rowspan="5">主控项目</td><td>1</td><td>隔离层材料要求</td><td colspan="2">4.10.9 条</td><td colspan="10">质量证明文件齐全有效</td><td rowspan="5">共检查 5 项，结果合格</td></tr>
<tr><td>2</td><td>卷材类、涂料类材料的主要物理性能指标</td><td colspan="2">应进行复试</td><td colspan="10">进行了复试，结果合格</td></tr>
<tr><td>3</td><td>厨浴间和有防水要求的建筑地面隔离层设置</td><td colspan="2">4.10.11 条</td><td colspan="10">防水隔离层设置符合设计要求，楼层结构符合规范规定</td></tr>
<tr><td>4</td><td>水泥类隔离层防水性能和强度等级</td><td colspan="2">必须符合设计要求</td><td colspan="10">/</td></tr>
<tr><td>5</td><td>防水隔离层的质量要求</td><td colspan="2">严禁渗漏、排水的坡向应正确，排水通畅</td><td colspan="10">进行了蓄水试验，排水坡向正确，排水通畅，无渗漏现象</td></tr>
<tr><td rowspan="9">一般项目</td><td>1</td><td>隔离层厚度</td><td colspan="2">符合设计要求</td><td colspan="10">隔离层厚度满足设计要求</td><td rowspan="9">共检查了 6 个项目，允许偏差项目 3 项，其合格点率均大于 80%，最大超差值均小于允许偏差值的 1.5 倍，其他 3 项满足规范规定和设计要求</td></tr>
<tr><td>2</td><td>隔离层与下一层粘结</td><td colspan="2">粘结牢固，不应有空鼓</td><td colspan="10">粘结牢固，无空鼓现象</td></tr>
<tr><td>3</td><td>防水涂层</td><td colspan="2">应平整、均匀，无脱皮、起壳、裂缝、鼓泡等缺陷</td><td colspan="10">防水涂层平整、均匀，无脱皮、起壳、裂缝、鼓泡等缺陷</td></tr>
<tr><td>4</td><td>隔离层表面</td><td colspan="2">允许偏差(mm)</td><td colspan="10">量测值(mm)</td></tr>
<tr><td>1)</td><td>表面平整度</td><td colspan="2">3</td><td>0</td><td>0</td><td>1</td><td>2</td><td>0</td><td>1</td><td>2</td><td>2</td><td>3</td><td>3</td></tr>
<tr><td>2)</td><td>标　高</td><td colspan="2">±4</td><td>0</td><td>1</td><td>2</td><td>0</td><td>2</td><td>1</td><td>3</td><td>4</td><td>2</td><td>0</td></tr>
<tr><td rowspan="2">3)</td><td rowspan="2">坡　度</td><td rowspan="2">不大于房间相应尺寸的 2/1000 且不大于 30</td><td>长向</td><td>4</td><td>5</td><td>4</td><td>0</td><td>3</td><td>2</td><td>1</td><td>2</td><td>0</td><td>2</td></tr>
<tr><td>短向</td><td>3</td><td>4</td><td>3</td><td>△5</td><td>2</td><td>1</td><td>0</td><td>2</td><td>2</td><td>2</td></tr>
<tr><td>4)</td><td>厚　度</td><td colspan="2">在个别地方不大于设计厚度的 1/10，且不大于 20</td><td></td><td></td><td></td><td></td><td></td><td></td><td></td><td></td><td></td><td></td></tr>
<tr><td></td><td colspan="14">注：房间的长向＝ 3 m　短向＝ 2　m　设计厚度＝　　　m</td><td></td></tr>
<tr><td>施工单位检查评定结果</td><td colspan="15">主控项目全部合格，一般项目符合设计和规范要求，该检验批合格
项目专业质量检查员：孙某某　　　　2012 年 06 月 13 日</td></tr>
<tr><td>监理(建设)单位验收结论</td><td colspan="15">该检验批合格
监理工程师
(建设单位项目专业技术负责人)：张某某　　　　2012 年 06 月 13 日</td></tr>
</table>

表 G8-12　水泥混凝土(地面辐射供暖)面层检验批质量验收记录填写指南

【填写示例】

表 G8-12　水泥混凝土(地面辐射供暖)面层检验批质量验收记录

工程名称	某某工程	分项工程名称	水泥混凝土面层	验收部位	地下室地面
施工单位	某某建筑工程有限公司			项目经理	刘某某
施工执行标准名称及编号	《建筑地面工程施工质量验收规范》GB50209—2010			专业工长	张某某
分包单位	/	分包项目经理	/	施工班组长	田某某

检控项目	序号	质量验收规范的规定		施工单位检查评定记录	监理(建设)单位验收记录
主控项目	1	粗骨料的粒径	不应大于面层厚度的 2/3	地面厚度 50mm,粗骨料粒径为 30mm	共检查 7 项,结果合格
	2	防水水泥混凝土中掺入的外加剂	5.2.4 条	/	
	3	细石混凝土石子粒径	不应大于 16mm		
	4	面层的强度等级要求	符合设计要求,且不低于 C20	混凝土强度为 C20,留置了试块,且试验结果合格	
	5	面层与下一层结合要求	5.2.6 条	结合牢固,无空鼓和开裂	
	6	地面辐射供暖面层的材料要求	5.11.3 条	符合设计要求	
	7	地面辐射供暖面层的分格缝与留缝	5.11.4 条	分隔缝符合设计要求,面层与主体结构留缝均大于 10mm	

续表

<table>
<tr><td rowspan="11">一般项目</td><td>1</td><td colspan="2">面层表面要求</td><td>应洁净、不应有裂纹、脱皮、麻面、起砂等缺陷</td><td colspan="10">表面洁净，无裂纹、脱皮、麻面、起砂等缺陷</td><td rowspan="11">共检查了7个项目，允许偏差项目3项，其合格点率均大于80%，最大超差值均小于允许偏差值的1.5倍，其他4项满足规范规定和设计要求</td></tr>
<tr><td>2</td><td colspan="2">面层表面坡度符合设计要求</td><td>不应有倒泛水和积水</td><td colspan="10">无倒泛水和积水</td></tr>
<tr><td>3</td><td colspan="2">踢脚线与柱墙面要求</td><td>5.2.9条</td><td colspan="10">/</td></tr>
<tr><td rowspan="4">4</td><td rowspan="4">楼梯踏步</td><td>相邻踏步高度差</td><td>不应大于10mm</td><td colspan="10">相邻踏步高度差5mm</td></tr>
<tr><td>每踏步两端宽度差</td><td>不应大于10mm</td><td colspan="10">每踏步两端宽度差6mm</td></tr>
<tr><td>旋转楼梯踏步</td><td>两端宽差不应大于5mm</td><td colspan="10">/</td></tr>
<tr><td>踏步面层</td><td>应做防滑处理，齿角应整齐，防滑条应顺直、牢固</td><td colspan="10">踏步面层做了防滑处理，齿角应整齐，防滑条应顺直、牢固</td></tr>
<tr><td>5</td><td colspan="2">水泥混凝土面层</td><td>允许偏差(mm)</td><td colspan="10">量测值(mm)</td></tr>
<tr><td>1)</td><td colspan="2">表面平整度</td><td>5</td><td>2</td><td>2</td><td>0</td><td>1</td><td>4</td><td>3</td><td>5</td><td>1</td><td>0</td><td>2</td></tr>
<tr><td>2)</td><td colspan="2">踢脚线上口平直</td><td>4</td><td>3</td><td>△5</td><td>1</td><td>0</td><td>2</td><td>2</td><td>2</td><td>0</td><td>1</td><td>4</td></tr>
<tr><td>3)</td><td colspan="2">缝格顺直</td><td>3</td><td>1</td><td>2</td><td>2</td><td>3</td><td>1</td><td>0</td><td>2</td><td>2</td><td>3</td><td>2</td></tr>
<tr><td colspan="3">施工单位
检查评定结果</td><td colspan="13">主控项目全部合格，一般项目符合设计和规范要求，该检验批合格
项目专业质量检查员：孙某某　　2012年06月13日</td></tr>
<tr><td colspan="3">监理(建设)
单位验收结论</td><td colspan="13">该检验批合格
监理工程师
(建设单位项目专业技术负责人)：张某某　　2012年06月13日</td></tr>
</table>

表 G8-18　自流平面层检验批质量验收记录填写指南

【填写示例】

表 G8-18　自流平面层检验批质量验收记录

工程名称	某某工程	分项工程名称	自流平面层	验收部位	首层车间
施工单位	某某建筑工程有限公司			项目经理	刘某某
施工执行标准名称及编号	《建筑地面工程施工质量验收规范》GB50209—2010			专业工长	张某某
分包单位	/	分包项目经理	/	施工班组长	田某某

检控项目	序号	质量验收规范的规定		施工单位检查评定记录										监理（建设）单位验收记录
主控项目	1	铺涂材料要求	5.8.6 条	质量证明文件齐全有效										共检查 4 项，结果合格
	2	涂料有害物质限量合格的检测报告	5.8.7 条	具备有害物质检测报告，结果合格										
	3	各构造层间结合	5.8.9 条	粘结牢固无分离和空鼓现象										
	4	面层表面质量要求	5.8.10 条	无开裂、漏涂和倒泛水积水等现象										
一般项目	1	面层找平	不应留有抹痕	分层施工，面层无抹痕										共检查了 4 个项目，允许偏差项目 2 项，其合格点率均为 100%，其他 2 项满足规范规定和设计要求
	2	表面质量	5.8.12 条	表面光洁、色泽均匀一致，无起泡、泛砂等现象										
	3	自流平面层	允许偏差（mm）	量测值（mm）										
	1)	表面平整度	2	1	2	0	1	2	1	2	1	0	2	
	2)	踢脚线上口平直	3											
	3)	缝格顺直	2	2	2	2	0	1	2	1	2	1	0	

施工单位检查评定结果	主控项目全部合格，一般项目符合设计和规范要求，该检验批合格 项目专业质量检查员：孙某某　　2012 年 06 月 13 日
监理（建设）单位验收结论	该检验批合格 监理工程师 （建设单位项目专业技术负责人）：张某某　　2012 年 06 月 13 日

7.9　G9类检验批记录填写指南

7.9.1　检验批的划分

1)G9类检验批验收执行《建筑装饰装修工程施工质量验收规范》GB50210—2001,属装饰装修分部。该类资料共包括抹灰、门窗、吊顶、轻质隔墙、饰面板(砖)、幕墙、涂饰、裱糊与软包、细部等9个子分部,其检验批划分应符合以下原则:

(1)抹灰、涂饰工程检验批划分原则:

①相同材料、工艺和施工条件的室外工程每500～1000 m^2应划为一个检验批,不足500m^2也应划为一个检验批。

②相同材料、工艺和施工条件的室内工程每50个自然间(大面积房间和走廊按面积每30 m^2为一间)应划分为一个检验批,不足50间也应划分为一个检验批。

(2)门窗工程检验批划分原则:同一品种、类型和规格的木门窗、金属门窗、塑料门窗及门窗玻璃每100樘应划分为一个检验批,不足100樘也应划分为一个检验批。同一品种、类型和规格的特种门每50樘应划分为一个检验批,不足50樘也应划分为一个检验批。

(3)吊顶、轻质隔墙、裱糊与软包工程检验批划分原则:同一品种材料的工程每50间(大面积房间和走廊按吊顶面积30m^2为一间)应划分为一个检验批,不足50间也应划分为一个检验批。

(4)饰面板(砖)工程检验批划分原则:

①相同材料、工艺和施工条件的室内饰面板(砖)工程每50间(大面积房间和走廊按施工面积30m^2为一间)应划分为一个检验批,不足50间也应划分为一个检验批。

②相同材料、工艺和施工条件的室外饰面板(砖)工程每500～1000m^2应划分为一个检验批,不足500m^2也应划分为一个检验批。

(5)幕墙工程检验批划分原则:

①相同设计、材料、工艺和施工条件的幕墙工程每500～1000m^2应划分为一个检验批,不足500 m^2也应划分为一个检验批。

②同一单位工程的不连续的幕墙工程应单独划分检验批。

③对于异型或有特殊要求的幕墙,检验批的划分应根据幕墙的结构、工艺特点及幕墙工程规模,由监理单位(或建设单位)和施工单位协商确定。

2)在《建筑工程施工质量验收统一标准》GB50300—2001中表B.0.1的基础上,遵循检验批划分原则,将混凝土结构子分部的各分项工程细化到检验批。各分项工程的检验批质量验收记录见表7-17。

表 7-17　G9 类检验批质量验收记录实用表式划分明细

资料类别	子分部工程	分项工程	检验批	
			表格编号	检验批表格名称
建筑装饰装修工程施工质量验收规范(G9 类)	抹灰	一般抹灰	表 G9-1	一般抹灰工程检验批质量验收记录
		装饰抹灰	表 G9-2	装饰抹灰工程检验批质量验收记录
		清水砌体勾缝	表 G9-3	清水砌体勾缝工程检验批质量验收记录
	门窗	木门窗制作与安装	表 G9-4	木门窗制作工程检验批质量验收记录
			表 G9-5	木门窗安装工程检验批质量验收记录
		金属门窗安装	表 G9-6	钢门窗安装工程检验批质量验收记录
			表 G9-7	涂色镀锌钢板门窗安装工程检验批质量验收记录
			表 G9-8	铝合金门窗安装工程检验批质量验收记录
		塑料门窗安装	表 G9-9	塑料门窗安装工程检验批质量验收记录
		特种门安装	表 G9-10	推拉自动门安装工程检验批质量验收记录
			表 G9-11	旋转门安装工程检验批质量验收记录
		门窗玻璃安装	表 G9-12	门窗玻璃安装工程检验批质量验收记录
	吊顶	暗龙骨吊顶	表 G9-13	暗龙骨吊顶工程检验批质量验收记录
		明龙骨吊顶	表 G9-14	明龙骨吊顶工程检验批质量验收记录
	轻质隔墙	板材隔墙	表 G9-15	板材隔墙工程检验批质量验收记录
		骨架隔墙	表 G9-16	骨架隔墙工程检验批质量验收记录
		活动隔墙	表 G9-17	活动隔墙工程检验批质量验收记录
		玻璃隔墙	表 G9-18	玻璃隔墙工程检验批质量验收记录
	饰面板(砖)	饰面板安装	表 G9-19	饰面板安装工程检验批质量验收记录
		饰面砖粘贴	表 G9-20	饰面砖粘贴工程检验批质量验收记录
建筑装饰装修工程施工质量验收规范(G9 类)	幕墙	玻璃幕墙	表 G9-21	明框玻璃幕墙工程检验批质量验收记录
			表 G9-22	隐框、半隐框玻璃幕墙工程检验批质量验收记录
		金属幕墙	表 G9-23	金属幕墙工程检验批质量验收记录
		石材幕墙	表 G9-24	石材幕墙工程检验批质量验收记录
	涂饰	水性涂料涂饰	表 G9-25	水性涂料涂饰工程检验批质量验收记录
		溶剂型涂料涂饰	表 G9-26	溶剂型涂料涂饰工程检验批质量验收记录
		美术涂饰	表 G9-27	美术涂饰工程检验批质量验收记录
	裱糊与软包	裱糊	表 G9-28	裱糊工程检验批质量验收记录
		软包	表 G9-29	软包工程检验批质量验收记录
	细部	橱柜制作与安装	表 G9-30	橱柜制作与安装工程检验批质量验收记录
		窗帘盒、窗台板和暖气罩制作与安装	表 G9-31	窗帘盒、窗台板和散热器罩制作与安装工程检验批质量验收记录
		门窗套制作与安装	表 G9-32	门窗套制作与安装检验批质量验收记录
		护栏和扶手制作与安装	表 G9-33	护栏和扶手制作与安装工程检验批质量验收记录
		花饰制作与安装	表 G9-34	花饰制作与安装工程检验批质量验收记录

注:《建筑装饰装修工程施工质量验收规范》GB50210 自 2001 年实施至今尚未修订,故此此类检验批实用表式并未修改。仅对表格编号进行了重新编排。故此本章不再对实用表式进行示范填写。

7.9.2　检验批报验

1)检验批的报验程序。

检验批验收前,施工单位自检合格并填写"工程报验单和检验批质量验收记录"报专业监理工程师。由专业监理工程师(或建设单位项目技术负责人)组织相关人员,严格按规定程序进行验收,并填写"监理单位验收记录"和"监理单位验收结论"。

2)常用检验批报验资料,见表7-18。

3)检验批质量合格的条件。(1)资料检查主要是指质量控制资料。对其完整性的检查,实际是对过程控制的确认,这是检验批合格的前提。

(2)检验批合格质量应符合下列规定:

主控项目的质量经抽样检验合格;一般项目应有80%及以上的抽查点(处)符合规范规定,超差点不能有明显影响使用,并不得大于允许偏差值的50%为合格。

表7-18　常用检验批报验必备资料

子分部工程	分项工程	报验用表	必备资料	备注
抹灰	一般抹灰、装饰抹灰、清水砌体勾缝	工程报验单	检验批质量验收记录, (加强措施部位)隐蔽工程验收记录	各检验批除必备资料要求外,均应提供原材料质量证明文件,对有复试要求的原材料还应提供复试检测报告
门窗	木门窗制作与安装、金属门窗安装、塑料门窗安装、特种门安装、门窗玻璃安装	工程报验单	检验批质量验收记录 隐蔽工程验收记录 建筑外门窗检测报告	
吊顶	暗龙骨吊顶、明龙骨吊顶	工程报验单	检验批质量验收记录 隐蔽工程验收记录	
轻质隔墙	板材隔墙、骨架隔墙、活动隔墙、玻璃隔墙	工程报验单	检验批质量验收记录 隐蔽工程验收记录	
饰面板(砖)	饰面板安装、饰面砖粘贴	工程报验单	检验批质量验收记录 隐蔽工程验收记录 外墙砖拉拔检测报告	
幕墙	玻璃幕墙、金属幕墙、石材幕墙	工程报验单	检验批质量验收记录,隐蔽工程验收记录,幕墙检测报告,后置埋件拉拔检测报告,防雷接地电阻测试记录	
涂饰	水性涂料涂饰、溶剂型涂料涂饰、美术涂饰	工程报验单	检验批质量验收记录	
裱糊与软包	裱糊、软包	工程报验单	检验批质量验收记录	
细部	橱柜制作与安装、窗帘盒、窗台板和暖气罩、制作与安装、门窗套制作与安装、护栏和扶手制作与安装、花饰制作与安装	工程报验单	检验批质量验收记录	

7.10　类检验批记录填写指南

7.10.1　检验批的划分

G10类检验批验收执行《建筑给水排水及采暖工程施工质量验收规范》GB50242—2002,属给水、排水及采暖分部。该分部工程是涉及质量控制资料、安全和功能检验项目较多的分部,该类资料共包括:室内给水系统、室内排水系统、室内热水供应系统、卫生器具安装、室内采暖系统、室外给水管网、室外排水管网、室外供热管网、建筑中水系统及游泳池系统、供热锅炉及辅助设备安装等10个子分部。此次规程修订将与消防工程有关的自动喷水灭火系统、气体灭火系统、泡沫灭火系统和固定水炮灭火系统等4个系统也并入建筑给水、排水及采暖分部工程中,此4个子分部在本书第八篇中详述。

该类检验批划分原则:安装工程一般按一个设计系统或设备组别划分为一个检验批。在《建筑工程施工质量验收统一标准》GB50300—2001的表B.0.1基础上,遵循检验批划分原则,将建筑给水、排水及采暖分部的各分项工程细化到检验批。各分项工程的检验批质量验收记录见表7-19。

表7-19　G10类检验批质量验收记录实用表式划分明细

资料类别	子分部工程	分项工程	检验批	
			表格编号	检验批名称
建筑给水排水及采暖工程质量验收规范(G10类)	室内给水系统	给水管道及配件安装	表G10-1	室内给水管道及配件安装检验批质量验收记录
		室内消火栓系统安装	表G10-2	室内消火栓系统安装检验批质量验收记录
		室内给水设备安装	表G10-3	室内给水设备安装检验批质量验收记录
	室内排水系统	排水管道及配件安装	表G10-4	室内排水管道及配件安装检验批质量验收记录
		雨水管道及配件安装	表G10-5	室内雨水管道及配件安装检验批质量验收记录
	室内热水供应系统	管道及配件安装	表G10-6	室内热水供应系统管道及配件安装检验批质量验收记录
		系统辅助设备安装	表G10-7	室内热水供应系统辅助设备安装检验批质量验收记录
	卫生器具安装	卫生器具安装	表G10-8	卫生器具安装检验批质量验收记录
		卫生器具给水配件安装	表G10-9	卫生器具给水配件安装检验批质量验收记录
		卫生器具排水管道安装	表G10-10	卫生器具排水管道安装检验批质量验收记录
	室内采暖系统	管道及配件安装	表G10-11	室内采暖系统管道及配件安装检验批质量验收记录
		辅助设备及散热器安装	表G10-12	室内采暖系统辅助设备及散热器安装检验批质量验收记录
		金属辐射板安装	表G10-13	室内采暖金属辐射板安装检验批质量验收记录
		低温热水地板辐射采暖系统安装	表G10-14	室内采暖低温热水地板辐射采暖系统安装检验批质量验收记录
		系统水压试验及调试	表G10-15	室内采暖系统水压试验及调试检验批质量验收记录
		给水管道安装	表G10-16	室外给水管网给水管道安装检验批质量验收记录
	室外给水管网	消防水泵接合器及室外消火栓安装	表G10-17	消防水泵接合器及室外消火栓安装检验批质量验收记录
		管沟及井室	表G10-18	室外给水管网管沟及井室检验批质量验收记录
		排水管道安装	表G10-19	室外排水管网排水管道安装检验批质量验收记录
		排水管沟及井池	表G10-20	室外排水管网排水管沟及井池检验批质量验收记录

续表

资料类别	子分部工程	分项工程	检验批	
			表格编号	检验批名称
建筑给水、排水及采暖	室外供热管网	管道及配件安装	表 G10-21	室外供热管网管道及配件安装检验批质量验收记录
		系统水压试验及调试	表 G10-22	室外供热管网系统水压试验及调试检验批质量验收记录
	建筑中水系统及游泳池系统	建筑中水系统管道及辅助设备安装	表 G10-23	建筑中水系统管道及辅助设备安装检验批质量验收记录
		游泳池水系统安装	表 G10-24	游泳池水系统安装检验批质量验收记录
	供热锅炉及辅助设备安装	锅炉安装	表 G10-25	锅炉安装检验批质量验收记录
		辅助设备及管道安装	表 G10-26	锅炉辅助设备及管道安装检验批质量验收记录
		安全附件安装	表 G10-27	供热锅炉安全附件安装检验批质量验收记录
		锅炉烘炉、煮炉和试运行	表 G10-28	锅炉烘炉、煮炉和试运行检验批质量验收记录
		换热站安装	表 G10-29	换热站安装检验批质量验收记录

7.10.2 检验批报验

1)检验批的报验程序。

检验批验收前,施工单位自检合格并填写“工程报验单和检验批质量验收记录”报专业监理工程师。由专业监理工程师(或建设单位项目技术负责人)组织相关人员,严格按规定程序进行验收,并填写“监理单位验收记录”和“监理单位验收结论”。

2)常用检验批报验资料,见表 7-20。

表 7-20 常用检验批报验必备资料

常用检验批	报验用表	必备资料	备注
给水管道及配件安装(地上部分)	工程报验单	检验批质量验收记录 管道设备强度试验、严密性试验记录 管道系统吹洗(脱脂)检验记录 给水管道通水试验记录 隐蔽工程验收记录①	①管道为暗敷设或被装饰掩盖的 ②被土层或下道工序掩盖的
给水管道及配件安装(地下部分)	工程报验单	检验批质量验收记录 管道设备强度试验、严密性试验记录 隐蔽工程验收记录②	
室内消火栓系统安装	工程报验单	检验批质量验收记录	
给水设备安装	工程报验单	检验批质量验收记录 隐蔽工程验收记录	

续表

常用检验批	报验用表	必备资料	备注
排水管道及配件安装（地上部分）	工程报验单	检验批质量验收记录 排水管道灌水试验记录 排水管道通水试验记录 排水管道通球试验记录 隐蔽工程验收记录①	①管道为暗敷设或被装饰掩盖的 ②被土层或下道工序掩盖的
雨水管道安装	工程报验单	检验批质量验收记录 排水管道灌水试验记录 隐蔽工程验收记录①	
排水管道及配件安装（地下部分）	工程报验单	检验批质量验收记录 排水管道灌水试验记录 隐蔽工程验收记录②	
卫生器具安装	工程报验单	检验批质量验收记录 卫生器具满水试验记录	
采暖管道及配件安装	工程报验单	检验批质量验收记录 管道设备强度试验、严密性试验记录	
低温热水地板辐射系统安装	工程报验单	检验批质量验收记录 管道设备强度试验、严密性试验记录 隐蔽工程验收记录	
系统水压试验及调试	工程报验单	检验批质量验收记录 管道设备强度试验、严密性试验记录 管道系统吹洗（脱脂）检验记录	

3）检验批质量合格的条件。

（1）资料检查主要是指质量控制资料。对其完整性的检查，实际是对过程控制的确认，这是检验批合格的前提。

（2）检验批合格质量应符合下列规定：

主控项目的质量经抽样检验合格；一般项目应有80%及以上的抽查点（处）符合规范规定，超差点不能有明显影响使用，并不得大于允许偏差值的50%为合格。

7.10.3 检验批填写指南

本节以【填写示例】、【填写要点】和【相关规定】的形式，对表G10-1、表G10-4、表G10-8、表G10-14、表G10-15这5个常用检验批实用表式进行了示范填写，但对检验批报验相关的其他实用表式（如工程报验单、隐蔽工程验收记录和通水试验、通球试验、水压试验等）已在相应章节中进行了讲解，本节不再重述。

表 G10-1　室内给水管道及配件安装检验批质量验收记录填写指南

【填写示例】

表 G10-1　室内给水管道及配件安装检验批质量验收记录

<table>
<tr><td colspan="2">工程名称</td><td colspan="3">某某工程</td><td>分项工程名称</td><td colspan="3">室内给水管道及配件安装</td><td colspan="7">验收部位</td><td>G-1 给水系统</td></tr>
<tr><td colspan="2">施工单位</td><td colspan="9">某某建筑工程有限公司</td><td colspan="5">项目经理</td><td>赵某某</td></tr>
<tr><td colspan="2">施工执行标准名称及编号</td><td colspan="9">《建筑给水排水及采暖工程施工质量验收规范》
GB50242—2002</td><td colspan="5">专业工长</td><td>陈某某</td></tr>
<tr><td colspan="2">分包单位</td><td colspan="3">/</td><td colspan="2">分包项目经理</td><td colspan="4">/</td><td colspan="5">施工班组长</td><td>给某某</td></tr>
<tr><td>检控项目</td><td>序号</td><td colspan="4">质量验收规范的规定</td><td colspan="10">施工单位检查评定记录</td><td>监理(建设)单位验收记录</td></tr>
<tr><td rowspan="4">主控项目</td><td>1</td><td colspan="3">室内给水管道水压试验</td><td>4.2.1 条</td><td colspan="10">进行了水压试验，结果合格</td><td rowspan="4">共检查 4 项，结果合格</td></tr>
<tr><td>2</td><td colspan="3">给水系统通水试验</td><td>4.2.2 条</td><td colspan="10">进行了通水试验，结果合格</td></tr>
<tr><td>3</td><td colspan="3">生活给水系统管道的冲洗与消毒</td><td>4.2.3 条</td><td colspan="10">进行了冲洗试验，水质合格</td></tr>
<tr><td>4</td><td colspan="3">室内直埋给水管道的防腐处理</td><td>4.2.4 条</td><td colspan="10">符合规范规定和设计要求</td></tr>
<tr><td rowspan="13">一般项目</td><td>1</td><td colspan="3">管道安装</td><td>4.2.5 条</td><td colspan="10">与排水管净距符合规范要求</td><td rowspan="13">共检查了 8 个项目，允许偏差项目 3 项，其合格点率均大于 80%，最大允许偏差值均小于允许偏差的 1.5 倍，其他 5 项均满足规范规定和设计要求。</td></tr>
<tr><td>2</td><td colspan="3">管道及管件焊接的焊缝表面质量</td><td>4.2.6 条</td><td colspan="10">焊缝质量符合规范要求</td></tr>
<tr><td>3</td><td colspan="4">给水水平管道应有 2‰～5‰的坡度坡向泄水装置</td><td colspan="10">3‰的坡度坡向泄水装置</td></tr>
<tr><td>4</td><td colspan="3">管道的支、吊架安装</td><td>4.2.9 条</td><td colspan="10">平稳牢固</td></tr>
<tr><td>5</td><td colspan="3">水表安装</td><td>4.2.10 条</td><td colspan="10">安装位置合理，符合要求</td></tr>
<tr><td>6</td><td colspan="3">管道和阀门安装</td><td>允许偏差(mm)</td><td colspan="10">量测值(mm)</td></tr>
<tr><td rowspan="3">1)</td><td rowspan="3">水平管道纵横方向弯曲</td><td>钢管</td><td>每米
全长 25 米以上</td><td>1
≯25</td><td rowspan="3">1</td><td rowspan="3">1</td><td rowspan="3">0</td><td rowspan="3">1</td><td rowspan="3">2</td><td rowspan="3">1</td><td rowspan="3">1</td><td rowspan="3">0</td><td rowspan="3">1</td><td rowspan="3">1</td></tr>
<tr><td>塑料管复合管</td><td>每米
全长 25 米以上</td><td>1.5
≯25</td></tr>
<tr><td>铸铁管</td><td>每米
全长 25 米以上</td><td>2
≯25</td></tr>
<tr><td rowspan="3">2)</td><td rowspan="3">立管垂直度</td><td>钢管</td><td>每米
5 米以上</td><td>3
≯8</td><td rowspan="3">2</td><td rowspan="3">2</td><td rowspan="3">0</td><td rowspan="3">2</td><td rowspan="3">△3</td><td rowspan="3">2</td><td rowspan="3">0</td><td rowspan="3">1</td><td rowspan="3">1</td><td rowspan="3">0</td></tr>
<tr><td>塑料管复合管</td><td>每米
5 米以上</td><td>2
≯8</td></tr>
<tr><td>铸铁管</td><td>每米
5 米以上</td><td>3
≯10</td></tr>
<tr><td>3)</td><td colspan="2">成排管段和成排阀门</td><td>在同一平面上间距</td><td>3</td><td>2</td><td>1</td><td>1</td><td>0</td><td>2</td><td>1</td><td>2</td><td>3</td><td>1</td><td>2</td></tr>
</table>

续表

施工单位检查评定结果	主控项目全部合格，一般项目符合设计和规范要求，该检验批合格。 项目专业质量检查员：孙某某　　2012年06月13日
监理（建设）单位验收结论	该检验批合格。 监理工程师 （建设单位项目专业技术负责人）：张某某　　2012年06月13日

【填写要点】

报验附件应包括地下部分的隐蔽工程验收记录，还应包括管道强度及严密性试验记录、通水试验记录和冲洗试验记录。

【相关规定】摘自《建筑给水排水及采暖工程施工质量验收规范》GB50242—2002

4.1.3 管径小于或等于100mm的镀锌钢管应采用螺纹连接，套丝扣时破坏的镀锌层表面及外露螺纹部分应做防腐处理；管径大于100mm的镀锌钢管应采用法兰或卡套式专用管件连接，镀锌钢管与法兰的焊接处应二次镀锌。

4.2.1　室内给水管道的水压试验必须符合设计要求。当设计未注明时，各种材质的给水管道系统试验压力均为工作压力的1.5倍，但不得小于0.6MPa。

4.2.3　生产给水系统管道在交付使用前必须冲洗和消毒，并经有关部门取样检验，符合国家《生活饮用水标准》方可使用。

4.2.4　室内直埋给水管道（塑料管道和复合管道除外）应做防腐处理。埋地管道防腐层材质和结构应符合设计要求。

4.2.5　给水引入管与排水排出管的水平净距不得小于1m。室内给水与排水管道平行敷设时，两管间的最小水平净距不得小于0.5m；交叉铺设时，垂直净距不得小于0.15m。给水管应铺在排水管上面，若给水管必须铺在排水管下面时，给水管应加套管，其长度不得小于排水管管径的3倍。检验方法：尺量检查。

4.2.6　管道及管件焊接的焊缝表面质量应符合下列要求：

1 焊缝外形尺寸应符合图纸和工艺文件的规定，焊缝高度不得低于母材表面，焊缝与母材应圆滑过渡。

2 焊缝及热影响区表面应无裂纹、未熔合、未焊透、夹渣、弧坑和气孔等缺陷。

4.2.7　给水水平管道应有2‰～5‰的坡度坡向泄水装置。检验方法：水平尺和尺量检查。

4.2.9　管道的支、吊架安装应平整牢固，其间距应符合本规范第3.3.8条、第3.3.9条或第3.3.10条的规定。

4.2.10　水表应安装在便于检修、不受曝晒、污染和冻结的地方。安装螺翼式水表，表前与阀门应有不小于8倍水表接口直径的直线管段。表外壳距墙表面净距为10～30mm；水表进水口中心标高按设计要求，允许偏差为±10mm。检验方法：观察和尺量检查。

表G10-4　室内排水管道及配件安装检验批质量验收记录填写指南

【填写示例】

表G10-4　室内排水管道及配件安装检验批质量验收记录

工程名称	某某工程	分项工程名称	室内排水管道及配件安装	验收部位	P-1排水系统
施工单位	某某建筑工程有限公司			项目经理	赵某某
施工执行标准名称及编号	《建筑给水排水及采暖工程施工质量验收规范》GB50242—2002			专业工长	陈某某
分包单位	/	分包项目经理	/	施工班组长	给某某

检控项目	序号	质量验收规范的规定		施工单位检查评定记录	监理(建设)单位验收记录
主控项目	1	排水管道的灌水试验	5.2.1条	已经进行了灌水试验，结果合格	共检查5项，结果合格
	2	生活污水铸铁管道坡度	5.2.2条		
	3	生活污水塑料管道坡度	5.2.3条	管径110mm，坡度为12‰	
	4	排水塑料管装设伸缩节	5.2.4条	伸缩节间距为3m	
	5	排水管道的通球试验	5.2.5条	进行了通球试验，通球率100%	
一般项目	1	检查口或清扫口设置	5.2.6条	符合设计要求	本页共检查了8个项目，均满足规范规定和设计要求。
	2	埋于地(板)下排水管道检查口设置原则	5.2.7条	满足规范要求	
	3	吊勾或卡箍固定与设置	5.2.8条	立管间距3m，横管1m	
	4	塑料管道的支、吊架间距	5.2.9条	立管间距2m，横管0.5m	
	5	排水通气管连接规定	5.2.10条	排水管高出屋面0.4m	
	6	医院含菌污水管道	5.2.11条	/	
	7	饮食业的排水管、溢流管	5.2.12条	/	
	8	通向室外排水管的连接	5.2.13条	管道下反部位为45°连接	
	9	通向室外排水检查井的排水	5.2.14条	井内引入管高于排出管，水流转角大于90°	
	10	室内排水管道的连接要求	5.2.15条	水平管与立管均用45°连接	

续表

<table>
<tr><td>工程名称</td><td>某某工程</td><td>分项工程名称</td><td>室内排水管道及配件安装</td><td>验收部位</td><td>P-1 排水系统</td></tr>
<tr><td>施工单位</td><td colspan="3">某某建筑工程有限公司</td><td>项目经理</td><td>赵某某</td></tr>
<tr><td>施工执行标准名称及编号</td><td colspan="3">《建筑给水排水及采暖工程施工质量验收规范》
GB50242—2002</td><td>专业工长</td><td>陈某某</td></tr>
<tr><td>分包单位</td><td>/</td><td>分包项目经理</td><td>/</td><td>施工班组长</td><td>给某某</td></tr>
</table>

<table>
<tr><td>检控项目</td><td>序号</td><td colspan="5">质量验收规范的规定</td><td colspan="10">施工单位检查评定记录</td><td>监理(建设)单位验收记录</td></tr>
<tr><td rowspan="19">一般项目</td><td>11</td><td colspan="4">室内排水管道安装</td><td>允许偏差(mm)</td><td colspan="10">量测值(mm)</td><td rowspan="19">本页共检查了6个项目，其合格点率均大于80%，最大允许偏差值均小于允许偏差的1.5倍</td></tr>
<tr><td>1)</td><td colspan="4">坐　标</td><td>15</td><td>5</td><td>5</td><td>6</td><td>2</td><td>0</td><td>5</td><td>4</td><td>5</td><td>6</td><td>9</td></tr>
<tr><td>2)</td><td colspan="4">标　高</td><td>±15</td><td>8</td><td>8</td><td>8</td><td>7</td><td>9</td><td>4</td><td>5</td><td>2</td><td>0</td><td>0</td></tr>
<tr><td rowspan="10">3)</td><td rowspan="10">横管纵横方向弯曲</td><td rowspan="2">铸铁管</td><td colspan="2">每 1m</td><td>≯1</td><td></td><td></td><td></td><td></td><td></td><td></td><td></td><td></td><td></td><td></td></tr>
<tr><td colspan="2">全长(25m 以上)</td><td>≯25</td><td></td><td></td><td></td><td></td><td></td><td></td><td></td><td></td><td></td><td></td></tr>
<tr><td rowspan="4">钢　管</td><td rowspan="2">每 1m</td><td>管径≤100mm</td><td>1</td><td></td><td></td><td></td><td></td><td></td><td></td><td></td><td></td><td></td><td></td></tr>
<tr><td>管径＞100mm</td><td>1.5</td><td></td><td></td><td></td><td></td><td></td><td></td><td></td><td></td><td></td><td></td></tr>
<tr><td rowspan="2">全长(25m 以上)</td><td>管径≤100mm</td><td>≯25</td><td></td><td></td><td></td><td></td><td></td><td></td><td></td><td></td><td></td><td></td></tr>
<tr><td>管径＞100mm</td><td>≯38</td><td></td><td></td><td></td><td></td><td></td><td></td><td></td><td></td><td></td><td></td></tr>
<tr><td rowspan="2">塑料管</td><td colspan="2">每 1m</td><td>1.5</td><td>1</td><td>1</td><td>0</td><td>1</td><td>1</td><td>1</td><td>0</td><td>1</td><td></td><td></td></tr>
<tr><td colspan="2">全长(25m 以上)</td><td>≯38</td><td>1</td><td>1</td><td>0</td><td>1</td><td>2</td><td>1</td><td>1</td><td>0</td><td>1</td><td>1</td></tr>
<tr><td rowspan="2">钢筋混凝土管、混凝土管</td><td colspan="2">每 1m</td><td>3</td><td></td><td></td><td></td><td></td><td></td><td></td><td></td><td></td><td></td><td></td></tr>
<tr><td colspan="2">全长(25m 以上)</td><td>≯75</td><td></td><td></td><td></td><td></td><td></td><td></td><td></td><td></td><td></td><td></td></tr>
<tr><td rowspan="6">4)</td><td rowspan="6">立管垂直度</td><td rowspan="2">铸铁管</td><td colspan="2">每 1m</td><td>3</td><td></td><td></td><td></td><td></td><td></td><td></td><td></td><td></td><td></td><td></td></tr>
<tr><td colspan="2">全长(5m 以上)</td><td>≯15</td><td></td><td></td><td></td><td></td><td></td><td></td><td></td><td></td><td></td><td></td></tr>
<tr><td rowspan="2">钢管</td><td colspan="2">每 1m</td><td>3</td><td></td><td></td><td></td><td></td><td></td><td></td><td></td><td></td><td></td><td></td></tr>
<tr><td colspan="2">全长(5m 以上)</td><td>≯10</td><td></td><td></td><td></td><td></td><td></td><td></td><td></td><td></td><td></td><td></td></tr>
<tr><td rowspan="2">塑料管</td><td colspan="2">每 1m</td><td>3</td><td>2</td><td>2</td><td>2</td><td>0</td><td>2</td><td>0</td><td>1</td><td>1</td><td>0</td><td>2</td></tr>
<tr><td colspan="2">全长(5m 以上)</td><td>≯15</td><td>2</td><td>2</td><td>0</td><td>2</td><td>△3</td><td>2</td><td>0</td><td>1</td><td>1</td><td>0</td></tr>
<tr><td colspan="2">施工单位检查评定结论</td><td colspan="16">主控项目全部合格，一般项目符合设计和规范要求，该检验批合格
项目专业质量检查员：孙某某　　2012 年 06 月 13 日</td></tr>
<tr><td colspan="2">监理(建设)单位验收结论</td><td colspan="16">该检验批合格
监理工程师
(建设单位项目专业技术负责人)：张某某　　2012 年 06 月 13 日</td></tr>
</table>

【填写要点】

(1)此示例为P-1系统地下部分排水管道及配件安装工程报验，实际施工可参照填写。

(2)地上部分管道及配件安装工程报验时，应在灌水、通球试验合格后报验，并将试验结果作为检验批附件的一部分。

【相关规定】摘自《建筑给水排水及采暖工程施工质量验收规范》GB50242－2002

主 控 项 目

5.2.1　隐蔽或埋地的排水管道在隐蔽前必须做灌水试验，其灌水高度应不低于底层卫生器具的上边缘或底层地面高度。

检验方法：满水15min水面下降后，再灌满观察5min，液面不降，管道及接口无渗漏为合格。

5.2.3　生活污水塑料管道的坡度必须符合设计或本规范表5.2.3的规定。

表5.2.3　生活污水塑料管道的坡度

项次	管径(mm)	标准坡度(‰)	最小坡度(‰)
1	50	25	12
2	75	15	8
3	110	12	6
4	125	10	5
5	160	7	4

检验方法：水平尺、拉线尺量检查。

5.2.4　排水塑料管必须按设计要求及位置装设伸缩节。如设计无要求时，伸缩节间距不得大于4m。

高层建筑中明设排水塑料管道应按设计要求设置阻火圈或防火套管。

检验方法：观察检查。

5.2.5　排水主立管及水平干管管道均应做通球试验，通球球径不小于排水管道管径的2/3，通球率必须达到100％。

检查方法：通球检查。

5.2.14　由室内通向室外排水检查井的排水管，井内引入管应高于排出管或两管顶相平，并有不小于90°的水流转角，如跌落差大于300mm可不受角度限制。

表 G10-8　卫生器具安装检验批质量验收记录填写指南

【填写示例】

表 G10-8　卫生器具安装检验批质量验收记录

工程名称	某某工程	分项工程名称	卫生器具安装	验收部位	P-1 排水系统
施工单位	某某建筑工程有限公司			项目经理	赵某某
施工执行标准名称及编号	《建筑给水排水及采暖工程施工质量验收规范》GB50242－2002			专业工长	陈某某
分包单位	/	分包项目经理	/	施工班组长	给某某

检控项目	序号	质量验收规范的规定			施工单位检查评定记录										监理（建设）单位验收记录
主控项目	1	排水栓和地漏安装		7.2.1 条	地漏安装平正、牢固，低于排水表面，周边无渗漏。水封高度大于 50mm										共检查 2 项，结果合格。
	2	满水和通水试验		7.2.2 条	进行了满水和通水试验，结果合格。										
一般项目	1	卫生器具安装		允许偏差（mm）	量测值（mm）										共检查了 5 个项目，允许偏差项目 4 项，其合格点率均大于 80%，最大允许偏差值均小于允许偏差的 1.5 倍，其他 1 项均满足规范规定和设计要求。
	1）	坐标	单独器具	10	5	5	9	6	6	8	9	4	0	4	
			成排器具	5											
	2）	标高	单独器具	±15	16	2	8	9	5	3	7	6	4	5	
			成排器具	±10											
	3）	器具水平度		2	2	2	0	2	1	2	0	2	3	0	
	4）	器具垂直度		3	1	3	2	4	2	0	2	3	1	2	
	2	浴盆排水口检修门		7.2.4 条											
	3	小便槽冲水管安装		7.2.5 条											
	4	卫生器具的支、托架		7.2.6 条	支、托架防腐良好，安装平整、牢固，与器具接触紧密、平稳。										

施工单位检查评定结果	主控项目全部合格，一般项目符合设计和规范要求，该检验批合格。 项目专业质量检查员：孙某某　　2012 年 06 月 13 日
监理（建设）单位验收结论	该检验批合格。 监理工程师 （建设单位项目专业技术负责人）：张某某　　2012 年 06 月 13 日

【填写要点】此示例为P-1排水系统卫生器具安装工程报验，实际施工参照填写。

【相关规定】摘自《建筑给水排水及采暖工程施工质量验收规范》GB50242—2002

主　控　项　目

7.2.1　排水栓和地漏的安装应平正、牢固，低于排水表面，周边无渗漏。地漏水封高度不得小于50mm。

检验方法：试水观察检查。

7.2.2　卫生器具交工前应做满水和通水试验。

检验方法：满水后各连接件不渗不漏；通水试验给、排水畅通。

一　般　项　目

7.2.3　卫生器具安装的允许偏差应符合表7.2.3的规定。

表7.2.3　卫生器具安装的允许偏差和检验方法

项次	项目		允许偏差(mm)	检验方法
1	坐标	单独器具	10	拉线、吊线和尺量检查
		成排器具	5	
2	坐标	单独器具	±15	
		成排器具	±10	
3	器具水平度		2	用水平尺和尺量检查
4	器具垂直度		3	吊线和尺量检查

7.2.4　有饰面的浴盆，应留有通向浴盆排水口的检修门。

检验方法：观察检查。

7.2.5　小便槽冲洗管，应采用镀锌钢管或硬质塑料管。冲洗孔应斜向下方安装，冲洗水流同墙面成45°角。镀锌钢管钻孔后应进行二次镀锌。

检验方法：观察检查。

7.2.6　卫生器具的支、托架必须防腐良好，安装平整、牢固，与器具接触紧密、平稳。

检验方法：观察和手扳检查。

表 G10-14　室内低温热水地板辐射采暖系统安装检验批质量验收记录填写指南

【填写示例】

表 G10-14　室内低温热水地板辐射采暖系统安装检验批质量验收记录

工程名称	某某工程	分项工程名称	低温热水地板辐射采暖系统安装	验收部位	N—1 采暖系统
施工单位	某某建筑工程有限公司			项目经理	赵某某
施工执行标准名称及编号	《建筑给水排水及采暖工程施工质量验收规范》GB50242—2002			专业工长	陈某某
分包单位	/	分包项目经理	/	施工班组长	给某某

检控项目	序号	质量验收规范的规定		施工单位检查评定记录	监理(建设)单位验收记录
主控项目	1	地面下敷设的盘管埋地部分不应有接头		地面以下管道无接头	共检查 3 项，结果合格
	2	盘管隐蔽前的水压试验	8.5.2 条	进行了水压试验，结果合格	
	3	加热盘管的弯曲	8.5.3 条	加热盘管的弯曲无硬折弯曲现象	
一般项目	1	分、集水器	8.5.4 条	分、集水器的型号、规格、位置符合设计要求	共检查了 4 项，均满足规范规定和设计要求
	2	加热盘管管径、间距和长度应符合设计要求。间距偏差不大于±10mm		符合设计要求	
	3	防潮层、防水层、隔热层及伸缩缝应符合设计要求		符合设计要求	
	4	填充层强度标号应符合设计要求		填充层强度符合设计要求	

施工单位检查评定结果	主控项目全部合格，一般项目符合设计和规范要求，该检验批合格 项目专业质量检查员：孙某某　　2012 年 06 月 13 日
监理(建设)单位验收结论	该检验批合格 监理工程师 (建设单位项目专业技术负责人)：张某某　　2012 年 06 月 13 日

【填写要点】

(1)此示例为N－1采暖系统低温热水地板敷设工程报验,实际施工参照填写。

(2)报验单附件不仅包括隐蔽工程验收记录,还应包括管道严密性试验记录。

【相关规定】摘自《建筑给水排水及采暖工程施工质量验收规范》GB50242—2002

主 控 项 目

8.5.1　地面下敷设的盘管埋地部分不应有接头。

检验方法:隐蔽前现场查看。

8.5.2　盘管隐蔽前必须进行水压试验,试验压力为工作压力的1.5倍,但不小于0.6MPa.

检验方法:稳压1h内压力降不大于0.05MPa且不渗不漏。

8.5.3　加热盘管弯曲部分不得出现硬折弯现象,曲率半径应符合下列规定:

1 塑料管:不应小于管道外径的8倍。

2 复合管:不应小于管道外径的5倍。

检验方法:尺量检查。

一 般 项 目

8.5.4　分、集水器型号、规格、公称压力及安装位置、高度等应符合设计要求。

检验方法:对照图纸及产品说明书,尺量检查。

8.5.4　说明:分、集水器为地面辐射采暖系统盘管的分路装置,设有放气阀及关断阀等,属重要部件,应按设计要求进行施工及验收。

8.5.6　防潮层、防水层、隔热层及伸缩缝应符合设计要求。

检验方法:填充层浇灌前观察检查。

8.5.7　填充层强度标号应符合设计要求。

检验方法:作试块抗压试验。

表 G10-15　室内采暖系统水压试验及调试检验批质量验收记录示填写指南

【填写示例】

表 G10-15　室内采暖系统水压试验及调试检验批质量验收记录

工程名称	某某工程	分项工程名称	系统水压试验与调试	验收部位	N—1 采暖系统
施工单位	某某建筑工程有限公司			项目经理	赵某某
施工执行标准名称及编号	《建筑给水排水及采暖工程施工质量验收规范》GB50242—2002			专业工长	陈某某
分包单位	/	分包项目经理	/	施工班组长	给某某

检控项目	序号	质量验收规范的规定		施工单位检查评定记录	监理(建设)单位验收记录
主控项目	1	采暖系统安装完毕,管道保温前的水压试验	8.6.1 条	水压试验,结果合格	符合设计要求和规范规定
	2	系统的冲洗	8.6.2 条	系统冲洗试验,结果合格	
	3	系统冲洗完毕应充水加热,进行试运行和调试		试运行和调试,运转正常	
一般项目					
施工单位检查评定结果	主控项目全部合格,该检验批合格 项目专业质量检查员:孙某某　　2012 年 06 月 13 日				
监理(建设)单位验收结论	该检验批合格 监理工程师 (建设单位项目专业技术负责人):张某某　　2012 年 06 月 13 日				

【填写要点】

(1)此示例为N－1采暖系统水压试验与调试报验,实际施工可参照填写。

(2)报验单附件不仅包括隐蔽工程验收记录,还应包括管道强度、严密性试验记录。

【相关规定】摘自《建筑给水排水及采暖工程施工质量验收规范》GB50242—2002

主 控 项 目

8.6.1　采暖系统安装完毕,管道保温之前应进行水压试验。试验压力应符合设计要求。当设计未注明时,应符合下列规定:

1 蒸汽、热水采暖系统,应以系统顶点工作压力加0.1MPa作水压试验,同时在系统顶点的试验压力不小于0.3MPa。

2 高温热水采暖系统,试验压力应为系统顶点工作压力加0.4MPa。

3 使用塑料管及复合管的热水采暖系统,应以系统顶点工作压力加0.2MPa作水压试验,同时在系统顶点的试验压力不小于0.4MPa.

检验方法:使用钢管及复合管的采暖系统应在试验压力下10min内压力降不大于0.02MPa,降至工作压力后检查,不渗、不漏;使用塑料管的采暖系统应在试验压力下1h内压力降不大于0.05MPa,然后降至工作压力的1.15倍,稳压2h,压力降不大于0.03MPa,同时各连接处不渗、不漏。

8.6.2　系统试压合格后,应对系统进行冲洗并清扫过滤器及除污器。

检验方法:现场观察,直至排出水不含泥沙、铁屑杂质,且水色不浑浊为合格。

8.6.3　系统冲洗完毕应充水、加热,进行试运行和调试。

检验方法:观察、测量室温应满足设计要求。

7.11　G11类检验批记录填写指南

7.11.1　检验批的划分

G11类检验批验收执行《通风与空调工程施工质量验收规范》GB50243—2002,属通风与空调分部。该类资料共包括:送排风系统、防排烟系统、除尘系统、空调风系统、净化空调系统、制冷设备系统和空调水系统等7个子分部。此该类检验批划分原则:多层及高层建筑工程通风与空调工程检验批划分应重点按系统划分,同一系统内按楼层或施工段划分。

在《建筑工程施工质量验收统一标准》GB50300—2001的表B.0.1基础上,遵循检验批划分原则,将建筑给水、排水及采暖分部的各分项工程细化到检验批。各分项工程的检验批质量验收记录见表7-21。

表 7-21　G11 类检验批质量验收记录实用表式划分明细

资料类别	子分部工程	分项工程	检验批 表格编号	检验批 检验批名称
通风与空调工程施工质量验收规范（G11类）	送排风系统	风管与配件制作	表 G11-1	风管与配件制作检验批质量验收记录(金属风管)
			表 G11-2	风管与配件制作检验批质量验收记录(非金属、复合材料风管)
		部件制作	表 G11-3	风管部件与消声器制作检验批质量验收记录
		风管系统安装	表 G11-4	风管系统安装检验批质量验收记录(送、排风、排烟系统)
		空气处理设备安装	表 G11-8	通风与空调设备安装检验批质量验收记录(通风系统)
		消声设备制作与安装	表 G11-3	风管部件与消声器制作检验批质量验收记录
		风管与设备防腐	表 G11-15	防腐与绝热施工检验批质量验收记录(风管系统)
		风机安装	表 G11-7	通风机安装检验批质量验收记录
		系统调试	表 G11-17	工程系统调试检验批质量验收记录
	防排烟系统	风管与配件制作	表 G11-1	风管与配件制作检验批质量验收记录(金属风管)
			表 G11-2	风管与配件制作检验批质量验收记录(非金属、复合材料风管)
		部件制作	表 G11-3	风管部件与消声器制作检验批质量验收记录
		风管系统安装	表 G11-4	风管系统安装检验批质量验收记录(送、排风、排烟系统)
		防排烟风口、常闭正压风口与设备安装	表 G11-3	风管部件与消声器制作检验批质量验收记录
		风管与设备防腐	表 G11-15	防腐与绝热施工检验批质量验收记录(风管系统)
		风机安装	表 G11-7	通风机安装检验批质量验收记录
		系统调试	表 G11-17	工程系统调试检验批质量验收记录
	除尘系统	风管与配件制作	表 G11-1	风管与配件制作检验批质量验收记录(金属风管)
			表 G11-2	风管与配件制作检验批质量验收记录(非金属、复合材料风管)
		部件制作	表 G11-3	风管部件与消声器制作检验批质量验收记录
		风管系统安装	表 G11-4	风管系统安装检验批质量验收记录(送、排风、排烟系统)
		除尘器与排污设备安装	表 G11-8	通风与空调设备安装检验批质量验收记录
		风管与设备防腐	表 G11-15	防腐与绝热施工检验批质量验收记录(风管系统)
		风机安装	表 G11-7	通风机安装检验批质量验收记录
		系统调试	表 G11-17	工程系统调试检验批质量验收记录

续表

资料类别	子分部工程	分项工程	检验批	
			表格编号	检验批名称
通风与空调工程施工质量验收规范(G11类)	空调风系统	风管与配件制作	表 G11-1	风管与配件制作检验批质量验收记录(金属风管)
			表 G11-2	风管与配件制作检验批质量验收记录(非金属、复合材料风管)
		部件制作	表 G11-3	风管部件与消声器制作检验批质量验收记录
		风管系统安装	表 G11-5	风管系统安装检验批质量验收记录(空调系统)
		防排烟风口、常闭正压风口与设备安装	表 G11-3	风管部件与消声器制作检验批质量验收记录
		风管与设备防腐	表 G11-15	防腐与绝热施工检验批质量验收记录(风管系统)
		风机安装	表 G11-7	通风机安装检验批质量验收记录
		风管与设备绝热	表 G11-16	防腐与绝热施工检验批质量验收记录(管道系统)
		系统调试	表 G11-17	工程系统调试检验批质量验收记录
	净化空调系统	风管与配件制作	表 G11-1	风管与配件制作检验批质量验收记录(金属风管)
			表 G11-2	风管与配件制作检验批质量验收记录(非金属、复合材料风管)
		部件制作	表 G11-3	风管部件与消声器制作检验批质量验收记录
		风管系统安装	表 G11-4	风管系统安装检验批质量验收记录(送、排风、排烟系统)
		空气处理设备安装	表 G11-8	通风与空调设备安装检验批质量验收记录(通风系统)
		消声设备制作与安装	表 G11-3	风管部件与消声器制作检验批质量验收记录
		风管与设备防腐	表 G11-15	防腐与绝热施工检验批质量验收记录(风管系统)
		风机安装	表 G11-7	通风机安装检验批质量验收记录
		风管与设备绝热	表 G11-16	防腐与绝热施工检验批质量验收记录(管道系统)
		高效过滤器安装	表 G11-8	通风与空调设备安装检验批质量验收记录(通风系统)
		系统调试	表 G11-17	工程系统调试检验批质量验收记录
	制冷设备系统	制冷机组安装	表 G11-8	通风与空调设备安装检验批质量验收记录(通风系统)
		制冷剂管道及配件安装	表 G11-11	空调制冷系统安装检验批质量验收记录
		制冷附属设备安装	表 G11-11	空调制冷系统安装检验批质量验收记录
		管道与设备的防腐与绝热	表 G11-15	防腐与绝热施工检验批质量验收记录(风管系统)
			表 G11-16	防腐与绝热施工检验批质量验收记录(管道系统)
		系统调试	表 G11-17	工程系统调试检验批质量验收记录

续表

资料类别	子分部工程	分项工程	检验批	
			表格编号	检验批名称
通风与空调工程施工质量验收规范(G11类)	空调水系统	管道冷热(煤)水系统安装	表 G11-12	空调水系统安装检验批质量验收记录(金属)
			表 G11-13	空调水系统安装检验批质量验收记录(非金属)
		冷却水系统安装	表 G11-12	空调水系统安装检验批质量验收记录(金属)
			表 G11-13	空调水系统安装检验批质量验收记录(非金属)
		冷凝水系统安装	表 G11-12	空调水系统安装检验批质量验收记录(金属)
			表 G11-13	空调水系统安装检验批质量验收记录(非金属)
		阀门及部件安装	表 G11-3	风管部件与消声器制作检验批质量验收记录
		冷却塔安装	表 G11-14	空调水系统安装检验批质量验收记录(设备)
		水泵及附属设备安装	表 G11-14	空调水系统安装检验批质量验收记录(设备)
		管道与设备的防腐与绝热	表 G11-15	防腐与绝热施工检验批质量验收记录(风管系统)
			表 G11-16	防腐与绝热施工检验批质量验收记录(管道系统)
		系统调试	表 G11-17	工程系统调试检验批质量验收记录

7.11.2 检验批报验

1)检验批报验程序。

施工单位自检合格后,填报"工程报验单和相关附件资料"报监理工程师。由监理工程师(或建设单位项目技术负责人)组织相关人员,严格按规定程序进行验收,并填写验收记录和验收结论。

2)常用检验批报验资料,见表 7-22。

表 7-22 常用检验批报验必备资料

检验批名称	报监理用表	必备资料	备注
风管与配件制作	工程报验单	检验批质量验收记录 风管强度检测记录	①适用于空调风系统 ②隐蔽被绝热的管道
部件制作	工程报验单	检验批质量验收记录	
风管系统安装	工程报验单	检验批质量验收记录 风管漏风检测记录 风管漏光检测记录 室内温度、湿度测试记录① 风口(吸风罩)风量测试记录 系统联合运转与调试记录	
风管与设备绝热	工程报验单	检验批质量验收记录 隐蔽工程验收记录②	
风机安装	工程报验单	检验批质量验收记录	

续表

检验批名称	报监理用表	必备资料	备注
除尘器与排污设备安装	工程报验单	检验批质量验收记录 现场组装除尘器(空调机组)漏风检测记录	③设计有探伤要求的管道
制冷机组安装	工程报验单	检验批质量验收记录 制冷机组试运行调试记录	
制冷剂管道及配件安装	工程报验单	检验批质量验收记录 冷冻管道压力试验记录	
制冷附属设备安装	工程报验单	检验批质量验收记录 设备单机试运转记录	
管道冷热水系统安装	工程报验单	检验批质量验收记录 补偿器预拉伸记录 探伤试验报告③ 管道强度试验、严密性试验记录 管道通水试验记录 管道系统冲洗(吹扫/擦洗/脱脂)记录	
冷却水系统安装 冷凝水系统安装	工程报验单	检验批质量验收记录 管道通水试验记录	
送排风系统调试 防排烟系统调试	工程报验单	检验批质量验收记录 系统运转与调试记录	
制冷系统调试	工程报验单	检验批质量验收记录 制冷系统气密性试验记录 系统运转与调试记录	
空调风系统调试	工程报验单	检验批质量验收记录 系统运转与调试记录	
空气净化系统调试	工程报验单	检验批质量验收记录 系统运转与调试记录	

3)检验批质量合格的条件

检验批质量合格的条件:资料检查、主控项目和一般项目的检验。

(1)资料检查主要是指质量控制资料必须完整。

(2)检验批合格质量应符合下列规定:

主控项目的质量经抽样检验合格;一般项目的合格点率达到80%及以上,且不得超过允许偏差数值1.5倍为合格。

7.11.3　检验批填写指南

本节以【填写示例】、【填写要点】和【相关规定】的形式,对表G11-1、表G11-4、表G11-16、表G11-17这4个常用检验批实用表式进行了示范填写,但对检验批报验相关的其他实用表式(如工程报验单、隐蔽工程验收记录和风管漏风检测、风管漏光检测、风量测试记录等)已在相应章节中进行了讲解,本节不再重述。

表 G11-1 风管与配件制作检验批质量验收记录(金属风管)填写指南

【填写示例】

表 G11-1 风管与配件制作检验批质量验收记录(金属风管)

工程名称	某某工程	分项工程名称	风管与配件制作	验收部位	送风系统
施工单位	某某建筑工程有限公司			项目经理	赵某某
施工执行标准名称及编号	建筑给水排水及采暖工程施工质量验收规范 GB50242—2002			专业工长	魏某某
分包单位	/	分包项目经理	/	施工班组长	通某某
检控项目	序号	质量验收规范的规定		施工单位检查评定记录	监理(建设)单位验收记录
主控项目	1	材质种类、性能及厚度	4.2.1 条	符合设计和规范规定	共检查 5 项,全部合格
	2	防火风管	4.2.3 条	/	
	3	风管强度及严密性工艺性检测	必须为不燃材料耐火等级符合设计规定	符合设计和规范规定	
	4	风管的连接	4.2.6 条	无十字接缝,符合要求	
	5	风管的加固	4.2.10 条	符合规范要求	
	6	矩形弯管、导流片	4.2.12 条	符合规范要求	
	7	净化空调风管	4.2.13 条	/	
一般项目	1	金属风管制作	4.3.1 条	咬边紧密,宽度一致	共检查 3 项,均满足规范规定和设计要求
	2	法兰连接风管制作	4.3.2 条	法兰铆接牢固,连接紧密	
	3	无法兰连接矩形风管制作	4.3.3 条	/	
	4	无法兰圆形风管制作	4.3.3 条	/	
	5	风管的加固	4.3.4 条	采用角钢加固,位置数量符合要求	
	6	净化空调风管	4.3.11 条	/	
施工单位检查评定结果	主控项目全部合格,一般项目满足规范规定和设计要求,该检验批合格。 项目专业质量检查员:孙某某　2012 年 06 月 13 日				
监理(建设)单位验收结论	该检验批合格。 监理工程师 (建设单位项目专业技术负责人):张某某　2012 年 06 月 13 日				

【填写要点】通风与空调分部中有 5 个子分部包含风管制作,此示例以送风系统为例进行了示范填写,实际工程中应根据工程具体情况填写表格内检测项目。

【相关规定】摘自《通风与空调工程施工质量验收规范》GB50243—2002

4.2.1　金属风管的材料品种、规格、性能与厚度等应符合设计和现行国家产品标准的规定。当设计无规定时，应按本规范执行。钢板或镀锌钢板的厚度不得小于表4.2.1-1的规定；不锈钢板的厚度不得小于表4.2.1-2的规定；铝板的厚度不得小于表4.2.1-3的规定。

检查数量：按材料与风管加工批数量抽查10%，不得少于5件。

检查方法：查验材料质量合格证明文件、性能检测报告、尺量、观察检查。

4.2.3　防火风管的本体、框架与固定材料、密封垫料必须为不燃材料，其耐火等级应符合设计的规定。

检查数量：按材料与风管加工批数量抽查10%，不应少于5件。

检查方法：查验材料质量合格证明文件、性能检测报告，观察检查与点燃试验。

4.2.6　金属风管的连接应符合下列规定：

1 风管板材拼接的咬口缝应错开，不得有十字型拼接缝。

2 金属风管法兰材料规格不应小于表4.2.6-1或表4.2.6-2的规定。中、低压系统风管法兰的螺栓及铆钉孔的孔距不得大于150mm；高压系统风管不得大于100mm。矩形风管法兰的四周部位应设有螺孔。当采用加固方法提高了风管法兰部位的强度时，其法兰材料规格相应的使用条件可适当放宽。无法兰连接风管的薄钢板法兰高度应参照金属法兰风管的规定执行。

检查数量：按加工批数量抽查5%，不得少于5件。检查方法：尺量、观察检查。

4.2.10　金属风管的加固应符合下列规定：

1 圆形风管(不包括螺旋风管)直径大于等于800mm，且其管段长度大于1250mm或总表面积大于4m^{2}均应采取加固措施；

2 矩形风管边长大于630mm、保温风管边长大于800mm，管段长度大于1250mm或低压风管单边平面积大于1.2m^2、中、高压风管大于1.0m^2，均应采取加固措施；

3 非规则椭圆风管的加固，应参照矩形风管执行。

检查数量：按加工批抽查5%，不得少于5件。检验方法：尺量、观察检查。

4.2.12　矩形风管弯管的制作，一般应采用曲率半径为一个平面边长的内外同心弧形弯管。当采用其他形式的弯管，平面边长大于500mm时，必须设置弯管导流片。

检查数量：其他形式的弯管抽查20%，不得少于2件。检查方法：观察检查。

4.2.13　净化空调系统风管还应符合下列规定：

1 矩形风管边长小于或等于900mm时，底面板不应有拼接缝；大于900mm时，不应有横向拼接缝；

2 风管所用的螺栓、螺母、垫圈和铆钉均应采用与管材性能相匹配、不会产生电化学腐蚀的材料，或采取镀锌或其他防腐措施，并不得采用抽芯铆钉；

3 不应在风管内设加固框及加固筋，风管无法兰连接不得使用S形插条、直角形插条及立联合角形插条等形式；

4 空气洁净度等级为1～5级的净化空调系统风管不得采用按扣式咬口；

5 风管的清洗不得用对人体和材质有危害的清洁剂；

6 镀锌钢板风管不得有镀锌层严重损坏的现象，如表层大面积白花、锌层粉化等。

检查数量：按风管数抽查20%，每个系统不得少于5个。

检查方法：查阅材料质量合格证明文件和观察检查，白绸布擦拭。

表 G11-4 风管系统安装检验批质量验收记录（送、排风、排烟系统）填写指南

【填写示例】

表 G11-4 风管系统安装检验批质量验收记录（送、排风、排烟系统）

工程名称	某某工程	分项工程名称	风管系统安装	验收部位	送风系统
施工单位	某某建筑工程有限公司			项目经理	赵某某
施工执行标准名称及编号	《建筑给水排水及采暖工程施工质量验收规范》GB50242—2002			专业工长	魏某某
分包单位	/	分包项目经理	/	施工班组长	通某某

检控项目	序号	质量验收规范的规定		施工单位检查评定记录	监理（建设）单位验收记录
主控项目	1	风管穿越防火、防爆墙	6.2.1 条	有套管，有封堵，符合要求	共检查 5 项，全部合格
	2	风管内严禁其他管线穿越	6.2.2 条	无其他管线穿越	
	3	高于 80℃风管系统	6.2.3 条	/	
	4	室外立管的拉索	6.2.2-3 条	/	
	5	风阀的安装	6.2.4 条	方向正确，开关灵活	
	6	手动密闭阀安装	6.2.9 条	方向正确	
	7	风管严密性检验	6.2.8 条	经试验符合要求	
一般项目	1	风管系统的安装	6.3.1 条	标高，走向正确牢固	共检查 7 项，均满足规范规定和设计要求
	2	无法兰风管系统的安装	6.3.2 条	/	
	3	风管安装的水平、垂直质量	6..3..3 条	平直无扭曲，水平度合格	
	4	风管的支、吊架	6.3.4 条	吊架，材料及间距合格	
	5	铝板、不锈钢板风管安装	6.3.1-8 条	/	
	6	非金属风管的安装	6.3.5 条	/	
	7	风阀的安装	6.3.8 条	各类阀门灵活工作正常	
	8	风帽的安装	6.3.9 条	风帽牢固，无渗水现象	
	9	吸、排风罩的安装	6.3.10 条	位置正确，排列牢固可靠	
	10	风口的安装	6.3.11 条	连接紧密，牢固，调节灵活	
施工单位检查评定结果	主控项目全部合格，一般项目满足规范规定和设计要求，该检验批合格。 项目专业质量检查员：孙某某　　2012 年 06 月 13 日				
监理（建设）单位验收结论	该检验批合格。 监理工程师 （建设单位项目专业技术负责人）：张某某　　2012 年 06 月 13 日				

【填写要点】

通风与空调工程7个子分部系统中5个子分部含风管安装。本示例以送风系统中金属风管安装为例。实际施工过程中应根据工程具体情况选择对应项目填写。

【相关规定】摘自《通风与空调工程施工质量验收规范》GB50243—2002

6.2.1　在风管穿过需要封闭的防火、防爆的墙体或楼板时,应设预埋管或防护套管,其钢板厚度不应小于1.6mm。风管与防护套管之间,应用不燃且对人体无危害的柔性材料封堵。检查数量:按数量抽查20%,不得少于1个系统。检查方法:尺量、观察检查。

6.2.2　风管安装必须符合下列规定:

1　风管内严禁其他管线穿越。

2　输送含有易燃、易爆气体或安装在易燃、易爆环境的风管系统应有良好的接地,通过生活区或其他辅助生产房间时必须严密,并不得设置接口;

3　室外立管的固定拉索严禁拉在避雷针或避雷网上。检查数量:按数量抽查20%,不得少于1个系统。检查方法:手扳、尺量、观察检查。

6.2.4　风管部件安装必须符合下列规定:

1　各类风管部件及操作机构的安装,应能保证其正常的使用功能,并便于操作;

2　斜插板风阀的安装,阀板必须为向上拉启;水平安装时,阀板还应为顺气流方向插入;

3　止回风阀、自动排气活门的安装方向应正确。

检查数量:按数量抽查20%,不得少于5件。检查方法:尺量、观察检查,动作试验。

6.2.8　风管系统安装完毕后,应按系统类别进行严密性检验,漏风量应符合设计与本规范第4.2.5条的规定。风管系统的严密性检验,应符合下列规定:

1.低压系统风管的严密性检验应采用抽检,抽检率为5%,且不得少于1个系统。在加工工艺得到保证的前提下,采用漏光法检测。检测不合格时,应按规定的抽检率做漏风量测试。中压系统风管的严密性检验,应在漏光法检测合格后,对系统漏风量测试进行抽检,抽检率为20%,且不得少于1个系统。高压系统风管的严密性检验,为全数进行漏风量测试。系统风管严密性检验的被抽检系统,应全数合格,则视为通过;如有不合格时,则应再加倍抽检,直至全数合格。

2.净化空调系统风管的严密性检验,1～5级的系统按高压系统风管的规定执行;6～9级的系统按本规范第4.2.5条的规定执行。

检查数量:按条文中的规定。检查方法:按本规范附录A的规定进行严密性测试。

6.2.9　手动密闭阀安装,阀门上标志的箭头方向必须与受冲击波方向一致。

检查数量:全数检查。检查方法:观察核对检查。

表 G11-16 防腐与绝热施工检验批质量验收记录（管道系统）填写指南

【填写示例】

表 G11-16 防腐与绝热施工检验批质量验收记录（管道系统）

工程名称	某某工程	分项工程名称	风管与设备绝热	验收部位	送风系统
施工单位	某某建筑工程有限公司			项目经理	赵某某
施工执行标准名称及编号	《建筑给水排水及采暖工程施工质量验收规范》GB50242—2002			专业工长	魏某某
分包单位	/	分包项目经理	/	施工班组长	通某某

检控项目	序号	质量验收规范的规定		施工单位检查评定记录	监理（建设）单位验收记录
主控项目	1	材料的验证	10.2.1 条	材质符合要求	共检查 3 项，全部合格
	2	防腐涂料或油漆质量	10.2.2 条	均在质保期内	
	3	电加热器与防火墙 2m 管道	10.2.3 条		
	4	冷冻水管道的绝热	10.2.4 条	符合要求	
	5	洁净室内管道	10.2.5 条	/	
一般项目	1	防腐涂层质量	10.3.1 条	无气泡，堆积等	共检查 8 项，均满足规范规定和设计要求
	2	空调设备、部件油漆或绝热	10.3.2-3 条	铭牌显示清楚，油漆喷涂合格	
	3	绝热材料厚度及平整度	10.3.4 条	材料密实，平整合格	
	4	绝热涂料	10.3.7 条	/	
	5	玻璃布保护层的施工	10.3.8 条	搭接均匀，松紧适度。	
	6	管道阀门的绝热	10.3.9 条	绝热材料能单独拆卸	
	7	管道绝热层施工	10.3.10 条	与管道连接紧密	
	8	管道防潮层的施工	10.3.11 条	封密良好合格	
	9	金属保护层的施工	10.3.12 条	/	
	10	机房内制冷管道色标	10.3.13 条	色标清楚	

施工单位检查评定结果	主控项目全部合格，一般项目满足规范规定和设计要求，该检验批合格。 项目专业质量检查员：孙某某　　2012 年 06 月 13 日
监理（建设）单位验收结论	该检验批合格。 监理工程师 （建设单位项目专业技术负责人）：张某某　　2012 年 06 月 13 日

【相关规定】摘自《通风与空调工程施工质量验收规范》GB50243—2002

主　控　项　目

10.2.1　风管和管道的绝热,应采用不燃或难燃材料,其材质、密度、规格与厚度应符合设计要求。如采用难燃材料时,应对其难燃性进行检查,合格后方可使用。

10.2.2　防腐涂料和油漆,必须是在有效保质期限内的合格产品。

检查数量:按批检查。检查方法:观察、检查材料合格证。

10.2.3　在下列场合必须使用不燃绝热材料:

1　电加热器前后800mm的风管和绝热层;

2　穿越防火隔墙两侧2m范围内风管、管道和绝热层。

检查数量:全数检查。检查方法:观察、检查材料合格证与点燃试验。

10.2.4　输送介质温度低于周围空气露点温度的管道,当采用非闭孔性绝热材料时,隔汽层(防潮层)必须完整,且封闭良好。

检查数量:按数量抽查10%,且不得少于5段。检查方法:观察检查。

10.2.5　位于洁净室内的风管及管道的绝热,不应采用易产尘的材料(如玻璃纤维、短纤维矿棉等)。检查数量:全数检查。检查方法:观察检查。

一　般　项　目

10.3.1　喷、涂油漆的漆膜,应均匀、无堆积、皱纹、气泡、掺杂、混色与漏涂等缺陷。

检查数量:按面积检查10%　检查方法:观察检查。

10.3.2　各类空调设备、部件的油漆喷、涂,不得遮盖铭牌标志和影响部件的功能使用。

检查数量:按数量检查10%,且不得少于2个。检查方法:观察检查。

10.3.3　风管系统部件的绝热,不得影响其操作功能。

检查数量:按数量检查10%,且不得少于2个。检查方法:观察检查。

10.3.4绝热材料层应密实,无裂缝、空隙等缺陷。表面应平整,当采用卷材或板材时,允许偏差为5mm;采用涂抹或其他方式时,允许偏差为10mm。防潮层(包括绝热层的端部)应完整,且封闭良好;其搭接缝应顺水。

检查数量:管道按轴线长度抽查10%;部件、阀门抽查10%,且不得少于2个。

检查方法:观察检查、用钢丝刺入保温层、尺量。

10.3.7　绝热涂料作绝热层时,应分层涂抹,厚度均匀,不得有气泡和漏涂等缺陷,表面固化层应光滑,牢固无缝隙。检查数量:按数量抽查10%。检查方法:观察检查。

10.3.8　当采用玻璃纤维布作绝热保护层时,搭接的宽度应均匀,宜为30～50mm,且松紧适度。检查数量:按数量抽查10%,且不得少于10㎡。检查方法:尺量、观察检查。

10.3.9　管道阀门、过滤器及法兰部位的绝热结构应能单独拆卸。

检查数量:按数量抽查10%,且不得少于5个。检查方法:观察检查。

10.3.10　管道绝热层的施工,应符合下列规定:

1.绝热产品的材质和规格,应符合设计要求,管壳的粘贴应牢固、铺设应平整;绑扎应紧密,无滑动、松弛与断裂现象;

2.硬质或半硬质绝热管壳的拼接缝隙,保温时不应大于5mm、保冷时不应大于2mm,并用粘结材料勾缝填满;纵缝应错开,外层的水平接缝应设在侧下方。当绝热层的厚度大于100mm时,应分层铺设,层间应压缝;

3.硬质或半硬质绝热管壳应用金属丝或难腐织带捆扎，其间距为300～350mm，且每节至少捆扎2道；

4.松散或软质绝热材料应按规定的密度压缩其体积，疏密应均匀。毡类材料在管道上包扎时，搭接处不应有空隙。

检查数量：按数量抽查10%，且不得少于10段。检查方法：尺量、观察检查及查阅施工记录。

10.3.11　管道防潮层的施工应符合下列规定：

1　防潮层应紧密粘贴在绝热层上，封闭良好，不得有虚粘、气泡、褶皱、裂缝等缺陷；

2　立管的防潮层，应由管道的低端向高端敷设，环向搭接的缝口应朝向低端；纵向的搭接缝应位于管道的侧面，并顺水；

3　卷材防潮层采用螺旋形缠绕的方式施工时，卷材的搭接宽度宜为30～50mm。

检查数量：按数量抽查10%，且不得少于10m。检查方法：尺量、观察检查。

10.3.12　金属保护壳的施工，应符合下列规定：

1　应紧贴绝热层，不得有脱壳、褶皱、强行接口等现象。接口的搭接应顺水，并有凸筋加强，搭接尺寸为20～25mm。采用自攻螺丝固定时，螺钉间距应匀称，并不得刺破防潮层。

2　户外金属保护壳的纵、横向接缝，应顺水；其纵向接缝应位于管道的侧面。金属保护壳与外墙面或屋顶的交接处应加设泛水。检查数量：按数量抽查10%。检查方法：观察检查。

10.3.13　冷热源机房内制冷系统管道的外表面，应做色标。

检查数量：按数量抽查10%。检查方法：观察检查。

表G11-17　工程系统调试检验批质量验收记录填写指南

【填写示例】

表G11-17　工程系统调试检验批质量验收记录

工程名称	某某工程	分项工程名称	系统调试	验收部位	空调风系统
施工单位	某某建筑工程有限公司			项目经理	赵某某
施工执行标准名称及编号	《建筑给水排水及采暖工程施工质量验收规范》GB50242—2002			专业工长	魏某某
分包单位	/	分包项目经理	/	施工班组长	通某某
检控项目	序号	质量验收规范的规定		施工单位检查评定记录	监理(建设)单位验收记录
主控项目	1	通风机、空调机组单机试运转及调试	11.2.2-1条	系统设备运转正常	共检查4项，全部合格
	2	水泵单机试运转及调试	11.2.2-2条	/	
	3	冷却塔单机试运转及测试	11.2.2-3条	/	
	4	制冷机组单机试运转及调试	11.2.2-4条	/	
	5	电控防、排烟阀的动作试验	11.2.2-5条	信号正确，开关灵活	
	6	系统风量的调试	11.2.3-1条	大于设计风量5%	
	7	空调水系统的调试	11.2.3-2条	/	
	8	恒温、恒湿空调	11.2.3-3条	/	
	9	防、排系统调试	11.2.4条	符合设计及消防规定	
	10	净化空调系统的调试	11.2.5条	/	
一般项目	1	风机、空调机组	11.3.1-2,3条	运转正常	共检查4项，均满足规范规定和设计要求
	2	水泵的安装	11.3.1-1条	/	
	3	风口风量的平衡	11.3.2-2条	经调整与设计风量相符	
	4	水系统的试运行	11.3.3-1、11.3.3-3条	/	
	5	水系统检测元件的工作	11.3.3-2条	/	
	6	空调房间的参数	11.3.3-4,5,6条	符合要求	
	7	洁净空调房间的参数	11.3.3条	/	
	8	工程的控制和监测元件和执行结构	11.3.4条	系统正常，显示正常	
施工单位检查评定结果	主控项目全部合格，一般项目满足规范规定和设计要求，该检验批合格。 项目专业质量检查员：孙某某　　2012年06月13日				
监理(建设)单位验收结论	该检验批合格。 监理工程师 (建设单位项目专业技术负责人)：张某某　　2012年06月13日				

【填写要点】

工程系统调试是通风与空调工程系统安装完成后，进行的功能调试。涉及到通风与空调工程 7 个子分部系统。本示例对空调风系统的工程系统调试检验批进行了示范填写，实际施工过程中应根据工程具体情况填写表格内相应项目。

【相关规定】摘自《通风与空调工程施工质量验收规范》GB50243—2002

11.2.1　通风与空调工程安装完毕，必须进行系统的测定和调整(简称调试)。系统调试应包括下列项目：

1.设备单机试运转及调试；2.系统无生产负荷下的联合试运转及调试。

检查数量：全数。检查方法：观察、旁站、查阅调试记录。

11.2.2　设备单机试运转及调试应符合下列规定：

1.通风机、空调机组中的风机，叶轮旋转方向正确、运转平稳、无异常振动与声响，其电机运行功率应符合设备技术文件的规定。在额定转速下连续运转 2h 后，滑动轴承外壳最高温度不得超过 70℃；滚动轴承不得超过 80℃；

2.水泵叶轮旋转方向正确，无异常振动和声响，紧固连接部位无松动，其电机运行功率值符合设备技术文件的规定。水泵连续运转 2h 后，滑动轴承外壳最高温度不得超过 70℃，滚动轴承不得超过 75℃；

3.冷却塔本体应稳固、无异常振动，其噪声应符合设备技术文件的规定。风机试运转按本条第 1 款的规定；冷却塔风机与冷却水系统循环试运行不少于 2h，运行应无异常情况。

4.制冷机组、单元式空调机组的试运转，应符合设备技术文件和现行国家标准《制冷设备、空气分离设备安装工程施工及验收规范》GB50274 的有关规定，正常运转不应少于 8h；

5.电控防火、防排烟风阀(口)的手动、电动操作应灵活、可靠，信号输出正确。

检查数量：第 1 款按风机数量抽查 10%，且不得少于 1 台；第 2、3、4 款全数检查；第 5 款按系统中风阀的数量抽查 20%，且不得少于 5 件。

检查方法：观察、旁站、用声级计测定、查阅试运转记录及有关文件。

11.2.3　系统无生产负荷的联合试运转及调试应符合下列规定：

1.系统总风量调试结果与设计风量的偏差不应大于 10%；

2.空调冷热水、冷却水总流量测试结果与设计流量的偏差不应大于 10%；

3.舒适空调的温度、相对湿度应符合设计的要求。恒温、恒湿房间室内空气温度、相对湿度及波动范围应符合设计规定。

检查数量：按风管系统数量抽查 10%，且不得少于 1 个系统。

检查方法：观察、旁站、查阅调试记录。

11.2.4　防排烟系统联合试运行与调试的结果(风量及正压)，必须符合设计与消防的规定。检查数量：按总数抽查 10%，且不得少于 2 个楼层。检查方法：观察、旁站、查阅调试记录。

11.2.5　净化空调系统还应符合下列规定：

1.单向流洁净室系统的系统总风量调试结果与设计风量的允许偏差为 0～20%，室内各风口风量与设计风量的允许偏差为 15%。新风量与设计新风量的允许偏差为 10%。

2.单向流洁净室系统的室内截面平均风速的允许偏差为0～20%，且截面风速不均匀度不应大于0.25。新风量和设计新风量的允许偏差为10%。

3.相邻不同级别洁净室之间和洁净室与非洁净室之间的静压差不应小于5Pa，洁净室与室外的静压差不应小于10Pa；

4.室内空气洁净度等级必须符合设计规定的等级或在商定验收状态下的等级要求。

高于等于5级的单向流洁净室，在门开启的状态下，测定距离门0.6m室内侧工作高度处空气的含尘浓度，亦不应超过室内洁净度等级上限的规定。

检查数量：调试记录全数检查，测点抽查5%，且不得少于1点。

检查方法：检查、验证调试记录，按本规范附录B进行测试校核。

11.3.4　空调工程系统无生产负荷联动试运转及调试还应符合下列规定：

1.空调室内噪声应符合设计规定要求；

2.有压差要求的房间、厅堂与其他相邻房间之间的压差，舒适性空调正压为0～25Pa；工艺性的空调应符合设计的规定；

3.有环境噪声要求的场所，制冷、空调机组应按现行国家标准《采暖通风与空气调节设备噪声声功率级的测定——工程法》GB9068的规定进行测定。洁净室内的噪声应符合设计的规定。

7.12　G12类检验批记录填写指南

7.12.1　检验批的划分

G12类检验批验收执行《建筑电气工程施工质量验收规范》GB50303—2002，属建筑电气分部。该类资料共包括：室外电气、变配电室、供电干线、电气动力、电气照明、备用和不间断电源安装、防雷及接地安装等7个子分部。此该类检验批划分原则：一般按一个设计系统或设备组划分一个检验批。

在《建筑工程施工质量验收统一标准》GB50300—2001的表B.0.1基础上，遵循检验批划分原则，将建筑给水、排水及采暖分部的各分项工程细化到检验批。各分项工程的检验批质量验收记录见表7-3。

表 7-23　G12 类检验批质量验收记录实用表式划分明细

资料类别	子分部工程	分项工程	检验批	
			表格编号	检验批名称
建筑电气工程施工质量验收规范(G12 类)	室外电气	架空线路及杆上电气设备安装	表 G12-1	架空线路及杆上电气设备安装质量验收记录
		变压器、箱式变电所安装	表 G12-2	变压器、箱式变电所安装质量验收记录
		成套配电柜、控制柜(屏、台)和动力、照明配电箱(盘)及控制柜安装	表 G12-3	成套配电柜、控制柜(屏、台)和动力、照明配电箱(盘)安装质量验收记录
		电线、电缆导管和线槽敷设	表 G12-11	电线导管、电缆导管和线槽敷设质量验收记录
		电缆头制作、导线连接和线路电气试验	表 G12-15	电缆头制作、接地和线路绝缘测试质量验收记录
		建筑物外部装饰灯具、航空障碍标志灯和庭院路灯安装	表 G12-18	建筑物景观照明灯、航空障碍标志和庭院灯安装质量验收记录
		建筑物照明通电试运行	表 G12-20	建筑物照明通电试运行质量验收记录
		接地装置安装	表 G12-21	接地装置安装质量验收记录
	变配电室	变压器、箱式变电所安装	表 G12-2	变压器、箱式变电所安装质量验收记录
		成套配电柜、控制柜(屏、台)和动力、照明配电箱(盘)安装	表 G12-3	成套配电柜、控制柜(屏、台)和动力、照明配电箱(盘)安装质量验收记录
		裸母线、封闭母线、插接式母线安装	表 G12-8	裸母线、封闭母线、插接式母线安装质量验收记录
		电缆沟内和电缆竖井内电缆敷设	表 G12-10	电缆沟内和电缆竖井内电缆敷设质量验收记录
		电缆头制作、导线连接和线路电气试验	表 G12-15	电缆头制作、接地和线路绝缘测试质量验收记录
		接地装置安装	表 G12-21	接地装置安装质量验收记录
		避雷引下线和变配电室接地干线敷设	表 G12-22	避雷引下线和变配电室接地干线敷设质量验收记录

续表

资料类别	子分部工程	分项工程	检验批	
			表格编号	检验批名称
建筑电气工程施工质量验收规范(G12类)	电气动力	成套配电柜、控制柜(屏、台)和动力、照明配电箱(盘)及控制柜安装	表G12-3	成套配电柜、控制柜(屏、台)和动力、照明配电箱(盘)安装质量验收记录
		低压电动机、电加热器及电动执行机构检查、接线	表G12-4	低压电动机、电加热器及电动执行机构检查接线质量验收记录
		低压电气动力设备检测、试验和空载试运行	表G12-7	低压电气动力设备试验与试运行质量验收记录
		桥架安装和桥架内电缆敷设	表G12-9	电缆桥架安装和桥架内电缆敷设质量验收记录
		电线、电缆导管和线槽敷设	表G12-11	电线导管、电缆导管和线槽敷设质量验收记录
		电线、电缆穿管和线槽敷线	表G12-12	电线、电缆导管和线槽敷线质量验收记录
		电缆头制作、导线连接和线路电气试验	表G12-15	电缆头制作、接地和线路绝缘测试质量验收记录
		插座、开关、风扇安装	表G12-19	开关、插座、风扇安装质量验收记录
	电气照明安装	成套配电柜、控制柜(屏、台)和动力、照明配电箱(盘)安装	表G12-3	成套配电柜、控制柜(屏、台)和动力、照明配电箱(盘)安装质量验收记录
		电线、电缆导管和线槽敷设	表G12-11	电线导管、电缆导管和线槽敷设质量验收记录
		电线、电缆导管和线槽敷线	表G12-12	电线、电缆导管和线槽敷线质量验收记录
		槽板配线	表G12-13	槽板配线质量验收记录
		钢索配线	表G12-14	钢索配线质量验收记录
		电缆头制作、导线连接和线路电气试验	表G12-15	电缆头制作、接地和线路绝缘测试质量验收记录
		普通灯具安装	表G12-16	普通灯具安装质量验收记录
		专业灯具安装	表G12-17	专业灯具安装质量验收记录
	备用和不间断电源安装	插座、开关、风扇安装	表G12-19	开关、插座、风扇安装质量验收记录
		建筑照明通电试运行	表G12-20	建筑物照明通电试运行质量验收记录
		成套配电柜、控制柜(屏、台)和动力、照明配电箱(盘)安装	表G12-3	成套配电柜、控制柜(屏、台)和动力、照明配电箱(盘)安装质量验收记录
		柴油发电机组安装	表G12-5	柴油发电机组安装质量验收记录
		不间断电源的其他功能单元安装	表G12-6	不间断电源安装质量验收记录

续表

资料类别	子分部工程	分项工程	检验批	
			表格编号	检验批名称
建筑电气工程施工质量验收规范（G12类）	备用和不间断电源安装	裸母线、封闭母线、插接式母线安装	表 G12-8	裸母线、封闭母线、插接式母线安装质量验收记录
		电线、电缆导管和线槽敷设	表 G12-11	电线导管、电缆导管和线槽敷设质量验收记录
		电线、电缆穿管和线槽敷线	表 G12-12	电线、电缆导管和线槽敷线质量验收记录
		电缆头制作、导线连接和线路电气试验	表 G12-15	电缆头制作、接地和线路绝缘测试质量验收记录
		接地装置安装	表 G12-21	接地装置安装质量验收记录
	供电干线	裸母线、封闭母线、插接式母线安装	表 G12-8	裸母线、封闭母线、插接式母线安装质量验收记录
		桥架安装和桥架内电缆敷设	表 G12-9	电缆桥架安装和桥架内电缆敷设质量验收记录
		电缆沟内和电缆竖井内电缆敷设	表 G12-10	电缆沟内和电缆竖井内电缆敷设质量验收记录
		电线、电缆导管和线槽敷设	表 G12-11	电线导管、电缆导管和线槽敷设质量验收记录
		电线、电缆导管和线槽敷线	表 G12-12	电线、电缆导管和线槽敷线质量验收记录
		电缆头制作、导线连接和线路电气试验	表 G12-15	电缆头制作、接地和线路绝缘测试质量验收记录
	防雷接地	接地装置安装	表 G12-21	接地装置安装质量验收记录
		避雷引下线和变配电室接地干线敷设	表 G12-22	避雷引下线和变配电室接地干线敷设质量验收记录
		接闪器安装	表 G12-23	接闪器安装质量验收记录
		建筑物等电位联结	表 G12-24	建筑物等电位联结质量验收记录

7.12.2 检验批报验

1)检验批报验程序。

施工单位自检合格后，填报“工程报验单和相关附件资料”报监理工程师。由监理工程师（或建设单位项目技术负责人）组织相关人员，严格按规定程序进行验收，并填写验收记录和验收结论。

2)主要检验批报验资料(见表7-24)。

表7-24　常用检验批报验必备资料

检验批工程	报监理用表	必备资料名称	备注
电线、电缆导管和线槽敷设	工程报验单	检验批质量验收记录 ※隐蔽工程验收记录	1.原材料质量证明文件 2.有复试要求的提供复试报告 3.带“※”的为暗敷时提供此类资料
电线、电缆导管和线槽敷线	工程报验单	检验批质量验收记录 隐蔽工程验收记录	
照明配电箱安装	工程报验单	检验批质量验收记录	
电缆接头制作、接地与线路绝缘测试	工程报验单	检验批质量验收记录 绝缘电阻测试记录	
普通灯具安装	工程报验单	检验批质量验收记录	
建筑照明通电试运行	工程报验单	检验批质量验收记录 照明全负荷试运行记录	
接地装置安装	工程报验单	检验批质量验收记录 接地电阻测试记录	
避雷引下线		检验批质量验收记录 ※隐蔽工程验收记录	
建筑物等电位联结		检验批质量验收记录 隐蔽工程验收记录， 等电位导通试验	
接闪器安装	工程报验单	检验批质量验收记录	
插座、开关、风扇安装	工程报验单	检验批质量验收记录 线路、插座、开关接地检验记录	

3)检验批质量合格的条件。

检验批质量合格的条件：资料检查、主控项目和一般项目的检验。

(1)资料检查主要是指质量控制资料必须完整。

(2)检验批合格质量应符合下列规定：

主控项目的质量经抽样检验合格；一般项目的合格点率达到80％及以上，且不得超过允许偏差数值1.5倍为合格。

7.12.3　检验批填写指南

本节以【填写示例】、【填写要点】和【相关规定】的形式，对电气动力、电气照明安装、防雷接地等三个子分部中表G12-3、G12-11、G12-12、G12-19～24等9个常用检验批实用表式进行了示范填写，但对检验批报验相关的其他实用表式(如工程报验单、隐蔽工程验收记录和接地电阻测试、避雷接地电阻测试、绝缘电阻测试、照明全负荷试验、接地检验、大型灯具牢固性试验等)已在相应章节中进行了讲解，本节不再重述。

表 G12-11　电线导管、电缆导管和线槽敷设质量验收记录填写指南

【填写示例】

表 G12-11　电线导管、电缆导管和线槽敷设质量验收记录

<table>
<tr><td>工程名称</td><td>某某工程</td><td>分项工程名称</td><td>电线、电缆导管和线槽敷设</td><td>验收部位</td><td>基础
(±0.000 以下)</td></tr>
<tr><td>施工单位</td><td colspan="3">某某建筑工程有限公司</td><td>项目经理</td><td>赵某某</td></tr>
<tr><td>施工执行标准名称及编号</td><td colspan="3">《建筑电气工程施工质量验收规范》GB50303—2002</td><td>专业工长</td><td>楚某某</td></tr>
<tr><td>分包单位</td><td>/</td><td>分包项目经理</td><td>/</td><td>施工班组长</td><td>电某某</td></tr>
<tr><td>检控项目</td><td>序号</td><td colspan="2">质量验收规范的规定</td><td>施工单位检查评定记录</td><td>监理(建设)单位验收记录</td></tr>
<tr><td rowspan="4">主控项目</td><td>1</td><td>金属的导管和线槽必须接地(PE)或接零(PEN)可靠及其规定</td><td>14.1.1 条</td><td>金属导管接地和接零均可靠连接。</td><td rowspan="4">共检查 2 项，全部合格</td></tr>
<tr><td>2</td><td>金属导管严禁对口熔焊连接；镀锌和壁厚小于等于 2mm 的钢导管不得套管熔焊连接</td><td>14.1.2 条</td><td>管壁厚为 2mm，焊接无对口熔焊连接现象。</td></tr>
<tr><td>3</td><td>防爆导管连接</td><td>14.1.3 条</td><td>/</td></tr>
<tr><td>4</td><td>绝缘导管在砌体上剔槽埋设规定</td><td>14.1.4 条</td><td>/</td></tr>
<tr><td rowspan="11">一般项目</td><td>1</td><td>室外电缆导管埋地敷设要求</td><td>14.2.1 条</td><td>埋深 0.8m，符合设计要求</td><td rowspan="11">共检查 5 项，均满足规范规定和设计要求</td></tr>
<tr><td>2</td><td>室外导管管口设置的处理</td><td>14.2.2 条</td><td>符合设计要求</td></tr>
<tr><td>3</td><td>电缆导管弯曲半径规定</td><td>14.2.3 条</td><td>符合质量验收规范规定</td></tr>
<tr><td>4</td><td>金属导管内、外壁的防腐</td><td>14.2.4 条</td><td>管道按要求作了防腐。</td></tr>
<tr><td>5</td><td>室内进入落地或柜、台、箱、盘内的导管管口的安装高度要求</td><td>14.2.5 条</td><td>高出配电柜基础面 60mm</td></tr>
<tr><td>6</td><td>暗配、明配导管的装设规定</td><td>14.2.6 条</td><td>/</td></tr>
<tr><td>7</td><td>线槽的安装要求</td><td>14.2.7 条</td><td>/</td></tr>
<tr><td>8</td><td>防爆导管的敷设规定</td><td>14.2.8 条</td><td>/</td></tr>
<tr><td>9</td><td>绝缘导管敷设规定</td><td>14.2.9 条</td><td>/</td></tr>
<tr><td>10</td><td>金属、非金属柔性导管敷设规定</td><td>14.2.10 条</td><td>/</td></tr>
<tr><td>11</td><td colspan="2">导管和线槽，在建筑物变形缝处应设补偿装置</td><td>/</td></tr>
<tr><td colspan="2">施工单位检查评定结果</td><td colspan="4">主控项目全部合格，一般项目满足规范规定和设计要求，该检验批合格。
项目专业质量检查员：孙某某　　2012 年 06 月 13 日</td></tr>
<tr><td colspan="2">监理(建设)单位验收结论</td><td colspan="4">该检验批合格。
监理工程师
(建设单位项目专业技术负责人)：张某某　　2012 年 06 月 13 日</td></tr>
</table>

【填写说明】实际填写时,应根据工程线管材料选择相应检查项目。

【相关规定】摘自《建筑电气工程施工质量验收规范》GB50303—2002

主　控　项　目

14.1.1 金属的导管和线槽必须接地(PE)或接零(PEN)可靠,并符合下列规定:

1　镀锌的钢导管、可挠性导管和金属线槽不得熔焊跨接接地线,以专用接地卡跨接的两卡间连线为铜芯软导线,截面积不小于 $4mm^2$;

2　当非镀锌钢导管采用螺纹连接时,连接处的两端焊跨接接地线;当镀锌钢导管采用螺纹连接时,连接处的两端用专用接地卡固定跨接接地线;

3　金属线槽不作设备的接地导体,当设计无要求时,金属线槽全长不少于 2 处与接地(PE)或接零(PEN)干线连接;

4　非镀锌金属线槽间连接板的两端跨接铜芯接地线,镀锌线槽间连接板的两端不跨接接地线,但连接板两端不少于 2 个有防松螺帽或防松垫圈的连接固定螺栓。

14.1.2　金属导管严禁对口熔焊连接;镀锌和壁厚小于 2mm 的钢导管不得套管熔焊连接。

14.14　当绝缘导管在砌体上剔槽埋设时,应采用强度等级不小于 M10 的水泥砂浆抹面保护,保护层厚度大于 15mm。

一　般　项　目

14.2.1 室外埋地敷设的电缆导管,埋深不应小于 0.7m。壁厚小于等于 2mm 的钢电线导管不应埋设于室外土壤内。

14.2.2 室外导管的管口应设置在盒、箱内。在落地式配电箱内的管口,箱底无封板的,管口应高出基础面 50～80mm。所有管口在穿入电线、电缆后应做密封处理。由箱式变电所或落地式配电箱引向建筑物的导管,建筑物一侧的导管管口应设在建筑物内。

14.2.4 金属导管内外壁应防腐处理;埋设于混凝土内的导管内壁应防腐处理,外壁可不防腐处理。

14.2.5 室内进入落地式柜、台、箱、盘内的导管管口,应高出柜、台、箱、盘的基础面 50～80mm .

14.2.6 暗配的导管,埋设深度与建筑物、构筑物表面的距离不应小于 15mm;明配的导管应排列整齐,固定点间距均匀,安装牢固;在终端、弯头中点或柜、台、箱、盘等边缘的距离 150～500mm 范围内设有管卡,中间直线段管卡间的最大距离应符合规范表 14.2.6 的规定。

14.2.7 线槽应安装牢固,无扭曲变形,紧固件的螺母应在线槽外侧。

14.2.9 绝缘导管敷设应符合下列规定:

1. 管口平整光滑;管与盒(箱)等器件采用插入法连接时,连接处结合面涂专用胶合剂,接口牢固密封;

2. 直埋于地下或楼板内的刚性绝缘导管,在穿出地面或楼板易受机械损伤的一段,采取保护措施;

3. 当设计无要求时,埋设在墙内或混凝土内的绝缘导管,采用中型以上的导管;

4. 沿建筑物、构筑物表面和在支架上敷设的刚性绝缘导管,按设计要求装设温度补偿装置。

表 G12-12　电线、电缆导管和线槽敷线质量验收记录填写指南

【填写示例】

表 G12-12　电线、电缆导管和线槽敷线质量验收记录

工程名称	某某工程	分项工程名称	电线、电缆导管和线槽敷线	验收部位	照明系统 DB-1
施工单位	某某建筑工程有限公司			项目经理	赵某某
施工执行标准名称及编号	《建筑电气工程施工质量验收规范》GB50303—2002			专业工长	楚某某
分包单位	/	分包项目经理	/	施工班组长	电某某
检控项目	序号	质量验收规范的规定		施工单位检查评定记录	监理(建设)单位验收记录
主控项目	1	三相或单相的交流单芯电缆，不得单独穿于钢导管内。	15.1.1 条	无单独穿于钢导管内现象	共检查 2 项，全部合格
	2	电线穿管的要求	15.1.2 条	符合质量验收规范规定	
	3	爆炸危险环境照明线路的电线和电缆额定电压，不得低于750V，电线必须穿于钢导管内	15.1.3 条	/	
一般项目	1	穿管前的杂物清除及管口保护	15.2.1 条	管内无杂物，管口均密封保护	共检查 2 项，均满足规范规定和设计要求
	2	多相供电，电线绝缘层颜色选择规定	15.2.2 条	PE 线为黄绿相间色；零线为淡蓝色；A 相-黄色；B 相-绿色；C 相-红色。	
	3	线槽敷线规定	15.2.3 条	/	
施工单位检查评定结果	主控项目全部合格，一般项目满足规范规定和设计要求，该检验批合格。 项目专业质量检查员：孙某某　　2012 年 06 月 13 日				
监理(建设)单位验收结论	该检验批合格。 监理工程师 (建设单位项目专业技术负责人)：张某某　　2012 年 06 月 13 日				

【填写要点】 仅以照明系统 DB-1 示例，其他系统可参照填写。

【相关规定】摘自《建筑电气工程施工质量验收规范》GB50303—2002

主　控　项　目

15.1.1 三相或单相的交流单芯电缆，不得单独穿于钢导管内。

15.1.2 不同回路、不同电压等级和交流与直流的电线，不应穿于同一导管内；同一交流回路的电线应穿于同一金属导管内，且管内电线不得有接头。

15.1.3 爆炸危险环境照明线路的电线和电缆额定电压不得低于750v，且电线必须穿于钢导管内。

一　般　项　目

15.2.1 电线、电缆穿管前，应清除管内杂物和积水。管口应有保护措施，不进入接线盒(箱)的垂直管口穿入电线、电缆后，管口应密封。

15.2.2 当采用多相供电时，同一建筑物、构筑物的电线绝缘层颜色选择应一致，即保护地线(PE线)应是黄绿相间色，零线用淡蓝色；相线用：A相-黄色、B相-绿色、C相-红色。

15.2.3 线槽敷线应符合下列规定：

1. 电线在线槽内有一定余量，不得有接头。电线按回路编号分段绑扎，绑扎点间距不应大于2m。

2. 同一回路的相线和零线，敷设于同一金属线槽内；

3. 同一电源的不同回路无抗干扰要求的线路可敷设于同一线槽内，敷设于同一线槽内有抗干扰要求的线路用隔板隔离，或采用屏蔽电线且屏蔽护套一端接地。

表 G12-3 成套配电柜、控制柜(屏、台)和动力、照明配电箱(盘)安装质量验收记录填写指南

【填写示例】

表 G12-3 成套配电柜、控制柜(屏、台)和动力、照明配电箱(盘)安装质量验收记录

工程名称	某某工程	分项工程名称	照明配电箱安装	验收部位	西一单元
施工单位	某某建筑工程有限公司			项目经理	赵某某
施工执行标准名称及编号	《建筑电气工程施工质量验收规范》GB50303—2002			专业工长	楚某某
分包单位	/	分包项目经理	/	施工班组长	电某某

检控项目	序号	质量验收规范的规定		施工单位检查评定记录	监理(建设)单位验收记录
主控项目	1	柜、屏、台、箱、盘的接地或接零	6.1.1 条	接地接零可靠，且有标识	共检查 3 项，全部合格
	2	低压成套配电设备的电击保护以及保护导体的最小截面积	6.1.2 条	/	
	3	手车、抽出式成套配电柜要求	6.1.3 条	/	
	4	高压成套配电柜的交接试验	3.1.8 条	/	
	5	低压成套配电柜的交接试验	4.1.5 条	/	
	6	柜、屏、台、箱、盘的绝缘电阻值	6.1.6 条	相与相、相与地、相与零之间的绝缘电阻符合要求	
	7	柜、屏、台、箱、盘的耐压试验	6.1.7 条	/	
	8	直流屏试验要求	6.1.8 条	/	
	9	照明配电箱(盘)安装	6.1.9 条	符合质量验收规范规定	

检控项目	序号	质量验收规范的规定	允许偏差 mm/m	允许偏差 mm/全长	量测值(mm)										监理(建设)单位验收记录
一般项目	1	基础型钢安装													共检查 10 项，允许偏差 3 项，合格点率 100%，其他项目满足规范规定和设计要求
	1)	不直度	1	5	1	5	2	3	3						
	2)	水平度	1	5	5	5	2	2	2						
	3)	不平行度	—	5	3	2	3	2	2						
	2	柜、屏、台、箱、盘间或与基础的连接	6.2.2 条		采用镀锌螺栓，且有防松零件										
	3	柜、屏、台、箱、盘安装的垂直度	6.2.3 条		最大误差 2mm										
	4	柜、屏、台、箱、盘内检查试验	6.2.4 条		符合质量验收规范规定										
	5	低压电器组合规定	6.2.5 条		符合质量验收规范规定										
	6	柜、屏、台、箱、盘间配线	6.2.6 条		符合验收规范和设计要求										
	7	电器及控制台、板等可动部位的电线	6.2.7 条		符合质量验收规范规定										
	8	照明配电箱(盘)安装规定	6.2.8 条		符合验收规范和设计要求										

施工单位检查评定结果	主控项目全部合格，一般项目满足规范规定和设计要求，该检验批合格。 项目专业质量检查员：孙某某　　2012 年 06 月 13 日
监理(建设)单位验收结论	该检验批合格。 监理工程师 (建设单位项目专业技术负责人)：张某某　　2012 年 06 月 13 日

【填写要点】仅以西一单元示例,其他单元可参照填写。

【相关规定】摘自《建筑电气工程施工质量验收规范》GB50303—2002

主　控　项　目

6.1.1 柜、屏、台、箱、盘的金属框架及基础型钢必须接地(PE)或接零(PEN)可靠;装有电器的可开启门,门和框架的接地端子间应用裸编织铜线连接,且有标识。

6.1.2 低压成套配电柜、控制柜(屏、台)和动力、照明配电箱(盘)应有可靠的电击保护。柜(屏、台、箱、盘)内保护导体应有裸露饿连接外部保护导体的端子,当设计无要求时,柜(屏、台、箱、盘)内保护导体最小截面积 Sp 不应小于规范表 6.1.2 的规定。

表 6.1.2 内容略。

6.1.3 手车、抽出式成套配电柜推拉应灵活,无卡阻碰撞现象。动触头与静触头的中心线应一致,且触头接触紧密,投入时,接地触头先于主触头接触;退出时,接地触头后于主触头脱开。

6.1.4 高压成套配电柜必须按本规范第 3.1.8 条的规定交接试验合格,且应符合下列规定:

1. 继电保护元器件、逻辑元件、变送器和控制用计算机等单体校验合格,整组试验动作正确,整定参数符合设计要求;

2. 凡经法定程序批准,进入市场投入使用的新高压电气设备和继电保护装置,按产品技术文件要求交接试验。

6.1.6 柜、屏、台、箱、盘间线路的线间和线对地间绝缘电阻值,馈电线路必须大于 0.5MΩ;二次回路必须大于 1MΩ。

6.1.7 柜、屏、台、箱、盘间二次回路交流工频耐压试验,当绝缘电阻值大于 10MΩ 时,用 2500V 兆欧表摇测 1min,应无闪络击穿现象;当绝缘电阻值在 1～10MΩ 时,做 1000V 交流工频耐压试验,时间 1min,应无闪络击穿现象。

6.1.8 直流屏试验,应将屏内电子器件从线路上退出,检测主回路线间和线对地间绝缘电阻值应大于 0.5MΩ,直流屏所附蓄电池组的充、放电应符合产品技术文件要求;整流器的控制调整和输出特性试验应符合产品技术文件要求。

6.1.9 照明配电箱(盘)安装应符合下列规定:

1. 箱(盘)内配线整齐,无绞接现象。导线连接紧密,不伤芯线,不断股。垫圈下螺丝两侧压的导线截面积相同,同一端子上导线连接不多于 2 根,防松垫圈等零件齐全;

2. 箱(盘)内开关动作灵活可靠,带有漏电保护的回路,漏电保护装置动作电流不大于 30mA,动作时间不大于 0.1s。

3. 照明箱(盘)内,分别设置零线(N)和保护地线(PE 线)汇流排,零线和保护地线经汇流排配出。

表G12-19　开关、插座、风扇安装质量验收记录填写指南

【填写示例】

表G12-19　开关、插座、风扇安装质量验收记录

工程名称	某某工程		分项工程名称	开关、插座安装	验收部位	西一单元
施工单位	某某建筑工程有限公司				项目经理	赵某某
施工执行标准名称及编号	《建筑电气工程施工质量验收规范》GB50303—2002				专业工长	楚某某
分包单位	/		分包项目经理	/	施工班组长	电某某
检控项目	序号	质量验收规范的规定		施工单位检查评定记录	监理（建设）单位验收记录	
主控项目	1	插座选型及安装	22.1.1条	插座选型和安装符合设计和规范要求	共检查4项，全部合格	
	2	插座接线	22.1.2条	符合质量验收规范的规定		
	3	特殊情况下插座安装	22.1.3条	符合质量验收规范的规定		
	4	照明开关安装	22.1.4条	开关通断位置一致，开启灵活，接触可靠。		
	5	吊扇安装	22.1.5条	/		
	6	壁扇安装	22.1.6条	/		
一般项目	1	插座安装高度及固定	22.2.1条	安装牢固无损坏、表面洁净，位置符合设计要求	共检查2项，均满足规范规定和设计要求	
	2	照明开关安装高度及外观质量	22.2.2条	符合质量验收规范规定		
	3	吊扇外观质量及控制有序	22.2.3条	/		
	4	壁扇安装高度及外观质量	22.2.4条	/		
施工单位检查评定结果	主控项目全部合格，一般项目满足规范规定和设计要求，该检验批合格。 项目专业质量检查员：孙某某　　2012年06月13日					
监理（建设）单位验收结论	该检验批合格。 监理工程师 （建设单位项目专业技术负责人）：张某某　　2012年06月13日					

【填写说明】

该表应在“线路、开关、插座接地测试”合格后报验，并将“线路、开关、插座接地测试记录”作为此表报验附件一同报监理工程师审核。

【相关规定】摘自《建筑电气工程施工质量验收规范》GB50303—2002

主 控 项 目

22.1.1 当交流、直流或不同电压等级的插座安装在同一场所时，应有明显的区别，且必须选择不同结构、不同规格和不能互换的插座；配套的插头应按交流、直流或不同电压等级区别使用。

22.1.2 插座接线应符合下列规定：

1 单相两孔插座，面对插座的右孔或上孔与相线连接，左孔或下孔与零线连接；单相三孔插座，面对插座的右孔与相线接连，左孔与零线连接；

2 单相三孔、三相四孔及三相五孔插座接地(PE)或接零(PEN)线接在上孔。插座的接地端子不与零线端子连接。同一场所的三相插座，接线的相序一致。

3 接地(PE)或接零(PEN)线在插座间不串联连接。

22.1.3 特殊情况下插座安装应符合下列规定：

1 当接插有触电危险家用电器的电源时，采用能断开电源的带开关插座，开关断开相线；

2 潮湿场所采用密封型并带保护地线触头的保护型插座，安装高度不低于1.5m。

22.1.4 照明开关安装应符合下列规定：

1 同一建筑物、构筑物的开关采用同一系列的产品，开关的通断位置一致，操作灵活、接触可靠；

2 相线经开关控制；民用住宅无软线引至床边的床头开关。

一 般 项 目

22.2.1 插座安装应符合下列要求

1 当不采用安全型插座时，托儿所、幼儿园及小学等儿童活动场所安装高度不小于1.8m；

2 暗装的插座面板紧贴墙面，四周无缝隙，安装牢固，表面光滑整洁、无碎裂、划伤，装饰帽齐全；

3 车间及试(实)验室的插座安装高度距地面不小于0.3m；特殊场所暗装的插座不小于0.15m；同一室内插座安装高度一致；

4 地插座面板与地面齐平或紧贴地面，盖板固定牢固，密封良好。

22.2.2 照明开关安装应符合下列规定：

1 开关安装位置便于操作，开关边缘距门框边缘的距离0.15-0.2m，开关距地面高度1.3m；拉线开关距地面高度2-3m，层高小于3m时，拉线开关距顶板不小于100mm，拉线出口垂直向下；

2 相同型号并列安装及同一室内开关安装高度一致，且控制有序不错位。并列安装的拉线开关的相邻间距不小于20mm；

3 暗装的开关面板应紧贴墙面，四周无缝隙，安装牢固，表面光滑整洁、无碎裂、划伤，装饰帽齐全。

表 G12-20　建筑照明通电试运行质量验收记录填写指南

【填写示例】

表 G12-20　建筑物照明通电试运行质量验收记录

工程名称	某某工程	分项工程名称	建筑物照明通电试运行	验收部位	西一单元
施工单位	某某建筑工程有限公司			项目经理	赵某某
施工执行标准名称及编号	《建筑电气工程施工质量验收规范》GB50303—2002			专业工长	楚某某
分包单位	/	分包项目经理	/	施工班组长	电某某

检控项目	序号	质量验收规范的规定		施工单位检查评定记录	监理（建设）单位验收记录
主控项目	1	照明系统通电，灯具回路控制应与照明箱及回路的标识一致；开关与灯具控制顺序相对应，风扇的转向及调速开关应正常	23.1.1 条	灯具回路控制与照明箱及回路的标识一致；开关与灯具控制顺序相对应。	对两项全数检查，均合格
	2	公用建筑照明系统通电连续试运行时间应 24 小时，民用住宅照明系统通电连续试运行时间应 8 小时。所有照明灯具均应开启，且每 2 小时记录运行状态一次，连续试运行时间内无故障。	23.1.2 条	所有照明灯具均开启，每 2 小时记录运行状态一次，连续试运行 8 小时无故障。	
一般项目					
施工单位检查评定结果	主控项目全部合格，该检验批合格。 项目专业质量检查员：孙某某　　2012 年 06 月 13 日				
监理（建设）单位验收结论	该检验批合格。 监理工程师 （建设单位项目专业技术负责人）：张某某　　2012 年 06 月 13 日				

【填写说明】

（1）该示例应在照明全负荷测试合格后报验，并将测试记录作为报验附件一部分。

（2）按西一单元为独立供电系统考虑，其他单元参照填写。

表 G12-21　接地装置安装质量验收记录填写指南

【填写示例】

表 G12-21　接地装置安装质量验收记录

工程名称	某某工程	分项工程名称	接地装置安装	验收部位	室　外
施工单位	某某建筑工程有限公司			项目经理	赵某某
施工执行标准名称及编号	《建筑电气工程施工质量验收规范》GB50303—2002			专业工长	楚某某
分包单位	/	分包项目经理	/	施工班组长	电某某
检控项目	序号	质量验收规范的规定		施工单位检查评定记录	监理(建设)单位验收结论
主控项目	1	接地装置测试点位置设置	24.1.1条	按设计要求位置设置了测试点	共检查3项，全部合格
	2	测试的接地电阻值必须符合设计要求	24.1.2条	测试的电阻值符合设计要求	
	3	防雷接地的人工接地装置接地干线的埋设	24.1.3条	人工接地装置埋深1.20m，上部覆盖符合质量验收规范的规定	
	4	接地模块埋深、间距、基坑尺寸等	24.1.4条	/	
	5	接地模块应垂直或水平就位，不应倾斜设置，保持与原土层接触良好	24.1.5条	/	
一般项目	1	接地装置的埋设规定	24.2.1条	埋深0.7m，采用搭接焊连接，搭接长度符合规范规定	共检查2项，均满足规范规定和设计要求
	2	接地装置的采用材料规定	24.2.2条	采用镀锌扁钢40×4，符合设计要求	
	3	接地模块应集中引线，用干线把接地模块并联焊接成一个环路，干线的材质与接地模块焊接点材质应相同，钢制的采用热浸镀锌扁钢，引出线不少于2处。	24.2.3条	/	
施工单位检查评定结果	主控项目全部合格，一般项目满足规范规定和设计要求，该检验批合格。 项目专业质量检查员：孙某某　　2012年06月13日				
监理(建设)单位验收结论	该检验批合格。 监理工程师 (建设单位项目专业技术负责人)：张某某　　2012年06月13日				

【填写要点】随报工程报验单附接地测试记录。

【相关规定】摘自《建筑电气工程施工质量验收规范》GB50303—2002

主 控 项 目

24.1.1 人工接地装置或利用建筑物基础钢筋的接地装置必须在地面以上按设计要求位置设测试点。

24.1.2 测试接地装置的接地电阻值必须符合设计要求。

24.1.3 防雷接地的人工接地装置的接地干线埋设，经人行通道处理地深度不应小于1m，且应采取均压措施或在其上方铺设卵石或沥青地面。

24.1.4 接地模块顶面埋深不应小于0.6m，接地模块间距不应小于模块长度的3～5倍。接地模块埋设基坑，一般为模块外形尺寸的1.2～1.4倍，且在开挖深度内详细记录地层情况。

24.1.5 接地模块应垂直或水平就位，不应倾斜设置，保持与原土层接触良好。

一 般 项 目

24.2.1 当设计无要求时，接地装置顶面埋设深度不应小于0.6m。圆钢、角钢及钢管接地极应垂直埋入地下，间距不应小于5m。接地装置的焊接应采用搭接焊，搭接长度应符合下列规定：

1 扁钢与扁钢搭接为扁钢宽度的2倍，不少于三面施焊；

2 圆钢与圆钢搭接为圆钢直径的6倍，双面施焊；

3 圆钢与扁钢搭接为圆钢直径的6倍，双面施焊；

4 扁钢与钢管，扁钢与角钢焊接，紧贴角钢外侧两面，或紧贴3/4钢管表面，上下两侧施焊；

5 除埋设在混凝土中焊接接头外，有防腐措施。

24.2.2 当设计无要求时，接地装置的材料采用为钢材，热浸镀锌处理，最小允许规格、尺寸应符合表24.2.2的规定：

表24.2.2 最小允许规格、尺寸

种类、规格及单位		敷设位置及使用类别			
		地上		地下	
		室内	室外	交流电流回路	直流电流回路
圆钢直径(mm)		6	8	10	12
扁钢	截面(mm^2)	60	100	100	100
	厚度(mm)	3	4	4	6
角钢厚度(mm)		2	2.5	4	6
钢管管壁厚度(mm)		2.5	2.5	3.5	4.5

24.2.3 接地模块应集中引线，用干线把接地模块并联焊接成一个环路，干线的材质与接地模块焊接点的材质应相同，钢制的采用热浸镀锌扁钢，引出线不少于2处。

表 G12-22 避雷引下线和变配电室接地干线敷设质量验收记录示填写指南

【填写示例】

表 G12-22 避雷引下线和变配电室接地干线敷设质量验收记录

工程名称	某某工程	分项工程名称	避雷引下线和变配电室接地干线敷设	验收部位	首层
施工单位	某某建筑工程有限公司			项目经理	赵某某
施工执行标准名称及编号	建筑电气工程施工质量验收规范 GB50303—2002			专业工长	楚某某
分包单位	/	分包项目经理	/	施工班组长	电某某

检控项目	序号	质量验收规范的规定		施工单位检查评定记录	监理(建设)单位验收记录
主控项目	1	引下线敷设的固定与防腐	25.1.1 条	符合规范和设计要求	共检查 2 项，全部合格
	2	变压器室、高、低压开关室内接地干线，应有不少于 2 处与接地装置引出干线连接	25.1.2 条	开关室内接地干线，有 6 处与接地装置引出干线连接	
	3	当利用金属构件、金属管道作接地线时，应在构件或管道与接地干线间焊接金属跨接线	25.1.3 条	/	
一般项目	1	钢制接地线的焊接连接、采用材料的规定	25.2.1 条	采用—40×4 镀锌扁钢为引下线	共检查 2 项，均满足规范规定和设计要求
	2	支持件水平、垂直、弯曲部分的尺寸规定	25.2.2 条	/	
	3	接地线穿越墙壁、楼板和地坪处加保护套管的要求	25.2.3 条	/	
	4	变配电室内明敷接地干线安装规定	25.2.4 条	/	
	5	电缆穿过零序电流互感器时的要求	25.2.5 条	/	
	6	变配电室金属门绞链处接地连接要求	25.2.6 条	/	
	7	幕墙金属框架和建筑物的金属门接地与防腐	25.2.7 条	与接地干线连接可靠，并作了腐蚀处理。	
施工单位检查评定结果	主控项目全部合格，一般项目满足规范规定和设计要求，该检验批合格。 项目专业质量检查员：孙某某　　2012 年 06 月 13 日				
监理(建设)单位验收结论	该检验批合格。 监理工程师 (建设单位项目专业技术负责人)：张某某　　2012 年 06 月 13 日				

【填写要点】

暗敷在主体结构中的避雷引下线应进行隐蔽工程验收记录，作为检验批附件随主体结构进度同步报验。

【相关规定】摘自《建筑电气工程施工质量验收规范》GB50303—2002

主 控 项 目

25.1.1 暗敷在建筑物抹灰层内的引下线应有卡钉分段固定；明敷的引下线应平直、无急弯，与支架焊接处，油漆防腐，且无遗漏。

25.1.2 变压器室、高低压开关室内的接地干线应有不少于2处与接地装置引出干线连接。

一 般 项 目

25.2.1 钢制接地线的焊接连接应符合本规范第24.2.1条的规定，材料采用及最小允许规格、尺寸应符合本规范第24.2.2条的规定。

25.2.2 明敷接地引下线及室内接地干线的支持件间距应均匀，水平直线部分0.5～1.5m；垂直直线部分1.5～3m；弯曲部分0.3～0.5m。

25.2.3 接地线在穿越墙壁、楼板和地坪处应加套钢管或其他坚固的保护套管，钢套管应与接地线做电气连通。

25.2.4 变配电室内明敷接地干线安装应符合下列规定：

1 便于检查，敷设位置不妨碍设备的拆卸与检修；

2 当沿建筑物墙壁水平敷设时，距地面高度250～300mm；与建筑物墙壁间的间隙10～15mm；

3 当接地线跨越建筑物变形缝时，设补偿装置；

4 接地线表面沿长度方向，每段为15～100mm，分别涂以黄色和绿色相间的条纹；

5 变压器室、高压配电室的接地干线上应设置不少于2个供临时接地用的接线柱或接地螺栓。

25.2.5 当电缆穿过零序电流互感器时，电缆头的接地线应通过零序电流互感器后接地；由电缆头至穿过零序电流互感器的一段电缆金属护层和接地线应对地绝缘。

25.2.6 配电间隔和静止补偿装置的栅栏门及变配电室金属门铰链处的接地连接，应采用编织铜线。变配电室的避雷器应用最短的接地线与接地干线连接。

25.2.7 设计要求接地的幕墙金属框架和建筑物的金属门窗，应就近与接地干线连接可靠，连接处不同金属间应有防电化腐蚀措施。

表 G12-23　接闪器安装质量验收记录填写指南

【填写示例】

表 G12-23　接闪器安装质量验收记录

工程名称	某某工程	分项工程名称	接闪器安装	验收部位	顶层
施工单位	某某建筑工程有限公司			项目经理	赵某某
施工执行标准名称及编号	《建筑电气工程施工质量验收规范》GB50303—2002			专业工长	楚某某
分包单位	/	分包项目经理	/	施工班组长	电某某
检控项目	序号	质量验收规范的规定		施工单位检查评定记录	监理(建设)单位验收记录
主控项目	1	建筑物顶部的避雷针、避雷带等必须与顶部外露的其他金属物体连接成一个整体电气通路，且与避雷引下线连接可靠	26.1.1条	建筑物顶部避雷带等与顶部外露的其他金属物体连接成一个整体电气通路，且与避雷引下线连接可靠	符合设计要求和规范规定
一般项目	1	避雷针、避雷带应位置正确，焊接固定的焊缝饱满无遗漏，螺栓固定的应备帽等防松零件齐全，焊接部分补刷的防腐油漆完整。	26.2.1条	避雷带位置正确，焊接固定的焊缝饱满无遗漏，螺栓固定的备帽等防松零件齐全，焊接部分补刷的防腐油漆完整。	共检查2项，均满足规范规定和设计要求
	2	避雷带应平正顺直，固定点支持件间距均匀，固定可靠，每个支持件应能承受大于49N(5 kg)的垂直拉力。当设计无要求时，支持件间距符合：	26.2.2条	避雷带平正顺直，固定点支持件固定可靠，间距均匀符合规范要求	
		水平直线部分	0.5～1.5m	最大间距1.2m，最小间距0.6m	
		垂直直线部分	1.5～3.0m	最大间距2.0m，最小间距1.6m	
		弯曲部分	0.3～0.5m	最大间距0.4～0.5m	
施工单位检查评定结果	主控项目全部合格，一般项目满足规范规定和设计要求，该检验批合格。 项目专业质量检查员：孙某某　　2012年06月13日				
监理(建设)单位验收结论	该检验批合格。 监理工程师 (建设单位项目专业技术负责人)：张某某　　2012年06月13日				

【相关规定】摘自《建筑电气工程施工质量验收规范》GB50303—2002

主　控　项　目

26.1.1 建筑物顶部的避雷针、避雷带等必须与顶部外露的其他金属物体连成一个整体的电气通路，且与避雷引下线连接可靠。

26.1.1 说明：形成等电位，可防静电危害。与现行国家标准《电气装置安装工程接地装置施工及验收规范》GB50169 的规定相一致。

一 般 项 目

26.2.1 避雷针、避雷带应位置正确，焊接固定的焊缝饱满无遗漏，螺栓固定的应备帽等防松零件齐全，焊接部分补刷的防腐油漆完整。

26.2.2 避雷带应平正顺直，固定点支持件间距均匀、固定可靠，每个支持件应能承受大于 49N(5kg)的垂直拉力。当设计无要求时，支持件间距符合本规范第 25.2.2 条的规定。

26.2.2 说明：本条是为使避雷带顺直、固定可靠，不因受外力作用而发生脱落现象而做出的规定。

表 G12-24 建筑物等电位联结质量验收记录填写指南

【填写示例】

表 G12-24 建筑物等电位联结质量验收记录

工程名称	某某工程		分项工程名称	建筑物等电位联结	验收部位	首 层
施工单位	某某建筑工程有限公司				项目经理	赵某某
施工执行标准名称及编号	《建筑电气工程施工质量验收规范》GB50303—2002				专业工长	楚某某
分包单位	/		分包项目经理	/	施工班组长	电某某
检控项目	序号	质量验收规范的规定			施工单位检查评定记录	监理（建设）单位验收记录
主控项目	1	建筑物等电位联结有关要求		27.1.1 条	符合质量验收规范规定	共检查 3 项，全部合格
	2	等电位联结线路最小允许截面（mm²）		27.1.2 条	/	
	1)	铜	干 线	/	/	
			支 线	/	/	
	2)	钢	干 线	50	**120**	
			支 线	16	**90**	
一般项目	1	等电位联结的可接近裸露导体或其他金属部件、构件与支线连接应可靠，熔焊、钎焊或机械紧固应导通正常。		27.2.1 条	等电位联结的可接近裸露导体或其他金属部件、构件与支线连接可靠，机械紧固且导通正常。	共检查 1 项，均满足规范规定和设计要求
	2	需等电位联结的高级装修金属部件或零件，应有专用接线螺栓与等电位联结支线连接，且有标识，连接处螺帽紧固、防松零件齐全。		27.2.2 条	/	
施工单位检查评定结果	主控项目全部合格，一般项目满足规范规定和设计要求，该检验批合格。 项目专业质量检查员：孙某某　　2012 年 06 月 13 日					
监理（建设）单位验收结论	该检验批合格。 监理工程师 （建设单位项目专业技术负责人）：张某某　　2012 年 06 月 13 日					

【填写要点】

(1)等电位检验批报验应在接地测试合格后进行,测试记录应作为报验附件一同报监理工程师审核。

(2)等电位导通试验测试记录表格可用接地电阻测试记录。

【相关规定】摘自《建筑电气工程施工质量验收规范》GB50303－2002

主　控　项　目

27.1.1 建筑物等电位联结干线应从与接地装置有不少于2处直接连接的接地干线或总等电位箱引出,等电位联结干线或局部等电位箱间的连接线形成环形网络,环形网络应就近与等电位联结干线或局部等电位箱连接。支线间不应串联连接。

27.1.1 说明:建筑物是否需要等电位联结、哪些部位或设施需等电位联结、等电位联结干线或等电位箱的布置均应由施工设计来确定。本规范仅对等电位联结施工中应遵守的事项作出规定。主旨是连接可靠合理,不因某个设施的检修而使等电位联结系统开断。

27.1.2 等电位联结的线路最小允许截面应符合表27.1.2的规定:

表27.1.2　线路最小允许截面(mm^2)

材料	截面	
	干线	支线
铜	16	6
钢	50	16

一　般　项　目

27.2.1 等电位联结的可接近裸露导体或其他金属部件、构件与支线连接应可靠。熔焊、钎焊或机械紧固应导通正常。

27.2.2 需等电位联结的高级装修金属部件或零件,应有专用接线螺栓与等电位联结支线连接,且有标识;连接处螺帽紧固、防松零件齐全。

27.2.2 说明:在高级装修的卫生间内,各种金属部件外观华丽,应在内侧设置专用的等电位联结点与暗敷的等电位联结支线连通,这样就不会因乱接而影响观感质量。

7.13　G13类检验批记录填写指南

7.13.1　检验批的划分

G13类检验批验收执行《电梯工程施工质量验收规范》GB50310－2002,属电梯分部。该类资料共包括:电力驱动的曳引式或强制式电梯安装,液压电梯安装,自动扶梯、自动人行道安装等3个子分部。此该类检验批划分原则:按不同厂家电梯的型号和使用要求划分分项和检验批。

在《建筑工程施工质量验收统一标准》GB50300－2001的表B.0.1基础上,遵循检验批划分原则,将建筑给水、排水及采暖分部的各分项工程细化到检验批。各分项工程的检验批质量验收记录见表7-24。

表 7-24 G13 类检验批质量验收记录实用表式划分明细

资料类别	子分部工程	分项工程	检验批	
			表格编号	检验批名称
电梯工程施工质量验收规范（G3类）	电力驱动的曳引式或强制式电梯安装	设备进场验收	表 G13-1	电梯安装工程工程设备进场质量验收记录
		土建交接检验	表 G13-2	电梯安装工程土建交接检验质量验收记录
		驱动主机	表 G13-3	电梯安装工程驱动主机质量验收记录
		导轨	表 G13-4	电梯安装工程导轨质量验收记录
		门系统	表 G13-5	电梯安装工程门系统质量验收记录
		轿厢	表 G13-6	电梯安装工程轿厢质量验收记录
		对重（平衡重）	表 G13-7	电梯安装工程对重（平衡重）质量验收记录
		安全部件	表 G13-8	电梯安装工程安全部件质量验收记录
		悬挂装置	表 G13-9	电梯安装工程悬挂装置、随行电缆、补偿装置质量验收记录
		随行电缆	表 G13-9	电梯安装工程悬挂装置、随行电缆、补偿装置质量验收记录
		补偿装置	表 G13-9	电梯安装工程悬挂装置、随行电缆、补偿装置质量验收记录
		电气装置	表 G13-10	电梯安装工程电气装置质量验收记录
		整机安装验收	表 G13-11	电梯工程整机安装质量验收记录
	液压电梯安装	设备进场验收	表 G13-1	电梯安装工程设备进场质量验收记录
		土建交接检验	表 G13-2	电梯安装工程土建交接检验质量验收记录
		液压系统	表 G13-12	电梯工程液压系统质量验收记录
		导轨	表 G13-4	电梯安装工程导轨质量验收记录
		门系统	表 G13-5	电梯安装工程门系统质量验收记录
		轿厢	表 G13-6	电梯安装工程轿厢质量验收记录
		对重（平衡重）	表 G13-7	电梯安装工程对重（平衡重）质量验收记录
		安全部件	表 G13-8	电梯安装工程安全部件质量验收记录
		悬挂装置	表 G13-9	电梯安装工程悬挂装置、随行电缆、补偿装置质量验收记录
		随行电缆	表 G13-9	电梯安装工程悬挂装置、随行电缆、补偿装置质量验收记录
		电气装置	表 G13-10	电梯安装工程电气装置质量验收记录
		整机安装验收	表 G13-13	液压电梯工程整机安装质量验收记录
	自动扶梯、自动人行道安装	设备进场验收	表 G13-14	自动扶梯、自动人行道设备进场质量验收记录
		土建交接验收	表 G13-15	自动扶梯、自动人行道土建交接检验质量验收记录
		整机安装验收	表 G13-16	自动扶梯、自动人行道整机安装质量验收记录

7.13.2 检验批报验

1)检验批报验程序

施工单位自检合格后，填报“工程报验单和相关附件资料”报监理工程师。由监理工程师（或建设单位项目技术负责人）组织相关人员，严格按规定程序进行验收，并填写验收记录和验收结论。

2)检验批质量合格的条件

检验批质量合格的条件:资料检查、主控项目和一般项目的检验。

(1)资料检查主要是指质量控制资料必须完整。

(2)检验批合格质量应符合下列规定:

主控项目的质量经抽样检验合格;一般项目的合格点率达到80%及以上,且不得超过允许偏差数值1.5倍为合格。

7.13.3　检验批填写指南

电梯是竖向交通运输设备,其总装配是在施工现场完成的。电梯安装工程包括电力驱动的曳引式或强制式电梯、液压电梯、自动扶梯和自动人行道等。本节以"电力驱动的曳引式电梯安装"为例,用【填写示例】、【填写要点】、【相关规定】的形式,对开工前准备工作进行了介绍,对设备进场验收、土建交接和整机安装三个检验进行了示例填写。

电梯工程开工前,应完成以下工作:

(1)开工前,进行电梯工程图纸会审工作。

(2)电梯施工单位应具有完善的验收标准、安装工艺、健全的安装过程控制制度及施工操作规程。并填写"施工现场质量管理检查记录"经现场总监批准。

(3)施工单位在开工前,应向安全监察机构提交"现场管理、专业、作业人员情况及组织机构;安全资质、操作人员资格证书、施工方案、用户证明、电梯合格证、委托书等"证明资料,经安全监察机构人员到现场检查并核实有关资料,符合《特种设备安全监察条例》及有关规定后,办理"特种设备安装改造维修告知书"后方可开工。

表G13-1　电梯安装工程工程设备进场质量验收记录填写指南

【填写要点】(示例略)

设备进场验收除对设备验收外,还应查验随机文件。随机文件是电梯产品供应商移交给建设单位及安装单位的文件,这些文件应针对所安装的电梯产品,应能指导电梯安装人员顺利、准确地进行安装作业,是保证电梯安装工程质量的关键。

【相关规定】摘自《电梯工程施工质量验收规范》GB50310—2002

4.1 设备进场验收

设备进场验收是保证电梯安装工程质量的重要环节之一。全面、准确地进行进场验收能够及时发现问题,解决问题,为即将开始的电梯安装工程奠定良好的基础,也是体现过程控制的必要手段。

4.1.1 随机文件必须包括下列资料:

1.土建布置图;

2.产品出厂合格证;

3.门锁装置、限速器、安全钳及缓冲器的型式试验证书复印件。

4.1.2 随机文件还应包括下列资料:

1.装箱单;

2.安装、使用维护说明书;

3.动力电路和安全电路的电气原理图。

表 G13-2　电梯安装工程土建交接检验质量验收记录填写指南

【填写示例】

表 G13-2　电梯安装工程土建交接检验质量验收记录

工程名称	某某工程	分项工程名称		土建交接检验	验收部位	机房内部、井道
施工单位	某某建筑工程有限公司				项目经理	赵某某
施工执行标准名称及编号	《电梯工程施工质量验收规范》GB50310-2002				专业工长	装某某
分包单位	/	分包项目经理		/	施工班组长	机某某
检控项目	序号	质量验收规范的规定		施工单位检查评定记录	监理（建设）单位验收记录	
主控项目	1	机房内部、井道土建（钢架）结构布置	符合电梯土建布置图要求	土建结构及布置符合电梯土建布置图的要求。	共检查 3 项，全部合格	
	2	主电源开关	4.22 条	符合设计要求		
	3	井道	4.23 条	井道底坑底面，预留洞防护及井道安全门符合要求。		
一般项目	1	机房还应符合的规定	4.2.4 条	机房符合规定要求	共检查 2 项，均满足规范规定和设计要求	
	2	井道还应符合的规定	4.2.5 条	按各项要求进行了检查，均符合要求。		
施工单位检查评定结果	主控项目全部合格，一般项目满足规范规定和设计要求，该检验批合格。 项目专业质量检查员：孙某某　　2012 年 06 月 13 日					
监理（建设）单位验收结论	该检验批合格。 监理工程师 （建设单位项目专业技术负责人）：张某某　　2012 年 06 月 13 日					

【填写要点】

土建交接是保证电梯安装工程顺利进行和确保电梯安装工程质量的重要环节，施工单位必须按规范要求及时检查填写电梯工程土建交接检验记录。土建交接检验是电梯安装前，由监理单位(或建设单位)、土建施工单位、安装单位共同对电梯井道和机房，按规范的要求进行检查，对电梯安装条件作出确认。

【相关规定】摘自《电梯工程施工质量验收规范》GB50310—2002

4.2.1 机房(如果有)内部、井道土建(钢架)结构及布置必须符合电梯土建布置图的要求。

4.2.2 主电源开关必须符合下列规定：

1　主电源开关应能够切断电梯正常使用情况下最大电流；

2　对有机房电梯该开关应能从机房入口处方便地接近；

3　对无机房电梯该开关应设置在井道外工作人员方便接近的地方，且应具有必要的安全防护。

4.2.3 井道必须符合下列规定：

1 当底坑底面下有人员能到达的空间存在，且对重(或平衡重)上未设有安全钳装置时，对重缓冲器必须能安装在(或平衡重运行区域的下边必须)一直延伸到坚固地面上的实心桩墩上；

2 电梯安装之前，所有层门预留孔必须设有高度不小于 1.2m 的安全保护围封，并应保证有足够的强度；

3 当相邻两层门地坎间的距离大于 11m 时，其间必须设置井道安全门，井道安全门严禁向井道内开启，且必须装有安全门处于关闭的电梯才能运行的电气安全装置。当相邻轿厢间有相互救援用轿厢安全门时，可不执行本款。

表 G13-1　电梯工程整机安装质量验收记录填写指南

【填写示例】

表 G13-11　电梯工程整机安装质量验收记录

工程名称	某某工程	分项工程名称	整机安装验收	验收部位	1#电梯
施工单位	某某建筑工程有限公司			项目经理	赵某某
施工执行标准名称及编号	《电梯工程施工质量验收规范》GB50310-2002			专业工长	裴某某
分包单位	/	分包项目经理	/	施工班组长	机某某
检控项目	序号	质量验收规范的规定		施工单位检查评定记录	监理(建设)单位验收结论
主控项目	1	安全保护验收规定	4.11.1条	按要求进行了安全保护验收，各安全装置和功能符合要求，各安全开关动作可靠	共检查4项，全部合格
	2	限速器安全钳联动试验	4.11.2条	按要求进行了限速器安全钳联动试验，符合有关规定要求	
	3	层门与轿门试验	4.11.3条	层门和轿门经试验符合规定要求	
	4	曳引式电梯曳引能力试验	4.11.4条	曳引式电梯的曳引能力试验符合规范规定(具体见试验记录)	
一般项目	1	曳引式电梯平衡系数	0.4～0.5	曳引式电梯的平衡系数为0.45，符合要求	共检查6项，均满足规范规定和设计要求
	2	试运行试验	4.11.6条	电梯安装后按要求进行运行试验，电梯运行平稳，制动可靠，连续运行无故障	
	3	噪声检验	4.11.7条	对噪声进行了检测，符合有关规定要求	
	4	平层准确度检验	4.11.8条	本电梯额定速度为1 m/s，经检验平层准确度符合要求。	
	5	运行速度检验	4.11.9条	符合质量验收规范的求	
	6	观感检查	4.11.10条	轿门带动层门开关运行时，各部位无刮碰现象，各部位清理干净	
施工单位检查评定结果	主控项目全部合格，一般项目满足规范规定和设计要求，该检验批合格。 项目专业质量检查员：孙某某　　2012年06月13日				
监理(建设)单位验收结论	该检验批合格。 监理工程师 (建设单位项目专业技术负责人)：张某某　　2012年06月13日				

【填写要点】

电梯安装经施工单位自检，按各项要求进行运行试验，各种性能制动可靠，连续运行无故障，符合验收规范时，及时填写电梯工程整机安装质量验收记录。

7.14　G14类检验批记录填写指南

7.14.1　检验批的划分

G14类检验批验收执行《智能建筑工程质量验收规范》GB503390－2003，属智能建筑分部。该类资料共包括：通信网络系统、信息网络系统、建筑设备监控系统、火灾自动报警及消防联动系统、安全防范系统、综合布线系统、智能化集成系统、电源与接地、环 境、住宅（小区）智能化系统等10个子分部。此该类检验批划分原则：按智能化不同系统、区段来划分；对工程量较少的分项工程可统一划分为一个检验批。

在《建筑工程施工质量验收统一标准》GB50300－2001的表B.0.1基础上，遵循检验批划分原则，将智能建筑分部的各分项工程细化到检验批。各分项工程的检验批质量验收记录见表7-25。

表7-25　G14类检验批质量验收记录实用表式划分明细

资料类别	子分部工程	分项工程	检验批	
			表格编号	检验批表格名称
智能建筑工程质量验收规范（G14类）	通信网络系　统	通信系统	表G14-1	通信网络系统检测质量验收记录
		卫星数字电视及有线电视系统		
		公共广播系统		
	信息网络系　统	计算机网络系统	表G14-2	计算机网络系统检测质量验收记录
		应用软件	表G14-3	应用软件检测系统检测质量验收记录
		网络安全系统	表G14-4	网络安全系统检测质量验收记录
	建筑设备监控系统	空调与通风系统	表G14-5	空调与通风监控系统检测质量验收记录
		变配电系统	表G14-6	变配电监控系统检测质量验收记录
		公共照明系统	表G14-7	公共照明监控系统检测质量验收记录
		给排水系统	表G14-8	给排水监控系统检测质量验收记录
		热源和热交换系统	表G14-9	热源和热交换监控系统检测质量验收记录
		冷冻和冷却水系统	表G14-10	冷冻和冷却水监控系统检测质量验收记录
		电梯和自动扶梯系统	表G14-11	电梯和自动扶梯监控系统检测质量验收记录
		子系统通信接口	表G14-12	数据通信接口监控系统检测质量验收记录
		中央管理工作站与操作分站	表G14-13	中央管理工作站与操作分站监控系统检测质量验收记录
		系统检测	表G14-14	系统实时性、可维护性、可靠性检测质量验收记录
	火灾自动报警及消防联动系统	火灾和可燃气体探测与火灾报警控制系统	表G14-15	火灾自动报警及消防联动系统检测质量验收记录
		消防联动系统		

续表

资料类别	子分部工程	分项工程	检验批	
			表格编号	检验批表格名称
智能建筑工程质量验收规范(G14类)	安全防范系统	视频安防监控系统	表 G14-16	安全防范系统检测质量验收记录
		入侵报警系统		
		出入口控制(门禁)系统		
		巡更管理系统		
		停车场(库)管理系统		
		安全防范综合管理系统		
	综合布线系统	综合布线系统	表 G14-17	综合布线系统检测质量验收记录
	智能化集成系统	集成系统网络	表 G14-18	智能化系统集成检测质量验收记录
		实时数据库		
		功能接口		
		信息安全		
	电源与接地	智能建筑电源	表 G14-19	智能化电源检测质量验收记录
		防雷及接地	表 G14-19	智能化系统防雷与接地检测质量验收记录
	环境	空间环境	表 G14-21	环境检测系统检测质量验收记录
		室内空调环境		
		视觉照明环境		
		电磁环境		
	住宅(小区)智能化系统	火灾自动报警及消防联动系统	表 G14-15	火灾自动报警及消防联动系统检测质量验收记录
		安全防范系统	表 G14-16	安全防范系统检测质量验收记录
		信息网络系统	表 G14-2	计算机网络系统检测质量验收记录
			表 G14-4	网络安全系统检测质量验收记录
		通信网络系统	表 G14-1	通信网络系统检测质量验收记录
		监控与管理系统	表 G14-5～14	同“建筑设备监控系统”子分部
		智能家庭控制器	表 G14-23	家庭控制器检测质量验收记录
		室外设备及管网	表 G14-24	室外设备及管网检测质量验收记录
		综合布线	表 G14-17	综合布线系统检测质量验收记录
		电源与接地	表 G14-19	智能化电源检测质量验收记录
			表 G14-19	智能化系统防雷与接地检测质量验收记录
		环境	表 G14-21	环境检测系统检测质量验收记录

7.14.2　检验批报验

1)检验批验收的基本要求。

(1)主要材料、设备及软件应随工程系统检测验收,检测验收的顺序应按“先产品,后系统;先各系统,后系统集成”的顺序进行;

(2)各工序应按施工技术标准进行质量控制和检查;

(3)相关专业之间应进行交接验收,并形成记录。未经监理工程师(建设单位技术负责人)检查认可,不得进行下道工序施工;

(4)智能建筑工程施工应符合设计文件的要求;

(5)系统承包商应按有关规定具有相应的资质;安装调试人员应具有相应的专项资格;安装调试使用的仪器、仪表及计量器具应具有鉴定合格证书;

(6)工程质量的验收均应在施工单位自行检查评定合格的基础上进行;

(7)隐蔽工程在隐蔽前由施工单位通知有关单位进行验收,并形成验收文件;

(8)检验批的质量应按主控项目和一般项目验收;

(9)对涉及结构安全和使用功能的重要子分部应进行抽样检测;

(10)承担见证取样检测及有关结构安全检测的单位应具有相应资质;

(11)工程观感质量的验收,由验收人员通过现场检查,并共同确认。

2)检验批报验程序

施工单位自检合格后,填报“工程报验单和相关附件资料”报监理工程师。由监理工程师(或建设单位项目技术负责人)组织相关人员,严格按规定程序进行验收,并填写验收记录和验收结论。

3)检验批质量合格的条件

(1)资料检查主要是指质量控制资料。对其完整性的检查,实际是对过程控制的确认,这是检验批合格的前提。

(2)检验批质量合格应符合下列规定:

①主控项目必须符合验收标准规定。

②一般项目的质量经抽样检验合格;各系统分项工程检验批质量验收记录有专项要求时,均在各系统分项工程检验批质量验收记录中分别做出说明。

③具有完整的施工操作依据和质量验收记录,对验收合格的检验批,宜作出合格标志。

(3)检验批质量的检验方法,应根据系统的特点分为全数检验和抽样检验两类。

7.14.3　检验批填写指南

智能建筑分部共包括:通信网络系统、信息网络系统、建筑设备监控系统、火灾自动报警及消防联动系统、安全防范系统、综合布线系统、智能化集成系统、电源与接地、环 境、住宅(小区)智能化系统等10个子分部。其中住宅(小区)智能化系统是集成了前9个子分部的内容,此节仅对住宅(小区)智能化系统中常用的检验批进行了示范填写,随检验批报验的其他资料在本书第五篇相关章节中进行了解析,此处不再重述。

表 G14-15　火灾自动报警及消防联动系统检测检验批质量验收记录填写指南

【填写示例】

表 G14-15　火灾自动报警及消防联动系统检测检验批质量验收记录

工程名称	某某工程	分项工程名称	火灾自动报警及消防联动系统	验收部位	1＃楼
施工单位	某某建筑工程有限公司			项目经理	赵某某
施工执行标准名称及编号	《智能建筑工程质量验收规范》GB50339－2003			专业工长	智某某
分包单位	/	分包项目经理	/	施工班组长	能某某

检控项目	序号	质量验收规范的规定		施工单位检查评定记录	监理（建设）单位验收记录
主控项目	1	系统检测	7.2.1条7.2.2条13.3.1条	独立系统，符合GB50166规定，且对可燃气体泄漏报警符合规范规定和设计要求	共检查8项，全部合格
	2	系统联动	7.2.3条	与其他系统联动正常，无抵触情况	
	3	系统电磁兼容性防护性能	7.2.4条	符合GB16838规定	
	4	火灾报警控制器人机界面	7.2.5条	图文均为汉化显示	
	5	接口通信功能	7.2.6条7.2.7条	接口正常通信稳定	
	6	探测器数量、性能、安装位置	7.2.8条	符合设计要求	
	7	新型消防设施的设置及功能	7.2.9条	设置了早期烟雾探测火灾报警系统和可燃气体泄漏报警系统	
	8	系统关联功能	7.2.10条7.2.11条7.2.12条	与其他系统联动正常，模拟各种报警均能正常相应。	
一般项目					

施工单位检查评定结果	主控项目全部合格，该检验批合格。 项目专业质量检查员：孙某某　　2012年10月13日
监理（建设）单位验收结论	该检验批合格。 监理工程师 （建设单位项目专业技术负责人）：张某某　　2012年10月13日

表 G14-16　安全防范系统检测检验批质量验收记录填写指南

【填写示例】

表 G14-16　安全防范系统检测检验批质量验收记录

工程名称	某某工程	分项工程名称	安全防范系统	验收部位	整个小区
施工单位	某某建筑工程有限公司			项目经理	赵某某
施工执行标准名称及编号	《智能建筑工程质量验收规范》GB50339-2003			专业工长	智某某
分包单位	/	分包项目经理	/	施工班组长	能某某

检控项目	序号	质量验收规范的规定		施工单位检查评定记录	监理(建设)单位验收记录
主控项目	1	综合防范功能检测	8.3.4条	防范全面无盲区，子系统间联动正常，监控中心记录系统满足设计要求	共检查8项，全部合格
	2	视频安防监控系统检测	8.3.5条	信号正常，图像清晰	
	3	入侵报警系统检测	8.3.6条	探测、信号、报警等系统均正常	
	4	门禁系统检测	8.3.7条 13.4.2条	门禁控制系统检测正常	
	5	巡更管理系统检测	8.3.8条	巡更系统终端数量、读卡能力、系统运行均正常	
	6	停车场管理系统检测	8.3.9条	出入口管理系统正常	
	7	综合管理系统检测	8.3.10条	中央监控室对子系统均能实时监控	
	8	访客对讲系统检测	13.4.2条	访客对讲系统语音清晰，图像清楚，开锁灵敏	
一般项目	1	对讲系统图像、室内机自动开关功能	13.4.3条	自动定时开关功能正常，可视图像清晰	共检查1项，均满足规范规定和设计要求

施工单位检查评定结果	主控项目全部合格，该检验批合格。 项目专业质量检查员：孙某某　　2012年10月13日
监理(建设)单位验收结论	该检验批合格。 监理工程师 (建设单位项目专业技术负责人)：张某某　　2012年10月13日

7.15 G15 类检验批记录填写指南

7.15.1 检验批的划分

G15 类检验批验收执行《建筑节能施工质量验收规范》GB50411－2007，属建筑节能分部。该类资料适用于新建、改建和扩建的民用建筑节能工程的验收，共包括：本篇中墙体、幕墙、门窗、屋面、地面、采暖、通风与空调、空调与采暖系统的冷热源及管网、配电与照明，监测与控制等 10 个分项。

1）建筑节能分部各分项主要验收内容见表 7-26。

表 7-26　建筑节能分项划分及主要验收内容

分部	分项	主要验收内容
建筑节能	墙体节能	主体结构基层、保温材料、饰面层等
	幕墙节能	主体结构基层、隔热材料、保温材料、隔汽层、幕墙玻璃、单元式幕墙板块、通风换气系统、遮阳设施、冷凝水收集排放系统等
	门窗节能	门、窗、玻璃、遮阳设施等
	屋面节能	基层、保温隔热层、保护层、防水层、面层等
	地面节能	基层、保温层、保护层面层等
	采暖节能	系统制式、散热器、阀门与仪表、热力入口装置、保温材料、调试等
	通风与空气调节节能	系统制式、通风与空调设备、阀门与仪表、绝热材料、调试等
	空调与采暖系统的冷热源及管网节能	系统制式、冷热源设备、辅助设备、管网、阀门与仪表、绝热、保温材料、调试等
	配电与照明节能	低压配电电源、照明光源、灯具、附属装置、控制功能、调试等
	监测与控制节能	冷、热源系统的监测控制系统，空调水系统的检测控制系统，通风与空调系统的监测控制系统，监测与计量装置，供配电的监测控制系统，照明自动控制系统、综合控制系统等

2）各分项工程检验批划分原则：

（1）墙体节能工程：采用相同材料、工艺和施工做法的墙面，每 500～1000m^2 面积划分为 1 个检验批，不足 500m^2 也为 1 个检验批。

（2）幕墙节能工程：采用相同材料、工艺和施工做法的，划分为 1 个检验批。

（3）门窗节能工程：

①同一厂家的同一品种、类型和规格的门窗及门窗玻璃每 100 樘划分为一个检验批，不足 100 樘也为 1 个检验批；

②同一厂家的同一品种、类型和规格的特种门每 50 樘划分为一个检验批，不足 50 樘也为 1 个检验批。

（4）屋面节能工程：采用相同材料、工艺和施工做法的独立排水屋面划分。

（5）地面节能工程：当面积超过 200m^2 时，每 200 m^2 可划分为 1 个检验批，不足 200m^2 也为 1 个检验批。

（6）采暖节能工程：可按系统、楼层等进行划分。

（7）通风与空调节能工程：可按系统、楼层等进行划分。

（8）空调与采暖系统冷热源及管网节能工程：可按冷源和热源系统及室外管网进行划分。

(9)配电与照明节能工程:可按系统、楼层、建筑物分区划分。

(10)监测与控制节能工程:按照监测控制的对象划分。

3)在《建筑工程施工质量验收统一标准》GB50300－2001 的表 B.0.1 基础上,遵循检验批划分原则,将建筑节能分部的各分项工程细化到检验批。各分项工程的检验批质量验收记录见表 7-27。

表 7-27 G15 类检验批质量验收记录实用表式划分明细

资料类别	分项工程	检验批	
		表格编号	检验批名称
建筑节能施工质量验收规范(G15类)	墙体节能	表 G15-1-1	板材墙体节能检验批质量验收记录
		表 G15-1-2	浆料墙体节能检验批质量验收记录
		表 G15-1-3	块材墙体节能检验批质量验收记录
		表 G15-1-4	预制复合墙板墙体节能检验批质量验收记录
	幕墙节能	表 G15-2	幕墙节能检验批质量验收记录
	门窗节能	表 G15-3	门窗节能检验批质量验收记录
	屋面节能	表 G15-4	屋面节能检验批质量验收记录
	地面节能	表 G15-5	地面节能检验批质量验收记录
	采暖节能	表 G15-6	采暖节能检验批质量验收记录
	通风与空气调节节能	表 G15-7	通风与空调节能检验批质量验收记录
	空调与采暖系统的冷热源及管网节能	表 G15-8	空调与采暖系统冷热源及管网节能检验批质量验收记录
	配电与照明节能	表 G15-9	配电与照明节能检验批质量验收记录
	监测与控制节能	表 G15-10	监测与控制节能检验批质量验收记录

7.15.2 检验批报验

1)检验批报验程序。

施工单位自检合格后,填报“工程报验单和相关附件资料”报监理工程师。由监理工程师(或建设单位项目技术负责人)组织相关人员,严格按规定程序进行验收,并填写验收记录和验收结论。

2)主要检验批报验条件。

建筑节能各分项检验批报验前,应对维护结构和系统节能性能进行以下实体检验,合格后方可进行检验批的验收与报验。

(1)围护结构现场实体检验

建筑围护结构施工完成后,应对围护结构的外墙节能构造和严寒、寒冷、夏热冬冷地区的外窗气密性进行现场实体检测。当条件具备时,也可直接对围护结构的传热系数进行检测。

① 外墙节能构造的现场实体检验方法见《建筑节能工程施工质量验收规范》GB50411－2007 附录 C。其检验目的是:

a. 验证墙体保温材料的种类是否符合设计要求;

b. 验证保温层厚度是否符合设计要求;

c. 检查保温层构造做法是否符合设计和施工方案要求。

②严寒、寒冷、夏热冬冷地区的外窗现场实体检测应按照国家现行有关标准的规定执行。其检验目的是验证建筑外窗气密性是否符合节能设计要求和国家有关标准的规定。

③外墙节能构造和外窗气密性的现场实体检验，其抽样数量可以在合同中约定，但合同中约定的抽样数量不应低于《建筑节能工程施工质量验收规范》GB50411－2007 的要求。当无合同约定时应按照下列规定抽样：

a. 每个单位工程的外墙至少抽查 3 处，每处一个检查点；当一个单位工程外墙有 2 种以上节能保温做法时，每种节能做法的外墙应抽查不少于 3 处；

表 7-28　系统节能性能检测主要项目及要求

序号	检测项目	抽样数量	允许偏差或规定值
1	室内温度	居住建筑每户抽测卧室或起居室 1 间，其他建筑按房间总数抽测 10％	冬季不得低于设计计算温度 2℃，且不应高于 1℃； 夏季不得高于设计计算温度 2℃，且不应低于 1℃
2	供热系统室外管网的水力平衡度	每个热源与换热站均不少于 1 个独立的供热系统	0.9～1.2
3	供热系统的补水率	每个热源与换热站均不少于 1 个独立的供热系统	0.5％～1％
4	室外管网的热输送效率	每个热源与换热站均不少于 1 个独立的供热系统	≥0.92
5	各风口的风量	按风管系统数量抽查 10％，且不得少于 1 个系统	≤15％
6	通风与空调系统的总风量	按风管系统数量抽查 10％，且不得少于 1 个系统	≤10％
7	空调机组的水流量	按系统数量抽查 10％，且不得少于 1 个系统	≤20％
8	空调系统冷热水、冷却水总流量	全　数	≤10％
9	平均照度与照明功率密度	按同一功能区不少于 2 处	≤10％

注：系统节能检测的项目和抽样数量也可以在工程合同中约定，必要时可增加其他检测项目，但合同中约定的检测项目和抽样数量不应低于《建筑节能工程施工质量验收规范》GB50411－2007 的规定。

b. 每个单位工程的外窗至少抽查 3 樘。当一个单位工程外窗有 2 种以上品种、类型和开启方式时，每种品种、类型和开启方式的外窗应抽查不少于 3 樘。

④外墙节能构造的现场实体检验应在监理（建设）人员见证下实施，可委托有资质的检测机构实施，也可由施工单位实施。

⑤外窗气密性的现场实体检测应在监理（建设）人员见证下抽样委托有资质的检测机构实施。

⑥当对围护结构的传热系数进行检测时，应由建设单位委托具备检测资质的检测机构承担；其检测方法、抽样数量、检测部位和合格判定标准等可在合同中约定。

⑦当外墙节能构造或外窗气密性现场实体检验出现不符合设计要求和标准规定的情况时，应委托有资质的检测机构扩大一倍数量抽样，对不符合要求的项目或参数再次检验，仍然不符合要求时应给出“不符合设计要求”的结论。

对于不符合设计要求的围护结构节能构造应查找原因,对因此造成的对建筑节能的影响程度进行计算或评估,采取技术措施予以弥补或消除后重新进行检测,合格后方可通过验收。对于建筑外窗气密性不符合设计要求和国家现行标准规定的,应查找原因进行修理,使其达到要求后重新检测,合格后方可通过验收。

(2)系统节能性能检测。

①采暖、通风与空调、配电与照明工程安装完成后,应进行系统节能性的检测,且应由建设单位委托具有相应检测资质的检测机构检测并出具报告。受季节影响未进行的节能性能检测项目,应在保修期内补做。

②采暖、通风与空调、配电与照明系统节能性能检测的主要项目及要求见表7-28,其检测方法按国家现行有关标准规定执行。

(3)检验批质量合格的条件

①资料检查主要是指质量控制资料必须完整。

②检验批合格质量应符合下列规定:

主控项目的质量经抽样检验合格;一般项目的合格点率达到90%及以上,且其余检查点不得有严重缺陷。

7.15.3　检验批填写指南

G15类检验批属建筑节能分部。该类资料适用于新建、改建和扩建的民用建筑节能工程的验收,共包括:本篇中墙体、幕墙、门窗、屋面、地面、采暖、通风与空调、空调与采暖系统的冷热源及管网、配电与照明,监测与控制等10个分项。本节对各分项工程中常用的检验批进行了示范填写,随检验批报验的其他资料在本书第五篇相关章节中进行了解析,此处不再重述。

表 G15-1-1 板材墙体节能检验批质量验收记录填写指南

【填写示例】

表 G15-1-1 板材墙体节能检验批质量验收记录

工程名称	某某工程	分项工程名称	墙体节能	验收部位	1-3 层外墙
施工单位	某某建筑工程有限公司			项目经理	赵某某
施工执行标准名称及编号	《建筑节能施工质量验收规范》GB50411-2007			专业工长	钱某某
分包单位	/	分包项目经理	/	施工班组长	孙某某
检控项目	序号	验收规范规定		施工单位检查评定记录	监理(建设)单位验收记录
主控项目	1	墙体节能的材料品种规格应符合设计和相关标准的规定	第 4.2.1	符合设计和相关标准的规定	共检查 15 项，结果合格。
	2	保温隔热材料的节能性能符合设计要求	第 4.2.2	符合设计要求	
	3	保温材料，粘结材料，增强网复验	第 4.2.3	已经复试，结果合格	
	4	粘结材料的冻融试验	第 4.2.4	已经复试，结果合格	
	5	基层处理的要求	第 4.2.5	符合设计及施工方案要求	
	6	各构造层做法	第 4.2.6	符合设计要求	
	7	保温隔热材料的厚度	第 4.2.7.1	50 ㎜厚，符合设计要求	
	8	保温板材与基层及各构造层之间的粘结或连接	第 4.2.7.2	保温板材与基层的粘接强度现场拉拔试验合格	
	9	预埋或后置锚固件	第 4.2.7.4	进行了拉拔试验，合格	
	10	饰面层基层	第 4.2.10.1	无脱层、空鼓、裂缝	
	11	饰面砖粘结强度拉拔试验	第 4.2.10.2	进行了粘结强度拉拔试验，合格	
	12	饰面层不得渗漏	第 4.2.10.2	无渗漏	
	13	交接收口处的密封	第 4.2.10.4	已采取密封措施	
	14	窗四周的侧面节能保温措施	第 4.2.14	符合设计要求	
	15	外墙隔断热桥措施	第 4.2.15	符合设计要求	
一般项目	1	保温材料的外观和包装	第 4.3.1	符合产品标准的规定	共检查了 6 个项目，均满足规范规定和设计要求。
	2	加强网和砂浆的施工	第 4.3.2	符合设计及施工方案的要求	
	3	设置空调的房间隔断热桥措施	第 4.3.3	符合设计及施工方案的要求	
	4	施工产生的墙体缺陷的隔断热桥措施	第 4.3.4	符合设计及施工方案的要求	
	5	保温板接缝	第 4.3.5	符合设计及施工方案的要求	
	6	特殊部位保温层的加强措施	第 4.3.7	已采取加强措施	
施工单位检查评定结果	主控项目全部合格，一般项目符合设计和规范要求，该检验批合格。 项目专业质量检查员：孙某某　　2012 年 06 月 13 日				
监理(建设)单位验收结论	该检验批合格。 监理工程师 (建设单位项目专业技术负责人)：张某某　　2012 年 06 月 13 日				

【相关规定】

主控项目

(1)材料、构件等进场验收,其品种、规格应符合设计要求和相关标准的规定。按进场批次,每批随机抽取3个试样进行观察、尺量检查;质量证明文件应按照其出厂检验批进行核查。

(2)保温隔热材料的性能及复验,按规范第4.2.2条和4.2.3条进行。同一厂家同一品种的产品,当单位建筑面积在20000m^2以下时各抽查不少于3次(组);当单位建筑面积在20000 m^2以上时各抽查不少于6次(组)。

(3)严寒和寒冷地区外保温使用的粘结材料的冻融试验,应符合该地区最低气温环境的使用要求。

(4)墙体基层处理,应按照设计和施工方案的要求进行,对照设计和施工方案观察检查,并核查隐蔽工程验收记录。

(5)各层构造做法应符合设计要求,并应按照经过审批的施工方案进行施工。对照设计和施工方案观察检查,并核查隐蔽工程验收记录。

(6)墙体节能的施工,应符合规范第4.2.7条的要求,保温材料厚度采用钢针插入或剖开尺量检查;粘结强度和锚固力核查试验报告;核查隐蔽工程验收记录,每个检验批抽查不少于3处。

(7)预制保温板现场浇筑混凝土墙体,应满足规范第4.2.8条的要求。观察检查,核查隐蔽工程验收记录。

(8)保温浆料作保温层时,保温浆料的同条件试件应见证取样送检,核查试验报告。

(9)墙体各类饰面层的基层及面层施工应符合规范第4.2.10条的规定,核查试验报告和隐蔽工程验收记录。

(10)保温砌块砌筑的墙体的施工应满足规范第4.2.11的要求。对照设计核查施工方案和砌筑砂浆强度试验报告。用百格网检查灰缝砂浆饱满度。

(11)采用预制保温墙板现场安装的墙体的施工,应符合规范第4.2.12条的规范。核查型式检验报告、出厂检验报告、对照设计观察和淋水试验检查。核查隐蔽工程验收记录。

(12)隔汽层的设置情形做法应符合设计要求,并满足规范第4.2.13条的规定。对照设计观察检查,核查质量证明文件和隐蔽工程验收记录。

(13)外墙或毗邻不采暖空间墙体上的门窗洞口四周的侧面,墙体上凸窗四周的侧面保温措施应符合设计要求。对照设计观察检查,必要时抽样剖开检查,核查隐蔽工程验收记录。

(14)严寒和寒冷地区外墙部位,应按设计要求采取节能保温等隔断热桥措施。对照设计和施工方案观察检查。核查隐蔽工程验收记录。

一般项目

(1)保温材料与构件的外观和包装,应完整无破损,符合设计要求和产品标准的规定。

(2)加强网的铺贴和搭接,符合规范第4.3.2条的规定。

(3)设置空调的房间,其外墙部位应按设计要求采取隔断热桥措施。对照设计进行检查。

(4)墙体缺陷,应按照施工方案采取隔断热桥措施,不得影响墙体热工性能,对照施工方案观察检查。

(5)墙体保温,应符合规范第4.3.5条、第4.3.6条的要求。

(6)墙体上容易碰撞的阳角、门窗洞口及不同材料基体的交接处等特殊部位,其保温层应采取防止开裂和破损的加强措施。观察检查，核查隐蔽工程验收记录。

(7)采用现场喷涂或模板浇筑的有机类保温材料做外保温，有机类保温材料应达到陈化时间后方可进行下道工序施工。对照施工方案和产品说明书进行检查。

表 G15-2　幕墙节能检验批质量验收记录填写指南

【填写示例】

表 G15-2　(玻璃)幕墙节能检验批质量验收记录

工程名称	某某工程	分项工程名称	幕墙节能	验收部位	1~8层
施工单位	某某建筑工程有限公司			项目经理	毛某某
施工执行标准名称及编号	《建筑节能工程施工质量验收规范》GB50411-2007			专业工长	张某某
分包单位	/	分包项目经理	/	施工班组长	田某某
检控项目	序号	验收规范规定		施工单位检查评定记录	监理(建设)单位验收记录
主控项目	1	用于幕墙节能的材料、构件等品种、规格	第5.2.1条	符合设计要求	共检查9项，结果合格。
	2	保温隔热材料、幕墙玻璃的性能	第5.2.2条	符合设计要求	
	3	保温材料、幕墙玻璃、隔热型材，进场时应进行见证取样送检复验	第5.2.3条	已进行了见证取样复试，结果合格	
	4	幕墙的气密性能及抽样检测	第5.2.4条	进行了气密性检测，合格	
	5	使用的保温材料的厚度及安装	第5.2.5条	符合设计和规范要求	
	6	遮阳设施的安装	第5.2.6条	/	
	7	热桥部位的隔断热桥措施及施工	第5.2.7条	符合设计要求	
	8	幕墙隔汽层的施工	第5.2.8条	采取了密封措施	
	9	冷凝水的收集和排放应通畅，并不得渗漏	第5.2.9条	排放畅通，无渗漏现象	
一般项目	1	镀(贴)膜玻璃及中空玻璃的施工	第5.3.1条	方向、位置安装正确	共检查了4个项目，均满足规范规定和设计要求。
	2	单元式幕墙板块的组装	第5.3.2条	均符合设计要求	
	3	幕墙与周边墙体间的接缝处理	第5.3.3条	采用弹性闭孔材料填塞	
	4	伸缩缝、沉降缝、抗震缝的保温或密封做法	第5.3.4条		
	5	活动遮阳设施的调节机构	第5.3.5条	/	
施工单位检查评定结果	主控项目全部合格，一般项目符合设计和规范要求，该检验批合格。 项目专业质量检查员：孙某某　　2012年06月13日				
监理(建设)单位验收结论	该检验批合格。 监理工程师 (建设单位项目专业技术负责人)：张某某　　2012年06月13日				

【相关规定】

主控项目

(1)材料、构件等进场验收,其品种、规格应符合设计要求和相关标准的规定,按进场批次,每批随机抽取3个试样进行观察、尺量检查;质量证明文件应按照其出厂检验批进行核查。

(2)保温材料的性能。按照规范第5.2.2条、第5.2.3条执行。进场时抽样复验,验收时核查复验报告。

(3)幕墙的气密性能,按照规范第5.2.4条进行验收。观察及启闭检查。核查隐蔽工程验收记录、幕墙气密性能检测报告、见证记录。

(4)幕墙节能使用的保温材料,其厚度应符合设计要求。安装牢固,且不得松脱。对保温板或保温层采取针插法或剖开法,尺量厚度;手扳检查。

(5)遮阳设施的安装位置,应满足设计要求,安装应牢固。

(6)幕墙部位的隔断热桥措施,应符合设计要求,断热节点的连接应牢固。

(7)幕墙隔汽层应完整、严密、位置正确,穿透隔汽层处的节点构造应采取密封措施。

(8)冷凝水的收集和排放应通畅,并不得渗漏。

一般项目

(1)玻璃安装,符合规范第5.3.1条的要求。

(2)单位式幕墙板块组装应符合规范第5.3.2条的规定要求。观察检查,手扳检查;尺量;通水试验。

(3)幕墙与周边墙体间的接缝,应采用弹性闭孔材料填充饱满,并应采用耐侯密封胶密封。

(4)伸缩缝、沉降缝、抗震缝的保温或密封做法应符合设计要求。对照设计文件观察检查。

(5)活动遮阳设施的调节机构应灵活,并应能调节到位,现场调节试验,观察检查。

表 G15-3 门窗节能检验批质量验收记录填写指南

【填写示例】

表 G15-3 (塑料)门窗节能检验批质量验收记录

工程名称	某某工程	分项工程名称	门窗节能	验收部位	1-8层
施工单位	某某建筑工程有限公司			项目经理	刘某某
施工执行标准名称及编号	《建筑节能工程施工质量验收规范》GB50411-2007			专业工长	张某某
分包单位	/	分包项目经理	/	施工班组长	田某某

		验收规范规定		施工单位检查评定记录	监理(建设)单位验收记录
主控项目	1	建筑外门窗的品种、规格	第6.2.1条	符合设计要求	共检查7项，结果合格。
	2	外窗的性能参数及复验	第6.2.2条	进行了性能检测，合格	
	3	建筑门窗采用的玻璃品种及中空玻璃密封	第6.2.3条	进行了相应检测，结果合格	
	4	金属外门窗隔断热桥措施	第6.2.4条		
	5	严寒、寒冷地区的建筑外窗采用推拉窗或凸窗的气密性试验	第6.2.5条	进行了气密性检测，合格	
	6	严寒、寒冷地区的外窗安装	第6.2.6条	密封符合要求	
	7	外门窗框或副框与洞口之间的密封；外门窗框与副框之间的密封	第6.2.7条	符合设计要求和验收规范的规定	
	8	外窗遮阳设施的性能及安装	第6.2.9条	/	
	9	特种门的性能及安装	第6.2.10条	/	
	10	天窗安装	第6.2.11条	/	
一般项目	1	门窗扇镶嵌和玻璃的密封条的性能及安装	第6.3.1条	密封牢固，位置正确，无开裂现象	共检查了2个项目，均满足规范规定和设计要求
	2	门窗镀(贴)膜玻璃的安装及密封	第6.3.2条	/	
	3	外门窗遮阳设施调节应灵活、能调节到位	第6.3.3条	调节灵活、到位	

施工单位检查评定结果	主控项目全部合格，一般项目符合设计和规范要求，该检验批合格。 项目专业质量检查员：孙某某　　2012年06月13日
监理(建设)单位验收结论	该检验批合格。 监理工程师 (建设单位项目专业技术负责人)：张某某　　2012年06月13日

【相关规定】

主控项目

(1)建筑外门窗进场检验,品种、规格应符合设计要求和相关标准的规定,观察、尺量检查;核查质量证明文件。

(2)建筑外窗的性能及复验,应符合规范第6.2.2条、第6.2.3条的规定。随机抽样送检,核查复验报告。

(3)建筑门窗采用的玻璃,应符合设计要求;中空玻璃应采用双道密封。观察检查,核查质量证明文件。

(4)金属外门窗隔断热桥措施,应符合设计要求和产品标准的规定,金属副框的隔断热桥措施应与门窗框的隔断热桥措施相当。对照产品设计图纸,剖开或拆开检查。

(5)严寒、寒冷地区的建筑外窗采用推拉窗或凸窗时,应对气密性做现场实体检验,检测结果应满足设计要求。随机抽样现场检验。

(6)外门窗框或副框与洞口之间的间隙应采用弹性闭孔材料填充饱满,并使用密封胶密封,外门窗框与副框之间的缝隙应使用密封胶密封。观察检查;核查隐蔽工程验收记录。

(7)严寒、寒冷地区的外门安装,应按照设计要求采取保温、密封等节能措施。观察检查。

(8)外窗遮阳设施的性能,应符合设计和产品标准要求;遮阳设计的安装应位置正确、牢固,满足安全和使用功能的要求。核查质量证明文件;观察、尺量、手扳检查。

(9)特种门的性能应符合设计和产品标准要求;特种门安装的节能措施,应符合设计要求。核查质量证明文件;观察、尺量检查。

(10)天窗安装的位置、坡度应正确,封闭严密,嵌缝处不得渗漏。观察、尺量检查;淋水检查。

一般项目

(1)门窗扇镶嵌和玻璃的密封条,其物理性能应符合相关标准的规定。密封条安装位置应正确,镶嵌牢固,不得脱槽。接头处不得开裂。关闭门窗时密封条应接触严密。观察检查。

(2)门窗镶(贴)膜玻璃的安装方向应正确,中空玻璃的均压管应密封处理。观察检查。

(3)外门窗遮阳设计调节应灵活、能调节到位。现场调节试验检查。

现场实体检验

(1)严寒、寒冷、夏热冬冷地区的外窗气密性应进行现场实体检测。

(2)外窗气密性的现场实体检验,其抽样数量可以在合同中约定,但合同中约定的抽样数量不应低于《建筑节能施工质量验收规范》GB50411－2007的要求,当合同无约定时可按下述规定抽样,即每个单位的外窗至少抽查3樘。当一个单位外窗有2种以上品种、类型和开启方式时,每种品种、类型和开启方式的外窗应抽查不少于3樘。

(3)外窗气密性的现场实体检测应在监理(建设)人员见证下抽样,委托有资质的检测机构实施。

表 G15-4　屋面节能检验批质量验收记录填写指南

【填写示例】

表 G15-4　(卷材)屋面节能检验批质量验收记录

<table>
<tr><td colspan="2">工程名称</td><td colspan="2">某某工程</td><td>分项工程名称</td><td>屋面节能</td><td>验收部位</td><td>16 层屋面</td></tr>
<tr><td colspan="2">施工单位</td><td colspan="4">某某建筑工程有限公司</td><td>项目经理</td><td>刘某某</td></tr>
<tr><td colspan="2">施工执行标准名称及编号</td><td colspan="4">《建筑节能工程施工质量验收规范》GB50411-2007</td><td>专业工长</td><td>张某某</td></tr>
<tr><td colspan="2">分包单位</td><td colspan="2">/</td><td>分包项目经理</td><td>/</td><td>施工班组长</td><td>田某某</td></tr>
<tr><td>检控项目</td><td>序号</td><td colspan="3">验收规范规定</td><td colspan="2">施工单位检查评定记录</td><td>监理(建设)单位验收记录</td></tr>
<tr><td rowspan="13">主控项目</td><td>1</td><td colspan="2">保温隔热材料品种、规格</td><td>第 7.2.1 条</td><td colspan="2">符合设计要求</td><td rowspan="13">共检查 5 项，结果合格。</td></tr>
<tr><td>2</td><td colspan="2">保温隔热材料的性能</td><td>第 7.2.2 条</td><td colspan="2">符合设计要求</td></tr>
<tr><td>3</td><td colspan="2">保温隔热材料的复验</td><td>第 7.2.3 条</td><td colspan="2">有复试报告，合格</td></tr>
<tr><td>4</td><td colspan="2">保温隔热层的施工</td><td>第 7.2.4 条</td><td colspan="2">符合设计要求</td></tr>
<tr><td>5</td><td colspan="2">通风隔热架空层的施工</td><td>第 7.2.5 条</td><td colspan="2">/</td></tr>
<tr><td>6</td><td colspan="2">采光屋面的性能及节点的构造做法</td><td>第 7.2.6 条</td><td colspan="2">/</td></tr>
<tr><td>7</td><td colspan="2">采光屋面的安装</td><td>第 7.2.7 条</td><td colspan="2">/</td></tr>
<tr><td>8</td><td colspan="2">屋面的隔汽层位置应符合设计要求，隔汽层应完整、严密</td><td>第 7.2.8 条</td><td colspan="2">严密、完整，符合设计要求</td></tr>
<tr><td></td><td colspan="2"></td><td></td><td colspan="2"></td></tr>
<tr><td></td><td colspan="2"></td><td></td><td colspan="2"></td></tr>
<tr><td></td><td colspan="2"></td><td></td><td colspan="2"></td></tr>
<tr><td></td><td colspan="2"></td><td></td><td colspan="2"></td></tr>
<tr><td></td><td colspan="2"></td><td></td><td colspan="2"></td></tr>
<tr><td rowspan="6">一般项目</td><td>1</td><td colspan="2">屋面保温隔热层的施工</td><td>第 7.2.8 条</td><td colspan="2">符合要求</td><td rowspan="6">共检查了 3 个项目，均满足规范规定和设计要求。</td></tr>
<tr><td>2</td><td colspan="2">金属板保温夹芯屋面的施工</td><td>第 7.3.1 条</td><td colspan="2">/</td></tr>
<tr><td>3</td><td colspan="2">坡屋面、内架空屋面当采用敷设于屋面内侧的保温材料做保温隔热层时的施工</td><td>第 7.3.2 条</td><td colspan="2">/</td></tr>
<tr><td></td><td colspan="2"></td><td></td><td colspan="2"></td></tr>
<tr><td></td><td colspan="2"></td><td></td><td colspan="2"></td></tr>
<tr><td></td><td colspan="2"></td><td></td><td colspan="2"></td></tr>
<tr><td colspan="2">施工单位检查评定结果</td><td colspan="6">主控项目全部合格，一般项目符合设计和规范要求，该检验批合格。
项目专业质量检查员：孙某某　　2012 年 06 月 13 日</td></tr>
<tr><td colspan="2">监理(建设)单位验收结论</td><td colspan="6">该检验批合格。
监理工程师
(建设单位项目专业技术负责人)：张某某　　2012 年 06 月 13 日</td></tr>
</table>

【相关规定】

主控项目

(1)保温材料的进场检验,其品种、规格应符合设计要求和相关标准的规定,观察、尺量检查;核查质量证明文件。

(2)保温隔热材料的性能及复验,符合规范第7.2.2条、第7.2.3条的规定。随机抽样送检,核查复验报告。

(3)屋面保温隔热层的敷设,方式、厚度、缝隙填充质量及屋面部位的保温隔热做法,必须符合设计要求和有关标准的规定。观察、尺量检查。

(4)屋面的通风隔热架空层,其架空高度、安装方式、通风口位置及尺寸应符合设计及有关标准要求。架空层内不得有杂物。架空面层应完整,不得有断裂和露筋等缺陷。观察、尺量检查。

(5)采光屋面的传热系数、遮阳系数、可见光透射比、气密性应符合设计要求。节点的构造做法应符合设计和相关标准的要求。采光屋面的可开启部分应按本规范第6章的要求验收。核查质量证明文件;观察检查。

(6)采光屋面的安装应牢固,坡度正确,封闭严密,嵌缝处不得渗漏。观察、尺量检查;淋水检查;核查隐蔽工程验收记录。

(7)屋面的隔汽层的施工应符合规范第7.3.1条的规定。观察、尺量、称重检查。

一般项目

(1)屋面保温隔热层的施工应符合规范第7.3.1条的规定。观察、尺量、称重检查。

(2)坡屋面,内架空屋面当采用敷设于屋面内侧的保温材料做保温隔热层时,保温隔热层应有防潮措施,其表面应有保护层,保护层的做法应符合设计要求。观察检查;核查隐蔽工程验收记录。

表 G15-5　地面节能检验批质量验收记录填写指南

【填写示例】

表 G15-5　地面节能检验批质量验收记录

工程名称	某某工程	分项工程名称	地面节能	验收部位	首层 1-8 轴
施工单位	某某建筑工程有限公司			项目经理	刘某某
施工执行标准名称及编号	《建筑节能工程施工质量验收规范》GB50411-2007			专业工长	张某某
分包单位	/	分包项目经理	/	施工班组长	田某某

检控项目	序号	验收规范规定		施工单位检查评定记录	监理(建设)单位验收记录
主控项目	1	保温材料的品种、规格	第 8.2.1	符合设计和相关标准要求	共检查 9 项，结果合格。
	2	保温材料的性能及复验	第 8.2.2	有复试报告，结果合格	
	3	保温材料的见证取样送检复验	第 8.2.3	进行了见证取样，结果合格	
	4	基层处理	第 8.2.4	达到了设计要求，符合施工方案的要求。	
	5	地面保温层、隔离层、保护层等各层的设置和构造做法以及保温层的厚度	第 8.2.5	符合设计及施工方案要求	
	6	地面节能的施工质量	第 8.2.6	符合规范要求	
	7	有防水要求地面的节能保温做法	第 8.2.7	无渗漏现象	
	8	严寒、寒冷地区的建筑首层直接与土壤、室外空气接触的地面保温措施	第 8.2.8	按设计采取了相应的保温措施	
	9	保温层的表面防潮层、保护层	第 8.2.9	符合设计要求	
一般项目	1	地面辐射采暖的地面节能做法	第 8.3.1	/	
施工单位检查评定结果	主控项目全部合格，该检验批合格。 项目专业质量检查员：孙某某　　2012 年 06 月 13 日				
监理(建设)单位验收结论	该检验批合格。 监理工程师 (建设单位项目专业技术负责人)：张某某　　2012 年 06 月 13 日				

【相关规定】

主控项目

(1)保温材料的进场检验,其品种、规格应符合设计要求和相关标准的规定。观察、尺量检查;核查质量证明文件。

(2)保温隔热材料的性能及复检,符合规范第 8.2.2 条、第 8.2.3 条的规定。随机抽样送检,核查复验报告。

(3)基层处理,对照设计和施工方案观察检查,达到设计和施工方案的要求。

(4)地面保温层、隔离层、保护层等各层的设置和构造做法以及保温层的厚度应符合设计要求,并应按施工方案施工。对照设计和施工方案观察检查;尺量检查。

(5)地面节能的施工质量,应满足第 8.2.6 条的规定要求。观察检查,核查隐蔽工程验收记录。

(6)有防水要求的地面,其节能保温做法不得影响地面排水坡度,保温层面层不得渗漏。用长度 500mm 水平尺检查;观察检查。

(7)严寒、寒冷地区的建筑首层直接与土壤接触的地面、采暖地下室与土壤接触的外墙、毗邻不采暖空间的地面以及底面直接接触室外空气的地面应按设计要求采取保温措施。对照设计观察检查。

(8)保温层的表面防潮层、保护层应符合设计要求。观察检查。

一般项目

(1)采用地面辐射采暖的,其地面节能做法应符合设计要求,并应符合《地面辐射供暖技术规程》JGJ142 的规定。观察检查。

表 G15-6　采暖节能检验批质量验收记录填写指南

【填写示例】

表 G15-6　采暖节能检验批质量验收记录

<table>
<tr><td>工程名称</td><td colspan="2">某某工程</td><td>分项工程名称</td><td>采暖节能</td><td>验收部位</td><td>N－1 采暖系统</td></tr>
<tr><td>施工单位</td><td colspan="4">某某建筑工程有限公司</td><td>项目经理</td><td>趙某某</td></tr>
<tr><td>施工执行标准合格及编号</td><td colspan="4">《建筑节能工程施工质量验收规范》GB50411-2007</td><td>专业工长</td><td>张某某</td></tr>
<tr><td>分包单位</td><td colspan="2">/</td><td>分包项目经理</td><td>/</td><td>施工班组长</td><td>田某某</td></tr>
<tr><td>检控项目</td><td>序号</td><td colspan="2">验收规范规定</td><td colspan="2">施工单位检查评定记录</td><td>监理(建设)单位验收记录</td></tr>
<tr><td rowspan="10">主控项目</td><td>1</td><td>材料设备进场进行验收</td><td>第 9.2.1 条</td><td colspan="2">符合设计及标准规定</td><td rowspan="10">共检查 9 项，结果合格。</td></tr>
<tr><td>2</td><td>散热器和保温材料进场见证取样送检复验</td><td>第 9.2.2 条</td><td colspan="2">复验合格</td></tr>
<tr><td>3</td><td>采暖系统的安装</td><td>第 9.2.3 条</td><td colspan="2">符合设计及规范要求</td></tr>
<tr><td>4</td><td>散热器的安装</td><td>第 9.2.4 条</td><td colspan="2">符合设计及规范要求，例如：散热器表面刷调和漆</td></tr>
<tr><td>5</td><td>散热器恒温阀的安装</td><td>第 9.2.5 条</td><td colspan="2">符合设计及规范要求</td></tr>
<tr><td>6</td><td>低温热水地面辐射供暖系统的安装</td><td>第 9.2.6 条</td><td colspan="2">/</td></tr>
<tr><td>7</td><td>采暖热力入口装置的安装</td><td>第 9.2.7 条</td><td colspan="2">符合设计及规范要求</td></tr>
<tr><td>8</td><td>采暖管道保温层和防潮层的施工</td><td>第 9.2.8 条</td><td colspan="2">符合设计及规范要求</td></tr>
<tr><td>9</td><td>采暖系统的隐蔽工程验收及记录</td><td>第 9.2.9 条</td><td colspan="2">隐蔽部位已进行验收，资料齐全。例如：保温层厚度--cm 符合设计要求</td></tr>
<tr><td>10</td><td>采暖系统安装完毕后的调试</td><td>第 9.2.10 条</td><td colspan="2">调试合格</td></tr>
<tr><td rowspan="4">一般项目</td><td>1</td><td>过滤器等配件的保温施工</td><td>第 9.3.1 条</td><td colspan="2">符合设计及规范要求</td><td rowspan="4">共检查了 1 个项目，均满足规范规定和设计要求。</td></tr>
<tr><td></td><td></td><td></td><td colspan="2"></td></tr>
<tr><td></td><td></td><td></td><td colspan="2"></td></tr>
<tr><td></td><td></td><td></td><td colspan="2"></td></tr>
<tr><td colspan="2">施工单位检查评定结果</td><td colspan="5">主控项目全部合格，一般项目符合设计和规范要求，该检验批合格。
项目专业质量检查员：孙某某　　2012 年 06 月 13 日</td></tr>
<tr><td colspan="2">监理(建设)单位验收结论</td><td colspan="5">该检验批合格。
监理工程师
(建设单位项目专业技术负责人)：张某某　　2012 年 06 月 13 日</td></tr>
</table>

【相关规定】

主控项目

(1)材料、设备进场检验,其品种、规格应符合设计要求和相关标准的规定。观察检查;核查质量证明文件。

(2)散热器和保温材料的性能复验,应符合规范第 9.2.2 条的要求。现场随机抽样送检,核查复验报告。

(3)采暖系统的安装,应符合规范第 9.2.3 条的规定,观察检查。

(4)散热器及其安装,应符合规范 9.2.4 条的规定。观察检察。

(5)散热器恒温阀及其安装,应符合规范 9.2.5 条的规定。观察检查。

(6)低温热水地面辐射供暖系统的安装,应符合规范第 9.2.6 条的规定。防潮层和绝热层隐蔽前观察检查;用钢针刺入绝热层、尺量;观察检查、尺量室内温控装置传感器的安装高度。

(7)采暖系统热力入口装置的安装,应符合规范第 9.2.7 条的规定。观察检查;核查进场验收记录和调试报告。

(8)采暖管道保温层和防潮层的施工,应符合规范第 9.2.8 条的规定。观察检查,用钢针刺入保温层、尺量。

(9)隐蔽部位或内容的验收,应随施工进度进行,应有详细的文字记录和必要的图像资料。观察检查;核查隐蔽工程验收记录。

(10)联合试运转和调试,应符合设计要求,采暖房间温度不得低于设计计算温度 2℃,且不高于设计值 1℃。检查室内采暖系统试运转和调试记录。

一般项目

(1)采暖系统过滤器等配件的保温层应密实、无空隙,且不得影响其操作功能。观察检查。

表 G15－7　通风与空调节能检验批质量验收记录填写指南

【填写示例】

表 G15－7　通风与空调节能检验批质量验收记录

工程名称	某某工程	分项工程名称	通风与空调节能	验收部位	空调水系统
施工单位	某某建筑工程有限公司			项目经理	刘某某
施工执行标准名称及编号	《建筑节能工程施工质量验收规范》GB50411—2007			专业工长	张某某
分包单位	/	分包项目经理	/	施工班组长	田某某
检控项目	序号	验收规范规定		施工单位检查评定记录	监理(建设)单位验收记录
主控项目	1	材料设备进场要验收	第 10.2.1 条	符合标准及规范要求	符合設計和規範的規定
	2	风机盘管机组和绝热材料复验	第 10.2.2 条	复试结果符合要求	
	3	通风与空调系统的安装	第 10.2.3 条	符合设计及规范要求	
	4	风管的制作与安装	第 10.2.4 条	严密性检验合格	
	5	组合式空调机组、柜式空调机组、新风机组、单元式空调机组的安装	第 10.2.5 条		
	6	风机盘管机组的安装	第 10.2.6 条	符合设计及规范要求	
	7	通风与空调系统风机的安装	第 10.2.7 条	符合设计及规范要求	
	8	带热回收功能的双向换气装置和集中排风系统中的排风热回收装置的安装	第 10.2.8 条	符合设计及规范要求	
	9	电动两通调节阀、水力平衡阀、冷(热)量计量装置等自控阀门与仪表的安装	第 10.2.9 条	符合设计及规范要求	
	10	空调风管系统及部件的绝热层和防潮层的施工	第 10.2.10 条	绝热层和防潮层符合规范规定和设计要求	
	11	空调水系统管道及配件的绝热层和防潮层的施工	第 10.2.11 条	符合规范要求	
	12	冷热水管道与支、吊架之间绝热衬垫的设置	第 10.2.12 条	符合设计及规范要求	
	13	隐蔽部位的验收及记录	第 10.2.13 条	隐蔽验收合格，资料齐全	
	14	通风与空调系统安装完毕后调试情况	第 10.2.14 条	调试合格(详见调试记录)	
一般项目	1	空气风幕机的安装	第 10.3.1 条	空气风幕机的规格、数量、安装位置和方向正确安装符合规范规定	
	2	变风量末端装置与风管的连接	第 10.3.2 条	动作运行试验正常后并封闭	
施工单位检查评定结果	主控项目全部合格，一般项目符合设计和规范要求，该检验批合格。 项目专业质量检查员：孙某某　　2012 年 06 月 13 日				
监理(建设)单位验收结论	该检验批合格。 监理工程师 (建设单位项目专业技术负责人)：张某某　　2012 年 06 月 13 日				

【相关规定】

主控项目

(1)材料、设备进场检验，其品种、规格应符合规范第10.2.1条的规定，观察检查，技术资料和性能检测报告等质量证明文件与实物核对。

(2)风机盘管机组和绝热材料进场复验，应符合规范第10.2.2条的规定。现场随机抽样送检，核查复验报告。

(3)通风与空调系统的安装，应符合规范第10.2.3条的规定，观察检查。

(4)风管的制作与安装，应符合规范第10.2.4条的规定、观察、尺量检查，核查风管及风管系统严密性检验记录。

(5)组合式空调机组、柜式空调机组、新风机组、单式位空调机组的安装，应符合规范第10.2.5条的规定要求。观察检查，核查漏风量测试记录。

(6)风机盘管机组的安装，应满足规范第10.2.6条的规定要求。观察检查。

(7)风机的安装，规格、数量应符合设计要求，安装位置及进、出口方向应正确，与风管的连接应严密、可靠。观察检查。

(8)带热回收功能的双向换气装置和集中排风系统中的排风热回收装置的安装，规格、数量用安装位置应符合设计要求，进、排风管的连接应正确、严密、可靠，室外进、排风口的安装位置、高度及水平距离应符合设计要求。观察检查。

(9)电动两通调节阀、水力平衡阀、冷(热)量计量装置等自控阀门与仪表的安装，规格、参数应符合设计要求，方向应正确，位置应便于操作和观察。观察检查。

(10)风管系统、部件以及空调水系统管道、配件的绝热层和防潮层施工，应满足规格第10.2.10、第10.2.11条的规定要求。观察检查，用钢针刺入绝热层、尺量检查。

(11)空调水系统的冷热水管道与支、吊架之间绝热衬垫的设置，其厚度不应小于绝热层厚度，宽度应大于支、吊支承面的宽度。衬垫的表面应平整。衬垫与绝垫材料之间应填实无空隙。观察、尺量检查。

(12)隐蔽部位或内容进行验收，应随施工进度进行，并应有详细的文字记录和必要的图像资料。观察检查，核查隐蔽工程验收记录。

(13)通风机和空调机组等设备的单机试运转和调试，应符合规范第10.2.14条的规定。观察检查，核查试运转和调试记录。

一般项目

(1)空气风幕机的规格、数量、安装位置和方向，应正确，纵向垂直度和横向水平度的偏差均不应大于2/1000。观察检查。

(2)变风量末端装置与风管连接，在连接前宜做动作试验，确认运行正常后再封口。观察检查。

表 G15－8　空调与采暖系统冷热源及管网节能检验批质量验收记录填写指南

【填写示例】

表 G15－8　空调与采暖系统冷热源及管网节能检验批质量验收记录

工程名称	某某工程	分项工程名称	空调与采暖系统冷热源及管网节能	验收部位	空调冷源系统
施工单位	某某建筑工程有限公司			项目经理	刘某某
施工执行标准名称及编号	《建筑节能工程施工质量验收规范》GB50411—2007			专业工长	张某某
分包单位	/	分包项目经理	/	施工班组长	田某某

检控项目	序号	验收规范规定		施工单位检查评定记录	监理(建设)单位验收记录
主控项目	1	材料设备进场验收	第 11.2.1 条	符合标准及规范要求	共检查 5 项，结果合格。
	2	绝热材料见证取样送检复验	第 11.2.2 条	复试结果合格	
	3	空调与采暖系统冷热源设备和辅助设备及其管网系统的安装	第 11.2.3 条	符合设计及规范要求	
	4	隐蔽的验收及记录	第 11.2.4 条	隐蔽部位已进行验收，资料齐全	
	5	冷热源侧的电动两通调节阀、水力平衡阀及冷(热)量计量装置等自控阀门与仪表的安装	第 11.2.5 条	符合设计及规范要求	
	6	锅炉、冷交换器、电机驱动压缩机的蒸气压缩循环冷水(热泵)机组、蒸汽或热水型溴化锂吸收式冷水机组及直燃型溴化锂吸收式冷（温）水机组等设备的安装	第 11.2.6 条	符合设计及规范要求	
	7	冷却塔水泵等辅助设备的安装	第 11.2.7 条	符合设计及规范要求	
	8	空调冷热源水系统管道及配件绝热层和防潮层的施工	第 11.2.8 条	符合设计及规范要求	
	9	非闭孔绝热材料作绝热层时，其防潮层和保护层的施工	第 11.2.9 条	符合设计及规范要求	
	10	冷热源机房、换热站内部空调冷热水管道与支、吊架之间绝热衬垫的施工	第 11.2.10 条	符合设计及规范要求	
	11	空调与采暖系统冷热源和辅助设备及其管道和管网系统安装完毕后的调试	第 11.2.11 条	调试结果合格	
一般项目	1	空调与采暖系统的冷热源设备及其辅助设备、配件的绝热层的施工	第 11.3.1 条	符合规范要求	共检查了 1 个项目，均满足规范规定和设计要求。

施工单位检查评定结果	主控项目全部合格，一般项目符合设计和规范要求，该检验批合格。 项目专业质量检查员：孙某某　　2012 年 06 月 13 日
监理(建设)单位验收结论	该检验批合格。 监理工程师 （建设单位项目专业技术负责人）：张某某　　2012 年 06 月 13 日

【相关规定】

主控项目

(1)设备、阀门、仪表、绝热材料等产品进场检验,应符合规范第11.2.1条的规定。观察检查;技术资料和性能检测报告等质量证明文件与实物核对。

(2) 绝热管道、绝热材料进场复验,应符合规范第11.2.2条的规定。现场随机抽样送检;核查复验报告。

(3)空调与采暖系统冷热源设备和辅助设备及其管网系统的安装,应符合规范第11.2.3条的规定。观察检查。

(4)空调与采暖系统冷热源和辅助设备及其管道和室外管网系统,应随施工进度对与节能有关的隐蔽部位或内容进行验收,并应有详细的文字记录和必要的图像资料。观察检查,核查隐蔽工程验收记录。

(5)冷热源侧的电动两通调节阀、水力平衡阀及冷(热)量计量装置等自控阀门与仪表的安装,规格、数量应符合设计要求,方向应正确,位置应便于操作和观察。观察检查。

(6)锅炉、热交换器、电机驱动压缩机的蒸气压缩循环冷水(热泵)机组、蒸汽或热水型溴化锂吸收式冷水机组及直燃型溴化锂吸收式冷(温)水机组等设备的安装,规格、数量应符合设计要求,安装位置及管道连接应正确。观察检查。

(7)冷却塔水泵等辅助设备的安装,规格、数量应符合设计要求;冷却塔设置位置应通风良好,并应远离厨房排风等高温气体;管道连接应正确。观察检查。

(8)空调冷热源水系统管道及配件绝热层和防潮层的施工要求,可按照规范第10.2.11条的规定执行。

(9)当输送介质温度低于周围空气露点温度的管道,采用非阀孔绝热材料作绝热层时,其防潮层和保护层应完整且封闭良好。观察检查。

(10)冷热源机房、换热站内部空调冷热管道与支、吊架之间绝热衬垫的施工可按照规范第10.2.12条的规定执行。

(11)空调与采暖系统冷热源和辅助设备及其管道和管网系统系统试运转及测试,应符合规范第11.2.11条的规定。观察检查;核查试运转和调试记录。

一般项目

(1)空调与采暖系统的冷热源设备及其辅助设备、配件的绝热层的施工,不得影响其操作功能。观察检查。

表 G15-9　配电与照明节能检验批质量验收记录填写指南

【填写示例】

表 G15-9　配电与照明节能检验批质量验收记录

工程名称	某某工程	分项工程名称	配电与照明节能	验收部位	系统---1
施工单位	某某建筑工程有限公司			项目经理	赵某某
施工执行标准名称及编号	《建筑节能工程施工质量验收规范》GB50411—2007			专业工长	张某某
分包单位	/	分包项目经理	/	施工班组长	田某某

检控项目	序号	质量验收规范的规定		施工单位检查评定记录	监理(建设)单位验收记录
主控项目	1	照明光源、灯具及其附属装置的进场验收	第 12.2.1 条	经验收符合规定要求	共检查 4 项，结果合格。
	2	低压配电系统的电缆、电线材料的见证取样送检复验规定	第 12.2.2 条	已进行见证取样送检复验，符合要求	
	3	低压配电系统的调试，低压配电电源质量的检测	第 12.2.3 条	进行了调试，结果合格	
	4	照明系统的照度和功率密度值的测试和记录	第 12.2.4 条	检测了照度和功率密度，结果符合 GB50034 标准的相关规定	
一般项目	1	母线与母线或母线与电器接线端子，当采用螺栓搭接连接时，当采用力矩扳手拧紧，制作应符合《建筑电气施工质量验收规范》GB50303 标准中有关规定	第 12.3.1 条	符合标准要求	共检查了 3 个项目，均满足规范规定和设计要求。
	2	交流单芯电缆或分相后的每相电缆宜品字型(三叶型)敷设，且不得形成闭合铁磁回路	第 12.3.2 条	品字型敷设，且未形成闭合铁磁回路	
	3	三相照明配电干线的各相负荷宜分配平衡，其最大相负荷不宜超过三相负荷平均值的 115%，最小相负荷不宜小于三相负荷平均值的 85%	第 12.3.3 条	三相照明配电干线的各相负荷宜分配平衡	
施工单位检查评定结果	主控项目全部合格，一般项目符合设计和规范要求，该检验批合格。 项目专业质量检查员：孙某某　　2012 年 06 月 13 日				
监理(建设)单位验收结论	该检验批合格。 监理工程师 (建设单位项目专业技术负责人)：张某某　　2012 年 06 月 13 日				

【相关规定】

主控项目

(1)照明光源、灯具及其附属装置等产品进场检验,应符合规范第 12.2.1 条的规定。观察检查;技术资料和性能检测报告等质量证明文件与实物核对。

(2)低压配电系统选择的电缆、电线、选用与复验,应符合规范第 12.2.2 条的规定。进场时抽样送检,验收时核查检验报告。

(3)低压配电系统的调试,应符合规范第 12.2.3 条的规定,在已安装的变频和照明等可产生谐波的用电设备均可投入的情况下,使用三相电能质量分析仪在变压器的低压侧测量。

(4)通电试运行,照明值不得小于设计值的 90%;功率密度值应符合《建筑照明设计标准》GB50034 中的规定,在无外界光源的情况下,检测被检区域内平均照度和功率密度。

一般项目

(1)母线与母线或母线与电器接线端子,当采用螺栓搭接连接时,当采用力矩扳手拧紧,制作应符合《建筑电气施工质量验收规范》GB50303 标准中的有关规定,使用力矩扳手对压接螺栓进行力矩检测。

(2)交流单芯电缆或分相后的每相电缆的敷设,宜采用品字型(三叶型),且不得形成闭合铁磁回路。观察检查。

(3)三相照明配电干线的各相负荷的分配,宜平衡,其最大相负荷不宜超过三相负荷平均值的 11%,最小负荷不宜小于三相负荷平均值的 85%。在建筑物照明通电试运行时开启全部照明负荷,使用三相功率计检测各相负载电流、电压和功率。

表 G15－10　监测与控制节能检验批质量验收记录填写指南

【填写示例】

表 G15－10　监测与控制节能检验批质量验收记录

工程名称	某某工程	分项工程名称	监测与控制节能	验收部位	供配电的监测控制系统
施工单位	某某建筑工程有限公司			项目经理	赵某某
施工执行标准名称及编号	《建筑节能工程施工质量验收规范》GB50411—2007			专业工长	张某某
分包单位	/	分包项目经理	/	施工班组长	田某某
检控项目	序号	质量验收规范的规定		施工单位检查评定记录	监理(建设)单位验收记录
主控项目	1	材料设备的进场验收	第 13.2.1 条	经验收符合规定要求	共检查 10 项，结果合格。
	2	监测与控制系统安装质量	第 13.2.2 条	进行了抽查，结果合格	
	3	对经过试运行的项目，其系统的投入情况、监控功能、故障报警联锁控制及数据采集等功能	第 13.2.3 条	通过数据分析，运行项目均符合设计及规范要求	
	4	空调与采暖的冷热源、空调水系统的监测控制系统的成功运行，控制及故障报警功能	第 13.2.4 条	在中央工作站使用软件检测，各系统均符合设计及规范要求	
	5	通风与空调监测控制系统的控制功能及故障报警功能	第 13.2.5 条	符合设计及规范要求	
	6	监测与计量装置的检测计量数据系统对测量准确度的要求	第 13.2.6 条	符合设计及规范要求	
	7	供配电的监测与数据采集系统	第 13.2.7 条	符合设计及规范要求	
	8	照明自动控制系统的功能	第 13.2.8 条	符合设计要求	
	9	综合控制系统对建筑能源系统、采暖通风与空调系统的功能检测	第 13.2.9 条	采用人为输入数据测试，结果合格	
	10	建筑能源管理系统的能耗数据采集与分析功能，设备管理和运行管理功能，优化能源调度功能，数据集成功能	第 13.2.10 条	对软件功能检测，结果合格	
一般项目	1	检测监测与控制系统要达到可靠性、实时性、可维护性等系统性能	第 13.3.1 条	符合规范要求	共检查了 1 个项目，均满足规范规定和设计要求。
施工单位检查评定结果	主控项目全部合格，一般项目符合设计和规范要求，该检验批合格。 项目专业质量检查员：孙某某　　2012 年 06 月 13 日				
监理(建设)单位验收结论	该检验批合格。 监理工程师 (建设单位项目专业技术负责人)：张某某　　2012 年 06 月 13 日				

【相关规定】

主控项目

(1)与控制系统采用的设备、材料及附属产品进场检验,应符合规范第13.2.1条的规定。进行外观检查;对照设计要求核查质量证明文件和相关技术资料。

(2)监测与控制系统的安装,应符合规范第13.2.2条的规定。对照图纸或产品说明书目测和尺量检查。

(3)经过试运行的项目,其系统的投入情况、监控功能、故障报警联锁控制及数据采集等功能,应符合设计要求。调用节能监控系统的历史数据、控制流程图和试运行记录,对数据进行分析。

(4)空调与采暖的冷热源、空调水系统的监测控制系统运行,控制及故障报警功能应符合设计要求。在中央工作站使用检测系统软件,或采用在直接数字控制器或冷热源系统自带控制器上改变参数设定值和输入参数值,检测控制系统的投入情况及控制功能;在工作站或现场模拟故障,检测故障监视、记录和报警功能。

(5)通风与空调监测控制系统的控制功能及故障报警功能,应符合设计要求。在中央工作站使用检测系统软件,或采用在直接数字控制器或通风与空调系统自带控制器上改变参数设定值和输入参数值,检测控制系统的投入情况及控制功能;在工作站或现场模拟故障,检测故障监视、记录和报警功能。

(6)监测与计量装置的检测计量,数据应准确,并符合系统对测量准确度的要求。用标准仪器仪表的现场实测数据,将此数据分别与直接数字控制器和中央工作站显示数据进行此对。

(7)供配电的监测与数据采集,应符合设计要求。试运行时,监测供配电系统的运行工况,在中央工作站检测运行数据和报警功能。

(8)照明自动控制系统的功能,应符合规范第13.2.8条的规定。现场操作检查控制方式;依据施工图,按回路分组,在中央工作站上进行被检回路的开关控制,观察相应回路的动作情况;在中央工作站改变时间表控制程序的设定,观察相应回路的动作情况;在中央茶站采用改变光照度设定值、室内人员分布等方式,观察相应回路的控制情况。在中央工作站改变场景控制方式,观察相应的控制情况。

(9)综合控制系统功能检测,应对建筑能源系统的协调控制和采暖、通风与空调系统的优化监控,检测结果应满足设计要求。采用人为输入数据的方法进行模拟检测试验,按不同的运行工况检测协调控制和优化监控功能。

(10)建筑能源管理系统的能耗数据采集与分析功能,设备管理和运行管理功能,优化能源调度功能,数据集成功能,应符合设计要求。对管理软件进行功能检测。

一般项目

(1)监测与控制系统的可靠性、实时性、可维护性等系统性能,应符合规范第13.3.1条的规定。分别在中央工作站、现场控制器和现场利用参数设定、程序下载、故障设定、数据修改和事件设定等方法,通过与设定的显示要求对照,进行上述系统的性能检测。

第八篇　消防工程资料(H 类)验收指南

本篇要点

消防工程是一项涉及建筑、给水排水、电气、通风、电梯、智能等多专业的专项工程，同时也是一项系统繁多的专项工程。消防工程验收一般包括土建工程、室内装修工程、消防水源、室内消火栓系统、室外消火栓系统、自动喷水灭火系统、火灾自动报警系统、气体灭火系统、泡沫灭火系统、防烟排烟系统、灭火器和干粉灭火系统等。本篇阐述了消防工程形成、工程资料的划分与界定、消防工程的验收，同时阐述了规程附录 H 类资料的应用范围以及验收指南。

8.1　消防工程资料的形成、划分与界定

1)消防工程资料的形成

消防工程资料的形成见图 8-1：

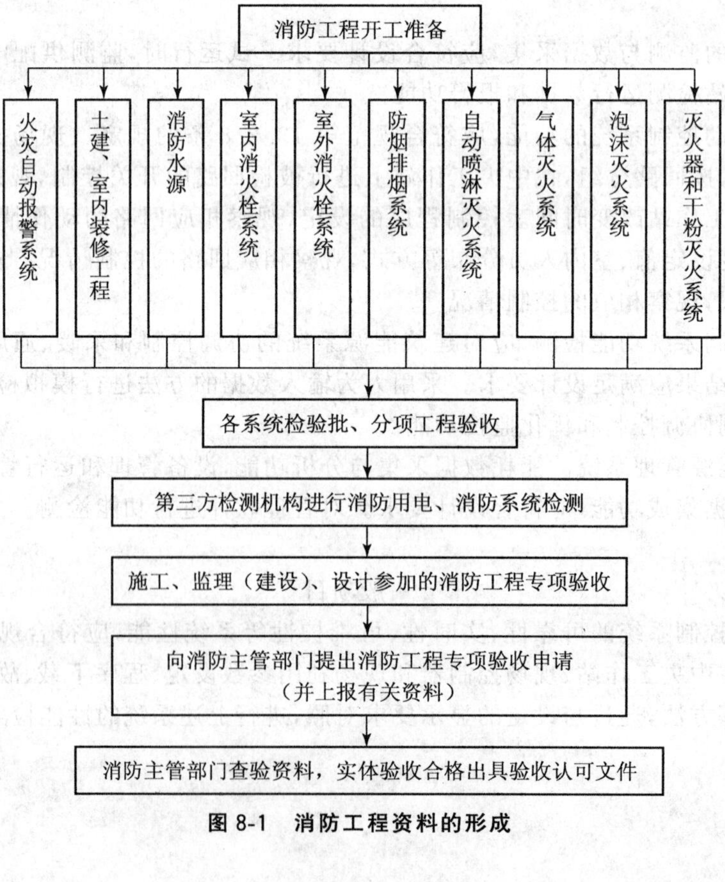

图 8-1　消防工程资料的形成

2)消防工程的划分与界定

通过图8-1分析消防工程共含10个验收项目或系统,其验收执行标准见表8-1:

表8-1　消防项目划分与界定

消防工程验收项目	验收执行标准	备注
土建工程	设计要求和土建相应验收标准	
消防水源	同给排水、采暖分部工程验收标准	
室内消火栓系统		
室外消火栓系统		
火灾自动报警系统	同智能建筑分部验收标准	
防烟排烟系统	同通风与空调分部验收标准	
自动喷水灭火系统	《自动喷水灭火系统施工及验收规范》GB50261－2005	※
气体灭火系统	《气体灭火系统施工及验收规范》GB50263－2007	※
泡沫灭火系统	《泡沫灭火系统施工及验收规范》GB50281－2006	※
灭火器和干粉灭火系统	《固定消防炮灭火系统施工及验收规范》GB50498-2009	※
室内装修工程	《建筑内部装修防火施工及验收规范》GB50354-2005	※

注:备注标有“※”的为规程附录H给出的实用表式范围和执行标准。

8.2　消防工程验收

8.2.1　消防工程验收程序

消防工程是一项综合性较强的专项工程,其特点是涉及专业广,包含系统多。消防工程包含的各验收项目中的检验批、分项工程的验收应按其相应专业验收程序执行。消防工程专项验收应遵循以下程序进行:消防工程各系统完工且调试合格后,应提请有消防工程检测资质的检测机构对整个消防工程进行消防用电、消防系统检测,检测合格后施工单位提请建设单位组织施工、监理(建设)、设计三方对消防工程进行专项验收。验收合格后,建设单位向消防主管部门提出专项验收申请并上报相关技术资料,消防主管部门查验资料并实体验收合格出具验收认可文件(消防验收认可文件填写示例已在本书第六篇中给出)。

8.2.2　消防工程验收申请

消防工程具备专项验收条件时,建设单位应填写《建设工程消防验收申请表》并附相关技术资料和检测机构报告,报消防主管部门申请消防工程验收。验收申请表格式如下:

【表格样式】

编号：

建设工程消防验收申报表

工程名称＿＿＿＿＿＿＿＿＿＿＿＿＿＿

建设单位＿＿＿＿＿＿＿＿＿＿＿＿＿＿（盖章）

申报日期＿＿＿＿＿＿＿＿＿＿＿＿＿＿

中华人民共和国公安部制

（封面）

说　　明

一、在填表前,应当阅读《中华人民共和国消防法》和公安部《建设工程消防监督管理规定》,并确知享有的权利和应尽的责任。

二、提交材料的装订规格,应当按照A4纸的规格。

三、填写应当使用钢笔和能够长期保持字迹的墨水,字迹要清楚,文面要整洁。

四、表格设定的栏目,要逐项填写;不需填写的,要划去。“联系人”“联系电话”栏必须填写有效的联系方式。

五、表格中出现多个“□”,表示有多个内容可供选择,在选中内容前的“□”内打√。

六、“竣工验收情况说明”中,设计单位应对该工程是否符合经消防设计审核合格的消防设计文件的情况予以说明,并加盖单位印章;施工单位应对该工程消防施工质量是否符合国家工程建设消防技术标准,是否满足消防设计文件要求,是否存在擅自改变消防设计、降低消防施工质量以及使用不合格消防产品和有防火性能要求的建筑构件、建筑材料及室内装修装饰材料的行为等进行说明,并加盖单位印章;工程监理单位应对该工程使用或者安装消防产品和有防火性能要求的建筑构件、建筑材料、室内装修装饰材料等情况以及消防施工质量是否符合国家工程建设消防技术标准、满足消防设计文件要求等予以说明,并加盖单位印章;建设单位应对竣工验收合格情况予以说明,并加盖单位印章。

<table>
<tr><td colspan="2">建设单位</td><td colspan="4"></td><td>联系人</td><td colspan="2"></td></tr>
<tr><td colspan="2">工程名称</td><td colspan="4"></td><td>联系电话</td><td colspan="2"></td></tr>
<tr><td colspan="2">工程地址</td><td colspan="4"></td><td>使用性质</td><td colspan="2"></td></tr>
<tr><td colspan="3">《建设工程消防设计审核意见书》编号</td><td colspan="3"></td><td>时间</td><td colspan="2"></td></tr>
<tr><td colspan="2">单位类别</td><td colspan="3">单位名称</td><td>资质等级</td><td>负责人</td><td>联系人</td><td>联系电话</td></tr>
<tr><td colspan="2">设计单位</td><td colspan="3"></td><td></td><td></td><td></td><td></td></tr>
<tr><td colspan="2">施工单位</td><td colspan="3"></td><td></td><td></td><td></td><td></td></tr>
<tr><td colspan="2">监理单位</td><td colspan="3"></td><td></td><td></td><td></td><td></td></tr>
<tr><td rowspan="3">工程基本情况</td><td>建筑物名称</td><td>结构</td><td>耐火等级</td><td>高度</td><td>层数</td><td>建筑面积（储量）</td><td colspan="2">火灾危险性类别</td></tr>
<tr><td></td><td></td><td></td><td></td><td></td><td></td><td colspan="2"></td></tr>
<tr><td></td><td></td><td></td><td></td><td></td><td></td><td colspan="2"></td></tr>
<tr><td rowspan="12">工程主要消防设计内容</td><td colspan="2">□ 土建工程</td><td colspan="6">□防火间距 □防火分区 □防烟分区 □消防电梯
□防烟楼梯 □封闭楼梯 □消防车通道 □消防控制室</td></tr>
<tr><td colspan="2">□ 室内装修工程</td><td colspan="6">□顶棚 □墙面 □地面 □隔断 □固定家具
□装饰织物 □其他装饰材料</td></tr>
<tr><td colspan="2">□ 消防水源</td><td colspan="6">□市政管网 □消防水池 □天然水源</td></tr>
<tr><td colspan="2">□ 室内消火栓系统</td><td colspan="6">□常高压 □临时高压 □干式消防竖管 □消防水箱
□消防水泵接合器</td></tr>
<tr><td colspan="2">□ 室外消火栓系统</td><td colspan="6">□环状管网 □枝状管网</td></tr>
<tr><td colspan="2">□ 自动喷水灭火系统</td><td colspan="6">□干式 □湿式 □预作用 □雨淋 □水幕 □水雾</td></tr>
<tr><td colspan="2">□ 火灾自动报警系统</td><td colspan="6">□区域报警 □集中报警 □控制中心报警</td></tr>
<tr><td colspan="2">□ 气体灭火系统</td><td colspan="6">□管网 □无管网 □洁净气体 □其他</td></tr>
<tr><td colspan="2">□ 泡沫灭火系统</td><td colspan="6">□固定 □半固定 □移动
□高倍 □中倍 □低倍
□抗溶性 □氟蛋白 □清水 □其他</td></tr>
<tr><td colspan="2">□ 防烟排烟系统</td><td colspan="6">□机械排烟 □正压送风 □自然排烟</td></tr>
<tr><td colspan="2">□ 灭火器</td><td colspan="6">□干粉 □气体 □水系 □泡沫 □其他</td></tr>
<tr><td colspan="2">□ 干粉灭火系统</td><td colspan="6">□全淹没 □局部</td></tr>
<tr><td></td><td colspan="2">□ 其他</td><td colspan="6"></td></tr>
</table>

<table>
<tr><td>竣 工 验 收 情 况 说 明</td></tr>
<tr><td>一、经审核合格的消防设计实施情况

（设计单位印章）
年　月　日</td></tr>
<tr><td>二、消防施工情况

（施工单位印章）
年　月　日</td></tr>
<tr><td>三、工程监理情况

（监理单位印章）
年　月　日</td></tr>
<tr><td>四、竣工验收情况

（建设单位印章）
年　月　日</td></tr>
</table>

8.3 消防工程推荐用表

8.3.1 消防工程推荐用表(H类)适用范围

新规程依据《自动喷水灭火系统施工及验收规范》GB50261－2005、《气体灭火系统施工及验收规范》GB50263－2007、《泡沫灭火系统施工及验收规范》GB50281--2006、《固定消防炮灭火系统施工及验收规范》GB50498－2009和《建筑内部装修防火施工及验收规范》GB50354－2005等5本国家规范，给出了对应的5类消防推荐用表，即：自动喷水灭火系统工程、气体灭火系统工程、泡沫灭火系统工程、固定消防炮灭火系统工程和建筑内部装修防火工程资料推荐用表。

8.3.2 消防工程用表明细

在消防工程推荐用表的基础上，新规程还给出了消防工程主要施工资料用表，见表8-2消防工程主要施工资料用表目录。此目录可作为消防专项工程验收资料组卷存档可参照此表实施。

表8-2 消防工程主要施工资料用表目录

序号	表式编号	资料名称	备注
一.自动喷水灭火系统工程			
1	表H1-1	施工现场质量管理检查记录	同表C1-2
2	表H1-2	工程材料/设备报验表	同表B2-5
3	表H1-3	主要设备、组件检测报告与产品合格证汇总表	同表C3-1-1
4	表H1-4	设备开箱检验记录	同表C3-2-1
5	表H1-5	设备(管道附件)试压记录	同表C3-2-2
6	表H1-6-1	自动喷水灭火系统施工过程质量检查记录(消防水泵安装)	
	表H1-6-2	自动喷水灭火系统施工过程质量检查记录 (消防水箱安装和消防水池施工)	
	表H1-6-3	自动喷水灭火系统施工过程质量检查记录 (消防气压给水设备和稳压设备安装)	
	表H1-6-4	自动喷水灭火系统施工过程质量检查记录(消防水泵接合器安装)	
	表H1-6-5	自动喷水灭火系统施工过程质量检查记录(管网安装)	
	表H1-6-6	自动喷水灭火系统施工过程质量检查记录(喷头安装)	
	表H1-6-7	自动喷水灭火系统施工过程质量检查记录(报警阀组安装)	
	表H1-6-8	自动喷水灭火系统施工过程质量检查记录(其他组件安装)	
	表H1-6-9	自动喷水灭火系统施工过程质量检查记录(水压试验)	
	表H1-6-10	自动喷水灭火系统施工过程质量检查记录(气压试验)	
	表H1-6-11	自动喷水灭火系统施工过程质量检查记录(冲洗)	
	表H1-6-12	自动喷水灭火系统施工过程质量检查记录(系统调试)	
7	表H1-7	系统强度、严密性试验记录	同表C6-3-2

续表

序号	表式编号	资料名称	备注
8	表 H1-8	冲洗记录	同表 C6-3-4
9	表 H1-9	自动喷水灭火系统联动试验记录	
10	表 H1-10	自动喷水灭火系统隐蔽工程验收记录	同表 C5-1-1
11	表 H1-11	自动喷水灭火系统工程质量控制资料核查记录	
12	表 H1-12	单位(子单位)工程竣工预验报验单	同表 B6-1
13	表 H1-13	自动喷水灭火系统验收缺陷项目统计表	
14	表 H1-14	自动喷水灭火系统工程验收记录	
二. 气体灭火系统			
1	表 H2-1	施工现场质量管理检查记录	同表 C1-2
2	表 H2-2	工程材料/设备报验表	同表 B2-5
3	表 H2-3	主要设备、组件检测报告与产品合格证汇总表	同表 C3-1-1
4	表 H2-4	设备开箱检验记录	同表 C3-2-1
5	表 H2-5	设备(管道附件)试压记录	同表 C3-2-2
6	表 H2-6-1	气体灭火系统施工过程质量检查记录(进场检验)	
	表 H2-6-2	气体灭火系统施工过程质量检查记录(系统安装)	
	表 H2-6-3	气体灭火系统施工过程质量检查记录(系统调试)	
7	表 H2-7	系统强度、严密性试验记录	同表 C6-3-2
8	表 H2-8	吹扫记录	同表 C6-3-4
9	表 H2-9	气体灭火系统隐蔽工程验收记录	
10	表 H2-10	气体灭火系统工程质量控制资料核查记录	
11	表 H2-11	单位(子单位)工程竣工预验报验单	同表 B6-1
12	表 H2-12	气体灭火系统工程验收记录	
三. 泡沫灭火系统			
1	表 H3-1	施工现场质量管理检查记录	同表 C1-2
2	表 H3-2	工程材料/设备报验表	同表 B2-5
3	表 H3-3	主要设备、组件检测报告与产品合格证汇总表	同表 C3-1-1
4	表 H3-4	设备开箱检验记录	同表 C3-2-1
5	表 H3-5	设备(管道附件)试压记录	同表 C3-2-2
6	表 H3-6-1	泡沫灭火系统施工过程质量检查记录(进场检验)	
	表 H3-6-2	泡沫灭火系统施工过程质量检查记录(系统施工)	
	表 H3-6-3	泡沫灭火系统施工过程质量检查记录(系统调试)	
7	表 H3-7	系统强度、严密性试验记录	同表 C6-3-2
8	表 H3-8	冲洗记录	同表 C6-3-4
9	表 H3-9	泡沫灭火系统隐蔽工程验收记录	

续表

序号	表式编号	资料名称	备注
10	表 H3-10	泡沫灭火系统工程质量控制资料核查记录	
11	表 H3-11	单位(子单位)工程竣工预验报验单	同表 B6-1
12	表 H3-12	泡沫灭火系统工程验收记录	
四.固定消防炮灭火系统			
1	表 H4-1	施工现场质量管理检查记录	同表 C1-2
2	表 H4-2	工程材料/设备报验表	同表 B2-5
3	表 H4-3	主要设备、组件检测报告与产品合格证汇总表	同表 C3-1-1
4	表 H4-4	设备开箱检验记录	同表 C3-2-1
5	表 H4-5	设备(管道附件)试压记录	同表 C3-2-2
6	表 H4-6-1	固定消防炮灭火系统施工过程质量检查记录(进场检验)	
	表 H4-6-2	固定消防炮灭火系统施工过程质量检查记录(系统组件安装与施工)	
	表 H4-6-3	固定消防炮灭火系统施工过程质量检查记录(电气安装与施工)	
	表 H4-6-4	固定消防炮灭火系统施工过程质量检查记录(系统调试)	
7	表 H4-7	系统强度、严密性试验记录	同表 C6-3-2
8	表 H4-8	冲洗记录	同表 C6-3-4
9	表 H4-9	固定消防炮灭火系统隐蔽工程验收记录	同表 H3-9
10	表 H4-10	固定消防炮灭火系统工程质量控制资料核查记录	
11	表 H4-11	单位(子单位)工程竣工预验报验单	同表 B6-1
12	表 H4-12	固定消防炮灭火系统工程验收记录	
五.建筑内部装修防火			
1	表 H5-1	施工现场质量管理检查记录	同表 C1-2
2	表 H5-2	装修材料进场验收记录	
3	表 H5-3	质量证明文件、检测报告汇总表	同表 C3-1-1
4	表 H5-4-1	纺织织物装修工程防火施工过程质量检查记录	
	表 H5-4-2	木质材料装修工程防火施工过程质量检查记录	
	表 H5-4-3	高分子合成材料装修工程防火施工过程质量检查记录	
	表 H5-4-4	复合材料装修工程防火施工过程质量检查记录	
	表 H5-4-5	其他材料装修工程防火施工过程质量检查记录	
5	表 H5-5	隐蔽工程验收记录	同表 C5-1-1
6	表 H5-6	建筑内部装修工程防火质量控制资料核查记录	
7	表 H5-7	单位(子单位)工程竣工预验报验单	同表 B6-1
8	表 H5-8	建筑内部装修工程防火验收记录	

第九篇　施工技术资料管理技巧

本篇要点

施工技术资料管理是一项规范性、严密性很强的系统工作，施工技术资料的真实、有效、详尽和完整既能很好地控制工程的成本、质量，又能保证施工管理的可追溯性，也可为日后工程的改建、扩建提供准确、可靠的科学依据。其工作主要包括资料的填写、收集、整理、保管、归档和移交等一系列繁琐的工作。本篇分析了施工技术资料的形成，提出了"四四一"施工技术资料管理模式，介绍了施工技术资料日常管理技巧，提出了技术资料管理宗旨，同时总结了近年来技术资料管理易出现问题，并对其进行了详细解析。

9.1　施工技术资料的形成

施工技术资料的形成与各类资料的对应关系流程，见图 9-1：

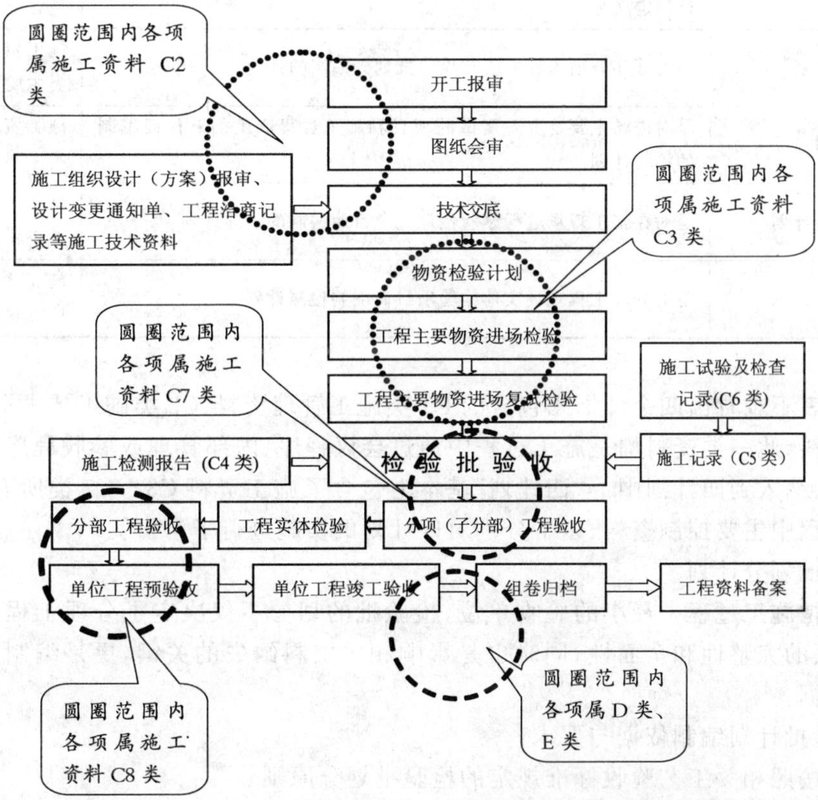

图 9-1　施工技术资料的形成与各类资料的对应关系流程图

通过图 9-1 对施工技术资料的形成进行分析，不难看出 C2～C6 类资料是 C7 类（即检验批、分项工程)验收的前置条件,而C8类资料是对C1～C7类资料和工程实体检验资料的总结,所以说检验批验收是施工技术资料形成的核心。

9.2 “四四一”资料管理核心理念

施工技术资料在施工过程中应完整、真实、有效的反映出所有活动,使其具有可追溯性。实质上施工技术资料管理达到“完整、真实、有效”的水平并不难。因为真实性、有效性大多是人为的因素造成的,我们这里暂不谈素质管理,所以最重要的是“完整”。

通过图9-1深度解析各类资料在形成过程的关系,不难看出检验批资料是整个施工技术资料形成的核心。以检验批为核心,分析总结影响检验批的各类资料,本书给出了“四四一”资料管理核心理念,即四计划、四台账和一核查的资料管理模式。其中“四计划”指检验批划分计划、检验检测计划、施工现场试验计划和工程实体检验计划;“四台账”指检验批填报台账、检验检测台账、施工现场试验台账和工程实体检验台账;“一核查”技术资料核查程序。

9.2.1 “四计划”解析

根据施工技术资料的形成,将各环节按资料形成时间、类别有机结合并汇总成“四计划”,为施工过程中资料的填写、收集和汇总起到提纲挈领的作用。“四计划”的定义以及计划中包含的内容见表9-1。

表9-1 四计划定义及包含范围

计划名称	计划定义	包含资料内容
检验批划分计划	是对分部分项工程中所有检验批划分编制的计划	施工资料C5和C7类主要资料
检验检测计划	是对进场主要物资需复试的项目和施工过程产生的试件而编制的检验计划	施工资料C3和C4类主要资料
施工现场试验计划	是对在施工现场进行试验性检查项目而编制的试验计划	施工资料C6类主要资料
工程实体检验计划	是对分部工程现场实体检验项目而编制检测计划	施工资料C4类相应资料

通过此表不难看出四个计划未包含的C1类施工管理资料、C2类施工技术资料和C8类竣工验收资料,此三类资料均是施工过程中通过会议程序、内部管理或验收程序自然形成的资料,故此未纳入到四计划中。“四计划”基本上包含了施工资料C3～C7类所有资料,即包含了施工过程中主要控制资料,以下分别对四计划的实施进行了解析。

1)检验批划分计划

检验批是施工过程中最小的验收单位,检验批的划分不仅决定了分项工程、分部(子分部)工程验收的完整性和全面性,同时也是影响相关资料缺失的关键,更是编制其他三个计划的主要依据。

(1)检验批计划编制依据与要求:

①严格按照相关工艺验收标准规定的检验批划分原则;

②熟悉工程施工图纸结构形式,材料和工艺要求;

③明确施工工艺流程,掌握施工基本常识;

④了解施工组织设计中的施工部署以及流水段的划分；

⑤了解合同约定的合同范围和内容；

⑥了解国家、地方有关施工验收的相关规定；

⑦在编制检验批计划不仅应遵循以上要求，还应有详细的编制方案。

(2)检验批划分计划编制示例

【模拟工程】

工程名称：某某工程，层数：二层，结构形式：混凝土框架结构，混凝土柱强度等级为C30，混凝土梁板楼梯强度等级为C35，建筑平面无变形缝，无施工段，混凝土为现场搅拌混凝土、钢材一次性购入。

【编制示例】

主体结构混凝土子分部检验批划分计划

工程名称：某某工程

分项工程名称	检验批名称	检验批部位	检验批数量	备注
模板	模板安装	首层框架柱、首层梁板楼梯、二层框架柱、二层梁板楼梯、首层构造柱、二层构造柱、女儿墙构造柱及压顶	7	
	模板拆除	首层框架柱、首层梁板楼梯、二层框架柱、二层梁板楼梯、首层构造柱、二层构造柱、女儿墙构造柱及压顶	7	
钢筋	钢筋原材料	主体结构	1	
	钢筋加工	首层框架柱、首层梁板楼梯、二层框架柱、二层梁板楼梯、首层构造柱、二层构造柱、女儿墙构造柱及压顶	7	
	钢筋连接	首层框架柱、首层梁板楼梯、二层框架柱、二层梁板楼梯、首层构造柱、二层构造柱、女儿墙构造柱及压顶	7	
	钢筋安装	首层框架柱、首层梁板楼梯、二层框架柱、二层梁板楼梯、首层构造柱、二层构造柱、女儿墙构造柱及压顶	7	
混凝土	混凝土原材料	首层框架柱、首层梁板楼梯、二层框架柱、二层梁板楼梯、首层构造柱、二层构造柱、女儿墙构造柱及压顶	7	
	混凝土配合比	首层框架柱、首层梁板楼梯、二层框架柱、二层梁板楼梯、首层构造柱、二层构造柱、女儿墙构造柱及压顶	7	
	混凝土施工	首层框架柱、首层梁板楼梯、二层框架柱、二层梁板楼梯、首层构造柱、二层构造柱、女儿墙构造柱及压顶	7	
现浇结构	外观质量	首层框架柱、首层梁板楼梯、二层框架柱、二层梁板楼梯、首层构造柱、二层构造柱、女儿墙构造柱及压顶	7	
	尺寸允许偏差	首层框架柱、首层梁板楼梯、二层框架柱、二层梁板楼梯、首层构造柱、二层构造柱、女儿墙构造柱及压顶	7	

注：1. 检验批划分计划应明确分部、分项和检验批对应关系，编制检验批部位、数量等内容。

2. 钢筋原材检验批应按进场批次划分。

2)检验检测计划

检验检测计划包括施工过程中主要物资检测资料(施工资料C3类主要资料)和施工过程产生的试件检测资料(施工资料C4类主要资料)。

(1)检验检测计划编制依据与要求：

①明确各检验批部位原材料名称、规格、数量等基本情况；

②明确检验批的划分情况；

③了解施工部署情况及施工段的划分；

④了解各分项工程施工工艺；

⑤熟知各种原材料取样批次、取样数量和检验项目的有关规定；

⑥熟知施工过程中产生的试件留置要求、取样批次、检验项目的相关规定；

⑦国家、地方对检验检测计划的有关规定和要求。

(2)检验检测计划编制示例

因工程所用原材料和现场产生的试件较多，此处不能逐一列举，以下仅对钢筋工程和混凝土工程进行示例，详见以下内容：

【模拟工程】

工程名称：某某工程，层数：二层，结构形式：混凝土框架结构，混凝土柱强度等级为C30，混凝土梁板楼梯强度等级为C35，单层柱混凝土用量为$60m^3$、梁板楼梯混凝土用量为$150m^3$。建筑平面无变形缝，施工无施工段，混凝土为现场搅拌混凝土、钢筋共用HPB235Φ6：80t；HRB335Φ12：50t、Φ16：150t、Φ18：70t、Φ22：50t。柱纵向钢筋为HRB335Φ18级钢筋，连接方式为电渣压力焊，每层接头数量均为360个接头。梁内钢筋接头均为搭接绑扎连接。

【编制示例】

主体结构钢筋原材料检测计划

工程名称：某某工程

钢筋品种、规格	用量	取样单位	取样数量	计划送检	
				30%见证检测	一般检测
HPB235Φ6	80t	60t	2组	1组	1组
HRB335Φ12	50t	60t	1组		1组
HRB335Φ16	150t	60t	3组	1组	2组
HRB335Φ18	70t	60t	2组	1组	1组
HRB335Φ22	50t	60t	1组		1组

主体结构钢筋连接试件留置、检测计划

工程名称：某某工程

使用部位	接头形式	接头品种规格	接头数量	取样单位	取样数量	计划送检	
						30%见证检测	一般检测
首层框架柱	电渣压力焊	HPB235Φ16	360头	300头	2组	1组	1组
二层框架柱	电渣压力焊	HPB235Φ16	360头	300头	2组	1组	1组

主体结构混凝土标养试块留置、检测计划

工程名称：某某工程

结构部位	混凝土强度等级	混凝土用量	取样单位	取样数量	计划送检	
					30%见证检测	一般检测
首层框架柱	C30	60m³	100m³	1 组		1 组
首层梁板楼梯	C35	150m³	100m³	2 组	1 组	1 组
二层框架柱	C30	60m³	100m³	1 组		1 组
二层梁板楼梯	C35	150m³	100m³	2 组	1 组	1 组

注：此示例仅对混凝土结构框架部分进行示例。

3)施工现场试验计划

施工现场检测计划主要对影响检验批验收的现场试验及检查记录而编制的计划。主要包括建筑与结构、给排水及采暖、建筑电气、智能建筑、通风与空调和电梯 6 类工程在施工过程中进行现场试验及检查记录，即施工资料 C4 类主要资料。

(1)施工现场试验计划编制依据与要求：

①明确检验批划分计划；

②熟悉各专业基本情况；

③熟悉各专业系统分布情况；

④了解各分项工程施工工艺与验收标准；

⑤了解施工部署情况及施工段的划分；

⑥国家和地方对施工现场试验项目的相关规定。

(2)施工现场试验计划编制示例

因工程各专业现场试验项目较多，此处不能逐一列举，以下仅对给排水及采暖工程进行示例，详见以下内容：

【模拟工程】

工程名称：某某工程，室内给水系统 2 个；室内排水系统 2 个；屋面排水系统 1 个；室内采暖系统 2 个。

【模拟工程】

给水、排水及采暖分部工程施工现场试验计划

工程名称：某某工程

系统名称	现场试验项目或检查记录名称	部位	次数	备注
室内给水系统	强度、严密性试验	系统-1、系统-2	2	
	通水试验	系统-1、系统-2	2	
	冲洗（吹洗、擦洗、脱脂）试验	系统-1、系统-2	2	
室内排水系统	灌水（满水）试验	系统-1：首层满水、二层　以上灌水； 系统-2：首层满水、二层以上灌水；	4	
	通水试验	系统-1、系统-2	2	
	通球试验	系统-1、系统-2	2	

续表

屋面排水系统	通球试验	屋面	1	
室内采暖系统	强度、严密性试验	系统-1、系统-2	2	
	冲洗(吹洗、擦洗、脱脂)试验	系统-1、系统-2	2	

4)工程实体检验计划

工程实体检验计划主要对需在施工现场进行的检验检测项目,其中包括结构安全检测项目和使用功能检测项目。工程实体检验项目明细详见本书附录六。工程实体检验不仅是工程技术资料主要组成部分,也是相应分部工程验收重要的前置条件。

(1)工程实体检验计划编制依据与要求:

①熟悉各专业基本情况;

②熟悉各专业系统分布情况;

③了解各分部工程验收程序;

④了解施工部署情况及施工段的划分;

⑤了解国家和地方对需实体项目检验的相关规定;

⑥掌握实体检测基本要求。

(2)工程实体检验计划编制示例

【模拟工程】

某某工程基础为桩基础;主体结构为混凝土框架结构,部分钢结构组成;砌体墙体加固钢筋为化学栓剂后置;外墙为挤塑板保温系统,面层为陶瓷面砖;室内精装修。

【编制示例】

工程实体检测计划

工程名称:某某工程

检测阶段	检测项目	检测内容	检测部位与时限	备注
桩基础	桩身完整性	超声波法检测桩身完整性	混凝土达到龄期	
	桩承载力	检测桩基地基承载力	桩基工程完工后	
主体结构	混凝土强度	回弹法检测混凝土强度	混凝土28d养护龄期后,主体结构验收前	
	钢筋保护层	破损法或非破损法检测保护层厚度	混凝土28d养护龄期后,主体结构验收前	
	后置螺栓拉拔	拉拔检测	锚栓说明中达到100%强度所需龄期	见注
钢结构	焊缝质量	射线探伤检测	焊接完成	
装饰装修	外墙砖拉拔	现场锚固承载力	外墙砖粘贴28d	
	室内环境检测	有害气体含量	装饰装修完工后	
建筑节能	外墙保温钻芯	保温体系各构造层厚度	外墙工程完工后	
	保温板拉拔	现场粘接锚固承载力	粘接剂说明中达到100%粘接力所需龄期	

注:各项检测项目检测次数或组数应根据工程实际工程量参考本书附录六确定。

9.2.2 “四台账”和“一核查”解析

通过本书第六篇表 6-1 和本篇图 9-1 分析，可以得出一个结论，即“日常管理是存档移交的基础，存档移交是日常管理的大纲”。也就是说资料的日常管理与存档移交两者是“互逆关系”。而“四台账”就是依据“四计划”衍生而成的，目的就是便于日常的“一核查”。

【模拟概况】

以本节检验批划分计划中模板分项工程为例，衍生检验批台账：

检验批计划

分项工程名称	检验批名称	检验批部位	检验批数量	备注
模板	模板安装	首层框架柱、首层梁板楼梯、二层框架柱、二层梁板楼梯、首层构造柱、二层构造柱、女儿墙构造柱及压顶	7	
	模板拆除	首层框架柱、首层梁板楼梯、二层框架柱、二层梁板楼梯、首层构造柱、二层构造柱、女儿墙构造柱及压顶	7	

【编写示例】

方法一：主体结构模板分项工程检验批台账

检验批名称	部位	拆模试块破型日期及强度	报验申请时间	审批验收时间	结论	备注
模板安装	首层框架柱					
	首层梁板楼梯					
	二层框架柱					
	二层梁板楼梯					
	首层构造柱					
	二层构造柱					
	女儿墙构造柱及压顶					
模板拆除	首层框架柱					
	首层梁板楼梯					
	二层框架柱					
	二层梁板楼梯					
	首层构造柱					
	二层构造柱					
	女儿墙构造柱及压顶					

注：此种方法按分部分项记录，便于检验批、分项的汇总。

方法二:主体结构模板分项工程检验批台账

检验批名称	拆模试块破型日期及强度	报验申请时间	审批验收时间	结论	备注
首层框架柱模板安装					
首层框架柱模板拆除					
首层梁板楼梯模板安装					
首层梁板楼梯模板拆除					
二层框架柱模板安装					
二层框架柱模板拆除					
二层梁板楼梯模板安装					
二层梁板楼梯模板拆除					
首层构造柱模板安装					
首层构造柱模板拆除					
二层构造柱模板安装					
二层构造柱模板拆除					
女儿墙构造柱及压顶模板安装					
女儿墙构造柱及压顶模板拆除					

注:此种方法按层次部位记录,便于日常查阅。

9.3 技术资料的日常管理

根据施工工艺和资料类别不同,常见的技术资料管理方法有以下5种(见表9·3)。技术资料管理人员可对比各种方法的优缺点选择适当的管理方法。

表9·3 日常技术资料管理方法对照表

序号	方法	释意	优点	缺点
1	工艺流程法	按施工工艺流程顺序整理技术资料,即按照时间顺序整理。	时间准确,便于根据施工日志记录查找单项资料。	不利于按照分部、分项或单项资料系统整理和查阅。
2	分部法	按照分部工程整理技术资料	便于根据分部分项资料查阅。	不利于单项资料系统整理和查阅。
3	类别法	按照技术资料的类别划分整理技术资料	便于专项资料查阅和竣工时,单项资料的汇总。	不利于分部分项资料查阅。
4	类别与分部结合法	将每个分部工程中的资料按资料的类别分别整理	既便于分部分项资料查阅,又便于专项资料查阅和竣工时单项资料的汇总。	不利于按时间和工艺顺序查阅
5	工艺与分部结合法	每个分部独立的按工艺顺序整理	便于按分部的时间顺序查阅。	不利于单类别查找和汇总
备注	第4种技术资料管理方法,为最佳管理方法。它的优点很多,既有利于技术资料的归档,又便于分部工程验收的汇总,还便于单项资料的查阅。			

9.4　资料管理易出现问题解析

随着建筑业快速发展，建筑工程技术资料管理从早期的纸质载体逐步过渡到计算机软件管理。《建筑工程技术资料管理规程》于2002年8月实施后，新标准、新工艺的不断推出，工程规模不断扩大、工程形式也不断更新。也给技术资料管理带来了这样或那样的问题。通过对基层技术资料管理的探究，现通过以下9个方面对建筑工程技术资料管理易出现的问题予以解析。

9.4.1　概念不清

1)地基与基础分部和主体结构分部的分界

【错误理解】

地基与基础分部和主体结构分部以基础顶面分界。

【正确解读】

地基与基础和主体结构分部分界线应以工程±0.000为界，±0.000以上为主体结构分部，以下为地基与基础分部。

2)预检记录

【错误理解】

任一施工工序均应填写预检记录。

【正确解读】

由于概念不清，在填写此实用表式时，经常出现错误填写现象。其表式的定义是：工程预检记录(亦称技术复核)是在施工前对某些重要分项准备工作或前道工序进行的预先检查。

工程预检记录主要检查以下项目：

(1)建(构)筑物位置线、现场控制水准点；

(2)基础尺寸线，包括基础轴线、断面尺寸、标高；

(3)桩基定位的控制点；

(4)模板；

(5)墙体包括墙体轴线、门窗洞口的位置；

(6)预制构件吊装的定位；

(7)设备基础的位置、标高、几何尺寸、预留孔洞、预埋件等；

(8)主要管道、沟的标高和坡度。

3)专项工程验收记录

【错误理解】

每个分部工程均填写专项工程验收记录。

【正确解读】

专项工程验收记录：专项工程竣工验收记录(通用)是指施工单位对已施工完的而又无专项表式的专项工程进行检查和验收记录。专项工程竣工验收项目如幕墙、消防等验收可用此表。

4)隐蔽工程验收记录

【错误理解】

每个被下一道工序所掩盖的工序均填写隐蔽工程验收记录。

【正确解读】

隐蔽工程验收记录是指下道工序所遮盖的重要部位或项目，在隐蔽前必须按照质量验收规范进行的隐蔽检查记录。这句话里着重强调的“重要部位或项目”。在实际施工中，许多工程将抹灰前混凝土现浇结构、粉刷前的抹灰面层均填写了隐蔽工程验收记录，这种做法没有必要的。

9.4.2 验收程序不明确

1)地基与基础验收程序

【错误理解】

基础结构完工(回填土及混凝土试块尚未达到龄期)即可组织该分部验收。

【正确解读】

(1)地基基础分部工程的验收具备如下条件：

①分部(子分部)工程验收的基本条件是：所含各分项工程验收合格。

②质量控制资料文件必须完整。

③涉及安全和使用功能的相关见证取样送样试验或抽样检测，且结果必须合格，相关资料完整。对于地下层还应进行混凝土结构实体检测，即混凝土强度和钢筋保护层实体检测。

④关于观感质量验收达到一般以上，混凝土结构无重大缺陷。

(2)地基与基础分部验收程序：

(1)分部工程验收应在施工单位自检合格的基础上，向监理单位提出分部工程验收申请。由总监理工程师(建设单位项目负责人)组织工程的勘察、设计单位和施工单位专业质量、技术负责人参加分部工程质量验收。如地方监督部门将该分部列入监督计划的，应由监理机构(或建设单位)填报验收监督通知书，通知建设工程监督部门派人参加。

(2)验收组对工程技术资料的完整、有效性作出结论，对工程实体观感作出评价。最终作出统一的验收结论。监督部门对验收过程作执法性结论。参加验收方(不包括监督单位)在分部工程质量验收记录上签字。

2)主体结构分部验收程序

【错误理解】

主体结构分部验收程序和条件不清。

【正确解读】

(1)分部工程的验收与评定

①分部工程验收的基本条件是：所含各子分部工程验收合格。

②质量控制资料必须齐全、完整有效。

③涉及安全和使用功能的项目应进行相关见证取样送样试验或抽样检测，且结果必须合格，相关资料完整。

④关于观感质量验收往往难以定量，只能以观察、触摸或简单量测的方式进行，并由个人主观印象判定，检查结果并不给出“合格”或“不合格”的结论，而是综合给出质量评价“好、一般、差”。

⑤住宅工程应进行分户验收，且分户验收必须全部合格。

(2)主体结构分部工程报验程序

主体结构分部工程验收应在施工单位自检合格的基础上，向监理单位提出分部工程验收申请。由总监理工程师(或建设单位项目负责人)组织工程的勘察、设计单位和施工单位专业质量、技术负责人参加。如地方监督部门将该分部列入监督计划的,应由监理机构(或建设单位)填报验收监督通知书,通知建设工程监督部门。

验收各方对工程技术资料的完整、有效性作出结论,对工程实体观感作出评价。最终作出统一的验收结论。监督部门对验收过程作执法性结论。参加验收方(不包括监督单位)在分部工程质量验收记录上签字,并加盖企业公章(是否加盖公章根据当地建设行政部门要求而定)。

9.4.3 标准掌握不准确

现行施工执行标准较多且相继进行了修订,施工过程中应熟悉和掌握,否则会影响工程的验收。以下举三种情况供读者参考借鉴。

1)填写工艺标准与实际不符

各种检测标准或工艺标准更新较快,在施工过程中应熟悉和掌握各种新工艺新标准,在填写资料,应填写现行标准。如钢筋连接检验批实用表式中钢筋机械连接和焊接执行标准分别为 JGJ107 和 JGJ18,填写时应与实际工程选用的工艺一致。

2)混凝土强度评定标准

住建部于 2010 年 5 月 31 日发布了《混凝土强度检验评定标准》GB/T50107－2010,对混凝土强度评定公式做了修订,对组数和系数进行了重新修订,提高了非统计法的合格标准。而实施以来,施工过程中仍有沿用 GBJ107－87 标准中评定方法组织施工和验收评定,这种做法是错误的。

3)砂浆强度评定标准

住建部于 2011 年 2 月 18 日发布了最新修订的《混凝土强度检验评定标准》GB/T50107－2010,对砂浆强度评定提出了以下要求:

1. 同一验收批砂浆试块强度平均值大于或等于设计强度等级值 f_2 的 1.10 倍;

2. 同一验收批砂浆试块抗压强度的最小一组平均值大于或等于设计强度等级值 f_2 的 85%;

3. 同一验收批砂浆只有 1 组或 2 组试块时,每组试块抗压强度平均值大于或等于设计强度等级值 f_2 的 1.10 倍。

9.4.4 软件问题

工程技术资料的软件管理大大提高了工作效率,规范了填写格式,但一些智能化功能也使资料填写出现了如下错误:

1)"快增加"功能出现的雷同资料

目前资料软件大多具备"快增加"功能,其主要用途是利用已填好的资料快速复制生成全新表式,可大大降低劳动强度,增加工作效率。但是快增加出的新资料中"工程名称"、"分部名称"、"验收部位"以及"检查内容和结果"等信息是完全一样的,许多资料管理人员在录入时,只是简单的修改了验收部位等内容,并未按实际录入检查的数据,致使雷同资料的出现。

2)智能评定出现的错误结论

软件填写检验批时,均有自动评定功能,自动评定后结论一栏会自动生成,如施工单位验收结论多为"**主控项目合格,一般项目满足规范规定和设计要求。**"字样。但检验批实用表式中，有部分检验批只有主控项目而没有一般项目，在填写此类检验批实用表式时，这种“智能评定”得出结论显然是错误的。

3)自动导入功能出现的问题

软件“信息自动导入”功能，是将工程信息如工程名称、各单位名称、责任人名称等预先录入到信息库中，在填写实用表式时，对应内容会自动生成到空白表式中。但对于需要手工签字时，而软件却自动生成这显然是错误的。

4)填写模块过于简单造成资料不具备说服力

软件在填写检查记录信息时，大多设置成固定模块式，便于填写人快速录入。但大多软件所设置的固定模块较为简单，多为“符合规范”或“符合要求”等简单的内容，按此模块填写出来的技术资料显然不具备说服力。

9.4.5 质量证明文件的收集

1)质量证明文件为复印件时出现的问题

质量证明文件为复印件时，应注明原件存放地、抄件人姓名、抄件人联系方式，并注明所购材料的品种、规格、数量等信息，同时还应标注用于工程的名称以及“再复印无效”等字样。

2)质量证明文件收集不完整

质量证明文件收集应注意以下几点：

1.质量证明文件均应收集材料的合格证、形式检验报告；

2.对于与节能相关且地方有备案要求的材料还应收集进市许可证和进市备案证明两项资料；

3.对于电气材料还应索取3C认证文件；

4.生活给水材料应索取饮用水卫生生产许可证；

5.消防工程材料应索取消防检测报告和消防检测标识。

3)无效的质量证明文件

对于销售单位提供的质量证明文件，应辨别真伪，有权威单位出具的文件应尽可能在使用前进行佐证辨别，以免影响工程质量和工程验收。

9.4.6 见证检验数量不足或不具代表性

见证取样是为保证工程结构安全和使用功能，对涉及结构安全和实用功能的原材料、试块、试件按其取样数量的30%进行见证取样送检的检测手段。

对于见证取样试件应遵循宁多勿少的原则，在条件允许的情况下尽量多取，如：混凝土同条件养护试件，在《混凝土结构工程施工质量验收规范》附录D中规定600℃·d同条件养护试块的留置做了“同一强度等级，不应少于3组，不宜少于10组”的规定，即：同一强度等级混凝土至少应留置3组，在检验批次和工程量允许条件下应尽量留置10组。若实际工程检验批数量为20个，而留置试块仅为3组时，这样的见证取样试件是不具备代表性的，这样留置的试件也是没有意义的。

9.4.7 日期问题

工程技术资料管理是一份逻辑性较强的工作，技术资料中有很严密的时间关系，如：钢筋安装验收前，钢筋连接试件必须试验且结果合格；给水系统验收前，相应的通水试验等均应完毕且结果合格。所以在日常资料管理中，涉及原材料的应做到“检验在前，使用在后”；涉及验收项目的应做到“试验在前，验收在后”的原则。在实际施工中，严禁出现逆时差资料。

9.4.8　签章问题

工程技术资料须签字、盖章时应遵循以下规定：

(1)签字和盖章应符合本书 2.2.2 节的规定。

(2)签字必须本人签字，且应与开工许可备案相符。

(3)签字应签工整字体，不得签署艺术签名。

(4)同一单位高一级别的章可以代替低一级别章。

(5)加盖公章应完整清晰，且相邻章印迹不得重叠。

9.4.9　检验批填写

1)检验批填写错误

(1)检测数量与实际不符：比如某检验批需填写埋件检测项目，实际工程共有两块埋件，在填写埋件允许偏差项目时，资料录入人员习惯性填写了 10 个检查点，这种做法是错误的。

(2)漏项与多项：填写的检查项目与实际不符，如钢筋安装检验批质量验收记录中“弯起钢筋”一项只有在梁类构件中才有可能产生，而有些资料管理人员在填写柱或墙钢筋安装时，盲从的填写了此项，这种做法是错误的。

2)检验批评定的 3 类特殊情况

在检验批一般项目采用计数检验时，有以下 3 种特殊情况需在评定时注意：

(1)混凝土结构中的梁类、板类构件上部纵向受力钢筋保护层厚度的合格点率应达到 90%及其以上且最大超差值不得超过允许偏差的 1.5 倍；

(2)钢结构工程一般项目合格点率应达到 80%及其以上且最大超差值不得超过允许偏差的 1.2 倍；

(3)建筑节能工程合格点率应在 90%以上，且其余检查点不得有严重缺陷。

附录一　工程资料类别、来源及保存要求

工程资料类别、来源及保存要求应按下表执行(摘自规程 DB/T145-2012 表 5.0.1)。

表 5.0.1　工程资料类别、来源及保存要求

工程资料类别	工程资料名称		工程资料来源	工程资料保存			
				施工单位	监理单位	建设单位	城建档案馆
A 类	工程准备阶段文件						
A1 类 决策立项文件	A1－1	项目建议书	建设单位			●	●
	A1－2	项目建议书审批文件	建设行政管理部门			●	●
	A1－3	可行性研究报告及附件	建设单位			●	●
	A1－4	可行性研究报告批复文件	建设行政管理部门			●	●
	A1－5	工程立项的会议纪要及领导批示	建设单位			●	●
	A1－6	工程立项的专家建议资料	建设单位			●	●
	A1－7	工程项目的评估研究资料	建设单位			●	●
	A1－8	计划任务书审批文件	建设行政管理部门			●	●
	A1－9	河北省固定资产项目备案证	建设行政管理部门			●	●
A2 类 建设用地文件	A2－1	选址申请及选址规划意见通知书	建设单位 规划部门			●	●
	A2－2	用地申请批准文件	土地行政管理部门			●	●
	A2－3	拆迁安置意见、协议、方案等	建设单位			●	●
	A2－4	建设用地规划许可证及其附件	规划行政管理部门			●	●
	A2－5	划拨建设用地文件	土地行政管理部门			●	●
	A2－6	国有土地使用证	土地行政管理部门			●	●
A3 类 勘察设计文件	A3－1	岩土工程勘察报告	勘察单位	●		●	●
	A3－2	水文地质勘察报告	勘察单位	●		●	●
	A3－3	建设用地钉桩通知单	规划行政管理部门	●	●	●	●
	A3－4	地形测量和拨地测量成果报告	测绘单位			●	●

续表

工程资料类别	工程资料名称		工程资料来源	工程资料保存			
				施工单位	监理单位	建设单位	城建档案馆
A3 类勘察设计文件	A3－5	规划设计条件通知书	规划行政管理部门			●	●
	A3－6	初步设计图纸和说明	设计单位			●	
	A3－7	技术设计图纸和说明	设计单位			●	
	A3－8	审定设计方案通知书及审查意见	规划行政管理部门			●	●
	A3－9	施工图联合审查意见书	行政管理部门			●	●
	A3－10	施工图设计及其说明	设计单位	○	○	●	
	A3－11	设计计算书	设计单位			●	
	A3－12	施工图设计文件审查合格书、审查报告	施工图审查机构	○	○	●	●
A4 类招投标及合同文件	A4－1	勘察招投标文件	建设单位 勘察单位			●	
	A4－2	勘察承包合同＊	建设单位 4 勘察单位			●	●
	A4－3	设计招投标文件	建设单位 设计单位			●	
	A4－4	设计承包合同＊	建设单位 设计单位			●	●
	A4－5	监理招投标文件	建设单位 监理单位		●	●	
	A4－6	委托监理合同＊	建设单位 监理单位		●	●	●
	A4－7	施工招投标文件	建设单位 施工单位	●		●	
	A4－8	施工承包合同＊	建设单位 施工单位	●	○	●	●
	A4－9	其他委托协议、合同	建设单位	●		●	●
	A4－10	建设工程中标通知书	建设单位	●	●	●	
A5 类开工文件	A5－1	建设项目年度计划申报文件	建设单位			●	●
	A5－2	建设项目年度计划批复文件或年度计划项目表	建设行政管理部门			●	●
	A5－3	规划审批申请表及报送的文件和图纸	建设单位 设计单位			●	
	A5－4	建设工程规划许可证及其附件	规划部门			●	●

续表

工程资料类别	工程资料名称		工程资料来源	工程资料保存			
				施工单位	监理单位	建设单位	城建档案馆
A5类 开工文件	A5－5	建筑工程施工许可申请表及其附件	建设单位			●	
	A5－6	建设工程施工许可证	建设行政管理部门	●	○	●	●
	A5－7	投资许可证、审查证明及缴纳各种建设费用证明	建设行政管理部门			●	●
A6类 商务文件	A6－1	工程投资估算资料	建设单位			●	
	A6－2	工程设计概算资料	建设单位			●	
	A6－3	工程施工图预算资料	建设单位			●	
	A类其他资料						
B类	**监理资料**						
B1类 监理管理资料	表B1－1	法定代表人授权书	监理单位		●	○	
	B1－2	监理规划	监理单位		●	●	●
	B1－3	监理实施细则	监理单位	○	●	●	●
	表B1－4	监理会议纪要	监理单位	○	●	●	
	B1－5	监理日志	监理单位		●		
	B1－6	监理月报	监理单位		●	●	
	表B1－7	工作联系单	监理单位 施工单位	○	●	○	
	表B1－8	监理工程师通知	监理单位	○	●	○	
	表B1－9	监理工程师通知回复单＊	施工单位	○	●	○	
	表B1－10	工程开工报审表＊＊	施工单位	●	●	●	●
	表B1－11	施工单位申请表(通用)	施工单位	○	○		
	B1－12	专题报告(总结)	监理单位		●	●	
B2类 质量控制资料	表B2－1	施工组织设计/方案报审表＊	施工单位	○	○	○	
	表B2－2	主要施工机械设备报审表＊	施工单位	○	○		
	表B2－3	施工控制测量成果报验单＊	施工单位	○	○		●
	表B2－4	工程报验单＊	施工单位	○	○		
	表B2－5	工程材料/构配件/设备报审表＊	施工单位	○	○		●
	表B2－6	检测机构资格报审表＊	施工单位	○	○	○	
	表B2－7	见证取样送检见证人授权书	监理单位	○	○	○	●
	表B2－8	见证取样检测委托单	施工单位	○	○	○	
	表B2－9	砌体/混凝土检验批验收认可通知	监理单位	○	○		
	表B2－10	旁站监理记录＊	监理单位		●		
	表B2－11	工程质量整改通知	监理单位	○	●	○	●
	表B2－12	工程质量事故报告单＊	施工单位	●	●	○	●
	表B2－13	工程质量事故处理方案报审表＊＊	施工单位	●	●	●	●

续表

工程资料类别	工程资料名称		工程资料来源	工程资料保存			
				施工单位	监理单位	建设单位	城建档案馆
B3 类进度控制资料	表 B3-1	施工进度计划(调整计划)报审表 *	施工单位	○	○	○	
B4 类造价控制资料	表 B4-1	工程计量报审表 *	施工单位	○	○	○	
	表 B4-2	工程款/进度款支付申请表	施工单位	○	○	○	
	表 B4-3	工程款/进度款支付证书	监理单位	○	○	○	
B5 类合同管理资料	表 B5-1	分包单位资质报审表 *	施工单位	●	●	●	
	表 B5-2	工程临时/最终延期申请表	施工单位	●	●	●	●
	表 B5-3	工程临时/最终延期审批表	监理单位	●	●	●	●
	B5-4	合同争议处理意见	监理单位	●	●	●	●
	表 B5-5	合同变更资料	施工单位 建设单位	●	●	●	●
	表 B5-6	工程暂停令	监理单位	○	●	○	●
	表 B5-7	工程复工报审表 *	施工单位	●	●	●	●
	表 B5-8	工程变更费用报审表 * *	施工单位	●	●	●	
	表 B5-9	索赔意向通知书	施工单位	○	○	○	
	表 B5-10	费用索赔申请表	施工单位	●	●	●	
	表 B5-11	费用索赔审批表	施工单位	●	●	●	
	B5-12	工程竣工结算审核意见书	监理单位	○	○	○	●
B6 类竣工管理资料	表 B6-1	单位(子单位)工程竣工预验报验表	施工单位	●	●	●	
	B6-2	工程质量评估报告	监理单位	●	●	●	●
	B6-3	监理工作总结	监理单位		●	●	●
	表 B6-4	监理资料移交书	监理单位		●	●	
	B 类其他资料						
C 类	**施工资料**						
C1 类施工管理资料	表 C1-1	工程概况表	施工单位	●	●	●	●
	表 C1-2	施工现场质量管理检查记录	施工单位	○	○		
	表 C1-3	建筑工程质量事故调(勘)查记录	调查单位	●	●	●	●
	表 C1-4	工程质量事故报告	调查单位	●	●	●	●
	表 C1-5	施工日志	施工单位	●			
C2 类施工技术资料	表 C2-1	图纸会审记录 * *	施工单位	●	●	●	●
	C2-2	施工组织设计及施工方案	施工单位	●	○		
	C2-3	危险性较大分部分项工程施工方案专家论证表	设计单位	●	○		
	表 C2-4	技术交底记录	施工单位	●			
	C2-5	设计变更通知单 * *	施工单位	●	●	●	●
	表 C2-6	工程洽商记录 * *	施工单位	●	●	●	●

续表

工程资料类别	工程资料名称		工程资料来源	工程资料保存			
				施工单位	监理单位	建设单位	城建档案馆
C3类工程主要物资资料	Ⅰ 进场检验通用表格		施工单位				
	表C3-1-1	质量证明文件、检测报告汇总表					●
	表C3-1-2	出厂质量证明文件及检测报告粘贴表	施工单位	●	●	●	●
	表C3-1-3	材料、构配件进场验收记录	施工单位	○	○		
	Ⅱ 进场检验专用表格						
	表C3-2-1	设备开箱检验记录	施工单位	○	○		
	表C3-2-2	设备(管道附件)试压记录	施工单位	●	○	●	●
	Ⅲ 进场复试报告通用表格						
	表C3-3-1	进场材料检测报告	检测单位	●	●	●	●
	Ⅳ 进场复试报告						
	表C3-4-1	钢材力学性能、重量偏差检测报告	检测单位	●	●	●	●
	表C3-4-2	水泥检测报告	检测单位	●	●	●	●
	表C3-4-3	砂子检测报告	检测单位	●	●	●	●
	表C3-4-4	石子检测报告	检测单位	●	●	●	●
	表C3-4-5	结构密封胶检测报告	检测单位	●	●	●	●
C4类施工检测报告	表C4-1	钢材连接检测报告汇总表	施工单位	●	○		●
	表C4-2	钢材连接检测报告	检测单位	●	●	●	●
	表C4-3	高强度螺栓连接摩擦面抗滑移系数检测报告	检测单位	●	●	●	●
	表C4-4	焊缝射线检测报告	检测单位	●	●	●	●
	表C4-5	焊缝磁粉检测报告	检测单位	●	●	●	●
	表C4-6	焊缝超声波检测报告	检测单位	●	●	●	●
	表C4-7	混凝土抗压强度检测报告汇总表	施工单位	●	○		●
	表C4-8	混凝土强度评定表	施工单位	●	●	●	●
	表C4-9	混凝土配合比通知单	检测单位	●	●	●	●
	表C4-10	混凝土试块抗压强度检测报告	检测单位	●	●	●	●
	表C4-11	混凝土抗渗透检测报告	检测单位	●	●	●	●
	表C4-12	砂浆抗压强度检测报告汇总表	施工单位	●	○		●
	表C4-13	砂浆强度评定表	施工单位	●	●	●	●
	表C4-14	砂浆配合比通知单	检测单位	●	●	●	●
	表C4-15	砂浆试块抗压强度检测报告	检测单位	●	●	●	●
	表C4-16	土壤检测报告	检测单位	●	●	●	●
	表C4-17	土壤击实检测报告	检测单位	●	●	●	●
	表C4-18	建筑外门窗检测报告	检测单位	●	●	●	●

续表

工程资料类别	工程资料名称		工程资料来源	工程资料保存			
				施工单位	监理单位	建设单位	城建档案馆
C4类施工检测报告	表C4-19	建筑幕墙检测报告	检测单位	●	●	●	●
	表C4-20	后置埋件检测报告	检测单位	●	●	●	●
	表C4-21	回弹法检测混凝土强度检测报告	检测单位	●	●	●	●
	表C4-22	结构实体钢筋保护层厚度检测报告	检测单位	●	●	●	●
	表C4-23	节能构造钻芯检测报告	检测单位	●	●	●	●
	C4-24	节能、保温测试报告	检测单位	●	●	●	●
	C4－25	室内环境检测报告	检测单位	●	●	●	●
	C4－26	桩基及地基处理检测报告	检测单位	●	●	●	●
	C4－27	沉降观测记录	检测单位	●	●	●	●
	C4－28	检测报告(通用)	检测单位	●	●	●	●
C5类施工记录	**1 通用表格**						
	表C5－1－1	隐蔽工程验收记录	施工单位	●	●	●	●
	表C5－1－2	施工记录(通用)	施工单位	●			
	表C5－1－3	专项工程中间交接验收检查记录	施工单位	●	○		
	2 建筑与结构						
	表C5－2－1	工程预检记录	施工单位	●	○		
	表C5－2－2	工程定位测量记录	施工单位	●	●	●	●
	表C5－2－3	基槽及各层放线测量及复测记录	施工单位	●	●	●	●
	表C5－2－4	建筑物垂直度、标高、全高观测记录	施工单位	●	○	●	
	表C5－2－5	地基验槽记录	施工单位	●	●	●	●
	表C5－2－6	地基钎探记录	施工单位	●	○	●	●
	表C5－2－7	混凝土浇灌申请书	施工单位	●	○		
	表C5－2－8	混凝土开盘鉴定	施工单位	●	○		●
	表C5－2－9	混凝土工程施工记录	施工单位	●	○	●	●
	表C5－2－10	混凝土坍落度检查记录	施工单位	●	○		
	表C5－2－11	冬期混凝土搅拌及浇灌测温记录	施工单位	●	○		
	表C5－2－12	混凝土养护测温记录	施工单位	●	○		
	表C5－2－13	同条件养护混凝土试件测温记录	施工单位	●	○		
	表C5－2－14	结构实体钢筋保护层厚度检测记录	施工单位	●	○	●	
	表C5－2－15	大型构件吊装记录	施工单位	●	●	●	●
	表C5－2－16	焊接材料烘焙记录	施工单位	●	○		
	表C5－2－17	大六角高强度螺栓初拧(终拧)施工检查记录	施工单位	●	●	●	●
	表C5－2－18	空间网格结构挠度值检查记录	施工单位	●	●	●	●
	表C5－2－19	现场施加预应力筋张拉记录	施工单位	●	●	●	●

续表

工程资料类别	工程资料名称		工程资料来源	工程资料保存			
				施工单位	监理单位	建设单位	城建档案馆
C5类施工记录	表 C5-2-20	预应力灌浆记录	施工单位	●	●	●	●
	表 C5-2-21	钢筋冷拉记录	施工单位	●			●
		3 桩基、基坑与地基处理					
	表 C5-3-1	钢筋混凝土预制桩施工记录	施工单位	●	○		●
	表 C5-3-2	钢管桩施工记录	施工单位	●	○		●
	表 C5-3-3	钻孔桩钻孔施工记录	施工单位	●	○		●
	表 C5-3-4	钻孔灌注桩后压浆施工记录	施工单位	●	○		●
	表 C5-3-5	长螺旋钻孔泵压混凝土桩施工记录	施工单位	●	○		●
	表 C5-3-6	套管成孔灌注桩施工记录	施工单位	●	○		●
	表 C5-3-7	井点施工记录(通用)	施工单位	●	○		
	表 C5-3-8	轻型井点降水记录	施工单位	●	○		
	表 C5-3-9	喷射井点降水记录	施工单位	●	○		
	表 C5-3-10	电渗井点降水记录	施工单位	●	○		
	表 C5-3-11	管井井点降水记录	施工单位	●	○		
	表 C5-3-12	深井井点降水记录	施工单位	●	○		
	表 C5-3-13	地下连续墙挖槽施工记录	施工单位	●	○		
	表 C5-3-14	地下连续墙护壁泥浆施工记录	施工单位	●	○		
	表 C5-3-15	地下连续墙混凝土浇筑记录	施工单位	●	○		
	表 C5-3-16	锚杆成孔记录	施工单位	●	○		
	表 C5-3-17	锚杆安装记录	施工单位	●	○		
	表 C5-3-18	预应力锚杆张拉与锁定施工记录	施工单位	●	○		
	表 C5-3-19	注浆及护坡混凝土施工记录	施工单位	●	○		
	表 C5-3-20	土钉墙土钉成孔施工记录	施工单位	●	○		
	表 C5-3-21	土钉墙土钉钢筋安装记录	施工单位	●	○		
	表 C5-3-22	沉井下沉施工记录	施工单位	●	○		●
	表 C5-3-23	沉井、沉箱下沉完毕检查记录	施工单位	●	○		●
	表 C5-3-24	试打桩记录	施工单位	●	○		
	表 C5-3-25	土桩与灰土挤密桩桩孔施工记录	施工单位	●	○		●
	表 C5-3-26	土桩与灰土挤密桩桩孔分填施工记录	施工单位	●	○		●
	表 C5-3-27	重锤夯实施工记录	施工单位	●	○		●
	表 C5-3-28	强夯施工记录	施工单位	●	○		●
	表 C5-3-29	强夯施工记录汇总表	施工单位	●	○		●
	表 C5-3-30	深层搅拌桩施工记录	施工单位	●	○		●
	表 C5-3-31	振冲处理施工记录	施工单位	●	○		●
	表 C5-3-32	旋喷桩施工记录	施工单位	●	○		●
	表 C5-3-33	高压旋喷钻孔记录	施工单位	●	○		●
	表 C5-3-34	CFG 桩施工记录	施工单位	●	○		●

续表

工程资料类别	工程资料名称		工程资料来源	工程资料保存			
				施工单位	监理单位	建设单位	城建档案馆
C6类施工试验及检查记录	**1　通用表格**						
	表C6-1-1	设备单机试运转记录	施工单位	●	○	●	●
	表C6-1-2	系统试运转(调试)记录	施工单位	●	○	●	●
	2　建筑与结构工程						
	表C6-2-1	淋(蓄)水试验记录(通用)	施工单位	●	○		●
	表C6-2-2	地下工程渗漏水检测记录	施工单位	●	○		●
	表C6-2-3	通风(烟)道检查记录	施工单位	●	○		
	3　给排水及采暖工程						
	表C6-3-1	灌水(满水)试验记录	施工单位	●	○	●	●
	表C6-3-2	系统(分段)强度、严密性试验记录	施工单位	●	○	●	●
	表C6-3-3	管道通水试验记录	施工单位	●	○	●	●
	表C6-3-4	冲洗(吹扫/擦洗/脱脂)记录	施工单位	●	○	●	●
	表C6-3-5	管道通球试验记录	施工单位	○	○	●	●
	表C6-3-6	补偿器预拉伸记录	施工单位	○	○		
	表C6-3-7	室内消火栓试射记录	施工单位	●	○	●	●
	表C6-3-8	整装锅炉烘炉检查记录	施工单位	●	○		
	表C6-3-9	锅炉煮炉检查记录	施工单位	●	○		
	表C6-3-10	整装锅炉48小时试运行记录	施工单位	●	○	●	
	4　建筑电气工程						
	表C6-4-1	接地电阻测试记录	施工单位	●	○	●	●
	表C6-4-2	绝缘电阻测试记录	施工单位	●	○	●	●
	表C6-4-3	避雷接地电阻测试记录	施工单位	●	○	●	●
	表C6-4-4	电气器具通电安全检查记录	施工单位	○	○	●	
	表C6-4-5	电气设备调试记录	施工单位	●	○	●	●
	表C6-4-6	照明全负荷试验记录	施工单位	●	○	●	●
	表C6-4-7	大型灯具牢固性试验记录	施工单位	●	○	●	
	表C6-4-8	漏电开关模拟试验记录	施工单位	○	○	●	
	表C6-4-9	大容量电气线路结点测温记录	施工单位	○	○	●	
	5　智能建筑工程						
	表C6-5-1	综合布线测试记录	施工单位	●	○	●	●
	表C6-5-2	光纤损耗测试记录	施工单位	●	○	●	●
	表C6-5-3	视频系统末端测试记录	施工单位	●	○	●	●
	表C6-5-4	智能建筑工程子系统检测记录	施工单位	●	○	●	●
	表C6-5-5	智能建筑系统试运行记录	施工单位	●	○	●	●

续表

工程资料类别	工程资料名称		工程资料来源	工程资料保存			
				施工单位	监理单位	建设单位	城建档案馆
C6类施工试验及检查记录	6 通风与空调工程						
	表 C6-6-1	系统无生产负荷联合试运转与调试记录	施工单位	●	○	●	●
	表 C6-6-2	室内温度、湿度测试记录	施工单位	●	○	●	
	表 C6-6-3	净化空调系统检测记录	施工单位	●	○	●	●
	表 C6-6-4	风口(吸风罩)风量测试记录	施工单位	●	○	●	
	表 C6-6-5	排烟系统联合试运转与调试记录	施工单位	●	○	●	●
	表 C6-6-6	制冷系统气密性试验记录	施工单位	●	○	●	●
	表 C6-6-7	现场组装除尘器(空调机组)漏风检测记录	施工单位	○	○		
	表 C6-6-8	风管漏风检测记录	施工单位	●	○	●	
	表 C6-6-9	风管漏光检测记录	施工单位	○	○	●	
	表 C6-6-10	风管强度检测记录	施工单位	○			
	表 C6-6-11	通风空调设备、管道接地及防静电连接检查记录	施工单位	●	○	●	●
	表 C6-6-12	灌水(满水)试验记录(同表 C6-3-1)	施工单位	●	○	●	●
	表 C6-6-13	系统(分段)强度、严密性试验记录(同表 C6-3-2)	施工单位	●	○	●	●
	表 C6-6-14	管道通水试验记录(同表 C6-3-3)	施工单位	●	○	●	●
	表 C6-6-15	冲洗(吹扫/擦洗/脱脂)记录(同表 C6-3-4)	施工单位	●	○	●	●
	表 C6-6-16	补偿器预拉伸记录(同表 C6-3-6)	施工单位	○	○		
	7 电梯工程						
	表 C6-7-1	电梯安全装置检查记录.	施工单位	●	○	●	●
	表 C6-7-2	电梯负荷运行试验记录	施工单位	●	○	●	●
	表 C6-7-3	电梯负荷运行试验曲线图(确定平衡系数)	施工单位	●	○	●	●
	表 C6-7-4	电梯噪声测试记录	施工单位	●	○	●	●
	表 C6-7-5	电梯加减速和轿厢运行的垂直、水平振动速度试验记录	施工单位	●	○	●	●
	表 C6-7-6	曳引机检查与试验记录	施工单位	●	○	●	●
	表 C6-7-7	限速器试验记录	施工单位	●	○	●	●
	表 C6-7-8	安全钳试验记录	施工单位	●	○	●	●
	表 C6-7-9	缓冲器试验记录	施工单位	●	○	●	●
	表 C6-7-10	层门和开门机械试验记录	施工单位	●	○	●	●
	表 C6-7-11	门锁试验记录	施工单位	●	○	●	●
	表 C6-7-12	绳头组合拉力试验记录	施工单位	●	○	●	●

续表

工程资料类别	工程资料名称		工程资料来源	工程资料保存			
				施工单位	监理单位	建设单位	城建档案馆
C6 类施工试验及检查记录	表 C6-7-13	选层器钢带试验记录	施工单位	●	○	●	●
	表 C6-7-14	轿厢试验记录	施工单位	●	○	●	●
	表 C6-7-15	控制屏试验记录	施工单位	●	○	●	●
C7 类施工质量验收记录	表 C7-1	检验批质量验收记录*(见附录 G)	施工单位	●	○		
	表 C7-2	分项工程质量验收记录*	施工单位	●	●	●	
	表 C7-3	分部(子分部)工程质量验收记录**	施工单位	●	●	●	●
	表 C7-4	专项工程竣工验收记录(通用)	施工单位	●	●	●	●
	C7-5	住宅工程质量分户验收汇总表	施工单位	●	●	●	●
C8 类竣工验收记录	表 C8-1	单位(子单位)工程质量竣工验收记录**	施工单位	●	●	●	●
	表 C8-2	单位(子单位)工程质量控制资料核查记录*	施工单位	●	●	●	●
	表 C8-3	单位(子单位)工程安全和功能检验资料核查及主要功能抽查记录*	施工单位	●	●	●	●
	表 C8-4	单位(子单位)工程观感质量检查记录*	施工单位	●	●	●	●
	C 类其他资料						
D 类	**竣工图**						
D 类竣工图		**1 建筑与结构竣工图**					
		建筑竣工图	编制单位	●		●	●
		结构竣工图	编制单位	●		●	●
		钢结构竣工图	编制单位	●		●	●
		2 建筑装饰与装修竣工图					
		幕墙竣工图	编制单位	●		●	●
		室内装饰竣工图	编制单位	●		●	●
		3 建筑给水、排水与采暖竣工图	编制单位	●		●	●
		4 建筑电气竣工图	编制单位	●		●	●
		5 智能建筑竣工图	编制单位	●		●	●
		6 通风与空调竣工图	编制单位	●		●	●
		7 室外工程竣工图	编制单位				
		室外给水、排水、供热、燃气、供电、照明管线等竣工图	编制单位	●		●	●
		室外道路、园林绿化、花坛、喷泉等竣工图	编制单位	●		●	●

续表

工程资料类别	工程资料名称		工程资料来源	工程资料保存			
				施工单位	监理单位	建设单位	城建档案馆
	D类其他资料						
E类	**工程竣工文件**						
E1类竣工验收文件	E1-1	勘察单位工程质量检查报告	勘察单位	○	○	●	●
	E1-2	设计单位工程质量检查报告	设计单位	○	○	●	●
	E1-3	施工图审查机构工程质量检查报告	施工图审查部门	○	○	●	●
	E1-4	监理单位工程评估报告	监理单位	○	●	●	●
	E1-5	建筑节能验收报告	政府主管部门	○	○	●	●
	E1-6	建设工程质量监督报告	政府主管部门	○	○	●	
	E1-7	规划部门出具的工程规划验收认可文件					
	E1-8	公安消防部门出具的《建设工程消防验收意见书》	政府主管部门	○	○	●	●
	E1-9	环保部门出具的建设工程环保验收认可文件					
	E1-10	其他专项验收认可文件	政府主管部门	○	○	●	●
	E1-11	建设工程竣工报告	施工单位	●	●	●	●
	E1-12	建设工程竣工验收报告	建设单位	●	●	●	●
	E1-13	房屋建筑工程质量保修书	施工单位	●	●	●	●
	E1-14	住宅质量保证书、住宅使用说明书	建设单位			●	●
	E1-15	建设工程竣工验收备案表及备案证明书	建设单位			●	●
	E1-16	建设工程档案验收认可书	城建档案管理部门			●	●
E2类竣工交档文件	E2-1	施工资料移交书*	施工单位	●		●	
	E2-2	监理资料移交书*	监理单位		●	●	
	E2-3	城市建设档案移交书	建设单位			●	●
E3类竣工总结文件	E3-1	工程竣工总结	建设单位			●	●
	E3-2	工程照片、录音、录像材料	建设单位	●		●	●

续表

工程资料类别	工程资料名称		工程资料来源	工程资料保存			
				施工单位	监理单位	建设单位	城建档案馆
E4 类竣工结算文件	E4-1	施工结算资料 *	施工单位	○	○	●	●
	E4-2	监理费用结算资料 *	监理单位		○	●	●
		E 类其他资料					

注:1 表中工程资料名称与资料保存单位所对应的栏中“●”表示“归档保存”;“○”表示“过程保存”是否归档保存可自行确定。

2 表中注明“ * ”的表,宜由施工单位和监理或建设单位共同形成;表中注明“ * * ”的表,宜由建设、设计、监理、施工等多方共同形成。

3 表中工程资料名称编号中带“表”字的,表式相关附录中给出了式样表示,反之则未给出实用表式。

4 勘察单位保存资料内容应包括工程地质勘察报告、勘察招投标文件、勘察合同、勘察单位工程质量检查报告以及勘察单位签署的有关质量验收记录等。

5 设计单位保存资料内容应包括审定设计方案通知书及审查意见、审定设计方案通知书要求征求有关部门的审查意见和要求取得有关协议、初步设计图及设计说明、施工图及设计说明、消防设计审核意见、施工图设计文件审查通知书及审查报告、设计招投标文件、设计合同、图纸会审记录、设计变更通知单、设计单位签署意见的工程洽商记录(包括技术核定单)、设计单位工程质量检查报告以及设计单位签署的有关质量验收记录。

附录二　分部、子分部工程代号索引及分项工程划分表

施工资料编号时，分部、子分部工程代号及分项工程划分应按下表填写（摘自规程DB/T145-2012表5.0.2）。

表5.0.2　分部（子分部）工程代号索引表

分部工程代号	分部工程名称	子分部工程代号	子分部工程名称	分项工程名称	备注
01	地基与基础	01	无支护土方	土方开挖、土方回填	
		02	有支护土方	排桩，降水、排水、地下连续墙、锚杆、土钉墙、水泥土桩、沉井与沉箱、钢及混凝土支撑	单独组卷
		03	地基及基础处理	灰土地基、砂和砂石地基、碎砖三合土地基，土工合成材料地基，粉煤灰地基，重锤夯实地基，强夯地基，振冲地基，砂桩地基，预压地基，高压喷射注浆地基，土和灰土挤密桩地基，注浆地基，水泥粉煤灰碎石桩地基，夯实水泥土桩地基	复合地基单独组卷
		04	桩基	锚杆静压桩及静力压桩，预应力离心管桩，钢筋混凝土预制桩，钢桩混凝土灌注桩（成孔、钢筋笼、清孔、水下混凝土灌注）	单独组卷
		05	地下防水	主体结构防水：防水混凝土、水泥砂浆防水层、卷材防水层、涂料防水层、塑料防水板防水层、金属板防水层、膨润土防水材料防水层；细部构造防水：施工缝、变形缝、后浇带、穿墙管、埋设件、预留通道接头、桩头、孔口、坑、池；特殊施工法结构防水：锚喷支护、地下连续墙、盾构隧道、沉井、逆筑结构；排水：渗排水、盲沟排水、隧道排水、坑道排水、塑料排水板排水；注浆：预注浆、后注浆、结构裂缝注浆	
		06	混凝土基础	模板、钢筋、混凝土，后浇带混凝土，混凝土结构缝处理	
		07	砌体基础	砖砌体，混凝土砌块砌体，配筋砌体，石砌体	
		08	劲钢（管）混凝土	劲钢（管）焊接，劲钢（管）与钢筋的连接，混凝土	
		09	钢结构	焊接钢结构、栓接钢结构，钢结构制作，钢结构安装，钢结构涂装	单独组卷
02	主体结构	01	混凝土结构	模板，钢筋，混凝土，预应力、现浇结构，装配式结构	
		02	劲钢（管）混凝土结构	劲钢（管）焊接、螺栓连接、劲钢（管）与钢筋的连接，劲钢（管）制作、安装，混凝土	

续表

分部工程代号	分部工程名称	子分部工程代号	子分部工程名称		分项工程名称	备注
02	主体结构	03	砌体结构		砖砌体，混凝土小型空心砌块砌体，石砌体，填充墙砌体，配筋砖砌体	
		04	钢结构		钢结构焊接，紧固件连接，钢零部件加工，单层钢结构安装，多层及高层钢结构安装，钢结构涂装、钢构件组装，钢构件预拼装，钢网架结构安装，压型金属板	单独组卷
		05	木结构		方木和原木结构，胶合木结构，轻型木结构，木构件防护	单独组卷
		06	网架和索膜结构		网架制作，网架安装，索膜安装，网架防火，防腐涂料	单独组卷
03	建筑装饰装修	01	地面	整体面层	基层：基土、灰土垫层、砂垫层和砂石垫层、碎石垫层和碎砖垫层、三合土垫层及四合土垫层、炉渣垫层、水泥混凝土垫层和陶粒混凝土垫层、找平层、隔离层、填充层、绝热层	
					面层：水泥混凝土面层、水泥砂浆面层、水磨石面层、硬化耐磨面层、防油渗面层、不发火（防爆的）面层、自流平面层、涂料面层、塑胶面层、地面辐射供暖的整体面层	
				板块面层	基层：基土、灰土垫层、砂垫层和砂石垫层、碎石垫层和碎砖垫层、三合土垫层及四合土垫层、炉渣垫层、水泥混凝土垫层和陶粒混凝土垫层、找平层、隔离层、填充层、绝热层	
					面层：砖面层（陶瓷锦砖、缸砖、陶瓷地砖和水泥花砖面层）、大理石面层和花岗岩面层、预制板块面层（水泥混凝土板块、水磨石板面层、人造石板块面层）、料石面层（条石、块石面层）、塑料板面层、活动地板面层、金属板面层、地毯面层、地面辐射供暖的板块面层	
				木、竹面层	基层：基土、灰土垫层、砂垫层和砂石垫层、碎石垫层和碎砖垫层、三合土垫层及四合土垫层、炉渣垫层、水泥混凝土垫层和陶粒混凝土垫层、找平层、隔离层、填充层、绝热层	
					面层：实木地板、实木集成地板、竹地板面层（条材、块材面层）、实木复合地板面层（条材、块材面层）、浸渍纸层压木质地板面层（条材、块材面层）、软木类地板面层（条材、块材面层）、地面辐射供暖的木板面层	
		02	抹灰		一般抹灰，装饰抹灰，清水砌体勾缝	
		03	门窗		木门窗制作与安装，金属门窗安装，塑料门窗安装，特种门安装，门窗玻璃安装	
		04	吊顶		暗龙骨吊顶，明龙骨吊顶	
		05	轻质隔墙		板材隔墙，骨架隔墙，活动隔墙，玻璃隔墙	
		06	饰面板（砖）		饰面板安装，饰面砖粘贴	
		07	幕墙		玻璃幕墙，金属幕墙，石材幕墙	单独组卷
		08	涂饰		水性涂料涂饰，溶剂型涂料涂饰，美术涂饰	
		09	裱糊与软包		裱糊、软包	
		10	细部		橱柜制作与安装，窗帘盒、窗台板和暖气罩制作与安装，门窗套制作与安装，护栏和扶手制作与安装，花饰制作与安装	

续表

分部工程代号	分部工程名称	子分部工程代号	子分部工程名称	分项工程名称	备注
04	建筑屋面	01	基层与保护	找坡层,找平层,隔汽层,隔离层,保护层	
		02	保温与隔热	板状材料保温层,纤维材料保温层,喷涂硬泡聚氨酯保温层,现浇泡沫混凝土保温层,种植隔热层,架空隔热层,蓄水隔热层	
		03	防水与密封	卷材防水层,涂膜防水层,复合防水层,接缝密封防水	
		04	瓦面与板面	烧结瓦和混凝土瓦铺装,沥青瓦铺装,金属板铺装,玻璃采光顶铺装	
		05	细部构造	檐口,檐沟和天沟,女儿墙和山墙,水落口,变形缝,伸出屋面管道,屋面出入口,反梁过水孔,设施基座,屋脊,屋顶窗	
05	建筑给水排水及采暖	01	室内给水系统	给水管道及配件安装,室内消火栓系统,给水设备安装,管道防腐,绝热	
		02	室内排水系统	排水管道及配件安装,雨水管道及配件安装	
		03	室内热水供应系统	管道及配件安装,辅助设备安装,防腐,绝热	
		04	卫生器具安装	卫生器具安装,卫生器具给水配件安装,卫生器具排水管道安装	
		05	室内采暖系统	管道及配件安装,辅助设备及散热器安装,金属辐射板安装,低温热水地板辐射采暖系统安装,系统水压试验及调试,防腐,绝热	
		06	室外给水管网	给水管道安装,消防水泵接合器及室外消火栓安装,管沟及井室	
		07	室外排水管网	排水管道安装,排水管沟与井池	
		08	室外供热管网	管道及配件安装,系统水压试验及调试,防腐,绝热	
		09	建筑中水系统及游泳池系统	建筑中水系统管道及辅助设备安装,游泳池水系统安装	
		10	供热锅炉及辅助设备安装	锅炉安装,辅助设备及管道安装,安全附件安装,烘炉、煮炉和试运行,换热站安装,防腐,绝热	单独组卷
		11	自动喷水灭火系统	消防水泵和稳压泵安装,消防水箱安装和消防水池施工,消防气压给水设备安装,消防水泵接合器安装,管网安装,喷头安装,报警阀组安装,其他组件安装,系统水压试验,气压试验,冲洗,水源测试,消防水泵调试,稳压泵调试,报警阀组调试,排水装置调试,联动试验	单独组卷

续表

分部工程代号	分部工程名称	子分部工程代号	子分部工程名称	分项工程名称	备注
05	建筑给水排水及采暖	12	气体灭火系统	灭火剂储存装置的安装，选择阀及信号反馈装置安装，阀驱动装置安装，灭火剂输送管道安装，喷嘴安装，预制灭火系统安装，控制组件安装，系统调试	单独组卷
		13	泡沫灭火系统	消防泵的安装，泡沫液储罐的安装，泡沫比例混合器的安装，管道阀门和泡沫消火栓的安装，泡沫产生装置的安装，系统调试	单独组卷
		14	固定水炮灭火系统	管道及配件安装，设备安装，系统水压试验，系统调试	单独组卷
06	建筑电气	01	室外电气	架空线路及杆上电气设备安装，变压器、箱式变电所安装，成套配电柜、控制柜(屏、台)和动力、照明配电箱(盘)及控制柜安装，电线、电缆导管和线槽敷设，电线、电缆穿管和线槽敷设，电缆头制作、导线连接和线路电气试验，建筑物外部装饰灯具，航空障碍标志灯和庭院路灯安装，建筑照明通电试运行，接地装置安装	单独组卷
		02	变配电室	变压器、箱式变电所安装，成套配电柜、控制柜(屏、台)和动力、照明配电箱(盘)安装，裸母线、封闭母线、插接式母线安装，电缆沟内和电缆竖井内电缆敷设，电缆头制作、导线连接和线路电气试验，接地装置安装，避雷引下线和变配电室接地干线敷设	
		03	供电干线	裸母线、封闭母线、插接式母线安装，桥架安装和桥架内电缆敷设，电缆沟内和电缆竖井内电缆敷设，电线，电缆导管和线槽敷设，电线、电缆穿管和线槽敷线，电缆头制作、导线连接和线路电气试验	
		04	电气动力	成套配电柜、控制柜(屏、台)和动力、照明配电箱(盘)及安装，低压电动机、电加热器及电动执行机构检查、接线，低压电气动力设备检测、试验和空载试运行，桥架安装和桥架内电缆敷设，电线、电缆导管和线槽敷设，电线、电缆穿管和线槽敷线，电缆头制作、导线连接和线路电气试验，插座、开关、风扇安装	
		05	电气照明安装	成套配电柜、控制柜(屏、台)和动力、照明配电箱(盘)安装，电线、电缆导管和线槽敷设，电线、电缆导管和线槽敷线，槽板配线，钢索配线，电缆头制作、导线连接和线路电气试验，普通灯具安装，专用灯具安装，插座、开关、风扇安装，建筑照明通电试运行	
		06	备用和不间断电源安装	成套配电柜、控制柜(屏、台)和动力、照明配电箱(盘)安装，柴油发电机组安装，不间断电源的其他功能单元安装，裸母线、封闭母线、插接式母线安装，电线、电缆导管和线槽敷设，电线、电缆导管和线槽敷线，电缆头制作、导线连接和线路电气试验，接地装置安装	
		07	防雷及接地安装	接地装置安装，避雷引下线和变配电室接地干线敷设，建筑物等电位连接，接闪器安装	

续表

分部工程代号	分部工程名称	子分部工程代号	子分部工程名称	分项工程名称	备注
07	智能建筑	01	通信网络系统	通信系统,卫星及有线电视系统,公共广播系统	单独组卷
		02	信息网路系统	计算机网络系统,信息平台及办公自动化应用软件,网络安全系统	单独组卷
		03	建筑设备监控系统	空调与通风系统,变配电系统,照明系统,给排水系统,热源和热交换系统,冷冻和冷却系统,电梯和自动扶梯系统,中央管理工作站操作分站,子系统通信接口,系统检测	单独组卷
		04	火灾报警及消防联动系统	火灾和可燃气体探测与火灾报警控制系统,消防联动系统	单独组卷
		05	安全防范系统	视频安防监控系统,入侵报警系统,出入口控制(门禁)系统,巡更管理系统,停车场(库)管理系统、安全防范综合管理系统	按分项单独组卷
		06	综合布线系统	综合布线系统	单独组卷
		07	智能化集成系统	集成系统网络,实时数据库,智能化集成系统与功能接口,信息安全	
		08	电源与接地	机房,智能建筑电源,防雷及接地	
		09	环境	空间环境,室内空调环境,视觉照明环境,电磁环境	单独组卷
		10	住宅(小区)智能化系统	火灾自动报警及消防联动系统、安全防范系统、信息网络系统、通信网络系统、监控与管理系统、智能控制器、室外设备及管网、综合布线、电源与接地、环境	单独组卷
08	通风与空调	01	送排风系统	风管与配件制作,部件制作,风管系统安装,空气处理设备安装,消声设备制作与安装,风管与设备防腐,风机安装,系统调试	
		02	防排烟系统	风管与配件制作,部件制作,风管系统安装,防排烟风口、常闭正压风口与设备安装,风管与设备防腐,风机安装,系统调试	
		03	除尘系统	风管与配件制作,部件制作,风管系统安装,除尘器与排污设备安装,风管与设备防腐,风机安装,系统调试	
		04	空调风系统	风管与配件制作,部件制作,风管系统安装,空气处理设备安装,消声设备制作与安装,风管与设备防腐,风机安装,风管与设备绝热,系统调试	
		05	净化空调系统	风管与配件制作,部件制作,风管系统安装,空气处理设备安装,消声设备制作与安装,风管与设备防腐,风机安装,风管与设备绝热,高效过滤器安装,系统调试	
		06	制冷设备系统	制冷机组安装,制冷剂管道及配件安装,制冷附属设备安装,管道及设备的防腐与绝热,系统调试	
		07	空调水系统	管道冷热(媒)水系统安装,冷却水系统安装,冷凝水系统安装,阀门及部件安装,冷却塔安装,水泵及附属设备安装,管道与设备的防腐与绝热,系统调试	

续表

分部工程代号	分部工程名称	子分部工程代号	子分部工程名称	分项工程名称	备注
09	电梯	01	电力驱动曳引式或强制式电梯安装工程	设备进场验收,土建交接检验,驱动主机,导轨,门系统,轿厢,对重(平衡重),安全部件,悬挂装置,随行电缆,补偿装置,电气装置,整机安装验收	单独组卷
		02	液压电梯安装工程	设备进场验收,土建交接检验,液压系统,导轨,门系统,轿厢,平衡重,安全部件,悬挂装置,随行电缆,电气装置,整机安装验收	单独组卷
		03	自动扶梯自动人行道安装工程	设备进场验收,土建交接检验,整机安装验收	单独组卷
10	建筑节能			墙体节能,幕墙节能,门窗节能,屋面节能,地面节能,采暖节能,通风与空气调节节能,空调与采暖系统的冷热源及管网节能,配电与照明节能,检测与控制节能	单独组卷

附录三　常用原材料、构配件、设备进场必备质量证明文件

附表 3.0.1　常用材料、构配件及设备进场必备质量证明文件

序号	材料名称		合格证	检验报告	进市证明	备案证明	其它资料	备　注
1	水泥		√	√(3d、28d)				后补 28d 报告
2	钢筋			√			产品标牌	检验报告与标牌相符。检验报告非原件时，应加盖经销单位公章并注明购买规格、数量以及抄件人的内容。
3	型钢			√			产品标牌	
4	砖		√	√	√	√		
5	防水材料		√	√	√	√	生产许可证	
6	焊条、焊剂		√	√				
7	瓷砖		√	√				
8	胶类		√	√				
9	涂料		√	√	√	√		
10	油漆		√	√				
11	塑钢制品		√	√				
12	混凝土预制件		√	√				
13	铝合金制品			√			原材合格证	
14	钢构件		√	√				
15	木构件		√	√				
16	门窗	铝合金	√	√			原材合格证	
		塑钢	√	√	√	√		
		钢门窗	√	√	√	√		
		木门窗	√	√				
		防火(盗)门	√	√	√	√	生产许可证	产品上贴有消防检测标识
		玻　璃	√	√				
17	给水管材管件		√	√	√	√	卫生许可证	生活给水应有饮用水材料生产许可证
18	UPVC 管材		√	√	√	√	生产许可证	包括管材、管件

续表

序号	材料名称	合格证	检验报告	进市证明	备案证明	其它资料	备　注
19	PP-R 管材	√	√	√	√	生产许可证	包括管材、管件
20	直埋保温管	√	√	√	√	生产许可证	钢管原材质量证明材料
21	卫生器具	√	√			生产许可证	
22	暖气片	√	√	√	√	生产许可证	
23	阀门	√	√			生产许可证	
24	电线、电缆	√	√	√	√	生产许可证	电气材料应有“3C”认证文件
25	配电箱	√	√	√	√	生产许可证	
26	开关、插座	√	√			生产许可证	
27	消防栓(箱)	√	√			生产许可证	
28	设备类	√	√			生产许可证	
29	节能保温类材料	√	√	√	√	生产许可证	

注：

1.在工程材料/构配件/设备报审时，除了满足此表格各项要求外，还应遵从各地有关规定。

2.进市登记证明和使用备案证明根据当地要求掌握，需要时厂家可提供复印件，但须加盖厂家公章，并注明使用的工程名称。

3.质量证明文件为多页复印件时，应骑页加盖提供单位公章。

4.所有构配件均须提供原材料的相关质量证明资料。

附录四　见证取样和送样的规定

为了便于读者对见证取样和送样的正确理解，现将建设部建(2000)211号《关于印发〈房屋建筑工程和市政基础设施工程实行见证取样和送样的规定〉的通知》全文摘录如下：

一、见证取样和送样的意义

为了保证工程原材料试验工作的科学性、公正性和准确性，建设部根据国务院《建设工程质量管理条例》、国家强制性标准，颁发了《房屋建筑工程和市政基础设施工程实行见证取样和送样的管理规定》。各省、市、地区对见证取样和送样实施范围、见证取样和送样程序、见证取样范围和要求等提出了具体要求。

二、见证取样和送样实施范围

凡从事房屋建筑工程和市政基础设施工程的新建、扩建、改建等有关活动，应执行见证取样送样规定。

三、见证取样和送样程序

见证取样和送检是指在建设单位或工程监理单位授权人员见证下，由施工单位的现场试验人员对工程中涉及结构安全、使用功能的试块、试件和材料现场取样，并送至具有省级以上建设行政主管部门颁发的相应资质并通过质量技术监督部门计量认证的建筑工程质量检测单位进行检测。

县级以上建设行政主管部门负责本行政区域内房屋建筑工程和市政基础设施工程的见证取样工作的监督管理。

四、见证取样范围

(一)涉及结构安全、使用功能的试块、试件、材料及构配件必须实行见证取样和送检，其比例不少于有关技术标准中规定应取样数量的30%。

1.用于承重结构的混凝土试块；

2.用于承重墙体的砌筑砂浆试块；

3.用于承重结构的钢筋及连接接头试件；

4.用于承重墙的砖和混凝土小型砌块；

5.用于拌制混凝土和砌筑砂浆的水泥；

6.用于承重结构的混凝土中使用的掺加剂；

7.地下、屋面、厕浴间使用的防水材料；

8.用于承重结构的钢结构试件；

9.市政工程的路基、路面的主要材料及试件；

10.国家规定必须实行见证取样和送检的其它试块、试件和材料。

(二)建筑给排水及采暖工程、建筑电气工程所用的材料、成品、半成品、配件见证取样和送检抽取范围：

1.用于水暖安装工程的管道、阀门；

2.用于电气安装工程的电线、电缆、开关、插座、配电箱(盘)。

(三)建筑工程装饰材料的见证取样的范围按《民用建筑工程室内污染控制规范》中的强制性条文有关规定执行，数量按相关规范、规定执行。

五、见证取样和送样的要求

1.取样人员应由施工单位具备试验知识的专业技术人员担任，见证人员应由建设或监理单位具备试验知识的专业技术人员担任，接样人员应由检测单位的专业技术人员担任，并经培训后持证上岗。

2.建设工程开工前，施工单位应制定见证取样计划，并报建设单位或监理认可。建设单位负责人或监理单位总监理工程师书面授权见证人员，施工单位项目经理书面授权取样人员，并将授权书、见证取样计划通知检测单位、质量监督机构及有关单位。

3.取样人在取样前，应通知见证人员到场见证，取样后应填写见证记录，由送样人员与见证人员共同送至检测单位，或由见证人员封样后，由送样人员将封装试样与见证记录送检测单位。封样应按规定作出标识、封志。

4.接样人应检查来样的标识、封志、外观等情况，并签署见证记录。对试样的规格、数量、养护条件等不符合有关技术标准要求的应拒绝接样。

5.见证、取样人员应对试样的代表性和真实性负责。见证记录与试验报告一并归入施工技术档案。

6.检测单位应按有关规定及技术标准进行检测，出具公正、真实、准确的检测报告。见证取样和送检的检测报告必须加盖见证取样检测专用章。

7.检测单位应将测试后可使用的试件、试样返还给委托人。

8.发现见证取样的试验结果不合格时，检测单位应及时通知委托单位并向质量监督机构报告后，有关机构人员对其进行检验或检测，提出处理意见，由责任方在限期内进行处理，处理后重新验收方可进行下步施工。

9.取样人、见证人、检测人员不履行岗位责任，有失职、渎职行为、弄虚作假，一经发现，撤销其从业资格，造成犯罪的移交有关部门追究其法律责任。

10.未取得建设工程质量检测单位资质的单位不得承担见证取样检验检测业务。承担工程质量见证取样的检测单位，不得与该工程的施工单位、业主有经济或隶属关系。

11.未按规定实行见证取样和送样的工程应委托建设工程质量检测单位进行全面检测。

附录五：常用材料、构配件及节能保温材料见证取样与检验项目表

本附录对建筑工程常用材料的试验目的、取样方法和数量进行了汇总(见附表5.0.1)，还对常用节能保温材料抽样复验项目进行了汇总(见附表5.0.2)。

附表5.0.1　常用材料、构配件材料见证取样与检验项目表

序号	类别	材料名称		取样单位	取样数量	取样方法	常规检验项目	执行标准
1	混凝土组成材料	天然砂	大型运输(如：火车、汽车)	$400m^3$或600t	见示例	铲出表层，由不同部位大致相等的8份组成一组样品	筛分析、含泥量、泥块含量	《普通混凝土用砂、石质量及检验方法标准》JGJ52 《建筑用砂》GB/T14684
			小型运输(如：马车等)	$200m^3$或300t				
2		碎石	大型运输(如：火车、汽车)	$400m^3$或600t	见示例	由堆顶、中、底部(各5份)大致相等的15份组成一组样品		《普通混凝土用砂、石质量及检验方法标准》JGJ52
			小型运输(如：马车等)	$200m^3$或300t				
3		水泥	散装水泥	同厂家、同品种、同日进场的同批次散装500t袋装200t	12kg	从3个罐车抽取等量拌匀为一组样品	硅酸盐水泥：安定性、凝结时间、强度；高铝水泥：凝结时间、强度、细度；砌筑水泥：安定性、强度	《通用硅酸盐水泥》GB175 《砌筑水泥》GB/T3183
4			袋装水泥			从20个部位取等量拌匀为一组样品		
5		外加剂	早强剂	掺量≥1%，100t为一批；掺量<1%，50t为一批；	不少于0.5t水泥所需量	从不少于3个点取等量拌均匀	密度、钢筋腐蚀、减水率、1d和3d抗压强度	《混凝土外加剂》GB8076
			减水剂				pH值、密度、凝结时间、减水率	
			引气剂				pH值、密度、减水率、含气量	
6			泵送剂	同一品种不少于50t为一批	不少于0.5t水泥所需量	从10个容器中取等量拌均匀	坍落度保留值、压力泌水率比、28d抗压强度比、钢筋腐蚀	《混凝土泵送剂》JC473
7			防水剂	500t以上50t为一批，500t以下30t为一批。	不少于0.2t水泥所需量	随机	28d抗压强度比、钢筋腐蚀、、渗透比、钢筋腐蚀	《砂浆、混凝土防水剂》JC474

续表二

序号	类别	材料名称		取样单位	取样数量	取样方法	常规检验项目	执行标准
8	混凝土组成材料	外加剂	防冻剂	同一品种不少于50t为一批	不少于0.5t水泥所需量	随机	钢筋腐蚀、密度（细度）、R-7和R+28抗压强度比	《混凝土防冻剂》JC475
9			膨胀剂	同一品种不少于200t为一批	10kg	从20个容器中取等量拌均匀	限制膨胀率	《混凝土外加剂》GB8076
10			速凝剂	同一品种不少于20t为一批	4kg	从16个不同地点取等量拌均匀	密度、凝结时间、1d抗压强度、	《喷射混凝土用速凝剂》JC477
11	钢材	光圆钢筋		每批同牌号、同炉罐号、同规格一般不超过60t取一组。超过60t的部分，每增加40t，增加拉伸和冷弯各一组。允许由同一牌号、同一冶炼方法、同一浇注方法的不同炉罐号组成混合批。但含碳量之差不得超过0.02%，含锰量之差不得超过0.15%	拉伸2根；冷弯2根；最大力伸长率2；重量偏差5根	除重量偏差项从不同根上随机抽取外，其他取样均任选两根钢筋切取	拉伸、弯曲性能、重量偏差、最大力伸长率(带“E”钢筋)	《钢筋混凝土用钢》GB1499 《混凝土结构工程施工质量验收规范》GB50204-2002(2010年版)
12		钢筋混凝土用热轧带肋						
13		热轧盘条		每批由同牌号、同炉罐号、同规格、同交货状态不大于30t的，不同炉罐号可组成混合批、每批不应多于6个炉罐号，≤60t	任取一根切取拉伸试样1个，任取两根每根切取冷弯试样1个	拉伸试样长度取200+10d；冷弯试件长度取150+5d；重量偏差3根500mm；	拉伸(屈服强度、抗拉强度、断后伸长率)、弯曲性能、重量偏差	
14		冷轧带肋钢筋		每批由同牌号、同规格、同级别的组成、逐盘取	拉伸、冷弯各1个样	在每（任意）盘中的任意一端截去500㎜后切取；拉伸试样长度不小于300，冷弯试件长度不小于200㎜	拉伸(抗拉强度、伸长率)、弯曲或反复弯曲、重量偏差	《冷轧带肋钢筋混凝土结构技术规程》JGJ95

续表三

序号	类别	材料名称	取样单位	取样数量	取样方法	常规检验项目	执行标准
15	钢材	冷拔低碳钢丝（甲级）	逐盘检查	每盘取1个拉伸、1个冷弯	任意取	拉伸（抗拉强度、伸长率）、反复弯曲	《冷拔低碳钢丝应用技术规程》JGJ 19
16		冷拔低碳钢丝（乙级）	以同一直径的钢丝5t为一批	每盘各截取两个试件分别作拉力和反复弯曲	从中任取三盘，每盘各截两个试样		
17		冷拉钢筋	同级别、同直径不大于20t为一批	拉伸2，冷弯2个	任选取	拉伸(屈服强度、抗拉、伸长率)冷弯	
18		冷轧扭钢筋	每批由同牌号、同规格尺寸、同轧机、同台班组成，且≤10t	拉伸2个样冷弯1个样，型式检验拉、弯各取三个样	任一端截去不少于500mm后再取样，拉伸试件长度取≥4倍节距且＞500mm；冷弯试件长度取150＋5d	拉伸(抗拉强度、延伸率)、冷弯	《冷轧扭钢筋混凝土结构技术规程》JGJ115
19		钢绞线	同一钢号、统一规格、同一工艺≤60t	每批取3盘，每盘取1个拉力试件	任选取	最大力、规定非比例延伸力、最大力总伸长率	《预应力混凝土用钢绞线》GB/T5224
20	钢筋连接试件	电弧焊	焊接现场1～2层、同级别、同接头形式组成。且≤300个接头	取3个拉伸试件。	由施工现场焊接成品中随机切取	抗拉强度	《钢筋焊接及验收规程》JGJ18
21		闪光对焊	同台班、同焊工、同规格数量较少可累计一周内计算。且≤300个接头	拉伸、冷弯各3个试件。	每批焊接成品中随机切取	抗拉强度、弯曲	
22		电渣压力焊	同楼层或同施工段、同级别、同规格组成。且≤300个接头	取3个拉伸试件	每批焊接成品中随机切取	抗拉强度	

续表四

序号	类别	材料名称	取样单位	取样数量	取样方法	常规检验项目	执行标准
23	钢筋连接试件	气压焊	每批由同一楼层同品种、同规格组成。且≤300个接头	取拉伸3个试件。有梁板水平连接时，另取3个冷弯试件	每批焊接成品中随机切取	抗拉强度	《钢筋焊接及验收规程》JGJ18
24	钢筋连接试件	机械连接	每批由同一楼层同施工段、同品种、同规格组成。且≤500个接头	取3个拉伸试件	在工程结构中随机切取	抗拉强度	《钢筋焊接及验收规程》JGJ18
25	钢筋连接试件	钢筋焊接骨架	相同钢筋级别、规格、尺寸相同的焊接骨架视为同一批。且≤300件	热轧钢筋焊点抗剪3件，冷拔丝焊件另加3件拉伸。	随机抽取	抗拉强度 抗剪	《钢筋焊接及验收规程》JGJ18
	钢筋连接试件	备注：1. 钢筋连接试件的长度应根据钢筋的连接形式和钢筋规格确定。 2. 取样数量：除应根据同一焊工、同一品种、同一规格和取样数量要求外，第一次焊接前需作一次班前焊试验。试验项目同上表。					
26	混凝土	现场搅拌混凝土	同一工程、同一配比的混凝土，取样不应少于一次，每100 m³取一组，当连续浇筑超过1000 m³时，每200 m³取一组.	一组(每组3块)	施工现场，随机留置	抗压强度	《混凝土结构工程施工质量验收规范》GB50204-2002(2010年版)；《普通混凝土力学性能试验方法标准》GB/T 50081；《混凝土强度检验评定标准》GB/T50107-2010《建筑工程冬期施工规程》JGJ/T104-2011
27	混凝土	预拌(商品)混凝土		一组(每组3块)	同上	抗压强度	
28	混凝土	道路混凝土	同一台班、同一施工段、同一配合比，≤200 m³。	两组(共6块)	同上	抗压强度 抗折强度	
29	混凝土	600℃·d混凝土试块	由监理(建设)、施工等各方单位共同选定。	同一强度等级的同条件养护试件留置数量不宜少于10组，不应少于3组	同上	抗压强度	
30	混凝土	冬期施工混凝土	冬期施工除符合上述规定外，还应增加两组试块。	比常温施工增加两组(每组3块)	同上	抗压强度	
31	混凝土	抗渗混凝土	连续浇筑混凝土每500 m³应留置一组抗渗试件，且每项工程不得少于两组。	一组(每组6块)	同上	抗压强度、抗渗	《普通混凝土长期性能和耐久性能试验方法标准》GB/T 50082

续表五

序号	类别	材料名称	取样单位	取样数量	取样方法	常规检验项目	执行标准
32	砖和砌块	普通烧结砖	不超过 15 万块为一批	20 块	随机	抗压、抗折	《烧结普通砖》GB5101
33		烧结多孔砖(承重)	不超过 3.5～15 万为一批	35 块	随机	抗压、抗折	《烧结多孔砖》GB13544
34		蒸压灰砂砖	不超过 10 万块为一批	35 块	随机	抗压、抗折	《蒸压灰砂空心砖》JC/T637
35		粉煤灰砖(蒸养)	不超过 10 万块为一批	20 块	随机	抗压、抗折	《粉煤灰砖》JC239
36		烧结空心砖(非承重)	不超过 3.5～15 万为一批	20 块	随机	抗压、抗折	《烧结空心砖和空心砌块》GB13545
37		混凝土路面砖	不超过 2 万块为一批	30 块	随机	抗压、抗折、吸水率、抗冻性	《水泥基渗透结晶型防水材料》GB18445
38		混凝土小型空心砌块	不超过 1 万块为一批	15 块	随机	抗压、含水率、抗渗	《普通混凝土小型空心砌块》GB8239
39		蒸压加气混凝土砌块	不超过 1 万块为一批	60 块	随机	抗压强度、密度	《蒸压加气混凝土砌块》GB11968
40		粉煤灰砌块	不超过 200m³ 为一批	3 块	随机	抗压强度	《粉煤灰砌块》JC238
41	灰土	基坑	每层 30～100 m²	取一组(两点)	每层压实后,表面以下 2/3 取点,每层不少于一组;取样方法:环刀法、灌砂法、灌水法、蜡封法	含水率、湿密度、干密度	《土工试验方法标准》GB/T50123 《建筑地基基础工程施工质量验收规范》GB50202
42		基槽	每层 20～50m	取一组(两点)			
43		房心回填土	每层 30～100 m²	取一组(两点)			
44		其他回填土	每层 30～100 m²	取一组(两点)			
45	素土	基坑回填	每层 20～50 m²	取一组(两点) 每坑至少一组	取样在每层压实后的下半部分,每层不少于一组。取样方法:环刀法、灌砂法、灌水法、蜡封法		
46		基槽或管沟回填	每层 20～50m	取一组(两点)			
47		室内填土	每层 100～500 m²	取一组(两点)			
48		场地平整填土	每层 400～900 m²	取一组(两点)			
49		柱基回填	抽取 10%	大于 5 个柱基			

续表六

序号	类别	材料名称	取样单位	取样数量	取样方法	常规检验项目	执行标准
50	建筑砂浆	普通砌筑砂浆	每楼层或一个施工段$\leqslant 250m^3$砌体所用的同配合比砂浆；水泥砂浆地面$\leqslant 500m^3$；基础按一层计	取一组(3块)	在砌筑现场随机取样	抗压强度	《墙体工程施工质量验收规范》GB50203 《建筑砂浆基本性能试验方法标准》JGJ/T70
51		防水砂浆				抗压强度、抗渗	
52		防冻砂浆				抗压强度、抗冻	
53		石油沥青纸胎油毡	同品种、标号、等级1500卷	沿纵向全幅截取0.5m长两块	重量检查合格的10卷中最轻的，外观、面积合格无接头的一卷做物理性能试样，如不符合抽样条件可取次轻的一卷，切除距外层卷头2.5m后，顺纵向截取全幅0.5m长两块	拉力、不透水性、耐热度、柔度	《石油沥青纸胎油毡》GB/T 18356
54		弹性体改性沥青防水卷材	同品种、标号、等级10000m²	沿纵向全幅截取0.5m长两块	重量检查合格品中最轻的，外观、面积、厚度合格无接头的一卷做物理性能试样，如不符合抽样条件可取次轻的一卷，切除距外层卷头2.5m后，顺纵向截取全幅0.5m长两块	拉力、延伸率(G类除外)、低温柔度、不透水性、耐热性(地下工程除外)	《弹性体改性沥青防水卷材》GB18242
55		塑性体沥青防水卷材					《塑性体改性沥青防水卷材》GB18243
56		改性沥青聚乙烯胎防水卷材		沿纵向全幅截取1m长一块	由重量、外观、厚度均合格的卷材中任取一卷，切除端部2.0m后，顺纵向截取全幅1m长两块。		《改性沥青聚乙烯胎防水卷材》GB18967
57		聚氯乙烯防水卷材	同类型、同规格5000㎡	沿纵向全幅截取3m长两块	由外观、厚度均合格的卷材中任取一卷，切除端部0.3m后，顺纵向截取全幅3m长两块。	拉力、拉伸强度、段磊延伸率、不透水性、低温弯折性	《聚氯乙烯防水卷材》GB12952
58		氯化聚乙烯防水卷材					《氯化聚乙烯防水卷材》GB12953

续表七

序号	类别	材料名称	取样单位	取样数量	取样方法	常规检验项目	执行标准
63		三元丁橡胶防水卷材	同规格、同等级300卷	沿纵向全幅截取0.5m长两块	由外观、规格、尺寸均合格的卷材中任取一卷，切除端部3m后，顺纵向截取全幅0.5m长两块。	拉伸强度、不透水性、拉断延伸率、低温弯折性	《三元丁橡胶防水卷材》JC/T645
64		高分子片材	同规格、同等级5000m²	沿纵向全幅截取1.5m长两块	由外观、规格、尺寸均合格的卷材中任取一卷，切除端部0.3m后，顺纵向截取全幅1.5m长两块。		《高分子防水材料第一部分：片材》GB18173.1
65		水乳型沥青基防水涂料	5t	4kg等分两等份	任取一桶，摇均匀，按上、中、下三个位置用取样器取出4kg，等分两份，分别置于洁净的瓶内，密封置于5℃～35℃的室内	柔韧性、耐热性、粘结性、不透水性、抗冻性、固含量	《水乳型沥青基防水涂料》JC/T19250
66		聚氨酯防水涂料	15t为一批，不足15t亦为一批，多组分产品按组分配套组批	多组分甲乙组分总量3kg两份	（取样方法同上）乙、甲组分按重量比取样。	拉伸强度、低温柔度、断裂延伸率、不透水性、固含量	《聚氨酯防水涂料》JC/T864
67	外门窗	木门窗	单位工程同厂家同规格100樘为一批，不足100樘亦为一批，	5%且不少于3樘，不足3樘全数检验；高层建筑外窗，10%且不少于6樘，不足6樘全数检验。	随机	抗风压性能、气密性能、水密性能、传热系数	《建筑装饰装修工程质量验收规范》GB50210 《建筑节能工程施工质量验收规范》GB50411
68		金属门窗					
69		塑料门窗					
70		门窗玻璃				传热系数、遮阳系数、可见光透视比、中空玻璃露点	《建筑节能工程施工质量验收规范》GB50411
71		特种门	单位工程同厂家同规格50樘为一批，不足50樘亦为一批	50%，且不少于10樘，不足10樘全数检验。	随机	根据特种门的特殊要求而定。	

续表八

序号	类别	材料名称	取样单位	取样数量	取样方法	常规检验项目	执行标准
72	电气工程	聚氯乙烯绝缘电缆(电线)	单位工程 不少于 20m/组	20m	随机	标志与耐擦、绝缘厚度、线径、20℃导体电阻、70℃绝缘电阻、浸水耐压试验、绝缘老化试验、热冲击试验	《建筑电气工程施工质量验收规范》GB50303 《额定电压 450/750V 及以下聚氯乙烯绝缘电缆》GB/T5023
73		聚氯乙烯绝缘连接软电缆(电线)					
74		聚氯乙烯绝缘钢带铠装聚氯乙烯护套电力电缆					
75		聚氯乙烯绝缘钢带铠装聚氯乙烯护套控制电缆					
76		中(重、轻)型橡套软电缆					
77		插　座	单位工程 不少于 3 只/组	3 只	随机	绝缘电阻、电气强度、温升、分断容量、正常操作、拔出插头力、耐热、爬电距离、电气间隙	《家用和类似用途插头插座》GB2099
78		室内照明开关		3 只	随机	绝缘电阻、电气强度、温升、通断能力、正常操作、耐热、爬电距离、电气间隙	《家用和类似用途固定式电气装置的开关》GB16915
79		触摸开关					
80		断路器					
81		漏电保护器					
82		配电盘	单位工程用量的 3% 且不少于 1 台	1 台	随机	介电强度试验、机械操作原件、联锁、锁扣等有效性、导线电缆布置、电气安装	《低压成套开关设备和控制设备第 1 部分》GB7251.1
83	设备工程	阀门(≤DN25)		3 只	随机	强度试验、严密性试验	《钢制或铜制螺纹连接阀门》GB/T8464
84		PVC-U 管、穿线套管	单位工程不少于 1.5m * 5 根	1.5m * 5 根	随机	环刚度、冲击试验、环柔性、二氯甲烷浸泡试验、烘箱试验、蠕变比	《给水用硬聚氯乙烯管材》GB/T18997
85		PE 管		1.5m * 5 根	随机		《埋地用聚乙烯结构壁管道系统》GB/T19472

附表 5.0.2　常用节能保温材料见证取样与检验项目表

序号	类别	材料名称	取样批次与数量	取样方法	常规检验项目	执行标准
1	墙体节能	绝热用模塑聚苯乙烯泡沫塑料(EPS板)	同一生产厂家、同一规格产品、同一批次进厂，每 5000m² 为一批，不足 5000m² 的按一批计。	从外观合格的产品中随即抽取一整块。	导热系数、表观密度、压缩强度、抗拉强度、燃烧性能	《绝热用挤塑聚苯乙烯泡沫塑料(XPS)》GB/T10801
2	墙体节能	绝热用挤塑聚苯乙烯泡沫塑料(XPS板)	同一生产厂家、同一规格产品、同一批次进厂，每 5000m² 为一批，不足 5000m² 的按一批计。	从外观合格的产品中随即抽取一整块。	导热系数、表观密度、压缩强度、抗拉强度、燃烧性能	《绝热用挤塑聚苯乙烯泡沫塑料(XPS)》GB/T10801
3	墙体节能	硬质泡沫聚氨酯	同一生产厂家、同一规格产品、同一批次进厂，每 5000m² 为一批，不足 5000m² 的按一批计。	导热系数 2 块 200×200×30mm；表观密度、压缩强度 100mm×100mm×30mm 各 5 块	导热系数、表观密度、压缩强度、燃烧性能	《喷涂聚氨酯硬泡体保温材料》JC/T998
4	墙体节能	胶粉料	同一生产厂家、同一规格产品、同一批次进厂，每 20t 为一批，不足 20t 的按一批计。	每批中抽取 10 袋，从每袋中分别取样不少于 500g，混合均匀，按四分法缩取，算比实验所需量的 1.5 倍为检验样。	初凝结时间，终凝结时间	《外墙胶粉聚苯颗粒保温浆料》JG158
5	墙体节能	聚苯颗粒	同一生产厂家、同一规格产品、同一批次进厂，每 20t 为一批，不足 20t 的按一批计。	每批中抽取 10 袋，从每袋中分别取样不少于 500g，混合均匀，按四分法缩取，算比实验所需量的 1.5 倍为检验样。	堆积密度	《外墙胶粉聚苯颗粒保温浆料》JG158
6	墙体节能	胶粉聚苯颗粒保温浆料	同一生产厂家、同一规格产品、同一批次进厂，每 10t 为一批，不足 10t 的按一批计。	取样方法按 GB3186《涂料产品的取样》的规定执行	湿表观密度、干表观密度、导热系数、抗压强度、28d 软化系数、水蒸气透过系数	《外墙胶粉聚苯颗粒保温浆料》JG158
7	墙体节能	胶粘剂	同一生产时间、同一配料工艺条件下产品粉状每 20t 为一批，液态产品每 10t 为一批	粉状 4kg；液态 1L	拉伸粘接强度、可操作时间	《膨胀聚苯板薄抹灰外墙外保温系统》JG149
8	墙体节能	抗裂砂浆	同一生产时间、同一配料工艺条件下产品粉状每 20t 为一批，液态产品每 10t 为一批	粉状 4kg；液态 1L	可操作时间、抗伸粘结强度、浸水拉伸粘结、强度压折比	《膨胀聚苯板薄抹灰外墙外保温系统》JG149
9	墙体节能	界面砂浆	同一生产时间、同一配料工艺条件下产品粉状每 20t 为一批，液态产品每 10t 为一批	粉状 4kg；液态 1L	压剪粘接强度	《外墙胶粉聚苯颗粒保温浆料》JG158
10	墙体节能	耐碱玻纤网格布	同一厂家、同一品种、同一规格、同一批次每 5000m² 为一批，不足 5000m² 的按一批计。	随机取 5 个包装单位，每个包装单位随机抽取 1m² 为一个检验样。	单位面积质量、耐碱拉伸断裂强力、耐碱拉伸断裂强力保留率、断裂应力	《膨胀聚苯板薄抹灰外墙外保温系统》JG149，《外墙外保温工程技术规程》JGJ144
11	墙体节能	弹性底漆	同一生产厂家、同一规格产品、同一批次进厂，每 10t 为一批，不足 10t 的按一批计。	每批取 2kg	容器中状态、施工性干燥时间、断裂伸长率	《外墙胶粉聚苯颗粒保温浆料》JG158

续表二

序号	类别	材料名称	取样批次与数量	取样方法	常规检验项目	执行标准
12	墙体节能	外墙饰面涂料	同一生产厂家、同一规格产品、同一批次进厂，每10t为一批，不足10t的按一批计。每批取2kg	随机抽取	平涂用涂料抗裂性、连续性、复层建筑涂料抗裂性、浮雕类非连续性、复层建筑涂料抗裂性	《外墙胶粉聚苯颗粒保温浆料》JG158
13	墙体节能	锚栓	同一生产厂家、同一规格产品每1万为一批，不足1万按一批计，每批取30套	随机抽取	单个锚栓抗拉承载力、单个锚栓对系统传热增加值	《膨胀聚苯板薄抹灰外墙外保温系统》JG149
14	墙体节能	建筑保温砂浆	同产品同规格、同级别粉状材料20t为一批，不足20t按一批计，每批取10kg	随机抽取	干密度、抗压强度、导热系数、压剪粘结强度、燃烧性能	《建筑保温砂浆》GB/T20473
15	幕墙节能	建筑幕墙、采光顶	同一工程项目、同一厂家、同一品种、同一类型、同工艺试件抽取1组不少于1组	随机抽取	保温性能、抗风压性能、气密性能、平面内变形、遮阳系数、可见光透射比、中空玻璃露点	《建筑幕墙》GB/T21086，《建筑装饰装修工程质量验收规范》GB50210，《建筑节能工程施工质量验收规范》GB50411
16	采暖节能	散热器	同一厂家同一规格产品的1%且不少于2组	随机抽取	单位散热量、金属热强度	《采暖散热器散热量测定方法》GB/T13754
17	采暖节能	绝热用岩棉、矿渣棉	同一厂家同材料不少于2次	随机抽取	导热系数、密度、吸水率、厚度	《绝热用岩棉、矿渣棉及其制品》GB/T11835
18	采暖节能	柔性泡沫橡塑绝热制品				《柔性泡沫橡塑绝热制品》GB/T17794
19	采暖节能	绝热用玻璃棉及制品				《绝热用玻璃棉及其制品》GB/T13350
20	通风与空调节能	通风风管	中压及高压系统的风管，同一厂家同一规格抽取4节。	随机抽取	漏风量	《通风与空调工程施工质量验收规范》GB50243，《建筑节能工程施工质量验收规范》GB50411
21	通风与空调节能	风机盘管	同一厂家的风机盘管机组按2%复验，且不少于2个规格。	随机抽取	制冷量、制热量、风量、出口静压、噪声及功能	《风机盘管机组》GB/T19232
22	配电与照明节能	配电电缆、电线、照明开关插座	见附录五的附表5.0.1			
23	配电与照明节能	高效节能照明光源、灯具及附属装置	同批量、同规格型号每100套抽检1%，不足100套按一套计。	随机抽取	光参数、镇流器自身功能、谐波含量功率因数	《灯具一般安全要求与试验》GB7000

附录六　工程现场实体检测项目表

序号	检测项目	检测内容	取样依据	取样频率与代表数量
1	混凝土结构	混凝土强度	《混凝土结构工程施工质量验收规范》GB50204 附录 D	对混凝土强度的检验，应以在混凝土浇筑地点制备并与结构实体同条件养护的试件强度为依据。也可根据合同的约定，采用非破损法或局部破损的检测方法，按国家现行有关标准的规定进行。 《回弹法检测混凝土抗压强度技术规程》JGJ/T23 《超声回弹综合法检测混凝土强度技术规程》CECS02 《钻芯法检测混凝土强度技术规程》CECS03 《建筑结构检测技术标准》GB/T50344
2		钢筋保护层厚度	《混凝土结构工程施工质量验收规范》GB50204 附录 E	对梁类、板类构件，应各抽取构件数量的 2%且不少于 5 个构件进行检验；当有悬挑构件时，抽取的构件中悬挑梁类、板类构件所占比例不宜小于 50%
3	后置埋件	现场锚固承载力	JGJ145 GB50367	锚固抗拔承载力现场非破坏性检验可采用随机抽样办法取样，同规格、同型号，基本相同部位的锚栓组成一个检验批。抽取数量按每批锚栓总数的 1‰，且不少于 3 根。同时应满足设计要求
4	钢结构	焊缝质量	《钢结构工程施工质量验收规范》GB50205	焊缝质量的内部缺陷一级应按 100%检测、二级按 20%抽取，采用超声波或射线检测；焊缝的表面质量及焊缝尺寸按同类构件抽查 10%且不少于 3 件，采用观察检查或使用放大镜、焊缝量规或钢尺检查，当存在异议时，用渗透或磁粉探伤检查
5	外墙饰面砖	粘接强度	JGJ126 JGJ110	现场饰面砖粘接强度检验应以每 $100m^2$ 同类墙体饰面砖为一个验收批，不足 $100\ m^2$ 计，每批应取一组 3 个试样，每相邻三个楼层应至少取一组试样，试样应随机抽取，试样间距不得小于 500mm
6	外墙节能	保温体系构造检测	《建筑节能工程施工质量验收规范》GB50411	1.取样部位应由监理(建设)与施工双方共同确定，不得在外墙施工前预先确定。 2.取样部位应选取节能构造有代表性的外墙上相对隐蔽的部位，且兼顾不同朝向和楼层。 3.每个单位工程的外墙至少抽查 3 处，每处一个检查点；当一个单位工程外墙有 2 种以上节能保温做法时，每种节能保温做法的外墙应抽查不少于 2 处。 4.外墙取样数量为一个单位工程每种节能做法至少取 3 个芯样取样应均匀分布，不宜在同一个房间外墙上取 2 个或 2 个以上芯样。 5.屋面取样数量为每个单位工程的屋面至少抽查 3 个芯样，取样宜均匀分布
7	建筑外窗	气密性	《建筑节能工程施工质量验收规范》GB50411	每个单位工程的外窗至少抽查 3 樘。当一个单位工程外窗有 2 种以上品种、类型和开启方式时，每种品种、类型和开启方式的外窗均应抽查不少于 3 樘
	室内环境	氡、甲醛、苯、氨、TVOC	GB50325	应抽检有代表性的房间污染物浓度，抽检数量不得少于 5%，并不得少于 3 间；房间总数少于 3 间时，应全数检测

附录七　创精品工程资料管理办法

摘自《建筑工程资料管理规程》DB/T145-2012 附录 J

J.1　精品工程

J.1.1　本附录中创精品工程指创鲁班奖工程。

鲁班奖是我国建筑行业工程质量的最高荣誉，是优中选优的工程，是用户满意的工程，社会认可的工程。鲁班奖要求设计合理、先进，质量达到国内同类型工程的先进水平。它没有一个固定的标准和模式，每个地区都不一样，但工程必须满足结构安全和使用功能的要求，做到安全、经济、适用、美观、耐久、没有影响结构安全及使用功能的缺陷，是质量一次成优的工程，是经得起微观检查和时间考验的，其工程的技术难易程度和新技术含量也要达到一定的水平。

J.1.2　精品工程的整体水平应从以下五个方面进行综合评价：

1 工程应安全、适用、美观。

1)各项技术指标符合国家工程建设标准、规范、规程；

2)设计先进合理，功能齐全，满足使用要求；

3)地基基础与主体结构安全稳定可靠，符合设计要求；

4)设备安装规范，管线布置合理美观，系统运行平稳、安全、可靠；

5)装饰细腻，工艺考究，观感质量上乘；

6)工程资料内容齐全、真实有效、编目规范，具有可追溯性。

2 积极推进技术进步与科技创新。

1)获得省(部)级及以上科技进步奖或获得省(部)级及以上工法或发明专利、实用新型专利；

2)应用建筑业十项新技术六项以上，且成效显著；积极采用新技术、新工艺、新材料、新设备并在关键技术和工艺上有所创新；

3)通过省(部)级及以上新技术应用(科技)示范工程验收，其成果达到国内先进水平。

3　施工过程应符合“四节一环保”要求。

1)在节能、节地、节水、节材等方面符合国家有关规定；

2)在环境保护方面符合国家有关规定，环保等专项验收合格；

3)获得地市级及以上文明工地或全国绿色施工示范工程荣誉称号。

4　工程管理科学规范。

1)质量保证体系和各项规章制度健全，岗位职责明确，过程控制措施有效；

2)运用现代项目管理方法和信息技术，实行目标管理；

3)符合建设程序，资源配置合理，管理手段先进。

5 综合效益显著。

1)项目建成后产能、功能均达到设计要求；

2)主要经济技术指标处于国内同行业同类型工程领先水平；

3)建设和使用单位满意，经济和社会效益显著。

J.2 精品工程评选范围及申报条件

J.2.1 评选范围

鲁班奖由建筑业企业自愿申报，经省、自治区、直辖市建筑业协会、有关行业建设协会或有关单位择优推荐后进行评选。有关单位是指没有成立建筑业(建设)协会，并与中国建筑业协会商妥的归口本系统申报工程的单位。

鲁班奖评选工程分为住宅工程、公共建筑工程、工业交通水利工程和市政园林工程。其中：

1 住宅工程：包括住宅小区、公寓、单体住宅、群体住宅和以住宅为主的综合楼等工程。

2 公共建筑工程：包括教育科研、商业服务、医疗福利、文化娱乐、旅游服务、体育、邮电、客运、办公、会展、广场及纪念性等工程。

3 工业交通水利工程：

工业工程包括钢铁、有色金属、煤炭、石油、石化、化工、电力、机械、建材、核工业、机电、轻纺等工程。

交通工程包括公路和铁路的线路、桥梁、隧道，铁路编组站，货运码头、港口，水运船闸、航道、造船厂，机场场道、货运站等工程。

水利工程包括水坝、水闸、引水、灌溉及排水泵站、堤防等工程。

4 市政园林工程：包括城市道路、桥梁、公共交通设施、供气、供暖、给水、排水、水处理、公园、动物园、植物园等工程。

J.2.2 规模要求

1 住宅工程：建筑面积5万平方米以上的住宅小区或住宅小区组团；非住宅小区内的建筑面积为2万平方米以上的单体高层住宅。

2 公共建筑工程

1)3万座以上的体育场；

2)5000座以上的体育馆；

3)3000座以上的游泳馆；

4)1500座以上的影剧院；

5)高度350米以上的电视发射塔；

6)建筑面积3000平方米以上的古建筑重建工程；

7)建筑面积6万平方米以上的学校、医院、科研等群体建筑工程；

8)上述1)至6)项未列入的，建筑面积2万平方米以上的其他单体公共建筑工程。

3 工业交通水利工程、市政园林工程规模要求参见《中国建设工程鲁班(国家优质工程)奖评选办法》。

J.2.3 申报条件

1 符合法定建设程序、国家工程建设强制性标准和有关省地、节能、环保的规定，工程设计先进合理，并已获得本地区或本行业最高质量奖；

2 工程项目已完成竣工验收备案，并经过一年使用没有发现质量缺陷和质量隐患；

3 工业交通水利工程、市政园林工程其技术指标、经济效益及社会效益应达到本专业工程国内领先水平；

4 住宅工程入住率应达到40%以上；

5 申报单位应没有不符合诚信的行为。自2011年起，申报工程原则上应已列入省(部)级的建筑业新技术应用示范工程；

6 积极采用新技术、新工艺、新材料、新设备，其中有一项国内领先水平的创新技术或采用建设部“建筑业10项新技术”不少于6项；

7 对于已开展优质结构工程评选的地区和行业，申报工程须获得该地区或行业结构质量最高奖；尚未开展优质结构工程评选的地区、行业，对纳入创鲁班奖计划的工程应设专人负责，在施工过程中组织3至5名相关专业的专家，对其地基基础、主体结构施工进行不少于二次的中间质量检查，并有完备的检查记录和评价结论；

8 申报工程其工程设计应获省级以上优秀设计奖；

9 申报工程的主要承建单位，是指与申报工程的建设单位签订施工承包合同的独立法人单位。

1)在工业建设项目中，应是承建主要生产设备和管线、仪器、仪表的安装单位或是承建主厂房和与生产相关的主要建筑物、构筑物的施工单位；

2)在交通水利、市政园林工程中，应是承建主体工程或是工程主要部位的施工单位；

3)在公共建筑和住宅工程中，应是承建主体结构的施工单位。

10 申报工程的主要参建单位，是指与承建单位签订分包合同的独立法人单位，其完成的建安工作量应占10%以上或超过3000万元。

11 两家以上建筑业企业联合承包一项工程，并签订联合承包合同的，可以联合申报鲁班奖。对于大型建设工程，两家以上建筑业企业分别与建设单位签订不同标段的施工承包合同，每家完成的工作量均在20%以上，且不少于3000万元的，可共同申报。

12 申报工程在建设过程中，未发生重大安全事故，未拖欠农民工工资。

J.3 精品工程策划形式

J.3.1 精品工程策划形式有以下三种：

1 书面策划：对工程各部位施工做法进行深化设计，采用图表和文字形式进行交底。

2 动漫策划：采用电脑对工程工艺流程、关键部位、细部做法，进行三维模拟和配音解说进行交底。

3 现场实物策划：开工之前进行现场实物样板策划，再根据样板直观地对操作人员进行施工交底，并进行实物比对验收。

J.4 精品工程目标要明确

J.4.1 创鲁班奖工作是一个系统工程，没有全局的策划、没有统筹的安排、没有明确一致的目标、没有统一的标准，就没有步调一致的行动。一个好的创建目标是成功的一半。创建目标明确体现在两个方面：一是与总承包单位签订的施工合同；二是施工组织设计。

J.5 精品工程技术资料要求

J.5.1 精品工程资料总体要求

1 工程资料要真实反映工程质量的实际情况，字迹清晰，相关人员及单位的签字盖章齐全；

2 工程资料应使用原件，当使用复印件时，应加盖复印件提供单位的公章，注明原件存放处和复印日期，并有经手人签字；

3 工程资料要按国家标准、地方标准归档立卷，建立三级目录；

4 工程资料内容完整齐全、真实有效、具有可追溯性。

J.5.2　精品工程验收时施工资料检查的共性要求（本部分是施工资料的共性要求，不同行业资料方面的个性要求，详见各专业部分）：

1 总包和分包企业资质证书、相关专业人员的岗位证书、特种作业人员资质证书等资料；

2 单位工程施工组织设计、各专项施工方案、技术交底、施工日志等施工技术资料；

3 工程竣工备案资料、单位工程竣工验收报告及针对本工程的相关检测报告；

4 涉及结构安全及工程耐久性的分部工程有关资料，包括：

1)图纸会审，重大设计变更，洽商记录；

2)工程定位测量、放线记录、沉降位移观测记录等；

3)地基基础与主体结构验收记录；地(桩)基承载力试验报告和桩身完整性检测报告；

4)钢筋接头及钢结构焊缝的试验检测报告；

5)同条件养护混凝土强度试验报告、非破损检测记录、结构混凝土标养试块强度试验报告；

6)监理不合格项处置记录及单位工程监理报告。

5　涉及工程使用功能的分部工程有关资料，包括：

1)施工物资、设备的产品质量合格证、型式检验报告、性能检测报告、生产许可证、商检证明、中国强制认证(CCC)证书、计量设备检定证书等；

2)有抗渗防水要求的构件抗渗检测报告、厕浴间等有防水要求的地面蓄水记录、屋面蓄水检验记录、淋水试验记录或大雨观察记录等；

3)节能保温测试等记录；

4)环境检测或验收等记录。

6 涉及运行功能的分部工程有关资料，包括：

1)各类工程给排水、采暖工程试验运行记录；

2)各类工程电气工程全负荷试验记录；

3)各类工程通风空调系统试运行记录；

4)电梯工程系统试运行及电梯运行记录。

7 施工过程控制资料，包括：

1)各种物资进场的复试报告及质量证明文件；

2)施工现场质量管理检查记录；

3)隐蔽工程检查记录；

4)检验批、分项、分部工程质量验收记录。

8　竣工图。

J.5.3　房屋建筑工程资料重点检查包括以下内容：

1 地基验收记录，地质勘察报告，桩基单桩承载力和桩身完整性检测记录，桩基的应变报告,建筑物沉降观测报告。Ⅰ类桩不少于85%,无Ⅲ类桩。

2 混凝土和砌筑砂浆的强度检测报告,混凝土强度统计评定及结构实体钢筋保护层厚度验收记录,钢筋接头强度检测报告。

3 地下室结构防水效果检查记录。

4 屋面基层、细部做法,防水层和保温层、保护层与隔离层等施工记录。

5 用于承重结构的后置埋件、化学植筋、膨胀螺栓等承载力拉拔试验报告,建筑物外墙饰面砖粘结强度(拉拔)检验报告。

6 建筑节能分部验收记录,各种保温物资进场的复试报告及质量证明文件。

7 外墙节能构造现场实体检验报告,严寒、寒冷和夏热冬冷地区的外窗气密性现场实体检验报告,建筑设备工程系统节能性能检测报告等。外墙保温板材与基层采用粘结或连接时,要查看保温板材与基层的现场粘结强度试验报告及墙体保温砂浆的强度试验报告。

8 钢结构工程分部验收记录,图审机构资质和专项施工技术方案,防火涂料的检测报告,超声波或射线探伤检验报告;建筑安全等级为一级、跨度40m及以上的公共建筑钢网架结构及设计有要求的,应有焊(螺栓)球节点承载力试验报告等。

9 幕墙工程分部验收记录,幕墙的抗风压性能、空气渗透性能、雨水渗漏性能及平面变形性能检测报告。图审机构资质和专项施工技术方案,硅酮结构胶的相容性和剥离粘结性检验报告。幕墙注胶和幕墙淋水等施工记录。

10 智能分部验收记录,智能建筑各设备系统的自检记录以及进行不中断试运行记录。

11 建筑给排水及采暖工程分部验收记录,设备合格证等;对于国家规定的特定设备及材料,如消防、卫生、压力容器等要检查有资质的检验单位提供的检测报告。

各类水泵、风机、冷却塔等设备单机试运转记录及采暖系统、消防系统试运转调试记录。

非承压管道、设备等以及暗装、埋地、有绝热层排水管道的灌水试验记录。

承压管道、设备的强度试验记录,自动喷水灭火系统、气体灭火系统管道的严密性试验记录。

12 电气工程分部验收记录,检查主要设备、系统的防雷接地、保护接地、工作接地、防静电接地等电阻测试记录。

电气设备的空载试运行及建筑照明通电试运行记录。各种系统调试记录等。

13 通风空调工程分部验收记录,专项施工技术方案,各种物资、制冷机组、空调机组、空气净化设备等进场的质量证明文件,阀门、压力表、减震器等质量合格证明及检测报告。

净化空调系统测试记录,防排烟系统联合试运行记录、风管漏光测试记录、制冷系统气密性试验记录等。

14 电梯工程分部验收记录,专项施工技术方案。主要设备出厂合格证,开箱检查记录,施工中的各项安装记录,并核查电梯验收合格证及验收报告。

J.5.4 工业项目工程资料重点检查的内容

1 地、市级及以上管辖区内的安全生产监察部门出具的建设期无较大及以上安全事故证明和地、市级及以上管辖区内的环保部门出具的建设期无重大环境污染事故的证明。

2 工业项目有关专项验收文件和特种设备安全使用许可证。

3 应抽查主要设备的出厂质量证明文件、出厂试验报告、监造报告;重要进口设备的合同文件,海关免税审批文件和进关报验资料、开箱商检(验收)记录等;锅炉、压力容器、起吊设施等特种设备,应按照国务院第549号令规定抽查其制造、安装及定检(年检)的安全监检文件。

4 应有针对性地抽查主辅机设备、重要生产线的安装质量验收记录、检测试验调试记录和报告。流程性连续生产的化工、电力、冶金等工业项目应查阅设备整套启动调试报告或整体性能试验资料。重点抽查高温高压或输送存储危险介质的容器和管道的焊接质量检验记录和工艺过程资料;高压电气设备的交直流耐压试验;压力管道和压力容器的严密性试验;承重钢结构焊接或高强螺栓连接副的质量检验记录;抽查承压受监焊缝检验记录是否完整真实,检验一次合格率应达到国家有关标准。

J.6 精品工程的相关文件(原件)

J.6.1 精品工程的相关文件(原件)包括:

1 工程立项审批文件;

2 国有土地使用证;

3 建设用地、建设工程规划许可证;

4 工程招投标文件、工程承包及专业分包的合同;

5 施工许可证(行业有特殊要求时,按行业规定);

6 竣工验收资料(包括规划、公安消防、环保等部门出具的认可文件或准许使用证及工程竣工验收备案资料等);

7 各地区或行业结构优质工程的证明文件或创鲁班奖工程中间检查记录和评价结论;

8 省(部)级优质工程的文件、证书;

9 省(部)级优秀设计证书或对工程设计水平评价证明等资料;

10 省(部)级及以上科技进步奖、工法、新技术应用(科技)示范工程、发明专利、实用新型专利以及地市级及以上文明施工的文件或证书。

J.7 精品工程网上申报

J.7.1 鲁班奖网上申报是指参加鲁班奖评选的申报单位,依据《鲁班奖评选办法的要求》,将申报资料整理汇总后,通过互联网,使用鲁班奖网上申报系统,向中国建筑业协会提交而形成电子版申报资料的过程。

鲁班奖网上申报系统,是专为申报单位提交、查阅电子版申报资料以及打印申报表而使用的网络系统。鲁班奖网上申报系统是鲁班奖评选管理系统的一部分,采用B/S结构,安装在中国建筑业协会网络托管服务器上,申报单位只要具备上网条件、能够接入互联网、浏览网页内容应可使用,无需安装任何额外的程序。鲁班奖网上申报系统需经中国建筑业协会授权方可使用。中国建筑业协会通过各地、行业协会,向申报单位发放带有卡号和密码的申报卡。申报单位取得申报卡即获得授权,从而进行网上申报。

网上申报资料从开始到完成时间期限大约一个月。

J.7.2 网上申报需准备的资料

1 申报单位信息

1)基本信息:企业简介

2)法人代表、企业技术负责人、项目经理、申报工作联系人基本信息。

2 申报工程信息

1)基本信息:工程简介,内容主要有工程概况、采用的先进技术和施工方法、工程质量控制及评价情况等；

2)荣获省部级工程质量最高奖的情况；

3)施工及质量情况介绍：word 文件，ppt 演示介绍；

3 参建单位信息：同申报单位信息

4　相关单位信息

1)相关单位指建设单位、设计单位、监理单位；

2)其它同申报单位信息。

5　打印申报表

“申报单位”、“申报工程”、“参建单位”、“相关单位”填写完成即可打印申报表，即完成了第一阶段网上申报。

注意：申报表应尽早打印，因申报表需由相关单位签署意见的栏目，应写明对工程质量具体评价意见。

6 工程照片

照片总数量为 20 张，均为竣工后的内容。照片要求反映申报工程全貌、主要功能部位、细部处理及效果等，既要有全景，又要有特写。其中，至少要有 3 张不同角度的工程全貌照片。

7 人物照片

申报单位法人代表、企业技术负责人、项目经理、申报工作联系人每人需上传一张 jpg 格式彩色数码照片。

8 图纸

1)公共建筑、单体住宅及轻工业厂房工程，要求提供首层平面图、标准层平面图、正立面图和侧剖面图各 1 张，共 4 张图；

2)住宅组团项目，要求提供组团总平面图 1 张，有代表性的一幢住宅楼的标准层平面图、正立面图和侧剖面图各 1 张，共 4 张图；

3)工业生产项目，要求提供生产工艺流程示意图 1 张，厂区总平面示意图 1 张，共 2 张图。此外，如有重要管线、设备，可另外提供示意性的管线、设备图；

4)每张图的图面要标注必要的剖面标记和必要的示意性文字，不要尺寸线及其它数字和文字。

9 技术资料

上传的技术资料区列出 7 种，即：施工组织设计或项目策划方案、施工方案、新技术新工艺、工法、质量通病防治、企业自创新技术和其他技术资料。这 7 种技术资料，有必传的资料，也有可供选择性的上传资料。

10 证明材料

证明材料有：已签署完毕的申报表、申报工程立项批文、申报工程备案材料、承建单位企业法人营业执照、承建单位企业资质等级证书、参建单位企业法人营业执照、参建单位企业资质等级证书、承建单位承建申报工程承包合同、参建单位参建申报工程承包合同、申报工程更名证明材料、有关单位更名证明材料、其他相关资料。所有证明资料均需扫描上传。

J.8　DVD 录像

J.8.1　工程 DVD 录像有两种，15 分钟录像用于鲁班奖复查汇报，5 分钟录像用于评委评审。5 分钟录像在鲁班奖复查后修改上传提交。

J.8.2　工程 DVD 录像的内容主要有施工特点、施工关键技术、施工过程控制新技术推广应用情况，自主创新技术等，要充分反映工程质量过程控制和隐蔽工程的检验情况。

参考文献

1.《建筑工程施工质量验收统一标准》GB50300－2001

2.《建筑地基基础工程施工质量验收规范》GB50202－2002

3.《砌体结构工程施工质量验收规范》GB50203－2011

4.《混凝土结构工程施工质量验收规范》GB50204－2002(2011 年版)

5.《钢结构工程施工质量验收规范》GB50205－2001

6.《木结构工程施工质量验收规范》GB50206－2012

7.《屋面工程质量验收规范》GB50207－2012

8.《地下防水工程质量验收规范》GB50208－2011

9.《建筑地面工程施工质量验收规范》GB50209－2010

10.《建筑装饰装修工程质量验收规范》GB50210－2001

11.《建筑给水排水及采暖工程施工质量验收规范》GB50242－2002

12.《通风与空调工程施工质量验收规范》GB50243－2002

13.《建筑电气工程施工质量验收规范》GB50303－2002

14.《电梯工程施工质量验收规范》GB50310－2002

15.《智能建筑工程质量验收规范》GB50339－2003

16.《建筑节能工程施工质量验收规范》GB50411－2007

17.《混凝土强度检验评定标准》GB/T50107－2010

18.《自动喷水灭火系统施工及验收规范》GB50261－2005

19.《气体灭火系统施工及验收规范》GB50263－2007

20.《泡沫灭火系统施工及验收规范》GB50281－2006

21.《固定消防炮灭火系统施工及验收规范》GB50498－2009

22.《建筑内部装修防火施工及验收规范》GB50354－2005

23.《建设工程监理规范》GB/T50319

24.《建设工程文件归档整理规范》GB/T 50328－2001

25.《建筑工程资料管理规程》JGJ/T185－2009

26.《建筑工程资料管理规程》DB13(J)/T145－2012

27. 王金哲等编著的《建筑工程技术资料编写指南》

28. 现行建筑工程各类工艺及检测标准

29. 其他现行相关法律法规及现行管理规定。

后 记

本书在调研和搜集资料过程中，曾得到了唐山市建设集团有限责任公司，唐山市城市建筑工程总公司，唐山现代建筑安装工程有限公司、唐山理工建设工程项目管理有限公司，唐山市乾正建设工程材料检测有限公司，唐山市诚鉴建筑工程材料检测有限公司，唐山市建筑工程中等专业学校等单位的大力支持。

编写过程中唐山市房地产业资深管理专家靳志勇先生，唐山市建设(集团)公司钢结构公司申泽文总工，唐山市中冶地岩土工程有限公司吴德明总工，唐山市联合大学胡寿康教授，迁西县建设局李春辉处长，唐山市建筑工程中等专业学校林珂校长对本书相关专业内容提出许多指导性建议。同时在本书编制过程中得到了唐山市朝阳房地产开发有限公司孙庆占副总经理，唐山市住建局宋裕增副处长的大力支持。

本书初稿完成后，河北省同行专家和各级领导对本书进行了审查，审查过程中河北省住房和城乡建设厅副厅长梁军，河北省建设工程质监总站站长邵立森，河北省住房和城乡建设厅标准化办公室主任李熙宽主任以及审核委员的各位领导专家给本书提出了非常宝贵的意见和建议。在本书出版之际，谨向支持和关心本书编写和出版的有关单位、各位专家、各级领导及各界朋友表示衷心的感谢！

编　者

2013 年 4 月 24 日